法学专业必修课、选修课系列教材

金 融 法

（第五版）

徐孟洲　谭　立　杨疏影　著

中国教育出版传媒集团
高等教育出版社·北京

图书在版编目（CIP）数据

金融法 / 徐孟洲, 谭立, 杨疏影著. -- 5 版. -- 北京：高等教育出版社, 2025.8. -- ISBN 978-7-04-065110-2

I. D922.28

中国国家版本馆 CIP 数据核字第 2025TA1948 号

JINRONGFA

策划编辑	肖　文	责任编辑	杨丽云	封面设计	杨立新	版式设计	马　云
责任绘图	杨伟露	责任校对	马鑫蕊	责任印制	刘弘远		

出版发行	高等教育出版社	网　址	http://www.hep.edu.cn
社　址	北京市西城区德外大街 4 号		http://www.hep.com.cn
邮政编码	100120	网上订购	http://www.hepmall.com.cn
印　刷	北京宏伟双华印刷有限公司		http://www.hepmall.com
开　本	787mm×1092mm 1/16		http://www.hepmall.cn
印　张	25.5	版　次	2007 年 7 月第 1 版
字　数	620 千字		2025 年 8 月第 5 版
购书热线	010-58581118	印　次	2025 年 8 月第 1 次印刷
咨询电话	400-810-0598	定　价	61.00 元

本书如有缺页、倒页、脱页等质量问题，请到所购图书销售部门联系调换
版权所有　侵权必究
物　料　号　65110-00

作者简介

徐孟洲，法学博士，中国人民大学二级教授、博士生导师，现任中国人民大学经济法治研究中心名誉主任、法学院金融法研究所名誉所长、法学院财税法研究所名誉所长，澳门科技大学兼职教授、博士生导师；兼任北京市委法律专家库成员、中国法学会银行法学研究会副会长、中国法学会商业法学会副会长、中国法学会经济法学研究会监事长、中国法学会财税法学研究会顾问、中国法学会立法学研究会顾问；曾兼任财政部法律顾问、审计署法律顾问、北京市法学会经济法学研究会会长等职。主持完成"逆周期金融宏观审慎管理法律问题研究"等3项国家社科基金项目及部级项目11项；在《中国人民大学学报》《法学家》等期刊上发表学术论文130余篇，公开出版金融法学类著作有《中国金融法律制度》《金融监管法研究》《中国金融法教程》《金融法》《银行法教程》《信托法学》《耦合经济法论》《经济法》《经济法学原理与案例教程》《财税法律制度改革与完善》《中国税收执法基本问题》《税法》《竞争法》等40余部。

谭立，浙江大学城市学院教授、经济法学博士（财税金融法方向）、律师、CPA，浙江大学城市学院数字金融研究院副院长、财税金融法研究中心主任，兼任中国法学会经济法学研究会理事、中国法学会财税法学研究会理事、浙江省法学会财税法研究会副会长、浙江省法学会数字法治研究会秘书长、杭州仲裁委员会仲裁员等。主持国家社科基金项目"政府非税收入财权配置的法律规制研究"及省部级项目4项，出版专著《证券信息披露法理论研究》，合著《税法教程》，公开发表学术论文50余篇。

杨疏影，法学博士，重庆大学法学院副教授，兼任中国法学会经济法学研究会理事、中国法学会证券法学研究会理事、重庆市法学会财税法学研究会副秘书长等。主持国家社会科学基金项目"金融监管体系功能协调的法治路径研究"等多项国家级、省部级项目，出版专著《股权众筹法律问题研究：以公私二元融合为视角》，在《法商研究》等期刊上发表学术论文10余篇。

第五版修订说明

本书第四版于2019年出版以来,已有5年时间,其间国内外在政治、经济、科技、金融和法治等方面都发生了许多重大变化。2022年10月召开的党的二十大,提出"全面建成社会主义现代化强国";2023年3月中共中央、国务院印发《党和国家机构改革方案》,设立了中央金融委员会、国家金融监督管理总局,我国金融管理体制发生深刻变革;2023年10月召开了中央金融工作会议,提出"要加快建设金融强国",做好"科技金融、绿色金融、普惠金融、养老金融、数字金融"五篇大文章;2024年7月党的二十届三中全会作出《关于进一步全面深化改革 推进中国式现代化的决定》,部署了深化金融体制改革、完善金融机构定位和治理、健全投资和融资相协调的资本市场功能、制定金融法、完善金融监管体系、依法将所有金融活动纳入监管等重大改革举措。

根据上述党和国家关于金融的重大改革,以及2022年4月颁布的《中华人民共和国期货和衍生品法》、2023年12月国务院发布的《非银行支付机构监督管理条例》、2023年2月我国全面实行股票发行注册制改革等涉及的金融法律、法规和规章,作者对本书相关章节的内容进行了修改、补充和更新。主要修改内容为:第一,根据金融体制改革,对本书内容和结构进行了梳理和调整;第二,将第九章"期货与金融租赁经营法"更名为"期货与衍生品交易经营法",按照《中华人民共和国期货和衍生品法》的立法理念进行重写;第三,将第十五章"互联网金融法概论"更名为"数字金融法概论",并进行了重写。

此次修订,我们高兴地邀请到重庆大学法学院副教授杨疏影博士参加。这次修订的具体分工如下:

徐孟洲负责第一章、第二章、第三章;

谭立负责第六章、第七章、第十一章、第十五章;

杨疏影负责第四章、第五章、第八章、第九章、第十章、第十二章、第十三章、第十四章。

值本书第五版出版之际,我要特别感谢高等教育出版社姜洁女士和杨丽云女士的热情帮助和大力支持!书中的缺点和错误在所难免,敬请读者不吝批评指正!

徐孟洲
2024年8月10日于北京市海淀区世纪城远大园

第四版修订说明

1978年12月18日,党的十一届三中全会在北京召开,从此中国进入以经济建设为中心的改革开放时代,取得了举世瞩目的辉煌成就!在庆祝我国改革开放40周年的日子里,我们遵循党的十九大精神,根据深化金融体制改革和金融法治建设的新成果,特别是互联网金融、金融资产管理的经验教训和规范要求,在保持本书前三版框架和风格的基础上,对全书内容进行了较大幅度的修改和更新,使理论体系更加完善。

第一,增加一章"互联网金融法概论",并单独成立一编,使全书扩展为金融法总论、金融经营法、金融监管法、金融调控法和互联网金融法五编,并对相关章节进行了增删、合并与调整。"互联网金融法"一章介绍了互联网金融法的基本概念、互联网第三方支付、P2P网络借贷、股权众筹等业态的法律规则及互联网金融管理法等主要内容。

第二,第二编"金融经营法"中删除了第四章第七、八两节的"担保制度"和"互联网金融";原第七章改为第八章"信托与资产管理经营法",删除了其中第三至六节,补充了"信托行为""资金信托""动产与不动产信托"及"资产管理经营法"四节内容;原第八章改为第九章"期货与金融租赁经营法",补充了期货及其交易法律规则等内容。

第三,第三编"金融监管法"由原来的五章合并为三章,即第十章"银行保险业监管法"、第十一章"证券等其他金融业监管法"和第十二章"国际金融监管法"。其中,第十一章包括证券业监管法、信托业监管法,并增加了期货、金融租赁与资产管理业务监管法等内容。

第四,第四编"金融调控法"由原来的四章合并为两章,即第十三章"货币政策调控法"和第十四章"货币政策工具法律制度"。

第五,鉴于国务院"金融委"的成立、"银监会"与"保监会"合并及相关金融法规的修订等情况,对本书相关内容进行了相应修改。

第六,为便于读者拓展知识面、加深对金融法理论和制度的理解,本次修改时各章通过二维码补充了相关金融与金融法律知识、经典案例等内容。

亲爱的读者,本次修订我十分高兴地邀请到对金融法学颇有造诣的谭立教授合力完成,希望我们的共同努力对金融法学的教育与发展有所助益。值此本书第四版出版之际,我要特别感谢高等教育出版社帅映清女士的热情帮助和大力支持!学无止境,书中的缺点和错误在所难免,请读者不吝批评指正!

徐孟洲

2018 年 12 月 18 日于中国人民大学法学院明德法学楼

第三版修订说明

2013年11月《中共中央关于全面深化改革若干重大问题的决定》明确提出："经济体制改革是全面深化改革的重点，核心问题是处理好政府和市场的关系，使市场在资源配置中起决定性作用和更好发挥政府作用。"发挥市场配置资源的决定性作用，就必须全面深化金融业改革开放，建设统一开放、竞争有序的现代金融市场体系。更好发挥政府作用，就必须依法规制金融，运用科学的货币政策，保持宏观经济稳定、完善金融监管制度和监管协调机制，清理和废除妨碍现代金融市场发展的各种不正当竞争与垄断行为，维护金融市场秩序，促进金融业更好为实体经济发展服务。

本次修订遵循《中共中央关于全面深化改革若干重大问题的决定》精神，在保持第二版原有基本框架不变的基础上，主要对以下三个方面的内容做了修订：

第一，根据金融法规最新变化和废止的情况，修订了相关的法条依据和内容，比如《银行卡收单业务管理办法》、巴塞尔银行监管委员会最新修订的《有效银行监管的核心原则》2012年版、《公司债券上市规则》和新《金融租赁公司管理办法》规定的内容等。

第二，根据金融业的最新发展动态，增补了部分内容，比如中国证监会出台的关于落实注册制改革的多项措施、2012年12月新修订的《证券投资基金法》规定的内容、常备借贷便利操作制度和互联网金融等内容。

第三，根据金融业务操作实践，补充和丰富了部分内容，如银行贷款业务担保制度等。

为了使金融法理论更加贴近金融法律实践，我邀请中国农业银行总行的王志刚、中国工商银行总行的周德洋、上海证券交易所的曹培倩等三位从事银行、证券法律实践工作的作者参加了本书的修改工作。值此本书第三版出版之际，感谢高等教育出版社姜洁女士的热情帮助和长期支持！书中的疏漏和错误之处，敬请读者批评指正。

徐孟洲
2014年5月

第二版修订说明

《金融法》自2007年7月出版以来，我国金融业经受了由美国次贷危机引发的国际金融危机的冲击，金融改革继续深化，多层次金融市场体系逐步建立，各类金融企业加快转换经营机制，金融服务功能不断创新，增强了我国金融业的整体实力。随着我国金融业的快速发展，国家对一批金融法律、法规进行了修改，还颁布了一些新的金融法规，使金融法律机制进一步健全，与此同时，金融法学界也推出了许多新的研究成果。为了及时补充金融立法和金融法理论研究的新内容，作者对《金融法》进行了较大的修订。

本书修订与增补的主要内容有：第一，吸收了目前金融法学研究的新成果，按照金融机构体系、金融市场体系、金融监管体系、金融调控体系的框架，充实和完善了金融法体系，并将本书体系结构确定为金融法基本理论、金融法主体、金融法客体、金融经营规制法、金融监管法和金融调控法。第二，调整充实了金融法主体制度的主要内容。将金融法主体概括为金融消费主体、金融经营主体和金融管理主体（即金融监管机关与金融调控机关）三类，突出了对金融消费者保护的问题。第三，根据2009年修订后的《保险法》修改了保险公司、保险经营业务和监管方面的内容。第四，根据现行法规和实践，相应修改了证券经营与监管方面的内容。第五，根据2010年12月16日巴塞尔委员会发布的《巴塞尔协议Ⅲ》（Basel Ⅲ），修改了第十四章"金融监管的国际规则"的相关内容。第六，根据存款准备金制度等金融调控法方面的新情况更新了相关内容。第七，适当调整了每章精心设计的"重点提示""法律适用""法条链接"和"思考题"等栏目的内容。第八，在保持学科体系与教材结构完整的基础上，从教学的基本需要出发，突出主体内容和主干知识的阐述，详述重要制度，概述一般制度，对前沿理论的延伸，以"必要"为原则，"点到为止"。

在本书出版之际，我要感谢高等教育出版社的编辑姜洁女士的帮助和支持！感谢我的学生曹培倩、郭辉、裴欣、杨晖、刘军霞和周德洋等，没有他们的积极参与，本人很难完成这次修订任务！书中的疏漏和不妥之处，敬请读者批评指正。

徐孟洲
2011年11月5日于中国人民大学明德法学楼804室

前　言

　　金融法学是一门以金融法律现象为主要研究对象的应用法学。金融是现代经济生活的核心。我国市场经济、金融体制改革的不断深入,金融现代化、金融法治化和国际化进程的加快,促进了我国金融法治建设发展。与此相适应,金融法学教育也日趋完善,在我国法学体系中的地位日益凸显。目前,金融法学课程受到了法学院学生越来越广泛的关注和欢迎。

　　中国人民大学法学院从1985年开始为法学专业本科生设置金融法课程,1998年为经济法研究生开设金融法原理课程。现在金融法课程是法学本科生的主干课,是经济法专业研究生和法律硕士生的必修课。笔者从1985年以来一直从事金融法课程的教学,为满足金融法教学与科研的需要,已出版了《中国金融法律制度》《中国金融法教程》《银行法教程》《信托法学》《金融法学案例教程》《票据法教学案例》等著作和教材。本书就是在笔者现有论文、专著与教材的基础上加以修改与完善,并广泛借鉴、吸收国内外金融法学的研究成果而形成的。

　　本书分为四编:第一编为金融法总论,简要而系统地阐述金融的社会控制,金融法的概念、原则、体系,以及金融法调整机制等金融法的基本理论,着重阐述了金融法主体、客体问题;第二编为金融经营规制法,重点对银行、网上银行、证券、基金、保险、信托、融资租赁业经营规制法律制度进行全面阐述;第三编为金融监管法,除了讲述我国银行业等金融监管法律制度外,还对《巴塞尔协议》《新资本协议》等金融监管的国际规则在我国的适用问题进行了介绍;第四编为金融调控法,全面阐述了货币政策与金融调控法的基本理论,重点阐述了存款准备金制度、基准利率制度、再贴现制度和再贷款制度、公开市场操作制度。本书每章精心配制了"重点问题提示""法律适用问题""法律条文及司法解释"和"复习思考题"等栏目,以帮助读者正确理解金融法律制度,增进读者的金融法学理论水平,使得本书结构活泼清晰。

　　本书为笔者独立编写,但在收集最新资料和部分章节改写过程中,得到了笔者的学生张晓婷、贾剑非、曹培倩、郭辉、周武和毕元丽等的帮助。本书的立项、写作过程得到了高等教育出版社李文彬同志大力支持和帮助。本书借鉴和引用许多朋友、同专业学者的成果(见本书所附参考书目)。值此著作出版之际,对他们给予我的支持和帮助致以诚挚的谢意!

本书错漏和不妥之处,敬请广大读者批评指正,以使本书不断完善。

徐孟洲

2007 年 3 月 26 日于北京市海淀区世纪城

目 录

第一编　金融法总论　1

第一章　金融法基本理论　3
第一节　金融的社会控制　3
第二节　金融法的概念和基本原则　7
第三节　金融法的功能与作用　9
第四节　金融法的体系　12
第五节　金融法调整机制　15

第二章　金融法主体　18
第一节　金融法主体概述　18
第二节　金融消费者　20
第三节　金融经营者　24
第四节　金融管理者　46

第三章　金融法客体　52
第一节　金融法客体概述　52
第二节　货币　54
第三节　外汇　58
第四节　资本证券和货币证券　61

第二编　金融经营法　67

第四章　商业银行经营法　69
第一节　商业银行经营法概述　69
第二节　商业银行与客户的法律关系　72
第三节　存款制度　75

第四节	贷款制度	81
第五节	票据制度	85
第六节	银行卡制度	91

第五章　保险经营法　97

第一节	保险经营法概述	97
第二节	保险合同	101
第三节	人身保险	109
第四节	财产保险	112
第五节	保险代理	115

第六章　证券经营法　118

第一节	证券法概述	118
第二节	证券发行	122
第三节	证券承销	134
第四节	证券上市	137
第五节	证券交易	140
第六节	证券交易行为的限制与禁止	143
第七节	证券信息披露	147

第七章　证券投资基金经营法　154

第一节	证券投资基金法概述	154
第二节	证券投资基金主体	158
第三节	基金财产	165
第四节	基金的公开募集	166
第五节	公募基金的基金份额交易、申购与赎回	168
第六节	公募基金的投资与信息披露	169
第七节	公募基金的基金合同变更、终止与基金财产清算	170
第八节	基金的非公开募集	171

第八章　信托与资产管理经营法　175

第一节	信托法概述	176
第二节	信托财产	181
第三节	信托行为	185
第四节	资金信托	192
第五节	动产与不动产信托	195
第六节	资产管理经营法	200

第九章 期货与衍生品交易经营法　209
第一节　期货交易和衍生品交易概述　210
第二节　期货和衍生品的交易规则　214
第三节　期货结算与交割规则　220
第四节　期货参与主体规则　223
第五节　金融租赁概述　231
第六节　金融租赁公司的业务范围和经营规则　233
第七节　金融租赁合同　236
第八节　金融租赁当事人的权利与义务　239

第三编　金融监管法　243

第十章　银行、保险及信托业监管法　245
第一节　金融监管体制概述　246
第二节　银行业监管法　249
第三节　保险业监管法　257
第四节　信托业监管法　264

第十一章　证券及其他金融业监管法　274
第一节　证券业监管概述　274
第二节　证券业政府监管　277
第三节　证券业自律监管　279
第四节　期货、金融租赁和资产管理业务监管法　287

第十二章　国际金融监管法　300
第一节　巴塞尔银行监管委员会　300
第二节　《巴塞尔协议Ⅲ》的制定及其规则的主要内容　301
第三节　《有效银行监管的核心原则》　303
第四节　《合规与银行内部合规部门》　307

第四编　金融调控法　309

第十三章　货币政策调控法　311
第一节　金融调控法概述　311
第二节　货币政策及其组成　314
第三节　保障货币政策目标实现的金融调控法制度　316

第十四章　货币政策工具法律制度　321

第一节　存款准备金制度　322
第二节　基准利率制度　324
第三节　再贴现制度　326
第四节　再贷款制度　328
第五节　公开市场操作制度　330
第六节　我国常备借贷便利操作制度　335

第五编　数字金融法　339

第十五章　数字金融法概论　341

第一节　数字金融法概述　341
第二节　第三方支付经营法　348
第三节　网络借贷经营法　356
第四节　网络股权众筹经营法　363
第五节　其他数字金融经营法　368
第六节　数字金融管理法　373

主要参考书目　386

第一编

金融法总论

第一章　金融法基本理论

第二章　金融法主体

第三章　金融法客体

第一章 金融法基本理论

■【重点提示】
1. 金融通常被简洁理解为货币资金的融通。其内涵可以表述为：经济生活中所有货币资产借贷、买卖等信用活动以及在信用基础上组织起来的货币流通这两个不可分割部分的集合。
2. 金融市场是以金融工具或资产为交易对象而形成的供求关系及其机制的总和。金融市场可以分为货币市场、资本市场、外汇市场和黄金市场等。
3. 金融活动的社会控制包括伦理道德性的社会控制、政策性社会控制和法律控制等。法律控制是金融社会控制体系中最具权威性的手段。
4. 金融法是调整金融关系和金融管理关系的法律规范系统。由此，金融法的调整对象是金融关系和金融管理关系。
5. 金融法的基本原则是指金融立法、执法、司法以及参加金融关系和金融管理关系的所有主体必须遵循的基本行为准则，包括稳定货币与促进经济增长相结合原则、保障金融效率原则、个体利益与社会利益平衡协调原则和金融主权与国际惯例平衡协调原则等。
6. 金融法通过发挥其调整功能和保护功能，确认金融法主体法律地位、明确其权利义务，界定金融法客体，规范金融行为，以保障金融主体的权益，维护金融市场自由与公平秩序。
7. 金融法体系由金融法调整对象决定。我国金融法体系结构包括金融主体法、金融客体法、金融经营法、金融监管法和金融调控法。
8. 金融法关系是指按照金融法规范，并基于一定的金融法事实产生的具有权利、义务内容的社会关系。它是实现金融法规范行为模式的表现方式。
9. 金融法调整机制是确认和保护金融关系和金融管理关系的各种金融法手段发挥综合调整功能的有机系统。它由金融法创制机制、金融法实现机制和金融法耦合机制构成。

第一节 金融的社会控制

一、金融与金融市场

（一）金融的概念

"金融"这一由汉字"金"与"融"组成的词汇，在中国并非古已有之。古代文字中有"金"、有

"融",但未见"金融"一词。在《康熙字典》及其之前的工具书中,莫不如此。我国最早编写"金融"条目的工具书为1915年出版的《辞源》,其"金融"词条的释文是:"今谓金钱之融通状态曰金融,旧称银根。"1980年版《辞海》的解释为:"货币资金的融通。一般指与货币流通和银行信用有关的一切活动,主要通过银行的各种业务来实现。"现在,学者一般都将"金融"与"finance"对应,英语中的"finance"源于古法语的"finer",其他主要西方语种的相应词汇也均来源于此。各国对其含义的表述不尽相同,但其基本内容是一致的:金融是货币流通和信用活动及与之相联系的经济活动。可见,西方国家的"金融"概念在内涵和外延上,与中国的"金融"概念是相吻合的。

根据《中国大百科全书》所载,金融通常被理解为货币或货币资金余缺的融通、调剂活动的总体。其内涵可以表述为:经济生活中所有货币资产借贷、买卖等活动以及在信用基础上组织起来的货币流通这两个不可分割部分的集合。金融的具体内容包括:货币的发行、流通与回笼;存款的吸收与支付;贷款的发放与收回;票据的承兑与贴现;银行同业拆借;金银和外汇的买卖;国内、国际的货币收付与结算;股票、债券的发行与交易;财产的信托;融资租赁;证券投资基金;保险;等等。金融既有别于单纯的货币流通和信用活动,又容纳、概括了这两者,是货币流通和信用活动相互依存、相互作用的产物。

金融一般分为直接金融和间接金融两种形式,它是根据资金供给者与资金需求者之间是否直接形成债权债务关系进行的分类。直接金融是指资金供给者与资金需求者通过一定的金融工具(股票、债券、票据等)直接形成债权债务关系的金融行为。在直接金融中,金融中介机构(如券商、信托公司等)的作用是帮助资金供给者与资金需求者发生资金融通业务而使他们之间形成债权债务关系,其本身并不与资金供给者或资金需求者之间形成债权债务关系,如商业票据、发行股票或债券、企业或个人之间的直接借贷等。间接金融是指资金供给者与资金需求者通过金融中介机构(银行、保险公司等)间接实现资金融通的行为。在间接金融中,资金的供给者并不与资金的需求者直接形成债权债务关系,而是由金融中介机构分别与资金的供给者和资金的需求者形成两个各自独立的债权债务关系。对资金供给者来说,金融中介机构是债务人;对资金需求者来说,金融中介机构是债权人。吸收存款、发放贷款、票据承兑与贴现、保险等,属于间接金融。

"金融是现代经济的核心。"[①] 金融在国民经济中居牵一发而动全身的枢纽地位,发挥着越来越重要的作用:(1)金融是资金运动的"信用中介";(2)金融是提高生产力的"黏合剂"和"催化剂";(3)金融是宏观经济调控的重要经济杠杆。在全面依法治国、全面深化改革、转型升级的时代背景下,金融承载着无可替代的历史使命。为此,必须建立和完善金融法律制度,规范金融秩序,促进和保障金融及国民经济的持续稳定发展。

(二)金融市场的分类

所谓金融市场,是指以金融工具或资产为交易对象而形成的供求关系及其机制的总和。直观而言,它是实现融通资金、借贷货币和买卖有价证券等活动的场所。

金融市场可按交易标的物不同划分为货币市场、资本市场、外汇市场和黄金市场四类。货币市场是指以期限一年以内的金融工具或资产为交易标的物的短期金融市场,如同业拆借市场、票据市场、回购协议市场、大额可转让定期存单市场和短期政府债券市场等;资本市场是指以期限

---

① 中共中央党史和文献研究院编:《习近平关于金融工作论述摘编》,中央文献出版社2024年版,第3页。

一年以上的金融工具或资产为交易标的物的金融市场,如债券市场、股票市场、投资基金市场等;外汇市场是指由银行等金融机构、自营交易商、大型跨国企业参与的,通过中介机构或电信系统联结的,以各种外币为买卖对象的交易市场;黄金市场是指集中进行黄金买卖和金币兑换的交易中心。目前世界上大约有40多个可自由买卖黄金的国际市场,伦敦、苏黎世、纽约、芝加哥和香港并称为世界五大黄金市场。

根据金融交易的交割期限不同,金融市场可分为现货市场和期货市场。现货市场是指在金融交易成交后的1~3日内立即付款交割的市场;期货市场是指以保证金形式进行标准化期货合约交易之后、在未来某个约定时间进行交割的市场。

根据金融工具或证券是否初次发行(即新发行),金融市场分为一级市场和二级市场。一级市场(Primary Market),又称发行市场(Issuance Market),是指金融工具或证券初次发行(指首次发行及以后的增加发行)所形成的金融市场;二级市场(Secondary Market),又称交易市场,是指对已经发行的金融工具或证券进行交易的金融市场。

此外,根据地域范围不同,金融市场可分为地方金融市场、全国金融市场和国际金融市场;根据交易标的物是否为金融衍生品,可分为金融原生品市场和金融衍生品市场。金融原生品市场是指以利率、外汇、债券、股票、基金等基础金融工具或资产为交易标的物的金融市场,包括利率市场、外汇市场、债券市场、股票市场、基金市场等。金融衍生品市场是指以远期、期货、期权、互换等金融衍生品为交易标的物的金融市场,包括金融远期市场、金融期货市场、金融期权市场和金融互换市场等。

(三)金融市场的交易工具

金融市场的交易工具,又称金融工具、信用工具,是指在信用活动中以书面形式发行和流通的,记载金融交易的金额、期限、价格等要素,借以证明债权债务关系的凭证。金融工具具有期限性、流动性、风险性和收益性等特点。根据创新程度的不同,金融工具可以分为原生工具和衍生工具。原生工具一般是指货币、存单、股票、债券等。衍生工具是指由原生工具衍化或派生而来的,其价值依赖于原生工具的一类金融产品,其往往根据原生工具预期价格的变化定值,主要有期货合约、远期合约、期权合约、互换合约等。金融工具作为一种书面凭证,本身并无价值,但因以信用为基础,可以兑换为现实货币,还可以代替货币充当资金交易的媒介,执行流通手段和支付手段的职能。

金融工具是金融交易中货币资金及相关金融权益的载体或表现形式,金融交易外观上表现为对金融工具的交易,交易价格则往往表现为金融工具的价格。因此,理论与实务中一般直接将金融工具视为金融交易的对象或标的物,并将其称为金融资产或金融商品。由于金融工具对于购买者来说,是购买者进行投资所拥有的财产(即购买者所购买的金融产品或商品),故金融工具又被称为金融资产。购买者持有多少金融工具,代表其拥有相应数量的金融资产。

二、金融活动的社会控制

任何有序的社会活动均按一定的组织和管理秩序而存在和发展。这种组织和管理秩序往往又是通过社会规范实现的。正如马克思所言:"这种规则和秩序,正好是一种生产方式的社会固定的形式,因而是它相对地摆脱了单纯偶然性和单纯任意性的形式。"① 金融是货币资金的融通,是以银行为中心的各种形式信用活动以及在信用基础上组织起来的货币流通。金融本身是一种社会的经济活动,是经济生活发展到一定阶段的产物,是人们社会生活的重要组成部分。社会控制是社会生活各个方面所不可缺少的因素。因此,对社会的金融活动和金融关系的有效调整,也必然要借助于以社会规范为中心的社会控制的各种手段。

社会规范规定社会成员的行为模式,是人们参与社会生活的行为准则。它具有一定的价值取向,赋予社会生活特定的导向,将人们参与社会生活的行为纳入普遍稳定的社会发展轨道。社会规范是对社会成员的活动目标和方式的规范和约束,指明人们可以做什么、不可以做什么、某种行为会有什么样的后果等。例如,存款会有利息;在票据上签名或盖章,使票据上的权利义务开始产生;债务人不偿还债务要承担责任;等等。社会规范与个别命令和首长指示不同,它还具有统一性和普遍适用性的特点,从而达到规范化调整的目的。

人类社会生活千姿百态,纷繁复杂。社会秩序的形成和保护,需要从多角度、多层面进行,从而产生了道德规范、宗教规范、纪律规范、政策规范、法律规范等各种形态的社会规范。为使社会规范能够介入社会生活,维持优良社会秩序,实现对社会的有效控制,还必须依靠一系列社会保障和控制手段。

所谓社会控制,是指一定社会的组织体运用社会规范以及与之相应的手段和方式,对社会成员(包括社会个体、社会群体及社会组织)的各种行为进行指导和约束,对各类社会关系进行确认和调节,使社会成员的行为和具体社会关系按照一定的方向和价值目标发展。社会控制是任何社会自身获得存在和发展的必然要求,是整个社会生活摆脱无组织、无秩序的混乱状态所必需的。

金融活动的社会控制是社会控制经济活动的最重要组成部分。根据对金融活动控制的社会规范和手段的不同,可以将金融的社会控制划分为伦理道德性社会控制、政策性社会控制和法律控制等。本书主要论述的是法律控制,即金融活动的法律调整问题。金融作为一种广泛的社会经济活动,是人们社会生活的重要组成部分。因此,对社会金融活动的规范指引以及对金融关系和金融管理关系的有效调整,也必然要借助于以社会规范为中心的社会控制的各种手段。

金融法或金融法学关注的是金融活动的法律控制。只有对金融关系和金融管理关系进行法律调整,才能使复杂的金融活动协调和健康有序地进行,才能使金融关系的发展符合国家宏观调控目标。所谓法律调整,是指国家根据一定社会生活的需要,运用一系列法律手段,对社会关系所施加的有结果的规范组织作用。法律调整是社会控制体系中最具权威性的控制手段,其依据和标准是法律规范。它通过调整社会成员与社会之间的关系,赋予社会成员一定权利并使其承担相应的法律义务,进而达到调整或控制社会关系发展的目的。国家运用法律规范对社会关系所采取的法律调整被称为法律控制,对金融活动的法律控制是社会控制经济活动的重要组成部分。调整金融关系和金融管理关系首先必须制定完备的金融法律规范,形成健全的金融法体系。

知识拓展
最早使用"金融"一词的中国人是谁?

---

① 《马克思恩格斯文集》第 7 卷,人民出版社 2009 年版,第 896—897 页。

第二节　金融法的概念和基本原则

一、金融法的概念

金融法的概念，可分别从实质意义和形式意义上加以理解。所谓实质意义上的金融法，是指调整金融关系和金融管理关系的法律规范系统或法律规范之总称。不论法律中的金融法，还是行政法规或政府规章中的金融法，都是实质意义上的金融法。法的形式是指法的外部表现形态，如法律、行政法规、地方性法规等法律文件。因此，形式意义上的金融法，是指国家立法机关制定的调整金融关系和金融管理关系的规范性文件，也就是金融法律或金融法规，如我国的《商业银行法》[1]《银行业监督管理法》《外汇管理条例》等。目前我国尚未制定集中调整金融关系的以"金融法"命名的法律，对金融法一般应从实质意义上去理解。本书认为，金融法是指调整货币流通以及社会信用活动中所发生的金融关系和政府对金融机构、金融行为进行监管与调控所产生的金融管理关系的法律规范系统。简而言之，金融法是调整金融关系和金融管理关系的法律规范系统。

此外，从法学角度来看，金融法是指金融法学部门，是一门综合性、专业性较强的应用性法学部门。

二、金融法的调整对象

法的调整对象是社会关系，也可以说人的行为是法的调整对象。[2] 从金融法的定义看，其调整的对象就是金融关系和金融管理关系。在市场经济条件下，金融经营者（包括银行和其他非银行金融机构）相互之间、金融经营者与其他工商企业等市场主体之间、金融经营者与金融消费者之间、金融经营者和金融消费者与政府金融监管部门之间以及金融机构与个人之间，都存在着融资活动和金融管理活动，从而构成复杂的金融关系和金融管理关系。

所谓金融关系，是指金融经营者（包括银行和其他非银行金融机构）相互之间、金融经营者与其他工商企业等市场主体之间以及它们与金融消费者（主要是客户）之间发生的各种融资关系。金融通常分为直接金融和间接金融两种形式，与此相适应，金融关系也包括直接金融关系和间接金融关系两大类。

理解金融关系，至少应明确四点：

第一，金融关系是一种经济关系。金融是货币流通和信用分配活动，是一种经济活动。金融主体之间行为互动产生金融关系，其内容涉及经济利益。所以金融关系是经济关系。

第二，金融关系是主要以银行和非银行金融机构为一方主体的经济关系。这种经济关系发生在金融活动过程中，是与银行信用和货币流通等密切联系的社会关系。

第三，金融关系是一种平等有偿的经济关系。金融关系是在一般商品生产和商品交易的基础上产生和发展起来的特殊商品关系。金钱的借贷等货币资金的筹集、使用是有偿的。市场经

---

[1] 为了行文方便，本书正文中引用的法律法规一律使用简称，如《中华人民共和国商业银行法》简称为《商业银行法》。
[2] 张文显主编：《法理学》（第二版），高等教育出版社2003年版，第62页。

济基础上的金融关系是一种平等有偿的经济关系。

第四,金融关系是一种涉及面广而且风险高的经济关系。金融是现代经济的核心。任何市场主体和市场活动都离不开金融,其涉及面广泛,特别是随着金融全球化和金融创新与互联网金融的迅猛发展,金融衍生产品繁衍,金融风险日趋加大,金融安全受到严重挑战。因此,应当认识金融关系的高风险性和脆弱性。

金融法调整金融关系,就是要通过制定金融法律规范确认参与金融关系的各类主体的性质、法律地位,设定银行和其他非银行金融机构的权利义务,调节银行和其他非银行金融机构等金融主体与工商企业、社会组织、个人和政府之间的货币利益关系,保障金融关系的健康发展,使其符合立法者的意志和要求,以此将社会金融活动纳入法治轨道。

有金融活动,就会有政府或其他管理主体对金融活动的管理,从而产生金融管理关系。所谓金融管理关系,是指政府或其他管理主体对金融活动的规划、组织、指导、协调、检查、监督、调节和控制过程中发生的社会关系。金融管理关系与金融关系相比,具有非平等性和强制性特征。金融管理关系主要表现为两大类:金融监管关系和金融调控关系。

所谓金融监管关系,是指金融监督管理机关为规范与保护金融市场,依法对金融经营者(主要是银行和非银行金融机构)、金融消费者(主要是接受银行和非银行金融机构服务的客户和个人投资者)所从事的金融经营活动和金融消费行为进行监督管理和保护而发生的社会关系。它主要包括银行业、信托业监管关系,证券业、基金业监管关系,保险业监管关系,以及互联网金融监管关系等。例如,金融监督管理总局对商业银行的设立、变更、接管和终止进行监管而产生的金融监管关系,对各类存款、贷款与中介业务等经营活动进行监管而产生的金融监管关系,等等。

发展金融市场,保障市场在资源配置中起决定性作用,也要发挥好政府作用。其中保持宏观经济稳定是政府宏观调控职能与作用所在。金融调控是中央银行依照法律,通过制定和实施货币政策等手段实现的宏观调控,它是政府对经济活动进行宏观调控的主要手段之一。金融调控必然产生金融调控关系。所谓金融调控关系,是指国家金融当局(多为中央银行)为实现一定的宏观经济目标,在依法制定和实施各种货币政策和措施、控制和调节货币供应量或信用规模的过程中产生的社会关系,如中国人民银行运用存款准备金工具进行调控时央行与商业银行等金融机构之间产生的存款准备金关系等。

金融法既调整反映金融经营活动的平等自愿、等价有偿性质的金融关系,又调整反映政府管理金融活动的具有管理性质的金融管理关系。这两种社会关系因金融活动而往往统一于某种具体金融业,如银行业、证券业、保险业等之中。金融交易活动应遵循平等、自愿、公平和诚实信用的原则,而金融管理活动则体现了强制性和管理性。因此,金融法的调整对象具有平等性与管理性耦合的特征。

理论进阶
金融法调整
对象之论争

调整上述复杂金融关系与金融管理关系的金融法,既具有公法与私法相耦合之特征,又具有明显的社会利益本位性和综合性。这与我国经济法的本质特征相一致,因此,将金融法纳入经济法体系是科学的选择。

三、金融法的基本原则

金融法的基本原则是指金融立法、执法以及参加金融关系和金融管理关系的所有主体必须遵循的基本的行为准则。它是金融法本质和内容的最集中表现,对金融法体系中的各项制度具有普遍的指导作用。我国金融法应当确立和贯彻以下几项基本原则。

（一）稳定货币与促进经济增长相结合原则

稳定货币、避免通货膨胀是我国货币政策的主要目标,是我国金融工作的一项长期稳定的方针,同时也是货币流通规律的基本要求。为了保证货币的合理发行,保持人民币的币值基本稳定,就要使金融管理活动和金融经营活动朝着稳定货币并促进经济增长的目标发展。金融法将稳定货币与促进经济增长相结合的方针确定为法律原则,从而使经济规律的基本要求和国家金融政策一致起来,使金融政策由于被法律确定下来而得到强制执行。

（二）保障金融效率原则

金融是货币资金的流通,高效运转和畅通互联是金融市场发展的必要条件。金融作为现代经济发展的血液,缺乏效率不仅对金融市场本身造成危害,也会对实体经济的发展产生不良影响。因此,金融法应当以保障金融效率、提高经济效益为中心展开,通过金融法律制度保障宏观货币调控能力和宏观审慎监管能力,提升金融市场资源配置能力和资源动员能力,促进金融主体在经营活动中的生产结果与投入资源最大化。

（三）个体利益与社会利益平衡协调原则

金融活动和金融关系涉及各方面当事人的权益。金融法必须明确金融机构在金融活动中应当维护各方当事人的合法权益。同时,由于资金融通量大,经济关系复杂,经营风险高,加之现代社会信息交流快,金融业对社会影响极大。为此,金融法采取的货币政策工具和其他制度措施,必须考虑减少金融风险,维护国家与社会整体利益及金融安全的需要。

（四）维护金融主权与尊重国际惯例的原则

一方面,我国的金融立法要大胆地借鉴市场经济国家的金融立法经验,采取国际金融立法的惯例,培育外向型的金融市场；另一方面,又要从我国的基本国情出发,从维护国家主权、国家经济安全和促进本国经济发展入手,对外债、外汇进行必要的监督管理,并对外资银行和其他外资金融机构的活动以及我国驻外金融机构依法进行管理和必要的金融监督。

第三节　金融法的功能与作用

一、金融法的功能

金融法具有一般法的功能或职能。法作为特殊的行为规范,对人们行为的规范作用表现为：对行为主体所进行的某种行为的评价、指引、预测,对合法行为的保护、鼓励,对违法行为的谴责、警戒、预防和制裁,等等。同时,由于法体现一定的思想精神、方针政策、道德原则,所以它也具有教育功能,影响着人们的思想、道德与作风。

法所调整、规范的行为,都是一定社会关系中的行为。法在规范和约束这种行为时,实际上也就确认了某种社会关系,保护和促进了某种社会关系的发展,限制和防范了其他社会关系的发生和发展。因此,法的功能也表现为两个方面:确认与调整性功能和保护性功能。确认与调整性功能通过确认社会关系的合法性,并用法律上的权利义务的手段,将社会关系纳入有利于调整目的的轨道。保护性功能运用责任措施和保护权利措施,保护已调整好的社会关系和法律秩序。

金融法正是通过发挥上述应有的调整功能和保护功能,确认金融管理者、金融经营者和金融消费者的法律地位,明确其权利义务,促使其开展合法业务和管理;金融法通过确认与规范金融领域发生的各种金融关系,保护金融法适用范围内的各种金融关系,使其不受侵犯,从而保障金融法主体的权益;金融法通过确认和贯彻货币政策,规范金融监管行为和宏观调控行为,保障金融稳定与安全;金融法通过推进金融体制改革,管理金融活动,巩固和发展金融市场。

二、金融法的作用

金融法的功能是金融法的内在使用价值。该种价值在现实中外在地发挥出来的效果,即为金融法的作用。主要表现在以下几个方面:

(一)保障和发展金融市场

金融市场是现代市场经济发展的产物,也是现代市场经济的特征,并为促进市场经济发展服务。建立和完善社会主义市场经济体制,是我国经济体制改革的目标和战略任务。因此,积极发展和完善市场体系,充分发挥市场机制的作用,是我国政府的既定方针和主要任务之一。健全和完善市场体系,不仅要建立和完善商品市场、技术市场和劳务市场等,还要发展和完善我国金融市场。发展金融市场需要创造一些外部条件,其中包括建立能够保证良好金融秩序的法律环境。金融市场的发展对法律和管理等方面的要求更高,对经济和社会稳定影响较大。

因此,在金融市场活动中产生的银行信贷关系、证券关系、票据关系、外汇关系、信托关系、金融租赁关系和保险关系等,都必须依靠金融法律来确认和调整。尤其是从我国目前金融市场情况看,还存在证券欺诈、银行信贷违规、非法集资等违法犯罪,资金流通的地区封锁等现象。防范和制止这些现象,应当依靠法律手段,用金融法规范来调整金融活动和管理金融市场,引导各种金融活动健康发展。

总之,金融市场的建立和发展,促进了金融法的发展,丰富了金融法体系的内容。同时,金融法又积极推动和促进金融市场的发展和完善,为金融市场的健康发展提供可靠的法律保障。

(二)增强金融宏观调控能力

在我国,宏观调控体系是一个包括规划、财政、金融、产业政策等在内的相互配合和制约的系统工程。国家加强宏观调控体系的重点是,建立规划、金融、财政之间相互配合和制约,能够综合协调宏观经济政策和正确运用经济杠杆的机制。可见,金融调控机制是整个宏观调控体系中的一项配套工程,宏观调控体系是我国市场经济体制的重要内容。因此,正确认识金融调控机制在整个宏观调控体系中的地位,进而认识金融法与金融调控机制的相互关系,对于健全金融法治、加强对社会主义市场经济关系的法律调整具有重要的意义。保持经济总量的基本平衡是宏观调控的主要任务之一。在对经济总量的调节过程中,货币政策起着重要作用。银行作为筹集和再分配资金并能在此基础上创造货币的金融部门,依据货币政策,对社会总供给与总需求及其结构进行调节。随着社会主义市场经济的发展,国际金融风云变幻莫测,货币政策以及银行的这种宏观调控作用越来越重要。

要加强金融调控功能,必须建立和健全金融法治,对现实的金融活动和金融关系进行强制性的约束和指导,从而使金融活动的发展不仅尊重市场机制的作用,而且符合国家宏观调控的目标。增强宏观调控能力之所以需要金融法手段,具体说来主要有以下几点原因:

第一,金融法为贯彻和稳定货币政策提供法律保证,因而有助于国家宏观调控目标的实现。货币政策是国家宏观调控的重要手段。法律是贯彻政策的有力工具。正如列宁指出的,"意志如果是国家的意志,就应该表现为政权机关所制定的法律"[1]。马克思曾指出,"法律是肯定的、明确的、普遍的规范"[2]。它可以使国家的政策具有普遍的约束力,成为人人必须遵守的行为规范,并且以国家强制力保证其实施,从而使政策的实行更有效、更有权威、更有保障。例如,整个《中国人民银行法》都围绕着货币政策这个中心,使我国货币政策具体化、条文化、法律化,增强了中央银行宏观调控强制力。

第二,通过明确银行和其他金融机构的法律地位和具体权利义务,强化中央银行的地位,有利于加强金融机构活动的宏观管理。例如,《中国人民银行法》规定,中国人民银行是中华人民共和国的中央银行。它在国务院领导下依法独立执行货币政策,履行职责,开展业务,不受地方政府、各级政府部门、社会团体和个人的干涉。我国《商业银行法》《证券法》等其他金融法律、法规都从不同侧面规范银行行为和证券行为等其他金融行为,引导和管理金融活动符合国家宏观调控的大目标,既保障金融的活力,又使金融业活而不乱。

第三,金融调控所采用的经济手段和必要的行政手段,都需要与法律手段相结合,使之具有法律上的依据。这既是保障经济手段权威性所必需的,也是对行政手段的有效约束,使广大金融企业和个人,有法律武器对抗主观主义、命令主义,对抗非法的行政干预,保障金融政策的顺利执行,更好地发挥金融调控的调节作用。

第四,金融法与竞争法相配合,可以克服金融市场中的"失灵现象",保持宏观经济的稳定。市场机制能够在资源配置中起决定性作用,激发经济活力。但同时要看到,市场也存在自发性、盲目性和滞后性的负面作用,即"市场失灵"现象。克服这些现象需要更好发挥政府的管理作用,需要采用法律手段来制止和消除"失灵现象"。金融法在制止金融领域的"市场失灵"方面,可以发挥特殊的作用。例如,我国《商业银行法》规定:"商业银行开展业务,应当遵守公平竞争的原则,不得从事不正当竞争。"这样可以维护公平竞争的金融市场秩序。经验证明,微观经济越放开,市场化的进程越快,越要求政府监管与宏观调控有权威和力量。加强和改善金融监管和宏观调控,必须有法治作保障。

---

[1] 《列宁全集》第30卷,人民出版社2017年版,第308页。
[2] 《马克思恩格斯全集》第1卷,人民出版社1995年版,第176页。

第四节 金融法的体系

金融法根据具体调整的金融关系和金融管理关系的侧面或具体对象不同,可以划分为不同的金融法制度。这些金融法制度在金融法基本原则指导下,共同实现金融法的调整和保护功能,从而构成一个有机统一的金融法体系。所谓金融法体系,是指在金融法的基本原则指导下,根据各项具体金融法制度性质的异同和内在联系,按一定的规则构成的协调统一的整体。

关于中国金融法体系究竟包括哪些基本内容,目前法学界还存在着意见分歧。但一般认为,金融法体系结构应由金融法的调整对象所决定。如果将金融法的调整对象确定为金融关系和金融管理关系,那么,我国的金融法体系主要由以下内容构成:

一、金融主体法

每个法律部门对于其主体即其法律关系的参加者都有自己的特殊规定。从理论上看,凡是关于本部门主体构成或成立条件、程序及其性质的规范都是主体法的内容。例如,民法中有自然人、法人和非法人组织的主体规定;行政法中有行政主体与行政相对人的主体规定;刑法中有犯罪嫌疑人、犯罪人、被害人的主体规定;税法中有征税主体、纳税人的主体规定;经济法中有消费者、经营者和经济管理者的主体规定;等等。同样,在金融法中,也有关于金融消费者、金融经营者和金融管理者的相关规定。每个法律部门关于其法律主体的相关规定,被称为法律主体制度,或简称主体法。在许多情况下,民法主体都是其他法律部门主体认定的基础,比如民法中的自然人,可以分别成为行政法中的行政相对人,刑法中的犯罪嫌疑人、犯罪人、被害人,税法中的纳税人,经济法中的经营者、消费者等,但其在非民法法律中的性质已不同于民法的规定。并且,非民法中的法律主体有些具有其本部门的特殊性,需要本部门的专门法律规定对其成立或组织进行规范,如行政法中的行政组织法、经济法中的特殊经济组织法等。金融法中的中央银行、商业银行、保险公司、信托公司、基金公司、证监会、国家金融监督管理总局等,虽然都是民法中的法人,但是必须依金融法的特殊主体制度才能成立。显然,这些金融机构或金融监管机构的性质、成立和程序等规范,才是金融主体法的特色、核心和主要内容。在许多情况下,金融主体法就是特指这些专门金融机构或金融监管机构的组织法。

金融法主体是金融法关系的参加者。金融法要调整金融关系和金融管理关系,首先就要确认金融机构和政府金融管理机关的法律地位,明确它们的性质、任务、权利义务、职权、职责、业务范围、机构设置等。明确金融法主体的法律地位和治理结构的法律规范系统是金融法主体组织法(以下简称"金融主体法"),它是金融法体系中的重要组成部分。因此,金融主体法是主要调整金融经营机构和政府金融管理机构的组织关系的法律规范系统。以参加金融法关系主体的性质、业务、职责范围为标准,金融主体法又可以划分为政府金融管理机构组织法和金融机构组织法。前者如中央银行(我国为中国人民银行)组织法、证监会组织法、国家金融监督管理总局组织法等;后者如商业银行组织法、政策性银行组织法、非银行金融机构组织法和外资金融机构组织法等。需要特别指明的是,接受金融服务的消费者,如存款人、证券投资者等所有参加金融法关系的客户也是金融法的主体,受金融法保护。例如,《商业银行法》第三章专章规定了对存款人的保护。

二、金融客体法

所谓金融法关系的客体,简称金融法客体,是指能满足金融法主体的利益需要或履行法定职责而存在的客观对象,是该利益或职责的载体,是金融法主体权利义务所指向的对象。为了明确货币、证券等金融商品和金融管理或服务行为的性质,调整保护和管理金融法客体过程中产生的社会关系,需要制定金融客体法。例如,为了保护人民币、方便人民币使用、维护人民币信誉,国家制定了《人民币管理条例》;为了加强外汇管理、保障金融安全,国家发布了《外汇管理条例》等。因此,专门调整因保护和管理金融法客体而产生的社会关系的法律规范系统,就是金融客体法,它是金融法体系的重要组成部分。

三、金融经营法

为了规范金融经营者行为,保护金融经营关系,国家制定了大量的金融经营法律规范性文件,形成了金融经营法体系。

（一）商业银行经营法

商业银行经营法是调整商业银行经营关系的金融法律规范系统,是金融法的最基本的内容。商业银行经营法调整商业银行经营关系的法律规范,主要集中在《商业银行法》及其实施条例中。

（二）政策性银行经营法

政策性银行经营法是调整政策性银行经营关系的金融法律规范系统。目前我国尚未制定政策性银行经营法。

（三）证券经营法

证券经营法是证券法的主要组成部分,是调整证券经营关系的金融法律规范系统。证券经营法主要规定证券发行、证券交易、证券商经营方面的内容。证券融资是金融业的重要组成部分,因此,证券经营法是金融法的重要组成部分。

（四）保险经营法

保险经营法是调整保险经营关系的金融法律规范系统,不包括保险监管法。保险经营法一般规定保险合同、保险公司、保险经营、保险代理人和保险经纪人等内容。

（五）信托经营法

信托经营法是调整信托经营关系的金融法律规范系统,不包括信托业监管法。当代信托业已发展成为与银行业、证券业、保险业并列的现代金融体系四大支柱之一。因此,以信托为规范内容的信托法当然是金融法体系中的重要组成部分。

（六）外汇经营法

外汇经营法是调整外汇经营关系的法律规范系统,不包括调整外汇管理关系的法律规范。它主要规定外汇交易、外汇兑换等内容。

（七）票据经营法

票据经营法是调整票据经营关系的金融法律规范系统。它集中规定了票据的种类、签发、转让和票据当事人的权利义务等内容。

（八）证券投资基金经营法

证券投资基金经营法是调整证券投资基金经营关系的金融法律规范系统,不包括对证券投资基金活动监管的法律规范。它集中规定了证券投资基金管理人、托管人的权利义务,规定了基金流通等内容。

（九）期货和衍生品经营法

期货和衍生品经营法是调整期货和衍生品交易关系的金融法律规范系统。20世纪90年代,我国开始出现金融衍生品。2022年4月,国家颁布了《期货和衍生品法》。

四、金融监管法

金融监管法是调整金融业监督管理关系的法律规范系统。《银行业监督管理法》《货币市场基金监督管理办法》及《证券期货市场诚信监督管理办法》等专项监管法,连同《证券法》《保险法》《信托法》《证券投资基金法》《外汇管理条例》等法律法规中对商业银行、证券、保险、信托、基金、外汇流通等进行监管的规定,构成了我国金融监管法体系。

五、金融调控法

金融调控法是调整中央银行在控制与调节货币供给量、利率、贷款量等过程中发生的金融宏观调控关系的法律规范系统。金融调控法律规范集中表现在一国的中央银行法中。《中国人民银行法》是我国金融调控法的主要规范性文件。此外,《商业银行法》《银行业监督管理法》等法律,为执行货币政策、防范和化解金融风险、维护金融稳定,对存贷利率、同业拆借、境外借款、系统性银行业风险等作了规定;《外汇管理条例》为执行货币政策、保持国际收支平衡,对人民币汇率调整和外汇市场调控关系等作出规定。上述规定都是我国金融调控法的表现形式。

第五节 金融法调整机制

金融法调整机制是由金融活动的法律调整引申出来的一个概念。所谓金融法调整机制,是指确认和保护金融关系和金融管理关系的各种金融法手段发挥综合调整功能的有机系统。它由金融法的创制机制、金融法的实现机制和金融法的耦合机制构成。金融法调整机制运行的过程按照逻辑的先后分成三个阶段,即金融法律法规的确立、实现和适用阶段。

一、金融法的创制机制

金融法在金融法律调整机制中处于核心地位。金融法的创制机制,是指保证调整金融关系的法律规范性文件体系形成的各种法律行为或手段协调配合的统一系统。此项机制主要在金融法律、法规的制定阶段发挥作用。通过发挥金融法律创制机制的作用,可以形成金融立法体系。其形成过程的外在表现是:提出某项金融立法建议;根据建议进行调查研究,起草金融法律草案送审稿;提交有权进行审议的国家机构进行审议;某项金融法律草案经审议后投票通过,以法定的形式予以公布;自生效之日起该法律开始施行,具有法律效力。这是一项法律或几项法律形成的过程。一国的金融立法体系是由不同侧面、不同层次的金融法律、行政法规、地方性法规和条约等金融法律规范性文件构成的。

金融法律规范是一种由国家制定和保证其实现的社会规范,调整或作用的对象是金融关系和金融管理关系,反映的是国家的统一意志和金融活动规律的客观要求。金融法律规范是金融法的基本单位,是一种逻辑结构完整的特殊社会规范,包括假定、处理、制裁三个基本因素。金融法律规范的外部表现形式,是指法律规范的创立机关将法律规范的内容加以固定和表达的形式。金融法的调整对象确定了金融法的适用范围,即金融法的法律效力所涉及的领域。金融法确定金融关系和金融管理关系参加者的权利义务,引导和管理参加者的意志行为的发展方向。对金融领域立法,习近平总书记强调指出:"要及时推进金融重点领域和新兴领域立法,建立定期修法制度,不断适应金融发展实践需要。"[①]

二、金融法的实现机制

金融法的实现机制,是指促使金融法律规范的要求在社会经济生活中获得实现的各种法律行为或手段协调配合的有机系统。它是将金融法律、法规中的规定和要求转化为金融法主体的行为,是抽象的权利和义务在主体身上的具体落实,即金融法赋予的权利被享用,义务被履行,禁令被遵守。金融法的实现机制主要体现在金融法律、法规的实现阶段和适用阶段。金融法实现机制的手段或方式有三种类型:显型方式、隐型方式和强制方式。要发挥金融法的功能和作用,就必须使它在经济生活中得到真正的实现。

---

① 中共中央党史和文献研究院编:《习近平关于金融工作论述摘编》,中央文献出版社2024年版,第114页。

金融法实现的显型方式,是指通过金融法关系实现金融法律规范行为模式的转化方式。金融法关系在金融法律调整机制中具有不可替代的特殊功能,是构成整个机制的基本要素。金融法关系就是指按照金融法规范,并基于一定的金融法事实产生的具有权利、义务内容的社会关系。根据这个定义,金融法关系具有以下几个特征:金融法关系是按照金融法要求建立的社会关系;金融法关系是基于金融法所设立的一定客观事实(即金融法事实)而产生的;金融法关系是一种涉及金融法主体权利、义务的社会关系;金融法关系是一种受国家强制力保护的社会关系。

金融法实现的隐型方式,是指金融法主体不必建立某种具体联系,就能实现金融法赋予他们的权利,履行要求他们承担的义务的一种实现方式。隐型方式具有以下特点:实现金融法规范要求的一方主体是特定的,而相对一方则是不特定的;这种实现方式不要求义务人积极的作为,义务人只需不妨碍权利人行使权利即可满足权利人的经济利益;有关权利、义务的性质、范围在金融法律规范中已有明确的规定,可以直接作为金融法实现的依据,而不需要借助其他某种实现手段来实现;金融法主体的权利或义务的实现,不要求其他任何一方的请求,也不需要法院或其他执法机构的配合。

金融法有时必须有国家专门机关或国家授权的国家机关的参与才能在现实生活中得到实现。当出现这种情形时,就会产生金融法实现中的适用问题。金融法的适用是指国家机关和国家授权单位依法运用国家权力,将金融法律规范应用到具体人或组织,用来解决法的实现的具体问题的一种专门活动。当金融法律规范对金融关系的一般调整过程不能实现,需要由国家机关运用国家权力对其进行第二次调整或对已形成的金融法关系给予确认与保护时,就会产生金融法的适用问题。由于这种方式需要借助国家权力的干预,所以成为金融法实现的强制方式。

三、金融法的耦合机制

所谓金融法的耦合机制,是指在金融法调整过程中起耦合作用的各种法律手段协调配合而形成的一种有机系统。这种耦合机制运行的目标,是营造一种有利于金融业的创新和实现的法律环境。金融法的耦合机制是通过金融法律意识、金融法律教育和金融法律监督三种手段发挥耦合作用的。金融法耦合机制作用于金融法律调整的全过程,不仅能够协助金融法创制机制和实现机制共同发挥作用,其本身也有着实现金融法调整功能的作用。

金融法律意识是一种反映金融法规范、金融法关系、金融法行为等金融法律现象的社会意识,或者说是包含金融法律现象内容的特殊的社会意识。金融法律意识通过人们对金融法律的评价、对执法者的态度、对金融法实现的效果的感受等表现出来,对于现行金融法律调整机制的健康运行有促进作用。在金融法的创制过程中,金融法律意识对于立法者认识金融立法意义、选择立法思路和方法起着重要作用。在金融法的实现过程中,金融法律意识促使人们的行为与金融法规范相协调,这对于金融法的实现起着积极的作用。金融法律意识是一种贯穿金融法律调整机制运行全过程的法律现象。

金融法律意识不可能自发地提高,必须进行有意识的培养和教育。金融法律教育是金融法律调整机制中必不可少的因素,它促使金融法规范与现实金融活动的耦合,同时促使调整机制内部各种法律手段之间的耦合。金融法律监督是金融法律耦合机制的重要手段,是整个国家法律监督的组成部分。

金融法律监督,就是金融法律监督的主体对各种金融法律活动所进行的一种法律监督。金融法律监督在金融法律调整的全过程、各环节都发挥着耦合作用。通过金融法律监督,可以发现问题,及时纠正违法现象,促使人们遵守法律,促使执法者严格执法,从而保障金融法的实施。

《宪法》等

【法律适用】

基于金融关系和金融管理关系的复杂性,对它们主要通过经济法中的金融法调整,但并不排斥在某些方面也适用民法、商法、行政法或刑法的原则和规范。例如,借款合同、证券交易等除了适用商业银行法、证券法,还要适用民法的一般规定;对金融违法行为的处罚,除适用商业银行法、银行业监督管理法外,还要适用行政法的一般规定;对伪造货币、金融票据诈骗、信用证诈骗、集资诈骗等破坏金融关系和金融秩序的犯罪,必须适用刑法。可见,金融关系已经成为多个法律部门综合调整和全面有效保护的对象。总之,金融法适用问题比较复杂,但适用的原则是在优先适用作为特别法的金融法律、法规的同时,还应适用民法、行政法等法律部门的一般原则和相关规范。

【思考题】

1. 如何理解金融法的概念和它所体现的经济法特征?

思考提示:必须明确金融法和经济法的概念、调整对象,比较两者的联系,才能回答金融法所体现的经济法特征。

2. 如何建立与完善我国金融法体系?

思考提示:金融法的体系由金融法的调整对象决定,因此,要建立与完善我国金融法的科学体系,就必须研究我国金融体制、金融关系和金融管理关系的特点和构成,使我国金融法的体系符合我国金融体制、金融关系、金融管理关系的特点和要求。

3. 如何理解金融市场与金融法的关系?

思考提示:市场经济是法治经济,金融是现代市场经济的核心。发展金融市场需要创造能够保证有良好金融秩序的法治环境。同时,金融市场发展会促进金融法的发展,健全金融法制又推动和促进金融市场的发展和完善。

第二章 金融法主体

> **【重点提示】**
> 1. 金融法主体是指具有从事金融经营服务或接受金融服务消费或管理金融活动的权利能力和行为能力,并能独立承担法律责任的主体,是金融法关系的直接参加者。
> 2. 金融法主体可概括为金融消费者、金融经营者和金融管理者三类。该种归类能够体现金融法调整对象范围的要求,能够表明金融法主体所承载的金融法上权利义务的特殊性。
> 3. 中国人民银行作为我国的中央银行,具有双重性质。它既是国家机关,可以成为金融管理主体;又是从事法定金融业务的特殊金融机构,可以成为金融经营主体。
> 4. 商业银行是依法成立、以营利为目的的企业法人,是经营货币和办理中介业务的金融机构,是金融法主体体系中的主要金融经营者。
> 5. 非银行金融机构,包括证券公司、保险公司、财务公司、信托公司、金融租赁公司、金融控股公司、农村信用合作社、农村资金互助社、小额贷款公司等,是我国金融法确认的金融经营者。
> 6. 外资银行,包括外商独资银行、中外合资银行、外国银行分行等营业性机构,是依照我国有关法律、法规,经批准在中华人民共和国境内设立的金融机构,也是我国金融经营者。

第一节 金融法主体概述

金融法主体资格的确认和权益的保障,金融经营行为的规范,金融管理行为的约束,金融违法行为的惩处是金融法的主要任务。金融法主体是金融行为或金融管理行为的行为人。实现金融法任务的关键是规范金融法主体的行为。

一、金融法主体的含义

金融法主体资格的确认和权益的保障是由金融法主体组织法规定的。所谓金融法主体组织法,简称金融主体法,是指确认金融法主体资格和调整金融法主体设立、变更和终止以及与此相联系的组织关系的法律规范系统。金融法主体是金融法体系的主要组成部分,也是金融法学理论中的一个基本范畴。因此,研究金融法主体问题对于构建完备的金融法体系,深化和完善金融法学理论都具有重要意义。

金融法主体是金融法关系构成的基本要素,是金融法关系的直接参加者,它既是金融权利或权力的拥有者,又是金融义务或职责的承担者。一般而言,所谓金融法主体,是指具有从事金融经营服务或接受金融服务消费或管理金融活动的权利能力和行为能力,并能独立承担法律责任的主体。理解这一定义,应当把握以下几个要点:

第一,金融法主体是一种独立的法律主体。所谓独立的法律主体,是指在任何一种法律关系中能直接参与,并以自身的行为享受权利、承担义务,对其行为的法律后果承担责任的主体。某种社会主体能以自身的法律行为参与某种法律关系,理所当然地成为该法律关系的主体。金融法主体是金融法关系的直接参与者,它既是金融权利的享受者,又是金融义务的承担者,对其行为的法律后果能够承担法律责任,如商业银行就是金融法主体之一。因此,金融法主体同合同法主体、税法主体、劳动法主体一样,也是一类独立的法律主体。

第二,金融法主体必须是直接从事金融经营服务或接受金融服务消费或管理金融活动的主体。法律关系的主体具体地、直接地参与什么社会活动,对它成为哪种法律关系的主体有决定意义。换言之,法律关系主体参与的社会活动的性质是决定它成为哪个部门法律关系主体的基本依据。因此,金融法主体所进行的金融管理活动和直接从事金融经营服务、金融消费活动的性质,是其成为金融法主体的先决条件。这是金融法主体区别于其他法律关系主体的显著标志之一。

第三,金融法主体具有金融法上的权利能力和行为能力。凡是法律关系的主体,都应具有依法享有权利和履行义务的法律资格,即权利义务能力,简称"权利能力"。具有权利能力的人要独立地行使权利、履行义务,还必须具有行为能力。[①] 金融法主体必须具有金融法上的权利能力和行为能力,这主要由金融法的具体法律规范进行规定。

第四,金融法主体必须是独立承担法律责任的当事人。能够独立承担法律责任,是与金融法主体的独立性与必要的财产相联系的。只有具有完全独立的人格和权利能力、行为能力,才能对自己行为的法律后果负责,才能独立承担法律责任。因此,能否独立承担金融法上的责任是衡量一个自然人和组织能否成为金融法主体的标准。金融法主体是享受金融权利和承担金融义务的主体,也必须是以自己名义承担法律责任的主体。金融法主体是金融法律、法规所规定和确认的金融权利和金融义务的承担者,其权利与义务互为依存,关系密切。

第五,金融法主体必须是依法成立或合法存在的主体。关于什么自然人或组织可以成为法律关系主体以及成为何种法律关系的主体,是由一国的法律规定或确认的。[②] 任何法律关系的主体都必须依法成立或合法存在。民事主体由民事法律规范所规定或确认,金融法主体则必须由金融法的具体法律规范所规定或确认,这是金融法主体得以确立的基本前提。因此,金融法主体必须是依照金融法规范成立或者由金融法规范确认其合法存在资格的法律关系主体。例如,作为金融法主体之一的金融机构,必须是依法成立的,而作为金融消费者或个人投资者的自然人,虽然金融法没有规定其资格,但必须具有相应的自然人的民事权利能力和行为能力。

---

① 张文显:《法哲学范畴研究》(修订版),中国政法大学出版社 2001 年版,第 101 页。
② 张文显:《法哲学范畴研究》(修订版),中国政法大学出版社 2001 年版,第 102 页。

二、金融法主体的体系结构

法的调整对象决定着该法的法律关系的主体体系。金融法的调整对象对金融法的主体体系结构的组成具有决定意义。金融法的主体种类的确定及其主体体系结构的形成是由金融法的调整对象决定的。因此,根据前述金融法调整对象的内容,凡是依照金融法的规定,有资格参加金融关系和金融管理关系,并对自己的行为承担一定法律后果的主体,均能成为金融法的主体。

关于金融法的主体体系,学界很少从理论上加以概括,一般认为,金融法主体"可以是金融机构,也可以是非金融机构的国家机关、社会组织、企事业单位或个人等,其中金融机构是金融法律关系的当然主体"[1]。金融法的主体需要从理论上加以概括。这种理论概括及类型化必须反映金融法的调整对象,必须表明该类主体承载着金融法的权利义务,必须以现代金融市场的主体体系为基础。

在经济学上,消费者是与政府、生产经营企业并列的参与市场经济运行的三大主体之一。在金融学上,金融市场的主体主要有投资者、筹资者、套期保值者、套利者、监管和调控者五大类。[2]"从本质上看,金融机构和市场有助于资金从过剩方(储蓄者)流向负债消费方。"[3] 实际上,金融市场的五大类主体可以归结为三大类主体:承担或提供金融服务的金融机构(经营者);接受金融服务的居民个人、家庭、企事业组织和公权力机关(消费者);对金融市场实施监管和宏观调控的管理者(中央银行和其他政府金融监管机关)。从金融法的调整对象看,金融关系和金融管理关系的参加者虽然有政府部门、工商企业、事业组织、居民个人、银行金融机构、非银行金融机构、国际组织和外国政府等许多性质不同的主体,但归纳而言,仍是三大类,即:接受金融服务的政府机关、工商企业、事业组织、居民个人等金融消费者,提供金融经营服务的银行金融机构和非银行金融机构的金融经营者,以及对金融经营服务实施监管和对金融市场进行宏观调控的金融管理者。

因此,将金融法的主体概括为金融消费者、金融经营者和金融管理者三类,能够体现金融法调整对象范围的要求,能够表明金融法主体所承载的金融法的权利(权力)义务的特殊性。需要指出的是,在由金融消费者、金融经营者和金融管理者三类主体构成的金融法主体体系中,金融消费者是核心主体。金融经营者和金融管理者都是为金融消费者提供服务的。

第二节 金融消费者

国际金融危机爆发以来,各国金融监管当局纷纷强化金融消费者权益保护工作。从国内的情况看,随着金融创新活动不断加速,银行业产品和服务呈现多样化、专业化趋势,因信息不对称等引致的消费纠纷日渐增多,社会各界迫切希望加强对金融消费者合法权益的保护,增强公众对金融业的市场信心,金融消费者保护受到监管部门和社会各界的高度关注。2013年10月,全国

---

[1] 施一飞、束景明编著:《金融法教程》,立信会计出版社2005年版,第9页。
[2] 张亦春主编:《金融市场学》,高等教育出版社1999年版,第10页。
[3] [美]劳埃德·B.托马斯:《货币、银行与金融市场》,马晓萍等译,机械工业出版社1999年版,第32页。

人大常委会修正了《消费者权益保护法》,增加了经营者的信息披露义务,要求银行向消费者提供经营地址、联系方式、商品或者服务的数量和质量、价款或者费用、履行期限和方式、安全注意事项和风险警示、售后服务、民事责任等信息,表明我国金融消费者权益保护工作体系逐步趋于成熟。

一、金融消费者的概念

在经济法学上,消费者是一个国家的消费者保护法的主体,也是经济法的基本主体。经济法上的消费者,是指为了日常生活或公共产品消费需要而购买、使用商品、公共产品(以下所称商品包括公共产品)或者接受服务,享受消费者权益的社会个体,主要包括为了满足生活消费或公共产品消费需要而购买、使用商品或者接受服务的自然人,以及有上述行为的法人和其他社会组织。金融消费者属于消费者的范畴,只是其消费的不是一般商品或公共产品,而是金融商品,接受的是金融服务。因此,凡是购买金融商品、接受金融服务的个体(包括自然人和法人及非法人组织等)均是金融消费者。金融消费者是金融法主体体系中最广泛的基本主体。

理解金融消费者的概念,首先应当明确什么是金融商品或服务,因为只有进行金融商品或服务消费的法律主体才能够成为金融消费者。美国《多德—弗兰克华尔街改革与消费者保护法案》(以下简称《多德—弗兰克法案》)[1]规定,金融商品或服务是指直接或间接有关金融活动的,或者产生于金融活动的任何产品或服务。从归纳列举的金融活动内容可以看出,《多德—弗兰克法案》所界定的金融消费商品几乎涵盖了所有金融领域。除证券交易外的所有与金融活动直接或间接有关的产品和服务都被纳入金融消费保护的范围。英国著名的金融营销专家亚瑟·梅丹(Arthur Meidan)认为:"金融服务产品可以被合理定义为,以特定市场为目标,由一种金融机构为任意用户所提供的一整套服务。"[2]也有学者从金融工具的角度来定义,即金融商品是指金融市场的交易对象,是金融活动中与资金融通的具体形式相联系的载体,即金融工具。从上述不同定义可以明确,金融消费是满足人们现实金融需求,购买金融商品、享受金融服务的行为,是社会经济发展的产物。

二、金融消费者的特征

金融消费者与一般消费者相比具有以下特征:

一是金融消费者具有保值增值的投资意愿。金融消费者购买和使用金融商品和服务除了日常生活便利之外,在很大程度上是为了满足保值增值的投资需求,逐利是金融消费者的主要目的之一。对资金、资产的运作,不仅对私人财富产生影响,还会在一定程度上影响社会资源的配置和经济稳定。而一般消费者购买商品主要是为满足日常生活需要,获取使用价值。

二是金融消费者具有心理依赖特征。"羊群效应"在金融消费领域表现得极为突出。金融

---

[1] 此法案以领导这一立法的两位国会议员命名,他们分别是参议院银行委员会主席克里斯多弗·多德以及众议院金融服务委员会主席巴尼·弗兰克。该法案由国会制定,2010 年 7 月 21 日由美国总统巴拉克·奥巴马签署颁布,属于联邦法律,高于州法律。该法案共有 16 个主题(TITLE),全文 2253 页,近 40 万个词汇。

[2] [英]亚瑟·梅丹:《金融服务营销学》,王松奇译,中国金融出版社 2000 年版,第 99 页。

消费者的市场预期往往都是建立在"非理性"基础上的。金德尔伯格（Charles P.Kindleberger）在《金融危机史》（A History of Financial Crises）中用一个简单的比喻说明了金融危机形成的原因：猴子看，猴子学。眼看着一个个失去理性和判断力的"猴子"义无反顾地冲入信用无限膨胀的虚幻泡沫中，然而泡沫终归要破灭。在金融危机中，恐慌与盲从的心理特征在金融消费者身上表现得极为明显，行为金融学的兴起即借鉴了社会学、心理学的理论来分析经济学的理性人假设缺陷。

三、金融消费者的分类

为金融消费者提供有效、及时的保护，需要对金融消费者进行分类，对不同类别的金融消费者分别设计权利义务，如同民法对民事主体的行为能力限制范围一样，不同的消费能力也应该配以相应的法律权利义务。对金融消费者的分类将直接决定金融消费者保护机构的职能分工，从而根据不同特征的金融消费产品和服务对其消费者提供具有针对性的专业、技术保护。

对于金融消费者的分类可以有不同标准。以金融消费品的提供者为标准，可将金融消费者划分为：银行类金融消费者；证券类金融消费者；保险类金融消费者；信托类金融消费者。[①] 也可以金融产品市场为标准进行分类，将金融消费者划分为：货币市场类金融消费者；资本市场类金融消费者；储蓄市场类金融消费者；外汇市场类金融消费者；黄金市场类金融消费者；期货与期权市场类金融消费者。但是随着经济的金融化和金融的全球化，金融业的竞争加剧，混业经营、混业产品以及各个市场的交叉渗透成为不可阻挡的趋势。因此，以上分类标准很难适应金融消费的发展趋势。

日本在2006年制定的《金融商品交易法》[②]，依据主体构成、资金实力和专业经验三个标准对投资者进行划分。这样的划分可以对投资者的结构、实力、专业技能进行全方位的测量，从而给予不同类型的投资者不同程度的保护。因此，对金融消费者的划分不能只从主体结构方面考虑。对金融消费者归类保护首先应该考虑金融消费的特征，依金融消费需求的种类来划分金融消费者，这样在法律制度设计方面不仅便于操作，而且可以给予同一类型消费者平等的保护；其次，结合金融消费者的主体构成、资金实力和专业经验三个标准实现法律保护的实质正义，对不同实力的消费者给予不同的保护，从而实现法律保护的人性化。对客户和理财产品分别进行评级，按照风险匹配原则，将适合的产品卖给适合的客户的制度设计，就是对不同实力的消费者给予不同的保护制度的体现。

按照人们的财富管理需求可以将金融消费划分为以下几类：为满足交易结算便利的支付性需求；为减少成本支出的成本管理需求和增加成本支出效应的消费需求；为应付突发事件和意外

---

① 目前，中国金融监管机构就是依此标准对金融消费者（投资者）进行保护的。
② 日本在2006年制定的《金融商品交易法》中引入了"特定投资者制度"。《金融商品交易法》规定，投资者分为特定投资者与一般投资者。其中，特定投资者进一步细分为不可以变更为一般投资者的特定投资者与可以变更为一般投资者的特定投资者；一般投资者也可以细分为可以变更为特定投资者的一般投资者与不可以变更为特定投资者的一般投资者。《金融商品交易法》及其配套内阁府令（相当于我国的条例、部门规章）根据投资者的知识、经验、财产状况等因素，划定了每一类投资者的范围。

事故提供保障的保障性需求;为实现家庭财产保值增值而产生的对金融机构设计或提供的产品和服务的需求;等等。① 以上金融需求可以总结为对资金的需求、对投资的需求、对资金移动的需求、对风险管理的需求、对专业信息的需求。相应地,金融消费就可以划分为:(1)流动性金融消费,主要满足消费者的资金需求和资金流动需求;(2)收益性金融消费,主要满足消费者的投资需求;(3)信息性金融消费。与以上需求相伴的专业信息咨询则是所有类型金融消费的必要组成部分。因为专业信息咨询往往是这些类型金融消费的前提与过程保障的需要,但基于金融的专业化与技术化,信息也可以成为独立的金融消费产品。在对金融消费进行分类的前提下,金融消费者可以分为:(1)流动型金融消费者,如向银行借贷资金的消费者,是为了满足资金的流动性需求。(2)收益型金融消费者,如购买理财产品的消费者,主要是为了实现其财产的保值增值的收益性需求。(3)信息型金融消费者,如购买评级机构对证券等金融工具的评价信息的消费者。

四、金融消费者的权利义务

我国没有制定专门的金融消费者保护法,金融消费者的权利义务设置散见于《商业银行法》《保险法》《银行业消费者权益保护工作指引》等金融法律法规之中。例如,《银行业消费者权益保护工作指引》未直接明确界定银行业消费者的权利种类,而是在第一章第8条对银行业消费者的权利进行了总括性说明,即"银行业消费者有权主张自身合法权益不受侵害,并对银行业金融机构消费者权益保护工作进行监督,提出批评和建议,对侵害自身合法权益的行为和相关人员进行检举和控告"。与此同时,在全面梳理前期相关政策法规当中关于银行业消费者权益保护的规定及要求的基础上,该指引从中提炼出具有普适性、关键性的法规条款,形成了第二章"行为准则"的八项禁止性规定,即:不得在营销产品和服务过程中以任何方式隐瞒风险、夸大收益;不得在格式合同和协议文本中出现误导、欺诈等侵害银行业消费者合法权益的条款;不得主动提供与银行业消费者风险承受能力不相符合的产品和服务;不得在未经银行业消费者授权或同意的情况下向第三方提供个人金融信息;不得向银行业消费者误导销售金融产品;不得随意增加收费项目或提高收费标准;不得无故拒绝银行业消费者合理的服务需求;不得在服务中对残疾人等特殊银行业消费者有歧视性行为。从而宣示了银行业消费者的合法权益不容侵害。

金融消费者除具有一般消费者的权利义务外,还具有金融消费的特征,主要体现在以下方面:

金融消费者的权利:(1)公平交易的权利。(2)要求损害赔偿的权利。(3)获得充分信息和自主选择的权利,以便金融消费者做出理性的消费判断。(4)接受金融知识教育的权利。(5)成立代表机构和获得咨询的权利,以表达金融消费者对金融消费活动的规制、监管和调控的建议,以及对金融经营者和金融管理者提出意见和建议。

金融消费者的义务:(1)支付相应对价的义务,即金融消费者在享受产品和接受服务的同时,必须支付相应的对价。(2)理性消费的义务,即金融消费者在享有基本权利的同时,也必须履行相应的义务,包括主动学习获取金融知识和接受相关的教育,努力学习辨别金融产品

---

① 曾康霖主编:《金融学教程》,中国金融出版社2006年版,第149页。

的风险和收益比例,做到"理性消费"。(3)理性维权的义务,即金融消费者在维护自己合法消费权益过程中,必须运用法律赋予的手段和途径,做到"理性维权",不得采取过激和不合法的手段。(4)遵守法律的义务,即金融消费者必须遵守国家法律法规的规定,做一个守法的消费者。

第三节 金融经营者

一、金融经营者的概念和特征

金融经营者,表现为金融机构等,是指依法设立并以自己独立的名义获准进入金融市场,以实现一定的经济利益为目标而经营金融业务的主体。具体而言,金融经营者具有以下特征:

第一,金融经营者是一个经济实体,以实现一定的经济利益为目标。所谓一定的经济利益,可以是私人的利益或单个企业、机构、组织的利益,即私益目标,如商业银行等所有以营利为目的的金融机构都是私益性金融经营者;也可以表现为公共或社会的利益,即公益目标,如政策性银行等不以营利为目的的具有政策性、公益性特征的金融机构都是公益性金融经营者。

第二,必须依法设立。金融经营者都必须依法设立。依法设立表明其合法性,从而排除了对地下钱庄之类的非法金融组织的保护。例如,我国商业银行都是依《商业银行法》和《公司法》设立的金融经营者。只有依法设立,符合主体资格的要求,才能获准进入金融市场并从事某类金融服务业务。

第三,以自己独立的名义获准进入金融市场。金融机构包括商业银行、政策性银行、保险公司、证券公司、信托公司、资产管理公司、财务公司、金融租赁公司、金融期货公司、信用担保公司、银行卡公司和典当行等。金融经营者作为金融法主体,它们参与最广泛的金融经营和营利性服务,享有充分的自主经营权和财产权,可以进入金融市场,开展金融经营与公平竞争活动。金融法以社会整体利益(公益)为价值取向,因而要求金融经营者承担相应的社会责任,在设计金融经营主体制度时应着眼于对市场环境、竞争秩序、社会整体利益的保护。

作为金融经营者的金融机构,已为诸多具体金融法律、法规所确认。例如,《商业银行法》《保险法》《证券法》《信托法》《证券投资基金法》和《外资银行管理条例》中对相应的金融经营者的性质、地位、组织机构及其设立、变更和终止等作出了规定。

依据我国金融法理论及金融法律法规的规定,我们将金融经营者享有的一般权利归纳为:独立财产权、经营自主权、报酬或法定收费请求权、公平交易权、知识产权和获得救济的权利等。

在享受权利的同时,金融经营者还必须履行相应的义务:遵守法律和国家政策的义务,遵守公平、诚实、信用的原则和遵守商业道德的义务,提供符合法定要求或合同约定的服务的义务,保障财产安全的义务,维护市场秩序和开展公平竞争的义务,出具凭证和单据的义务,承担社会责任的义务,不得洗钱的义务和接受监督的义务,等等。

在我国,金融经营者主要包括银行金融机构和非银行金融机构两大类。银行金融机构包括政策性银行、商业银行、外资银行和民营银行。非银行金融机构种类很多,具体而言,主要有保险公司、证券公司、期货公司、基金管理公司、信托公司、金融租赁机构、财务公司、金融资产管理公司、金融控股公司、农村信用合作社、农村资金互助社[①]、小额贷款公司[②]、汽车金融公司、货币经纪公司等。

应当注意的是,作为金融经营者的金融机构,其组织形式大多为公司,但其应遵守的公司资本制度仍然是实收资本制,不同于一般公司的规定。我国公司长期以来实行的是实收资本制,即必须出资到位后才能形成公司注册资本和设立公司。这种资本制度在实践中存在资金闲置、虚假出资、抽逃出资等诸多问题。为此,2013年12月28日,第十二届全国人大常委会第六次会议对《公司法》进行了修正,随后2014年2月7日国务院发布《注册资本登记制度改革方案》,对公司注册资本制度进行了重大改革,对一般情况下的绝大多数公司实行认缴资本制,即以公司注册时股东认缴的资本为公司注册资本,无需在公司成立时缴足注册资本,并取消了最低注册资本的要求,从而大大降低了公司的设立门槛。这种改革一定程度上重新界定了政府与社会、政府与企业的权利(权力)边界,对于加快政府职能转变、创新政府监管方式、建立公平开放透明的市场规则、保障创业创新,具有重要意义。但是,包括银行业金融机构、证券公司、期货公司、基金管理公司、保险公司、保险专业代理机构和保险经纪人、直销企业、对外劳务合作企业、融资性担保公司、募集设立的股份有限公司以及劳务派遣企业、典当行、保险资产管理公司、小额贷款公司等27个行业,仍然实行注册资本实缴登记制,即实收资本制,并有最低注册资本的要求。这是基于这些特定行业的风险、信誉和政府管理的特殊性,对其注册资本和经济实力要求较高而进行的特殊规定。从国际上看,世界各国普遍对金融机构实施审慎监管,要求金融机构具备相当数量的实缴资本,以维护金融稳定。在涉及注册资本登记的内容时,我们应注意金融机构经营主体的特点。

本节主要简述政策性银行、商业银行、外资银行和保险公司、证券经营机构、信托公司、金融租赁公司和财务公司等金融经营者的组织规则,即组织法。

二、政策性银行组织法

(一)政策性银行的法律特征

政策性银行是指由政府创立、参股、保证或扶植,专门从事某一方面的政策性货币信用业务,不以营利或利润最大化为经营目标的金融机构。政策性银行大多由政府直接出资创立,如美国的进出口银行、日本的"二行九库"、韩国的开发银行。也有一些政策性银行是由政府出资、联合商业银行与其他金融机构共同创立的,如法国的对外贸易银行,它由法国中央银行——法兰西银行、信托储蓄银行以及其他几家商业银行和其他金融机构投资创立。

自1993年《国务院关于金融体制改革的决定》颁布后,我国组建了三家政策性银行:国家开发银行、中国农业发展银行和中国进出口银行。这三家政策性银行虽然各自经营的业务范围有所不同,但在组织形式上属于同一类型。对于政策性银行的组织形式,法律尚未作出明确规定,但从《国务院关于金融体制改革的决定》和三家政策性银行的章程看,它们都是独立法人,是国

---

① 2007年3月9日,经原中国银监会批准,全国首家全部由农民自愿入股组建的农村合作金融机构——吉林省梨树县闫家村百信农村资金互助社正式挂牌营业。

② 从2005年5月开始试点至2006年8月,山西日升隆、四川广元全力、贵州江口华地、陕西户县等地的小额贷款公司相继成立。

有企业法人型银行,具有以下法律特征:

第一,从依法设立的目的看,它们是政策性银行。它们负责实施国家产业政策,支持国家区域发展战略的实现,运用融资手段贯彻国家的经济政策。

第二,从财产性质看,它们的资金和财产主要是由政府财政部门拨付,故属于国家所有。政策性银行是国有独资银行。

第三,从经营管理原则看,它们按照自担风险、保本经营、不与商业性金融机构竞争的原则从事信用业务。它们与商业银行不同,不以营利为主要目的。它们的业务对象是受国家经济政策保护和鼓励、符合国家经济发展战略目标的项目,这些项目往往是为实现某一特定的政策目标服务的,具有明显的专一性。因此,它们是政府的专业银行。许多国家的专业银行相当于我们国家的政策性银行,如美国的进出口银行、德国的工业信用银行、意大利的国民劳动银行等。

第四,从与政府的关系看,它们是直属于国务院领导的政策性金融机构,与政府有着十分密切的关系,无论是在机构设置,还是在所经营的业务上,它们都不像商业银行那样独立自主,而是受政府干预较多。

在我国,政策性银行属于特殊类型的银行,目前处于发展和完善阶段,既需要完善其经营机制,也需要完善其组织形式。我国应尽早制定政策性银行法,用法律形式确定政策性银行的组织形式,明确其法律地位。我国政策性银行除中国农业发展银行采用分支行制外,其他政策性银行均采取单元制形式。

(二)政策性银行的组织机构

政策性银行一般设董事会,实行董事会领导下的行长负责制。行长为法定代表人。董事会是其最高决策机构,对国务院负责。董事会由董事长1人、副董事长2人以上、董事若干人组成。正副董事长由国务院任命,董事由有关部门提名,报国务院批准。

政策性银行一般设行长1人、副行长若干人。行长、副行长由国务院任命。行长的职责主要是:(1)负责银行全面经营管理工作;(2)组织实施董事会决议;(3)定期向董事会报告工作;(4)组织制订全行的发展规划、经营方针和年度经营计划;(5)组织制订银行的财务预算、决算方案以及税后利润分配方案;(6)组织拟订银行的人事管理、财务管理等规章制度;(7)组织拟订银行的机构设立、撤销和职能方案;(8)董事会授予的其他职责。

按照《国务院关于金融体制改革的决定》,政策性银行要设立监事会,监事会由财政部、中国人民银行、政府有关部门代表和其他人员组成。监事会受国务院委托,对政策性银行的经营方针及国有资本的保值增值情况进行监督检查;对政策性银行行长的经营业绩进行监督、评价和记录,提出任免、奖惩的建议。监事会不干预银行的具体业务。

政策性银行对其派出机构或分支机构实行垂直领导。政策性银行在业务上接受国务院有关主管部门和中国人民银行的指导和监督。其分支机构的设立须经国家金融监督管理总局批准。

(三)政策性银行体系

我国政策性银行体系是由国家开发银行、中国农业发展银行和中国进出口银行组成的。

1. 国家开发银行

国家开发银行于1994年3月17日在北京成立,是直属国务院领导的政策性金融机构。

2008年12月,经国务院批准,国家开发银行整体改制成国家开发银行股份有限公司。

国家开发银行的主要任务:按照国家的法律、法规和方针、政策,筹集和引导社会资金,支持国家的基础设施、基础产业和支柱产业中大中型基本建设和技术改造等政策性项目及其配套工程的建设,从资金来源上对固定资产投资总量进行控制和调节,优化投资结构,提高投资效益,促进国民经济持续、快速、健康地发展。

国家开发银行的业务范围:(1)人民币贷款业务。包括中长期贷款和短期贷款。中长期贷款主要用于基础设施、基础产业和支柱产业的基本建设和技术改造项目;短期贷款,用于解决开发银行业务范围内、中长期贷款合同执行完毕前的客户所需短期资金。(2)外币贷款业务。包括自营外汇贷款和转贷款。其中转贷款,包括外国政府贷款转贷款、出口信贷转贷款、境外发债转贷款、国际银团贷款转贷款、国际金融组织转贷款。(3)除信贷业务外的其他业务。目前国家开发银行已经得到批准并开展的业务包括:管理和运用国家预算内经营建设基金和贴息资金业务;承销有信贷关系的企业债券;经批准在国外发行债券,根据国家计划筹借国际商业借款业务;办理有关外国政府和国际金融组织贷款的转贷业务;办理人民币同业拆借业务;建设项目贷款的评审、咨询和担保业务;外汇贷款业务;与贷款项目有关的本外币企业存款和结算业务;贷款项下的外汇汇款业务;贷款项目进口设备项下的国际结算;贷款项目进口设备项下代客资金保值的代客外汇买卖业务;外汇担保;自营外汇买卖;发行股票以外的外币有价证券;买卖股票以外的外币有价证券;同业外汇拆借业务;资信调查、咨询、见证业务;经中国银行保险业监督管理委员会依照有关法律、行政法规和其他规定批准的业务。

2. 中国农业发展银行

中国农业发展银行于1994年11月18日在北京成立,是直属国务院领导的政策性金融机构。中国农业发展银行实行独立核算,自主、保本经营,企业化管理。

中国农业发展银行的主要任务:按照国家的法律、法规和方针、政策,以国家信用为基础,筹集农业政策性信贷资金,承担国家规定的农业政策性业务,代理财政支农资金拨付,为农业和农村发展服务。

中国农业发展银行的业务范围:(1)办理粮食、棉花、油料收购、储备、调销贷款;(2)办理肉类、食糖、烟叶、羊毛、化肥等专项储备贷款;(3)办理农、林、牧、副、渔业产业化龙头企业和粮棉油加工企业贷款;(4)办理粮食、棉花、油料种子贷款;(5)办理粮食仓储设施及棉花企业技术设备改造贷款;(6)办理农业小企业贷款和农业科技贷款;(7)办理农村基础设施建设贷款,支持范围包括农村路网、电网、水网(含饮水工程)、信息网(邮政、电信)建设,农村能源和环境设施建设;(8)办理农业综合开发贷款,支持范围包括农田水利基本建设和改造、农业生产基地开发与建设、农业生态环境建设、农业技术服务体系和农村流通体系建设;(9)办理县域城镇建设贷款,贷款使用范围为县域(包括县级市、城市郊区郊县)内的城镇化建设,贷款用途为城镇基础设施、文化教育卫生和环境设施、便民商业设施和农民集中住房(包括农村集中居住区、棚户区、泥草房等)改造工程建设;(10)办理农业生产资料贷款,支持范围包括农业生产资料的流通和销售环节;(11)在已批准业务范围内开展外汇贷款业务;(12)为已批准业务范围内客户办理资本、贸易和非贸易项下的国际结算业务,以及与国际结算业务相配套的外汇存款、外汇汇款、同业外汇拆借、代客外汇买卖等业务;(13)在设有分支机构的县域(包括县级市、城市郊区郊县)地区办理除居民储蓄存款之外的公众存款业务,办理业务范围内企事业单位的存款及协议存款等业务;(14)发行金融债券;(15)代理财政支农资金的拨付;(16)办理开户企事业单位结算;

（17）办理代理保险、代理资金结算、代收代付等中间业务；（18）办理同业拆借、票据转贴现、债券回购和现券交易、同业存款存出等业务；（19）办理经国务院或国家金融监督管理总局批准的其他业务。

3. 中国进出口银行

中国进出口银行成立于 1994 年 4 月 26 日，同年 7 月 1 日正式挂牌运营。中国进出口银行是直属国务院领导的政策性金融机构。它不以营利为目的，专为贯彻国家外贸政策和出口产业政策，直接或间接地从事政策性融资活动，实行自主、保本经营。中国进出口银行是在外贸融资这一特定领域里利用特殊的信贷手段和其他金融工具，为进出口商这一特定客户服务的银行。

中国进出口银行是我国外经贸支持体系的重要力量和金融体系的重要组成部分，是我国机电产品、成套设备和高新技术产品出口和对外承包工程及各类境外投资的政策性融资主渠道、外国政府贷款的主要转贷行和中国政府援外优惠贷款的承贷行，为促进我国开放型经济的发展发挥着越来越重要的作用。

中国进出口银行的主要任务：为扩大我国机电产品、成套设备和高新技术产品进出口，推动有比较优势的企业开展对外承包工程和境外投资，促进对外关系发展和国际经贸合作，提供金融服务。

中国进出口银行的业务范围：（1）办理出口信贷和进口信贷；（2）办理对外承包工程和境外投资类贷款；（3）办理中国政府对外优惠贷款；（4）提供对外担保；（5）转贷外国政府和金融机构提供的贷款；（6）办理本行贷款项下的国际国内结算业务和企业存款业务；（7）在境内外资本市场、货币市场筹集资金；（8）办理国际银行间的贷款，组织或参加国际、国内银团贷款；（9）从事人民币同业拆借和债券回购；（10）从事自营外汇资金交易和经批准的代客外汇资金交易；（11）办理与本行业务相关的资信调查、咨询、评估和见证业务；（12）经批准或受委托的其他业务。

三、商业银行组织法

（一）商业银行的性质和组织形式

我国的商业银行，在性质上，是依照《商业银行法》和《公司法》设立的企业法人，它依法开展业务，不受任何单位和个人的干涉，并以其全部法人财产独立承担民事责任；在经营上，以营利为目的，是吸收公众存款、发放贷款（即经营货币）和办理结算等中介业务的金融机构；在金融法主体体系中，是金融法确认的金融经营者。

世界各国商业银行的组织形式不尽相同。有的国家法律要求商业银行必须是法人，有的国家则允许采取合伙或个体经营的形式。

我国《商业银行法》第 17 条规定，商业银行的组织形式、组织机构适用《公司法》的规定。所以，在我国设立商业银行，采取《公司法》规定的有限责任公司（包括国有独资公司）和股份有限公司两种组织形式。

1. 有限责任公司形式的商业银行

有限责任公司形式的商业银行是指两个以上股东共同出资，股东以其出资额为限对银行承担责任,银行以其全部资产对外承担责任的商业银行,如中国邮政储蓄银行有限责任公司[①]、中国首家村镇银行[②]。

2. 股份有限公司形式的商业银行

股份有限公司形式的商业银行是指将全部资产分为等额股份,采取发起设立或以公开发行股票形式设立的商业银行。股份有限公司形式的商业银行的股东以其所持股份为限对银行承担责任,商业银行以其全部资产对外承担责任。目前我国大部分商业银行采用这种公司形式,如中国工商银行股份有限公司、交通银行股份有限公司等。

(二)商业银行的组织机构

按照《商业银行法》和《公司法》有关组织机构的规定,商业银行设股东会(或股东大会)、董事会、监事会。股东会是权力机构。董事会是对股东会负责的执行机关,董事会可以聘任总经理。监事会是监督机构。

《商业银行法》第27条规定,下列人员不得担任商业银行的董事、高级管理人员:(1)因犯有贪污、贿赂、侵占财产、挪用财产罪或者破坏社会经济秩序罪,被判处刑罚,或者因犯罪被剥夺政治权利的;(2)担任因经营不善破产清算的公司、企业的董事或者厂长、经理,并对该公司、企业的破产负有个人责任的;(3)担任因违法被吊销营业执照的公司、企业的法定代表人,并负有个人责任的;(4)个人所负数额较大的债务到期未清偿的。

商业银行的组织机构包括其分支机构。《商业银行法》第19条规定,商业银行根据业务需要可以在中国境内外设立分支机构。

(三)商业银行的设立

1. 商业银行的设立条件

设立商业银行,应当具备的条件主要有:(1)有符合《商业银行法》和《公司法》规定的章程;(2)有符合法律规定最低限额的注册资本;(3)有具备任职专业知识和业务工作经验的董事、高级管理人员;(4)有健全的组织机构和管理制度;(5)有符合要求的营业场所、安全防范措施和与业务有关的其他设施。设立商业银行,还应当符合其他审慎性条件。

2. 商业银行的注册资本

根据《商业银行法》第13条的规定,设立全国性商业银行的注册资本最低限额为10亿元人民币;设立城市商业银行的注册资本最低限额为1亿元人民币;设立农村商业银行的注册资本最低限额为5 000万元人民币。注册资本应当是实缴资本。国务院银行业监督管理机构根据审慎监管的要求可以调整注册资本最低限额,但不得少于前述规定的限额。

3. 商业银行的设立程序

设立商业银行,申请人应当经国务院银行业监督管理机构审查批准。经审查符合条件的,申请人应填写正式申请表,并提交法律规定的文件、资料。对正式批准设立的商业银行,由国务院

---

① 原中国银监会于2006年12月31日正式批准中国邮政储蓄银行开业,同意中国邮政集团公司以全资方式出资组建中国邮政储蓄银行有限责任公司。

② 2007年3月1日,经四川银监局批准的四川仪陇县惠民村镇银行有限责任公司开业,该行是一家注册资本为200万元的小型有限责任公司形式的商业银行。

银行业监督管理机构颁发经营许可证。申请人凭该经营许可证,向市场监督管理部门办理注册登记,领取营业执照。经批准设立的商业银行分支机构,也应由国务院银行业监督管理机构颁发经营许可证,并凭该许可证向市场监督管理部门办理登记,领取营业执照。

4. 商业银行分支机构的设立

设立分支机构必须经国务院银行业监督管理机构审查批准。商业银行在中国境内设立分支机构,应当按照规定拨付与其经营规模相适应的营运资金额。拨付各分支机构营运资金额的总和,不得超过总行资本金总额的60%。商业银行对其分支机构实行全行统一核算、统一调度资金、分级管理的财务制度。商业银行分支机构不具有法人资格,在总行授权范围内依法开展业务,其民事责任由总行承担。

(四)商业银行的变更

商业银行设立后,在经营过程中,因某些特殊原因,会发生变更。商业银行发生变更应经国务院银行业监督管理机构批准。根据《商业银行法》第24条的规定,商业银行变更事项主要有:变更名称;变更注册资本;变更总行或者分支机构所在地;调整业务范围;变更持有资本总额或者股份总额5%以上的股东;修改章程;国务院银行业监督管理机构规定的其他变更事项。更换董事、高级管理人员时,应当报经国务院银行业监督管理机构审查其任职资格。

(五)商业银行的接管与终止

1. 商业银行的接管

接管是政府银行业监管机关依法保护商业银行经营安全性、合法性的一项重要措施,可以说是一项预防性拯救措施。它虽然不是任何商业银行破产清算都必须经过的程序,但对于挽救有可能免于破产的商业银行和促其合法经营,保障存款人的合法权益,具有十分重要的作用,因为接管的实质就是为了充分利用一切机会和可能进行挽救。因此,《商业银行法》第64条规定,商业银行已经或者可能发生信用危机,严重影响存款人的利益时,国务院银行业监督管理机构可以对该银行实行接管。接管的目的是对被接管的商业银行采取必要措施,以保护存款人的利益,恢复商业银行的正常经营能力。可见,接管措施主要是为了促使被接管的商业银行尽快恢复正常经营能力。对接管期限届满仍不能恢复正常经营能力的商业银行,国务院银行业监督管理机构可决定终止接管,而由人民法院按照法律规定的程序依法宣告其破产。

接管是有条件的。所谓接管条件,又称接管原因,是指商业银行被接管时应具备的要件。只有具备了这种要件,国务院银行业监督管理机构才可以对商业银行宣布接管。实际上,《商业银行法》第64条规定的就是接管条件,即当商业银行已经或者可能发生信用危机,严重影响存款人的利益时,就可以对该银行实行接管。

需强调的是,被接管的商业银行的债权债务关系不因接管而变化。被接管的商业银行一方面应对被接管前的债权、债务负责;另一方面,还应对被接管期间发生的债权债务负责。因此,在接管后,被接管的商业银行的债权债务关系不会因接管而发生变化,也就是说并不因此而由接管的机构承担,而应继续由被接管的商业银行承担。

接管由国务院银行业监督管理机构决定,并组织实施。国务院银行业监督管理机构的接管决定应当载明下列内容:被接管的商业银行名称;接管理由;接管组织;接管期限。同时,《商业银行法》规定,接管决定由国务院银行业监督管理机构予以公告。

接管自接管决定实施之日起开始。也就是说,国务院银行业监督管理机构作出接管决定书时,还不意味着已对其进行接管。自接管开始之日起,由接管组织行使商业银行的经营管理权力。接管期限届满,国务院银行业监督管理机构可以决定延期,但接管期限最长不得超过2年。

接管可以终止。接管终止,是指国务院银行业监督管理机构结束对商业银行的接管。接管终止应具备一定条件。《商业银行法》第68条规定,凡有下列情形之一的,接管终止:(1)接管决定规定的期限届满或者国务院银行业监督管理机构决定的接管延期届满;(2)接管期限届满前,该商业银行已恢复正常经营能力;(3)接管期限届满前,该商业银行被合并或者被依法宣告破产。

2. 商业银行的终止

终止是指商业银行法人资格的丧失,即民事权利能力和民事行为能力的丧失。《商业银行法》第72条规定,商业银行因解散、被撤销和被宣告破产而终止。因此,商业银行的终止有三种情形:(1)商业银行因解散而终止。商业银行因分立、合并或者出现公司章程规定的解散事由需要解散的,应当向国务院银行业监督管理机构提出申请,并附解散的理由和支付存款的本金和利息等债务清偿计划,报经国务院银行业监督管理机构批准后解散。商业银行被批准解散的,应当依法成立清算组,进行清算,按照清偿计划及时偿还存款本金和利息等债务。(2)商业银行因被撤销而终止。商业银行因吊销经营许可证被撤销的,由国务院银行业监督管理机构依法组织成立清算组,进行清算,按照清偿计划及时偿还存款本金和利息等债务。(3)商业银行因被宣告破产而终止。商业银行不能支付到期债务,经国务院银行业监督管理机构同意,由人民法院依法宣告其破产。商业银行被宣告破产的,由人民法院组织国务院银行业监督管理机构等有关部门和有关人员成立清算组,进行清算。商业银行破产清算时,在支付清算费用、所欠职工工资和劳动保险费用后,应当优先支付个人储蓄存款的本金和利息。

四、外资银行组织法

(一)外资银行的概念与分类

为了适应对外开放和经济发展的需要,加强和完善对外资银行的监督管理,促进银行业的稳健运行,国务院通过了《外资银行管理条例》。外资银行是指依照我国有关法律、法规,经批准在中国境内设立的下列机构:(1)外商独资银行,即一家外国银行单独出资或者一家外国银行与其他外国金融机构共同出资设立的银行。所谓外国银行,是指在中华人民共和国境外注册并经所在国家或者地区金融监管当局批准或者许可的商业银行。所谓外国金融机构,是指在中华人民共和国境外注册并经所在国家或者地区金融监管当局批准或者许可的金融机构。(2)中外合资银行,即外国金融机构与中国的公司、企业共同出资设立的银行。(3)外国银行分行。(4)外国银行代表处。外商独资银行、中外合资银行和外国银行分行,统称外资银行营业性机构。

外资银行必须遵守中国法律、法规,不得损害中国的国家利益、社会公共利益。外资银行的正当活动和合法权益受中国法律保护。外商独资银行、中外合资银行的分支机构在总行授权范围内开展业务,其民事责任由总行承担。外国银行分行及其分支机构的民事责任由其总行承担。外国银行代表处的行为所产生的民事责任,由其所代表的外国银行承担。

(二)外资银行的经营范围

1. 外商独资银行、中外合资银行的经营范围

外商独资银行、中外合资银行按照国务院银行业监督管理机构批准的业务范围,可以经营下列部分或者全部外汇业务和人民币业务:(1)吸收公众存款;(2)发放短期、中期和长期贷款;(3)办理票据承兑与贴现;(4)代理发行、代理兑付、承销政府债券;(5)买卖政府债券、金融债券,买卖股票以外的其他外币有价证券;(6)提供信用证服务及担保;(7)办理国内外结算;(8)买卖、代理买卖外汇;(9)代理收付款项及代理保险业务;(10)从事同业拆借;(11)从事银行卡业务;(12)提供保管箱服务;(13)提供资信调查和咨询服务;(14)经国务院银行业监督管理机构批准的其他业务。外商独资银行、中外合资银行经中国人民银行批准,可以经营结汇、售汇业务。

2. 外国银行分行、代表处的经营范围

外国银行分行按照国务院银行业监督管理机构批准的业务范围,可以经营下列部分或者全部外汇业务以及人民币业务:(1)吸收公众存款;(2)发放短期、中期和长期贷款;(3)办理票据承兑与贴现;(4)代理发行、代理兑付、承销政府债券;(5)买卖政府债券、金融债券,买卖股票以外的其他外币有价证券;(6)提供信用证服务及担保;(7)办理国内外结算;(8)买卖、代理买卖外汇;(9)代理收付款项及代理保险业务;(10)从事同业拆借;(11)提供保管箱服务;(12)提供资信调查和咨询服务;(13)经国务院银行业监督管理机构批准的其他业务。外国银行分行可以吸收中国境内公民每笔不少于50万元人民币的定期存款。外国银行分行经中国人民银行批准,可以经营结汇、售汇业务。外国银行代表处可以从事与其代表的外国银行业务相关的联络、市场调查、咨询等非经营性活动。

3. 外资银行营业性机构经营人民币业务的条件

外资银行营业性机构经营业务范围内的人民币业务的,应当符合国务院银行业监督管理机构规定的审慎性要求。

(三)外资银行的设立与登记

1. 外资银行的设立

在我国,设立外资银行及其分支机构,必须经国务院银行业监督管理机构审查批准。外资银行的注册资本要求:外商独资银行、中外合资银行的注册资本最低限额为10亿元人民币或者等值的自由兑换货币。注册资本应当是实缴资本。外商独资银行、中外合资银行在中国境内设立的分行,应当由其总行无偿拨给人民币或者自由兑换货币的营运资金。外商独资银行、中外合资银行拨给各分支机构营运资金的总和,不得超过总行资本金总额的60%。外国银行分行应当由其总行无偿拨给不少于2亿元人民币或者等值的自由兑换货币的营运资金。国务院银行业监督管理机构根据外资银行营业性机构的业务范围和审慎监管的需要,可以提高注册资本或者营运资金的最低限额,并规定其中的人民币份额。

拟设外商独资银行、中外合资银行的股东或者拟设分行、代表处的外国银行应当具备下列条件:(1)具有持续盈利能力,信誉良好,无重大违法违规记录;(2)拟设外商独资银行的股东、中外合资银行的外方股东或者拟设分行、代表处的外国银行具有从事国际金融活动的经验;(3)具有有效的反洗钱制度;(4)拟设外商独资银行的股东、中外合资银行的外方股东或者拟设分行、代表处的外国银行受到所在国家或者地区金融监管当局的有效监管,并且其申请经所在国家或者地区金融监管当局同意;(5)国务院银行业监督管理机构规定的其他审慎性条件。

拟设外商独资银行的股东、中外合资银行的外方股东或者拟设分行、代表处的外国银行所在国家或者地区应当具有完善的金融监督管理制度,并且其金融监管当局已经与国务院银行业监督管理机构建立良好的监督管理合作机制。拟设外商独资银行的股东应当为金融机构,除应当具备上述规定的条件外,其中唯一或者控股股东还应当具备下列条件:(1)为商业银行;(2)资本充足率符合所在国家或者地区金融监管当局以及国务院银行业监督管理机构的规定。

拟设中外合资银行的股东除应当具备上述股东规定的条件外,其中外方股东及中方唯一或者主要股东应当为金融机构,且外方唯一或者主要股东还应当具备下列条件:(1)为商业银行;(2)资本充足率符合所在国家或者地区金融监管当局以及国务院银行业监督管理机构的规定。

拟设分行的外国银行除应当具备上述规定的相关条件外,其资本充足率还应当符合所在国家或者地区金融监管当局以及国务院银行业监督管理机构的规定。

2. 外资银行的登记

经批准设立的外资银行营业性机构,应当凭金融许可证向市场监督管理部门办理登记,领取营业执照。

经批准设立的外国银行代表处,应当凭批准文件向市场监督管理部门办理登记,领取外国企业常驻代表机构登记证。

外资银行有下列情形之一的,应当经国务院银行业监督管理机构批准,并按照规定提交申请资料,依法向市场监督管理部门办理有关登记:(1)变更注册资本或者营运资金;(2)变更机构名称、营业场所或者办公场所;(3)调整业务范围;(4)变更股东或者调整股东持股比例;(5)修改章程;(6)国务院银行业监督管理机构规定的其他情形。

(四)外资银行的终止与清算

外资银行营业性机构自行终止业务活动的,应当在终止业务活动30日前以书面形式向国务院银行业监督管理机构提出申请,经审查批准予以解散或者关闭并进行清算。

外资银行营业性机构已经或者可能发生信用危机,严重影响存款人和其他客户合法权益的,国务院银行业监督管理机构可以依法对该外资银行营业性机构实行接管或者促成机构重组。

外资银行营业性机构因解散、关闭、依法被撤销或者宣告破产而终止的,其清算的具体事宜,依照中华人民共和国有关法律、法规的规定办理。外资银行营业性机构清算终结,应当在法定期限内向原登记机关办理注销登记。外国银行代表处自行终止活动的,应当经国务院银行业监督管理机构批准予以关闭,并在法定期限内向原登记机关办理注销登记。

五、保险公司组织法

（一）保险公司的概念和组织形式

在我国,保险公司,是指经国务院保险监督管理机构批准成立,并依法登记注册的专门经营商业保险业务的公司,包括人寿保险公司、财产保险公司和再保险公司三大类。保险业的组织形式各国多遵循法定主义原则。[①] 我国保险业组织形式也采取法定主义原则,实行公司组织形式。

（二）保险公司的设立

在我国,设立保险公司必须遵守《保险法》第67、68条的规定:(1)必须经国务院保险监督管理机构批准。(2)主要股东具有持续盈利能力,信誉良好,最近3年内无重大违法违规记录,净资产不低于人民币2亿元。(3)有符合《保险法》和《公司法》规定的章程。(4)有符合《保险法》规定的注册资本最低限额。目前设立保险公司,其注册资本的最低限额为人民币2亿元,且必须为实缴货币资本。(5)有具备任职专业知识和业务工作经验的董事、监事和高级管理人员。(6)有健全的组织机构和管理制度。(7)有符合要求的营业场所和与经营业务有关的其他设施。(8)法律、行政法规和国务院保险监督管理机构规定的其他条件。

申请设立保险公司,应当提交下列文件、资料:(1)设立申请书,申请书应当载明拟设立的保险公司的名称、注册资本、业务范围等。(2)可行性研究报告,包括发展规划、经营策略、组织机构框架和风险控制体系等。(3)筹建方案。(4)保险公司章程草案。(5)投资人的营业执照或者其他背景资料,经会计师事务所审计的上一年度财务会计报告。(6)投资人认可的筹备组负责人和拟任董事长、经理名单及本人认可证明。(7)国务院保险监督管理机构规定的其他材料。

设立保险公司的申请经初步审查合格后,申请人还应当自收到批准筹建通知之日起1年内依照《保险法》和《公司法》的规定完成保险公司的筹建工作,筹建期间不得从事保险经营活动。提出开业申请,应当提交下列材料:(1)开业申请书。(2)创立大会决议,没有创立大会决议的,应当提交全体股东同意申请开业的文件或者决议。(3)公司章程。(4)股东名称及其所持股份或者出资的比例,资信良好的验资机构出具的验资证明,资本金入账原始凭证复印件。(5)国家金融监督管理总局规定股东应当提交的有关材料。(6)拟任该公司董事、监事、高级管理人员的简历以及相关证明材料。(7)公司部门设置以及人员基本构成。(8)营业场所所有权或者使用权的证明文件。(9)按照拟设地的规定提交有关消防证明。(10)拟经营保险险种的计划书、3年经营规划、再保险计划、中长期资产配置计划以及业务、财务、合规、风险控制、资产管理、反洗钱等主要制度。(11)信息化建设情况报告。(12)公司名称预先核准通知。(13)国务院保险监督管理机构规定提交的其他材料。

经过批准开业的保险公司,由批准部门颁发经营保险业务许可证,并凭经营保险业务许可证

---

① 邹海林:《保险法教程》,首都经济贸易大学出版社2002年版,第209页。

向市场监督管理部门办理登记注册手续,领取营业执照。保险公司自取得经营保险业务许可证之日起6个月内无正当理由未办公司设立登记的,其经营保险业务许可证自动失效。保险公司成立后应当按照其注册资本总额的20%提取保证金,存入保险监督管理机构指定的银行,除保险公司清算时用于清偿债务外,不得动用。

保险公司申请设立分支机构,应当向保险监督管理机构提出书面申请,并提交下列材料:(1)设立申请书;(2)拟设机构3年业务发展规划和市场分析材料;(3)拟任高级管理人员的简历及相关证明材料;(4)国务院保险监督管理机构规定的其他材料。

经过批准设立的保险公司及分支机构,由批准部门颁发经营保险业务许可证,并凭经营保险业务许可证向市场监督管理部门办理登记,领取营业执照。保险公司自取得经营保险业务许可证之日起6个月内无正当理由未办登记的,其经营保险业务许可证自动失效。保险公司分支机构不具有法人资格,其民事责任由保险公司承担。保险公司在中华人民共和国境外设立子公司、分支机构、代表机构,应当经国务院保险监督管理机构批准。外国保险机构在中华人民共和国境内设立代表机构,应当经国务院保险监督管理机构批准。代表机构不得从事保险经营活动。

(三)保险公司的变更

保险公司成立后,不得任意变更经批准的事项,需要变更法定事项的,必须经保险监督管理机构批准。根据《保险法》第84条的规定,保险公司变更下列事项之一的,须经保险监督管理机构批准:(1)变更名称。(2)变更注册资本。(3)变更公司或者分支机构的营业场所。(4)撤销分支机构。(5)公司分立或者合并。(6)修改公司章程。(7)变更出资额占有限责任公司资本总额5%以上的股东,或者变更持有股份有限公司股份5%以上的股东。(8)国务院保险监督管理机构规定的其他变更事项。保险公司更换董事长、总经理,应当报经保险监督管理机构审查其任职资格。

(四)保险公司的组织机构

根据《保险法》第94条的规定,保险公司,除《保险法》另有规定外,适用《公司法》的规定。因此,保险公司的组织机构,应适用《保险法》和《公司法》的规定。

(五)保险公司的终止及清算

根据《保险法》的规定,保险公司的终止有以下几种原因和方式:

1. 因解散而终止。根据《保险法》第89条的规定,保险公司因分立、合并,或者股东会、股东大会决议或者公司章程规定的解散事由出现,经国务院保险监督管理机构批准后解散。保险公司解散的,应当依法成立清算组,进行清算。但是经营有人寿保险业务的保险公司,除分立、合并或者被依法撤销外,不得解散。

2. 因撤销而终止。根据《保险法》第149条的规定,保险公司因违法经营被依法吊销经营保险业务许可证的,或者偿付能力低于国务院保险监督管理机构规定标准,不予撤销将严重危害保险市场秩序、损害公共利益的,由国务院保险监督管理机构予以撤销并公告,依法及时组织清算组进行清算。

3. 因依法宣告破产而终止。根据《保险法》第90条的规定,保险公司有《企业破产法》第2

条规定情形,不能清偿到期债务,并且资产不足以清偿全部债务或者明显缺乏清偿能力的,或者有明显丧失清偿能力可能的,经国务院保险监督管理机构同意,保险公司或者其债权人可以依法向人民法院申请重整、和解或者破产清算;国务院保险监督管理机构也可以依法向人民法院申请对该保险公司进行重整或者破产清算。

经营有人寿保险业务的保险公司被依法撤销或者被依法宣告破产的,其持有的人寿保险合同及责任准备金,必须转让给其他经营有人寿保险业务的保险公司;不能同其他保险公司达成转让协议的,由国务院保险监督管理机构指定经营有人寿保险业务的保险公司接受转让。转让或者由国务院保险监督管理机构指定接受转让上述规定的人寿保险合同及责任准备金的,应当维护被保险人、受益人的合法权益。

保险公司依法破产的,破产财产优先支付其破产费用后,按照下列顺序清偿:(1)所欠职工工资和医疗、伤残补助、抚恤费用,所欠应当划入职工个人账户的基本养老保险、基本医疗保险费用,以及法律、行政法规规定应当支付给职工的补偿金。(2)赔偿或者给付保险金。(3)保险公司欠缴的除第(1)项规定以外的社会保险费用和所欠税款。(4)普通破产债权。破产财产不足清偿同一顺序清偿要求的,按照比例分配。破产保险公司的董事、监事和高级管理人员的工资,按照该公司职工的平均工资计算。保险公司依法终止其业务活动的,应当注销其经营保险业务许可证。

六、证券经营者组织法

证券经营者,即证券市场主体,包括证券公司、证券登记结算机构、证券服务机构等。

(一)证券公司

1. 证券公司的定义。在金融法上,证券公司是经营证券业务的金融经营者,其组织形式一般采取有限责任公司或者股份有限公司的形式。

2. 设立证券公司的条件。设立证券公司,必须经国务院证券监督管理机构审查批准。未经国务院证券监督管理机构批准,任何单位和个人不得经营证券业务。依照《证券法》第118条的规定,设立证券公司,应当具备下列条件并经国务院证券监督管理机构批准:(1)有符合法律、行政法规规定的公司章程;(2)主要股东及公司的实际控制人具有良好的财务状况和诚信记录,最近3年无重大违法违规记录;(3)有符合该法规定的注册资本;(4)董事、监事、高级管理人员、从业人员符合《证券法》规定的条件;(5)有完善的风险管理与内部控制制度;(6)有合格的经营场所、业务设施和信息技术系统;(7)法律、行政法规规定的和经国务院批准的国务院证券监督管理机构规定的其他条件。

3. 证券公司的经营范围。根据《证券法》第120条的规定,经国务院证券监督管理机构核准,取得经营证券业务许可证,证券公司可以经营下列部分或者全部业务:(1)证券经纪;(2)证券投资咨询;(3)与证券交易、证券投资活动有关的财务顾问;(4)证券承销与保荐;(5)证券融资融券;(6)证券做市交易;(7)证券自营;(8)其他证券业务。

4. 证券公司的注册资本最低限额。证券公司经营上述第(1)项至第(3)项业务的,注册资本最低限额为人民币5 000万元;经营第(4)项至第(8)项业务之一的,注册资本最低限额为人民币1亿元;经营第(4)项至第(8)项业务中两项以上的,注册资本最低限额为人民币5亿元。证券公司的注册资本应当是实缴资本。

5. 证券公司的登记。证券公司设立申请获得批准后,申请人应当在规定的期限内向公司登记机关申请设立登记,领取营业执照。证券公司应当自领取营业执照之日起15日内,向国务院证券监督管理机构申请经营证券业务许可证。未取得经营证券业务许可证,证券公司不得经营证券业务。

（二）证券登记结算机构

证券登记结算机构是为证券交易提供集中登记、存管与结算服务,不以营利为目的的法人。设立证券登记结算机构必须经国务院证券监督管理机构批准。设立证券登记结算机构,应当具备下列条件:(1)自有资金不少于人民币2亿元;(2)具有证券登记、存管和结算服务所必需的场所和设施;(3)国务院证券监督管理机构规定的其他条件。

证券登记结算机构的服务或经营的业务:(1)证券账户、结算账户的设立;(2)证券的存管和过户;(3)证券持有人名册登记;(4)证券交易的清算和交收;(5)受发行人的委托派发证券权益;(6)办理与上述业务有关的查询、信息、服务;(7)国务院证券监督管理机构批准的其他业务。证券登记结算采取全国集中统一的运营方式。证券登记结算机构章程、业务规则应当依法制定,并经国务院证券监督管理机构批准。证券持有人持有的证券,在上市交易时,应当全部存管在证券登记结算机构。证券登记结算机构不得挪用客户的证券。证券登记结算机构应当向证券发行人提供证券持有人名册及其有关资料。证券登记结算机构应当根据证券登记结算的结果,确认证券持有人持有证券的事实,提供证券持有人登记资料。证券登记结算机构应当保证证券持有人名册和登记过户记录真实、准确、完整,不得隐匿、伪造、篡改或者毁损。

证券登记结算机构应当采取下列措施保证业务的正常进行:(1)具有必备的服务设备和完善的数据安全保护措施;(2)建立完善的业务、财务和安全防范等管理制度;(3)建立完善的风险管理系统。证券登记结算机构应当妥善保存登记、存管和结算的原始凭证及有关文件和资料。其保存期限不得少于20年。

证券登记结算机构应当设立证券结算风险基金,用于垫付或者弥补因违约交收、技术故障、操作失误、不可抗力造成的证券登记结算机构的损失。证券结算风险基金从证券登记结算机构的业务收入和收益中提取,并可以由结算参与人按照证券交易业务量的一定比例缴纳。证券结算风险基金的筹集、管理办法,由国务院证券监督管理机构会同国务院财政部门规定。证券结算风险基金应当存入指定银行的专门账户,实行专项管理。证券登记结算机构以证券结算风险基金赔偿后,应当向有关责任人追偿。

证券登记结算机构申请解散,应当经国务院证券监督管理机构批准。投资者委托证券公司进行证券交易,应当通过证券公司申请在证券登记结算机构开立证券账户。证券登记结算机构应当按照规定为投资者开立证券账户。

证券登记结算机构为证券交易提供净额结算服务时,应当要求结算参与人按照货银对付的原则,足额交付证券和资金,并提供交收担保。在交收完成之前,任何人不得动用用于交收的证券、资金和担保物。结算参与人未按时履行交收义务的,证券登记结算机构有权按照业务规则处理上述所述财产。证券登记结算机构按照业务规则收取的各类结算资金和证券,必须存放于专门的清算交收账户,只能按业务规则用于已成交的证券交易的清算交收,不得被强制执行。

（三）证券服务机构

证券服务机构是专门从事证券服务业务的证券经营主体,包括投资咨询机构、财务顾问机构、资信评级机构、资产评估机构、会计师事务所、律师事务所等。证券服务机构从事证券服务业务,必须经国务院证券监督管理机构核准。

证券服务机构为证券的发行、上市、交易等证券业务活动制作、出具审计报告及其他鉴定报告、资产评估报告、财务顾问报告、资信评级报告或者法律意见书等文件,应当勤勉尽责,对所依据的文件资料内容的真实性、准确性、完整性进行核查和验证。其制作、出具的文件有虚假记载、误导性陈述或者重大遗漏,给他人造成损失的,应当与委托人承担连带赔偿责任,但是能够证明自己没有过错的除外。

七、证券投资基金公司组织法

证券投资基金公司组织法的内容主要规定在《证券投资基金法》和《公开募集证券投资基金管理人监督管理办法》之中,详见第七章第二节。

八、信托公司组织法

（一）信托公司的性质和组织形式

信托公司是指依照《公司法》和《信托公司管理办法》设立的主要经营信托业务的金融机构。信托公司采取有限责任公司或者股份有限公司的组织形式。

（二）信托公司的经营范围

信托公司可以申请经营下列部分或者全部本外币业务:（1）资金信托;（2）动产信托;（3）不动产信托;（4）有价证券信托;（5）其他财产或财产权信托;（6）作为投资基金或者基金管理公司的发起人从事投资基金业务;（7）经营企业资产的重组、购并及项目融资、公司理财、财务顾问等业务;（8）受托经营国务院有关部门批准的证券承销业务;（9）办理居间、咨询、资信调查等业务;（10）代保管及保管箱业务;（11）法律法规规定或国务院信托监督管理机构批准的其他业务。此外,信托公司可以根据《信托法》等法律法规的有关规定开展公益信托活动。信托公司经营外汇信托业务的,应当遵守国家外汇管理的有关规定,并接受外汇主管部门的检查、监督。

信托公司开展业务,应遵守《信托公司管理办法》规定的相关限制性规定,主要包括以下几个方面:（1）信托公司固有业务项下可以开展存放同业、拆放同业、贷款、租赁、投资等业务。投资业务限定为金融类公司股权投资、金融产品投资和自用固定资产投资。信托公司不得以固有财产进行实业投资,但国务院信托监督管理机构另有规定的除外。（2）信托公司不得开展除同业拆入业务以外的其他负债业务,且同业拆入余额不得超过其净资产的20%。国务院信托监督管理机构另有规定的除外。(3)信托公司可以开展对外担保业务,但对外担保余额不得超过其净资产的50%。

(三)信托公司的设立

根据《信托公司管理办法》,信托公司的设立,应当经国务院信托监督管理机构批准,并领取金融许可证。未经国务院信托监督管理机构批准,任何单位和个人不得经营信托业务,任何经营单位不得在其名称中使用"信托公司"字样,法律法规另有规定的除外。

设立信托公司,应当具备下列条件:(1)有符合《公司法》和国务院信托监督管理机构规定的公司章程;(2)有具备国务院信托监督管理机构规定的入股资格的股东;(3)具有《信托公司管理办法》规定的最低限额的注册资本;(4)有具备国务院信托监督管理机构规定任职资格的董事、高级管理人员和与其业务相适应的信托从业人员;(5)具有健全的组织机构、信托业务操作规程和风险控制制度;(6)有符合要求的营业场所、安全防范措施和与业务有关的其他设施;(7)国务院信托监督管理机构规定的其他条件。

凡经批准成立的信托公司,由国务院信托监督管理机构向被批准的信托公司颁发金融业务许可证;经营外汇业务的,同时由国家外汇管理局颁发经营外汇业务许可证。信托公司凭以上证件,向市场监督管理机关申请办理登记手续,获得批准并领取企业法人营业执照后,方可成立、营业。

信托公司注册资本最低限额为3亿元人民币或等值的可自由兑换货币,注册资本为实缴货币资本。申请经营企业年金基金、证券承销、资产证券化等业务,应当符合相关法律法规规定的最低注册资本要求。国务院信托监督管理机构根据信托公司行业发展的需要,可以调整信托公司注册资本最低限额。

(四)信托公司的变更与终止

1. 信托公司的变更

信托公司变更名称、变更注册资本、变更公司住所、改变组织形式、调整业务范围、更换董事或高级管理人员、变更股东或者调整股权结构(但持有上市公司流通股份未达到公司总股份5%的除外)、修改公司章程、合并或者分立以及国务院信托监督管理机构规定的其他情形,应当经国务院信托监督管理机构批准。

2. 信托公司的终止

信托公司终止的事由包括:(1)公司分立、合并;(2)公司章程规定的解散事由出现;(3)公司破产。信托公司出现分立、合并或者公司章程规定的解散事由,申请解散的,经国务院信托监督管理机构批准后解散,并依法组织清算组进行清算。信托公司不能清偿到期债务,且资产不足以清偿债务或明显缺乏清偿能力的,经国务院信托监督管理机构同意,可向人民法院提出破产申请。国务院信托监督管理机构可以向人民法院直接提出对该信托公司进行重整或破产清算的申请。

信托公司终止时,其管理信托事务的职责同时终止。清算组应当妥善保管信托财产,作出处理信托事务的报告并向新受托人办理信托财产的移交。信托文件另有约定的,从其约定。

九、金融租赁公司组织法

（一）金融租赁公司的概念

金融租赁公司，是指经金融监管总局批准设立的，以经营融资租赁业务为主的非银行金融机构。融资租赁是指出租人根据承租人对租赁物和出卖人的选择或认可，将其从出卖人处取得的租赁物按合同约定出租给承租人占有、使用，向承租人收取租金的交易活动。融资租赁同时具有资金融通性质和租赁物所有权由出卖人转移至出租人的特点。

（二）金融租赁公司治理和内控管理机制

根据2023年《国家金融监督管理总局关于促进金融租赁公司规范经营和合规管理的通知》的规定，金融租赁公司治理和内控管理机制如下：

第一，加强党的领导。金融租赁公司应当构建"党委领导、董事会战略决策、管理层执行落实"的治理运行机制。国有资本占主体的公司应当将党的领导融入公司治理各个环节，把党委研究讨论作为决策重大经营管理事项的前置程序。民营或其他社会资本占主体的公司，应当依法建立党的组织机构，发挥好党组织的政治核心作用。

第二，严格股东股权管理。金融租赁公司应当加强股东股权管理，有效落实董事会股权事务管理的最终责任，压实董事长的第一责任，依法依规做好股权信息登记、关联交易管理和信息披露等工作。及时披露实际控制人及其控制本公司情况、主要股东及其持股比例变化情况、股东大会职责和主要决议等公司治理信息。要通过实地走访、调阅资料、网络信息监测等多种方式，及时掌握股东经营管理变化情况及异常行为，按规定向监管部门报告。

第三，规范董事和高管人员履职行为。金融租赁公司应当每年对董事履职情况开展评价，对于存在接受不正当利益或者利用董事地位谋取私利、参与或协助股东进行不当干预造成重大风险和损失等情形的董事，应当评定为不称职，按程序罢免或建议股东罢免相关董事，并相应扣减其部分或全部绩效薪酬。要保障高管人员在其职权范围内依法开展经营管理活动，不受大股东和董事不当干预。

第四，强化内控和合规管理。金融租赁公司应当建立健全"三道防线"，有效落实业务部门的主体责任、内部控制和合规管理部门的管理责任以及内部审计部门的监督责任，发挥三者之间制衡约束作用。内部控制和合规管理部门及相关岗位不得承担与其部门、岗位职责相冲突的其他职责。内审部门应当定期对公司的内部控制和合规管理情况开展审计，及时向董事会及监管部门报告审计发现、巡视移交的问题及案件线索，并监督整改落实。

（三）融资租赁经营行为

金融租赁公司主要从事如下融资租赁经营行为：

第一，服务实体经济专业经营行为。金融租赁公司应当突出金融租赁特色，回归以融资和融物相结合的经营模式。积极探索支持与大型设备、大飞机、新能源船舶、首台（套）设备、重大技术装备、集成电路设备等设备类资产制造和使用相适配的业务模式，提升行业服务传统产业改造升级、战略性新兴产业和先进制造业的能力和水平。进一步发挥售后回租业务普惠金融功能优势,助力小微企业、涉农企业盘活设备资产,推动创新升级。

第二,租赁物及租赁业务模式。金融租赁公司应当加强租赁物适格性管理,确保租赁物权属清晰、特定化、可处置、具备经济价值并能够产生使用收益。严禁将古玩玉石、字画、办公桌椅、报刊书架、低值易耗品作为租赁物,严禁以乘用车之外的消费品作为租赁物,严禁新增非设备类售后回租业务。严格规范与同业及其他机构的业务合作,不得协助承租人或合作机构虚构贸易背景,通过福费廷、国内信用证等方式违规套取金融机构资金,进行监管套利。

第三,租赁业务结构。金融租赁公司要转变经营理念和发展方式,大力培养租赁、法律、税收等方面专业人才,加大对租赁细分行业领域的研发投入,紧紧围绕企业新购设备资产融资需求,逐步提升直接租赁业务能力。要合理控制业务增速和杠杆水平,加强新增业务中售后回租业务的限额管理。2024年新增业务中售后回租业务占比相比2023年前三季度要下降15个百分点,力争在2026年实现年度新增直租业务占比不低于50%的目标。

第四,租赁物价值评估管理。金融租赁公司应当建立健全租赁物价值评估体系,制定估值定价管理办法,明确估值程序、因素和方法,合理确定租赁物资产价值,不得低值高买。要按照评购分离、评处分离、集体审查的原则,优化部门设置和岗位职责分工,负责评估和定价的部门及人员原则上要与负责购买和处置租赁资产的部门及人员分离。加强评估机构管理,建立评估机构库,明确准入和退出标准。金融租赁公司的评估工作人员应当具备评估专业资质,深入分析评价评估机构采用的评估方法的合理性及可信度,不得简单以外部评估结果代替自身调查、取证和分析工作。

2024年国家金融监督管理总局发布了修订形成的《金融租赁公司管理办法》。《金融租赁公司管理办法》共9章99条,主要修订内容包括六个方面:修改完善主要发起人制度;强化业务分级分类监管;加强公司治理监管;强化风险管理;规范涉外融资租赁业务;完善业务经营规则。

十、财务公司组织法

(一)财务公司的概念

账务公司,是企业集团财务公司的简称,是指以加强企业集团资金集中管理和提高企业集团资金使用效率为目的,为企业集团成员单位(以下简称"成员单位")提供财务管理服务的非银行金融机构。所谓企业集团,是指在中国境内依法登记,以资本为联结纽带、以母子公司为主体、以集团章程为共同行为规范,由母公司、子公司、参股公司及其他成员企业或机构共同组成的企业法人联合体。所谓成员单位,包括:母公司及其控股51%以上的子公司;母公司、子公司单独或者共同持股20%以上的公司,或者持股不足20%但处于最大股东地位的公司;母公司、子公司下属的事业单位法人或者社会团体法人。

(二)财务公司的主要任务和业务范围

为搞活企业集团内部资金融通、促进产业结构调整、增强企业集团的凝聚力而设立的财务公司,主要负责调剂、运用和管理企业集团内部的资金,而不能对企业集团以外的企业和个人办理金融业务。

财务公司可以经营下列部分或者全部本外币业务:(1)吸收成员单位存款;(2)办理成员单位贷款;(3)办理成员单位票据贴现;(4)办理成员单位资金结算与收付;(5)提供成员单位委托贷款、债券承销、非融资性保函、财务顾问、信用鉴证及咨询代理业务。

另外,符合条件的财务公司可以向国家金融监管总局及其派出机构申请从事下列业务:(1)从事同业拆借;(2)办理成员单位票据承兑;(3)办理成员单位产品买方信贷和消费信贷;(4)从事固定收益类有价证券投资;(5)从事套期保值类衍生产品交易;(6)国家金融监管总局批准的其他业务。

(三)设立财务公司的条件和程序

设立财务公司,应当报经国家金融监管总局审查批准。财务公司名称应当经工商登记机关核准,并标明"财务有限公司"或"财务有限责任公司"字样,名称中应包含其所属企业集团的全称或者简称。未经国家金融监管总局批准,任何单位不得在其名称中使用"财务公司"字样。

设立财务公司应当具备《企业集团财务公司管理办法》所要求的条件:(1)确属集中管理企业集团资金的需要,经合理预测能够达到一定的业务规模。(2)有符合《公司法》和国家金融监管总局规定的章程。(3)有符合《企业集团财务公司管理办法》规定的最低限额注册资本金,设立财务公司的注册资本金最低为1亿元人民币。财务公司的注册资本金应当是实缴的人民币或者等值的可自由兑换货币。经营外汇业务的财务公司,其注册资本金中应当包括不低于500万美元或者等值的可自由兑换货币。国家金融监管总局根据财务公司的发展情况和审慎监管的需要,可以调整财务公司注册资本金的最低限额。(4)有符合国家金融监管总局规定的任职资格的董事、高级管理人员和规定比例的从业人员,在风险管理、资金集约管理等关键岗位上有合格的专门人才,财务公司从业人员中从事金融或财务工作3年以上的人员应当不低于总人数的2/3,其中从事金融或者财务工作5年以上人员应当不低于总人数的1/3。(5)在法人治理、内部控制、业务操作、风险防范等方面具有完善的制度。(6)有符合要求的营业场所、安全防范措施和其他设施。(7)国家金融监管总局规定的其他条件。

设立财务公司应当经过筹建和开业两个阶段。申请筹建财务公司,应当由母公司向国家金融监管总局提出申请,并提交相关文件、资料。财务公司的筹建申请,经国家金融监管总局审批同意的,申请人应当自收到批准筹建文件起3个月内完成财务公司的筹建工作,并向国家金融监管总局提出开业申请,同时提交相关文件。财务公司的开业申请经国家金融监管总局核准后,由国家金融监管总局颁发金融许可证并予以公告。财务公司凭金融许可证到市场监督管理部门办理注册登记,领取企业法人营业执照后方可开业。

财务公司根据业务需要,经国家金融监管总局审查批准,可以在成员单位集中且业务量较大的地区设立分公司。财务公司的分公司不具有法人资格,由财务公司依照《企业集团财务公司管理办法》规定授权其开展业务活动,其民事责任由财务公司承担。财务公司根据业务管理需要,可以在成员单位比较集中的地区设立代表处,并报国家金融监管总局备案。财务公司的代表处不得经营业务,只限于从事业务推介、客户服务、债权催收以及信息的收集、反馈等相关工作。

经批准设立的财务公司分公司,由国家金融监管总局颁发金融许可证并予以公告,凭金融许可证向市场监督管理部门办理登记手续,领取营业执照,方可开业。经批准设立的财务公司及其分公司自领取营业执照之日起,无正当理由6个月不开业或者开业后无正当理由连续停业6个月以上的,由国家金融监管总局吊销其金融许可证,并予以公告。

(四)财务公司的变更

财务公司有下列变更事项之一的,应当报经国家金融监管总局批准:(1)变更名称;(2)调整业务范围;(3)变更注册资本金;(4)变更股东或者调整股权结构;(5)修改章程;(6)更换董事、高级管理人员;(7)变更营业场所;(8)国家金融监管总局规定的其他变更事项。财务公司的分公司变更名称、营运资金、营业场所或者更换高级管理人员,应当由财务公司报国家金融监管总局批准。

(五)财务公司的整顿、接管及解散

财务公司出现下列情形之一的,国家金融监管总局可以责令其进行整顿:(1)出现严重支付危机。(2)当年亏损超过注册资本金的30%或者连续3年亏损超过注册资本金的10%。(3)严重违反国家法律、行政法规或者有关规章。整顿时间最长不超过1年。财务公司整顿期间,应当暂停经营部分或者全部业务。财务公司经过整顿,符合下列条件的,可恢复正常营业:已恢复支付能力;亏损得到弥补;违法违规行为得到纠正。财务公司已经或者可能发生支付危机,严重影响债权人利益和金融秩序的稳定时,国家金融监管总局可以依法对财务公司实行接管或者促成其机构重组。接管或者机构重组由国家金融监管总局决定并组织实施。

财务公司出现下列情况时,经国家金融监管总局核准后,予以解散:(1)组建财务公司的企业集团解散,财务公司不能实现合并或改组;(2)章程中规定的解散事由出现;(3)股东会议决定解散;(4)财务公司因分立或者合并不需要继续存在的。

财务公司有违法经营、经营管理不善等情形,不予撤销将严重危害金融秩序、损害公众利益的,国家金融监管总局有权予以撤销。财务公司解散或者被撤销,母公司应当依法成立清算组,按照法定程序进行清算,并由国家金融监管总局公告。清算组在清算中发现财务公司的资产不足以清偿其债务时,应当立即停止清算,并向国家金融监管总局报告,经国家金融监管总局核准,依法向人民法院申请破产。

十一、期货公司组织法

(一)期货经营机构的概念

期货经营机构是指依照《公司法》和《期货和衍生品法》设立的期货公司以及国务院期货监督管理机构核准从事期货业务的其他机构。期货公司是期货经营机构主要组织形式。

(二)期货公司的设立

在我国设立期货公司,应当具备下列条件,并经国务院期货监督管理机构核准:(1)有符合法律、行政法规规定的公司章程;(2)主要股东及实际控制人具有良好的财务状况和诚信记录,净资产不低于国务院期货监督管理机构规定的标准,最近3年无重大违法违规记录;(3)注册资本不低于人民币1亿元,且应当为实缴货币资本;(4)从事期货业务的人员符合本法规定的条件,董事、监事和高级管理人员具备相应的任职条件;(5)有良好的公司治理结构、健全的风险管理制度和完善的内部控制制度;(6)有合格的经营场所、业务设施和信息技术系统;(7)法律、行政法规和国务院期货监督管理机构规定的其他条件。国务院期货监督管理机构根据审慎监管原则和各项业务的风险程度,可以提高注册资本最低限额。国务院期货监督管理机构应当自受理期货公司设立申请之日起6个月内依照法定条件、法定程序和审慎监管原则进行审查,作出核准或者不予核准的决定,并通知申请人;不予核准的,应当说明理由。期货公司应当在其名称中标明"期货"字样,国务院期货监督管理机构另有规定的除外。

(三)期货公司应当经核准的事项

期货公司办理下列事项,应当经国务院期货监督管理机构核准:(1)合并、分立、停业、解散或者申请破产;(2)变更主要股东或者公司的实际控制人;(3)变更注册资本且调整股权结构;(4)变更业务范围;(5)国务院期货监督管理机构规定的其他重大事项。前述第(3)项、第(5)项所列事项,国务院期货监督管理机构应当自受理申请之日起20日内作出核准或者不予核准的决定;前款所列其他事项,国务院期货监督管理机构应当自受理申请之日起60日内作出核准或者不予核准的决定。

(四)期货公司的经营业务范围

期货公司经国务院期货监督管理机构核准可以从事下列期货业务:(1)期货经纪;(2)期货交易咨询;(3)期货做市交易;(4)其他期货业务。期货公司从事资产管理业务的,应当符合《证券投资基金法》等法律、行政法规的规定。未经国务院期货监督管理机构核准,任何单位和个人不得设立或者变相设立期货公司,经营或者变相经营期货经纪业务、期货交易咨询业务,也不得以经营为目的使用"期货""期权"或者其他可能产生混淆或者误导的名称。

(五)期货公司的治理

期货公司的董事、监事、高级管理人员,应当正直诚实、品行良好,熟悉期货法律、行政法规,具有履行职责所需的经营管理能力。期货公司任免董事、监事、高级管理人员,应当报国务院期货监督管理机构备案。

有下列情形之一的,不得担任期货公司的董事、监事、高级管理人员:(1)存在《公司法》规定的不得担任公司董事、监事和高级管理人员的情形;(2)因违法行为或者违纪行为被解除职务的期货经营机构的董事、监事、高级管理人员,或者期货交易场所、期货结算机构的负责人,自被解除职务之日起未逾5年;(3)因违法行为或者违纪行为被吊销执业证书或者被取消资格的注册会计师、律师或者其他期货服务机构的专业人员,自被吊销执业证书或者被取消资格之日起未逾5年。

(六)期货公司的经营业务要求

期货公司的经营业务要求包括:(1)期货经营机构应当依法经营,勤勉尽责,诚实守信。期货经营机构应当建立健全内部控制制度,采取有效隔离措施,防范经营机构与客户之间、不同客户之间的利益冲突。(2)期货经营机构应当将其期货经纪业务、期货做市交易业务、资产管理业务和其他相关业务分开办理,不得混合操作。(3)期货经营机构应当依法建立并执行反洗钱制度。(4)期货经营机构接受交易者委托为其进行期货交易,应当签订书面委托合同,以自己的名义为交易者进行期货交易,交易结果由交易者承担。(5)期货经营机构从事经纪业务,不得接受交易者的全权委托。(6)期货经营机构从事资产管理业务,接受客户委托,运用客户资产进行投资的,应当公平对待所管理的不同客户资产,不得违背受托义务。(7)期货经营机构不得违反规定为其股东、实际控制人或者股东、实际控制人的关联人提供融资或者担保,不得违反规定对外担保。(8)期货经营机构从事期货业务的人员应当正直诚实、品行良好,具备从事期货业务所需的专业能力。(9)期货经营机构从事期货业务的人员不得私下接受客户委托从事期货交易。(10)期货经营机构从事期货业务的人员在从事期货业务活动中,执行所属的期货经营机构的指令或者利用职务违反期货交易规则的,由所属的期货经营机构承担全部责任。

(七)期货公司的注销

期货经营机构有下列情形之一的,国务院期货监督管理机构应当依法办理相关业务许可证注销手续:(1)营业执照被依法吊销;(2)成立后无正当理由超过3个月未开始营业,或者开业后无正当理由停业连续3个月以上;(3)主动提出注销申请;(4)《行政许可法》和国务院期货监督管理机构规定应当注销行政许可的其他情形。期货经营机构在注销相关业务许可证前,应当结清相关期货业务,并依法返还交易者的保证金和其他资产。

国务院期货监督管理机构认为必要时,可以委托期货服务机构对期货经营机构的财务状况、内部控制状况、资产价值进行审计或者评估。具体办法由国务院期货监督管理机构会同有关主管部门制定。

(八)禁止期货公司的行为

禁止期货经营机构从事下列损害交易者利益的行为:(1)向交易者作出保证其资产本金不受损失或者取得最低收益承诺;(2)与交易者约定分享利益、共担风险;(3)违背交易者委托进行期货交易;(4)隐瞒重要事项或者使用其他不正当手段,诱骗交易者交易;(5)以虚假或者不确定的重大信息为依据向交易者提供交易建议;(6)向交易者提供虚假成交回报;(7)未将交易者交易指令下达到期货交易场所;(8)挪用交易者保证金;(9)未依照规定在期货保证金存管机构开立保证金账户,或者违规划转交易者保证金;(10)利用为交易者提供服务的便利,获取不正当利益或者转嫁风险;(11)其他损害交易者权益的行为。

第四节　金融管理者

一、金融管理者的概念

金融管理者是指在金融管理法律关系中承担管理职能的政府机构。它们主要是根据相关法律规定设立的,由法律明确其性质、职能、任务、隶属关系等,承担对金融活动的规划、组织、指导、协调、检查、监督、调节和控制等金融管理职能的国家机关,也包括由法律授权、承担某种政府的或社会的金融管理职能的其他组织。金融管理者具体可分为金融监管机构和金融调控机构。

金融监管机构是指行使政府权力对金融市场进行监督管理的政府机关、准政府机关及经授权行使政府监管职能的行业组织等。目前,我国的金融监管机构主要是中国人民银行、[①]国家金融监督管理总局、中国证券监督管理委员会(简称"证监会")、国家外汇管理局(简称"外管局")和地方金融监管局,还包括中国银行业协会、中国证券业协会、中国期货业协会、中国证券投资基金业协会、中国保险业协会、中国银行间市场交易商协会等行业自律组织。金融调控机构是指对金融所涉及的经济总量及其影响工具进行调整和控制的国家机关,包括中国人民银行、国家发展和改革委员会等。

从权力责任[②]的角度来考察,金融管理者的权力责任主要是指其金融职权和职责。金融职权和职责主要由金融管理者承担,依法确立并行使,二者高度统一。依据我国金融法理论,金融管理者的一般职权分为金融监管权和金融调控权。我国《银行业监督管理法》《证券法》《保险法》等对金融监管权作出了明确规定,而《中国人民银行法》主要规定了金融调控权。制定《中国人民银行法》的目的是"建立和完善中央银行宏观调控体系,维护金融稳定"。因此《中国人民银行法》对金融调控权,如人民币发行权、货币政策执行权、外汇管理权等作出了规定。金融职责是金融管理者在依法对金融市场监管和宏观调控过程中所负担的必须为或不为一定行为的责任。其实,金融职权与金融职责并无本质区别,金融职权同时也是其享有者必须履行的金融职责。实现金融职责当然要借助相应的职权和权力。本节主要阐述作为金融调控者的中央银行的组织形式和组织规则,金融监管者的组织规则放在第三编"金融监管法"中介绍。

二、中央银行的法定组织形式

中央银行是一个特殊的金融机构,我国中央银行是中国人民银行。中央银行与一般的银

---

① 中国人民银行的职能主要是金融调控职能,也同时行使金融监管职能。

② 权力是指通过做或不做某一给定的行为,从而改变一种给定的法律关系的能力。权力对于持有者而言,并不意味着某种自由或利益,权力的实质在于权力人能改变他人法律关系的能力。与权力相对应的概念是责任。参见沈宗灵:《现代西方法理学》,北京大学出版社1996年版,第144—150页。

行金融机构既有共同之处,又有独特之点。因此,各国对中央银行一般采取专门立法,如《美国联邦储备法》《德意志联邦银行法》《菲律宾中央银行法》《马来西亚中央银行法》等。我国于1995年3月18日由第八届全国人民代表大会第三次会议通过了《中国人民银行法》。

从各国中央银行法的内容看,中央银行的法定组织形式有不同特点,归纳起来主要有以下几种类型:

第一,法人型中央银行模式。这种模式的主要特点是将中央银行定位为法人,而不是政府机构。例如,《德意志联邦银行法》第2条规定,德意志联邦银行是按公法设立的联邦直接法人。《罗马尼亚国家银行章程》明确规定,国家银行是法人,并实行经济核算原则。

第二,政府型中央银行模式。这种模式的主要特点是把中央银行作为国家的职能部门,负责制定和实施国家货币政策。例如,《瑞典国家银行法》第1条规定,瑞典国家银行是直属国会的官方组织。

第三,混合型中央银行模式。在这种模式下,中央银行既是国家的金融管理机关,又是经营国家银行业务的经济实体,具有独立的法人资格。中国人民银行即具有这种双重性质。

三、中国人民银行的法律性质、地位、职能与职责

(一)中国人民银行的法律性质与地位

中国人民银行自1948年12月1日在河北省石家庄市宣告成立以来,[①] 经历了不同的历史阶段,随着国家赋予它的任务和职责的变化,其性质和地位也发生变化。目前,中国人民银行具有双重法律性质或角色:既是国家机关,又是从事法定金融业务的特殊金融机构。

《中国人民银行法》第2条明确规定:"中国人民银行是中华人民共和国的中央银行。中国人民银行在国务院领导下,制定和实施货币政策,防范和化解金融风险,维护金融稳定。"《中国人民银行法》第五章专门规定了对金融市场实施宏观调控,对金融机构以及其他单位和个人的监督管理权。这些规定,不仅明确了中国人民银行作为制定和执行货币政策,履行对金融进行监督管理的国家宏观调控部门的主要性质,而且确立了中国人民银行的中央银行法律地位,为其行使中央银行的各项职权提供了法律依据。

中国人民银行作为政府的综合经济部门,又与一般政府机关不同,它仍然是银行,是发行的银行、政府的银行和银行的银行,要从事银行的某些业务。《中国人民银行法》第四章专门规定了中国人民银行可以开展的业务,如向商业银行提供贷款,在公开市场上买卖国债、其他政府债券和金融债券及外汇等。这说明中国人民银行具有国有银行的特殊性质。

中国人民银行作为中央银行的特殊法律地位,决定了它制定、执行货币政策,履行职责、开展业务的独立性。因此,《中国人民银行法》第7条明确规定:"中国人民银行在国务院领导下依法独立执行货币政策,履行职责,开展业务,不受地方政府、各级政府部门、社会团体和个人的干涉。"这样,就从法律上保障了中国人民银行的地位和作用,为完善宏观调控体系和维护金融稳定,创造了良好的金融发展环境。

---

① 吴志攀:《中央银行法制》,中国金融出版社2005年版,第1页。

（二）中国人民银行的职能和职责

中国人民银行的中央银行法律地位，是通过其职能和具体职责体现的。按照《中国人民银行法》的规定，它主要行使三大职能：一是宏观调控职能。通过货币政策的制定与实施，保持社会总供给和总需求的总量平衡，在此前提下，优化国民经济结构。具体来说，要保证货币供应总量的适度增长，使货币供应和货币需求大体上吻合。二是服务职能。既为政府服务，充当政府的银行；又为金融机构服务，充当银行的银行。三是监管职能。为执行货币政策和维护金融稳定，可以对包括银行业在内的金融机构进行监督管理。例如，《银行卡收单业务管理办法》第47条规定："收单机构或其外包服务机构、特约商户发生涉嫌银行卡违法犯罪案件或重大风险事件的，收单机构应当于2个工作日内向中国人民银行及其分支机构报告。"

这两家央行谁更厉害？美联储vs欧洲中央银行

按照《中国人民银行法》第4条的规定，中国人民银行依法履行下列职责：发布与履行其职责有关的命令和规章；依法制定和执行货币政策；发行人民币，管理人民币流通；监督管理银行间同业拆借市场和银行间债券市场；实施外汇管理，监督管理银行间外汇市场；监督管理黄金市场；持有、管理、经营国家外汇储备、黄金储备；经理国库；维护支付、清算系统的正常运行；指导、部署金融业反洗钱工作，负责反洗钱的资金监测；负责金融业的统计、调查、分析和预测；作为国家的中央银行，从事有关的国际金融活动；国务院规定的其他职责。上述职责是实现三大职能的保证。

四、中国人民银行的业务限制

中国人民银行作为中央银行，既是货币发行机关，又是调整银行利率、从事法定金融业务的特殊金融机构。中央银行从事金融业务会对资金供求关系有很大的影响。为了保证中国人民银行执行货币政策的有效性，《中国人民银行法》规定，中央银行办理业务时，也要受到一定的限制：

第一，禁止中国人民银行向银行业金融机构的账户透支。《中国人民银行法》第26条规定，中国人民银行可以根据需要，为银行业金融机构开立账户，但不得对银行业金融机构的账户透支。

第二，对商业银行贷款期限的限制。《中国人民银行法》第28条规定，中国人民银行根据执行货币政策的需要，可以决定对商业银行贷款的数额、期限、利率和方式，但贷款的期限不得超过1年。

第三，禁止中国人民银行对政府财政透支。《中国人民银行法》第29条规定，中国人民银行不得对政府财政透支，不得直接认购、包销国债和其他政府债券。

第四，对地方政府、各级政府部门、非银行金融机构和单位、个人提供贷款的限制。《中国人民银行法》第30条第1款规定，中国人民银行不得向地方政府、各级政府部门、非银行金融机构以及其他单位和个人提供贷款，但是国务院决定中国人民银行可以向特定的非银行金融机构提供贷款的除外。

第五，禁止中国人民银行向任何单位和个人提供担保。《中国人民银行法》第30条第2款对此作了规定。

五、中国人民银行的组织机构

中国人民银行职能作用的发挥和职责权限的具体落实,必须要有严格的组织机构作保证。因此,《中国人民银行法》用专章对中国人民银行的组织机构作出了具体的规定。

(一)中国人民银行的领导机构

中国人民银行设行长一人,副行长若干人。中国人民银行行长的人选,根据国务院总理的提名,由全国人民代表大会决定,全国人民代表大会闭会期间,由全国人民代表大会常务委员会决定,由中华人民共和国主席任免。中国人民银行副行长由国务院总理任免。中国人民银行实行行长负责制。行长领导中国人民银行的工作,副行长协助行长工作。这与《国务院组织法》规定的国务院各部、各委员会的首长负责制是一致的。它的优点在于职责权限明确,办事效率高。

(二)货币政策委员会

中国人民银行设立货币政策委员会。设立货币政策委员会是党中央、国务院关于金融体制改革的决定所要求的,也是参照其他国家的有益做法提出的一种新的机制。

货币政策委员会有三个特点:第一,货币政策委员会是中国人民银行的内设机构。第二,货币政策委员会不同于中国人民银行的一般内设机构。中国人民银行内设的一般职能机构,都是为适应中央银行所担负的任务、职能、业务经营和金融监督管理的需要而由中国人民银行依据国务院设置机构的一般性规定设置的。而货币政策委员会的职责、组成和工作程序,由国务院专门规定。一般情况下,这样的机构直接对国务院负责。因此,货币政策委员会的地位要高于中国人民银行内设的一般职能机构。第三,货币政策委员会的职责、组成和工作程序由国务院规定,报全国人民代表大会常务委员会备案。

尽管《中国人民银行法》对货币政策委员会只有一条原则性规定,但设立货币政策委员会的目的是明确的:我国在向社会主义市场经济的转轨中,货币政策在国家宏观调控体系中的作用越来越重要。为了稳定货币,防止通货膨胀,有必要在中国人民银行内设立相对独立的货币政策委员会,以保证中央银行货币政策决策及其程序的科学化、民主化和规范化。

(三)中国人民银行的分支机构

中国人民银行的分支机构是中国人民银行的派出机构。中国人民银行对分支机构实行集中统一领导和管理。中国人民银行的分支机构根据中国人民银行的授权,负责本辖区的金融监督管理,承办有关业务。

我国金融机构除中国人民银行(特殊金融机构)外,还包括银行机构和非银行金融机构,形成一个分工协作的金融机构体系。详见图2-1"我国金融机构组织结构图"。

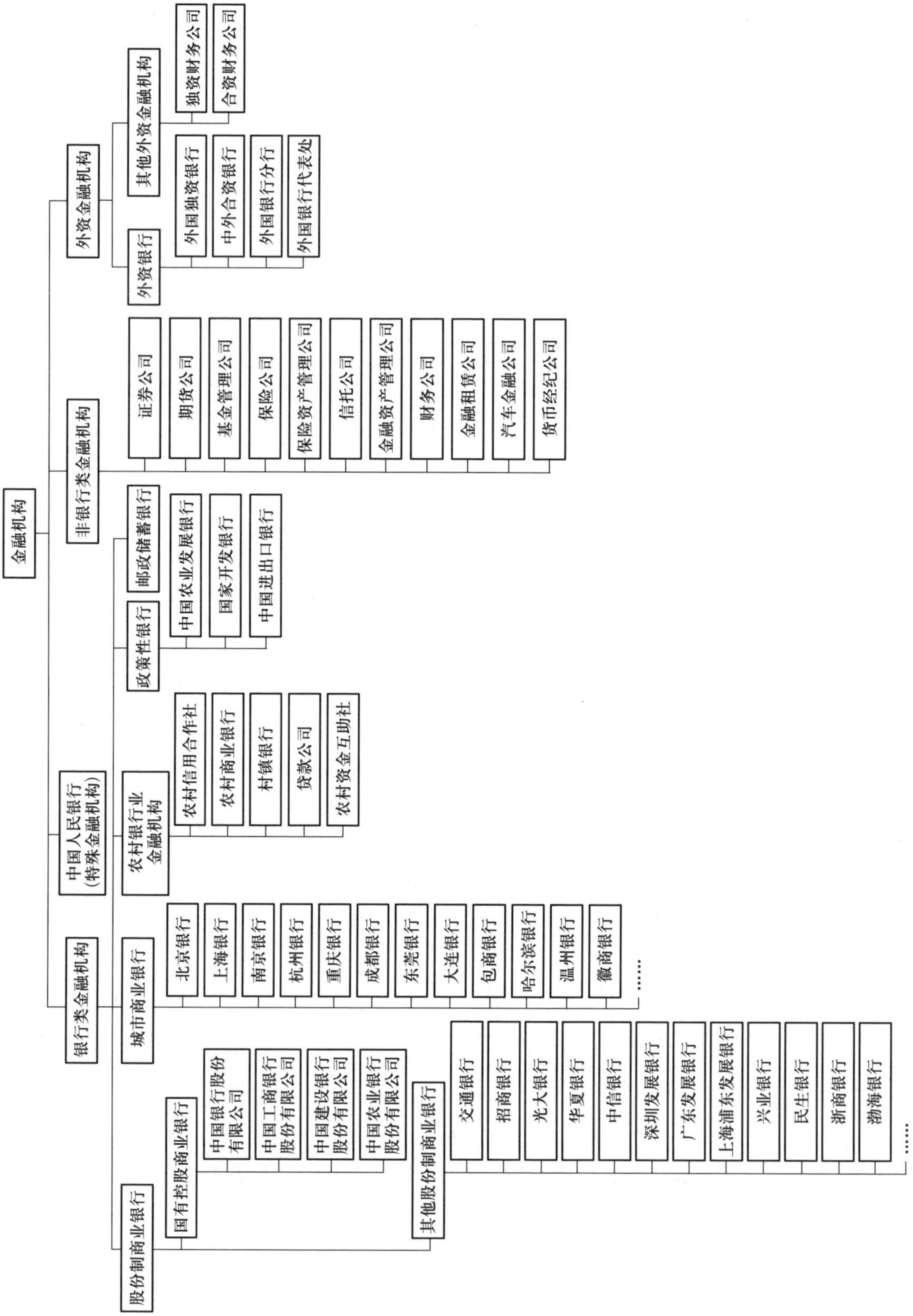

图 2-1 我国金融机构组织结构图

法条链接

《中国人民银行法》《商业银行法》等

【法律适用】

本章法律适用的特点：一是涉及的法律、法规多，主要涉及《中国人民银行法》《银行业监督管理法》《商业银行法》《保险法》《证券法》《公司法》《企业破产法》《信托公司管理办法》《金融租赁公司管理办法》《企业集团财务公司管理办法》《期货和衍生品法》《外资银行管理条例》《金融机构撤销条例》等关于金融机构的性质、地位、组织形式、组织机构和它们的设立、变更和终止等方面的规定。二是多与《公司法》等同时适用，如商业银行、保险公司、信托公司、期货公司等的组织形式、组织机构等都要同时适用《公司法》《商业银行法》《保险法》等的规定，《商业银行法》《保险法》《信托公司管理办法》等法未作规定的，适用《公司法》和其他有关法律、行政法规的规定。三是商业银行、保险公司等金融机构的终止除适用《企业破产法》外，还要适用《商业银行法》《保险法》等特别法中的相关规定和《金融机构撤销条例》《外资银行管理条例》等中的特别规定。

【思考题】

1. 如何理解金融法主体的特点和分类？

思考提示：应当明确金融法主体的概念和内涵，注意金融法主体与金融机构的联系与区别，充分理解金融消费者、金融经营者和金融管理者之间的相互关系。

2. 中国人民银行为什么具有双重性质和双重职能？

思考提示：同一主体因其参加不同的法律关系具有不同的身份、性质和职能。中国人民银行作为中央银行参加金融调控法律关系、金融监管法律关系与金融经营法律关系，其主体性质是不同的。同时，中国人民银行在进行金融管理时，既对金融涉及的经济总量及其影响工具进行调整和控制，也对金融机构等金融经营者的业务活动进行总体上的监督和管理。

3. 中央银行、政策性银行及商业银行之间有何联系与区别？

思考提示：三类银行虽同属于银行，但在适用法律、性质和地位、功能上均有不同。

4. 商业银行和保险公司的设立、变更和终止的法律规定为什么要比一般工商企业严格？

思考提示：要明确商业银行和保险公司的特殊地位，从其经营业务的高风险性、广泛影响性、公共服务性和社会责任等方面进行阐述。

即测即评

第三章 金融法客体

> **【重点提示】**
> 1. 金融法客体,即金融法关系的客体,是指能满足金融法主体的利益需要或履行法定职责而存在的客观对象,是该利益或职责的载体,是金融法主体权利义务所指向的对象。
> 2. 金融法客体范围包括货币、外汇、证券、权利等金融商品以及金融服务和金融管理行为。
> 3. 金融法客体的四个特点是有益性、可控性、独立性和法定性。
> 4. 货币是金融法上最广泛的客体。人民币是中国流通的法定货币。中国人民银行具有人民币的垄断发行权。
> 5. 外汇是指以外币表示的可以用作国际清偿的支付手段和资产。外汇作为一种物或权利,是重要的金融法客体。
> 6. 证券是指代表一定权利的法律凭证,用以证明持有人有权依其所持凭证记载的内容取得相应的权益。证券包括资本证券、货币证券和商品证券。证券是金融法的客体,其中票据是常见的金融法客体。

第一节 金融法客体概述

一、金融法客体的含义和特点

客体是主体的意志和行为所指向、影响、作用的客观对象。金融法主体参与金融法关系,是为了满足自己的利益需要或履行法定职责。金融法主体满足其利益需要或履行职责是基于一定的客观对象实现的。这一客观对象就是该利益或职责的载体,也就是金融法上权利义务所指向的对象,我们称之为金融法关系的客体,一般简称为金融法客体。如果没有金融法客体,金融法关系就没有存在的意义。因此,金融法客体是构成金融法关系的三个基本要素之一。

金融法客体具有以下特点:

第一,有益性。所谓有益性,是指能够满足主体的利益需要,体现了金融法客体的价值。金融法主体参与金融法关系,享受权利或履行职责,总是为满足自己的或国家的或社会的利益需要。凡金融法客体,必须是对金融法主体有益之物或行为。不具有有益性的客观对象是不能够成为金融法客体的。

第二,可控性。所谓可控性,是指客体能够为主体所认识和控制。只有主体能够控制的客观对象,才适宜由法律调整,才可以成为金融法主体权利义务所指向的对象。金融立法者可以选择或决定以何种物、权利或行为充当金融法客体,但该客体必须是人们可以控制的东西。

第三,独立性。所谓独立性,是指某客体能够在法律意义上与其他客体独立开来。不能在实体或法律意义上独立的客体不能成为金融法客体。例如,人民币、外汇、股票、债券等均可与其他金融商品相区分。此外,金融远期、金融期货、金融期权等尽管由基础金融资产衍生而来,依附于基础资产,但仍可从经济和法律意义上分离出来,因而可以成为金融法上的客体。

第四,法定性。所谓法定性,是指客体必须由法律确定。因为金融法关系是由金融法所确认和保护的,因此金融法的客体也是由金融法确认的。例如,货币、证券都是由相应的金融法确认的客体。未经金融法规定或确认的客体,不能成为金融法客体。

二、金融法客体的分类

由金融法律关系的复杂性与多样性所决定,金融法的客体也是多种多样的。金融法客体可以抽象概括为以下种类:

货币。货币是充当一般等价物的特殊商品或特殊物,是金融法上最广泛的客体。货币属于动产,是具有高度代替性的种类物,是一种可消耗物。[①]

外汇。外汇是指以外币表示的可以用作国际清偿的支付手段和资产。常见有:外国货币,包括纸币、铸币;外币支付凭证,包括票据、银行存款凭证、邮政储蓄凭证等;外币有价证券,包括政府债券、公司债券、股票等;特别提款权;其他外汇资产。

证券。证券通常被看作物的特别形态。但证券与物不是同一概念,证券通常为权利凭证。从权利凭证的意义上说,证券为物;从其所代表的权利上说,证券为财产权利。证券包括资本证券、货币证券和商品证券。其中,票据作为货币证券的主要形式,是常见的金融法客体,包括汇票、本票、支票和存款单等。银行卡作为货币证券可以成为金融法的客体。

权利。权利也可为金融法客体,如期权、金融债权等。

金融服务行为。金融服务行为是指金融机构所提供的劳务或有偿服务,如商业银行提供的结算服务、保险箱服务等。

金融管理行为。金融管理行为是指金融管理机构对金融机构和金融市场所进行的监管、调控行为,如制定和实施货币政策、市场准入、产品登记、信息披露、现场检查等。

其他。除上述六项外,近年来金融领域又创新了许多金融衍生产品,如资产证券化产品、商业银行理财产品等,也是金融法客体。

上述七项实际上可以归结为两大类:一类是货币、证券等金融商品;另一类是金融服务和金融管理行为。本章主要阐述货币、外汇和证券。

---

① 王利明主编:《民法》,中国人民大学出版社 2000 年版,第 93 页。

第二节 货　币

货币是金融法最广泛的客体。本节主要阐述我国法定货币即人民币的发行、管理和保护制度。

一、货币概述

货币,是指固定地充当一般等价物的特殊商品。在信用货币条件下,货币是一种交换媒介,是保有或向社会索取等量物质财富的权利。从性质上说,货币为动产、代替物、种类物、消耗物。货币具有价值尺度、流通手段、贮藏手段、支付手段和世界货币五种职能。在货币形态上,它经历了由实物货币、金属货币到纸币的发展过程,并随着信息化的发展出现了电子货币。货币形态不断更新,但其基本职能不变。货币作为特殊商品,占有货币也就取得了货币的所有权。

"钞票之死"

货币有本币与外币之分。本币为本国的货币,外币为外国的货币。我国的本币为人民币,在境内可任意流通。但依法律规定,单位之间的交易,除特别情形外,不能直接以现金结算。我国香港和澳门特别行政区的货币、台湾地区的货币以及外国的货币属于限制流通物,在境内一般不能作为支付手段。

二、我国的法定货币

《中国人民银行法》第16条规定:"中华人民共和国的法定货币是人民币。以人民币支付中华人民共和国境内的一切公共的和私人的债务,任何单位和个人不得拒收。"根据该条规定,人民币是我国流通的法定货币。

我国的人民币制度是在长期革命和建设的实践中建立和发展起来的。1948年12月1日,华北人民政府将华北银行、北海银行、西北农业银行合并,成立中国人民银行,并同时发行中国人民银行钞票,作为华北、华东、西北三区的本位货币,统一流通,所有公私款项收付及一切交易,均以中国人民银行钞票为本位货币。中国人民银行钞票的发行,标志着人民币的诞生。

从1948年12月1日中国人民银行开始发行到目前为止,我国共发行了五套人民币。第一套人民币于中国人民银行成立时发行,1955年5月10日停止流通使用;第二套人民币于1955年3月1日开始发行,1964年5月15日停止在市场流通使用;第三套人民币于1962年4月20日开始发行;第四套人民币于1987年4月27日发行;第五套人民币于1999年10月1日首次发行。我国目前人民币主币单位为"元",辅币单位为"角""分"。人民币票面额有100元、50元、20元、10元、5元、2元、1元、5角、2角、1角、5分、2分和1分。

三、我国的货币发行权

为了稳定本国货币流通,防止因货币流通混乱而导致金融、经济动荡,世界各国均通过立法对货币发行权作出规定。比如《美国联邦储备法》规定,联邦储备券是美国唯一合法流通的纸币,由联邦储备委员会统一控制、管理联邦储备券的发行与回笼。《日本银行法》规定,日本银行是日本唯一的货币(银行券)发行银行。目前世界上几乎所有的现钞都由中央银行发行。而对于一般硬币的铸造、发行,有些国家则规定由财政部负责发行,然后由中央银行投入流通和经营。

依照我国法律规定,中国人民银行是我国的货币发行机关,而且是唯一的货币发行机关。《中国人民银行法》第18条规定:"人民币由中国人民银行统一印制、发行。中国人民银行发行新版人民币,应当将发行时间、面额、图案、式样、规格予以公告。"这就从法律上确立了中国人民银行作为国家货币发行机关的地位。除中国人民银行外,任何单位或个人都不得发行或变相发行货币;未经国家批准,任何单位或个人都无权动用国家的货币发行基金;人民币发行的数额、票券和铸币的种类、式样等都须报国务院批准决定。中国人民银行作为货币发行机关直接对国家负责。

根据《中国人民银行法》和《人民币管理条例》的有关规定,中国人民银行作为货币发行机关和国家管理人民币的主管机关,其负有的发行和管理职责主要有:组织设计新版人民币;统一管理人民币的发行,回收、销毁停止流通的和残缺、污损的人民币;维护人民币的信誉,保障人民币的流通;制定货币发行业务有关的规章规定;宣传国家货币发行政策,组织反假人民币工作;办理人民币发行基金的保管、调运、销毁及核算业务;办理商业银行和其他金融机构存取现金业务;监督、检查、协调商业银行和其他金融机构的现金出纳业务。

中央银行之所以需要垄断货币发行,是因为:第一,这是中央银行执行货币政策的需要。依法制定和执行货币政策是中央银行最重要的职责。而货币政策的执行与货币发行有着不可分割的密切联系,货币发行量直接关系到货币政策的实施。中央银行垄断货币发行,可以控制基础货币的供应量,以保持市场货币流通量与国民经济发展的适当比例,从而保持币值的稳定,使货币政策得以实现。第二,中央银行垄断货币发行,可以避免货币发行分散的弊病,使钞票整齐划一,利于商品流通,防止发钞银行倒闭而引起银行券挤兑、贬值所造成的金融动荡和经济混乱。第三,中央银行垄断货币发行,有利于中央银行加强自身经济实力,因为货币发行是银行信贷的一种资金来源,中央银行可借此控制社会资金供应,以便掌握和调节商业银行的信贷活动。

四、人民币的发行

(一)人民币发行原则

1. 统一集中发行原则

《中国人民银行法》第18条规定,人民币由中国人民银行统一印制、发行。该法第20条规定:"任何单位和个人不得印制、发售代币票券,以代替人民币在市场上流通。"这意味着无论纸币还是硬币,无论主币还是辅币,均统一由中国人民银行发行,中国人民银行具有货币的垄断发行权。财政部、其他金融机构以及任何单位和个人均无权发行货币和代用货币。

2. 经济发行原则

经济发行原则也称信用发行原则,指发行货币应根据市场经济货币需求和货币流通规律进行,使人民币发行量与商品流通量基本适应,以此稳定币值并促进经济健康发展。与经济发行相对应的是财政发行,即根据财政收支情况发行货币。财政发行虽然能起到弥补财政赤字的作用,但也破坏了币值稳定,是一种非理智的发行方法。所以,必须坚持经济发行原则。

3. 计划发行原则

货币发行应根据国民经济发展要求有计划地发行。具体由中国人民银行总行提出货币发行计划,报国务院批准后实施。坚持计划发行原则可以保证市场物价和币值稳定,有利于国家货币政策目标的实现。

(二)人民币发行程序

根据《中国人民银行法》和《人民币管理条例》的规定,人民币的发行程序主要包括以下主要内容:

1. 人民币发行基金管理

人民币发行基金是中国人民银行为国家保管的待发行的货币,是调节市场货币流通的准备基金。发行基金的调拨凭上级行调拨命令办理。所以,发行基金并不是流通中的货币,它只是国家将要投放到市场上的准备金。

货币印制管理是发行基金管理的重要内容。中国人民银行总行根据国家核准的货币发行计划,结合损伤货币销毁和发行基金库存变动等因素,制订货币需要量计划,由货币印制管理部门根据货币需要量计划,编制货币印制计划并组织实施。因特殊情况需要调整计划的,必须经过批准。

货币印制单位必须按照国家货币印制要求严格货币印制管理。各种券别的印制数量须控制在货币印制计划允许范围内。货币印制单位按计划完成的所有合格货币,必须全数解缴总行指定发行库。超货币印制计划允许范围未能解缴的合格货币,必须妥善管理,保证安全,等候处理。货币印制单位完成的所有合格货币,任何人不得动用;货币印制单位在货币印制过程中的所有不合格品,必须按规定全数销毁。

发行基金调拨是组织货币投放的准备工作,是发行库与发行库之间发行基金的转移。发行基金调拨实行"适当集中,合理摆布,灵活调拨"的方针。发行基金调拨,原则上采取逐级负责的办法,即总行负责下级分行之间的调拨,分行负责二级分行之间的调拨,二级分行负责支行之间的调拨。发行基金调往其他二级分行,必须经过复点并换贴封签。

2. 人民币发行库的管理

人民币的具体发行是由中国人民银行设置的发行基金保管库即发行库来办理的。发行库是中国人民银行机构的重要组成部分,由中国人民银行根据经济发展和业务需要决定设置。中国人民银行总行设总库,各分行设分库,各支行设支库。各级发行库主任均由同级人民银行行长兼任。发行库依法办理发行基金、金银和其他有价证券的保管、调运,负责损伤、残缺人民币的兑换和销毁等工作。发行库对保管的发行基金实行严格的管理。发行基金调拨手续的印证采用预留印鉴的办法。发行库凡发生出入库业务,必须在当日营业终了结库,保证账实相符。发行库实行双人管库,同进同出制度。

3. 人民币发行的具体程序

中国人民银行的货币发行主要通过普通银行的现金收付业务活动实现。商业银行存取款必须在中国人民银行开立存款户。中国人民银行在营业时间内,对商业银行办理现金存取业务。

商业银行向中国人民银行存取现金,以开户商业银行为单位办理;开户商业银行下属基层处(所)的现金,由开户商业银行调剂后统一向中国人民银行存取。

当商业银行分支机构的基层行现金不足时,商业银行应填写现金支票,到当地中国人民银行在其存款账户余额内提取现金,于是人民币从发行库转移到商业银行基层行的业务库,从而意味着这部分人民币进入流通领域。当商业银行基层行的现金超过其业务库库存限额时,商业银行应将超过的部分填制现金交款单,送交中国人民银行。该部分人民币进入发行库,意味着人民币退出流通领域。

五、残损人民币的管理和人民币的保护

（一）残损人民币的管理

《中国人民银行法》第21条规定:"残缺、污损的人民币,按照中国人民银行的规定兑换,并由中国人民银行负责收回、销毁。"污损人民币,是指人民币在流通中因自然磨损或保管不善或其他原因引起的损坏了其票面完整性的票币。例如,纸币破裂、油浸、烟熏、水湿、火烧、污染变色、虫蛀、鼠咬、霉烂等,金属币严重磨损、破缺、变形等。残缺人民币是指由于某种原因明显缺失了一部分的人民币。为了保持人民币的整洁,方便人民群众使用,维护人民币信誉,《人民币管理条例》第22、23、38条规定了对残缺和污损人民币的管理措施,中国人民银行也制定了污损人民币的挑剔标准和残缺人民币的兑换办法。票券、铸币、人民币的损伤应当按中国人民银行的规定挑剔和兑换,中国人民银行负责逐级收回销毁,这是货币发行全过程的一个重要组成部分。

残损人民币不得流通使用,必须集中到中国人民银行发行库,按照规定程序予以销毁。残损票币的销毁权属于中国人民银行总行,总行授权分行,在总行核准的计划内办理销毁。

（二）人民币的保护

为保证人民币发行的集中统一,稳定金融和物价,保障国民经济的健康发展,必须加强对人民币的保护。《中国人民银行法》对人民币的保护作了如下规定:

1. 禁止各种变相货币的发行与流通

变相货币是没有法定货币发行权的单位或个人签发的、以货币单位标示面值并在市面流通转让的各种有价证券和凭证。如有的单位发行"代金券""购物券""礼品券"等就属于变相发行货币的行为。变相货币的发行、流通的危害主要有:第一,违反了人民币集中统一发行原则,侵犯了中国人民银行的法定货币发行权;第二,由于充当支付手段,扩大了社会货币供应量,而又不在中国人民银行的监控下,对通货膨胀起了推波助澜的作用;第三,逃避了国家对工资奖金的监督管理,扩大了消费基金支出;第四,助长了不正之风。凡此种种,影响到人民币的信誉和市场稳定,因此必须禁止变相货币的发行与流通。为此,《中国人民银行法》第20条规定:"任何单位和个人不得印制、发售代币票券,以代替人民币在市场上流通。"该法第45条又进一步规定:"印制、发售代币票券,以代替人民币在市场上流通的,中国人民银行应当责令停止违法行为,并处二十万元以下罚款。"

2. 禁止伪造、变造人民币和禁止运输、持有、使用伪造、变造的人民币

伪造人民币是指仿照中国人民银行发行的现行流通的纸币或铸币的形状、颜色、图案,制造伪币、冒充真币的行为;变造人民币是指用剪贴、挖补、拼凑、涂改、正背两面撕开等方法增大人民币票面额或增多票张数的行为。由于伪造、变造人民币和运输、持有、使用伪造、变造的人民币的

行为严重扰乱金融秩序,对国家、集体以及个人利益均会造成严重侵害,所以,为保护国家货币、巩固国家金融,《中国人民银行法》第19条规定,禁止伪造、变造人民币,禁止出售、购买伪造、变造的人民币,禁止运输、持有、使用伪造、变造的人民币。同法第42条、第43条又进一步规定了法律责任。同法第42条规定:"伪造、变造人民币,出售伪造、变造的人民币,或者明知是伪造、变造的人民币而运输,构成犯罪的,依法追究刑事责任;尚不构成犯罪的,由公安机关处十五日以下拘留、一万元以下罚款。"第43条规定:"购买伪造、变造的人民币或者明知是伪造、变造的人民币而持有、使用,构成犯罪的,依法追究刑事责任;尚不构成犯罪的,由公安机关处十五日以下拘留、一万元以下罚款。"

3. 禁止故意毁损人民币

人民币是国家金融制度的体现,是国家保证市场流通的一种手段。人民币作为支付手段,承担着商品交换的流通作用。特别是一些小额人民币铸币,其铸造价值往往比其标示的价值还高,毁损人民币会人为增加人民币发行成本,有时还可能造成小额人民币流通短缺,不利于市场上人民币的找换,给国家造成浪费。为此,《中国人民银行法》第19条明确规定,禁止故意毁损人民币。

4. 禁止非法使用人民币图样

欧元的诞生

禁止非法使用人民币图样,是为了保证国家货币的严肃性,也防止有人利用印有人民币图样的纸张冒充人民币,欺骗他人。《中国人民银行法》第19条明确规定,禁止在宣传品、出版物或者其他商品上非法使用人民币图样。该法第44条又规定:"在宣传品、出版物或者其他商品上非法使用人民币图样的,中国人民银行应当责令改正,并销毁非法使用的人民币图样,没收违法所得,并处五万元以下罚款。"

第三节 外　　汇

外汇是以外币表示的可以用作国际清偿的支付手段和资产。例如,外国货币,包括纸币、铸币;外币支付凭证,包括票据、银行存款凭证、邮政储蓄凭证等;外币有价证券,包括政府债券、公司债券、股票等;特别提款权;其他外汇资产。外汇作为一种物或权利,是金融法关系最重要的客体。各国都制定有外汇法律制度,对外汇进行管理。本节根据我国《外汇管理条例》阐述其主要内容。

一、外汇的含义

外汇具有动态和静态两方面的含义。动态意义的外汇是"国际汇兑"的简称,即将一国货币换成另一国货币,以清偿国家间的债权债务的活动。静态意义的外汇是指以外币表示的用于国际结算的支付手段。我国《外汇管理条例》是从静态意义来界定外汇的,其第3条规定,外汇是指下列以外币表示的可以用作国际清偿的支付手段和资产:(1)外国货币,包括纸币、铸币;(2)外币支付凭证,包括票据、银行存款凭证、邮政储蓄凭证等;(3)外币有价证券,包括政府债券、公司债券、股票等;(4)特别提款权;(5)其他外汇资产。

从上述所列项目看,外汇具有以下基本特征:(1)外汇是以外国货币表示的信用工具和有价证券。随着金融业的发展,各种信用工具越来越多,外汇的内容也不断发展变化。(2)外汇具有可兑换性,可以在市场上兑换成其他货币或本币。(3)外汇是国际性货币,具有相对稳定的价值,在国际市场占有相当的比重,在国际结算中经常使用。

二、外汇的分类

根据不同的标准,可以对外汇作不同的分类。

首先,根据外汇能否自由兑换,外汇可分为自由外汇与记账外汇。所谓自由外汇,是指不需货币发行国批准,即可自由兑换成其他国家货币,或是可以向第三国办理支付的外汇。一般说来,自由外汇应具备三个条件:(1)在国际收支经常项目下的资金流动不加限制;(2)实行单一汇率制;(3)在其他国家提出要求时,有责任以对方可接受的货币或黄金回购对方经常项目下所积存的本国货币。所谓记账外汇,是指不经货币发行国批准,不能自由兑换成其他货币,或对第三国支付的外汇。该种外汇只能在一定条件下作为两国交往中的清算工具。这种在双方银行账户中记载的外汇,既不能兑换成自由外汇,也不能转给第三国使用,故称之为记账外汇。

其次,根据外汇的来源和用途,外汇可分为贸易外汇和非贸易外汇。

再次,根据外汇持有者的不同,外汇可以分为居民外汇和非居民外汇,也可以分为单位外汇和个人外汇。

最后,根据外汇在交易中的交割期的不同,外汇可分为即期外汇和远期外汇。

三、结汇、售汇与付汇

结汇是指外汇收入所有者将其外汇收入出售给外汇指定银行,外汇指定银行按一定汇率付给等值的本币的行为。结汇有强制结汇、意愿结汇和限额结汇等多种形式。强制结汇是指所有外汇收入必须卖给外汇指定银行,不允许保留外汇;意愿结汇是指外汇收入可以卖给外汇指定银行,也可以开立外汇账户保留,结汇与否由外汇收入所有者自己决定;限额结汇是指外汇收入在国家核定的数额内可不结汇,超过限额的必须卖给外汇指定银行。目前,我国实行的是意愿结汇。

售汇是指外汇指定银行将外汇卖给用汇单位和个人,按一定的汇率收取本币的行为。从用汇单位和个人的角度来讲,售汇也可以称为购汇。境内机构的经常项目项下对外支出用汇,持与支付手段相应的有效商业单据和凭证到外汇指定银行办理购汇支付手续。现在,国家对个人结汇和境内个人购汇实行年度总额管理。年度总额分别为每人每年等值5万美元。国家外汇管理局可根据国际收支状况,对年度总额进行调整。

付汇是指经营外汇业务的金融机构根据用汇单位和个人提供的合同或协议规定的结算方式、日期、金额,从其外汇账户或将买入的外汇支付境外的行为。所有对外支付,均应该持规定的有效凭证和有效的商业单据到外汇指定银行购汇支付,如从其外汇账户中对外支付,除提交规定的有效凭证及商业单据外,还须符合外汇账户的收支范围。

有关结汇、售汇及付汇的经营规则分散在不同的外汇管理法规中,其中最为主要的包括《外汇管理条例》《结汇、售汇及付汇管理规定》等。

知识拓展

外汇标价法:直接标价法与间接标价法

四、外汇市场

（一）外汇市场的概念及特征

外汇交易活动是在外汇市场上进行的。外汇市场是经营外汇买卖的交易场所、组织系统和交易网络，包括有形的外汇买卖场所和无形的外汇交易网络或系统。20 世纪 70 年代以来，国际外汇市场迅猛发展，与其他市场相比明显具有以下几个特征：(1) 外汇市场主要是由信息流和资金流组成的无形市场。(2) 全球外汇市场是一个高度一体化的市场。(3) 外汇市场汇率行情波动性大。(4) 外汇市场昼夜不停地运转。(5) 外汇市场交易的币种相对集中。

（二）外汇市场的分类

按照不同的标准，可对外汇市场作不同的分类。

1. 具体外汇市场与抽象外汇市场

具体外汇市场，是指从事交易的当事人在营业时间内进行外汇买卖的固定场所。抽象外汇市场，是指通过现代化通信手段进行交易的网络。

2. 狭义外汇市场与广义外汇市场

狭义外汇市场是指在银行同业之间进行的外汇买卖市场。广义外汇市场是指所有货币兑换或买卖的场所，既包括批发市场，也包括零售市场。零售市场主要是指银行与个人及公司客户之间进行的外汇买卖。

3. 自由外汇市场、平行市场与外汇黑市

自由外汇市场，是指政府、机构和个人可以买卖任何币种、任何数量外汇的市场，汇率随行就市。这种市场主要出现在无外汇管制的发达国家。平行市场，也称替代市场，是受管制的官方市场的一种替代，我国又称外汇调剂市场。政府默认这种市场存在的主要原因是缓解公开市场上的外汇供求矛盾，同时还需要以平行市场上的汇率水平作为政府管理汇率的参考。外汇黑市，是在外汇管制较严的国家非法存在的外汇交易市场。大多数发展中国家普遍实行严格的外汇管制，不允许自由外汇市场的存在，外汇交易受到政府或法律上的严格限制，导致非法的外汇交易市场的出现。

（三）外汇市场的参与者

各种经营外汇的机构和外汇供求者作为市场的参与者，构成外汇市场的主体，它们是外汇交易的当事人。一般参与者包括客户、外汇银行、非银行金融机构、外汇经纪人以及中央银行和其他官方机构。

1. 客户

客户是外汇实际的供求者，根据交易行为的性质不同，客户分为三类：一是交易性的外汇买卖者，如进出口商、国际投资者、国际旅游者等；二是保值性的外汇买卖者，如套期保值者；三是投机性的外汇买卖者，如在不同国家货币市场上赚取利差、汇差的套利者或套汇者等。

2. 外汇银行

外汇银行是指中央银行指定或授权经营外汇业务的银行，它包括专营和兼营外汇业务的本国商业银行和本国其他银行、外国银行设在本国的分支行和其他办理外汇的金融机构。外汇银行是外汇市场的主要参与者,在外汇市场主要从事两方面的经营活动:一是代客买卖,起中介的作用;二是以自己的账户直接进行外汇买卖。

3. 非银行金融机构

非银行金融机构主要指投资公司、信托公司、保险公司、财务公司和证券公司等。如证券公司为买卖外币有价证券而参与外汇市场。

4. 外汇经纪人

外汇经纪人是指在银行间或银行与客户间联系、接洽外汇买卖的商人。他们一般分为两类:一是一般经纪人,以自有资金参与外汇买卖并承担外汇买卖的损益,即自营商;二是跑街经纪人,即代其客户进行外汇买卖,只收取佣金,不承担任何风险。

5. 中央银行和其他官方机构

许多国家的中央银行都有监管外汇市场的职能,当外汇市场上货币汇率剧烈波动时,它们通过买入或卖出外汇来干预外汇市场,以使汇率稳定在目标水平上。其他官方机构基于不同的经济目的,也会进入外汇市场进行交易。

第四节 资本证券和货币证券

证券是指各类记载并代表一定权利的法律凭证。[①] 它用以证明持有人有权依其所持凭证记载的内容而取得相应的权益。证券有广义和狭义之分。广义的证券是证明持券人享有一定的经济权益的书面凭证,包括资本证券、货币证券和商品证券。证券可以分为有价证券和无价证券。有价证券是指设定并证明持券人财产权利的书面凭证。有价证券代表着一定的财产权利,具有价值与使用价值;而无价证券虽也代表着一定的权利,但不具有交换价值。作为金融法客体的证券,一般是指有价证券。随着金融工具的不断创新,许多在民法上不被认为是有价证券的证书或者凭证,在证券法上也通常被视为证券,如各种衍生证券、新股认购权利证书、股款缴纳凭证等。狭义的证券专指资本证券。

属于有价证券的资本证券、货币证券和商品证券不仅是一般民事权利的客体,也是金融法客体中的重要一类。本节主要阐述资本证券和货币证券。

一、资本证券

(一)资本证券的含义

资本证券是证明持有人享有一定的所有权或债权的书面凭证,它表明持券人对一定的本金带来的收益享有请求权,如股票、债券、证券投资基金份额等。

---

① 周正庆主编:《证券知识读本》,中国金融出版社 2006 年版,第 1 页。

（二）资本证券的分类

按照不同的标准，可以对资本证券作多种分类，比较重要的有以下三种分类。

按照证券发行主体的不同，资本证券可以分为公司证券、金融机构证券和政府证券。公司证券是指公司或企业为筹集资金而发行的证券，包括股票和公司债券。金融机构证券是指商业银行或非银行金融机构为了筹措资金，向投资者发行的证券，主要包括金融机构股票、金融债券、定期存款单、可转让大额存款单等。政府证券是指政府财政部门或其他代理机构为筹措资金，以政府的名义发行的证券。这三种证券在风险和收益上有所不同，公司证券风险和收益都最高，政府证券的风险和收益都最低。

按照募集方式的不同，资本证券可分为公募证券和私募证券。公募证券是指发行人通过向不特定的社会公众投资者公开发行的证券，有严格的审批和公示制度。私募证券是指采用非公开方式向少数特定的投资者发行的证券，其审查条件相对较松，投资者也较少，不采取公示制度。

按照证券是否在证券交易所挂牌交易，资本证券可分为上市证券和非上市证券。上市证券指经证券监管机关或其他机构的审查批准，在向证券交易所办理备案登记手续后获准在证券交易所内公开买卖的证券。非上市证券是指未在证券交易所挂牌交易并允许证券投资者在证券交易所外协议转让的证券。上市证券借助公开集中的证券市场，具有较强的流动性，但是必须遵守证券法及证券交易所制定的严格交易规则；非上市证券流通性较差，但是交易规则相对简单。

我国目前证券市场上发行和流通的资本证券主要包括股票、债券、证券投资基金份额以及经国务院依法认定的其他证券。股票是指由股份有限公司发行的，用以筹措资本，同时表示股东按照其所持有股份享有权利和承担义务的可转让的书面凭证。债券是指政府、金融机构以及工商企业或公司依照法定程序发行的，约定在一定期限还本付息的证券。债券按照发行主体的不同，可分为公司或企业债券、金融机构债券、政府债券。此外，按照是否设置担保，债券还可以分为信用债券和担保债券等。证券投资基金份额是指基金投资人持有基金单位的权利凭证。证券投资基金是一种利益共享、风险共担的集合证券投资方式，即通过发行基金单位，集中投资者的资金，由托管人托管，由专业的基金管理人管理和运用资金，从事股票、债券等金融工具投资。在我国，基金托管人必须由合格的商业银行担任，基金管理人必须由专业的基金管理公司担任。

二、货币证券

货币证券是证明持券人享有一定货币请求权的书面凭证，如汇票、本票、支票、存款单等。

（一）票据的概念和特征

票据是常见的金融法客体。票据分为广义票据和狭义票据。广义的票据是指商业活动中一切与权利结合在一起的有价凭证，也即以证明设定权利为目的而做成的各种票据，如提单、运货单、发票、汇票、本票、支票等有价证券。狭义的票据专指我国《票据法》规定的票据，即指出票人依法签发的，约定自己或委托他人或委托金融机构向受款人或持票人于到期日或见票日无条件地支付一定金额货币的有价证券，即指汇票、本票和支票。票据具有汇兑、支付、结算、流通、信用、融资等多种功能。

票据具有如下法律特征:(1)票据是设权证券。(2)票据是金钱证券。(3)票据是要式证券。(4)票据是无因证券。(5)票据是文义证券。(6)票据是流通证券。(7)票据是指示证券。(8)票据是返还证券。

(二)汇票

汇票是出票人签发的,委托付款人在见票时或者在指定日期无条件支付确定的金额给收款人或者持票人的一种票据。依汇票签发人身份的不同,可将汇票分为银行汇票和商业汇票。银行汇票是指由出票银行签发的,由其在见票时按照实际结算金额无条件付给收款人或者持票人的票据。商业汇票是出票人(即工商企业)签发的,委托付款人在指定日期无条件支付确定的金额给收款人或者持票人的票据。商业汇票分为商业承兑汇票和银行承兑汇票。商业承兑汇票由银行以外的付款人承兑(付款人为承兑人),银行承兑汇票由银行承兑。从安全性看,银行汇票相当于现金,银行承兑汇票有银行信用保证,通常无收款风险但有时间限制,而商业承兑汇票仅依托于商业信用,存在一定的收款风险。

此外,依据其他标准,还可以将汇票进行其他分类。例如,依汇票到期日的不同,可将汇票分为即期汇票和远期汇票;依记载权利人名称方式的不同,可将汇票分为记名汇票、指示汇票和无记名汇票;依汇票当事人是否由一人担任双重身份,可将汇票分为通常汇票与变式汇票;依汇票发行和流通的地域不同,可将汇票分为国内汇票和国际汇票;依汇票的付款要求不同,可将汇票分为光票和跟单汇票。

(三)本票

本票是出票人签发的,承诺自己在见票时无条件支付确定的金额给收款人或者持票人的票据。依据不同的标准,可以对本票作不同分类,如记名式本票、指定式本票和不记名本票;近期本票和即期本票;银行本票和商业本票;等等。根据我国《票据法》的规定,本票仅限于银行本票,且必须为记名式本票和即期本票。

(四)支票

支票是出票人签发的,委托办理支票存款业务的银行或其他金融机构在见票时,无条件支付确定的金额给收款人或持票人的票据。与汇票、本票相比,支票有两个典型的特征:支票的付款人只能是金融机构;支票的付款方式只有一种,即见票即付,付款提示期限为10天。

(五)存款单

存款单是表明存户将一定量货币资金存入银行或其他信用机构的一种信用凭证。存款单是一种有价证券,持单人(存户)据此可向义务人(银行等)行使一定的权利,如定期获取一定利息,到期换取本金等。按存款期限不同,存款单可分为活期存款单和定期存款单两类。前者可随时提取钱款,后者则须存入一定时期后才能提取款项。大额可转让定期存款单可以转让变现。

存款单能够表明存入特定账户的纸币、硬币的确切金额。本金和利息在到期时一并支付。若有特殊情况,也可提前支取,但需提供有关证明身份的证件,利率则按实际存款利率计算。存本取息存款单是开户时一次存入,以后凭银行发给的存单分期支息,并在期满时凭单支取本金。定活两便存款单为既便于随时支用又能享受接近定期存款利率的一种存款单,它在规定的最低期限内支取时,按活期存款付息;超过期限后,按实际存期支付略低于定期存款的利息。应注意的是,与存款单功能相似的是银行卡,它具有存取、透支、消费和权利凭证等多种功能,对其如何定性和归类是一个值得探讨的问题。

知识拓展
银行卡的性质与功能

此外,商品证券,如提单、仓单、货单、货运单等,也是证明持券人享有一定商品请求权的书面凭证,属于有价证券一类,可以作为金融法的客体。

法条链接
《中国人民银行法》《商业银行法》等

【法律适用】

确认、运用和保护金融法客体,可能涉及众多的金融法规范。不仅需要适用《中国人民银行法》《人民币管理条例》《外汇管理条例》《票据法》《商业银行法》《保险法》《证券法》《信托法》《证券投资基金法》《银行卡业务管理办法》《期货交易管理条例》等金融法律、法规,还要注意适用《民法典》等民法的一般规定。在实务中,金融法客体经常表现为各种金融工具,如原生金融工具中的货币、汇率、股票、债券、投资基金等和衍生金融工具中的远期、期货、期权等。因此,深入了解、掌握各种金融工具的含义、特征与交易过程,是认识、运用和保护金融法客体的重要基础。此外,金融服务与金融管理行为成为金融法客体时,其相关权利、义务如何认定、履行或保护是非常值得关注的问题。

【思考题】

1. 如何理解金融法客体的特点?

思考提示:应当明确金融法客体的概念和内涵,注意分析金融法客体的有益性、可控性、独立性与法定性。同时,将金融法客体与民法、行政法、刑法客体进行比较分析。

2. 为什么要赋予中国人民银行对人民币的垄断发行权?

思考提示:这是由中央银行的地位所决定的。第一,这是中央银行执行货币政策的需要。第二,中央银行垄断货币发行,可以避免贬值所造成的金融动荡和经济混乱。第三,中央银行垄断货币发行,有利于中央银行加强自身经济实力。

3. 为什么说外汇是金融法的重要客体?

思考提示:外汇是一种物或权利;外汇可用作国际清偿的支付手段和资产;外汇是国际性货币,具有相对稳定的价值,在国际市场占有相当的比重,在国际结算中经常使用。

4. 资本证券与货币证券有何异同?

思考提示:明确资本证券与货币证券各自的概念和特点,并从性质、用途与表现形式上对二者异同进行分析。同时,关注两者在安全性、流动性等方面的差异。

5. 金融服务和金融管理行为作为金融法客体,其联系和区别是什么?

思考提示:从金融法客体、金融服务行为、金融管理行为的含义、功能及表现等角度,结合实际案例进行比较分析。同时,注意分析金融服务和金融管理效果能否成为金融法客体。

即测即评

第二编

金融经营法

第四章　商业银行经营法

第五章　保险经营法

第六章　证券经营法

第七章　证券投资基金经营法

第八章　信托与资产管理经营法

第九章　期货与衍生品交易经营法

第四章　商业银行经营法

> **【重点提示】**
> 1. 商业银行是指依照《商业银行法》和《公司法》设立的吸收公众存款、发放贷款、办理结算等业务的企业法人。
> 2. 商业银行法是调整商业银行组织关系和经营业务关系的法律规范系统。
> 3. 商业银行与客户间的法律关系可分为存款关系、贷款关系、委托代理关系、信托关系以及寄托关系等。
> 4. 存款是商业银行和具有经营存款业务法律资格的其他金融机构接受其客户存入资金,存入资金的客户可以随时或按约定时间支取本金和利息的一种信用业务。
> 5. 贷款是指金融机构依法把货币资金按一定的利率贷放给客户并约定期限由客户偿还本息的一种信用活动。贷款是商业银行的核心业务,贷款形成商业银行的信贷资产,故称为资产业务。
> 6. 票据是指汇票、本票和支票。
> 7. 银行卡是商业银行向用户发行的一种信用支付工具,具有转账结算、存取现金、消费信用、储蓄和汇兑等多种功能。

第一节　商业银行经营法概述

商业银行是商品经济的产物。现代商业银行是以多种金融资产和金融负债为主要经营对象,以利润最大化和股东利益最大化为主要目标,提供多样化服务的综合信用中介机构。

一、商业银行法的概念

商业银行法是调整商业银行组织关系和经营业务关系的法律规范系统。1995年5月10日第八届全国人大常委会第十三次会议通过并于同年7月1日起施行的《商业银行法》是规范商业银行行为的基本法律。该法分别于2003年12月27日经第十届全国人大常委会第六次会议和2015年8月29日第十二届全国人大常委会第十六次会议进行了两次修正。近年来,由于我国银行业飞速发展,创新性、交叉性金融业务不断涌现,立法和监管面临更为复杂多变的情况。《商业银行法》修改工作已列入第十三届全国人大常委会立法规划,中国人民银行于2020年发布

知识拓展

《商业银行法（修改建议稿）》的起草说明

了《中华人民共和国商业银行法(修改建议稿)》,目前仍在审议过程中。

《商业银行法》对两类行为作了明确规范:一类是对商业银行的设立、接管、终止、组织机构、监督管理等属于金融监管规则的内容;另一类是对存款人的保护、贷款和其他业务的基本规则等属于金融经营规则的内容。本章主要阐述商业银行经营规则,商业银行监管规则将在第十章"银行、保险及信托业监管法"中介绍。

二、商业银行的概念

《商业银行法》第2条规定:"商业银行是指依照本法和《中华人民共和国公司法》设立的吸收公众存款、发放贷款、办理结算等业务的企业法人。"由此可见,商业银行是依法设立的,以营利为目的的法人组织,是经营存款、贷款等货币金融业务的企业法人。

根据《商业银行法》的规定,商业银行实行自主经营、自担风险、自负盈亏、自我约束,依法开展业务,不受任何单位和个人的干涉,并以其全部法人财产独立承担民事责任。

三、商业银行的经营原则

(一)商业银行业务经营的"三性原则"

所谓"三性原则",即安全性、流动性、效益性原则,是各国商业银行规范、稳健运行的基本行为准则。[①] 安全性,是指商业银行在进行业务活动时,必须充分考虑按期收回资金本息的可靠程度,确保资金的安全。流动性,是指商业银行的资金运用应能及时变为现款,以便及时、充分地满足存款者提取存款和发放正常贷款的需要。效益性,是指商业银行在从事资产负债等业务的过程中,必须以营利为目标,并努力使盈利最大化,追求最佳的经济效益。

(二)商业银行与客户之间平等、自愿、公平和诚实信用原则

该原则是指商业银行与客户的法律地位平等,业务开展自主而非强迫,业务往来公平,价格合理,重信誉、守合同、不欺诈。该原则反映了市场经济体制下商业银行作为企业法人的客观要求,使商业银行和客户以平等主体的身份参与到金融活动中去,遵循平等民事主体行为的基本准则。

(三)保障存款人的合法权益不受任何单位和个人侵犯原则

这一原则的基本要求是:商业银行办理个人储蓄存款业务,应当遵循存款自愿、取款自由、存款有息、为存款人保密的原则;对单位和个人的存款,商业银行有权拒绝任何单位或者个人查询、冻结、扣划,但法律法规另有规定的除外;按照中国人民银行的规定,交存存款准备金,留足备付金;按照中国人民银行规定的存款利率的上下限,确定存款利率,并予以公告;保证存款本金和利息的支付,不得拖延、拒绝支付存款本金和利息;商业银行破产清算时,在支付清算费用、所欠职工工资和劳动保险费用后,应当优先支付个人储蓄存款的本金和利息。

---

① 《商业银行法》第4条规定,"商业银行以安全性、流动性、效益性为经营原则"。

（四）严格审查借款人资信，实行担保，保障按期收回贷款原则

贷款是我国商业银行资产运用的最主要的形式，贷款本息能不能按期足额收回是商业银行能否盈利、能否实现企业化经营的关键。这一原则要求银行在发放贷款时，应当对借款人的借款用途、偿还能力、还款方式等资信情况进行严格的审查，并以担保贷款为原则，信用贷款为例外。

（五）商业银行开展业务应当合法，不得损害国家利益和社会公共利益原则

商业银行业务经营活动的开展和债权债务关系的实现，不仅关系到银行本身能否盈利、能否存续发展，更关系到它的客户的生产经营能否顺利进行，关系到整个国家的社会秩序、经济秩序能否稳定。因此，商业银行的业务必须合法，否则就要承担相应的法律责任。

（六）公平竞争，不得从事不正当竞争原则

商业银行开展业务应遵循公平竞争的原则，主要表现为商业银行应当遵守法律、行政法规，并在金融主管机关监管规定许可的范围内开展业务，不得违反规定提高或者降低利率以及采取其他不正当手段吸收存款、发放贷款，损害同业经营者的正当合法权益。

四、商业银行的业务范围

根据我国《商业银行法》第3条的规定，商业银行可以经营下列部分或者全部业务：吸收公众存款；发放短期、中期和长期贷款；办理国内外结算；办理票据承兑与贴现；发行金融债券；代理发行、代理兑付、承销政府债券；买卖政府债券、金融债券；从事同业拆借；买卖、代理买卖外汇；从事银行卡业务；提供信用证服务及担保；代理收付款项及代理保险业务；提供保管箱服务；经国务院银行业监督管理机构批准的其他业务。商业银行经中国人民银行批准，可以经营结汇、售汇业务。

上述商业银行业务，按资金来源和用途，可归纳为负债业务、资产业务、中间业务三类。

负债业务是商业银行形成资金来源的业务，是商业银行资产业务和中间业务的重要基础。商业银行负债主要由存款和借款构成。存款包括个人存款和单位存款两类，而借款包括短期借款和长期借款两大类。短期借款是指期限在一年或一年以下的借款，主要包括同业拆借、证券回购协议和向中央银行借款等。长期借款是指期限在一年以上的借款，一般采用发行金融债券的形式，具体包括发行普通金融债券、次级金融债券、混合资本债券、可转换债券等。存款是商业银行最主要的资金来源。在负债业务中，商业银行是债务人，各类存款人是债权人。

资产业务是商业银行运用其积聚的货币资金从事各种信用活动的业务。商业银行的资产主要包括贷款、债券投资和现金资产三大类。其中贷款业务是商业银行取得收益的主要途径，是最主要的资产业务。在资产业务中，商业银行是债权人，借款人是债务人。

中间业务是指不构成商业银行表内资产、表内负债，形成银行非利息收入的业务，包括支付结算业务、交易业务、清算业务、代理业务、托管业务、担保业务、承兑业务、理财业务等。支付结算业务是银行主要的中间业务，是指银行为单位客户和个人客户采用票据、汇款、托收、信用证、信用卡等结算方式进行货币支付及资金清算提供的服务。传统的结算方式是指"三票一汇"，即汇票、本票、支票和汇兑。在

知识拓展

商业银行混业经营模式

银行为国际贸易提供的支付结算及带有贸易融资功能的支付结算方式中,通常采用的是汇兑、信用证和托收。近年来,随着互联网金融蓬勃发展,又出现了电子汇兑、网上支付等新兴结算方式。

第二节　商业银行与客户的法律关系

商业银行与客户间的关系,从金融学的角度来看,是资金融通关系;从法律关系上看,主要是债权债务关系,属于金融经营主体与金融客户主体之间的金融法律关系的范畴,相较于一般民事主体之间的债权债务关系,有其特殊性。商业银行与客户间的法律关系可分为商业银行与存款人的债权债务关系,商业银行与借款人的债权债务关系,商业银行与客户的委托代理关系、信托关系以及寄托关系等。

一、银行账户和客户

（一）银行账户

现实中,商业银行与客户之间进行资金融通以开设银行账户为前提。银行账户是指客户为办理存款、贷款和结算业务而在银行开立的簿记工具,又称户头,一般用账户名称、开户银行和账号表示。银行账户名称是自然人的姓名或者单位的全称。客户通过其银行账户存入、提取款项或委托银行办理结算。从法律关系来看,银行账户是商业银行与客户签订的框架性协议,规定了双方主体可以进行交易的权限范围,比如商业银行被允许使用个人金融信息的权限范围、客户指令收付款的方式、账户的基本类型等。具体的债权债务关系、委托代理关系是否形成,有赖于开设银行账户后,客户的使用情况。银行账户的重要性在于,在信息泄露、网络诈骗情况泛滥的数字时代,需要借助银行账户合同来对客户相关权益加强保护。《商业银行法》《人民币银行结算账户管理办法》《人民币银行结算账户管理办法实施细则》和《境外机构人民币银行结算账户管理办法》等都对银行账户作了规定。一般而言,银行账户指银行结算账户。

银行结算账户,是指银行为存款人开立的办理资金收付结算的人民币活期存款账户。按存款人不同,可分为单位银行结算账户和个人银行结算账户,分别简称单位账户和个人账户。单位银行结算账户按用途又分为基本存款账户、一般存款账户、专用存款账户和临时存款账户。存款人凭个人身份证件以自然人姓名开立的银行结算账户为个人银行结算账户。

基本存款账户是存款人因办理日常转账结算和现金收付需要开立的银行结算账户,是存款人的主办账户,可以办理提取现金和转账业务,用于存款人日常经营活动的资金收付及其工资、奖金和现金的支取。一般存款账户是存款人因借款或其他结算需要,在基本存款账户开户银行以外的银行营业机构开立的银行结算账户。存款人可以通过一般存款账户办理存款人借款转存、借款归还和转账、汇款等其他资金结算,但不能办理现金支取。一个单位只能在一个银行开立一个基本存款账户,但可以在多个银行开立多个一般存款账户。专用存款账户是存款人按照法律、行政法规和规章,对有特定用途资金进行专项管理和使用而开立的银行结算账户。专用存款账户仅用于办理各项专用资金的收付。临时存款账户是存款人因临时需要并在规定期限内使用而开立的银行结算账户,有效期最长不得超过2年。存款人可以通过该账户办理临时机构以及存款人临时经营活动发生的资金收付。

根据《商业银行法》《人民币银行结算账户管理办法》《人民币银行结算账户管理办法实施细则》和《境外机构人民币银行结算账户管理办法》等法律法规的规定,银行账户管理必须遵守以下基本原则:(1)银行存款账户开立实行核准制度;(2)自主选择开户银行;(3)依法维护客户利益;(4)依法开立和使用银行账户。

(二)银行客户

银行客户是指在银行开设账户,与银行有存款、贷款、拆借等交易,或通过银行与第三方进行结算支付交易及接受银行其他服务的自然人、法人和不具备法人资格的其他社会组织。根据所进行的业务内容不同,可将银行客户分为存款人、借款人、委托人和寄托人。存款人是指在银行开立账户存款的单位或个人。借款人是指在银行开立账户,按照一定的利率和约定期限,向银行借款,并到期归还本金及利息的银行客户。委托人包括结算业务客户和委托银行办理其他业务的客户。寄托人是指将物件交给银行保管并支付报酬的银行客户。比如,在银行开设的保管箱业务中,客户可以将贵重物品交由银行保管,产生寄托关系。客户为寄托人,银行是受托人。寄托人应向银行支付保管费,并将寄托品的性质和安全注意事项告知银行。银行则负有妥善保管寄托物、使寄托物保持完好的义务。

二、商业银行与客户间法律关系的性质与种类

(一)商业银行与客户间法律关系的性质

商业银行与客户间的法律关系,主要是债权债务关系,属于平等主体之间的金融法律关系的范畴。英国1984年著名的弗雷诉希尔判例提出了这样的观点:"在银行保管下的货币,实际上是银行的钱,它可以任意处置这些钱;在它使用这些钱时,并不违反信托;如它用以冒险,或用以做风险很大的投机,也并不对客户负责;它没有必要把这些钱作为客户的财产来保管或处理,但是它当然要对这些钱负责,因为它在收到这些钱时就约定,在客户作出要求时,一定得把一笔与存入时相当的钱付还给客户。"这一观点表明:银行与客户之间主要是债权债务关系。我国《商业银行法》第5条规定,商业银行与客户的业务往来,应当遵循平等、自愿、公平和诚实信用的原则。所以,我国《商业银行法》也确定了银行与客户间债权债务关系的金融法律关系性质。

(二)商业银行与客户间法律关系的种类

按商业银行与客户间业务内容的不同,商业银行与客户间的法律关系具体可分为商业银行与存款人的存款债权债务关系、商业银行与借款人的贷款债权债务关系、商业银行与客户之间的委托代理关系、商业银行与客户之间的信托关系和商业银行与客户之间的寄托关系。

1. 商业银行与存款人的存款关系

商业银行与存款人的存款关系是客户将其款项存入银行使商业银行对其具有还款义务而形成的法律关系。存款人(客户)在银行开立账户存款,与银行形成存款合同关系,银行是债务人,客户是债权人。

客户填写开户申请书、开立账户存款的过程,就是与银行订立合同的过程。客户到银行填写开户申请书,是向银行提出建立合同关系的要约;银行为客户开立账户,即是对客户要约的承诺。在开立账户以后,银行向客户提供存折或存单,这是客户与银行间合同关系的证明。银行与客户之间的合同关系是连续的合同关系,某一账户一旦建立,所有同类型的存款活动,无论其次数多少,都构成该连续的合同关系的一部分。

客户通过开立账户将款项存入银行,不仅将货币的保管权交给了银行,而且将货币的所有权也交给了银行。银行有权自主支配该项资金,例如,可以用于投资、放款等而不必征得客户的同意。由于金钱是特殊的种类物,当存款人要求银行返还时,银行不必将原货币交还客户,而只将等值货币返还客户即可。因此,银行吸收的存款可以做银行资本使用,银行可保留对收益的所有权。基于存款而形成的银行与客户之间的法律关系,是一种债权债务关系,客户按账户上的记载拥有要求银行还本付息的债权,银行承担到期或根据客户指示偿还本息的义务。

2. 商业银行与借款人的贷款关系

商业银行与借款人的贷款关系是指符合条件的借款人依照法律规定和合同约定向商业银行借款而形成的法律关系。商业银行一方面广泛吸收社会闲散资金,从而成为储户的债务人;另一方面,商业银行又将存款作为资本贷放给急需资金的企业、组织和个人,从而又成为债权人。银行享有作为贷款人到期要求借款人还本付息的权利,借款人则承担到期还本付息的义务。银行放款所收的利息通常高于付给储户的利息,其存贷利息差是商业银行的一项重要利润来源。

商业银行在接受存款时,只以自身的信用作为还款保证,而并不提供任何担保。但在放款时,分为两种情况:信用贷款和担保贷款。信用贷款是以借款人的自身信誉为贷款条件,不需提供担保。由于信贷资金能否顺利收回关系到商业银行业务的正常运转和存款人利益的实现,所以,商业银行在放贷前应对借款人的信用等级进行评估,进行必要的贷款尽职调查,在此基础上才能与借款人签订借款合同。担保贷款是指借款人借款时必须向银行提供担保。所以,担保贷款的借款人除了承担还本付息的义务外,还要承担向银行提供担保的义务。

根据《民法典》的规定,商业银行提供贷款须与借款人签订借款合同,且必须采取书面形式,明确约定贷款种类、借款用途、金额、利率、还款期限、还款方式、违约责任和双方认为需要约定的事项。

3. 商业银行与客户之间的委托代理关系

商业银行除进行存贷款业务之外,还担负着结算业务以及其他委托代理业务。商业银行的结算业务是指其接受客户的委托,为客户结算其债权债务关系提供资金转账或现金收付等服务的营业活动。在结算业务中,商业银行利用其自身网络和专业知识为客户提供服务,收取手续费;客户则通过商业银行向其交易对方完成资金结算。因此,商业银行的结算业务实际上是提供劳务的行为,银行与客户之间形成事实上的委托代理关系。在该委托代理关系中,客户是委托方,银行是受托方。客户委托银行办理结算并支付相应的手续费,银行接受委托按客户的指示提供有偿服务。

一般而言,客户委托银行进行结算业务时,与交易对方总存在某种形式的基础法律关系,比如交易双方存在买卖关系,买方委托银行以汇票方式向卖方交付货款。在这里,存在着两个法律关系,一个是基础交易双方的买卖关系;另一个是买方或卖方与银行之间的委托代理关系,银行只是委托代理关系的一方当事人。客户与他人之间交易关系的性质不影响客户与银行之间的委托代理关系,银行没有知悉客户交易关系实质的义务,仅有依委托为客户办理结算的义务。当然,如果商业银行明知客户向第三人支付资金是为了从事贩毒、走私等非法交易而仍为其办理结算业务的,其行为可能因构成洗钱而被认定为违法或犯罪。

此外,商业银行还承担其他委托代理业务,比如委托贷款和委托投资业务,受托代理发行各类有价证券、代理买卖有价证券、代理买卖外汇、代理收付款项、代理保险业务等。在这些业务中,商业银行与客户的关系同样属于委托代理关系。

4. 商业银行与客户之间的信托关系

商业银行从事有关资产管理业务时,可接受客户委托对受托财产进行管理和处分,其产生的收益归属于受益人。由此,银行与客户之间产生了信托法律关系,银行是受托人,客户是委托人,一般来说,客户也同时是受益人。各银行推出的理财产品,客户购买后就在银行与客户之间形成了信托关系:银行代客理财,收取相应的管理报酬,不得承诺保本保收益。

5. 商业银行与客户之间的寄托关系

寄托是指寄托人基于某种目的,将物件交给被寄托人暂时收管,被寄托人在约定的时间内,把物件交还寄托人或其指定的人的行为。商业银行与客户之间也存在着寄托关系。例如,商业银行开展保管箱业务,为客户保管贵重物品或文件等。

寄托关系的法律特征有:交付寄托的物品由银行保管,除有特别约定外,银行无权使用寄托物;银行应归还寄托物原物,而不是同类的其他物品;客户与银行的寄托关系一般属于有偿寄托。

寄托关系是产生比较早的一种银行与客户的关系。例如,早在金融业发展初期,英国伦敦的金匠就将贵重首饰交给银行保管,银行当时接受物品和货币予以安全保管时,几乎无人怀疑它们是这些商品的受托人。美国银行业早期的关系也主要是寄托关系。1848 年美国加州出现淘金高潮,淘金大军激增,如何将金砂安全运出广袤无垠的荒野便成为问题。于是,快运公司应运而生。当时,加州法律不允许设立具有银行业务意图的公司,所以银行家的义务就落到了快运公司的肩上。快运公司接受矿工要求运出黄金时,要检定、称量、发给收据,并承担其安全责任。这样,快运公司坚固的保险箱就成了当地的银行。

第三节 存款制度

20 世纪 70 年代以前,商业银行关注的重点是资产的运作。20 世纪 70 年代以后,金融业竞争的日益加剧和金融创新产品的不断出现,迫使商业银行开始关注资金来源的管理。吸收存款是商业银行最主要、最基本的负债业务,是商业银行组织资金来源的业务,对商业银行资产业务的开展具有基础性作用。从整体上来看,存款人为社会上的不特定多数,一旦出现挤兑或利益侵害事件,易引发系统性金融风险。从个体上来看,存款人相对于商业银行而言,金融专业能力较弱、信息不对称情况明显,处于弱势地位。故《中共中央、国务院关于新时代加快完善社会主义市场经济体制的意见》提出,要"建立健全金融消费者保护基本制度"。体现在存款制度中,就是更为强调存款人权益保护以及商业银行对存款人保护所负的义务。《商业银行法》《储蓄管理条例》《人民币单位存款管理办法》《人民币利率管理规定》等有关存款的法律法规为调整商业银行与存款人之间的存款关系提供了法律依据。

一、存款法律关系

(一) 存款及其分类

存款是商业银行和具有经营存款业务法律资格的其他金融机构接受其客户存入资金,存入资金的客户可以随时或按约定时间支取本金和利息的一种信用业务,即银行对存款人所负的一种以货币表示的债务。

存款关系是商业银行与存款人之间的债权债务关系。就其主体而言,存款人是债权人,商业银行是债务人。客体就是存款,即一定数量的货币。就其内容而言,存款人对商业银行享有债权,即依法取得存款资金及利息的请求权;银行对存款人负有债务,即依法按期向存款人支付存款本金及利息的义务。

存款可以根据不同的标准进行分类:(1)根据存款主体的不同,可将存款划分为单位存款和个人储蓄存款。(2)根据存款的期限不同,可将存款划分为活期存款和定期存款。(3)根据存款货币种类的不同,可将存款划分为人民币存款和外汇存款。(4)根据存款支取方式的不同,可将存款划分为支票存款、存单(折)存款、银行卡存款、通知存款、特种存款等。

(二) 存款合同

存款人和银行之间的存款关系是依存款合同确定的。存款合同的成立也必须经过要约和承诺两个阶段。存款人向银行填写的存款凭条或出具的各种转账凭证是要约;银行收妥存款资金入账,并向存款人出具存单(折)或进账单即回单或收账通知是承诺,标志着存款合同的成立。存单(折)或进账单不仅是存款合同书,也是存款所有权的法律凭证。

存款合同是实践合同,只有在存款人将款项交付银行经确认并出具存款凭证后才成立。存款合同的主要条款即利息、期限等则以银行依法公布的为准,不一定必须在合同凭证上订明,活期存款更是如此。

(三) 存款法律关系主体间的权利义务

存款合同双方当事人均享有一定的权利,承担一定的义务。

存款人的主要权利和义务:(1)存款人有存款自由的权利。(2)存款人有取款自由的权利。(3)存款人有请求依法、准确支付利息的权利。(4)存款人有要求储蓄机构对自己的存款情况保密的权利。(5)存款人有对存单、存折、印鉴等的挂失权。(6)存款人有如实交付货币,而且是真币的义务。

存款机构包括吸收单位存款的机构和吸收居民存款的储蓄银行。储蓄银行有自主使用储蓄存款、依法定和约定支付利息等权利。储蓄银行的义务有:(1)保证存款人支取存款,除法律有特殊的规定外不得拒付或冻结、扣划存款,否则应当承担支付迟延履行的利息以及其他民事责任。(2)按法律法规规定或与存款人的合法约定向存款人支付利息。(3)在存款人申请并符合法律规定时,为其办理存单、存折、印鉴挂失止付,并对已挂失止付的存款的冒领负责。(4)为符合规定的存款人办理整存整取和活期储蓄的转移手续。(5)为存款人保守秘密。

单位与存款机构的存款合同与储蓄存款合同双方当事人的权利义务类似,此处从略。

二、存款制度的基本原则

存款制度是调整存款关系的法律规范的总称。各国银行法对存款制度多有明确的规定,有的国家制定专门的存款法来规范存款行为。根据我国对存款管理适用的法律法规,我国存款制度的基本原则主要有:(1)存款业务特许经营原则。(2)依法交存存款准备金原则。(3)存款利率法定与公告原则。(4)财政性存款专营原则。(5)合法正当吸存原则。(6)保护存款人合法权益原则。

三、储蓄存款制度

(一)储蓄存款制度概述

储蓄是指个人将其所有或合法持有的人民币或外币,自愿存入中国境内储蓄机构形成的存款。储蓄是居民个人与银行之间发生的一种信用关系。

储蓄法是调整储蓄关系的法律规范系统。其内容包括储蓄原则、储蓄机构、储蓄种类、提前支取、挂失等规定。目前我国储蓄法律规范包括《宪法》(第13条)《民法典》《商业银行法》(第29条)《储蓄管理条例》《中国人民银行关于执行〈储蓄管理条例〉的若干规定》《个人存款账户实名制规定》等。

《商业银行法》第29条《储蓄管理条例》第5条规定了储蓄机构办理个人储蓄业务的基本原则,即"存款自愿、取款自由、存款有息、为储户保密"。制定储蓄原则的指导思想是鼓励公民参加储蓄和保护公民储蓄存款的所有权。

(二)储蓄业务基本规则

根据《商业银行法》和《储蓄管理条例》的规定,储蓄业务应遵循以下基本规则:

1. 储蓄存款利率及计息规则

储蓄存款利率由中国人民银行拟订,经国务院批准后公布,或者由国务院授权中国人民银行制定、公布。储蓄机构必须挂牌公告储蓄存款利率。

未到期的定期储蓄存款,全部提前支取的,按支取日挂牌公告的活期储蓄存款利率计付利息;部分提前支取的,提前支取的部分按支取日挂牌公告的活期储蓄存款利率计付利息,其余部分到期时按存单开户日挂牌公告的定期储蓄存款利率计付利息。逾期支取的定期储蓄存款,其超过原定存期的部分,除约定自动转存的外,按支取日挂牌公告的活期储蓄存款利率计付利息。

定期整存整取存款按存单开户日挂牌公告的相应的定期储蓄存款利率计算利息。如在存期内遇利率调整,不论调高或调低,均按存单开户日所定利率计付利息,不分段计息。如储户提前支取,全部提前支取或部分提前支取的部分,按支取日挂牌公告的活期储蓄利率计息,未提前支取的部分,仍按原存单所定利率计付利息。

活期储蓄存款在存入期间遇有利率调整,按结息日挂牌公告的活期储蓄存款利率计付利息。

活期储蓄存款每季度结息一次,每季末月的 20 日为结息日,按当日挂牌的活期利率计息,商业银行在这一日将利息转入储户账户。如果储户在结息日前清户,商业银行将按当日挂牌活期利率计算利息并连同本金支付给储户。储户认为储蓄存款利息支付有错误时,有权向经办的储蓄机构申请复核,经办的储蓄机构应当及时受理、复核。

2. 提前支取规则

存款人支取未到期的定期储蓄存款,必须持存单和本人居民身份证明(居民身份证、户口簿、军人证、外籍储户凭护照、居住证等)办理。代他人支取未到期定期存款的,代支取人还必须出具其居民身份证明。具体要求可由储蓄机构业务主管部门自定。储蓄机构对符合上述条件的提前支取者,验证存单开户人姓名与证件姓名一致后,即可允许支取该未到期存款。

3. 挂失规则

存单(折)分为记名式和不记名式,记名式的存单(折)可挂失,不记名式的不可以挂失。存单(折)如有遗失,存款人应立即持本人居民身份证明,并提供姓名、存款时间、种类、金额、账号及住址等有关情况,书面向原储蓄机构声明挂失止付。若存款在挂失前或挂失失效后被他人支取,储蓄机构不负责任。

4. 查询、冻结、扣划个人储蓄存款规则

为维护储户的利益,凡查询、冻结、扣划个人存款必须按法律、行政法规规定办理,任何单位不得擅自查询、冻结和扣划储户的存款。中国人民银行根据《商业银行法》及相关法律法规,在《金融机构协助查询、冻结、扣划工作管理规定》(银发〔2002〕1 号文)中明确了 13 家机关享有查询、冻结和扣划中的全部或部分权限。2002 年以来,有关法律、行政法规又陆续增加有权机关至 20 家。其中有权查询、冻结、扣划个人存款的机关包括人民法院、税务机关和海关。仅有权查询、冻结个人存款的机关包括人民检察院、公安机关、国家安全机关、军队保卫部门、监狱、走私犯罪侦查机关、证券监督管理机构、国务院反洗钱行政主管部门(中国人民银行)。仅有权查询个人存款的机关包括银行业监督管理机构、保险监督管理机构、反垄断执法机构。

5. 存款人死亡后存款的过户或支取规则

存款人死亡后,合法继承人提取该项存款的,应向储蓄机构所在地的公证处(未设公证处的地方向县、市人民法院)申办继承权证明书。该项存款的继承权发生争执时,由人民法院判处;储蓄机构凭继承权证明书、人民法院的判决书、裁定书或调解书办理过户或支付手续。

存款人已死亡,但存单持有人没有向储蓄机构申明遗产继承过程,也没有持存款所在地法院判决书,直接去储蓄机构支取或转存存款人生前的存款的,储蓄机构都视为正常支取或转存,事后引起的存款继承争执,储蓄机构不负责任。

华侨(港澳同胞)等在国内(内地)储蓄机构的存款或委托银行代为保管的存款,原存款人死亡,其合法继承人在国内(内地)凭原存款人的死亡证明向储蓄机构所在地的公证处申请继承证明书的,储蓄机构凭此办理存款的过户和支付手续。

在我国定居的外国公民(包括无国籍人)在我国储蓄机构存款的,其存款过户手续,与我国公民存款手续相同。与我国订有双边领事协定的外国侨民应按协定具体规定办理。

继承人在国外,可凭存款人的死亡证明和经我驻该国使、领馆认证的亲属证明,向我国公证机关申请办理继承权证明书,储蓄机构凭此办理存款过户或支取手续。

存款人死亡后,无法确定继承人又无遗嘱的,经当地公证机关证明,按财政部门规定,属全民所有制企业事业单位、国家机关、群众团体的职工,其存款上缴国库收归国有。属集体所有制企事业单位的职工,其存款可转归集体所有。此项上缴国库或转归集体所有的存款都不计利息。

6. 储蓄业务禁止规则

任何单位和个人不得将公款以个人名义转为储蓄存款。[①]公款的范围包括:凡列在国家机关、企事业单位会计科目的任何款项;各保险机构、企事业单位吸收的保险金款项;属于财政性存款范围的款项;国家机关和企事业单位的库存现金;等等。除储蓄机构外,任何单位和个人不得办理储蓄业务。

不得使用不正当手段吸收储蓄存款。此处的"不正当手段"是指:以散发有价馈赠品为条件吸收储蓄存款;发放各种名目的揽储费;利用不确切的广告宣传;利用汇款、贷款或其他业务手段强迫储户存款;利用各种名目多付利息、奖品或其他费用。

四、单位存款制度

(一)单位存款制度概述

单位存款,也称机构存款,是指个人储蓄存款以外的所有存款,包括企业存款和财政性存款。我国银行业务中习惯上称其为对公存款。目前,我国没有制定专门的单位存款法,只在《商业银行法》及一些金融行政法规和规章中对单位存款有所规定。

根据《商业银行法》《现金管理暂行条例》等法律、法规,我国单位存款应遵守以下原则:

第一,财政性存款由中国人民银行专营,且不计利息。各受托银行应及时全额划转中国人民银行,不得截留、占用。

第二,强制存入原则。各类机构对于其现金收入,除开户银行核定的现金库存外,必须存入开户银行,不得自行保存和擅自"坐支"。

第三,存款实名原则。任何单位和个人不得将公款以个人名义转为储蓄存款,不得将个人或其他单位的款项以本单位名义存入金融机构,任何个人不得将私款以单位名义存入金融机构。

第四,限制支出原则。各类机构对其存款的使用,除了在规定范围内,或者在银行转账结算起点金额(1 000元)以下,可以采用支取现金的方式外,必须采取通过银行办理转账结算的方式进行。

第五,监督使用原则。商业银行对各机构存款人的存款使用负有监督权,各机构支取存款,必须在有关凭证上注明用途。

(二)单位存款基本规则

1. 单位定期存款规则

金融机构对单位定期存款实行账户管理(大额可转让定期存款除外)。存款时单位须提交开户申请书、营业执照正本等,并预留印鉴。印鉴应包括单位财务专用章、单位法定代表人

---

① 参见《储蓄管理条例》第3条。

章(或主要负责人印章)和财会人员章。由接受存款的金融机构给存款单位开出"单位定期存款开户证实书"(以下简称"证实书"),证实书仅对存款单位开户证实,不得作为质押的权利凭证。

单位定期存款的期限分3个月、半年、1年三个档次。金额1万元起,多存不限。

存款单位支取定期存款只能以转账方式将存款转入其基本存款账户,不得将定期存款用于结算或从定期存款账户中提取现金。存款单位支取定期存款时,须出具证实书并提供预留印鉴,存款所在金融机构审核无误后为其办理支取手续,同时收回证实书。

单位定期存款在存期内按存款存入日挂牌公告的定期存款利率计付利息,遇利率调整,不分段计息。单位定期存款可以全部或部分提前支取,但只能提前支取一次。全部提前支取的,按支取日挂牌公告的活期存款利率计息;部分提前支取的,提前支取的部分按支取日挂牌公告的活期存款利率计息,其余部分如不低于起存金额由金融机构按原存期开具新的证实书,按原存款开户日挂牌公告的同档次定期存款利率计息;不足起存金额则予以清户。单位定期存款到期不取,逾期部分按支取日挂牌公告的活期存款利息计付利息。金融机构办理大额可转让定期存单业务,按照《人民币银行结算账户管理办法》执行。

2. 单位活期存款、通知存款、协定存款的规则

金融机构对单位活期存款实行账户管理。金融机构和开立活期存款账户的单位必须遵守《人民币银行结算账户管理办法》。单位活期存款按结息日挂牌公告的活期存款利率计息,遇利率调整不分段计息。

金融机构开办单位通知存款须经人民银行批准,并遵守经人民银行核准的通知存款章程。通知存款按支取日挂牌公告的同期同档次通知存款利率计息。金融机构开办协定存款须经人民银行批准,并遵守经人民银行核准的协定存款章程。协定存款利率由人民银行确定并公布。

3. 单位存款的变更、挂失及查询、冻结、扣划规则

存款单位因人事变动,需要更换单位法定代表人章(或单位负责人章)或者财会人员印章时,必须持单位公函及经办人身份证向存款所在金融机构办理更换印鉴手续。如为单位定期存款,应同时出示金融机构为其开具的证实书。存款单位因机构合并或分立,其定期存款需要过户或分户,必须持原单位公函、市场监督管理部门的变更、注销或设立登记证明及新印鉴(分户时还须提供双方同意的存款分户协定)等有关证件向存款所在金融机构办理过户或分户手续,由金融机构换发新证实书。

存款单位的密码失密或印鉴遗失、损毁,必须持单位公函,向存款所在金融机构申请挂失。金融机构受理挂失后,挂失生效。如存款在挂失生效前已被人按规定手续支取,金融机构不负赔偿责任。

存款保险制度

金融机构应对存款单位的存款保密,有权拒绝除法律、行政法规另有规定以外的任何单位或个人查询;有权拒绝除法律另有规定以外的任何单位冻结、扣划。根据有关法律规定,可以查询、冻结、扣划单位存款的有权机关包括人民法院、税务机关和海关。仅可以查询、冻结单位存款的有权机关包括人民检察院、公安机关、国家安全机关、军队保卫部门、监狱、走私犯罪侦查机关、证券监督管理机构、国务院反洗钱行政主管部门(中国人民银行)。仅可以查询单位存款的有权机关

包括审计机关、监察机关(包括军队监察机关)、银行业监督管理机构、保险监督管理机构、反垄断执法机构、市场监督管理部门、国务院外汇管理部门、期货监督管理部门、财政部门及其派出机构。

第四节 贷款制度

贷款是商业银行最主要的资产业务,是商业银行获得利润和收益的主要来源之一。目前,我国规范贷款以《民法典》《公司法》为规制基础,以《商业银行法》《中国人民银行法》为特别规制制度,辅以《银团贷款业务指引》《贷款风险分类指引》《固定资产贷款管理办法》《贷款通则》等行政法律规范。

一、贷款法律制度概述

（一）贷款与贷款法律制度

贷款是指金融机构依法将货币资金按一定的利率贷放给客户并约定期限由客户偿还本息的一种信用活动。贷款是商业银行的资产业务,也是商业银行业务的核心。商业银行利润的主要来源是贷款利息收入。

贷款法律制度是调整贷款关系的法律规范系统,主要规定贷款的主体资格和条件、种类、期限、利率、发放程序、借款合同、债权保全与清偿、贷款管理、担保制度和法律责任等内容。

知识拓展

国家金融监管总局发布《固定资产贷款管理办法》《流动资金贷款管理办法》《个人贷款管理办法》

（二）贷款种类

贷款业务有多种分类标准,按贷款期限可划分为:(1)短期贷款,是指贷款期限在1年以内(含1年)的贷款。(2)中期贷款,是指贷款期限在1年以上(不含1年)5年以下(含5年)的贷款。(3)长期贷款,是指贷款期限在5年(不含5年)以上的贷款。

贷款按有无担保及担保方式可划分为:(1)信用贷款。信用贷款是指贷款人根据借款人的信誉发放的贷款。这种贷款没有担保,风险由银行或金融机构承担。(2)担保贷款。担保贷款可以分为保证贷款、抵押贷款、质押贷款三种。

贷款按贷款人是否承担风险可划分为:(1)自营贷款。自营贷款是指贷款人以合法方式筹集资金自主发放的贷款,其风险由贷款人承担,并由贷款人收取本金和利息。(2)委托贷款。委托贷款是指由政府部门、企事业单位及个人等委托人提供资金,由贷款人(受托人)根据委托人确定的贷款对象、用途、金额、期限、利率等代为发放、监督使用并协助收回的贷款,其风险由委托人承担,贷款人(受托人)收取手续费,不得代垫资金。

贷款按照客户类型可划分为:(1)个人贷款,是指以自然人为借款人的贷款。虽然部分个人贷款也用于生产经营,但绝大多数个人贷款主要用于消费。个人贷款主要分为四大类,即个人住房贷款、个人消费贷款、个人经营贷款和个人信用卡透支。(2)公司贷款,又称企业贷款或对公贷款,是以企事业单位为对象发放的贷款,主要包括流动资金贷款、固定资产贷款、并购贷款、房地产贷款、银团贷款、贸易融资、票据贴现等。

二、贷款的原则与规则

(一) 贷款的原则

为规范金融机构的贷款业务,建立健全贷款管理秩序,维护借贷双方合法权益,《贷款通则》规定,金融机构经营贷款业务,应当遵守下列原则:(1)合法原则。(2)自主经营原则。(3)效益性、安全性、流动性原则。(4)平等、自愿、公平、诚信原则。(5)公平竞争原则。(6)有担保原则。

(二) 贷款的规则

为提高信贷资金的使用效益,减少贷款风险,金融机构经营贷款业务应当遵守下列规则:

1. 审贷分离、分级审批规则

商业银行贷款,应当对借款人的借款用途、偿还能力、还款方式等情况进行严格审查。《商业银行法》要求,商业银行根据国民经济和社会发展的需要,在国家产业政策指导下开展贷款业务。商业银行贷款,应当对借款人的借款用途、偿还能力、还款方式等情况进行严格审查。商业银行贷款应当实行审贷分离、分级审批的制度。

2. 贷款担保规则

《商业银行法》规定,商业银行贷款,要求借款人提供担保。商业银行应当对保证人的偿还能力,抵押物、质物的权属和价值以及实现抵押权、质权的可行性进行严格审查。但是经商业银行审查、评估,确认借款人资信良好,确能偿还贷款的,可以不提供担保。

3. 书面合同约定规则

商业银行贷款,应当与借款人订立书面合同。合同应当约定贷款种类、借款用途、金额、利率、还款期限、还款方式、违约责任和双方认为需要约定的其他事项。

4. 贷款期限规则

贷款期限根据借款人的生产经营周期、还款能力和贷款人的资金供给能力由借贷双方协商确定,并在借款合同中载明。但是,自营贷款期限最长一般不得超过10年,超过10年的,应报银行监管部门备案;纸质票据贴现最长不得超过6个月,电子票据贴现最长不得超过1年,贴现期限自贴现之日起到票据到期日止。

借款人不能按期归还贷款的,应当在贷款到期日之前,向贷款人申请贷款展期,是否展期由贷款人决定。借款人申请保证贷款、抵押贷款、质押贷款展期的,还应由保证人、抵押人、出质人出具是否同意展期的书面证明。短期贷款展期期限累计不得超过原贷款期限;中期贷款展期期限累计不得超过原贷款期限的一半;长期贷款展期期限累计不得超过3年。

借款人未申请展期或申请展期未得到批准,其贷款从到期日次日起,转入逾期贷款账户。

5. 贷款利率、利息规则

按照《中国人民银行法》《商业银行法》《贷款通则》《人民币利率管理规定》等法律、法规的有关规定,中国人民银行是经国务院授权的利率主管机关,代表国家依法行使利率管理权。中国人民银行制定、调整以下利率:中国人民银行对金融机构存、贷款利率和再贴现率,金融机构存、贷款利率,优惠贷款利率,罚息利率,同业存款利率,利率浮动幅度,其他利率。商业银行应当按照中国人民银行规定的贷款利率的上下限,确定贷款利率。

商业银行等金融机构则根据中国人民银行的有关规定确定以下利率:浮动利率,内部资金往来利率,同业拆借利率,贴现利率和转贴现利率,中国人民银行允许的其他利率。

《人民币利率管理规定》规定,贷、借双方应按贷款合同和中国人民银行有关计息规定按期计收或交付利息。此外,根据国家政策,为了促进某些产业和地区经济的发展,有关部门可以对贷款补贴利息。对应当停息、减息、缓息和免息的贷款,贷款人应当依国务院决定,按照职责权限范围具体办理停息、减息、缓息和免息。

6. 贷款程序规则

按《贷款通则》的规定,贷款程序包括申请、信用等级评估、贷款调查、审批、签订借款合同、贷款发放、贷后检查、贷款归还 8 个阶段。

三、贷款法律关系

(一) 贷款法律关系概述

贷款反映的是贷款人与借款人之间的债权债务关系。就主体而言,贷款人是债权人,借款人是债务人;就客体而言,贷款法律关系的客体是贷款人向借款人提供的、并按约定的利率和期限还本付息的货币资金;就贷款法律关系的内容而言,贷款人与借款人相互享有权利和承担义务。

贷款法律关系就是贷款人与借款人作为平等主体,依借款合同确定的权利义务关系。

借款人是指向从事经营贷款业务的金融机构申请并取得贷款的法人、其他经济组织、个体工商户和自然人。借款人作为贷款合同的主体一方,应当是一个独立的民事主体。借款人申请贷款,应当具备产品有市场、生产经营有效益、不挤占挪用信贷资金、遵守信用等基本条件。

贷款人是指在中国境内依法设立的经营贷款业务的中资金融机构,包括商业银行、合作银行、城乡信用合作社、企业集团的财务公司、信托投资公司等。国家政策性银行、外资金融机构(含外资、中外合资、外资金融机构的分支机构)发放贷款不执行《贷款通则》的规定,而执行中国人民银行另行制定的相应管理办法。

(二) 贷款合同

贷款合同,是指作为贷款人的金融机构,接受借款人的申请向借款人提供贷款,由借款人到期返还贷款本金并支付贷款利息的协议。贷款合同的主要内容包括:当事人的名称或姓名和住所;贷款种类;币种;贷款用途;贷款金额;贷款利率;贷款期限(或还款期限);还款方式;借贷双方的权利义务;担保条款;违约责任;双方认为需要约定的其他事项(如纠纷解决方法等)。按照《民法典》的规定,当事人发生贷款合同纠纷后,可以通过第三人调解、当事人协商和解、仲裁或诉讼等方式加以解决。当事人不愿和解、调解或者和解、调解不成的,可以根据仲裁协议向仲裁机构申请仲裁。当事人没有订立仲裁协议或者仲裁协议无效的,可以向人民法院起诉。当事人应当履行发生法律效力的判决、仲裁裁决、调解书,拒不履行的,对方当事人可以请求人民法院强制执行。关于贷款合同的担保,应按照《民法典》的有关规定处理。

（三）借款人的权利义务

1. 借款人的权利

可以自主向主办银行或者其他银行的经办机构申请贷款并依条件取得贷款;有权按合同约定提取和使用全部贷款;有权拒绝借款合同以外的附加条件;有权向贷款人的上级和中国人民银行反映、举报有关情况;在征得贷款人同意后,有权向第三人转让债务。

2. 借款人的义务

如实提供贷款人要求的资料(法律规定不能提供者除外),如实提供所有开户行、账号及存贷款余额情况,配合贷款人的调查、审查和检查;接受贷款人对其使用信贷资金情况和有关生产经营、财务活动的监督;按借款合同约定用途使用贷款;按借款合同约定及时清偿贷款本息;将债务全部或部分转让给第三人的,应取得贷款人的同意;有危及贷款人债权安全情况时,应及时通知贷款人,同时采取保全措施。

3. 对借款人的限制

不得在一个贷款人同一辖区内的两个或两个以上同级分支机构取得贷款;不得向贷款人提供虚假的或者隐瞒重要事实的资产负债表、损益表等;不得用贷款从事股本权益性投资,国家另有规定的除外;不得用贷款在有价证券、期货等方面从事投机经营;除依法取得经营房地产资格的借款人以外,不得用贷款经营房地产业务;依法取得经营房地产资格的借款人,不得用贷款从事房地产投机;不得套取贷款用于借贷牟取非法收入;不得违反国家外汇管理规定使用外币贷款;不得采取欺诈手段骗取贷款。

（四）贷款人的权利义务

1. 贷款人的权利

有权要求借款人提供与借款有关的资料;有权根据借款人的条件,决定贷与不贷、贷款金额、期限和利率等,根据贷款条件和贷款程序自主审查和决定贷款,除国务院批准的特定贷款外,有权拒绝任何单位和个人强令其发放贷款或者提供担保;有权了解借款人的生产经营活动和财务活动;有权依合同约定从借款人账户上划收贷款或者要求借款人提供担保;借款人未能履行借款合同规定义务的,贷款人有权依合同约定要求借款人提前归还贷款或停止支付借款人尚未使用的贷款;在贷款将受或已受损失时,可依合同规定,采取使贷款免受损失的措施。

2. 贷款人的义务

公布所经营的贷款的种类、期限和利率,并向借款人提供咨询;公开贷款审查的资信内容和发放贷款的条件;审议借款人的借款申请,并及时答复贷与不贷。其中,短期贷款答复时间不得超过1个月,中长期贷款答复时间不得超过6个月,国家另有规定者除外;应当对借款人的债务、财务、生产、经营情况保密,但对依法查询者除外。

（五）信贷业务的禁止性和限制性规定

1. 商业银行向关系人发放信用贷款的禁止

《商业银行法》第 40 条规定："商业银行不得向关系人发放信用贷款；向关系人发放担保贷款的条件不得优于其他借款人同类贷款的条件。前款所称关系人是指：（一）商业银行的董事、监事、管理人员、信贷业务人员及其近亲属；（二）前项所列人员投资或者担任高级管理职务的公司、企业和其他经济组织。"其中，所谓"关系人"，是指基于特殊身份而可能与商业银行之间存在直接利害关系，并且可能因此影响商业银行经营或管理活动的人。《商业银行法》禁止对关系人提供信用贷款，其目的是提高银行的信贷资产质量，降低风险，创造公平、公开的贷款环境，防止信贷活动中的关联交易。

2. 对同一借款人贷款的限制

根据《商业银行法》第 39 条第 1 款第 3 项的规定，对同一借款人的贷款余额与商业银行资本余额的比例不得超过 10%。《商业银行集团客户授信业务风险管理指引》第 12 条规定，一家商业银行对单一集团客户授信余额（包括该指引第 4 条第 2 款所列各类信用风险暴露）不得超过该商业银行资本净额的 15%。否则将视为超过其风险承受能力。根据审慎监管的要求，银行业监管机构可以调低单个商业银行单一集团客户授信余额与资本净额的比例。集团客户是指具有以下特征的商业银行的企事业法人授信对象：在股权上或者经营决策上直接或间接控制其他企事业法人或被其他企事业法人控制的；共同被第三方企事业法人所控制的；主要投资者个人、关键管理人员或与其近亲属（包括三代以内直系亲属关系和二代以内旁系亲属关系）共同直接控制或间接控制的；存在其他关联关系，可能不按公允价格原则转移资产和利润，商业银行认为应当视同集团客户进行授信管理的。

3. 向关系人发放担保贷款的限制

《商业银行法》第 40 条规定，商业银行向关系人发放担保贷款的条件不得优于其他借款人同类贷款的条件。所谓"优于其他借款人同类贷款的条件"，是指在发放贷款额度、担保贷款条件等方面违反公平原则给予关系人较一般借款人优越的条件。作出此种限制的目的是保证商业银行贷款的安全性、资产的充分流动性，防止关系人和银行工作人员利用条件优越的贷款谋取个人的利益，损害商业银行的利益。

知识拓展

商业银行资产负债比例管理

第五节 票 据 制 度

票据结算是支付结算的一种极为重要的方式，票据法是国家专门规定票据关系以及与票据行为有密切关系的非票据关系的法律规范的总称。目前，我国关于票据结算的法律依据主要有《票据法》《商业银行法》《票据管理实施办法》《支付结算办法》等。此外，《最高人民法院关于审理票据纠纷案件若干问题的规定》对票据纠纷案件的受理、管辖、票据保全、举证责任、票据权利、票据效力、失票救济、票据背书、法律适用以及法律责任等问题作出了规定。

我国《票据法》所指的票据是汇票、本票和支票。本节主要介绍票据的基本规则。

一、汇票结算基本规则

汇票是出票人签发的,委托付款人在见票时或者在指定日期无条件支付确定的金额给收款人或者持票人的一种票据。汇票分为银行汇票和商业汇票。银行汇票是出票银行签发的,由其在见票时按照实际结算金额无条件支付给收款人或持票人的票据。目前,我国银行汇票按照使用范围可分为全国银行汇票、华东三省一市银行汇票和省辖银行汇票。全国银行汇票在全国范围内使用;华东三省一市银行汇票在江苏省、浙江省、安徽省和上海市区域内使用;省辖银行汇票在同一省域或同一地市区域内使用。商业汇票是出票人签发的,委托付款人在指定日期无条件支付确定的金额给收款人或持票人的票据。商业汇票按承兑人的不同分为商业承兑汇票和银行承兑汇票。银行承兑汇票是在承兑银行开立账户的存款人签发的,由其开户银行承兑付款。商业承兑汇票由银行以外的付款人承兑。

(一)出票

汇票的出票是创设票据的基本票据行为,是指出票人作成汇票并交付给收款人的票据行为,汇票上的权利义务均以开出票据而产生。

根据《票据法》的规定,汇票的记载事项分为绝对应记载事项和相对应记载事项。汇票的绝对应记载事项包括:表明"汇票"字样,无条件支付的委托,确定的金额,付款人姓名,收款人姓名,出票日期,出票人签章。汇票上未记载上述规定事项之一的,汇票无效。票据金额以中文和数码同时记载,两者必须一致,不一致时,票据无效。不得签发无对价的汇票,用以骗取银行或其他票据当事人的资金。

汇票应记载的相对记载事项包括付款日期、付款地、出票地等,这些相对记载事项未在汇票上记载,并不影响汇票本身的效力,可依法律规定推定:汇票上未记载付款日期的,视为见票即付;汇票上未记载付款地的,以付款人的营业场所、住所或经常居住地为付款地;汇票上未记载出票地的,以出票人的营业场所、住所或者经常居住地为出票地。

除绝对记载事项和相对记载事项外,汇票上还可以记载《票据法》规定事项以外的其他出票事项,但该记载事项不具有汇票上的效力,如签发票据的原因或用途、该票据项下的交易合同号码、该票据项下的有关单证的名称及号码、开户银行名称及账号等。

出票人依据《票据法》规定的要件完成出票行为后,即发生票据法上的效力。

(二)背书

1. 背书的概念

背书是指持票人在票据背面或者粘单上记载有关事项并签章将汇票权利让与他人的一种票据行为。

我国《票据法》第 27 条规定,持票人可以将汇票权利转让给他人或者将一定的汇票权利授予他人行使。持票人行使该项规定的权利时,应当背书并交付汇票。可见,我国《票据法》规定的汇票转让只能采用背书的方式,而不能仅凭单纯交付方式,否则就不产生票据转让的效力。

2. 背书记载的事项

《票据法》第 29 条规定:"背书由背书人签章并记载背书日期。背书未记载日期的,视为在汇票到期日前背书。"这一规定表明,背书人签章是绝对记载事项。

《票据法》第 30 条规定:"汇票以背书转让或者以背书将一定的汇票权利授予他人行使时,必须记载被背书人名称。"可见,我国《票据法》不承认不记名背书,被背书人名称的记载也属背书应记载的绝对事项。

背书日期属相对记载事项,背书未记载背书日期的,票据并不因此无效,善意持票人的权利不因背书未记载日期而无效。

背书人的禁止背书是背书行为的一项任意记载事项,禁止背书是指出票人或背书人在票据上记载"不得转让"字样,以禁止票据权利的转让,包括出票人禁止背书和背书人禁止背书两种。

3. 背书不得记载的事项

首先,背书不得附条件,附条件的,所附条件不具有汇票的效力。其次,背书人不得将汇票金额的一部分或者将汇票金额分别转让给二人以上,否则背书无效。

4. 背书的连续

背书的连续是指在票据转让中,转让汇票的背书人与受让汇票的被背书人在汇票上的签章依次前后衔接,即本次背书人应是前次背书的被背书人。背书连续对持票人的效力在于证明汇票权利。对付款人的效力在于,付款人应负责查验背书是否连续,背书不连续而付款时,造成的损失由付款人负责。

持票人可以通过背书以外的其他合法方式取得票据权利。"其他合法方式"主要是指税收、继承、赠与等方式,只要取得票据的人依法举证其合法取得票据的方式,证明其享有汇票权利,就能享有票据上的权利。

(三)承兑

承兑是指汇票付款人承诺在汇票到期日支付票据金额的票据行为。承兑是汇票独有的一种附属票据行为,承兑只能是付款人所为的一种票据行为。

1. 汇票的提示承兑

提示承兑是指持票人向付款人出示汇票,并要求付款人承诺付款的行为。因汇票付款形式的不同,汇票可分为必须提示承兑、无需提示承兑以及可以提示承兑三种。

定日付款或者出票后定期付款的汇票,持票人应当在汇票到期日前向付款人提示承兑。见票后定期付款的汇票,持票人应当自出票日起 1 个月内向付款人提示承兑。见票即付的汇票无需提示承兑。

2. 承兑的成立

付款人对向其提示承兑的汇票,应当自收到提示承兑的汇票之日起 3 日内承兑或者拒绝承兑。付款人收到持票人提示承兑的汇票时,应当向持票人签发收到汇票的回单,回单上应当说明汇票提示承兑日期并签章。这里的回单实际是指持票人收到的付款人向其出具的已收到请求承兑汇票的证明,意味着接收承兑。

付款人承兑汇票的,应当在汇票下面记载"承兑"字样和承兑日期并签章;见票后定期付款的汇票,应当在承兑时记载付款日期。

3. 承兑的记载方法

付款人对汇票进行承兑时,必须记载在汇票的正面。在汇票背面或粘单上所作的承兑,或以口头方式或电报、传真等书面方式表示的承兑,不发生《票据法》规定的效力。

付款人依承兑格式填写完毕应记载事项后,在其将已承兑的汇票退回持票人时才产生承兑的效力。

(四)保证

保证是票据债务人以外的第三人,以担保特定债务人履行票据债务为目的,而在票据上所为的一种附属票据行为。

1. 保证的记载事项与记载方法

在办理保证手续时,保证人必须在汇票或粘单上记载下列事项:表明"保证"的字样,保证人名称和住所,被保证人的名称,保证日期,保证人签章。

票据保证记载的事项包括绝对记载事项和相对记载事项,其中绝对记载事项包括保证文句和保证人签章两项,相对记载事项包括被保证人的名称、保证日期和保证人住所。

票据保证是一种书面行为,保证的记载方法是记载在汇票上或者其粘单上。如果是为出票人、承兑人保证,则应记载于汇票的正面;如果是为背书人保证,则应记载于汇票的背面或者粘单上。

2. 保证不得记载的内容

《票据法》第 48 条规定:"保证不得附有条件,附有条件的,不影响对汇票的保证责任。"这一规定表明,保证是无条件的,如果保证附加条件,所附条件无效,保证本身仍然具有效力。保证人应向持票人承担保证责任。

3. 保证的效力

保证一旦成立,即在保证人与被保证人之间产生法律效力,保证人必须对保证行为承担相应的责任。

保证人对合法取得汇票的持票人所享有的汇票权利承担保证责任,但是,被保证人的债务因汇票记载事项欠缺而无效的除外。保证人为二人以上的,保证人之间承担连带责任。

4. 保证人的追索权

《票据法》第 52 条规定:"保证人清偿汇票债务后,可以行使持票人对被保证人及其前手的追索权。"这就是说,保证人向持票人清偿债务后,取得票据而成为持票人,享有票据上的权利,有权对被保证人及其前手行使追索权。由于承兑人并不因保证人清偿债务而解除责任,承兑人仍是票据上的主债务人,保证人应该有对承兑人的付款请求权和追索权。

(五)付款

付款是汇票的承兑人(付款人)向持票人支付汇票金额,以消灭票据权利义务的行为,它不属于票据行为。

持票人应当按规定的期限提示付款。持票人依照有关规定提示付款的,付款人必须在当日足额付款。如果付款人或承兑人不能当日足额付款的,应承担迟延付款的责任。持票人委托的收款银行的责任,限于按照汇票上记载事项将汇票金额转入持票人账户,付款人委托的付款银行的责任,限于按照汇票上记载事项从付款人账户支付汇票金额。

付款人或者代理人在付款时必须承担审查义务,付款人及其代理付款人付款时,应当审查汇票背书的连续性,并审查提示付款人的合法身份证明或者有效证件。如果付款人及其代理付款人基于恶意或者重大过失付款的,应当自行承担责任。

如果付款人对定日付款、出票后定期付款或者见票后定期付款的汇票在到期日前付款,根据《票据法》的规定,应由付款人自行承担所产生的责任。

(六)追索权

追索权,又称偿还请求权,是指持票人在票据到期未获付款或到期前未获承兑或基于其他法定原因,向其前手请求偿还票据金额、利息及其他法定款项的一种票据权利。

1. 追索权关系的当事人

追索权关系的当事人包括追索权人和偿还义务人。追索权人仅限于最后的持票人。偿还义务人包括出票人、背书人、承兑人、保证人及参加承兑人,他们原则上对持票人负有连带清偿责任。持票人可对他们中的任何一个人行使追索权,但持票人为出票人时,对其前手无追索权,只对承兑人享有追索权;持票人为背书人时,则对其后手无追索权。

2. 追索权发生的原因

根据《票据法》第61条的规定,汇票到期日前,有下列情形之一的,持票人可以行使追索权:汇票被拒绝承兑的;付款人或承兑人基于死亡、解散、逃避或其他原因无法提示承兑或付款的;付款人或承兑人被依法宣告破产或因违法被责令终止活动的。

3. 行使追索权的程序

根据《票据法》规定,追索权的行使包括票据提示、取得拒绝证明、发出追索通知三个程序。被追索人依照规定清偿后,可以向其汇票债务人行使再追索权。被追索人在按规定清偿债务后,其票据责任解除。

二、本票结算基本规则

本票是出票人签发的,承诺自己在见票时无条件支付确定的金额给收款人或者持票人的票据。

依据不同的标准,可以对本票作不同分类。例如,记名式本票、指定式本票和不记名本票;即期本票和远期本票;银行本票和商业本票;等等。根据我国《票据法》的规定,本票仅限于银行本票,且为记名式本票和即期本票。银行本票分为不定额银行本票和定额银行本票两种。定额银行本票面额为1 000元、5 000元、1万元和5万元。银行本票见票即付。单位和个人在同一票据交换区域需要支付各种款项,均可以使用银行本票。银行本票可以用于转账,注明"现金"字样的银行本票可以用于支取现金。

(一)本票的记载事项

本票绝对记载的事项有:表明"本票"的字样,无条件支付的承诺,确定的金额,收款人名称,出票日期,出票人签章。本票未记载上述规定事项之一的,本票无效。

本票相对记载的事项有:(1)付款地,本票上未记载付款地的,出票人的营业场所为付款地;(2)出票地,本票上未记载出票地的,出票人的营业场所为出票地。

（二）本票的付款

银行本票是见票付款的票据,收款人或持票人在取得银行本票后,随时可以向出票人请求付款。但为了防止收款人或持票人久不提示票据而给出票人造成不利,《票据法》第78条规定:"本票自出票之日起,付款期限最长不得超过二个月。"如果本票的持票人未按照规定期限提示本票的,则丧失对出票人以外的前手的追索权。

本票的背书、保证、付款行为和追索权的行使,除适用本票的规定外,适用有关汇票的规定。

三、支票结算基本规则

支票是出票人签发的,委托办理支票存款业务的银行或其他金融机构在见票时,无条件支付确定的金额给收款人或持票人的票据。支票按照支付票款方式,分为现金支票和转账支票。支票与汇票、本票相比较,有两个典型的特征:支票的付款人只能是金融机构;支票的付款方式只有一种,即见票即付,付款提示期限为10天。

（一）支票的记载事项

支票的绝对记载事项有:表明"支票"的字样,无条件支付的委托,确定的金额,付款人名称,出票日期,出票人签章。支票上未记载上述规定事项之一的,支票无效。

根据我国《票据法》的规定,支票有两个记载事项,可以通过授权补记的方式记载。一是关于支票金额的授权补记。支票上的金额可以由出票人授权补记,未补记前的支票不得使用。二是关于收款人名称的授权补记。支票上未记载收款人名称的,经出票人授权,可以补记。出票人可以在支票上记载自己为收款人。

支票相对记载的事项包括付款地、出票地等。支票上未记载付款地的,以付款人营业场所为付款地;未记载出票地的,以出票人的营业场所、住所或者经常居住地为出票地。

（二）禁止签发的支票

根据《票据法》第87条的规定,禁止签发空头支票。出票人签发的支票金额超过其付款时在开户银行实有的存款金额的,为空头支票。

根据《票据法》第88条的规定,支票的出票人不得签发与其预留本名的签名式样或者印鉴不符的支票。

（三）支票的付款

出票人必须按照签发的支票金额承担保证向该持票人付款的责任,出票人在付款人处的存款足以支付支票金额时,付款人应当在当日付款。支票限于见票即付,不得另行记载付款日期。另行记载付款日期的,该记载无效。持票人应当自出票日起10日内提示付款,超过提示付款期限的,付款人可以不予付款;付款人不予付款的,出票人仍应当对持票人承担票据责任。

付款人依法支付支票金额的,对出票人不再承担受委托付款的责任,对持票人不再承担付款的责任。

支票的背书、付款行为和追索权的行使,除适用《票据法》第四章"支票"的规定外,适用第二章有关汇票的规定。

四、涉外票据的法律适用

所谓涉外票据,是指出票、背书、承兑、保证、付款等行为中,既有发生在中华人民共和国境内又有发生在中华人民共和国境外的票据。

我国涉外票据法律适用的原则为,我国缔结或者参加的国际条约同我国《票据法》有不同规定的,适用国际条约,但我国声明保留的条款除外。《票据法》和我国缔结或参加的国际条约没有规定的,适用国际惯例。

根据《票据法》第96条的规定,票据债务人的民事行为能力,适用其本国法律,如果本国法律与行为地法律有冲突时,则适用行为地法律。也就是说,票据债务人的民事行为能力,依照其本国法律为无民事行为能力或者限制民事行为能力,而依照行为地法律为完全民事行为能力的,适用行为地法律。

涉外票据法律适用的具体规则如下:(1)汇票、本票和支票出票时的记载事项,适用出票地法律。但经当事人协议,支票的记载事项也可以适用付款地法律。(2)票据的背书、承兑、付款和保证行为,适用行为地法律。(3)票据的追索权行使期限,适用出票地法律。(4)票据的提示期限、有关拒绝证明的方式、出具拒绝证明的期限,适用付款地法律。(5)票据丧失时,失票人请求保全票据权利的程序,适用付款地法律。

经典案例

2016年票据大案风暴

第六节 银行卡制度

银行卡是商业银行向用户发行的一种信用支付工具,它具有转账结算、存取现金、消费信用、储蓄和汇兑等多种功能。从法律关系方面来看,银行卡承担了不同的交易功能,由此也在不同主体之间形成了多种法律关系,需在具体场景中进行分析。总体而言,银行卡的相关制度规范以《商业银行法》及相关民事法律规范为上位法,相关监管部门出台了《银行卡业务管理办法》《商业银行信用卡业务监督管理办法》《银行卡收单业务管理办法》等一系列详细规定。此外,随着自动柜员机(ATM)、手机支付、网络支付等新兴支付手段的出现,银行卡相关的信用风险、诈骗风险日益增多,银行卡风险防范也成了金融治理的重点。

一、银行卡的种类

银行卡按照不同的分类标准可以分为不同的种类。按是否允许透支分类,银行卡可分为信用卡和借记卡。信用卡是银行卡的主要形式,其最显著的特征是允许持卡人在一定额度内进行透支。借记卡则不具备透支功能。

银行卡与银行账户相对应,它与银行账户之间的关系类似于企业营业执照的正本与副本的关系。因此,银行卡具有与银行账户类似的功能,当事人持银行卡可以自助办理一些业务,也可以到银行办理业务；如果没有其他工具而直接通过银行账户办理业务则只能到银行去办理。银行卡及其对应的银行账户只限经发卡银行批准的持卡人本人使用,不得出租和转借。

信用卡按是否向发卡银行交存备用金可分为贷记卡、准贷记卡两类。贷记卡是指发卡银行给予持卡人一定的信用额度,持卡人可在信用额度内先消费、后还款的信用卡。准贷记卡是指持卡人须先按发卡银行要求交存一定金额的备用金,当备用金账户余额不足支付时,可在发卡银行规定的信用额度内透支的信用卡。

贷记卡持卡人的信用消费额享受免息还款期和最低还款额待遇。免息还款期待遇是指自银行记账日至发卡银行规定的到期还款日之间为免息还款期,持卡人在到期还款日前还清欠款的,无需支付利息。最低还款额待遇是指持卡人在到期还款日前偿还全部欠款有困难的,可按照发卡银行规定的最低还款额还款。贷记卡透支的,按月记收复利,透支利率为日利率万分之五。

借记卡按功能不同可分为转账卡(含储蓄卡)、专用卡、储值卡。转账卡是实时扣账的借记卡,具有转账结算、存取现金和消费功能。专用卡是具有专门用途、在特定区域使用的借记卡,具有转账结算、存取现金功能。专门用途是指在百货、餐饮、饭店、娱乐行业以外的用途。储值卡是发卡银行根据持卡人要求将其资金转至卡内储存,交易时直接从卡内扣款的预付钱包式借记卡。

银行卡按币种不同可分为人民币卡、外币卡;按发行对象不同可分为单位卡(商务卡)、个人卡;按信息载体不同可分为磁条卡、芯片(IC)卡。芯片(IC)卡既可应用于单一的银行卡品种,又可应用于组合的银行卡品种。

此外,还有联名/认同卡。联名/认同卡是商业银行与营利性机构/非营利性机构合作发行的银行卡附属产品,其所依附的银行卡品种必须是已经中国人民银行批准的品种,并应当遵守相应品种的业务章程或管理办法。发卡银行和联名单位应当为联名卡持卡人在联名单位用卡提供一定比例的折扣优惠或特殊服务;持卡人领用认同卡表示对认同单位事业的支持。

二、银行卡法律关系

银行卡支付方式在直观上是非常方便的。但从法律的角度考察,这种"刷卡"行为要复杂得多,尤其是信用卡。下面我们以信用卡为例,阐述信用卡交易当事人之间的法律关系。一般地说,信用卡业务涉及以下几个当事人:发卡银行、持卡人、担保人、特约商户。

(一)发卡银行与持卡人之间的法律关系

发卡银行与持卡人是信用卡业务中的基本当事人,也是最重要的当事人。他们之间的法律关系随着信用卡运用方式的不同而有所变化,一般会有以下几种可能性:

1. 储蓄或者借款关系

信用卡具有储蓄功能,持卡人凭卡可以在发卡银行许可的储蓄机构存取款项,同时准贷记卡中的款项视同银行活期储蓄,按活期存款计付利息。从这个意义上说,持卡人与发卡银行之间的法律关系是一种储蓄关系。但是,持卡人购物消费所支付的款项超过其存款账户余额时,发卡银行允许持卡人在规定的限额内善意透支,即向其提供一种消费信贷,这时持卡人与发卡银行之间就发生借款法律关系。

2. 委托关系

持卡人在购物、消费中利用信用卡进行转账结算时,发卡银行与持卡人之间处于一种委托关系,即持卡人自己不与有关的特约商户办理结算事宜,而是将结算事项委托发卡银行去处理。这样,在这种转账结算关系中,持卡人处于委托人的地位,而发卡银行则处于受托人的地位。

3. 抵押担保关系

倘若持卡人采用了抵押担保的方式,则双方就产生了抵押担保法律关系,即持卡人是抵押人,发卡银行是抵押权人。在抵押有效期内,持卡人不能擅自处理抵押品,发卡银行有权对有关的抵押品进行监督检查,并在持卡人无力偿还债务时,享有优先受偿权。

(二)发卡银行与特约商户的法律关系

发卡银行与特约商户之间的基础法律关系为代理关系,同时基于金融支付结算的特别管理规定,特约商户需负有审核和依法结算的义务。发卡银行是委托人,特约商户按发卡银行的指示处理有关的银行卡业务。依照《商业银行法》《银行卡业务管理办法》的规定,商业银行发展受理银行卡的商户,应当与商户签订受理合约。受理合约中除代理事项外,还应约定特约商户负有谨慎审核、按期办理结算等支付结算义务。

(三)持卡人与特约商户之间的法律关系

持卡人利用信用卡在特约商户直接购物或者消费时,其与特约商户之间只是一般的商品或者劳务交易关系。这种关系是信用卡交易的基础。

由于特约商户是发卡银行指定的,特约商户是发卡银行的代理人。因此,持卡人与特约商户之间不存在直接的代理合同关系。如果特约商户无理拒绝信用卡交易,这并不是对持卡人的违约,而是对发卡银行的违约行为。持卡人只能要求发卡银行承担一定的责任,然后再由发卡银行追究特约商户的违约责任。

(四)发卡银行与担保人的法律关系

在持卡人为个人的情况下,这基本上是存在于保证人与债权人之间的保证关系,这种关系通过保证合同维系。保证合同一般采用书面形式,既可以是单独订立的书面合同,包括具有保证性质的信函、传真等,也可以是主合同中的保证条款。

(五)持卡人与担保人的法律关系

持卡人与担保人之间是一种委托关系,即持卡人为了申领信用卡或得到信用卡上的某种透支便利,委托担保人为自己向发卡银行提供信用担保,而担保人则是受持卡人的委托向发卡机构提供信用担保,由此而产生的权利义务。这种委托一般是通过签订委托合同而建立起来的,委托合同可以采用书面形式,也可以采用口头约定,我国法律对此没有明确规定。

三、银行卡业务的主要内容

银行卡业务大致可以分为发卡业务和收单业务两个部分。发卡业务,是指发卡银行基于对客户的评估结果,与符合条件的客户签约发放银行卡并提供相关银行服务。发卡业务包括营销推广、审批授信、卡片制作发放、交易授权、交易处理、交易监测、资金结算、账务处理、争议处理、增值服务和欠款催收等业务环节。收单业务,是指收单机构与特约商户签订银行卡受理协议,在特约商户按约定受理银行卡并与持卡人达成交易后,为特约商户提供交易资金结算服务。在银行卡交易业务方面,发卡银行对贷记卡的取现应当每笔授权,每卡每日累计取现不得超过 2 000 元人民币。发卡银行应当对持卡人在 ATM 取款设定交易上限,每卡每日累计提款不得超过 20 000 元人民币。储值卡的面值或卡内币值不得超过 1 000 元人民币。

四、银行卡风险的防范

我国银行卡产业迅速发展的同时,风险管理形势也日益复杂且富有变化,相关的风险防范制度主要是相关监管部门根据实际情况发布的部门规章。《中国人民银行、中国银行业监督管理委员会、公安部、国家工商总局关于加强银行卡安全管理、预防和打击银行卡犯罪的通知》针对银行卡风险案件反映出的银行卡制度、业务和技术方面的风险点,对"发卡—交易—使用—受理"全环节进行覆盖管理,从而明确各主体的主要责任,防范和打击银行卡犯罪。《中国人民银行关于进一步加强银行卡风险管理的通知》则主要针对移动通信技术和互联网金融所带来的新风险挑战,从信息安全和支付风险防控方面进行规范。除了监管治理以外,银行卡风险防范往往与民事违约、民事侵权相关,最高人民法院也根据司法实践出台了《最高人民法院关于审理银行卡民事纠纷案件若干问题的规定》,以正确引导银行卡民事纠纷案件的审理,保护当事人合法权益。实践中,银行卡主要分为信用卡和借记卡两种,其中信用卡风险最具有代表性。以下以信用卡为例阐释银行卡风险。

(一)恶意透支的风险

信用卡的功能之一是信用借款。持卡人按章程规定限额透支并在透支限期归还的行为称为善意透支。善意透支是信用卡的正常功能。但是,善意透支再前进一步,就会构成恶意透支行为。

《刑法》规定,恶意透支是指"持卡人以非法占有为目的,超过规定限额或规定期限透支,并且经过发卡银行催收后仍不归还的行为"。从这个定义可以看出,构成恶意透支行为,必须同时具备三项条件:一是具有非法占有的目的;二是超过规定限额和规定期限;三是经过银行催收后不归还。《最高人民法院、最高人民检察院关于办理妨害信用卡管理刑事案件具体应用法律若干问题的解释》规定,持卡人以非法占有为目的,超过规定限额或者规定期限透支,并且经发卡银行两次催收后超过 3 个月仍不归还的,应当认定为《刑法》第 196 条规定的"恶意透支"。有以下情形之一的,应当认定为《刑法》第 196 条第 2 款规定的"以非法占有为目的":(1)明知没有还款能力而大量透支,无法归还的;(2)使用虚假资信证明申领信用卡后透支,无法归还的;(3)透支后逃匿、改变联系方式等手段,逃避银行催收的;(4)抽逃、转移资金,隐匿财产,逃避还款的;(5)使用透支的资金进行犯罪活动的;(6)其他非法占有资金,拒不归还的情形。恶意透支,数额在 5 万元以上不满 50 万元的,应当认定为《刑法》第 196 条规定的"数额较大";数额在 50 万元以上不满 500 万元的,应当认定为《刑法》第 196 条规定的"数额巨大";数额在 500 万元以上的,应当认定为《刑法》第 196 条规定的"数额特别巨大"。恶意透支的数额,是指公安机关刑事立案时尚未归还的实际透支的本金,不包括利息、复利、滞纳金、手续费等发卡银行收取的费用。

（二）持卡人的信用风险

发卡银行对申请人的信用度评估不准,向信用不好的申请人发放信用卡,就要承担持卡人恶意透支造成经济损失的风险。同时,持卡人经济状况恶化,无力偿还已透支的款项,也会给发卡银行带来风险。持卡人迁移外地或出国后,不通知发卡机构,与发卡银行联系中断,也会给发卡银行带来风险。

（三）不法分子冒用、诈骗的风险

不法分子伪造身份证等材料,谎报资信状况,骗取发卡银行的信任,领取信用卡后,进行恶意透支,会给发卡银行造成经济损失。不法分子盗窃、拾得或以其他方式获取他人的信用卡后,通过模仿持卡人签名、伪造身份证等方法,冒充合法持卡人进行消费或取现造成的风险。社会上的不法分子与取现网点和特约单位的不法分子相勾结,通过更改挂失卡的卡号或过期卡的有效期,骗取现金或货物。不法分子使用伪造的信用卡,使特约单位当作真卡接受,蒙受损失的风险。

（四）特约单位不按规定程序操作的风险

收款员没有核对止付名单、身份证和预留签名,接受了本应止付的信用卡,造成经济损失。收款员压卡时没有将信用卡的卡号压印在单据上,造成"无卡号单据",以致无法要求发卡行付款的风险。持卡人超限额消费时,收款员不索取授权或分单压卡避开授权,造成信用失控的风险。

银行卡典型案例

《商业银行法》《储蓄管理条例》等

【法律适用】

商业银行经营法调整商业银行在经营负债、资产和中间业务过程中与客户(消费者)之间的经济关系,主要适用《商业银行法》《储蓄管理条例》《贷款通则》等金融法律、法规,但是商业银行与客户(消费者)之间的经济关系本质上是平等主体之间的财产关系(主要是债权债务关系),因此也要适用民法的一般规则。例如贷款合同等除了适用《商业银行法》外,还要适用《民法典》中关于借款合同的一般规定。一些规范银行经营外汇等业务的法律规范具有强行性,对相应的经营违法行为加以处罚时,还要适用行政法的一般规定。对破坏金融关系和金融秩序构成犯罪的行为,则必须适用刑法。此外,票据和银行卡作为支付结算工具,具有很强的专业技术性,必须系统掌握与其相关的支付结算流程和法律关系,才能准确判断当事人的责任和义务,维护金融消费者的合法权益。

【思考题】

1. 商业银行的业务创新及其法律挑战是什么？

思考提示：商业银行的业务创新主要表现在资产管理产品、网上银行、科技金融等方面，应注意调查、收集电子货币、互联网金融、资管新规下的银行理财产品创新等资料，思考其法律问题与对策。可依据传统的商业银行业务划分为存款业务、贷款业务、中间业务三类的思路，分别归类商业银行在这三个方面的业务创新和问题，并注意其交叉融合与金融衍生品交易的关系。最后，应对创新性业务经营法律制度与传统的商业银行经营法律制度在性质上、形式上的异同进行分析。

2. 商业银行与客户间的法律关系有哪些？存款法律关系与信用卡法律关系的特殊性表现在哪里？

思考提示：首先分析商业银行与客户间的法律关系的性质、分类，然后指出这种法律关系与银行监管关系的区别。应认真分析信用卡法律关系的多重性与动态变化性。同时，对于存款法律关系，应关注存款的性质有物权、债权、双重占有等不同观点，以深入分析其定性为债权债务关系或所有权关系的适当性与存在的问题。

3. 商业银行向客户发放信用卡有何风险？如何防范？

思考提示：首先必须了解信用卡的办理程序和消费过程，才能真正明确信用卡的风险所在。针对信用卡的各种风险，可以从发卡银行、持卡人、特约商户等角度分别思考防范措施。此外，应从信用卡监管角度分析监管部门的相关职责和措施。

4. 如何理解票据的无因性、票据行为与票据责任？

思考提示：应在全面了解票据的记载事项及结算流程的基础上，着重分析票据关系与票据基础关系的联系与区别、票据流通的特点和规则、票据行为与非票据行为的区别及其与票据责任的关系，以及票据主体的连环性及票据责任的连带性。

即测即评

第五章 保险经营法

■【重点提示】
1. 保险是指一方当事人依据合同约定向另一当事人支付费用,另一当事人对于合同约定的可能发生的事故所造成的损失承担赔偿责任,或者当指定的人死亡、伤残、疾病或者生存到合同约定的年龄、期限时承担给付责任的行为。保险既是一种金融活动,又是一种受法律特别规制的制度。
2. 保险法是调整保险相关社会关系的法律规范总称,有狭义和广义之分。
3. 保险合同是投保人与保险人约定保险权利义务关系的协议。保险合同是典型的射幸合同,即碰运气的机会性合同。它的订立、履行、变更与终止都有许多区别于一般民事合同的地方。
4. 财产保险是以财产及其有关利益为保险标的的保险。保险法对当事人的权利义务有特殊规定,保险人享有保险代位权。
5. 人身保险是以人的寿命或者身体为保险标的的保险。人身保险具有若干特殊规则,一般体现在人身保险合同的内容之中。
6. 保险代理是指保险代理人在委托代理权限内,向保险人收取佣金,以保险人(被代理人)的名义实施代为办理保险业务的行为。保险人对保险代理人的代理行为承担民事责任。

第一节 保险经营法概述

一、保险的概念与特征

(一)保险的概念

要阐述和理解保险经营法的内容,必须对保险概念有明确的理解。通常所称保险,是指一方当事人依据合同约定向另一当事人支付费用,另一当事人对于合同约定的可能发生的事故所造成的损失承担赔偿责任,或者当指定的人死亡、伤残、疾病或者生存到合同约定的年龄、期限时承担给付责任的行为。[①] 保险是一种以分散危险、消化损失为目的所确立的互助性的经济保障

---
① 邹海林:《保险法教程》,首都经济贸易大学出版社2002年版,第1页。

措施。它既是一种金融活动,又是一种受法律特别规制的制度。

保险是一种金融活动,首先表现为保险特指保险公司的经营活动,无论保险法律关系涉及多少主体,都要与保险公司的业务联系在一起。保险公司是依法设立,并由国家法定机构进行监督管理的一种金融机构。保险公司主要业务的收入是投保人交纳的保险费以及运用保险费依法进行融资和投资活动的收入,其支出除了本身经营的费用外主要是赔偿保险金和给付保险金。其次,保险具有融资功能,能将保险基金的暂时闲置部分通过银行存款、发行股票和债券、抵押贷款、购置不动产、保单贷款及其他途径重新投入到社会再生产过程中。

保险是一种受法律特别规制的制度,主要体现为保险人的资格,保险的范围、方法和程序,保险兑现的条件、程序以及从事保险经营活动的规则、制度等内容均由法律规定。

《保险法》第 2 条明确规定了保险的概念:"本法所称保险,是指投保人根据合同约定,向保险人支付保险费,保险人对于合同约定的可能发生的事故因其发生所造成的财产损失承担赔偿保险金责任,或者当被保险人死亡、伤残、疾病或者达到合同约定的年龄、期限等条件时承担给付保险金责任的商业保险行为。"

(二)保险的特征

第一,一般而言,保险是一种合同关系。社会救济、社会保险不是合同关系,而是公共财政关系,不是《保险法》的调整对象。但从广义的保险法概念来看,社会保险法仍属于保险法的体系范畴。

第二,保险合同是有约束力的合同,受国家法律的特别规制。当约定的保险事故发生后,保险人须按照保险合同的规定赔偿或给予保险金,此乃保险人之法定义务。

第三,保险合同所约定之事故或事件之发生具有不确定性。因保险为危险转移和损失分担之一种方式,若约定之事故肯定不会发生,则无保险之必要;若约定之事故一定发生,则保险人无法经营,难以履行其转移危险和分担损失之义务。

第四,保险事故的发生具有偶然性,是保险合同的当事人无法预测、无法控制的。

第五,保险人在保险事故发生后承担给付金钱或其他类似补偿的义务。通常情况下,保险人支付货币,履行其赔偿或给付义务。

第六,保险业务应通过保险单的形式经营。

二、保险法的概念和体系

(一)保险法的概念

保险法是调整保险相关社会关系的法律规范总称,有狭义和广义之分。狭义而言,保险法仅是私法意义上的合同法特别规定。保险是一种合同,保险合同的订立、履行等皆以合同法为一般遵循,但优先适用《保险法》中的特别规定。广义而言,保险法既调整市场主体之间的保险合同关系,也调整监管机构与市场主体之间的保险监管关系。保险具有融资、提供社会保障、对冲风险等内生属性,保险合同能否执行、保险公司是否审慎经营都关乎全社会,而这些考量必须由监管机构来检视,由此形成了相关的保险监管关系。一般而言,商法上所称保险法是指狭义上的保险法,而经济法上所称保险法属于广义上的保险法,主要包括保险经营法和保险监管法。

（二）保险法的体系

保险法的体系由其调整对象决定。根据上述保险法定义,保险法的调整对象为保险经营关系和保险监管关系。与此相适应,保险法体系由保险经营法、保险监管法和社会保险法构成,其中保险经营法包括保险合同法和保险特别法。

1. 保险合同法

保险合同法是保险法的核心内容,它是关于保险合同关系当事人权利、义务的法,主要规定保险合同的订立、履行、终止、变更、解除和保险合同纠纷的处理等内容。有的国家将其视为民商法的组成部分,比如日本、韩国、西班牙、葡萄牙等;有的国家制定专门的单行法规,比如美国、德国、法国、瑞士、奥地利等。[①] 我国《保险法》对保险合同的总则、财产保险合同和人身保险合同作出了全面系统的规定,是当事人订立和履行保险合同的基本法律依据。

2. 保险特别法

保险特别法与保险合同法相对,是指保险合同法以外的其他保险经营法。例如,《海商法》中有关海上保险的规定为典型的保险特别法。一般情形下,保险特别法不逾越保险合同法的原则规定,但其规定的内容更具体,是各种具体保险经营活动的直接法律依据。此外,根据《保险法》制定的一系列具有特别保险内容的法规和规章也属于保险特别法。

3. 保险监管法

保险监管法是调整保险业监督管理关系的法律规范系统。它是保险监管部门实施监管和保险经营者接受监管的法。保险监管法主要包括保险组织的设立、经营、管理、监督、破产、解散和清算等方面的规定。与其他纯粹以营利为目的的事业不同,保险与保险业民众存在较大利害关系,还直接或间接地影响到整个国民经济。无论是民营还是公营保险机构,都必须依法对其加强监督管理,以巩固保险经营者的偿付能力,规范保险人之间的公平竞争,维护社会公共利益,促进社会秩序的稳定。

4. 社会保险法

社会保险法是指调整因补偿劳动者由于偶然事故减少或丧失劳动能力或丧失劳动机会所形成的社会保障关系的法律规范系统。社会保险法的内容主要包括老年、伤残及遗属社会保险的规定,生育和疾病社会保险的规定,工伤社会保险的规定,医疗社会保险的规定,以及待业社会保险的规定等。[②]

三、保险经营法是保险法的主要组成部分

保险经营法是指调整保险经营关系的法律规范系统,不仅调整保险合同关系,而且为涉及保险的所有经营业务活动提供行为准则。我国保险经营法是保险法体系的主要组成部分。

[①] 叶林、黎建飞主编:《商法学原理与案例教程》,中国人民大学出版社 2006 年版,第 514 页。
[②] 刘隆亨:《金融法学》,当代世界出版社 2000 年版,第 336 页。

1995年6月30日第八届全国人大常委会第十四次会议审议通过,后经2002年、2009年、2014年、2015年四次修改的《保险法》,是保险经营法的基本表现形式,其对保险活动应当遵守的原则、保险合同、保险经营规则、保险代理人和保险经纪人的规定是主要的保险经营法律规范。

此外,《海商法》《公司法》《民法典》等与调整保险经营活动相关的法律、法规、司法解释亦属保险经营法的法律渊源范围。例如,对于保险合同,《保险法》未规定的,适用《民法典》的有关规定。

四、保险经营的基本原则

依据《保险法》及相关保险经营法的有关规定,从事保险经营活动应当遵循以下基本原则。

（一）保险合法原则

遵守法律的原则既是普通民事活动的一项基本原则,也是从事保险活动应当遵守的最基本的原则。保险合法原则要求保险活动不仅应当遵守法律,而且要遵守行政法规等。

（二）保险自愿原则

保险自愿,是指保险活动的参加人出于自身利益和意愿参加保险活动,而不是基于任何形式的强制、胁迫。自愿原则是保险活动得以正常、合法进行的基点。

（三）保险诚实信用原则

诚实信用是进行市场交易的最低道德原则,它要求当事人在进行保险活动时,在不损害他人利益和社会公益的前提下追求自己的利益。依照诚实信用原则,保险当事人在订立保险合同乃至履行保险合同的过程中,应当尊重他人的利益,尊重国家和社会的利益,积极主动地行使权利和取得利益,不得采取欺诈、胁迫等不诚实、不守信的行为。英国1906年《海上保险法》第17条规定:"海上保险合同为基于最大诚信的合同,如果一方不信守诚信原则,另一方可宣布合同无效。"此即保险法的最大诚实信用原则。根据最大诚实信用原则,当事人要向对方充分、准确地告知与保险有关的所有重要事实,不允许存在任何虚伪、欺骗和隐瞒行为。我国《保险法》第5条规定:"保险活动当事人行使权利、履行义务应当遵循诚实信用原则。"

（四）境内保险公司优先原则

在中国境内的法人和其他组织需要办理境内保险的,应当向中国境内的保险公司投保。保险公司需要办理再保险分出业务的,应当优先向中国境内的保险公司办理。保险监督管理机构有权限制或禁止保险公司向中国境外的保险公司办理再保险分出业务或者接受中国境外再保险分入业务。

（五）公平竞争原则

保险公司开展业务，应当遵循公平竞争的原则，不得从事不正当竞争。保险机构不得捏造、散布虚假事实，损害其他保险机构的信誉；不得劝说诱导投保人或者被保险人解除与其他保险机构的保险合同；不得利用政府及其所属部门、垄断性企业或者组织，排挤、阻碍其他保险机构开展保险业务；不得向投保人、被保险人、受益人或者其他利害关系人提供或者承诺提供保险费回扣或者违法、违规的其他利益。

第二节 保险合同

一、保险合同的概念和特点

保险合同是投保人与保险人约定保险权利义务关系的协议。保险合同是合同的一种，但具有自身之特点：

第一，保险合同是双务有偿合同。保险合同的当事人按照合同的约定互负义务，投保人按约定向保险人交纳保险费；保险人在合同约定的保险事故发生时或者在保险期限届满时，向被保险人或受益人支付赔偿金或者保险金，故保险合同是双务合同。而投保人交纳的保险费就是将一定范围内的危险转移给保险人的代价，故保险合同是有偿合同。

第二，保险合同是不要式、诺成合同。即保险合同的成立不要求必须采用特定方式。《保险法》第13条规定，投保人提出保险要求，经保险人同意承保，保险合同成立。保险人应当及时向投保人签发保险单或者其他保险凭证，并在保险单或者其他保险凭证中载明当事人双方约定的合同内容。据此，保险合同的成立取决于投保人与保险人之间就保险合同的条款达成的合意，而无需采用或履行特定方式，故保险合同属于不要式合同。保险人签发保单或其他保险凭证的行为是履行合同的行为，而非合同成立的要件。同时依据《保险法》第14条的规定，保险合同成立后，投保人按照约定交付保险费。可见，保险合同的成立不以保险费的交付为条件，其为诺成合同。

第三，保险合同是附合合同。附合合同亦称标准合同或格式合同，它指一方当事人对另一方提出的条件一般只限于表示服从、接受或拒绝而成立的合同。在现代保险业中，保险人有能力和条件备制供投保人选择的格式保险单和保险条款，并将保险条款印在保险单的背面，以此为保险合同的内容。投保人在申请保险时，一般只能决定是否接受保险人出具的保险条款而没有拟订或充分磋商保险条款的自由，但在某些情况下投保人与保险人可就个别条款进行修改或补充，并在保单上进行批注。所以保险合同具有典型的附合合同的特征。

第四，保险合同是射幸合同。射幸合同是一种碰运气的机会性合同，保险合同是典型的射幸合同。保险合同的投保人交付保险费的义务是确定的，保险人仅在特定的不可预料的保险事故发生时，负给付保险金的义务。[①] 因此，当事人赔偿义务的履行取决于保险事故的发生或者不发生，

---

① 刘廷焕、徐孟洲：《中国金融法律制度》，中信出版社1996年版，第316页。

在保险合同有效期内,若发生保险事故,则被保险人或者受益人可以取得成百上千倍于保险费的保险金;若保险事故不发生,则被保险人或者受益人不能获得赔偿,投保人也不能要求退回已交保险费。

二、保险合同的要素

(一)保险合同的主体

保险合同的主体是指与保险合同有直接或间接关系的人,包括当事人和关系人。

保险合同的当事人是指订立保险合同而享有保险权利和承担保险义务的人,其与保险合同发生直接的关系,一般指投保人和保险人。投保人是指与保险人订立保险合同,并按照保险合同负有支付保险费义务的人。投保人必须具有权利能力和行为能力,并对保险标的具有利益关系,他可以为自己的利益投保,也可以为他人的利益投保。保险人是指与投保人订立保险合同,并承担赔偿或者给付保险金责任的保险公司。

保险合同的关系人是指与保险合同发生间接关系的人,包括被保险人和受益人。被保险人是指其财产或者人身受保险合同保障,享有保险金请求权的人。对被保险人的资格,法律上没有限制,而仅在保险合同中设有约定的条件。被保险人和投保人的关系通常有同属一人和分属两人两种情况。受益人是指人身保险合同中由被保险人或者投保人指定的享有保险金请求权的人,投保人、被保险人可以为受益人,一般属于人身保险范畴的特定关系人。

(二)保险合同的客体

保险合同的客体是指投保人或被保险人对保险标的具有的法律所承认的经济利益或利害关系等,即保险利益。保险标的是指作为保险对象的财产及其有关利益或者人的寿命和身体。

在保险合同中,保险标的是保险利益的载体,而保险利益是保险合同成立的要件,直接关系到保险合同的有效性,保险利益的丧失将导致保险合同的失效。《保险法》第12条规定:"人身保险的投保人在保险合同订立时,对被保险人应当具有保险利益。财产保险的被保险人在保险事故发生时,对保险标的应当具有保险利益。人身保险是以人的寿命和身体为保险标的的保险。财产保险是以财产及其有关利益为保险标的的保险。被保险人是指其财产或者人身受保险合同保障,享有保险金请求权的人。投保人可以为被保险人。保险利益是指投保人或被保险人对保险标的具有的法律上承认的利益。"

保险合同主体与客体的关系见图5-1。

由于各类保险所承保的保险标的不同,对保险利益有不同的要求。财产保险合同的目的在于填补被保险人的损害,要求被保险人在发生保险事故时对保险标的具有保险利益就足够。故在财产保险合同中,凡是因财产发生危险事故而可能遭受损失的人,均对该项财产具有一定的保险利益,包括财产所有人、经营管理人或对某项财产有直接利害关系的人。而人身保险合同则例外,投保人对保险标的的保险利益在订立合同时必须存在,否则保险合同无效;但在被保险人死亡时,保险利益是否存在则对保险合同效力不发生影响。在人身保险合同中,凡一方的继续生存对他方具有现实的或预期的经济利益的,即认为具有保险利益,包括本人、配偶、子女、父母、与投保人有扶养或赡养关系的家庭其他成员和近亲属等,除此以外被保险人同意投保人为其订立合同的,视为投保人对被保险人具有保险利益。

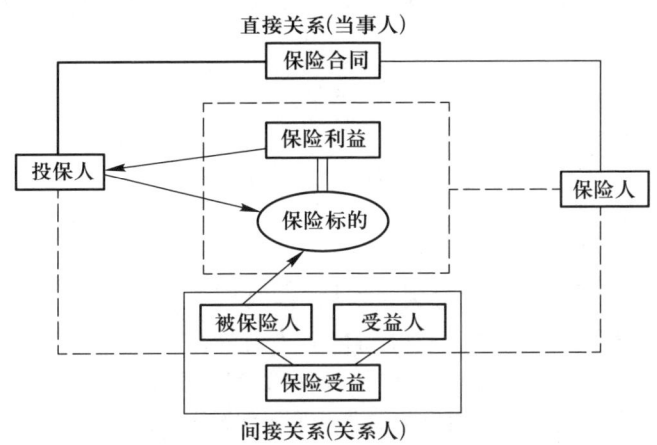

图 5-1　保险合同主体、客体关系图

（三）保险合同的内容

保险合同的内容是指保险双方当事人确定的各自权利义务,它表现为保险合同的具体条款。根据《保险法》第 18 条的规定,保险合同应当包括下列事项:

（1）保险人名称和住所。

（2）投保人、被保险人的姓名或者名称、住所,以及人身保险的受益人的姓名或者名称、住所。

（3）保险标的。

（4）保险责任和责任免除。保险责任是指保险单上载明的危险发生造成保险标的损失或约定的人身保险事故发生（或约定期满）时,保险人所承担的赔偿或给付责任。保险责任条款也称危险条款,保险事故范围因保险种类不同而有所不同,但保险事故范围与保险责任范围一致。责任免除是指依法或依合同的规定,保险人可以不负赔偿责任。

（5）保险期间和保险责任开始时间。保险期间即保险合同的有效期间。只有在保险期间发生保险事故或出现保险事件,保险人才承担赔偿或给付责任。保险责任开始时间即保险人开始履行保险责任的时间。

（6）保险金额。保险金额简称"保额",指双方当事人在合同中约定,并在保险单中载明的保险人承担赔偿或给付保险金责任的最高限额。它是计算保险费的标准,与当事人的责任和义务有直接关系。

（7）保险费以及支付办法。保险费简称"保费",是保险人承担保险责任的对价,即投保人为请求保险人对其保险标的承担保险责任而向保险人支付的费用。保险费的多少取决于保险金额的大小、保险费率的高低和保险期限的长短。

（8）保险金赔偿或者给付办法。一般以金钱给付为原则。

（9）违约责任和争议处理。对于保险合同的条款,保险人与投保人、被保险人或者受益人有争议时,人民法院或者仲裁机关应当作有利于被保险人和受益人的解释。

(10)订立合同的年、月、日。

除上述内容外,《保险法》第18条还规定,投保人和保险人可以就与保险有关的其他事项作出约定。

三、保险合同的种类

(一)财产保险合同和人身保险合同

这是按照保险标的的不同所作的分类,也是《保险法》规定的主要险别的合同。财产保险合同是以财产及其有关利益为保险标的的保险合同,人身保险合同是以人的寿命和身体为保险标的的保险合同。财产保险合同又可分为财产损失保险合同、运输工具保险合同、货物运输保险合同、农业保险合同、责任保险合同、信用保险合同、保证保险合同和海上保险合同等。人身保险合同可以分为寿险合同、意外伤害保险合同和健康保险合同等。

(二)补偿性保险合同和给付性保险合同

这是依据订立保险合同的目的所作的分类。补偿性保险合同又称"评价保险合同",是指危险事故发生后,由保险人评定被保险人的实际损失从而支付赔偿金的一种保险合同。这种保险合同设立的目的在于使被保险人遭受灾害和意外事故时获得经济补偿。大多数财产保险合同都属于补偿性保险合同。给付性保险合同又称"非补偿合同",是指不以补偿为目的而仅以给付一定的保险金为目的的保险合同。大多数的人身保险合同都属于给付性保险合同,因为人身无法用金钱衡量,也难以赔偿。

(三)定值保险合同和不定值保险合同

这是根据保险合同中是否事先确定保险价值所作的分类。定值保险合同又称"定价保险合同",是指当事人双方事先确定保险标的的价值并载于保险单中的一种保险合同。定值保险合同的保险人应当以保险合同中约定的保险价值进行赔偿,而不论实际的损失如何,也不必对保险标的的重新估价。如是部分损失,只是按损失比例进行赔偿即可。除非保险人能证明投保人有欺诈行为,保险人不得以保险标的的实际价值与事先约定的保险价值不符而拒不履行保险合同。一般情况下,海洋货物运输保险大都采用定值保险合同。此外,船舶保险合同和保险标的价值不易确定的财产保险合同有时也采用此种合同形式。

不定值保险合同是指当事人没有事先确定保险标的价值的一种保险合同。这种保险合同仅记载保险金额,而将保险标的的实际价值留待危险发生需要确定保险赔偿的限度时才去估算。保险标的在保险合同中所载的实际价值是不确定的,故其保险赔偿价值也是不固定的。实践中,大多数财产保险采用不定值保险合同。

(四)足额保险合同与不足额保险合同

这是依据保险金额与保险价值之间的关系所作的分类。足额保险合同是指保险金额等于保险价值的保险合同。保险事故发生时,若保险标的全部损失,保险人按保险金额全部赔偿,若部分损失,保险人按实际损失额赔偿。不足额保险合同,是指保险金额低于保险价值的合同,保险人对被保险人损失的赔偿责任仅以保险金额为限,超出保险金额以外的部分损失,保险人不承担赔偿责任。实务中还有超额保险合同的情形,即保险金额大于保险价值。但根据我国《保险法》的规定,保险金额不得超过保险价值,超过保险价值的,超过部分无效。

（五）特定危险保险合同和一切危险保险合同

这是依据保险合同承保范围所作的分类。就一种或多种危险事故而保险的合同,称为特定危险保险合同。在一个危险保险合同中明确列出承保一种危险的,称为单一危险的保险合同;明确列出承保多种危险的,称为多种危险的保险合同。不论承保多少危险,只要列明承保危险的名称的,都属于特定危险保险合同。一切危险保险合同又称"综合保险合同",是指除列举的不保危险即"除外责任"外,承保其他危险所致损失的合同。

（六）单一保险合同与重复保险合同

这是依据保险人人数的不同所作的分类。单一保险合同是指投保人以一个保险标的、一个保险利益、一个保险事故同一个保险人订立的保险合同。重复保险合同是指投保人对同一保险标的、同一保险利益、同一保险事故分别同两个以上保险人订立的保险合同。重复保险的投保人应当将重复保险的有关情况通知各保险人。重复保险的保险金额总和超过保险价值的,各保险人的赔偿金额的总和不得超过保险价值。除合同另有约定外,各保险人按照其保险金额与保险金额总和的比例承担赔偿责任。

（七）原保险合同与再保险合同

这是依据保险人的责任次序的不同进行的分类。原保险合同,又称第一次保险合同,是指保险人对被保险人承担直接责任的原始保险合同。再保险合同,又称分保合同或第二次保险合同。保险人将其承担的保险业务,以分保形式部分转移给其他保险人的,为再保险。原保险是再保险的基础,再保险人的保险责任以原保险人的责任为前提。应再保险人的要求,原保险人应当将其自负责任及原保险的有关情况告知再保险人。但是,再保险合同又是独立的合同。再保险人不得向原保险的投保人要求支付保险费。原保险的被保险人或者受益人,不得向再保险人提出赔偿或者给付保险金的请求。原保险人不得以再保险人未履行再保险责任为由,拒绝履行或者迟延履行其原保险责任。

四、保险合同的订立

（一）保险合同的订立程序

《保险法》第13条规定,投保人提出保险要求,经保险人同意承保,保险合同成立。据此,保险合同订立要经过一定程序,该程序主要为投保和承保两个步骤。

投保即投保人提出保险请求,这是订立保险合同的前提条件,它是投保人请求与保险人订立保险合同的意思表示,实质为保险要约,具有和订立其他合同的要约相同的法律性质。投保为投保人单方的意思表示,非经保险人接受,不产生保险的效力。它表现为投保人向保险人索取投保单,并依其所列事项逐一填写而将之呈交保险人的行为。

承保是保险人承诺投保人的保险要约的行为。同意承保是保险人对投保人的保险申请作出的同意订立保险合同的意思表示。

（二）保险合同的形式

尽管保险合同是不要式合同,但实务中保险合同多采用书面形式,一般由保险单、保险凭证、暂保单、投保单构成。经投保人和保险人协商同意,也可以采取其他书面形式订立保险合同。

保险单简称"保单",是保险合同订立后,由保险人向投保人签发的保险合同的正式书面凭证,是保险合同的法定形式。保险凭证又称"小保单",是内容和格式简化了的保险单。暂保单又叫"临时保单",是保险人或者其代理人在同意承担风险而又不能立即出具保险单或者保险凭证时,临时向投保人签发的保险凭证。它在某些情况下使用,在有效期限内于保险单作成交付之前,具有与保险单相同的效力。投保单又称"要保书",是投保人向保险人提出订立保险合同的书面要约。它通常由保险人事先按统一格式印刷而成,一般不印刷保险条款。其他书面形式,如投保人和保险人约定特殊事项的保险,并经公证的保险协议。

（三）保险人的说明义务和投保人的告知义务

在订立保险合同时,保险人应当向投保人说明保险合同的条款内容,尤其是应当向投保人说明合同中有关保险人责任免除的条款,未明确说明的,该条款不产生效力。

投保人应对保险人就保险标的或者被保险人的有关情况提出的询问如实告知。投保人不履行告知义务,将导致相应的法律后果。根据《保险法》的规定,如果投保人故意隐瞒事实,不履行如实告知义务,或者因重大过失未履行如实告知义务,足以影响保险人决定是否同意承保或者提高保险费率,则保险人有权解除保险合同。但该合同解除权自保险人知道有解除事由之日起,超过30日不行使而消灭。因一般过失未如实告知的,并不视为违反告知义务。

如果投保人故意不履行如实告知义务,则保险人对于保险合同解除前发生的保险事故,不承担赔偿或者给付保险金的责任,并不退还保险费。如果投保人因重大过失未履行如实告知义务,对保险事故的发生有严重影响,则保险人对于保险合同解除前发生的保险事故,不承担赔偿或者给付保险金的责任,但应当退还保险费。

五、保险合同的履行

（一）履行内容

保险合同一经成立,投保人和保险人就必须履行相应的义务。投保人应按约定交付保费,保险人按照约定的时间开始承担保险责任,这是双方最基本的责任和义务。此外,投保人、被保险人或者受益人知道保险事故发生后,应当及时通知保险人。投保人、被保险人、受益人故意或因重大过失未履行出险通知义务可免除保险人的赔偿或给付保险金责任,但保险人通过其他途径已经及时知道或者应当及时知道保险事故发生的除外。在依照保险合同请求保险人赔偿或者给付保险金时,应当向保险人提供其所能提供的与确认保险事故的性质、原因、损失程度等有关的证明和资料。保险人认为投保人、被保险人、受益人提供的索赔材料不完整的,应当及时一次性通知投保人、被保险人或者受益人补充提供。

保险人收到被保险人或者受益人的赔偿或者给付保险金的请求后,应当及时作出核定,情形复杂的,应当在30日内作出核定,但合同另有约定的除外。保险人应将核定结果通知被保险人或者受益人。对属于保险责任的,在与被保险人或者受益人达成有关赔偿或者给付保险金额的协议后10日内,履行赔偿或者给付保险金义务。保险合同对保险金额及赔偿或者给付期限有约定的,保险人应当依照保险合同的约定,履行赔偿或者给付保险金的义务。保险人未及时履行该义务的,除支付保险金外,应当赔偿被保险人或者受益人因此受到的损失。任何单位或者个人都不得非法干预保险人履行赔偿或者给付保险金的义务,也不得限制被保险人或者受益人取得保险金的权利。保险人依法作出核定后,对不属于保险责任的,应当自作出核定之日起3日内向被保险人或者受益人发出拒绝赔偿或者拒绝给付保险金通知书,并说明理由。

保险人自收到赔偿或者给付保险金的请求和有关证明、资料之日起60日内,对其赔偿或者给付保险金的数额不能确定的,应当根据已有证明和资料可以确定的最低数额先予支付;保险人最终确定赔偿或者给付保险金的数额后,应当支付相应的差额。

另外,保险人或者再保险接受人还对在办理保险业务中知道的投保人、被保险人、受益人或者再保险分出人的业务和财产情况及个人隐私,负有保密的义务。

(二)履行程序

保险事故发生后即启动索赔和理赔程序。索赔是被保险人在保险标的遭受损失后,按照保险单有关条款的规定,向保险人要求赔偿损失的行为。理赔则是保险人在接到赔偿请求后,根据保险合同的约定,对保险财产的损失或人身伤害进行调查并处理有关赔偿责任的工作。

索赔和理赔应当遵循发出出险通知、提供索赔单证、核定赔偿的程序进行,并遵守有关索赔时效的法律规定。人寿保险以外的其他保险的被保险人或者受益人,对保险人请求赔偿或者给付保险金的权利,自其知道或者应当知道保险事故发生之日起2年不行使而消灭;人寿保险的被保险人或者受益人对保险人请求给付保险金的权利,自其知道或者应当知道保险事故发生之日起5年不行使而消灭。

此外,在财产保险中,还存在代位求偿,即保险人在向被保险人支付保险金后,有权代被保险人向造成保险标的损害并负有赔偿责任的第三人请求赔偿。

六、保险合同的变更

保险合同的变更是指在保险合同存续期间,其主体、内容、效力发生的变化。

保险合同主体的变更是指投保人、被保险人及受益人的变更,如保单转让。在我国,对不同险种规定的主体变更程序各不相同。对于一般财产保险,合同主体的变更必须得到保险人的同意;货物运输保险的保险单或者保险凭证的转移,无需征得保险人的同意。保险合同的被保险人或投保人变更后,原被保险人或投保人的权利和义务一同转移。

保险合同内容的变更,是指体现双方权利义务关系的合同条款的变更。《保险法》第20条规定,在保险合同有效期内,投保人和保险人经协商同意,可以变更保险合同的有关内容。变更保险合同的,应当由保险人在原保险单或者其他保险凭证上批注或者附贴批单,或者由投保人和保险人订立变更的书面协议。

保险合同效力的变更是指保险合同全部或者部分无效。引起保险合同无效的原因主要有:合同内容违反法律和行政法规;有欺诈和胁迫、无权代理、双方代理、恶意串通以及违反国家利益或社会公共利益等行为;超额保险;投保人对保险标的无保险利益;未经被保险人书面同意的以死亡为给付保险金条件的保险(法律另有规定的除外);保险人未就免责条款对投保人作出说明;等等。保险合同无效,自始不发生法律效力,在发生保险合同约定的保险事故时,保险人不承担保险责任。当事人因无效保险合同取得的利益应当予以返还或收缴。

七、保险合同的终止

保险合同的终止是指保险合同确定的当事人之间权利和义务关系的结束。保险合同的终止有以下几种情况:

第一,自然终止。凡保险合同订明的保险期届满,保险责任自然终止。

第二,解除合同。在保险合同自然终止前,一方或双方依据法律或合同约定提出解除合同的,同样导致合同的终止。《保险法》规定,除法律另有规定或者保险合同另有约定外,保险合同成立后,投保人可以解除保险合同,而保险人不得解除保险合同。但在下列情况下保险人有权解除合同:一是投保人故意隐瞒事实,不履行如实告知义务的,或者因故意或重大过失未履行如实告知义务,足以影响保险人决定是否同意承保或者提高保险费率的;二是被保险人或者受益人在未发生保险事故的情况下,谎称发生了保险事故,向保险人提出赔偿或者给付保险金的请求的;三是投保人、被保险人或者受益人故意制造保险事故的;四是财产保险合同的投保人、被保险人未按照约定履行其对保险标的安全应尽的责任的,或者在合同有效期内,保险标的危险程度增加,被保险人未及时通知保险人的;五是人身保险合同的投保人申报的被保险人年龄不真实并且真实年龄不符合合同约定的年龄限制的,但合同成立后逾2年的除外。

保险合同的不利解释原则

第三,义务履行完毕而终止。保险人根据保险合同的规定,在发生了保险事故或出现保险事件后,已经赔偿或给付全部保险金以后,保险合同即告终止。

第四,保险标的发生部分损失的,在保险人赔偿后30日内,投保人可以终止合同;除合同约定不得终止的以外,保险人也可以终止合同。保险人终止合同的,应当提前15日通知投保人,并将保险标的未受损失部分的保险费,扣除自保险责任开始之日起至终止合同之日止期间的应收部分后,退还投保人。

第五,在以生存作为给付条件的人身保险合同中,被保险人或者受益人死亡的,保险合同终止。

第三节 人身保险

一、人身保险的概念和特征

人身保险是以人的寿命或者身体为保险标的的保险。[①]具体而言,它是投保人根据合同约定,向保险人支付保险费,保险人在被保险人死亡、伤残、疾病或者达到合同约定的年龄、期限时,承担给付保险金责任的一类保险。与财产保险相比,人身保险具有以下特征:

第一,保险标的人格化。人身保险的保险利益以被保险人的寿命或者身体为存在形式,属于被保险人的人格利益或者人身利益。

第二,保险金定额支付。保险标的人格化使其不能用具体的金钱价值予以确定,进而人身保险的保险金额无法以保险标的的价值为依据,而是由保险人事先综合各种因素进行科学计算所规定的固定金额,由投保人选择适用,或者由保险人与投保人协商确定一个数额。保险人以固定数额支付保险金,故而不会发生超额保险的情形。

第三,保险事故的特殊性。人身保险的保险事故涉及人的生死、健康,危险发生率具有变动性、必然性和分散性。这在一定程度上影响保险费率的确定,使得人身保险具有储蓄性质。

第四,保险费不得强制请求。投保人不按照人身保险合同约定支付保险费时,保险人不得用诉讼方式要求投保人支付。投保人可以选择交纳保险费以维持合同,也可以选择不交纳保险费终止合同。

第五,不存在代位求偿权。人身保险的被保险人因第三者的行为而发生死亡、伤残或者疾病等保险事故的,保险人向被保险人或者受益人给付保险金后,不得享有向第三者追偿的权利。但被保险人或者受益人仍有权向第三者请求赔偿。

二、人身保险的特殊规则

人身保险具有若干特殊规则,一般体现在人身保险合同的内容之中。

（一）被保险人年龄误报的法律后果

人身保险合同中,投保人必须如实申报被保险人的年龄,如果申报不实,将导致相应的法律后果:其一,如果真实年龄已超过可以承保的年龄限度,保险合同无效,保险人将已收保险费无息退还,但需要在可争辩期间内完成。其二,如果真实年龄未超过合同约定的年龄限制,自合同成立之日起未超过2年的,保险人可以解除合同,并在扣除手续费后,向投保人退还保险费。其三,如果真实年龄未超过合同约定的年龄限制,自合同成立之日已逾2年,除非投保人停止交纳保险费,保险人将不得再以投保人在投保时误报年龄为由主张合同无效或者拒绝给付保险金。此时,

---

[①] 邹海林:《保险法教程》,首都经济贸易大学出版社2002年版,第14页。

若投保人支付的保险费少于应付保险费,保险人有权更正并要求投保人补交保险费,或者在给付保险金时按照实付保险费与应付保险费的比例支付;若投保人实付保险费多于应付保险费,保险人应当将多收的保险费退还投保人。

(二)保险费交纳与合同的中止、复效

人身保险合同中的保险费可以在合同成立后向保险人一次性支付全部,也可以按照合同约定分期支付。合同约定分期支付保险费的,投保人应当于合同成立时支付首期保险费,并应当按期支付其余各期保险费。

人身保险合同约定分期支付保险费,投保人支付首期保险费后,除合同另有约定外,投保人自保险人催告之日起超过30日或超过规定的期限60日未支付当期保险费,合同效力中止或者由保险人按照合同约定的条件减少保险金额,经保险人与投保人协商并达成协议,在投保人补交保险费后,合同效力恢复。但是,自合同效力中止之日起2年内双方未达成协议的,保险人有权解除合同,且应当按照合同约定退还保险单的现金价值。

(三)人身保险的除外责任

人身保险合同中除外责任主要包括以下三个方面:

投保人、受益人故意造成被保险人死亡、伤残或者疾病的,保险人不承担给付保险金的责任。但投保人已交足2年以上保险费的,保险人应当按照合同约定向其他享有权利的受益人退还保险单的现金价值。

以死亡为给付保险金条件的合同,被保险人自杀的,保险人不承担给付保险金的责任,但对投保人已支付的保险费,保险人应按照保险单退还其现金价值。以死亡为给付保险金条件的合同,自成立之日起满2年后,如果被保险人自杀的,保险人可以按照合同给付保险金。

被保险人故意犯罪或者抗拒依法采取的刑事强制措施导致其自身伤残或者死亡的,保险人不承担给付保险金的责任。但投保人已交足2年以上保险费的,保险人应当按照保险单退还其现金价值。

(四)保险金的继承

被保险人死亡后,遇有下列情形之一的,保险金作为被保险人的遗产,由保险人向被保险人的继承人履行给付保险金的义务:没有指定受益人,或者受益人指定不明无法确定的;受益人先于被保险人死亡,没有其他受益人的;受益人依法丧失受益权或者放弃受益权,没有其他受益人的。受益人与被保险人在同一事件中死亡,且不能确定死亡先后顺序的,推定受益人死亡在先。

(五)保单贷款

投保人交纳保险费一定时间后,如有临时的经济需要,可以凭保险单向保险人申请贷款,贷款的限额一般不得超过保险单现金价值的一定比例,并应支付借款利息。一般当保险费付足1年以上时,投保人可以向保险公司申请保单贷款。从一定意义上讲,保单贷款是保险人将其最终必须支付的款项预先支付给投保人。

与保单贷款相关的是保费自动垫交。即投保人交纳保险费满一定时期以后,因故未能在宽限期内交付保险费时,保险人可以把保单的现金价值作为借款,自动垫交投保人所欠保险费,使保单继续有效。但需要以保单具有的现金价值足够交付所欠保险费,而且投保人没有反对声明为前提。如果第一次垫交后,再次出现保险费未在规定期间交付,则继续垫交,直至累计的贷款本息达到保单的现金价值为止。在垫付保险费期间,如发生保险事故,则保险人给付保险金时应从中扣除保险费的本息。

三、主要的人身保险合同类型

按照保险标的不同,可将人身保险合同分为人寿保险合同、意外伤害保险合同和健康保险合同。这是主要的人身保险类型。

（一）人寿保险合同

人寿保险合同是以被保险人的生命为保险标的,以生存或者死亡为给付保险金条件的人身保险合同。以承保的保险事故为标准,有以下几种类型：

（1）死亡保险,以被保险人在保险期限内的死亡为保险事故。死亡保险依期限不同可分为终身保险和定期保险。前者是指以被保险人的终身为保险期限,不论被保险人何时死亡,保险人均给付保险金；后者是指投保人和保险人约定一定期限为保险期间,被保险人在保险期间死亡,保险人方给付保险金。

（2）生存保险,即以被保险人在依合同约定的保险期限内生存为保险事故的保险。

（3）生死两全保险,是指以被保险人在保险期限内的死亡、伤残或者被保险人生存到保险期满为保险事故的保险。如子女教育保险。

（4）简易人身保险,是指被保险人的体格免检而保险金额相对较低的一种人寿保险。

（5）年金保险,是指在被保险人的生存期间每年给付一定金额的生存保险,但年金保险并不以生存保险为限,可以加保死亡保险,实务中通常为生死两全保险。

（二）意外伤害保险合同

意外伤害保险合同是指投保人和保险人约定,在被保险人遭受意外伤害或者因意外伤害而致残、死亡时,由保险人依照约定向被保险人或者受益人支付确定金额保险金的保险。意外伤害保险是对因意外事故受到伤害的人或者其家庭成员给予经济补偿的一种保险,并不是一种填补损害的合同。常见的意外伤害保险险种有普通伤害保险、团体伤害保险、旅行伤害保险、交通事故伤害保险、职业伤害保险等。

（三）健康保险合同

健康保险合同是以人的身体为对象,以被保险人在保险期限内因患病、生育所致医疗费用支出和工作能力丧失、收入减少及因疾病、生育、致残或死亡为保险事故的人身保险合同。健康保险合同的订立,特别重视订约人的善意和如实告知。如果保险人认为必要,可以自己承担费用对被保险人进行体格检查,被保险人拒绝检查的,保险人可以拒绝承保。

经典案例
投保人的如实告知义务案

健康保险的保险期间有一些特殊规定,如有的保险合同约定一定的期间为观察期,即保险合同生效后保险人对于被保险人所患疾病不承担保险责任的延缓期间,只有观察期届满后,保险人才对被保险人所患疾病承担保险责任。

目前保险公司开办的健康保险多为附加险。常见的健康保险险种有康宁终身保险、重大疾病终身保险、职工团体补充医疗保险、团体补充账户管理型医疗保险、团体补充基金型医疗保险、附加住院医疗保险、附加疾病住院医疗保险、附加住院医疗生活津贴保险。

第四节　财　产　保　险

一、财产保险的概念和特征

财产保险是以财产以及与财产有关的利益为保险标的的保险。[①] 财产保险的特征是：

第一,保险标的表现为特定的财产以及与财产有关的利益。具体说来,保险标的范围包括：（1）可保财产,如属于被保险人所有或与他人共有而由被保险人负责的财产、由被保险人经营管理或替他人管理的财产、其他具有法律上承认的与被保险人有经济利益关系的财产等；（2）预期利益,如由现有利益或合同产生的期待利益等；（3）消极利益,即免除由于事故的发生而增加的额外支出。除此之外,那些价值评估没有客观标准、损失率难以预测、道德危险大的物品,一般属于除外不保财产,如未经开发加工属于原始形态的土地、矿藏、森林、水产资源等；没有价值依据以及无法鉴定价值的票证、有价证券、文件、账册、图表、技术资料等,不属于财产保险标的；非法物品也不能成为财产保险标的。

第二,以填补损失为目的。财产保险严格适用无损失即无保险、无损失无赔偿的原则。财产保险以对危险所造成的损失给予经济补偿为唯一目的,且赔偿不得超过实际损失,财产保险不能成为被保险人的牟利工具。

第三,实行保险责任限定制度。在财产保险合同中,保险人的保险责任以保险合同约定的保险金额为限,超过合同约定的保险金额的损失,保险人不负保险责任。保险标的的保险价值,可以由投保人和保险人约定并在合同中载明,也可以按照保险事故发生时保险标的的实际价值确定。约定的保险金额不得超过保险价值；超过保险价值的,超过的部分无效。保险金额低于保险价值的,除合同另有约定外,保险人按照保险金额与保险价值的比例承担赔偿责任。

第四,适用保险代位原则。如果第三人对于被保险人发生的损失应当负损害赔偿责任,被保险人请求保险金给付后,仍向该第三人请求损害赔偿,那么,其将获得超过保险价值的利益。所以财产保险合同广泛适用或约定有保险代位权。

---

① 邹海林:《保险法教程》,首都经济贸易大学出版社2002年版,第11页。

二、财产保险当事人的权利义务

（一）投保人的权利义务

根据《保险法》第58条的规定,投保人享有财产保险合同的解除权,即保险标的发生部分损失的,在保险人赔偿后30日内,投保人可以终止合同。投保人承担如下义务：其一,因解除合同支付手续费。《保险法》第54条规定,保险责任开始前,投保人要求解除合同的,应当向保险人支付手续费。其二,重复保险的通知义务。《保险法》第56条规定,重复保险的投保人应当将重复保险的有关情况通知各保险人。

（二）被保险人的义务

《保险法》规定被保险人应承担如下义务：其一,守法义务。遵守国家有关消防、安全、生产操作、劳动保护等方面的规定,维护保险标的的安全；其二,合同有效期内,保险标的的危险程度增加,按照合同约定及时通知保险人的义务；其三,保险事故发生时的紧急施救义务；其四,配合保险人代位求偿的义务。

（三）保险人的权利义务

《保险法》规定保险人享有的权利主要有：其一,对保险标的的检查、建议权,即保险人有权根据合同的约定对保险标的的安全状况进行检查,及时向投保人、被保险人提出消除不安全因素和隐患的书面建议；其二,投保人、被保险人未按照约定履行其对保险标的的安全应尽的责任时的增加保险费或解除合同的权利；其三,经被保险人同意采取安全预防措施权；其四,危险增加时要求增加保险费或解除合同的权利；其五,保险代位权；其六,除合同有相反约定外,保险标的的部分损失时终止合同的权利。

保险人承担的义务主要有：其一,降低、退还保费的义务。《保险法》第53条规定,有下列情形之一的,除合同另有约定外,保险人应当降低保险费,并按日计算退还相应的保险费：据以确定保险费率的有关情况发生变化,保险标的的危险程度明显减少；保险标的的保险价值明显减少。其二,承担保险事故发生后被保险人紧急施救所支付的必要、合理费用的义务。其三,承担为查明和确定保险事故的性质、原因和保险标的的损失程度所支付的必要、合理费用的义务。

三、保险代位权

保险代位权是财产保险的特有制度,是指因第三者对保险标的的损害而造成保险事故,保险人自向被保险人赔偿保险金后,在赔偿金额范围内享有的代位行使被保险人对第三者请求赔偿的权利。保险代位权具有如下构成要件：

第一,保险标的的损害必须是由第三者的行为引起的。实践中,第三者通常因如下行为而需承担民事赔偿责任,进而为保险代位权的适用提供可能：一为侵权行为,即由于第三者的过错或者在适用无过错责任的情况下,造成财产保险标的损失的行为；二为合同行为,即由于第三者在履行其与被保险人所订立的合同时的违约行为,造成财产保险标的的损失;三为保险标的因共同海损造成损失,被保险人有权依法向其他受益人求偿。

第二,被保险人必须对第三者享有赔偿请求权。这是保险代位权的基础。《保险法》第61条明确规定,保险事故发生后,保险人未赔偿保险金之前,被保险人放弃对第三者的请求赔偿的权利的,保险人不承担赔偿保险金的责任。保险人向被保险人赔偿保险金后,被保险人未经保险人同意放弃对第三者请求赔偿的权利的,该行为无效。被保险人的故意或重大过失致使保险人不能行使代位请求赔偿的权利的,保险人可以扣减或要求返还相应的保险金。

第三,保险人须已经给付保险金。但保险代位权不以被保险人的全部损失得到赔偿为构成要件,当被保险人所获得的保险金不足以弥补其损失时,可以继续向第三人要求赔偿,而被保险人的赔偿请求权的行使并不妨碍保险人在给付保险金范围内的保险代位权。保险代位权以保险人的名义行使,被保险人负有协助行使的义务。《保险法》第63条规定,在保险人向第三者行使代位请求赔偿权利时,被保险人应当向保险人提供必要的文件和其所知道的有关情况。此外,保险代位权的行使亦有限制,《保险法》第62条规定,除被保险人的家庭成员或者其组成人员故意造成该法第60条第1款规定的保险事故外,保险人不得对被保险人的家庭成员或者其组成人员行使代位请求赔偿的权利。

经典案例

财产保险理赔纠纷案

四、财产保险的主要类型

以保险标的为标准,财产保险主要有财产损失保险、责任保险、信用保险、保证保险等类型。

财产损失保险是指以各种有形财产及其相关利益为保险标的的财产保险,主要包括家庭财产保险、企事业单位财产保险、运输工具保险、货物运输保险和工程保险等。《保险法》明确规定,货物运输保险合同和运输工具航程保险合同,保险责任开始后,合同当事人不得解除合同。

责任保险是指以被保险人对第三者依法应负的赔偿责任为保险标的的保险。《保险法》第65条规定,责任保险保险人对责任保险的被保险人给第三者造成的损害,可以依照法律的规定或者合同的约定,直接向该第三者赔偿保险金。该法第66条规定,责任保险的被保险人因给第三者造成损害的保险事故而被提起仲裁或者诉讼的,由被保险人支付的仲裁或者诉讼费用以及其他必要的、合理的费用,除合同另有约定外,由保险人承担。

信用保险是指保险人对被保险人(债权人)的信用放款和信用售货所产生的债权提供担保的保险。在信用保险合同中,投保人只能是债权人,同时,债权人也是被保险人。投保人应按照保险合同的约定向保险人支付保险费,在债务人不能偿还债权人的款项时,保险人按照约定承担赔偿责任。保险人赔偿保险金后,有权向债务人或负有责任的第三人追偿。其以信用风险为保险标的,实务中主要有出口信用保险、国内商业信用保险和投资信用保险三种。

保证保险是指保险人向被保险人提供担保的保险。实务上主要有诚实保证保险和消费贷款保证保险。前者指投保人向保险人支付保险费,保险人在被保险人因其雇员不诚实行为而受到损失时承担保险责任的保险;后者指由贷款人向保险人支付保险费,在不能按时收回贷款时,由保险人赔偿保险金的保险。

第五节 保险代理

一、保险代理的概念与特征

保险代理是指保险代理人在委托代理权限内,向保险人收取佣金,以被代理人(保险人)的名义代为办理保险业务,保险人对保险代理人的代理行为承担民事责任。由此可知,保险代理是民事代理的一种,当然适用民法有关代理的规定。但保险代理又是一种特殊的代理,具有自身的特征:

第一,保险代理权来自被代理人即保险人的委托授权,保险公司委托保险代理人代理保险业务,应遵循平等、自愿、互利原则,签订保险委托代理合同。《保险法》第126条规定:"保险人委托保险代理人代为办理保险业务,应当与保险代理人签订委托代理协议,依法约定双方的权利和义务。"

第二,保险代理人为保险人代为办理保险业务,有超越代理权限行为,投保人有理由相信其有代理权,并已订立保险合同的,保险人应当承担保险责任,但是保险人可以依法追究越权的保险代理人的责任。如果是投保人与保险代理人恶意串通为之,则对保险人没有约束力。

第三,投保人将有关订立保险合同的重要事项告知保险代理人的,视为已经告知保险人,即使保险代理人没有转告保险人,亦视为保险人已经知悉该种事项与信息。此时,只要保险人出具保险单,就不能以不了解保险标的或保险危险等拒绝承保。

第四,保险人对保险代理人权利的限制,非经通知,不得对抗善意第三人。

二、保险代理权的限制

保险代理权是保险代理人以保险公司的名义从事保险活动的资格。在我国,保险代理人的代理权不仅受到代理合同的约束,也受到法律法规的限制,主要表现在:

第一,保险代理人只能为经国家金融监督管理总局批准设立的保险公司代理保险业务,不得为无权经营保险业务的组织和个人代理保险业务。

第二,保险代理人只能在国家金融监督管理总局批准的行政区域内,为在该行政区域内注册登记的保险公司代理保险业务。

第三,代理人寿保险业务的保险代理人只能为一家人寿保险公司代理业务。这是因为人寿保险合同的保险期间很长,一般采用分期支付保险费的方式,如果允许保险代理人同时代理两家或两家以上寿险公司的业务,保险代理人可能为了私利损害保险公司及被保险人的利益。

第四,保险代理人不得滥用代理权,如擅自变更保险条款、提高或降低保险费率、以代理人名义签发保险单、挪用或侵占保险费、向投保人收取保险费以外的诸如咨询费这样的额外费用等。

第五,保险代理人自身向保险公司投保的,均视为保险公司的直接业务,保险代理人不得从中提取代理手续费。

第六,保险代理人不得擅自转委托,将代理事项的一部或全部再委托于他人。这是因为保险代理人具有严格的从业条件,且与保险人之间有很大的人身信赖关系。

三、保险活动辅助人

根据《保险法》第 117 条的规定,保险代理人是根据保险人的委托,向保险人收取佣金,并在保险人授权的范围内代为办理保险业务的机构或者个人。保险代理人根据保险人的授权代为办理保险业务的行为,由保险人承担责任。保险代理人包括专业代理人、兼业代理人和个人代理人。专业代理人是指符合国家金融监督管理总局规定的资格条件,经国家金融监督管理总局批准取得经营保险代理业务许可证,根据保险公司的委托,向保险公司收取保险代理手续费,在保险公司授权的范围内专门代为办理保险业务的单位。兼业代理人是指受保险人委托,在从事自身业务的同时,为保险人代办保险业务的单位。根据《保险法》规定,个人代理人是指根据保险人委托,向保险人收取佣金,并在保险人授权的范围内代为办理保险业务的个人。个人代理人应当品行良好,具有从事保险代理业务所需的专业能力。

除保险代理人这一重要的保险活动辅助人外,保险活动辅助人还包括保险经纪人和保险公估人。保险经纪人是基于投保人的利益,为投保人与保险人订立保险合同提供中介服务,并依法收取佣金的单位。因保险经纪人在办理保险业务中的过错给投保人、被保险人造成损失的,由保险经纪人承担赔偿责任。保险经纪人不是保险合同的当事人,仅为投保人与保险人订立保险合同提供居间服务,其不能代理保险人订立保险合同。

保险公估人是指依照《保险法》等有关法律、行政法规,经国家金融监督管理总局批准设立的,接受保险当事人委托,专门从事保险标的的评估、勘验、鉴定、估损、理算等业务,据此向保险当事人合理收取费用的单位。保险公估公司不得从事保险代理或保险经纪活动。因保险公估人的过失行为,给保险人或被保险人造成损失的,由保险公估人依法承担民事赔偿责任。

四、保险代理人、保险经纪人的经营规则

根据《保险法》的相关规定,保险代理人、保险经纪人办理保险业务,应符合下列经营规则:

首先,保险代理机构、保险经纪人应当具备保险监督管理机构规定的条件,并取得保险监督管理机构颁发的经营保险代理业务许可证或者经纪业务许可证,向市场监督管理部门办理登记,领取营业执照,并缴存保证金或者投保职业责任保险。

其次,保险代理机构、保险经纪人应当有自己的经营场所,设立专门账簿记载保险代理业务或者经纪业务的收支情况,并接受保险监督管理机构的监督。

再次,保险代理人、保险经纪人在办理保险业务活动中不得有下列行为:(1)欺骗保险人、投保人、被保险人或者受益人;(2)隐瞒与保险合同有关的重要情况;(3)阻碍投保人履行《保险法》规定的如实告知义务,或者诱导其不履行《保险法》规定的如实告知义务;(4)承诺向投保人、被保险人或者受益人给予保险合同约定以外的其他利益;(5)利用行政权力、职务或者职业便利以及其他不正当手段强迫、引诱或者限制投保人订立保险合同;(6)伪造、擅自变更保险合同,或者为保险合同当事人提供虚假证明材料;(7)挪用、截留、侵占保险费或者保险金;(8)利用业务便利为其他机构或者个人牟取不正当利益;(9)串通投保人、被保险人或者受益人,骗取保险金;(10)泄露在业务活动中知悉的保险人、投保人、被保险人的商业秘密。

最后,保险监督管理机构有权检查保险代理人和保险经纪人的业务状况、财务状况及资金运用状况,有权要求保险代理人和保险经纪人在规定的期限内提供有关的书面报告和资料。保险代理人和保险经纪人应当依法接受监督检查。此外,保险代理人和保险经纪人应当于每一会计年度终了后3个月内,将上一年度的营业报告、财务会计报告及有关报表报送保险监督管理机构,并依法公布。

法条链接

《保险法》《民法典》《海商法》等

【法律适用】

保险合同是保险经营法的重要部分,围绕保险合同产生的纠纷也是司法实践中常常遇到的情形。从一般法理来看,保险合同主要受《民法典》《保险法》《海商法》等规则约束,《保险法》与《海商法》作为特别法,对保险合同而言有优先适用权,在没有特别法规定的情况下应适用《民法典》。本章依据《保险法》和《海商法》,对保险合同的类型、保险合同的订立和履行、保险合同的变更和终止、保险合同相关主体的权利义务关系等特别规定进行了梳理。

【思考题】

1. 如何理解保险法中的最大诚信原则?

思考提示:明确最大诚信原则的概念和内涵,并对保险合同当事人的具体要求以及违反最大诚信原则的法律后果进行阐述。

2. 如何认定财产保险合同中的保险利益?

思考提示:明确保险利益的概念,并结合财产保险合同的特征来回答。

3. 如何完善保险受益权及其相关法律制度?

思考提示:明确保险受益权的性质和内容,针对我国保险法的立法现状加以论述。

4. 如何完善保险经营法?

思考提示:本题为开放性思考题目,必须在熟练掌握保险经营法的现实概况和实际问题的前提下,深入回答此题。可以从某个角度回答,也可以由案例引发。

即测即评

第六章 证券经营法

> **【重点提示】**
> 1. 证券法是调整证券经营关系和证券监管关系的法律规范系统。证券经营法是调整证券经营关系的法律规范系统,是证券法的主要组成部分。
> 2. 我国证券法的基本原则包括公开、公平、公正原则,国家统一监督管理与行业自律相结合原则,以及分业经营、分类管理原则。
> 3. 证券发行是指符合规定的机构或企业依法向特定或不特定投资者出售代表一定权利的资本证券的行为,其本质是一种直接融资方式。证券发行包括公开(公募)发行和非公开(私募)发行两种方式。
> 4. 股票和债券等证券的发行必须按照法定的条件和程序进行,其条件和程序在《证券法》和《公司法》及相关行政法规、部门规章、自律规范中都有明确规定。
> 5. 证券承销是指证券发行人委托有证券承销资格的证券公司,通过协议方式向投资者销售、促成销售或者代为销售拟发行证券的一种法律行为和制度,有代销和包销两种方式。
> 6. 证券上市是指某种证券获准成为证券交易所交易对象的过程,是已发行证券进入证券交易所进行交易的前提。证券上市制度旨在筛选出适合特定证券交易所上市条件的证券,并为其提供实现证券流通的场所。
> 7. 证券交易是指证券持有人依照交易规则将证券转让给其他投资者的行为,包括场内交易和场外交易。
> 8. 某些证券交易的限制和禁止是维护证券市场秩序、促进公平和保障投资者权益的需要,是证券法的重要组成部分。
> 9. 证券信息披露制度亦称信息公开制度,是指为保障投资者利益和接受社会公众的监督,上市公司依法或者自愿公开其有关经营、财务等信息的制度。

第一节 证券法概述

在现代市场经济背景下,证券市场是金融主要市场之一。为了保障证券市场的健康有序发展,需要对证券市场主体及其交易行为进行法律规制和监督。对证券市场主体及其交易行为进行法律规制是证券经营法的任务,而对证券市场主体及其交易行为进行监督,则属于证券业监管法的范畴。学习本章证券经营法,应先了解相关的证券知识。

一、证券的概念、特征和分类

(一)证券的概念和特征

证券是指各类记载并代表一定权利的法律凭证。[①] 它用以证明持有人有权依其所持凭证记载的内容而取得相应的权益。一般来说,证券表现为用以证明或设定权利所做的电子或非电子书面凭证。证券法上的证券是指有价证券。证券有广义和狭义之分。广义证券是证明持券人享有一定经济权益的书面凭证,包括资本证券、货币证券和商品证券。资本证券是证明持有人享有一定投资权益的书面凭证,它表明持券人对一定的本金带来的收益享有请求权,如股票、债券、收益凭证等;货币证券是证明持券人享有一定货币请求权的书面凭证,如银行卡、汇票、本票、支票等;商品证券是证明持券人享有一定商品请求权的书面凭证,如货单、货运单、栈单等。狭义证券专指资本证券。随着金融工具的不断创新,许多在民法上不被认为是有价证券的证书或者凭证,在证券法上也通常被视为证券,如各种衍生证券、新股认购权利证书、股款缴纳凭证等。我国《证券法》规范的和本节所要研究的属于狭义证券。

证券法上规定的狭义证券,具有三方面的法律特征:

第一,证券是一种投资凭证。证券是投资者权利的载体,投资者通过证券记载,并凭借证券获得相应权益。

第二,证券是一种权益凭证。证券体现一定的权利,如股票体现的是股权,债券代表债权,信托收益凭证则代表信托收益权。

第三,证券是一种可转让的权利凭证。即证券具有流通性,其持有者可以将证券转让出售,以实现自身权利。

(二)证券的分类

按照不同的标准,可以对证券作多种分类,比较重要的分类有以下几种:

按照证券发行主体的不同,可以将其分为公司证券、金融证券和政府证券。公司证券是指公司或企业为筹集资金而发行的有价证券,包括股票和公司债券等。金融证券是指商业银行或非银行金融机构为了筹措资金,向投资者发行的证券,主要包括金融机构股票、金融债券、定期存款单、可转让大额存款单等。政府证券是指政府财政部门或其代理机构为筹措资金,以政府的名义发行的证券。这三种证券在风险和收益上有所不同。一般而言,公司证券的风险和收益最高,政府证券的风险和收益最低。

按照募集方式的不同,可将其分为公募证券和私募证券。公募证券是指发行人通过中介机构向不特定的社会公众投资者公开发行的证券,有严格的审批和公示制度。私募证券是指向少数特定的投资者发行的证券,其审查条件相对宽松,投资者较少,不采取公示制度。

按照证券是否在证券交易所挂牌交易,可将其分为上市证券和非上市证券。上市证券是指经证券监管机关或其他机构的审查批准,在向证券交易所办理备案登记手续后获准在证券交易

[①] 周正庆主编:《证券知识读本》(修订本),中国金融出版社 2006 年版,第 1 页。

所内公开买卖的证券。非上市证券是指未在证券交易所挂牌交易并允许证券投资者在证券交易所外协议转让的证券。上市证券借助公开集中的证券市场,具有较强的流动性,但是必须遵守严格的交易规则;非上市证券流通性较差,但是交易规则相对简单。

我国目前证券市场上发行和流通的资本证券主要包括股票、债券、证券投资基金份额以及经国务院依法认定的其他证券。股票是指由股份有限公司发行的,用以筹措资本,同时表示股东按照其所持有股份享有权利、承担义务的可转让的书面凭证。债券是指政府、金融机构以及企业或公司依照法定程序发行的,约定在一定期限还本付息的有价证券。债券按照发行主体不同,可以分为公司或企业债券、金融债券、政府债券。此外,债券按照是否设置担保还可以分为信用债券和担保债券等。证券投资基金份额是指基金投资人持有基金单位的权利凭证。证券投资基金是一种利益共享、风险共担的集合证券投资方式,即通过发行基金单位,集中投资者的资金,由托管人托管,由专业的基金管理人管理和运用资金,从事股票、债券等证券投资。

二、证券法的概念、特征、适用范围和基本原则

(一)证券法的概念和特征

证券法是调整证券经营关系和证券监管关系的法律规范系统。证券法所调整的社会关系,既包括由证券经营法调整的证券发行人、证券投资人和证券商之间的平等的证券发行关系、交易关系、服务关系等证券经营关系,又包括由证券业监管法调整的国家证券监督管理机构依法对证券市场参与者进行组织、协调、监督、管理等活动过程中所形成的证券监管关系。证券经营法就是调整证券经营关系的法律规范系统,是证券法的主要组成部分。证券监管法将在本书第十一章予以介绍。

我国证券法的主要表现形式包括《证券法》《公司法》《证券投资基金法》等基本法律,《股票发行与交易管理暂行条例》《关于股份有限公司境内上市外资股的规定》《国库券条例》《企业债券管理条例》《证券公司监督管理条例》《国务院关于开展优先股试点的指导意见》《证券期货行政执法当事人承诺制度实施办法》《国务院关于全国中小企业股份转让系统有关问题的决定》等行政法规,《证券发行与承销管理办法》《首次公开发行股票注册管理办法》《上市公司证券发行注册管理办法》《上市公司信息披露管理办法》《公开募集证券投资基金管理人监督管理办法》等部门规章,以及沪深证券交易所、北京证券交易所《股票上市规则》《交易规则》《公司债券上市规则》《会员管理规则》和《全国中小企业股份转让系统业务规则(试行)》等行业自律规范。

证券法具有以下特征:

第一,证券法是公法与私法的结合。证券法调整两方面的证券关系:一是纵向证券监管关系,即国家对证券市场的监督管理关系;二是横向证券交易关系,即证券发行者、投资者、证券经营机构以及相关证券服务机构在证券发行、上市、交易过程中产生的经济关系。证券法对上述两方面的社会关系耦合调整,缺一不可。因此,由证券法调整对象决定,它既具有公法的性质,也有私法的特性,是公法与私法的有机结合。

第二,证券法既是实体法,又是程序法。证券法是一种特殊的法律,它既是一种实体法规范的集合,规定了法律行为主体的权利、义务及其范围,涵盖发行人、证券商、投资者及其他主体的权利与义务规范、投资者保护规范、证券法律责任规范等;同时它又包括程序法规范,规定了权利实现和义务履行的步骤和过程,包括证券的发行、上市、交易程序,发行人信息公开和持续公开披露程序,证券商和证券交易场所的设立程序等。因此,证券法既非单纯的实体法,也非单纯的程序法,而是实体法和程序法的结合。

第三,证券法规范以强制性规范为主。证券法的规范既有强制性的,也有任意性的,但以强制性为主。强制性规范如强制发行人公开披露重大信息,禁止内幕交易、操纵市场、欺诈客户、虚假陈述等。证券法的强制性还体现在严格的法律责任上。违反证券法的法律责任,不仅有民事责任,还有行政责任、刑事责任。我国《证券法》设专门一章规定法律责任,其中就有涉及追究刑事责任的条文。

(二)证券法的适用范围和基本原则

《证券法》第 2 条规定,在中国境内,股票、公司债券、存托凭证和国务院依法认定的其他证券的发行和交易,均适用《证券法》;《证券法》未规定的,适用《公司法》和其他法律、行政法规的规定。政府债券、证券投资基金份额的上市交易,也适用《证券法》;其他法律、行政法规另有规定的,适用其规定。资产支持证券、资产管理产品发行、交易的管理办法,由国务院依《证券法》的原则另行规定。此外,在中国境外的证券发行和交易活动,扰乱我国境内市场秩序,损害境内投资者合法权益的,依照《证券法》有关规定处理并追究法律责任。

我国证券法的基本原则除包括平等、自愿、有偿、诚实信用原则外,还要遵守公开、公平、公正原则,国家统一监督管理与证券业自律相结合原则及分业经营、分类管理原则。

1. 公开、公平、公正原则

公开、公平、公正原则,简称"三公"原则,是证券法确认的规范证券市场最基本的原则。

公开原则,又称信息公开原则,包括两个方面:一是证券发行人向公众披露有关信息资料,即证券发行人应及时、完整、真实和准确地持续向社会公开能够影响投资者决策的一切信息资料;二是管理者的监管标准公开,处罚结果向社会公布。证券发行人的信息公开制度是信息公开原则的基础。

公平原则是指证券关系中当事人的法律地位是平等的,各自的合法权益能够得到公平的对待和保护。为此,证券市场应当建立起公平竞争的市场秩序以及合理的交易规则。公平原则是商品交易价值规律的基本要求。

公正原则主要针对证券监管机构的监管行为,表现为两个方面:一是法律所确认的标准和规则公正,同一规则适用于所有当事人进行的证券发行和交易,在同一次证券发行和交易中,所有投资者的条件、机会都是相同的,不得因人而异;二是管理行为公正,证券监督管理者和司法裁判者对任何证券发行、交易当事人要一视同仁,执行同一规则,禁止一切操纵市场、内幕交易等不公正交易行为的发生。

2. 国家统一监督管理与证券业自律相结合原则

国家统一监督管理,是指政府的证券监督管理部门依法对全国证券市场统一履行监督和管理职权。证券业自律管理就是由证券业协会、证券交易所等自律性组织对证券发行、上市、交易及其相关活动,依据法律授权制定管理规章和业务规则进行自我约束和管理。国家统一监督管理与证券业自律相结合,有助于稳定我国证券市场监督管理的秩序和提升效率。

3. 分业经营、分类管理原则

该原则主要包括两个方面:一是证券业、银行业、信托业、保险业分业经营、分类管理。证券公司与银行、信托、保险业务机构分别设立,其职能和业务范围各不相同。二是证券业本身也实行分类管理。如《证券法》按照证券公司的业务类型分别规定不同的注册资本最低限额;《证券公司分类监管规定》明确指出,以证券公司风险管理能力、持续合规状况为基础,结合公司业务发展状况,评价和确定证券公司的类别,证券监督管理机构将根据证券公司分类结果对不同类别的证券公司实施区别对待的监管政策。

第二节 证券发行

证券经营活动中,证券发行是第一步。证券发行是企业或上市公司筹集资金的重要途径,体现为发行人创设证券及证券权利的过程,是一项复杂的法律行为。从某种意义上说,证券的品质也在很大程度上取决于发行规则,其直接影响证券承销、上市、交易等后续的证券经营活动。因此,证券发行相关法律制度成为证券经营法的重要组成部分。

一、证券发行概述

(一)证券发行的概念

证券发行是指符合发行条件的政府、金融机构、企业或公司等组织,以筹集资金为目的,依照法律规定的程序,向特定或不特定的投资者出售代表一定权利的资本证券的行为。由于新发行的证券是第一次面市,所以有时也将证券发行市场称为"一级市场";与此相对应,证券发行之后的流通市场被称为"二级市场"。两者相辅相成,互相联系,互相依赖。证券发行本质上是一种直接融资方式,它与通过银行等金融机构进行的间接融资相对应。

(二)证券发行的分类

依据不同的分类方法,可对证券发行作如下分类:

根据证券发行的对象,可将其分为公开发行和非公开发行。公开发行是指发行人面向社会公众即不特定的社会投资者进行的证券发行。公开发行必须严格遵循证券法关于发行的条件、注册、信息披露等相关规定。非公开发行,是指向少数特定投资者进行的证券发行。根据《证券法》第9条的规定,公开发行包括向不特定对象发行证券,向特定对象发行证券累计超过200人(依法实施员工持股计划的员工人数不计算在内),以及法律、行政法规规定的其他发行行为。非公开发行证券,不得采用广告、公开劝诱和变相公开方式。

根据证券发行的目的,可将其分为设立发行和增资发行。设立发行是发行人为设立股份有限公司,而向投资者发行股票的行为。设立发行的法律结果为成立股份有限公司。增资发行,又称新股发行,是已成立的股份有限公司因生产经营需要,为追加资本而进行的股份发行。

根据证券发行的方式，可将其分为直接发行和间接发行。直接发行又称自办发行，是指证券发行人不通过证券承销机构，自行承担风险，办理发行事宜的行为。其优点在于可以减少证券发行的手续费，降低筹集资金的成本。间接发行是指证券发行人委托证券承销机构发行证券，并由证券承销机构办理证券发行事宜，承担证券发行风险的行为。其优点在于可以借助承销商的网点、设施和专业优势，迅速筹集资本，降低或转移发行风险。

根据证券发行条件的确定方式，可将其分为议价发行和招标发行。议价发行是指由证券发行人与承销商依据协议，向公众投资者或股东发行证券的方式。协议内容包括发行数量、金额、价格、申请办理发行手续、发行起止日期及对发行人限制等。招标发行是指证券发行人与承销商之间以公开招标方式确定发行价格、报酬率等条件的发行方式，常见于国债发行。

根据证券发行价格与票面金额之间的关系，可将其分为平价发行、溢价发行和折价发行。平价发行也称为面值发行或等价发行，是指证券发行时的发行价格与证券面值相同的发行方式。溢价发行是指证券发行时发行价格是按某一时期（一般是指发行期间）证券的市场价格，或依接近于当时证券市场上同类证券价格所确定的价格发行，其发行价格大于票面金额。折价发行是指证券发行时其发行价格低于面额，或为贴现金额的发行方式。《公司法》第148条规定，面额股股票的发行价格可以按票面金额，也可以超过票面金额，但不得低于票面金额。可见，我国禁止股票折价发行，其主要目的在于保障公司资本充实。

（三）证券公开发行的定价与配售

符合公开发行条件的证券在向投资者发售过程中，一般经过定价（询价或直接定价等）和配售两个环节。其中，配售包括网下与网上两种方式，两者应同时进行。网下配售的证券，一般都有一定的限售期限。《证券发行与承销管理办法》对此作了具体规定。该规定的直接适用对象是证券首次公开发行，股份有限公司以募集设立方式成立时公开发售股份的定价与配售应参照执行。

1. 证券公开发行的定价

证券首次公开发行（IPO）的定价方式有直接定价和询价两种。发行人和主承销商应当在招股意向书（或招股说明书）和发行公告中披露本次发行证券的定价方式。

（1）直接定价及其限制。直接定价是指发行人与主承销商自主协商定价。首次公开发行证券发行数量2 000万股（份）以下且无老股转让计划的，发行人和主承销商可以通过直接定价的方式确定发行价格，但应遵循以下限制：一是发行人尚未盈利的，应当通过向网下投资者询价方式确定发行价格，不得直接定价；二是直接定价对应的市盈率不得超过同行业上市公司二级市场平均市盈率；三是已经或者同时境外发行的，直接定价确定的发行价格不得超过发行人境外市场价格；四是全部向网上投资者发行（保荐人的相关子公司或者保荐人所属证券公司的相关子公司参与发行人证券配售的情形除外），不进行网下询价和配售。

（2）询价及其要求。首次公开发行证券通过询价方式确定发行价格的，可以初步询价后确定发行价格，也可以在初步询价确定发行价格区间后，通过累计投标询价确定发行价格。所谓累计投标询价，是指在价格区间内网下和网上累计投标询价相结合的发行方式。该方式在保护投资者权益的基本前提下最大限度发挥了市场功能。

按照《证券发行与承销管理办法》的规定,首次公开发行证券采用询价方式的,应当向网下投资者询价。网下投资者是指证券公司、基金管理人、期货公司、信托公司、保险公司、财务公司、合格境外投资者等专业机构投资者,以及经中国证监会批准的证券交易所规则规定的其他投资者。发行人和主承销商可以在符合中国证监会相关规定和证券交易所、中国证券业协会自律规则前提下,协商设置网下投资者的具体条件,并在发行公告中预先披露。主承销商应当对网下投资者是否符合预先披露的条件进行核查,对不符合条件的投资者,应当拒绝或剔除其报价。

采用询价方式首次公开发行证券应遵循如下具体要求:一是承销商应当向网下投资者提供投资价值研究报告。二是符合条件的网下投资者可以自主决定是否报价,其报价主承销商无正当理由不得拒绝。网下投资者应当遵循独立、客观、诚信的原则合理报价,不得协商报价或者故意压低、抬高价格。三是网下投资者参与报价时,应当按照中国证券业协会的规定持有一定金额的非限售股份或存托凭证。四是参与询价的网下投资者可以为其管理的不同配售对象分别报价,具体适用证券交易所规定。五是公开发行证券数量在4亿股(份)以下的,有效报价投资者的数量不少于10家;公开发行证券数量超过4亿股(份)的,有效报价投资者的数量不少于20家。剔除最高报价部分后有效报价投资者数量不足的,应当中止发行。

首次公开发行证券采用询价方式的,网下投资者报价后发行人和主承销商应当剔除拟申购总量中报价最高的部分,然后根据剩余报价及拟申购数量协商确定发行价格(剔除部分的配售对象不得参与网下申购)。采用询价方式在主板或科创板、创业板上市的,公开发行后总股本在4亿股(份)以下的,网下初始发行比例不低于本次公开发行证券数量的60%或者70%;公开发行后总股本超过4亿股(份)或者发行人尚未盈利的,网下初始发行比例不低于本次公开发行证券数量的70%或者80%。

2. 证券公开发行的配售与申购

(1)配售与申购的一般规定。

首次公开发行证券时,发行人和主承销商可以自主协商确定有效报价条件、配售原则和配售方式,并按照事先确定的配售原则在有效申购的网下投资者中选择配售证券的对象。

首次公开发行证券发行价格或价格区间确定后,提供有效报价的投资者方可参与申购。网下投资者应当结合行业监管要求、资产规模等合理确定申购金额,不得超资产规模申购,承销商应当认定超资产规模的申购为无效申购。网上投资者应当持有一定数量非限售股份或存托凭证(网下投资者在询价时有类似要求),并自主表达申购意向,不得概括委托证券公司进行证券申购。

首次公开发行证券的网下发行和网上发行应当同时进行,网下和网上投资者在申购时无需缴付申购资金。市场发生重大变化的,发行人和主承销商可以要求网下(不包括网上)投资者缴纳保证金,保证金占拟申购金额比例上限由证券交易所规定。网上申购时仅公告发行价格区间、未确定发行价格的,主承销商应当安排投资者按价格区间上限申购。投资者应当自行选择参与网下或网上发行,不得同时参与。

网上投资者有效申购数量超过网上初始发行数量一定倍数的,应当从网下向网上回拨一定数量的证券。有效申购倍数、回拨比例及回拨后无限售期网下发行证券占本次公开发行证券数量比例由证券交易所规定。网上投资者申购数量不足网上初始发行数量的,发行人和主承销商可以将网上发行部分向网下回拨。网下投资者申购数量不足网下初始发行数量的,发行人和主承销商不得将网下发行部分向网上回拨,应当中止发行。

发行人和主承销商应当安排不低于本次网下发行证券数量的一定比例的证券优先向公募基金、社保基金、养老金、年金基金、保险资金和合格境外投资者资金等配售,网下优先配售比例下限遵守证券交易所相关规定。公募基金、社保基金、养老金、年金基金、保险资金和合格境外投资者资金有效申购不足安排数量的,发行人和主承销商可以向其他符合条件的网下投资者配售剩余部分。对网下投资者进行分类配售的,同类投资者获得配售的比例应当相同。公募基金、社保基金、养老金、年金基金、保险资金和合格境外投资者资金的配售比例应当不低于其他投资者。安排战略配售的,应当扣除战略配售部分后确定网下网上发行比例。

网下和网上投资者申购证券获得配售后,应当按时足额缴付认购资金。首次公开发行证券,市场发生重大变化,投资者弃购数量占本次公开发行证券数量的比例较大的,发行人和主承销商可以就投资者弃购部分向网下投资者进行二次配售,具体要求适用证券交易所规定。此外,发行人和主承销商可以安排一定比例的网下发行证券设置一定期限的限售期,具体安排适用证券交易所规定。

(2)战略配售与超额配售选择权。

首次公开发行证券,可以实施战略配售。参与战略配售的投资者不得参与本次公开发行证券网上发行与网下发行,但证券投资基金管理人管理的未参与战略配售的公募基金、社保基金、养老金、年金基金除外。参与战略配售的投资者应当按照最终确定的发行价格认购其承诺认购数量的证券,并承诺获得本次配售的证券持有期限不少于12个月,持有期限自本次公开发行的证券上市之日起计算。

参与战略配售的投资者应当使用自有资金认购,不得接受他人委托或者委托他人参与配售,但依法设立并符合特定投资目的的证券投资基金等除外。参与战略配售的投资者的数量应当不超过35名,战略配售证券数量占本次公开发行证券数量的比例应当不超过50%。发行人应当与参与战略配售的投资者事先签署配售协议。发行人和主承销商应当在发行公告中披露参与战略配售的投资者的选择标准、向参与战略配售的投资者配售的证券数量、占本次公开发行证券数量的比例以及持有期限等。

发行人的高级管理人员与核心员工可以通过设立资产管理计划参与战略配售。前述资产管理计划获配的证券数量不得超过本次公开发行证券数量的10%。

首次公开发行证券,发行人和主承销商可以在发行方案中采用超额配售选择权。采用超额配售选择权发行证券的数量不得超过首次公开发行证券数量的15%。所谓超额配售选择权,又称"绿鞋选择权",是指发行人授予主承销商的一项选择权,获此授权的主承销商按同一发行价格超额发售不超过包销数额15%的证券。在发行证券上市之日起30日内,主承销商有权根据市场情况选择从集中竞价交易市场购买发行人证券,或者要求发行人增发证券,分配给对此超额发售部分提出认购申请的投资者。该种选择权的使用,可以平衡市场对该证券的供求,起到稳定市价的作用。

首次公开发行证券时,公司股东公开发售股份(又称老股转让)的,其股份已持有时间应当在36个月以上。公司股东应当协商确定各自公开发售股份的数量,其发行价格应当与公司发行股份的价格相同。股份发售后,公司的股权结构不得发生重大变化,实际控制人不得发生变更。

（3）配售的禁止对象。

首次公开发行证券网下配售时，发行人和主承销商不得向以下主体配售证券：发行人、主次承销商及其股东或持股比例5%以上的股东、实际控制人、董事、监事、高级管理人员、其他员工及其关系密切的家庭成员；过去6个月内与主承销商存在保荐、承销业务关系的公司及其持股5%以上的股东、实际控制人、董事、监事、高级管理人员，或已与主承销商签署保荐、承销业务合同或达成相关意向的公司及其持股5%以上的股东、实际控制人、董事、监事、高级管理人员；通过配售可能导致不当行为或不正当利益的其他自然人、法人和组织。

此外，《证券发行与承销管理办法》第27条对发行人、承销商及相关人员泄露询价和定价信息等禁止行为作出了规定。

二、证券发行的条件

此处证券发行的条件是指证券公开发行的条件，少数情况下包括上市公司非公开发行证券的情况。以下主要介绍股票、债券、国债、基金证券等证券公开发行的条件。

（一）股票发行的条件

股票发行一般有两种：一是为设立新公司发行股票，即设立发行；二是为扩大已有公司规模发行新股，即增资发行。对此，相关法律法规规定了不同的股票发行条件。

1. 募集设立时公开发行股票的条件

股份公司募集设立时公开发行股票，即为设立发行。根据《公司法》的规定，股份有限公司可采取发起设立或者募集设立的方式；采取募集设立方式的，应当满足公开发行股票的条件。根据《证券法》第11条的规定，设立股份有限公司公开发行股票，应当符合《公司法》规定的条件和经国务院批准的国务院证券监督管理机构规定的其他条件，向国务院证券监督管理机构报送募股申请和下列文件：（1）公司章程；（2）发起人协议；（3）发起人姓名或者名称，发起人认购的股份数、出资种类及验资证明；（4）招股说明书；（5）代收股款银行的名称及地址；（6）承销机构名称及有关的协议。依照《证券法》规定聘请保荐人的，还应当报送保荐人出具的发行保荐书。法律、行政法规规定设立公司必须报经批准的，还应当提交相应的批准文件。

具体来说，募集设立股份有限公司公开发行股票的，应满足《公司法》规定的股份有限公司募集设立的条件：（1）发起人符合法定人数；（2）发起人认购并缴纳或者募集一定的股本金额，或者认购和募集的股本达到法律另行特别规定的最低注册资本限额；（3）股份发行、筹办事项符合法律规定；（4）发起人制订公司章程，经公司成立大会通过；（5）有公司名称，建立符合股份有限公司要求的组织机构；（6）有公司住所。《公司法》第92条规定，设立股份有限公司，应当以1人以上200人以下为发起人，其中须有半数以上的发起人在中国境内有住所。应注意，按照当前《公司法》的规定，股份有限公司实行实缴资本制，只有缴足注册资本才能成立。《公司法》第96条规定，股份有限公司的注册资本为在公司登记机关登记的已发行股份的股本总额，在发起人认购的股份缴足前，不得向他人募集股份。法律、行政法规以及国务院决定对股份有限公司注册资本最低限额另有规定的，从其规定。《公司法》第97条规定，以募集设立方式设立股份有限公司的，发起人认购的股份不得少于公司章程规定的公司设立时应发行股份总数的35%；但是，法律、行政法规另有规定的,从其规定。同时,《公司法》第 98 条规定,发起人应当在公司成立前按照其认购的股份金额缴纳股款。此外,募集设立股份有限公司时公开发行股票的,还应当遵守中国证监会相关信息披露的规定。

2. 首次公开发行股票(IPO)的条件

股份公司首次公开发行股票(IPO),即新股发行或增资发行。在我国境内首次公开发行股票并上市,应符合《证券法》《公司法》和《首次公开发行股票注册管理办法》(以下简称《注册管理办法》)等规定的条件。根据《注册管理办法》的规定,首次公开发行股票(IPO)应当符合发行条件、上市条件以及相关信息披露要求,依法经交易所发行上市审核,并报中国证监会注册。中国证监会对发行上市审核注册工作进行统筹指导和监督管理,统一审核理念,统一审核标准并公开,定期检查交易所审核标准、制度的执行情况。

根据《证券法》第 12 条的规定,公司首次公开发行股票(新股)应当符合下列条件:(1)具备健全且运行良好的组织机构;(2)具有持续经营能力;(3)最近 3 年财务会计报告被出具无保留意见审计报告;(4)发行人及其控股股东、实际控制人最近 3 年不存在贪污、贿赂、侵占财产、挪用财产或者破坏社会主义市场经济秩序的刑事犯罪;(5)经国务院批准的国务院证券监督管理机构规定的其他条件。公开发行存托凭证的,应当符合首次公开发行新股的条件以及国务院证券监督管理机构的其他条件。

《注册管理办法》在上述规定的基础上进行了补充、细化规定,主要包括以下四个方面:

(1)存续时间与组织机构。发行人是依法设立且持续经营 3 年以上的股份有限公司,具备健全且运行良好的组织机构,相关机构和人员能够依法履行职责。有限责任公司按原账面净资产值折股整体变更为股份有限公司的,持续经营时间可以从有限责任公司成立之日起计算。

(2)财务会计与内部控制。发行人会计基础工作规范,财务报表的编制和披露符合企业会计准则和相关信息披露规则的规定,在所有重大方面公允地反映了发行人的财务状况、经营成果和现金流量,最近 3 年财务会计报告由注册会计师出具无保留意见的审计报告。发行人内部控制制度健全且被有效执行,能够合理保证公司运行效率、合法合规和财务报告的可靠性,并由注册会计师出具无保留结论的内部控制鉴证报告。

(3)独立持续经营能力。发行人业务完整,具有直接面向市场独立持续经营的能力。表现在三个方面:一是资产完整,业务及人员、财务、机构独立,与控股股东、实际控制人及其控制的其他企业间不存在对发行人构成重大不利影响的同业竞争,不存在严重影响独立性或者显失公平的关联交易。二是主营业务、控制权和管理团队稳定,首次公开发行股票并在主板上市的,最近 3 年内主营业务和董事、高级管理人员均没有发生重大不利变化;首次公开发行股票并在科创板、创业板上市的,最近 2 年内主营业务和董事、高级管理人员均没有发生重大不利变化;首次公开发行股票并在科创板上市的,核心技术人员应当稳定且最近 2 年内没有发生重大不利变化;发行人的股份权属清晰,不存在导致控制权可能变更的重大权属纠纷,首次公开发行股票并在主板上市的,最近 3 年实际控制人没有发生变更;首次公开发行股票并在科创板、创业板上市的,最近 2 年实际控制人没有发生变更。三是不存在涉及主要资产、核心技术、商标等的重大权属纠纷,重大偿债风险,重大担保、诉讼、仲裁等或有事项,经营环境已经或者将要发生重大变化等对持续经营有重大不利影响的事项。

(4)经营合法合规。发行人生产经营符合法律、行政法规的规定,符合国家产业政策。最近

3年内,发行人及其控股股东、实际控制人不存在贪污、贿赂、侵占财产、挪用财产或者破坏社会主义市场经济秩序的刑事犯罪,不存在欺诈发行、重大信息披露违法或者其他涉及国家安全、公共安全、生态安全、生产安全、公众健康安全等领域的重大违法行为。董事、监事和高级管理人员不存在最近3年内受到中国证监会行政处罚,或者因涉嫌犯罪正在被司法机关立案侦查或者涉嫌违法违规正在被中国证监会立案调查且尚未有明确结论意见等情形。

注意,《注册管理办法》对发行人最近3个会计年度的净利润、经营活动产生的现金流量净额、营业收入累计额、发行前总股本、最近一期末无形资产占比等财务指标不再提出具体要求。但是,根据《证券法》第14条的规定,公司对公开发行股票所募集资金,必须按照招股说明书或者其他公开发行募集文件所列资金用途使用;改变资金用途,必须经股东大会作出决议。擅自改变用途,未作纠正的,或者未经股东大会认可的,不得公开发行新股。

3. 公司股东公开发售股份(老股转让)的条件

公司股东公开发售股份,简称"老股转让",是指发行人首次公开发行新股时,公司股东将其持有的股份以公开发行方式一并向投资者发售的行为。根据《中国证监会关于进一步推进新股发行体制改革的意见》,发行人首次公开发行新股时,鼓励持股满3年的原有股东将部分老股向投资者转让,增加新上市公司可流通股票的比例。老股转让后,公司实际控制人不得发生变更。老股转让的具体方案应在公司招股说明书和发行公告中公开披露。发行人应根据募投项目资金需要量合理确定新股发行数量,新股数量不足法定上市条件的,可以通过转让老股增加公开发行股票的数量。新股发行超募的资金,要相应减持老股。

《证券发行与承销管理办法》第25条规定,首次公开发行证券时公司股东公开发售股份的,其股份持有时间应当在36个月以上。公司股东应当遵循平等自愿的原则协商确定首次公开发行时公司股东之间各自公开发售股份的数量。公司股东公开发售股份的发行价格应当与公司发行股份的价格相同。股份发售后,公司的股权结构不得发生重大变化,实际控制人不得发生变更。同时规定,公司股东公开发售股份的具体办法由证券交易所规定。

4. 上市公司发行股票的条件

上市公司发行股票、可转换公司债券等证券,可以向不特定对象发行,也可以向特定对象发行。向不特定对象发行证券包括上市公司向原股东配售股份(简称"配股")、向不特定对象募集股份(简称"增发")和向不特定对象发行可转换公司债券(简称"可转债")。向特定对象发行证券包括上市公司向特定对象发行股票或者可转债。

上市公司发行股票的,应当符合前述《证券法》规定的首次公开发行股票的条件,并符合中国证监会《上市公司证券发行注册管理办法》规定的发行条件和相关信息披露要求,依法经证券交易所发行上市审核并报中国证监会注册,但因依法实行股权激励、公积金转为增加公司资本、分配股票股利的除外。

根据《上市公司证券发行注册管理办法》的规定,上市公司向不特定对象发行股票,应当符合下列规定:(1)具备健全且运行良好的组织机构;(2)现任董事、监事和高级管理人员符合法律、行政法规规定的任职要求;(3)具有完整的业务体系和直接面向市场独立经营的能力,不存在对持续经营有重大不利影响的情形;(4)会计基础工作规范,内部控制制度健全且有效执行,财务报表的编制和披露符合企业会计准则和相关信息披露规则的规定,在所有重大方面公允反映了上市公司的财务状况、经营成果和现金流量,最近3年财务会计报告被出具无保留意见审计报告;(5)除金融类企业外,最近一期末不存在金额较大的财务性投资;(6)交易所主板上市公司配股、增发的,应当最近3个会计年度盈利;增发还应当满足最近3个会计年度加权平均净资产收益率平均不低于6%;净利润以扣除非经常性损益前后孰低者为计算依据。并且,上市公司发行股票募集资金的使用应当符合下列规定:(1)符合国家产业政策和有关环境保护、土地管理等法律、行政法规规定;(2)除金融类企业外,本次募集资金使用不得为持有财务性投资,不得直接或者间接投资于以买卖有价证券为主要业务的公司;(3)募集资金项目实施后,不会与控股股东、实际控制人及其控制的其他企业新增构成重大不利影响的同业竞争、显失公平的关联交易,或者严重影响公司生产经营的独立性;(4)科创板上市公司发行股票募集的资金应当投资于科技创新领域的业务。

此外,《上市公司证券发行注册管理办法》对于上市公司擅自改变前次募集资金用途未作纠正,或者未经股东大会认可等情形下向不特定或特定对象发行股票作出了禁止规定。

5. 优先股发行的条件

优先股是指依照公司法,在一般规定的普通种类股份之外,另行规定的其他种类股份,其股份持有人优先于普通股股东分配公司利润和剩余财产,但参与公司决策管理等权利受到限制。《国务院关于开展优先股试点的指导意见》对优先股股东的权利与义务,如优先分配利润、优先分配剩余财产、优先股转换和回购、表决权限制、表决权恢复、与股票种类相关的计算等进行了明确规定。

试点期间,公开发行优先股的发行人限于证监会规定的上市公司,非公开发行优先股的发行人限于上市公司(含注册地在境内的境外上市公司)和非上市公众公司。公司已发行的优先股不得超过公司普通股股份总数的50%,且筹资金额不得超过发行前净资产的50%,已回购、转换的优先股不纳入计算。公司公开发行优先股以及上市公司非公开发行优先股的其他条件适用《证券法》的规定。非上市公众公司非公开发行优先股的条件由中国证监会另行规定。

公司公开发行优先股的,应当在公司章程中规定以下事项:(1)采取固定股息率;(2)在有可分配税后利润的情况下必须向优先股股东分配股息;(3)未向优先股股东足额派发股息的差额部分应当累积到下一会计年度;(4)优先股股东按照约定的股息率分配股息后,不再同普通股股东一起参加剩余利润分配。商业银行发行优先股补充资本的,可就第(2)项和第(3)项事项另行规定。

2023年2月17日,中国证监会修订《优先股试点管理办法》,明确规定了优先股股东权利的行使、上市公司发行优先股、非上市公众公司向特定对象发行优先股、交易转让及登记结算、信息披露、回购与并购重组等具体内容。

(二)公司债券发行的条件

1. 普通公司债券的发行条件

根据《证券法》第15条的规定,公开发行公司债券应当符合下列条件:(1)具备健全且运行良好的组织机构;(2)最近3年平均可分配利润足以支付公司债券1年的利息;(3)国务院规定的其他条件。同时,公开发行公司债券筹集的资金,必须按照公司债券募集办法所列资金用途使用;改变资金用途,必须经债券持有人会议作出决议。公开发行公司债券筹集的资金,不得用于弥补亏损和非生产性支出。《公司债券发行与交易管理办法》对公司债券发行的条件进行了补充,增加了"具有合理的资产负债结构和正常的现金流量"这一条件。此外,《企业债券管理条例》规定,企业发行企业债券必须符合下列条件:(1)企业规模达到国家规定的要求;(2)企业财务会计制度符合国家规定;(3)具有偿债能力;(4)企业经济效益良好,发行企业债券前连续3年盈利;(5)所筹资金用途符合国家产业政策。企业发行企业债券的总面额不得大于该企业的自有资产净值;企业债券的利率不得高于银行相同期限居民储蓄定期存款利率的40%。这些也是发行公司债券应当遵守的条件。

《证券法》第16条规定,申请公开发行公司债券,应当向国务院授权的部门或者国务院证券监督管理机构报送下列文件:(1)公司营业执照;(2)公司章程;(3)公司债券募集办法;(4)国务院授权的部门或者国务院证券监督管理机构规定的其他文件。依照《证券法》规定聘请保荐人的,还应当报送保荐人出具的发行保荐书。

2. 再次发行公司债券的禁止条件

为了保护债券持有人的合法权益,《证券法》第17条规定,存在下列情形之一的,不得再次公开发行公司债券:(1)对已公开发行的公司债券或者其他债务有违约或者延迟支付本息的事实,仍处于继续状态;(2)违反《证券法》规定,改变公开发行公司债券所募资金的用途。

3. 可转换公司债券的发行条件

可转换公司债券,简称可转债,是指发行公司依法发行的在一定期间内依据约定的条件可以转换成股份的公司债券,是公司债券的特殊形态。根据《证券法》第15条和《上市公司证券发行注册管理办法》第13条的规定,上市公司发行可转债,除应当符合前述公司发行普通公司债券的条件外,还应当符合以下要求:交易所主板上市公司向不特定对象发行可转债的,应当最近3个会计年度盈利,且最近3个会计年度加权平均净资产收益率平均不低于6%。该收益率计算时净利润以扣除非经常性损益前后孰低者为依据。

除上述规定条件外,上市公司向不特定对象发行可转债,还应当遵守《上市公司证券发行注册管理办法》第9条第2至5项、第10条关于上市公司向不特定对象发行股票的条件和禁止发行的规定;向特定对象发行可转债,还应当遵守《上市公司证券发行注册管理办法》第11条关于上市公司向特定对象发行股票的禁止规定。

4. 可交换公司债券的发行条件

根据《上市公司股东发行可交换公司债券试行规定》,可交换公司债券是指上市公司的股东依法发行、在一定期限内依据约定的条件可以交换成该股东所持有的上市公司股份的公司债券。申请发行可交换公司债券,应当符合下列规定:(1)申请人应当是符合《公司法》《证券法》规定的有限责任公司或者股份有限公司;(2)公司组织机构健全,运行良好,内部控制制度不存在重大缺陷;(3)公司最近一期末的净资产额不少于人民币3亿元;(4)公司最近3个会计年度实现的年均可分配利润不少于公司债券一年的利息;(5)本次发行后累计公司债券余额不超过最近一期末净资产额的40%;(6)本次发行债券的金额不超过预备用于交换的股票按募集说明书公告日前20个交易日均价计算的市值的70%,且应当将预备用于交换的股票设定为本次发行的公司债券的担保物;(7)经资信评级机构评级,债券信用级别良好;(8)不存在《公司债券发行试点办法》第8条规定的不得发行公司债券的情形。

同时,预备用于交换的上市公司股票应当符合下列规定:(1)该上市公司最近一期末的净资产不低于人民币15亿元,或者最近3个会计年度加权平均净资产收益率平均不低于6%。扣除非经常性损益后的净利润与扣除前的净利润相比,以低者作为加权平均净资产收益率的计算依据。(2)用于交换的股票在提出发行申请时应当为无限售条件股份,且股东在约定的换股期间转让该部分股票不违反其对上市公司或者其他股东的承诺。(3)用于交换的股票在本次可交换公司债券发行前,不存在被查封、扣押、冻结等财产权利被限制的情形,也不存在权属争议或者依法不得转让或设定担保的其他情形。

可交换公司债券的期限最短为1年,最长为6年,面值每张人民币100元,发行价格由上市公司股东和保荐人通过市场询价确定。可交换公司债券自发行结束之日起12个月后方可交换为预备交换的股票,债券持有人对交换股票或者不交换股票有选择权。

(三)其他证券发行的条件

1. 国债的发行条件

国债是中央人民政府为筹集财政资金而发行的一种政府债券。它是中央政府向投资者出具的承诺在一定时期内支付利息和到期偿还本金的债权债务凭证。国债作为国家信用的主要形式,以国家税收为还债的保证,具有较高的诚信度。因此,国债具有风险小、流动性强的特点,但利率较低。

国债的发行条件主要包括期限、票面利率、付息方式和发行价格。国债的期限根据国家财政对资金的短期或长期需求、国债的偿还时间、未来市场利率水平和投资者对国债品种的喜爱程度等因素确定,通常以3年期、5年期国债为主。我国国债按照付息方式不同可分为零息国债和附息国债两种。零息国债是指在国债到期以前,国家无需支付利息的国债,它包括附有票面利率、到期一次还本付息的国债,低于国债票面价值发行、到期时以票面价值偿还的国债。附息国债是指国家每年向国债持有人支付利息的国债。国债发行价格是指社会投资者认购国债时应支付的价格。国债发行时,附有票面利率的国债以面值发行的,为平价发行;无票面利率的国债以低于面值的价格发行的,为贴现发行。

2. 基金证券的发行条件

详见本书第七章"证券投资基金经营法"相关内容。

三、证券的发行注册程序

(一)证券发行注册的一般规定

根据《公司法》和《证券法》的规定,公开发行证券应依法报经国务院证券监督管理机构或者国务院授权的部门注册。未经依法注册,任何单位和个人不得公开发行证券。

证券交易所或者相关机构审核公开发行证券申请,判断发行人是否符合发行条件、信息披露要求,督促发行人完善信息披露内容。参与证券发行申请注册的人员,不得与发行申请人有利害关系,不得直接或者间接接受发行申请人的馈赠,不得持有所注册的发行申请的证券,不得私下与发行申请人进行接触。国务院证券监督管理机构或者国务院授权的部门应当自受理证券发行申请文件之日起3个月内,依照法定条件和法定程序作出予以注册或者不予注册的决定,发行人根据要求补充、修改发行申请文件的时间不计算在内。不予注册的,应当说明理由。

国务院证券监督管理机构或者国务院授权的部门对已作出的证券发行注册的决定,发现不符合法定条件或者法定程序,尚未发行证券的,应当予以撤销,停止发行。已经发行尚未上市的,撤销发行注册决定,发行人应当按照发行价并加算银行同期存款利息返还证券持有人;发行人的控股股东、实际控制人以及保荐人,应当与发行人承担连带责任,但是能够证明自己没有过错的除外。股票的发行人在招股说明书等证券发行文件中隐瞒重要事实或者编造重大虚假内容,已经发行并上市的,国务院证券监督管理机构可以责令发行人回购证券,或者责令负有责任的控股股东、实际控制人买回证券。

股票依法发行后,发行人经营与收益的变化,由发行人自行负责;由此变化引致的投资风险,由投资者自行负责。中国证监会或者国务院授权部门对发行人公开发行证券申请予以注册,不表明中国证监会等注册机构和交易所对该证券的投资价值或者投资者的收益作出实质性判断或者保证,也不表明其对注册申请文件的真实性、准确性、完整性作出保证。

(二)证券发行注册的具体程序

证券发行注册程序包括首次公开发行股票、上市公司和非上市公司发行股票、债券等注册程序。以下主要介绍首次公开发行股票及上市公司公开发行证券的注册程序,其由《首次公开发行股票注册管理办法》《证券发行与承销管理办法》《上市公司证券发行注册管理办法》《北京证券交易所上市公司证券发行注册管理办法》等具体规定。应注意的是,沪深证券交易所分为主板、科创板和创业板,北京证券交易属于创新中小企业板。这些交易所及板块的定位和要求不同,发行股票、债券等证券应符合相应交易所及其板块的定位,相应提出注册申请。其主要包括以下具体程序:

1. 董事会、股东会决议

发行人董事会应当依法就本次发行证券的具体方案、本次募集资金使用的可行性及其他必须明确的事项作出决议,并提请股东大会批准。对于上市公司发行证券,独立董事应当就证券发行方案发表专项意见,沪深交易所还要求董事会批准本次发行方案的论证分析报告。发行人股东大会应当就本次发行证券作出决议,决议应当包括下列事项:(1)本次发行证券的种类和数量;(2)发行方式和发行对象;(3)定价方式或者发行价格(区间);(4)募集资金用途;(5)发行前滚存利润的分配方案(IPO和北交所);(6)决议的有效期;(7)对董事会办理本次发行具体事宜的授权;(8)其他必须明确的事项。上市公司拟引入战略投资者的,董事会、股东大会应当将引入战略投资者的事项作为单独议案,就每名战略投资者单独审议,单独表决。

股东大会就发行可转债作出决议,除前述事项外,还应当就债券利率、债券期限、赎回条款、回售条款、还本付息的期限和方式、转股期、转股价格的确定和修正等事项作出决议。

股东大会就发行证券事项作出决议,必须经出席会议的股东所持表决权的2/3以上通过,出席会议的持股比例在5%以下的中小股东表决情况应当单独计票。上市公司就发行证券事项召开股东大会,应当提供网络投票的方式,还可以通过其他方式为股东参加股东大会提供便利。

2. 申报、受理与注册资料更新

发行人申请首次公开发行股票或者上市公司申请发行证券,应当按照中国证监会有关规定制作注册申请文件,依法由保荐人保荐并向交易所申报。交易所收到注册申请文件,5个工作日内作出是否受理的决定。自注册申请文件申报之日起,发行人及其控股股东、实际控制人、董事、监事、高级管理人员,以及与证券发行相关的保荐人、证券服务机构及相关责任人员,即承担相应法律责任,并承诺不得影响或干扰发行上市审核注册工作。

注册申请文件受理后,未经中国证监会或者交易所同意,不得改动。发生重大事项的,发行人、保荐人、证券服务机构应当及时向交易所报告,并按要求更新注册申请文件和信息披露资料。

3. 发行审核

交易所审核部门负责审核发行人或上市公司证券发行上市申请;交易所上市委员会负责对发行人发行证券的申请文件和审核部门出具的审核报告提出审议意见。交易所主要通过向发行人提出审核问询、发行人回答问题方式开展审核工作,判断发行人是否符合发行条件和信息披露要求。交易所按照规定的条件和程序,形成发行人是否符合发行条件和信息披露要求的审核意见。认为发行人符合发行条件和信息披露要求的,将审核意见、发行人注册申请文件及相关审核资料报中国证监会注册;认为发行人不符合发行条件或者信息披露要求的,作出终止发行上市审核决定。

交易所审核过程中,发现重大敏感事项、重大无先例情况、重大舆情、重大违法线索的,应当及时向中国证监会请示报告,中国证监会及时明确意见。交易所应当自受理注册申请文件之日起对首次公开发行股票在交易所规定的时限内或者对上市公司发行证券在 20 日内形成审核意见,另有规定除外。发行人根据要求补充、修改注册申请文件,或者交易所按照规定对发行人实施现场检查、保荐人实施现场督导,要求保荐人、证券服务机构对有关事项进行专项核查,并要求发行人补充、修改申请文件的时间不计算在内。

交易所应当提高审核工作透明度,接受社会监督,将发行上市审核标准和程序等发行上市审核业务规则、相关业务细则,在审企业名单、企业基本情况及审核工作进度等事项向社会公开。同时,中国证监会在交易所收到注册申请文件之日起,同步关注发行人是否符合国家产业政策和板块定位,进行监督指导。

4. 发行注册

中国证监会收到交易所审核意见及相关资料后,基于交易所审核意见,依法履行发行注册程序。首次公开发行股票 20 个工作日内或者上市公司发行证券 15 个工作日内,中国证券会对发行人的注册申请作出予以注册或者不予注册的决定。在此期限内,中国证监会发现存在影响发行条件的新增事项的,可以要求交易所进一步问询并就新增事项形成审核意见,由此增加的时间不计算在前述注册期限内。中国证监会认为交易所对新增事项的审核意见依据明显不充分,可以退回交易所补充审核。交易所补充审核后,认为发行人符合发行条件和信息披露要求的,重新向中国证监会报送审核意见及相关资料,前述规定的注册期限重新计算。

中国证监会的予以注册决定,自作出之日起 1 年内有效,发行人应当在注册决定有效期内发行股票,发行时点由发行人自主选择。中国证监会作出予以注册决定后、发行人证券上市交易前,发行人应当及时更新信息披露文件(对于 IPO 来说,财务报表已过有效期的发行人应当补充财务会计报告等文件);保荐人以及证券服务机构应当持续履行尽职调查职责;发生重大事项的,发行人、保荐人应当及时向交易所报告。交易所应当对上述事项及时处理,发现上市公司存在重大事项影响发行条件的,应当出具明确意见并及时向中国证监会报告。同时,发行人应当持续符合发行条件,发现可能影响本次发行的重大事项的,中国证监会可以要求发行人暂缓发行、上市;相关重大事项导致发行人不符合发行条件的,应当撤销注册。中国证监会撤销注册后,证券尚未发行的,发行人应当停止发行;证券已经发行尚未上市的,发行人应当按照发行价并加算银行同期存款利息返还证券持有人。交易所认为发行人不符合发行条件或者信息披露要求,作出终止发行上市审核决定,或者中国证监会作出不予注册决定的,自决定作出之日起6个月后,发行人可以再次提出证券发行申请。

中国证监会与交易所建立全流程电子化审核注册系统,实现电子化受理、审核,发行注册各环节实时信息共享,并依法向社会公开相关信息。中国证监会和交易所可以对发行人进行现场检查,可以要求保荐人、证券服务机构对有关事项进行专项核查并出具意见。

此外,还应注意以下几个方面:(1)上市公司授权董事会向特定对象发行股票的,交易所适用简易程序。交易所在2个工作日决定是否受理,受理后3个工作日内出具审核意见。中国证监会在收到注册申请文件、审核意见及相关材料后,3个工作日内作出予以注册或者不予注册的决定。(2)《首次公开发行股票注册管理办法》第30、31条分别对IPO审核或注册程序的中止、恢复与终止的条件和要求进行了规定。这些规定同样适用于上市公司发行证券的发行上市审核注册程序。(3)上市公司证券发行上市审核或者注册程序过程中,存在重大资产重组、实际控制人变更等事项,应当及时申请中止相应发行上市审核程序或者发行注册程序,相关股份登记或资产权属登记完成后,上市公司可以提交恢复申请,因本次发行导致实际控制人变更的情形除外。

从审批制、核准制到注册制:我国股票发行制度改革历程

第三节 证券承销

证券发行具有很强的专业性,为规范发行行为和保障发行效果,通常法律规定或发行人自愿采取间接发行的方式,即证券承销。为了减少证券发行欺诈行为、保护投资者利益,我国证券法还将承销制度与保荐制度有力结合起来。

一、证券承销概述

(一)证券承销的概念

证券承销是指证券发行人委托具有证券承销资格的证券公司,通过协议方式向投资者销售、促成销售或者代为销售拟发行证券的一种法律行为和制度。前已述及,证券发行按是否借助证券经营机构可分为直接发行和间接发行。间接发行从证券经营机构的角度看,即证券承销。

证券承销制度主要调整证券发行人与证券公司之间的横向关系,是二者基于证券承销协议的合同关系。根据《证券法》第27条的规定,公开发行证券的发行人有权依法自主选择承销的证券公司。证券发行人应当与证券公司签署证券承销协议,确定双方在证券承销关系中的权利和义务。由于证券承销关系还涉及第三方主体证券投资者,故在证券承销协议签署和履行过程中,双方还必须遵守《证券法》《民法典》《证券发行与承销管理办法》等相关法律、法规、规范性文件的强制性规范要求。

（二）证券承销的分类

1. 证券代销

证券代销是指证券公司代理证券发行人发售证券，在承销期结束时，将未售出的证券全部退还给发行人的承销方式。作为代理行为，证券代销由发行人承担证券发行失败的风险，承销商承担尽力销售的义务。

2. 证券包销

证券包销是指证券公司将发行人的证券按照双方协议全部购入或在承销期结束时将剩余证券全部自行购入的承销方式。这种承销方式可以将发行失败的风险转移给证券公司，虽然承销费用较高，但仍是我国证券实践中适用范围最广的承销方式。

二、承销团、主承销商与保荐人

承销团，又称联合承销，是指两个以上的证券经营机构组成承销人，为发行人发售证券的一种承销方式。是否组成承销团，主要由证券发行的数量和难度决定。由一家证券公司独立承担证券承销的全部事务，可能会受到该公司资金实力、销售网点的影响，而承销团承销能够实现承销商之间的优势互补、降低风险。因此，承销团承销是发行人和证券公司普遍采取的承销方式。同时，根据《证券法》第30条的规定，证券聘请承销团承销的，承销团应当由主承销和参与承销的证券公司组成。

主承销商是指在承销团中与发行人签署证券包销或代销协议、在法律上向发行人承担承销风险的承销商。根据《证券发行与承销管理办法》的规定，证券公司承销证券应当采用包销或者代销方式。证券公司实施承销前，应当向证券交易所报送发行与承销方案。发行人和主承销商应当签订承销协议，在承销协议中界定双方的权利义务关系，约定明确的承销基数。采用包销方式的，应当明确包销责任；采用代销方式的，应当约定发行失败后的处理措施。证券发行失败后，主承销商应当协助发行人按照发行价并加算银行同期存款利息返还证券认购人。证券发行由承销团承销的，组成承销团的承销商应当签订承销团协议，由主承销商负责组织承销工作。证券发行由两家以上证券公司联合主承销的，所有担任主承销商的证券公司应当共同承担主承销责任，履行相关义务。承销团由3家以上承销商组成的，可以设副主承销商，协助主承销商组织承销活动。

保荐人制度，是指证券发行人申请其证券发行、上市交易，必须聘请依法取得保荐资格的保荐人为其出具保荐意见，确认其证券符合发行、上市交易条件的制度。该制度的目的是通过保荐人对上市公司进行质量控制，督导其规范运作，保证公开发行证券符合法定条件，保护投资者的合法权益。《证券法》第10条规定，发行人申请公开发行股票、可转换为股票的公司债券，依法采取承销方式的，或者公开发行法律、行政法规规定实行保荐制度的其他证券的，应当聘请证券公司担任保荐人。《证券发行上市保荐业务管理办法》对证券发行保荐人制度的总则、资格管理、保荐职责、业务规程与协调、监管措施等进行了详细规定。其中，第2条规定，下列发行事项依法采取承销方式的，应当聘请保荐人：(1) 首次公开发行股票；(2) 向不特定合格投资者公开发行股票并在北京证券交易所上市；(3) 上市公司发行新股、可转换公司债券；(4) 公开发行存托凭证;(5)中国证监会认定的其他情形。发行人申请公开发行法律、行政法规规定实行保荐制度的其他证券的,依照此规定办理。第7条规定,保荐机构依法对发行人申请文件、证券发行募集文件进行核查,向中国证监会、证券交易所出具保荐意见。保荐机构应当保证所出具的文件真实、准确、完整。第21条规定,保荐机构应当确信发行人符合法律、行政法规和中国证监会、证券交易所的有关规定,方可推荐其证券发行上市。

三、证券承销合同

(一) 证券承销合同的概念和特点

证券承销合同,是指证券发行人与证券承销商之间就证券发行承销事宜所签订的明确双方权利和义务的法律文件。证券承销合同具有下列特点:

第一,证券承销合同的主体是特定当事人。证券承销合同的一方当事人是经过批准发行股票、债券的公司和其他权利主体,另一方当事人则必须是具有证券监管机构特别许可和授予证券承销业务资格的证券公司。取得承销商资格的证券公司也可能取得不同证券的承销资格。证券公司必须在证券监管机构核准或许可的范围内从事证券承销业务。

第二,证券承销合同的客体具有特定性。证券承销合同的客体必须是作为金融商品的有价证券,并且必须是公开发行的股票、债券等。

第三,证券承销合同的签订具有某种强制性。一方面,证券承销合同是一种书面要式合同,必须采取书面形式,不得采取口头或其他形式;合同必须具有法律、法规要求记载的事项以及证券监管机构要求记载的其他事项。另一方面,承销合同经双方当事人签署后,须提交证券监管机构批准和备案,同时,承销合同也是证券发行送审文件的组成部分。

第四,证券承销合同的条款不得违反法律法规的强制性规定。例如,《证券法》第31条规定,证券代销或包销的期限最长不得超过90日。

(二) 证券承销合同的条款

证券承销合同的条款分为必备条款和任意条款。《证券法》第28条规定,证券公司承销证券,应当同发行人签订代销或者包销协议,载明下列事项:(1)当事人的名称、住所及法定代表人姓名;(2)代销、包销证券的种类、数量、金额及发行价格;(3)代销、包销的期限及起止日期;(4)代销、包销的付款方式及日期;(5)代销、包销的费用和结算办法;(6)违约责任;(7)国务院证券监督管理机构规定的其他事项。

四、证券承销的特别义务

(一) 不得事先预留义务

我国证券发行定价机制长期存在非市场化倾向,如果允许证券公司事先预留代销或包销证券,将会加剧证券供求关系的失衡,损害公众投资者权益。因此,《证券法》第31条规定,证券公司在代销、包销期内,对所代销、包销的证券应当保证先行出售给认购人,证券公司不得为本公司预留所代销的证券和预先购入并留存所包销的证券。

（二）发行文件核查义务

证券公司承销证券,应当对公开发行募集文件的真实性、准确性、完整性进行核查;发现有虚假记载、误导性陈述或者重大遗漏的,不得进行销售活动;已经销售的,必须立即停止销售活动,并采取纠正措施。

（三）承销情况备案义务

公开发行股票,代销、包销期限届满,发行人应当在规定的期限内将股票发行情况报国务院证券监督管理机构备案。

（四）其他义务

如证券公司在承销过程中,不得进行虚假的或者误导投资者的广告宣传或者其他宣传推介活动,不得以提供透支、回扣等不正当手段招揽承销业务等。承销团成员应当按照承销团协议及承销协议的规定进行承销活动,不得进行虚假承销。股票发行采用代销方式,代销期限届满,向投资者出售的股票数量未达到拟公开发行股票数量70%的,为发行失败,发行人应当按照发行价并加算银行同期存款利息返还股票认购人。

第四节 证券上市

证券上市是连接证券发行和证券交易的桥梁,是证券发行人申请所发行证券在证券交易所挂牌上市交易的过程。证券经营法调整证券上市关系及行为。

一、证券上市的概念和类型

（一）证券上市的概念

证券上市是指某种证券获准成为证券交易所交易对象的过程。证券一旦获准在证券交易所上市交易,即为上市证券。广义上的证券上市还可指证券在场外市场取得交易资格的过程。例如,根据《国务院关于全国中小企业股份转让系统有关问题的决定》,境内符合条件的股份公司均可通过主办券商申请在全国股份转让系统挂牌,公开转让股份,进行股权融资、债权融资、资产重组等。全国股份转让系统是经国务院批准,依据证券法设立的全国性证券交易场所,主要为创新型、创业型、成长型中小微企业发展服务。

证券上市是已发行证券进入证券交易所交易的前提。证券发行与上市属于不同制度。证券发行旨在使发行人募集一定数量的社会资金,确立投资者与公司之间的股权、债权等投资或经济关系。证券发行成功后,须以适当形式流动,以实现投资流通性。对投资者而言,证券流通性意味着实现投资变现能力;对证券发行人来说,于适当时机实现证券上市交易,也将激发投资者的投资热情,进而提高证券发行成功率。① 建立证券上市制度,目的在于筛选出适合特定证券交易所上市条件的证券,并为其提供实现证券流通的场所。

(二)证券上市的类型

1. 授权上市与认可上市

这是根据上市程序所作的分类。授权上市也称核准上市,是指证券交易所根据证券发行人申请,依照规定程序核准的证券上市。授权上市申请人主要为股份公司;上市证券主要为公司证券,如股票、公司债券等。在授权上市中,上市审查条件和程序相对严格。认可上市是指经证券交易所认可后,证券即可进入证券交易所上市交易的上市方式,主要适用于各种政府证券。这种证券可豁免证券交易所的上市审查,直接成为证券交易所的交易对象,证券交易所甚至无权拒绝或终止该种证券的上市交易,故也称为豁免证券。

2. 普通上市与首次发行上市

这是根据上市和发行的关系所作的分类。普通上市是指证券发行人于股票或公司债券等发行后,另择日期申请并获准上市。首次发行上市是指公司发行人在首次公开发行股票或者公司债券等的同时,已确定近期上市计划,并于发行成功后的合理时间内申请股票或公司债券等的上市交易。我国虽有普通上市,但以首次发行上市为主。

3. 第一上市与第二上市

第一上市与第二上市是相对应的概念,当发行人的证券同时在两个以上证券交易所上市时,最早的上市称为第一上市,后一上市称为第二上市。为了协调二者的关系,《深圳证券交易所股票上市规则》规定,在本所上市的公司同时有证券在其他证券交易所上市的,其他证券交易所要求披露的信息,上市公司应当同时向本所报告,经本所审核后同时公告。②

4. 股票上市与公司债券上市

这是根据上市证券类别所作的分类。股票上市还可分为股票境内上市和股票境外上市。在股票境内上市中,又分为A股股票上市和B股股票上市。股票境外上市因上市地不同而有不同称谓。如H股股票上市是指在我国香港联合证券交易所上市,N股股票上市则指股票在纽约证券交易所上市。在我国,股票境内上市条件因股票种类、市场类型不同而有所差别;股票境外上市因上市地不同而应遵守不同的上市条件及审查程序。公司债券上市在我国分为普通公司债券上市、可转换公司债券上市等多种形式。

二、证券上市的条件与程序

我国证券上市的具体条件和程序由证券交易所规定。《证券法》对此仅作了原则性规定,即申请证券上市交易,应当符合证券交易所上市规则规定的上市条件,该条件应当对发行人的经营年限、财务状况、最低公开发行比例和公司治理、诚信记录等提出要求。同时规定,申请证券上市交易应当向证券交易所提出申请,由证券交易所依法审核同意,并由双方签订上市协议。

---

① 叶林:《证券法》(第四版),中国人民大学出版社2013年版,第159页。
② 叶林:《证券法》(第四版),中国人民大学出版社2013年版,第162页。

(一)证券上市的条件

各交易所针对不同板块、不同交易证券品种的上市条件都作了明确规定,并可根据需要进行适当调整。证券发行与上市不同,但又密切相关。证券发行是证券上市的前提,各交易所都要求证券上市必须满足证券发行的条件,并规定了相关的具体要求。例如,《上海证券交易所股票上市规则》规定,境内发行人申请首次公开发行股票并在本所上市,应当符合下列条件:(1)符合《证券法》、中国证监会规定的发行条件;(2)发行后的股本总额不低于5 000万元;(3)公开发行的股份达到公司股份总数的25%以上;公司股本总额超过4亿元的,公开发行股份的比例为10%以上;(4)市值及财务指标符合本规则规定的标准;(5)本所要求的其他条件。本所可以根据市场情况,经中国证监会批准,对上市条件和具体标准进行调整。《上海证券交易所公司债券上市规则》规定,发行人申请债券上市,应当符合下列条件:(1)符合《证券法》等法律、行政法规规定的公开发行条件;(2)经有权部门注册并依法完成发行;(3)债券持有人符合本所投资者适当性管理规定;(4)本所规定的其他条件。本所可以根据市场情况,调整债券上市条件。《上海证券交易所证券投资基金上市规则》规定,基金在本所上市,应符合下列条件:(1)经中国证监会核准发售且基金合同生效;(2)基金合同期限5年以上;(3)基金募集金额不少于人民币2亿元;(4)基金份额持有人不少于1 000人;(5)有经核准的基金管理人和基金托管人;(6)本所要求的其他条件。申请证券上市交易的,应当根据证券品种及拟上市交易所要求的条件提出申请和准备材料。

(二)证券上市的程序

证券上市的具体程序由证券交易所规定,主要包括申请、审核、签订上市协议和上市公告等。

证券上市的,应向证券交易所提出申请,根据交易所要求提交申请材料。例如,《上海证券交易所股票上市规则》规定,发行人首次公开发行股票经中国证监会予以注册并完成股份公开发行后,向本所提出股票上市申请的,应当提交下列文件:(1)上市申请书;(2)中国证监会予以注册的决定;(3)首次公开发行结束后发行人全部股票已经中国证券登记结算有限责任公司上海分公司(以下简称"中国结算")登记的证明文件;(4)首次公开发行结束后会计师事务所出具的验资报告;(5)发行人、控股股东、实际控制人、董事、监事和高级管理人员等根据本所相关规定要求出具的证明、声明及承诺;(6)首次公开发行后至上市前,按规定新增的财务资料和有关重大事项的说明(如适用);(7)本所要求的其他文件。该规则还规定,上市公司向本所申请可转换公司债券上市,应当提交下列文件:(1)上市申请书;(2)按照有关规定编制的上市公告书;(3)发行结束后经会计师事务所出具的验资报告;(4)中国结算对新增可转换公司债券已登记托管的书面确认文件;(5)受托管理协议;(6)本所要求的其他文件。

经证券交易所上市审核委员会审核后,由证券交易所以自己的名义作出是否同意上市申请的决定。同意上市申请的,申请人与交易所应当签订上市协议。上市协议属于格式条款。经证券交易所与申请人协商,可签署特别条款。上市协议是证券交易所对申请人(上市公司等)实施自律监管的基础,也是转引证券交易所交易规则的法律基础。需特别注意的是,上市协议均要求申请人董事、监管、高级管理人员作出承诺,保证遵守证券交易所现有的和将来作出的有关规定,督促申请人遵守证券交易所的上市规则。

证券上市交易申请经证券交易所审核同意后,签订上市协议的申请人应当在规定的期限内公告证券上市的有关文件,并将该文件置备于指定场所供公众查阅。

三、证券上市的停牌、复牌、退市与重新上市

停牌是指基于法定事由,由证券交易所暂时停止上市证券交易的行为。在理论上,停牌虽然会导致交易停止的后果,但待特殊原因消除后,经审核仍然可以恢复交易。因此,停牌的证券仍然属于上市证券,发行证券的公司仍然是上市公司。退市是指上市证券丧失了在证券交易所继续挂牌交易的资格。一般分为三种情况:(1)自动退市,如债券到期;(2)强制退市,如不符合最低上市条件、暂停上市期满不能消除暂停原因等;(3)主动退市。

根据《证券法》的规定,上市交易的证券有证券交易所规定的终止上市(即退市)情形的,由证券交易所按照业务规则终止其上市交易。证券交易所决定终止证券上市交易的,应当及时公告,并报国务院证券监督管理机构备案。对证券交易所作出的终止上市交易决定不服的,可以向证券交易所设立的复核机构申请复核。

普利制药信息披露迟延停牌、复牌案

上市证券出现异常或风险时,可以主动或被强制停牌,之后可视情况进行复牌,也可能因出现不符合上市条件、到期或自愿等情况而退市。退市之后满足条件的,还可以重新申请上市。各证券交易所对于各种证券的停牌、复牌、退市与重新上市的情况及条件都作出了详细规定。例如,《上海证券交易所股票上市规则》规定,上市公司未在法定期限内披露年度报告或者半年度报告的,或者公司半数以上董事无法保证年度报告或者半年度报告真实、准确、完整且在法定期限届满前仍有半数以上董事无法保证的,股票及其衍生品种应当自相关定期报告披露期限届满后次一交易日起停牌,停牌期限不超过2个月。在此期间内依规改正的,公司股票及其衍生品种复牌。未在2个月内依规改正的,按照该规则第九章相关退市规定执行。《上海证券交易所股票上市规则》规定,上市公司最近一个会计年度经审计的财务会计报告相关财务指标触及该规则规定的财务类强制退市情形的,该所对其股票实施退市风险警示。上市公司最近连续两个会计年度经审计的财务会计报告相关财务指标触及该规则规定的财务类强制退市情形的,该所将决定终止其股票上市(即退市)。此外,该规则规定,该所上市公司的股票被终止上市后,其终止上市情形(不包括交易类终止上市情形)已消除,且同时符合下列条件的,可以向该所申请重新上市:(1)符合《证券法》、中国证监会规定的发行条件;(2)公司股本总额不低于5 000万元;(3)社会公众股东持有的股份占公司股份总数的比例达到25%以上;公司股本总额超过4亿元的,社会公众股东持有的股份的比例为10%以上;(4)市值及财务指标符合该规则第三章第一节规定的相应标准;(5)公司董事、监事和高级管理人员具备法律法规、本所相关规定及公司章程规定的任职资格,且不存在影响其任职的情形;(6)该所要求的其他条件。

第五节 证券交易

证券交易是一种特殊的买卖行为,包括证券权利权属变动的各种情况。证券交易制度是证券经营法的重要内容之一。

一、证券交易概述

（一）证券交易的概念

证券交易是指证券持有人依照交易规则将证券转让给其他投资者的行为。广义上的证券转让还包括依照特定法律事实将全部或部分证券权利移转给其他人的行为或者设定证券质押的行为等。根据《证券法》第 35 条的规定，证券交易主要指证券买卖的行为。

（二）证券交易的类型

1. 现货交易

现货交易又称现金现货交易，是指在较短的期限内完成证券买卖成交后的交割手续的证券交易方式。现货交易是证券交易的最基本形式。在现货交易中，证券出让人必须持有证券，证券买受人必须持有对应货币，且成交日期与交割日期较为接近。因此，现货交易交割风险较低，是各国证券交易的主要形式，也是我国证券交易所交易的主要形式。

2. 期货交易

期货交易是一种集中交易标准化远期合约的交易形式，即交易双方在期货交易所买卖期货合约的交易行为。期货交易的最终目的不是转移交易标的所有权，而是通过买卖期货合约，规避现货价格风险，或者进行投机获利。期货合约是由期货交易所统一制定的、规定在未来某一特定的时间和地点交割一定数量和质量实物商品或金融商品的标准化合约。根据交易标的不同，期货交易可分为商品期货交易和金融期货交易。其中，金融期货交易以金融工具为标的物，标的物通常为证券、货币、汇率、利率、股票指数等。

3. 期权交易

期权交易又称选择权交易，是指在一定时期内提供证券或商品买卖权的交易。期权是一种选择权。期权的买方向卖方支付一定数量的权利金，就获得一种权利，即拥有在一定时间内以一定价格（执行价格）出售或者购买一定数量的标的物（实物商品、证券或期货合约）的权利。期权的买方行使权利时，卖方必须按照期权合约规定内容履行义务。相反，买方可以放弃权利的行使，但买方要因此失去权利金。

4. 证券信用交易

证券信用交易又称融资融券交易，是指符合条件的投资者按照法律规定程序，向具有融资融券业务资格的证券公司提供担保物，通过该证券公司借入资金买入证券或借入证券并卖出的交易行为。证券信用交易分为融资买入和融券卖出两种。

二、证券交易市场

证券交易市场也称为二级市场、次级市场，是已发行证券买卖、转让和流通的场所。按照组织形式的不同，证券交易市场可分为场内交易市场和场外交易市场。

场内交易市场指由证券交易所组织的集中交易市场，有固定交易场所和交易活动时间。证券交易所接受和办理符合法律法规要求的证券上市交易,投资者通过证券公司参与证券交易所交易。证券交易所随时向投资者提供关于在交易所挂牌上市的证券交易情况,如成交价格、成交数量等。证券交易所通过制定各种规则,对经纪人、自营商进行严格管理,并对证券交易活动进行一线监督,防止操纵市场、内幕交易、欺诈客户等违法违规行为的发生。证券交易所还通过不断升级和完善交易系统、设备,保证正常交易活动持续、高效地进行。

场外交易市场又称店头市场或柜台市场,是在证券交易所以外由买卖双方当面议价成交的市场。场外交易的对象主要是非上市证券。《证券法》第37条规定,依法公开发行的证券,应当在依法设立的证券交易所上市交易或者在国务院批准的其他证券交易场所交易。非公开发行的证券,可以在证券交易所、国务院批准的其他全国性证券交易场所、按照国务院规定设立的区域性股权市场转让。

三、证券交易方式

根据《证券法》第38条的规定,证券在证券交易所上市交易,应当采用公开的集中交易方式或者国务院证券监督管理机构批准的其他方式。目前,集中交易和竞价制是集中证券交易场所最重要的定价方式,但从来不是唯一方式。根据《深圳证券交易所交易规则》的规定,证券集中交易主要有两种竞价方式:一是集合竞价,是指对一段时间内接受的买卖申报一次性集中撮合的竞价方式,通常用以产生证券的开盘价。二是连续竞价,是指对买卖申报逐笔连续撮合的竞价方式,按照价格优先和时间优先的撮合成交原则确定每笔证券交易的具体价格。还有一种为程序化交易,即通过计算机程序自动生成或者下达交易指令进行交易。根据《证券法》第45条的规定,该种交易应当符合国务院证券监督管理机构的规定,并向证券交易所报告,不得影响证券交易所系统安全或者正常交易秩序。

证券非集中交易的方式主要包括三种:一是协议转让,主要针对股权分置改革前的非流通股;二是大宗交易,是指证券单笔买卖申报达到证券交易所规定的某一数额或规模时,该项证券买卖由证券交易所按照特殊交易方式成交;三是裁判转让,是指人民法院因行使司法裁判权引起的股权转让。

四、证券集中交易的步骤

(一)开立证券交易账户

办理开户手续是进行证券交易的前提。开户包括开立证券账户和资金账户。自然人和法人在同一证券交易所只能开立一个证券账户。投资者委托买卖股票,必须选择一家具有证券经纪业务资格的证券公司并申请开设资金账户,存入交易所需的资金。

(二)申报委托指令

投资者买卖某种证券,必须向证券公司发出符合交易规则要求的具体买卖指令。未经投资者委托,证券公司不得利用投资者的账户从事证券交易活动,也不得动用投资者账户内的资金或者证券。同时,证券公司只能接受限价委托和市价委托,不能接受投资者的全权委托。限价委托是指证券公司必须按投资者提出的买进证券最高限价或低于限价买入证券,按投资者提出的卖出证券最低限价或高于限价卖出证券。市价委托即按照市场价格买进或者卖出证券。

(三)竞价与成交

根据证券交易所交易规则,买卖申报经证券交易所主机撮合成交后,交易即告成立。在委托指令成交之前,投资者有权变更或者撤销委托申报。在集中交易方式下,传统的合同无效理论并不适用于认定证券交易无效的领域。通常影响证券交易效力的因素主要有:(1)不可抗力、意外事件、交易系统被非法侵入等原因造成严重后果的,交易所可以采取适当措施或认定无效;(2)显失公平的,经交易所认定,可以采取适当措施;(3)违反证券交易所规则,严重破坏证券市场正常运行的,交易所有权宣布取消交易,由此造成的损失由违规者承担。

知识拓展

股票交易竞价规则:集合竞价与连续竞价

(四)清算与交收

清算与交收,又称结算,是指证券买卖成交后,买卖双方对其交易结果进行清算,卖方向买方交付证券,买方向卖方交付资金的行为。《证券法》第108条规定,证券公司根据投资者的委托,按照证券交易规则提出交易申报,参与证券交易所场内的集中交易,并根据成交结果承担相应的清算交收责任;证券登记结算机构根据成交结果,按照清算交收规则,与证券公司进行证券和资金的清算交收,并为证券公司客户办理证券的登记过户手续。

(五)登记过户

证券交易的登记过户,是指买卖双方通过证券公司在交易所进行的证券买卖成交后,再通过证券登记结算机构进行证券权利的转移与过户的登记过程。

第六节　证券交易行为的限制与禁止

证券交易通常涉及金额较大,当事人较多,具有较强的技术性,证券交易违法违规行为也往往更具有隐蔽性和破坏性,故各国往往对不正当证券交易行为在立法中予以限制和禁止。我国《证券法》第三章第三节专门规定了禁止的交易行为。

一、限制的证券交易行为

(一)对证券交易客体的限制

根据《证券法》第35条的规定,证券交易当事人依法买卖的证券,必须是依法发行并交付的证券。非依法发行的证券,不得买卖。

根据《证券法》第36条的规定,依法发行的证券,《公司法》和其他法律对其转让期限有限制性规定的,在限定的期限内不得转让。

根据《公司法》第160条的规定,公司公开发行股份前已发行的股份,自公司股票在证券交易所上市交易之日起1年内不得转让。法律、行政法规或者国务院证券监督管理机构对上市公司的股东、实际控制人转让其所持有的本公司股份另有规定的,从其规定。股份在法律、行政法规规定的限制转让期限内出质的,质权人不得在限制转让期限内行使质权。注意,2023年修订《公司法》时删除了对发起人所持股份的转让限制。

(二)对特定时期内证券交易主体的限制

根据《证券法》第36条的规定,上市公司持有5%以上股份的股东、实际控制人、董事、监事、高级管理人员,以及其他持有发行人首次公开发行前发行的股份或者上市公司向特定对象发行的股份的股东,转让其持有的本公司股份的,不得违反法律、行政法规和国务院证券监督管理机构关于持有期限、卖出时间、卖出数量、卖出方式、信息披露等规定,并应当遵守证券交易所的业务规则。

根据《证券法》第40条的规定,证券交易所、证券公司和证券登记结算机构的从业人员、证券监督管理机构的工作人员以及法律、行政法规禁止参与股票交易的其他人员,在任期或者法定限期内,不得直接或者以化名、借他人名义持有、买卖股票或者其他具有股权性质的证券,也不得收受他人赠送的股票或者其他具有股权性质的证券。任何人在成为上述所列人员时,其原已持有的股票或者其他具有股权性质的证券,必须依法转让。

根据《证券法》第42条的规定,为证券发行出具审计报告或者法律意见书等文件的证券服务机构和人员,在该证券承销期内和期满后6个月内,不得买卖该证券。为发行人及其控股股东、实际控制人,或者收购人、重大资产交易方出具审计报告或者法律意见书等文件的证券服务机构和人员,自接受委托之日起至上述文件公开后5日内,不得买卖该证券。实际开展上述有关工作之日早于接受委托之日的,自实际开展上述有关工作之日起至上述文件公开后5日内,不得买卖该证券。

根据《公司法》第160条的规定,公司董事、监事、高级管理人员应当向公司申报所持有的本公司的股份及其变动情况,在新就任时确定的任职期间每年转让的股份不得超过其所持有本公司股份总数的25%;所持本公司股份自公司股票上市交易之日起1年内不得转让。上述人员离职后半年内,不得转让其所持有的本公司股份。公司章程可以对公司董事、监事、高级管理人员转让其所持有的本公司股份作出其他限制性规定。

(三)对短线交易的限制和归入权的规定

根据《证券法》第44条的规定,短线交易是指上市公司、股票在国务院批准的其他全国性证券交易场所交易的公司董事、监事、高级管理人员和持有其股份5%以上的股东,将其持有的该公司的股票在买入后6个月内卖出,或者在卖出后6个月内又买入的行为。短线交易所得收益归该公司所有,公司董事会应当收回其所得收益。公司董事会不按照规定执行的,股东有权要求董事会在30日内执行。公司董事会未在上述期限内执行的,股东有权为了公司的利益以自己的名义直接向人民法院提起诉讼。公司董事会不按照规定收回违规收益的,负有责任的董事依法承担连带责任。证券公司因包销购入售后剩余股票而持有5%以上股份的,以及有国务院证券监督管理机构规定的其他情形的,卖出该证券不受6个月时间限制。

（四）保密规定和收费限制

根据《证券法》第41条的规定，证券交易场所、证券公司、证券登记结算机构、证券服务机构及其工作人员应当依法为投资者的信息保密，不得非法买卖、提供或者公开投资者的信息。证券交易场所、证券公司、证券登记结算机构、证券服务机构及其工作人员不得泄露所知悉的商业秘密。

根据《证券法》第43条的规定，证券交易的收费必须合理，并公开收费项目、收费标准和收费办法。

二、禁止的证券交易行为

（一）禁止内幕交易

内幕交易，又称内部交易、内线交易或者知情交易，是指证券交易内幕信息知情人和非法获取内幕信息的人，在内幕信息公开前买卖相关证券，或者泄露该信息，或者建议他人买卖相关证券的行为。

《证券法》第50条规定，禁止证券交易内幕信息的知情人和非法获取内幕信息的人利用内幕信息从事证券交易活动。根据《证券法》第51条的规定，下列人员为知悉证券交易内幕信息的知情人员：(1)发行人的董事、监事、高级管理人员；(2)持有公司5%以上股份的股东及其董事、监事、高级管理人员，公司的实际控制人及其董事、监事、高级管理人员；(3)发行人控股或者实际控股的公司及其董事、监事、高级管理人员；(4)由于所任公司职务或者因与公司业务往来可以获取公司有关内幕信息的人员；(5)上市公司收购人或者重大资产交易方及其控股股东、实际控制人、董事、监事和高级管理人员；(6)因职务、工作可以获取内幕信息的证券交易场所、证券公司、证券登记结算机构、证券服务机构的有关人员；(7)因职责、工作可以获取内幕信息的证券监督管理机构工作人员；(8)因法定职责对证券的发行、交易或者对上市公司及其收购、重大资产交易进行管理可以获取内幕信息的有关主管部门、监管机构的工作人员；(9)国务院证券监督管理机构规定的可以获取内幕信息的其他人员。

经典案例

巨额内幕交易案：黄某裕案、杜某库等案

《证券法》第53条规定，证券交易内幕信息的知情人和非法获取内幕信息的人，在内幕信息公开前，不得买卖该公司的证券，或者泄露该信息，或者建议他人买卖该证券。持有或者通过协议、其他安排与他人共同持有公司5%以上股份的自然人、法人、非法人组织收购上市公司的股份，该法另有规定的，适用其规定。内幕交易行为给投资者造成损失的，应当依法承担赔偿责任。该法第54条规定，禁止证券交易场所、证券公司、证券登记结算机构、证券服务机构和其他金融机构的从业人员、有关监管部门或者行业协会的工作人员，利用因职务便利获取的内幕信息以外的其他未公开的信息，违反规定，从事与该信息相关的证券交易活动，或者明示、暗示他人从事相关交易活动。利用未公开信息进行交易给投资者造成损失的，应当依法承担赔偿责任。

根据《证券法》第52条的规定，该法第80条第2款、第81条第2款所列重大事件属于内幕信息。《证券法》第80条第2款规定的是，可能对上市公司、股票在国务院批准的其他全国性证券交易场所交易的公司之股票交易价格产生较大影响的重大事件,具体包括:(1)公司的经营方针和经营范围的重大变化;(2)公司的重大投资行为,公司在1年内购买、出售重大资产超过公司资产总额30%,或者公司营业用主要资产的抵押、质押、出售或者报废一次超过该资产的30%;(3)公司订立重要合同、提供重大担保或者从事关联交易,可能对公司的资产、负债、权益和经营成果产生重要影响;(4)公司发生重大债务和未能清偿到期重大债务的违约情况;(5)公司发生重大亏损或者重大损失;(6)公司生产经营的外部条件发生的重大变化;(7)公司的董事、1/3以上监事或者经理发生变动,董事长或者经理无法履行职责;(8)持有公司5%以上股份的股东或者实际控制人持有股份或者控制公司的情况发生较大变化,公司的实际控制人及其控制的其他企业从事与公司相同或者相似业务的情况发生较大变化;(9)公司分配股利、增资的计划,公司股权结构的重要变化,公司减资、合并、分立、解散及申请破产的决定,或者依法进入破产程序、被责令关闭;(10)涉及公司的重大诉讼、仲裁,股东大会、董事会决议被依法撤销或者宣告无效;(11)公司涉嫌犯罪被依法立案调查,公司的控股股东、实际控制人、董事、监事、高级管理人员涉嫌犯罪被依法采取强制措施;(12)国务院证券监督管理机构规定的其他事项。《证券法》第81条第2款规定的是,可能对上市交易公司债券的交易价格产生较大影响的重大事件,具体包括:(1)公司股权结构或者生产经营状况发生重大变化;(2)公司债券信用评级发生变化;(3)公司重大资产抵押、质押、出售、转让、报废;(4)公司发生未能清偿到期债务的情况;(5)公司新增借款或者对外提供担保超过上年末净资产的20%;(6)公司放弃债权或者财产超过上年末净资产的10%;(7)公司发生超过上年末净资产10%的重大损失;(8)公司分配股利,作出减资、合并、分立、解散及申请破产的决定,或者依法进入破产程序、被责令关闭;(9)涉及公司的重大诉讼、仲裁;(10)公司涉嫌犯罪被依法立案调查,公司的控股股东、实际控制人、董事、监事、高级管理人员涉嫌犯罪被依法采取强制措施;(11)国务院证券监督管理机构规定的其他事项。

(二)禁止操纵市场

操纵证券市场,是指以获取利益或者减少损失为目的,利用手中掌握的资金等优势影响证券市场价格,制造证券市场假象,诱导或者致使投资者在不了解事实真相的情况下作出证券投资决定,扰乱证券市场秩序的行为。《证券法》第55条规定,禁止任何人以下列手段操纵证券市场,影响或者意图影响证券交易价格或者证券交易量:(1)单独或者通过合谋,集中资金优势、持股优势或者利用信息优势联合或者连续买卖;(2)与他人串通,以事先约定的时间、价格和方式相互进行证券交易;(3)在自己实际控制的账户之间进行证券交易;(4)不以成交为目的,频繁或者大量申报并撤销申报;(5)利用虚假或者不确定的重大信息,诱导投资者进行证券交易;(6)对证券、发行人公开作出评价、预测或者投资建议,并进行反向证券交易;(7)利用在其他相关市场的活动操纵证券市场;(8)操纵证券市场的其他手段。操纵证券市场行为给投资者造成损失的,应当依法承担赔偿责任。

(三)禁止虚假陈述

虚假陈述是指信息披露义务人违反证券法律规定,在证券发行或者交易过程中对重大事件作出违背事实真相的虚假记载、误导性陈述,或者在披露信息时发生重大遗漏、不正当披露信息的行为。《证券法》第 56 条规定,禁止任何单位和个人编造、传播虚假信息或者误导性信息,扰乱证券市场。禁止证券交易场所、证券公司、证券登记结算机构、证券服务机构及其从业人员,证券业协会、证券监督管理机构及其工作人员,在证券交易活动中作出虚假陈述或者信息误导。各种传播媒介传播证券市场信息必须真实、客观,禁止误导。传播媒介及其从事证券市场信息报道的工作人员不得从事与其工作职责发生利益冲突的证券买卖。编造、传播虚假信息或者误导性信息,扰乱证券市场,给投资者造成损失的,应当依法承担赔偿责任。

(四)禁止欺诈客户

欺诈客户,是指证券公司及其从业人员在证券交易及相关活动中,为了谋取不法利益,违背客户的真实意思进行代理,以及诱导客户进行不必要证券交易的行为。《证券法》第 57 条规定,禁止证券公司及其从业人员从事损害客户利益的欺诈行为:(1)违背客户的委托为其买卖证券;(2)不在规定时间内向客户提供交易的确认文件;(3)未经客户的委托,擅自为客户买卖证券,或者假借客户的名义买卖证券;(4)为牟取佣金收入,诱使客户进行不必要的证券买卖;(5)其他违背客户真实意思表示,损害客户利益的行为。欺诈客户行为给客户造成损失的,行为人应当依法承担赔偿责任。

(五)其他禁止行为

任何单位和个人不得违反规定,出借自己的证券账户或者借用他人的证券账户从事证券交易。禁止资金违规流入股市;禁止投资者违规利用财政资金、银行信贷资金买卖证券;等等。

第七节 证券信息披露

证券信息披露制度亦称信息公开制度,是指为保障投资者利益和接受社会公众的监督,上市公司依法或者自愿公开其有关经营、财务等信息的制度。通过信息披露,可以了解上市公司的经营、财务状况及其发展趋势,有利于证券主管机关对证券市场的监管,引导证券市场健康、稳定发展,有利于投资者获得所需证券信息,作出正确的投资选择,也有利于上市公司股东及社会公众对上市公司进行监督。

一、证券信息披露的目的、标准和原则

证券信息披露的目的,是使投资者、社会公众及其他相关主体充分了解上市公司及其发行交易证券的真实情况,以作出正确决策。因此,信息披露需要权衡多方面的利益,如投资者的知情权与国家安全、商业秘密等。信息披露的标准是信息具有重大性,披露的原则是真实、准确、完整和及时。

(一)信息重大性标准

信息之所以要披露,是因为其具有重大性。所谓重大性,是指该信息对于投资者的决策具有

重要影响。它有主观与客观两个标准。主观标准是指信息影响投资者决策;客观标准是指信息影响市场价格。1968年,美国联邦第二巡回区上诉法院在美国证券交易委员会诉得克萨斯海湾硫黄公司案(Securities & Exchange Commission V. Texas Gulf Sulphur Co.)的判决中确立了判断重大性的两大要素:事实发生的可能性和事实本身的重要性,即综合考虑"任何特定时间下事件发生的预期可能性和事件在公司整体活动中的预期影响力"。我国《证券法》在界定重大事件和内幕信息时,对重大性采取了客观标准,即对上市公司证券的交易价格产生较大影响的信息。不过,中国证监会的一些其他规章中采用的是影响投资者决策的主观标准,即对投资者决策有重大影响的信息。有观点认为,影响投资者决策的主观标准适用于所有信息的正面披露,影响市场价格的客观标准则适用于发布临时报告(即重大事件报告)。关于对投资者决策有重大影响的含义,主流观点认为是普通理性的外部投资者,根据公开的对证券发行人和行业的一般理解而认为的对投资决策有重大影响的信息。①

康美药业财务造假案

(二)真实、准确、完整、及时原则

证券信息要对投资者决策有用,就应当真实、准确、完整和及时披露。这是证券信息披露的基本原则。真实是指披露的信息与事实一致;准确是指披露的信息恰当反映事实,不存在误解或较大偏差;完整是指披露的信息能够反映事实的全貌,不存在重大遗漏;及时是指在投资者作出决策之前尽早进行披露。该原则又经常被表述为真实性、准确性、完整性和及时性,故又可被称为"四性"原则。

二、证券信息披露的分类

根据不同的需要和标准,可将证券信息披露进行不同分类,包括发行信息披露和持续信息披露、强制信息披露和自愿信息披露、积极信息披露和消极信息披露等。

(一)发行信息披露和持续信息披露

根据信息披露处于发行时或是发行后,可将信息披露区分为发行信息披露和持续信息披露。发行信息披露,又称首次信息披露,是指证券首次(公开)发行时发行人、证券服务机构等披露义务人以招股说明书、债券募集说明书、上市公告等为中心所进行的一系列信息披露。在证券发行体制从核准制转变为注册制之后,发行人的信息披露将更多、更重要。持续信息披露,是指证券发行上市之后挂牌交易期间定期和临时的连续及时信息披露,包括定期报告和临时报告。

(二)强制信息披露和自愿信息披露

根据信息披露是否强制或自愿,可将信息披露区分为强制信息披露和自愿信息披露。强制信息披露是指信息披露义务人根据法律法规、上市规则等要求进行证券信息披露。自愿信息披露是指证券发行人等自觉主动披露发行人及其证券相关情况。对于投资者而言,判断证券交易

---

① 邢会强主编:《证券法学》(第三版),中国人民大学出版社2023年版,第132—133页。

价值的基础在于证券信息披露的内容。若没有翔实可信的证券信息,投资者就难以判断证券价值,也就不愿意购买证券。为此,有必要对投资者决策所需要的证券信息进行强制性披露。从另一角度来看,证券发行人也需要通过信息披露来取信于人,因此,发行人也有自愿进行信息披露的动机。

(三)积极信息披露和消积信息披露

根据信息披露义务的积极或消极性,可将信息披露区分为积极信息披露和消极信息披露。积极信息披露,是指按法律法规、上市规则等要求承担信息披露义务的人,按规定及时披露证券信息,并保证其真实性、准确性和完整性。消极信息披露,又称虚假陈述,是指信息披露义务和非义务主体披露虚假证券信息。消极信息披露是对信息披露义务的违反,即披露违规(应披露而未披露)或不应披露虚假信息而披露。

三、我国证券信息披露的主要内容

我国对证券信息披露制度十分重视,《证券法》《股票发行与交易管理暂行条例》《证券发行与承销管理办法》《公司债券发行与交易管理办法》《首次公开发行股票注册管理办法》《上市公司证券发行注册管理办法》《上市公司信息披露管理办法》等法律法规都设专章对其进行规定,同时中国证监会制定了相应的信息披露实施细则、内容与格式准则,各交易所在其上市规则中也对证券发行上市交易详细列明了信息披露要求。因此,在证券发行全面注册制改革基础上,我国初步形成了系统完整的信息披露规则体系。其主要内容和要求如下:

(一)基本要求

《证券法》第78条等对证券信息披露提出了基本要求:发行人及法律、行政法规和国务院证券监督管理机构规定的其他信息披露义务人,应当及时依法履行信息披露义务。信息披露义务人披露的信息,应当真实、准确、完整,简明清晰,通俗易懂,不得有虚假记载、误导性陈述或者重大遗漏。证券同时在境内境外公开发行、交易的,其信息披露义务人在境外披露的信息,应当在境内同时披露。

(二)发行信息披露

证券发行时,一般需要系统全面地披露发行人及其发行证券的情况。根据《证券法》的规定,其主要内容如下:

证券发行申请经注册后,发行人应当依照法律、行政法规的规定,在证券公开发行前公告公开发行募集文件,并将该文件置备于指定场所供公众查阅。发行人申请首次公开发行(IPO)股票的,在提交申请文件后,应当按照国务院证券监督管理机构的规定预先披露有关申请文件。发行证券的信息依法公开前,任何知情人不得公开或者泄露该信息。发行人不得在公告公开发行募集文件前发行证券。

发行人报送的证券发行申请文件,应当充分披露投资者作出价值判断和投资决策所必需的信息,内容应当真实、准确、完整。为证券发行出具有关文件的证券服务机构和人员,必须严格履行法定职责,保证所出具文件的真实性、准确性和完整性。

发行获得注册后,申请证券上市交易,发行人应当按照证券交易所的规定编制上市公告书,并经证券交易所审核同意后公告。除加盖发行人公章外,发行人的董事、监事、高级管理人员,同样应当对上市公告书签署书面确认意见,保证所披露的信息真实、准确、完整。

公开发行新股(含IPO)的,应当报送下列文件:募股申请;公司营业执照;公司章程;股东大会决议;招股说明书或者其他公开发行募集文件;财务会计报告;代收股款银行的名称及地址。聘请保荐人的,还应当报送保荐人出具的发行保荐书。实行承销的,还应当报送承销机构名称及有关的协议。

公开发行公司债券的,应当向国务院授权的部门或者国务院证券监督管理机构报送公司营业执照、公司章程、公司债券募集办法,以及国务院授权的部门或者国务院证券监督管理机构规定的其他文件。聘请保荐人的,还应当报送保荐人出具的发行保荐书。

招股说明书、上市公告书引用保荐人、证券服务机构的专业意见或者报告的,相关内容应当与保荐人、证券服务机构出具的文件内容一致,确保引用保荐人、证券服务机构的意见不会产生误导。发行辅助机构如保荐人、发行人财务报告的审计师、发行人的律师,也有义务就各自制作的文件承担披露义务。上市公司非公开发行新股不需要作上述公开披露,但发行成功后,应当依法披露发行情况报告书。

(三)持续信息披露

证券发行上市之后,应当持续披露上市公司及其证券相关的动态信息,以使投资者始终能够了解相关证券的发展情况。该种持续信息披露包括定期报告和临时报告两个方面。

1. 定期报告

根据《证券法》的规定,上市公司、股票在国务院批准的其他全国性证券交易场所交易的公司,应当按照国务院证券监督管理机构和证券交易场所规定的内容和格式编制定期报告,并按照以下规定报送和公告:(1)在每一会计年度结束之日起4个月内,报送并公告年度报告,其中的年度财务会计报告应当经符合《证券法》规定的会计师事务所审计;(2)在每一会计年度的上半年结束之日起2个月内,报送并公告中期报告。

定期报告内容应当经上市公司董事会审议通过。未经董事会审议通过的定期报告不得披露。公司董事、高级管理人员应当对定期报告签署书面确认意见,说明董事会的编制和审议程序是否符合法律、行政法规和中国证监会的规定,报告的内容是否能够真实、准确、完整地反映上市公司的实际情况。

监事会应当对董事会编制的定期报告进行审核并提出书面审核意见。监事应当签署书面确认意见。监事会对定期报告出具的书面审核意见,应当说明董事会的编制和审议程序是否符合法律、行政法规和中国证监会的规定,报告的内容是否能够真实、准确、完整地反映上市公司的实际情况。

董事、监事无法保证定期报告内容的真实性、准确性、完整性或者有异议的,应当在董事会或者监事会审议、审核定期报告时投反对票或者弃权票。董事、监事和高级管理人员无法保证定期报告内容的真实性、准确性、完整性或者有异议的,应当在书面确认意见中发表意见并陈述理由,上市公司应当披露。上市公司不予披露的,董事、监事和高级管理人员可以直接申请披露。董事、监事和高级管理人员按照前述规定发表意见,应当遵循审慎原则,其保证定期报告内容的真实性、准确性、完整性的责任不会仅因发表意见而当然免除。

上市公司预计经营业绩发生亏损或者发生大幅变动的,应当及时进行业绩预告。定期报告披露前出现业绩泄露,或者出现业绩传闻且公司证券及其衍生品种交易出现异常波动的,上市公司应当及时披露本报告期相关财务数据。

2. 临时报告

根据《证券法》的规定,发生可能对上市公司、股票在国务院批准的其他全国性证券交易场所交易的公司之股票及上市交易公司债券的交易价格产生较大影响的重大事件,投资者尚未得知时,公司应当立即将有关该重大事件的情况向国务院证券监督管理机构和证券交易场所报送临时报告,并予公告,说明事件的起因、目前的状态和可能产生的法律后果。这些重大事件包括:(1)公司的经营方针和经营范围的重大变化;(2)公司的重大投资行为,公司在1年内购买、出售重大资产超过公司资产总额30%,或者公司营业用主要资产的抵押、质押、出售或者报废一次超过该资产的30%;(3)公司债券信用评级发生变化;(4)公司订立重要合同、提供重大担保或者从事关联交易,可能对公司的资产、负债、权益和经营成果产生重要影响;(5)公司发生重大债务和未能清偿到期重大债务的违约情况;等等(详见《证券法》第80条第2款及第81条第2款的规定)。公司的控股股东或者实际控制人对重大事件的发生、进展产生较大影响的,应当及时将其知悉的有关情况书面告知公司,并配合公司履行信息披露义务。

上市公司应当在最先发生的以下任一时点,及时履行重大事件的信息披露义务:董事会或者监事会就该重大事件形成决议时;有关各方就该重大事件签署意向书或者协议时;董事、监事或者高级管理人员知悉该重大事件发生并报告时。在前述时点之前出现下列情形之一的,上市公司应当及时披露相关事项的现状、可能影响事件进展的风险因素:该重大事件难以保密;该重大事件已经泄露或者市场出现传闻;公司证券及其衍生品种出现异常交易情况。

上市公司控股子公司、参股公司发生重大事件,可能对上市公司证券及其衍生品种交易价格产生较大影响的,上市公司也应当履行信息披露义务。涉及上市公司的收购、合并、分立、发行股份、回购股份等行为导致上市公司股本总额、股东、实际控制人等发生重大变化时,除上市公司外,其他相关主体也可能构成信息披露义务人,而需自行依法履行报告、公告义务,披露权益变动情况。特别是上市公司控股股东、实际控制人及其一致行动人应当及时、准确地告知上市公司是否存在拟发生的股权转让、资产重组或者其他重大事件,并配合上市公司做好信息披露工作。

上市公司披露重大事件后,已披露的重大事件出现可能对上市公司证券及其衍生品种交易价格产生较大影响的进展或者变化的,上市公司应当及时披露进展或者变化情况、可能产生的影响。

(四)发行信息披露与持续披露的共性要求

信息披露义务人披露的信息应当同时向所有投资者披露,不得提前向任何单位和个人泄露。但是,法律、行政法规另有规定的除外。任何单位和个人不得非法要求信息披露义务人提供依法需要披露但尚未披露的信息。任何单位和个人提前获知的前述信息,在依法披露前应当保密。

除依法需要披露的信息之外,信息披露义务人可以自愿披露与投资者作出价值判断和投资决策有关的信息,但不得与依法披露的信息相冲突,不得误导投资者。发行人及其控股股东、实际控制人、董事、监事、高级管理人员等作出公开承诺的,应当披露。不履行承诺给投资者造成损失的,应当依法承担赔偿责任。

信息披露义务人未按照规定披露信息,或者公告的证券发行文件、定期报告、临时报告及其他信息披露资料存在虚假记载、误导性陈述或者重大遗漏,致使投资者在证券交易中遭受损失的,信息披露义务人应当承担赔偿责任;发行人的控股股东、实际控制人、董事、监事、高级管理人员和其他直接责任人员以及保荐人、承销的证券公司及其直接责任人员,应当与发行人承担连带赔偿责任,但是能够证明自己没有过错的除外。

依法披露的信息,应当在证券交易场所的网站和符合国务院证券监督管理机构规定条件的媒体发布,同时将其置备于公司住所、证券交易场所,供社会公众查阅。

国务院证券监督管理机构对信息披露义务人的信息披露行为进行监督管理。证券交易场所应当对其组织交易的证券的信息披露义务人的信息披露行为进行监督,督促其依法及时、准确地披露信息。

《证券法》《公司法》《证券公司监督管理条例》等

【法律适用】

证券经营活动参与主体众多,社会关系复杂,并具有较强的专业性,证券经营法调整和规范证券发行、证券承销、证券上市、证券交易等多个环节的证券经营活动,是一个综合的法律规范系统。在法律规范的具体表现形式上,以《证券法》规范为主,此外还涉及《公司法》部分条文及相关行政法规、部门规章、自律规范、司法解释的规定或要求。应特别关注2023年证券发行全面注册制改革之后,相关证券注册法律规则和信息披露规则的执行情况。同时,应深入思考证券市场长期以来存在的虚假陈述、内幕交易、操纵市场等禁止性行为的法律规制问题。

【思考题】

1. 证券发行和证券上市的区别和联系是什么?

思考提示:了解证券发行和证券上市的定义、分类、制度设立目的,掌握公开发行的定义,熟悉股票、公司债券等发行、上市的基本条件。

2. 被限制和禁止的证券交易主要有哪几种形式?

思考提示:了解限制的证券交易种类,熟悉有关短线交易和归入权的规定,掌握法律禁止的证券交易行为类型及其特点。

3. 证券发行的注册制与核准制有何区别？为什么我国要全面实行注册制改革？

思考提示：应从证券发行注册制与核准制的含义、特点、发行效率、监管方式与市场条件等方面进行多维度分析，同时可从国内外证券市场发展的不同特点、过程和经验教训进行比较分析。

即测即评

第七章 证券投资基金经营法

■【重点提示】

1. 证券投资基金,是指通过公开或非公开募集方式设立,由基金管理人管理,基金托管人托管,为基金份额持有人的利益对受托资金进行证券投资的集合投资制度。公开募集基金的基金份额持有人按其所持基金份额享受收益和承担风险;非公开募集基金的收益分配和风险承担由基金合同约定。

2. 证券投资基金法是指调整证券投资基金关系的法律规范系统。

3. 基金管理人、基金托管人和基金份额持有人是证券投资基金法律关系的主体,其权利与义务依法在基金合同中约定。

4. 基金财产具有独立性。基金财产独立于基金管理人、基金托管人的固有财产,亦独立于基金份额持有人本基金财产以外的其他财产,同一基金管理人管理的不同基金财产亦相互独立。

5. 基金募集、运作,基金份额的上市交易或转让等要严格按照《证券投资基金法》、基金合同等进行。

6. 基金信息披露规则是保护投资人及相关当事人的合法权益、促进证券投资基金和资本市场健康发展的重要制度保障。

第一节 证券投资基金法概述

一、证券投资基金的含义与特点

投资基金是指汇集不特定多数投资者的资金,委托专业金融机构进行科学组合投资,以便分散和降低风险、共同受益的集合投资制度。投资基金有广义与狭义之分。广义的投资基金包括证券投资基金、产业投资基金、其他以公开募集方式设立并投资其他领域的投资基金和以非公开募集方式设立的投资基金,如对冲基金、风险投资基金等。狭义的投资基金一般仅指证券投资基金。证券投资基金,是指通过公开或非公开募集方式设立,由基金管理人管理,基金托管人托管,为基金份额持有人的利益对受托资金进行证券投资的集合投资制度。证券投资基金是一种投资工具,投资人通过购买基金参与证券投资,并成为基金份额的持有人。

证券投资基金在不同国家或地区的称谓有所不同。例如,在美国,证券投资基金被称为共同基金;在英国和我国香港特别行政区被称为单位信托基金;在日本和我国台湾地区被称为证券投资信托基金。

与其他投资工具相比,证券投资基金,特别是公开募集基金,具有以下特点:

第一,证券投资基金具有专业性与集合理财优势。它是由理财专家运作、管理并专门投资于证券市场的基金。基金财产通常由专业的基金管理人负责管理。基金管理人一般配备了投资专家和完善的投资决策机制。委托基金管理人进行投资,有利于发挥专业理财和规模优势,降低投资成本。

第二,证券投资基金具有组合投资、分散风险的特色。例如,证券投资基金通过汇集众多中小投资者的小额资金,形成雄厚的资金实力,可以同时将投资者的资金分散投资于各种股票,使某些股票跌价造成的损失可以用其他股票涨价的盈利来弥补,分散投资风险。[1]

第三,证券投资基金具有利益共享、风险共担的基金收益分配形式。证券投资基金的投资收益在扣除基金应承担的费用后,归基金投资者即基金份额持有人所有。公开募集基金的基金份额持有人按其所持基金份额享受收益和承担风险;非公开募集基金的收益分配和风险承担由基金合同约定。

第四,证券投资基金具有安全可靠性。证券投资基金实行基金财产独立托管。基金财产托管是基金运作的基本制度。基金管理人负责基金的投资运作,但并不保管基金财产,基金财产由完全独立于基金管理人的基金托管人负责保管,确保基金财产安全。

第五,证券投资基金具有买卖程序简便、流动性强的特点。对于封闭式基金而言,投资者可以直接在二级市场交易,买卖程序与股票相似;对于开放式基金而言,投资者既可以向基金管理人直接申购或赎回基金,也可以通过商业银行、证券公司等代理销售机构申购或赎回。

投资基金制度于1868年在英国"海外及殖民地政府信托"基础上创立。当时,为帮助中小投资者规避海外投资风险,政府发行受益证券,集合众多投资者资金,委托专业代理人投资,确保资金安全与盈利,深受投资大众欢迎。1873年,苏格兰人罗伯特·富林明(Robert Fleming)创立"苏格兰美洲投资信托",投资于美国新大陆铁路,这是世界上第一个专业组织设立的基金。1879年,英国颁布《股份有限公司法》,从此投资基金从合同型进入股份有限公司专业管理时代。1921年,美国引入投资基金制度,设立"美国国际证券信托基金",该基金为封闭式基金。[2] 1924年,"马萨诸塞投资信托基金"在波士顿设立,该基金要求基金公司必须按基金的资产净值持续出售股份给投资者或者随时准备赎回其发行在外的股份,因此被认为是开放型投资基金的始祖。1940年,美国颁布了《投资公司法》,规范了投资基金的组成方式和管理方式。日本1937年参照英美经验,开始建立投资基金,1951年公布《证券投资信托法》。目前,投资基金在世界许多国家得到运用,成为吸引大众投资、促进投资市场和经济发展的重要手段。

我国投资基金的试行是从中国国家基金或中国概念投资基金的设立开始的,一般由外商筹建,少量基金由国内金融机构和外商联合组建。1985年12月,中国东方投资公司在香港、伦敦推出中国东方基金;1989年5月,香港新鸿基信托基金管理公司推出第一只中国概念基金——"新

---

[1] 周正庆主编:《证券知识读本》(修订本),中国金融出版社2006年版,第109—110页。
[2] 李曜编著:《证券投资基金学》(第二版),清华大学出版社2005年版,第2页。

鸿基金中华基金",投资于在港台、新加坡等地上市且在大陆有投资的公司所发行的股票。在外商从事中国国家基金业务的同时,国内金融机构也积极探索基金业务。1991年10月,中国人民银行武汉分行、深圳市南山区人民政府分别批准设立了"武汉证券投资基金"和"南山风险投资基金"。同年同月,全国第一家专业基金管理公司"深圳投资基金管理公司"开始投入运营。

二、证券投资基金的主要分类

证券投资基金的种类繁多,根据不同的标准可以分为不同的类型。

（一）按组织形态分类

根据组织形态的不同,证券投资基金可分为契约型基金和公司型基金。契约型基金是指根据基金管理人、基金托管人、基金份额持有人所签订的基金合同而设立的证券投资基金。公司型基金依据公司章程设立,基金投资人是公司的股东,按照其持有股份分享投资收益、承担有限责任。公司型证券投资基金具有独立的法人资格,独立承担法律责任,一般设有董事会,代表投资者行使职权。公司型证券投资基金在形式上类似一般的股份公司,但不设经营管理层,委托投资基金管理公司等第三人管理其财产。

（二）按募集方式分类

按照基金是否可以向社会公开募集,证券投资基金可分为公募基金和私募基金。公募基金,即公开募集基金,是指基金份额可以依法向社会公众投资者公开募集发售的基金。私募基金,即非公开募集基金,是指基金份额只能以非公开方式,向特定合格投资者募集发售的基金。

（三）按运作方式分类

按照基金是否可以赎回,证券投资基金可分为开放式基金、封闭式基金等。开放式基金是指基金份额总额不固定,基金份额可以在基金合同约定的时间和场所申购或者赎回的基金。封闭式基金的基金份额总额在基金合同期限内固定不变,基金份额持有人不得申请赎回。

（四）按投资对象分类

按照基金投资对象不同,证券投资基金可分为股票基金、债券基金、货币市场基金、基金中基金、混合基金等。根据《公开募集证券投资基金运作管理办法》第30条的规定:(1)80%以上的基金资产投资于股票的,为股票基金;(2)80%以上的基金资产投资于债券的,为债券基金;(3)仅投资于货币市场工具的,为货币市场基金;(4)80%以上的基金资产投资于其他基金份额的,为基金中基金;(5)投资于股票、债券、货币市场工具或其他基金份额,并且股票投资、债券投资、基金投资的比例不符合第(1)项、第(2)项、第(4)项规定的,为混合基金;(6)中国证监会规定的其他基金类别。

（五）按投资风险和收益分类

按照投资风险和收益状况，证券投资基金可分为成长型基金、收入型基金和平衡型基金。成长型基金是以追求资本的长期成长为投资目标的基金，较少考虑当期的收入。收入型基金以追求较高当期收入为投资目标。平衡型基金既追求长期资本增值，又追求当期收入，其风险和收益状况介于成长型基金和收入型基金之间。

结构化基金

三、证券投资基金法的概念和立法情况

证券投资基金法是指调整证券投资基金关系的法律规范系统，其最为重要的载体是法律层面的《证券投资基金法》。该法于 2003 年 10 月 28 日由第十届全国人大常委会第五次会议通过，于 2012 年 12 月 28 日由第十一届全国人大常委会第三十次会议修订。此次修订内容为：

第一，将非公开募集基金纳入调整范围，并对非公开募集基金作了原则规定。例如，豁免非公开募集基金的注册，仅要求其事后报备；确立合格投资者制度，规定非公开募集基金只能向合格投资者募集，累计不得超过 200 人；禁止非公开募集基金进行公开性的宣传和推介；规范非公开募集基金的基金合同必备条款；等等。

第二，加强基金投资者权益保护。例如，增加基金组织形式，为投资者提供更多选择；适当降低基金份额持有人大会召开条件并引入二次召集大会制度，进一步完善相关规定，促进基金份额持有人大会发挥作用。

第三，修改完善公开募集基金的部分规定。例如，将基金管理人的股东及其实际控制人纳入监管范围，明确基金管理人及其从业人员禁止从事内幕交易、利益输送等规定，进一步加强基金监管，完善基金治理结构。再如，将基金公开募集申请由"核准制"改为"注册制"，适当放宽有关基金投资和运作的管制，为基金投资于货币市场、股指期货等提供了依据。

第四，增加对基金服务机构的规定。设专章对基金销售、基金销售支付、基金份额登记、基金估值服务、基金投资顾问、基金评价、信息技术系统服务等相关服务业务作了明确规定。

2015 年 4 月 24 日，《全国人大常委会关于修改〈中华人民共和国港口法〉等七部法律的决定》（含《证券投资基金法》）对该法进行了第二次修改，删除了第 17 条："公开募集基金的基金管理人的法定代表人、经营管理主要负责人和从事合规监管的负责人的选任或者改任，应当报经国务院证券监督管理机构依照本法和其他有关法律、行政法规规定的任职条件进行审核"。这意味着，这些基金公司高管人员的任命不再需要得到监管部门的同意，只需要备案即可。

行政法规层面，证券投资基金法的载体有国务院于 2023 年发布的《私募投资基金监督管理条例》，其对私募基金监管总则、私募基金管理人和托管人、资金募集和投资运作、关于创业投资基金的特别规定、监督管理等作出了规定。

部门规章、规范性文件层面，证券投资基金法的载体主要是中国证监会发布的有关规定。例如，《公开募集证券投资基金管理人监督管理办法》《公开募集证券投资基金运作管理办法》《公开募集证券投资基金销售机构监督管理办法》《公开募集证券投资基金信息披露管理办法》《证券公司和证券投资基金管理公司合规管理办法》《证券投资基金托管业务管理办法》《证券投资基金评价业务管理暂行办法》《证券投资基金参与股指期货交易指引》《公开募集证券投资基金参与国债期货交易指引》《证券投资基金信息披露内容与格式准则》《证券投资基金信息披露编报规则》《私募投资基金监督管理暂行办法》《私募投资基金登记备案办法》等。

此外,证券投资基金法的载体主要为证券交易所、证券投资基金业协会等自律管理组织的相关规定,如《证券投资基金上市规则》《证券公司私募投资基金子公司管理规范》等。

第二节　证券投资基金主体

证券投资基金主体是证券投资基金法律关系的参加者。在证券投资基金合同关系中,它充当合同的当事人,包括基金管理人、基金托管人和基金份额持有人。

一、基金管理人

基金管理人是指接受基金份额持有人委托,凭借专门的知识与经验,运用并管理基金财产,根据法律、法规、基金合同或基金章程的规定,按照科学的投资组合原理进行投资决策,谋求基金财产不断增值,并使基金份额持有人获取最大收益的经营者。基金管理人由依法设立的公司或者合伙企业担任。公开募集基金的基金管理人,由基金管理公司或者经国务院证券监督管理机构按照规定核准的其他机构担任。设立公募基金管理公司应当具备法定条件,并符合《证券投资基金法》和《公开募集证券投资基金管理人监督管理办法》规定的程序。本章第二至七节研究的是公募基金,与此对应的基金管理人——基金管理公司均是公募基金管理公司,简便起见,以下均简称为基金管理公司。

（一）基金管理公司的设立条件

1. 基金管理公司的设立条件

根据《证券投资基金法》第13条和《公开募集证券投资基金管理人监督管理办法》(以下简称《公募基金管理人监督管理办法》)第6条的规定,设立管理公募基金的基金管理公司,应当具备下列条件,并经国务院证券监督管理机构批准:(1)股东、实际控制人符合《证券投资基金法》和《公募基金管理人监督管理办法》的规定;(2)有符合《证券投资基金法》《公司法》以及中国证监会规定的章程;(3)注册资本不低于1亿元人民币,且股东必须以来源合法的自有货币资金实缴,境外股东应当以可自由兑换货币出资;(4)有符合法律、行政法规和中国证监会规定的董事、监事、高级管理人员以及研究、投资、运营、销售、合规等岗位职责人员,取得基金从业资格的人员原则上不少于30人;(5)有符合要求的公司名称、营业场所、安全防范设施和与业务有关的其他设施;(6)设置了分工合理、职责清晰的组织机构和工作岗位;(7)有符合中国证监会规定的内部管理制度;(8)法律、行政法律规定的和经国务院批准的中国证监会规定的其他条件。

2. 基金管理公司的主要股东、非主要股东、实际控制人及其条件

《公募基金管理人监督管理办法》第7条规定,根据持股比例和对基金管理公司经营管理的影响,基金管理公司股东分为持股25%以上的主要股东、持股5%以上但不足25%的非主要股东和持股5%以下的非主要股东三类。如果任一股东持股均未达25%,则主要股东为持有5%

以上股权的第一大股东,中国证监会另有规定的除外。《公募基金管理人监督管理办法》对于该三类股东及基金管理公司的实际控制人都规定了相应的条件,满足条件的机构或个人才能成为相应的股东。

(1) 持股 5% 以下的非主要股东及其条件。

持股 5% 以下的非主要股东要求最低,《公募基金管理人监督管理办法》仅规定了消极条件,即不得有下列情形,其他不受限制:① 最近 3 年存在重大违法违规记录或者重大不良诚信记录;因故意犯罪被判处刑罚、刑罚执行完毕未逾 3 年;因涉嫌重大违法违规正在被调查或者处于整改期间;② 存在长期未实际开展业务、停业、破产清算、治理结构缺失、内部控制失效等影响行使股东权利或者履行股东义务的情形;存在可能严重影响持续经营的担保、诉讼、仲裁或者其他重大事项;③ 股权结构不清晰,不能逐层穿透至最终权益持有人;股权结构中存在资产管理产品,中国证监会认可的情形除外;④ 因不诚信或者不合规行为引发社会重大质疑或者产生严重社会负面影响且影响尚未消除;对所投资企业经营失败负有重大责任未逾 3 年;挪用客户资产等损害客户利益的行为;⑤ 中国证监会规定的其他情形。

(2) 持股 5% 以上但不足 25% 的非主要股东及其条件。

持投 5% 以上但不足 25% 的非主要股东,除满足 5% 以下非主要股东的消极条件外,还应当符合下列条件,中国证监会另有规定的除外:① 股东为法人或者非法人组织的,自身及所控制的机构具有良好的诚信合规记录;最近 1 年净资产不低于 1 亿元人民币或者等值可自由兑换货币,资产质量和财务状况良好;公司治理规范,内部控制机制健全,风险管控良好,能够为提升基金管理公司的综合竞争力提供支持。② 股东为自然人的,正直诚实,品行良好,最近 1 年个人金融资产不低于 1 000 万元人民币,具备 5 年以上境内外证券资产管理行业从业经历,从业经历中具备 3 年以上专业的证券投资经验且业绩良好或者 3 年以上公募基金业务管理经验。

(3) 持股 25% 以上的主要股东及其条件。

持股 25% 以上的主要股东,除满足持股 5% 以上但不足 25% 的非主要股东条件外,还应当符合下列条件:① 主要股东为法人或者非法人组织的,应当为依法经营金融业务的机构或者管理金融机构的机构,具有良好的管理业绩和社会信誉,最近 1 年净资产不低于 2 亿元人民币或者等值可自由兑换货币,最近 3 年连续盈利;入股基金管理公司与其长期战略协调一致,有利于服务其主营业务发展。② 主要股东为自然人的,最近 3 年个人金融资产不低于 3 000 万元人民币,具备 10 年以上境内外证券资产管理行业从业经历,从业经历中具备 8 年以上专业的证券投资经验且业绩良好或者 8 年以上公募基金行业高级管理人员从业经验。③ 对完善基金管理公司治理、推动基金管理公司长期发展,有切实可行的计划安排;具备与基金管理公司经营业务相匹配的持续资本补充能力。④ 对保持基金管理公司经营管理的独立性、防范风险传递及不当利益输送等,有明确的自我约束机制。⑤ 对基金管理公司可能发生风险导致无法正常经营的情况,制定合理有效的风险处置预案。其中,管理金融机构的机构担任基金管理公司主要股东的,其管理的金融机构至少一家应当符合前述第①项以及中国证监会的相关规定。

(4) 公募基金公司的实际控制人及其条件。

基金管理公司的实际控制人,应当符合 5% 以下非主要股东的消极条件,同时符合前述主要股东条件中的第③至⑤项要求,并且不存在净资产低于实收资本的 50%、或有负债达到净资产的 50%、不能清偿到期债务等情形。

3. 外商投资基金管理公司的境外股东条件

外商投资基金管理公司的境外股东,除符合前述相关条件外,还应当符合下列条件:(1)依所在国家或者地区法律设立、合法存续的具有金融资产管理经验的金融机构或者管理金融机构的机构,具有完善的内部控制机制,最近3年主要监管指标符合所在国家或者地区法律的规定和监管机构的要求;(2)所在国家或者地区具有完善的证券法律和监管制度,其证券监管机构已与中国证监会或者中国证监会认可的其他机构签订证券监管合作谅解备忘录,并保持有效的监管合作关系;(3)具备良好的国际声誉和经营业绩,最近3年金融资产管理业务规模、收入、利润、市场占有率等指标居于国际前列,最近3年长期信用均保持在高水平;(4)累计持股比例或者拥有权益的比例(包括直接持有和间接持有)符合国家关于证券业对外开放的安排;(5)法律、行政法规及经国务院批准的中国证监会规定的其他条件。

此外,我国香港特别行政区、澳门特别行政区和台湾地区的机构比照适用前述规定。基金管理公司股东的实际控制人为境外机构或者自然人的,亦适用前述规定。

4. 其他资产管理机构申请公募基金管理业务资格的条件

根据《公募基金管理人监督管理办法》第14条的规定,其他资产管理机构申请公募基金管理业务资格,应当符合下列条件:(1)公司治理规范,内部控制机制健全,风险管控良好;管理能力、资产质量和财务状况良好,最近3年经营状况良好,具备持续盈利能力;资产负债和杠杆水平适度,具备与公募基金管理业务相匹配的资本实力;(2)具备良好的诚信合规记录,最近3年不存在重大违法违规记录或者重大不良诚信记录;不存在因故意犯罪被判处刑罚、刑罚执行完毕未逾3年;不存在因涉嫌重大违法违规正在被调查或者处于整改期间;最近12个月主要监管指标符合监管要求;(3)具备3年以上证券资产管理经验,管理的证券类产品运作规范稳健,业绩良好,未出现重大违规行为或者风险事件;(4)有符合要求的内部管理制度、营业场所、安全防范设施、系统设备和与业务有关的其他设施;(5)有符合法律、行政法规和中国证监会规定的董事、监事、高级管理人员和与公募基金管理业务有关的研究、投资、运营、销售、合规等岗位职责人员,取得基金从业资格的人员原则上不少于30人;组织机构和岗位分工设置合理、职责清晰;(6)对保持公募基金管理业务的独立性、防范风险传递和不当利益输送等,有明确有效的约束机制;(7)中国证监会规定的其他条件。须注意,在基金业协会登记的专门从事非公开募集证券投资基金管理业务的机构申请公募基金管理业务资格的,该机构及其股东、实际控制人还应当分别符合《公募基金管理人监督管理办法》有关基金管理公司设立、股东、实际控制人的条件。另外,符合基金管理公司设立条件的其他公募基金管理人,经中国证监会认可,可以变更为基金管理公司。

为管控证券投资基金市场风险,《公募基金管理人监督管理办法》还规定,同一主体或者受同一主体控制的不同主体参股基金管理公司的数量不得超过2家,其中控制基金管理公司的数量不得超过1家。但是,直接持有和间接控制基金管理公司股权的比例低于5%,为实施基金管理公司并购重组所做的过渡期安排,基金管理公司设立从事公募基金管理业务的子公司,以及中国证监会认可的其他情形,不计入参股、控制基金管理公司的数量。

(二)基金管理公司的设立程序

根据《证券投资基金法》第14条的规定,国务院证券监督管理机构应当自受理基金管理公司设立申请之日起6个月内依照该法第13条规定的条件和审慎监管原则进行审查,作出批准或者不予批准的决定,并通知申请人;不予批准的,应当说明理由。基金管理公司变更持有5%以上股权的股东,变更公司的实际控制人,或者变更其他重大事项,应当报经国务院证券监督管理机构批准。国务院证券监督管理机构应当自受理申请之日起60日内作出批准或者不予批准的决定,并通知申请人;不予批准的,应当说明理由。

(三)基金管理人的从业人员任职条件与行为规范

根据《证券投资基金法》第15条的规定,有下列情形之一的,不得担任公开募集基金的基金管理人的董事、监事、高级管理人员和其他从业人员:(1)因犯有贪污贿赂、渎职、侵犯财产罪或者破坏社会主义市场经济秩序罪,被判处刑罚的;(2)对所任职的公司、企业因经营不善破产清算或者因违法被吊销营业执照负有个人责任的董事、监事、厂长、高级管理人员,自该公司、企业破产清算终结或者被吊销营业执照之日起未逾5年的;(3)个人所负债务数额较大,到期未清偿的;(4)因违法行为被开除的基金管理人、基金托管人、证券交易所、证券公司、证券登记结算机构、期货交易所、期货公司及其他机构的从业人员和国家机关工作人员;(5)因违法行为被吊销执业证书或者被取消资格的律师、注册会计师和资产评估机构、验证机构的从业人员、投资咨询从业人员;(6)法律、行政法规规定不得从事基金业务的其他人员。

根据《证券投资基金法》第16~18条的规定,公开募集基金的基金管理人的董事、监事和高级管理人员,应当熟悉证券投资方面的法律、行政法规,具有3年以上与其所任职务相关的工作经历;高级管理人员还应当具备基金从业资格。公开募集基金的基金管理人的董事、监事、高级管理人员和其他从业人员,其本人、配偶、利害关系人进行证券投资,应当事先向基金管理人申报,并不得与基金份额持有人发生利益冲突。公开募集基金的基金管理人应当建立上述规定人员进行证券投资的申报、登记、审查、处置等管理制度,并报国务院证券监督管理机构备案。公开募集基金的基金管理人的董事、监事、高级管理人员和其他从业人员,不得担任基金托管人或者其他基金管理人的任何职务,不得从事损害基金财产和基金份额持有人利益的证券交易及其他活动。

中国证券投资基金业协会

(四)基金管理人的职责

根据《证券投资基金法》第19条的规定,公开募集基金的基金管理人应当履行下列职责:(1)依法募集基金,办理基金份额的发售和登记事宜;(2)办理基金备案手续;(3)对所管理的不同基金财产分别管理、分别记账,进行证券投资;(4)按照基金合同的约定确定基金收益分配方案,及时向基金份额持有人分配收益;(5)进行基金会计核算并编制基金财务会计报告;(6)编制中期和年度基金报告;(7)计算并公告基金资产净值,确定基金份额申购、赎回价格;(8)办理与基金财产管理业务活动有关的信息披露事项;(9)按照规定召集基金份额持有人大会;(10)保存基金财产管理业务活动的记录、账册、报表和其他相关资料;(11)以基金管理人名义,代表基金份额持有人利益行使诉讼权利或者实施其他法律行为;(12)国务院证券监督管理机构规定的其他职责。

《证券投资基金法》第22条规定,公开募集基金的基金管理人应当从管理基金的报酬中计提风险准备金。公开募集基金的基金管理人因违法违规、违反基金合同等原因给基金财产或者基金份额持有人合法权益造成损失,应当承担赔偿责任的,可以优先使用风险准备金予以赔偿。

（五）基金管理人及相关人员的禁止性行为

根据《证券投资基金法》第20条的规定,公开募集基金的基金管理人及其董事、监事、高级管理人员和其他从业人员不得有下列行为:(1)将其固有财产或者他人财产混同于基金财产从事证券投资;(2)不公平地对待其管理的不同基金财产;(3)利用基金财产或者职务之便为基金份额持有人以外的人牟取利益;(4)向基金份额持有人违规承诺收益或者承担损失;(5)侵占、挪用基金财产;(6)泄露因职务便利获取的未公开信息、利用该信息从事或者明示、暗示他人从事相关的交易活动;(7)玩忽职守,不按照规定履行职责;(8)法律、行政法规和国务院证券监督管理机构规定禁止的其他行为。

根据《证券投资基金法》第23条的规定,公开募集基金的基金管理人的股东、实际控制人应当按照国务院证券监督管理机构的规定及时履行重大事项报告义务,并不得有下列行为:(1)虚假出资或者抽逃出资;(2)未依法经股东会或者董事会决议擅自干预基金管理人的基金经营活动;(3)要求基金管理人利用基金财产为自己或者他人牟取利益,损害基金份额持有人利益;(4)国务院证券监督管理机构规定禁止的其他行为。

（六）基金管理人职责的终止

根据《证券投资基金法》第28~30条的规定,有下列情形之一的,公开募集基金的基金管理人职责终止:(1)被依法取消基金管理资格;(2)被基金份额持有人大会解任;(3)依法解散、被依法撤销或者被依法宣告破产;(4)基金合同约定的其他情形。公开募集基金的基金管理人职责终止的,基金份额持有人大会应当在6个月内选任新基金管理人;新基金管理人产生前,由国务院证券监督管理机构指定临时基金管理人。

公开募集基金的基金管理人职责终止的,应当妥善保管基金管理业务资料,及时办理基金管理业务的移交手续,新基金管理人或者临时基金管理人应当及时接收;应当按照规定聘请会计师事务所对基金财产进行审计,并将审计结果予以公告,同时报国务院证券监督管理机构备案。

二、基金托管人

基金托管人是为基金财产提供安全保管及清算交割等服务的机构。从某种程度上来说,基金托管人和基金管理人是既相互合作,又相互制衡、相互监督的关系。《证券投资基金法》第35条规定,基金托管人与基金管理人不得为同一机构,不得相互出资或者持有股份。

（一）担任基金托管人的条件

根据《证券投资基金法》第32条的规定,基金托管人由依法设立的商业银行或者其他金融机构担任。商业银行担任基金托管人的,由国务院证券监督管理机构会同国务院银行业监督管理机构核准;其他金融机构担任基金托管人的,由国务院证券监督管理机构核准。

该法第33条规定,担任基金托管人,应当具备下列条件:(1)净资产和风险控制指标符合有关规定;(2)设有专门的基金托管部门;(3)取得基金从业资格的专职人员达到法定人数;

（4）有安全保管基金财产的条件；（5）有安全高效的清算、交割系统；（6）有符合要求的营业场所、安全防范设施和与基金托管业务有关的其他设施；（7）有完善的内部稽核监控制度和风险控制制度；（8）法律、行政法规规定的和经国务院批准的国务院证券监督管理机构、国务院银行业监督管理机构规定的其他条件。

（二）基金托管人的职责

根据《证券投资基金法》第36~37条的规定，基金托管人应当履行下列职责：（1）安全保管基金财产；（2）按照规定开设基金财产的资金账户和证券账户；（3）对所托管的不同基金财产分别设置账户，确保基金财产的完整与独立；（4）保存基金托管业务活动的记录、账册、报表和其他相关资料；（5）按照基金合同的约定，根据基金管理人的投资指令，及时办理清算、交割事宜；（6）办理与基金托管业务活动有关的信息披露事项；（7）对基金财务会计报告、中期和年度基金报告出具意见；（8）复核、审查基金管理人计算的基金资产净值和基金份额申购、赎回价格；（9）按照规定召集基金份额持有人大会；（10）按照规定监督基金管理人的投资运作；（11）国务院证券监督管理机构规定的其他职责。

基金托管人发现基金管理人的投资指令违反法律、行政法规和其他有关规定，或者违反基金合同约定的，应当拒绝执行，立即通知基金管理人，并及时向国务院证券监督管理机构报告。基金托管人发现基金管理人依据交易程序已经生效的投资指令违反法律、行政法规和其他有关规定，或者违反基金合同约定的，应当立即通知基金管理人，并及时向国务院证券监督管理机构报告。

《证券投资基金法》第15、17、18条关于从业人员任职条件的规定适用于基金托管人的专门基金托管部门的高级管理人员和其他从业人员。该法第20、22条关于基金管理人禁止性行为的规定和计提风险准备金的要求同样适用于基金托管人。

（三）基金托管资格的取消

《证券投资基金法》第40条规定，国务院证券监督管理机构、国务院银行业监督管理机构对有下列情形之一的基金托管人，可以取消其基金托管资格：（1）连续3年没有开展基金托管业务的；（2）违反该法规定，情节严重的；（3）法律、行政法规规定的其他情形。

（四）基金托管人职责终止

《证券投资基金法》第41条规定，有下列情形之一的，基金托管人职责终止：（1）被依法取消基金托管资格；（2）被基金份额持有人大会解任；（3）依法解散、被依法撤销或者被依法宣告破产；（4）基金合同约定的其他情形。

该法第42~43条规定，基金托管人职责终止的，基金份额持有人大会应当在6个月内选任新基金托管人；新基金托管人产生前，由国务院证券监督管理机构指定临时基金托管人。基金托管人职责终止的，应当妥善保管基金财产和基金托管业务资料，及时办理基金财产和基金托管业务的移交手续，新基金托管人或者临时基金托管人应当及时接收；应当按照规定聘请会计师事务所对基金财产进行审计，并将审计结果予以公告，同时报国务院证券监督管理机构备案。

三、基金份额持有人

基金份额持有人是证券投资基金合同关系的当事人,是在基金合同中约定享有权利与承担义务的投资者。基金份额持有人按其所持基金份额或基金合同约定分配收益、承担风险。

(一)基金份额持有人的权利

根据《证券投资基金法》第 46 条的规定,基金份额持有人享有下列权利:(1)分享基金财产收益;(2)参与分配清算后的剩余基金财产;(3)依法转让或者申请赎回其持有的基金份额;(4)按照规定要求召开基金份额持有人大会或者召集基金份额持有人大会;(5)对基金份额持有人大会审议事项行使表决权;(6)对基金管理人、基金托管人、基金服务机构损害其合法权益的行为依法提起诉讼;(7)基金合同约定的其他权利。此外,公开募集基金的基金份额持有人有权查阅或者复制公开披露的基金信息资料。

(二)基金份额持有人大会

基金份额持有人大会由全体基金份额持有人组成。根据《证券投资基金法》第 47 条的规定,基金份额持有人大会行使下列职权:(1)决定基金扩募或者延长基金合同期限;(2)决定修改基金合同的重要内容或者提前终止基金合同;(3)决定更换基金管理人、基金托管人;(4)决定调整基金管理人、基金托管人的报酬标准;(5)基金合同约定的其他职权。

按照基金合同约定,基金份额持有人大会可以设立日常机构。日常机构由基金份额持有人大会选举产生的人员组成;其议事规则,由基金合同约定。日常机构行使下列职权:(1)召集基金份额持有人大会;(2)提请更换基金管理人、基金托管人;(3)监督基金管理人的投资运作、基金托管人的托管活动;(4)提请调整基金管理人、基金托管人的报酬标准;(5)基金合同约定的其他职权。

基金份额持有人大会及其日常机构不得直接参与或者干涉基金的投资管理活动。

(三)公开募集基金的基金份额持有人的权利行使

1. 召集基金份额持有人大会

《证券投资基金法》第 83 条规定,基金份额持有人大会由基金管理人召集。基金份额持有人大会设立日常机构的,由该日常机构召集;该日常机构未召集的,由基金管理人召集。基金管理人未按规定召集或者不能召集的,由基金托管人召集。代表基金份额 10% 以上的基金份额持有人就同一事项要求召开基金份额持有人大会,而基金份额持有人大会的日常机构、基金管理人、基金托管人都不召集的,代表基金份额 10% 以上的基金份额持有人有权自行召集,并报国务院证券监督管理机构备案。

2. 召开基金份额持有人大会

根据《证券投资基金法》相关规定,召开基金份额持有人大会,召集人应当至少提前 30 日公告基金份额持有人大会的召开时间、会议形式、审议事项、议事程序和表决方式等事项。基金份额持有人大会不得就未经公告的事项进行表决。

基金份额持有人大会可以采取现场方式召开,也可以采取通信等方式召开。每一基金份额具有一票表决权,基金份额持有人可以委托代理人出席基金份额持有人大会并行使表决权。基金份额持有人大会应当有代表 1/2 以上基金份额的持有人参加,方可召开。参加基金份额持有人大会的持有人的基金份额低于上述规定比例的,召集人可以在原公告的基金份额持有人大会召开时间的 3 个月以后、6 个月以内,就原定审议事项重新召集基金份额持有人大会。重新召集的基金份额持有人大会应当有代表 1/3 以上基金份额的持有人参加,方可召开。

3. 基金份额持有人大会决议

根据《证券投资基金法》的规定,基金份额持有人大会就审议事项作出决定,应当经参加大会的基金份额持有人所持表决权的 1/2 以上通过。但是,转换基金的运作方式、更换基金管理人或者基金托管人、提前终止基金合同、与其他基金合并,应当经参加大会的基金份额持有人所持表决权的 2/3 以上通过。基金份额持有人大会决定的事项,应当依法报国务院证券监督管理机构备案,并予以公告。

第三节 基 金 财 产

一、基金财产的概念与构成

基金财产是证券投资基金法律制度中的一个特定概念。基金财产独立于基金管理人、基金托管人的固有财产,基金管理人、基金托管人不得将基金财产归入其固有财产。基金管理人、基金托管人因基金财产的管理、运用或者其他情形而取得的财产和收益,归入基金财产。

按照信托原理,基金合同当事人应当被视为信托关系当事人;基金份额持有人应当被视为信托关系中的委托人,在自益信托条件下,也是受益人;基金管理人和基金托管人应当被视为信托关系中的受托人;基金财产应当被视为信托财产。

基金财产由两部分构成:一是通过公开发售基金份额或以非公开方式募集的基金财产;二是基金管理人、基金托管人因基金财产的管理、运用或者其他情形而取得的财产和收益,包括运用基金财产买入证券获得的股票、债券;因卖出股票、债券获得的价金;基金财产通过储蓄获得的利息;基金财产因灭失而获得的赔偿金;等等。

二、基金财产的独立性

本书在第八章第二节"信托财产"中将详细阐述信托财产的独立性问题,此不赘述。基金财产的独立性表现在以下几个方面:

(一)基金财产独立于基金管理人、基金托管人的固有财产

基金募集设立后,虽然基金财产处于基金管理人管理、基金托管人托管之下,但是基金财产并不属于基金管理人和基金托管人的固有财产,而是与之分离的独立财产,基金管理人、基金托管人也不得将基金财产归入其固有财产。基金管理人、基金托管人因依法解散、被依法撤销或者

被依法宣告破产等原因进行清算的,基金财产不属于其清算财产。基金管理人和基金托管人的债权人不得对基金财产主张权利。

（二）基金财产债权债务的抵销

抵销是消灭债的一种方式。根据《民法典》第568、569条的规定,当事人互负债务,该债务的标的物种类、品质相同的,任何一方可以将自己的债务与对方的到期债务抵销。但是依据债务性质、按照当事人约定或者依照法律规定不得抵销的除外。当事人主张抵销的,应当通知对方。通知自到达对方时生效。抵销不得附条件或者附期限。当事人互负债务,标的物种类、品质不相同的,经协商一致,也可以抵销。为保障基金财产的独立性及其安全,《证券投资基金法》第6条对基金财产债权债务的抵销作了严格限制:(1)基金财产的债权,不得与基金管理人、基金托管人固有财产的债务相抵销;(2)不同基金财产的债权债务,不得相互抵销。

（三）非因基金财产本身承担的债务,不得对基金财产强制执行

在证券投资基金活动中,基金财产既与基金份额持有人的自有财产相区别,也与基金管理人、基金托管人的固有财产相区别。不论是基金份额持有人的债权人,还是基金管理人或者基金托管人的债权人,都无权要求用基金财产偿还其债务,也无权要求对基金财产强制执行。只有基金财产本身所负的债务,才能由基金财产偿还。

基金管理人挪用基金财产案

同时,《证券投资基金法》第8条对税收问题予以明确,基金财产投资的相关税收,由基金份额持有人承担,基金管理人或者其他扣缴义务人按照国家有关税收征收的规定代扣代缴。

第四节　基金的公开募集

一、公开募集基金的注册申请

公开募集基金包括向不特定对象募集资金、向特定对象募集资金累计超过200人,以及法律、行政法规规定的其他情形。公开募集基金应当由基金管理人管理,基金托管人托管。

公开募集基金,应当经国务院证券监督管理机构注册。未经注册,不得公开或者变相公开募集基金。

根据《证券投资基金法》第51条的规定,注册公开募集基金,由拟任基金管理人向国务院证券监督管理机构提交下列文件:(1)申请报告;(2)基金合同草案;(3)基金托管协议草案;(4)招募说明书草案;(5)律师事务所出具的法律意见书;(6)国务院证券监督管理机构规定提交的其他文件。

二、基金合同

基金管理人、基金托管人和基金份额持有人的权利、义务,依法在基金合同中约定。基金管

理人、基金托管人依照《证券投资基金法》和基金合同的约定,履行受托职责。基金份额持有人按其所持基金份额享受收益和承担风险。

根据《证券投资基金法》第52条的规定,公开募集基金的基金合同应当包括下列内容:(1)募集基金的目的和基金名称;(2)基金管理人、基金托管人的名称和住所;(3)基金的运作方式;(4)封闭式基金的基金份额总额和基金合同期限,或者开放式基金的最低募集份额总额;(5)确定基金份额发售日期、价格和费用的原则;(6)基金份额持有人、基金管理人和基金托管人的权利、义务;(7)基金份额持有人大会召集、议事及表决的程序和规则;(8)基金份额发售、交易、申购、赎回的程序、时间、地点、费用计算方式,以及给付赎回款项的时间和方式;(9)基金收益分配原则、执行方式;(10)基金管理人、基金托管人报酬的提取、支付方式与比例;(11)与基金财产管理、运用有关的其他费用的提取、支付方式;(12)基金财产的投资方向和投资限制;(13)基金资产净值的计算方法和公告方式;(14)基金募集未达到法定要求的处理方式;(15)基金合同解除和终止的事由、程序以及基金财产清算方式;(16)争议解决方式;(17)当事人约定的其他事项。

三、基金招募说明书

根据《证券投资基金法》第53条的规定,公开募集基金的,基金招募说明书应当包括下列内容:(1)基金募集申请的准予注册文件名称和注册日期;(2)基金管理人、基金托管人的基本情况;(3)基金合同和基金托管协议的内容摘要;(4)基金份额的发售日期、价格、费用和期限;(5)基金份额的发售方式、发售机构及登记机构名称;(6)出具法律意见书的律师事务所和审计基金财产的会计师事务所的名称和住所;(7)基金管理人、基金托管人报酬及其他有关费用的提取、支付方式与比例;(8)风险警示内容;(9)国务院证券监督管理机构规定的其他内容。

四、公开募集基金注册申请的审查

根据《证券投资基金法》第54条的规定,国务院证券监督管理机构应当自受理公开募集基金的募集注册申请之日起6个月内依照法律、行政法规及国务院证券监督管理机构的规定进行审查,作出注册或者不予注册的决定,并通知申请人;不予注册的,应当说明理由。

《证券投资基金法》第55~56、77条规定,基金募集申请经注册后,方可发售基金份额。基金份额的发售,由基金管理人或者其委托的基金销售机构办理。基金管理人应当在基金份额发售的3日前公布招募说明书、基金合同及其他有关文件。上述文件应当真实、准确、完整。对基金募集所进行的宣传推介活动,应当符合有关法律、行政法规的规定,不得有下列行为:(1)虚假记载、误导性陈述或者重大遗漏;(2)对证券投资业绩进行预测;(3)违规承诺收益或者承担损失;(4)诋毁其他基金管理人、基金托管人或者基金销售机构;(5)法律、行政法规和国务院证券监督管理机构规定禁止的其他行为。

五、公开募集基金的其他规则

根据《证券投资基金法》的规定,基金管理人应当自收到准予注册文件之日起 6 个月内进行基金募集。超过 6 个月开始募集,原注册的事项未发生实质性变化的,应当报国务院证券监督管理机构备案;发生实质性变化的,应当向国务院证券监督管理机构重新提交注册申请。基金募集不得超过国务院证券监督管理机构准予注册的基金募集期限。基金募集期限自基金份额发售之日起计算。

基金募集期限届满,封闭式基金募集的基金份额总额达到准予注册规模的 80% 以上,开放式基金募集的基金份额总额超过准予注册的最低募集份额总额,并且基金份额持有人人数符合国务院证券监督管理机构规定的,基金管理人应当自募集期限届满之日起 10 日内聘请法定验资机构验资,自收到验资报告之日起 10 日内,向国务院证券监督管理机构提交验资报告,办理基金备案手续,并予以公告。

基金募集期间募集的资金应当存入专门账户,在基金募集行为结束前,任何人不得动用。投资人交纳认购的基金份额的款项时,基金合同成立;基金管理人依法向国务院证券监督管理机构办理基金备案手续,基金合同生效。基金募集期限届满,基金募集总额及人数未能达到上述基金成立法定要求的,基金管理人应当承担下列责任:(1)以其固有财产承担因募集行为而产生的债务和费用;(2)在基金募集期限届满后 30 日内返还投资人已交纳的款项,并加计银行同期存款利息。

第五节 公募基金的基金份额交易、申购与赎回

公开募集基金有两种含义,一是基金的公开募集行为,二是通过公开募集方式所设立的投资基金。后者简称为公募基金,与私募基金相对应。

一、基金份额的上市交易

申请基金份额上市交易,基金管理人应当向证券交易所提出申请,证券交易所依法审核同意的,双方应当签订上市协议。根据《证券投资基金法》第 62 条的规定,基金份额上市交易,应当符合下列条件:(1)基金的募集符合《证券投资基金法》规定;(2)基金合同期限为 5 年以上;(3)基金募集金额不低于 2 亿元人民币;(4)基金份额持有人不少于 1 000 人;(5)基金份额上市交易规则规定的其他条件。基金份额上市交易规则由证券交易所制定,报国务院证券监督管理机构批准。

《证券投资基金法》第 64 条规定,基金份额上市交易后,有下列情形之一的,由证券交易所终止其上市交易,并报国务院证券监督管理机构备案:(1)不再具备上市交易条件;(2)基金合同期限届满;(3)基金份额持有人大会决定提前终止上市交易;(4)基金合同约定的或者基金份额上市交易规则规定的终止上市交易的其他情形。

二、基金份额的申购与赎回

开放式基金的基金份额的申购、赎回、登记,由基金管理人或者其委托的基金服务机构办理。基金管理人应当在每个工作日办理基金份额的申购、赎回业务;基金合同另有约定的,从其约定。投资人交付申购款项,申购成立;基金份额登记机构确认基金份额时,申购生效。基金份额持有人递交赎回申请,赎回成立;基金份额登记机构确认赎回时,赎回生效。

根据《证券投资基金法》第67条的规定,基金管理人应当按时支付赎回款项,但是下列情形除外:(1)因不可抗力导致基金管理人不能支付赎回款项;(2)证券交易场所依法决定临时停市,导致基金管理人无法计算当日基金资产净值;(3)基金合同约定的其他特殊情形。发生上述情形之一的,基金管理人应当在当日报国务院证券监督管理机构备案。上述情形消失后,基金管理人应当及时支付赎回款项。

该法进一步规定,开放式基金应当保持足够的现金或者政府债券,以备支付基金份额持有人的赎回款项。基金财产中应当保持的现金或者政府债券的具体比例,由国务院证券监督管理机构规定。

基金份额的申购、赎回价格,依据申购、赎回日基金份额净值加、减有关费用计算。基金份额净值计价出现错误时,基金管理人应当立即纠正,并采取合理的措施防止损失进一步扩大。计价错误达到基金份额净值0.5%时,基金管理人应当公告,并报国务院证券监督管理机构备案。因基金份额净值计价错误造成基金份额持有人损失的,基金份额持有人有权要求基金管理人、基金托管人予以赔偿。

第六节　公募基金的投资与信息披露

一、基金的投资

基金管理人运用基金财产进行证券投资,除国务院证券监督管理机构另有规定外,应当采用资产组合的方式。资产组合的具体方式和投资比例,依照《证券投资基金法》和国务院证券监督管理机构的规定在基金合同中约定。

基金财产应当用于下列投资:上市交易的股票、债券;国务院证券监督管理机构规定的其他证券及其衍生品种。基金财产不得用于下列投资或者活动:(1)承销证券;(2)违反规定向他人贷款或者提供担保;(3)从事承担无限责任的投资;(4)买卖其他基金份额,但是国务院证券监督管理机构另有规定的除外;(5)向基金管理人、基金托管人出资;(6)从事内幕交易、操纵证券交易价格及其他不正当的证券交易活动;(7)法律、行政法规和国务院证券监督管理机构规定禁止的其他活动。

运用基金财产买卖基金管理人、基金托管人及其控股股东、实际控制人或者与其有其他重大利害关系的公司发行的证券或承销期内承销的证券,或者从事其他重大关联交易的,应当遵循基金份额持有人利益优先的原则,防范利益冲突,符合国务院证券监督管理机构的规定,并履行信息披露义务。

二、基金信息的披露

基金信息披露规则是保护投资人及相关当事人的合法权益、促进证券投资基金和资本市场健康发展的重要制度保障。根据《证券投资基金法》第74、75条的规定,基金管理人、基金托管人和其他基金信息披露义务人应当依法披露基金信息,并保证所披露信息的真实性、准确性和完整性。基金信息披露义务人应当确保应予披露的基金信息在国务院证券监督管理机构规定时间内披露,并保证投资人能够按照基金合同约定的时间和方式查阅或者复制公开披露的信息资料。

公开披露的基金信息包括:(1)基金招募说明书、基金合同、基金托管协议;(2)基金募集情况;(3)基金份额上市交易公告书;(4)基金资产净值、基金份额净值;(5)基金份额申购、赎回价格;(6)基金财产的资产组合季度报告、财务会计报告及中期和年度基金报告;(7)临时报告;(8)基金份额持有人大会决议;(9)基金管理人、基金托管人的专门基金托管部门的重大人事变动;(10)涉及基金财产、基金管理业务、基金托管业务的诉讼或者仲裁;(11)国务院证券监督管理机构规定应予披露的其他信息。

公开披露基金信息,不得有下列行为:(1)虚假记载、误导性陈述或者重大遗漏;(2)对证券投资业绩进行预测;(3)违规承诺收益或者承担损失;(4)诋毁其他基金管理人、基金托管人或者基金销售机构;(5)法律、行政法规和国务院证券监督管理机构规定禁止的其他行为。

第七节 公募基金的基金合同变更、终止与基金财产清算

一、基金合同的变更与终止

1. 基金合同的变更

按照基金合同的约定或者基金份额持有人大会的决议,基金可以转换运作方式或者与其他基金合并。根据《证券投资基金法》第79条的规定,封闭式基金扩募或者延长基金合同期限,应当符合下列条件,并报国务院证券监督管理机构备案:(1)基金运营业绩良好;(2)基金管理人最近2年内没有因违法违规行为受到行政处罚或者刑事处罚;(3)基金份额持有人大会决议通过;(4)《证券投资基金法》规定的其他条件。

2. 基金合同的终止

根据《证券投资基金法》第80条的规定,有下列情形之一的,基金合同终止:(1)基金合同期限届满而未延期;(2)基金份额持有人大会决定终止;(3)基金管理人、基金托管人职责终止,在6个月内没有新基金管理人、新基金托管人承接;(4)基金合同约定的其他情形。

二、基金财产的清算

基金合同终止时,基金管理人应当组织清算组对基金财产进行清算。清算组由基金管理人、基金托管人以及相关的中介服务机构组成。清算组作出的清算报告经会计师事务所审计,律师事务所出具法律意见书后,报国务院证券监督管理机构备案并公告。清算后的剩余基金财产,应当按照基金份额持有人所持份额比例进行分配。

第八节 基金的非公开募集

一、非公开募集基金

非公开募集基金,又称私募基金,是指通过非公开方式向特定投资者募集资金设立的投资基金。本节所介绍的非公开募集基金,是指从事证券投资的私募投资基金。它是私募投资基金的重要组成部分。根据《证券投资基金法》第87条的规定,非公开募集基金应当向合格投资者募集,合格投资者累计不得超过200人。根据中国证监会2014年8月发布的《私募投资基金监督管理暂行办法》的规定,合格投资者是指具备相应风险识别能力和风险承担能力,投资于单只私募基金的金额不低于100万元且符合下列相关标准的单位和个人:(1)净资产不低于1 000万元的单位;(2)金融资产不低于300万元或者最近3年个人年均收入不低于50万元的个人。所谓金融资产,包括银行存款、股票、债券、基金份额、资产管理计划、银行理财产品、信托计划、保险产品、期货权益等。下列投资者视为合格投资者:(1)社会保障基金、企业年金等养老基金,慈善基金等社会公益基金;(2)依法设立并在基金业协会备案的投资计划;(3)投资于所管理私募基金的私募基金管理人及其从业人员;(4)中国证监会规定的其他投资者。

除基金合同另有约定外,非公开募集基金应当由基金托管人托管。担任非公开募集基金的基金管理人,应当按照规定向基金行业协会履行登记手续,报送基本情况。未经登记,任何单位或者个人不得使用"基金"或者"基金管理"字样或者近似名称进行证券投资活动。但是,法律、行政法规另有规定的除外。根据《证券投资基金法》第91条的规定,非公开募集基金,不得向合格投资者之外的单位和个人募集资金,不得通过报刊、电台、电视台、互联网等公众传播媒体或者讲座、报告会、分析会等方式向不特定对象宣传推介。

经典案例

苏某明等人以私募基金非法吸收公众存款案

二、《私募投资基金监督管理条例》的相关规定

2023年7月,国务院发布了《私募投资基金监督管理条例》,首次对私募投资基金进行了较为全面系统的规定。该条例第2条规定,在中国境内以非公开方式募集资金,设立投资基金或者以进行投资活动为目的依法设立公司、合伙企业,由私募基金管理人或者普通合伙人管理,为投资者的利益进行投资活动,适用该条例。也就是说,《私募投资基金监督管理条例》规范的对象,

既包括证券投资私募基金(即本节的非公开募集基金),也包括非证券投资私募基金,两者的行为规范基本是相同的,其大部分规范均适用于本节非公开募集基金。

根据《私募投资基金监督管理条例》的规定,私募基金财产独立于私募基金管理人、私募基金托管人的固有财产。私募基金财产的债务由私募基金财产本身承担,但法律另有规定的除外。投资者按照基金合同、公司章程、合伙协议(统称基金合同)约定分配收益和承担风险。

私募基金管理人由依法设立的公司或者合伙企业担任。以合伙企业形式设立的私募基金,资产由普通合伙人管理的,普通合伙人适用《私募投资基金监督管理条例》关于私募基金管理人的规定。以非公开方式募集资金设立投资基金的,私募基金管理人还应当以自己的名义,为私募基金财产利益行使诉讼权利或者实施其他法律行为。私募基金财产不进行托管的,应当明确保障私募基金财产安全的制度措施和纠纷解决机制。私募基金财产进行托管的,私募基金托管人应当依法履行职责,依法建立托管业务和其他业务的隔离机制,保证私募基金财产的独立和安全。

私募基金应当向合格投资者募集或者转让,单只私募基金的投资者人数累计不得超过法律规定的200人。私募基金管理人不得采取为单一融资项目设立多只私募基金等方式,突破法律规定的人数限制;不得采取将私募基金份额或者收益权进行拆分转让等方式,降低合格投资者标准。私募基金财产的投资包括买卖股份有限公司股份、有限责任公司股权、债券、基金份额、其他证券及其衍生品种以及符合国务院证券监督管理机构规定的其他投资标的。私募基金财产不得用于经营或者变相经营资金拆借、贷款等业务。

三、非公开募集基金合同

非公开募集基金,应当签订基金合同。基金合同应当包括下列内容:(1)基金份额持有人、基金管理人、基金托管人的权利、义务;(2)基金的运作方式;(3)基金的出资方式、数额和认缴期限;(4)基金的投资范围、投资策略和投资限制;(5)基金收益分配原则、执行方式;(6)基金承担的有关费用;(7)基金信息提供的内容、方式;(8)基金份额的认购、赎回或者转让的程序和方式;(9)基金合同变更、解除和终止的事由、程序;(10)基金财产清算方式;(11)当事人约定的其他事项。基金份额持有人转让基金份额的,应当符合《证券投资基金法》第87、91条关于合格投资者、不得公开宣传等的规定。

同时,《证券投资基金法》第93条规定,按照基金合同约定,非公开募集基金可以由部分基金份额持有人作为基金管理人负责基金的投资管理活动,并在基金财产不足以清偿其债务时对基金财产的债务承担无限连带责任。在此情形下,其基金合同还应载明:(1)承担无限连带责任的基金份额持有人和其他基金份额持有人的姓名或者名称、住所;(2)承担无限连带责任的基金份额持有人的除名条件和更换程序;(3)基金份额持有人增加、退出的条件、程序以及相关责任;(4)承担无限连带责任的基金份额持有人和其他基金份额持有人的转换程序。

四、非公开募集基金的其他规则

非公开募集基金募集完毕,基金管理人应当向基金行业协会备案。对募集的资金总额或者基金份额持有人的人数达到规定标准的基金,基金行业协会应当向国务院证券监督管理机构报告。非公开募集基金财产的证券投资,包括买卖公开发行的股份有限公司股票、债券、基金份额,以及国务院证券监督管理机构规定的其他证券及其衍生品种。

基金管理人、基金托管人应当按照基金合同的约定,向基金份额持有人提供基金信息。专门从事非公开募集基金管理业务的基金管理人,其股东、高级管理人员、经营期限、管理的基金资产规模等符合规定条件的,经国务院证券监督管理机构核准,可以从事公开募集基金管理业务。

【法条链接】
《证券投资基金法》《私募投资基金监督管理条例》等

【法律适用】

在中国境内,公开或者非公开募集资金设立证券投资基金,由基金管理人管理,基金托管人托管,为基金份额持有人的利益进行证券投资活动,适用《证券投资基金法》;该法未规定的,适用《信托法》《证券法》和其他有关法律、行政法规的规定。有关基金管理公司的组织形式、治理结构和设立、变更和终止等还应适用《公司法》《企业破产法》;商业银行作为基金托管人还应适用《商业银行法》等法律、法规。私募投资基金应适用《私募投资基金监督管理条例》的规定。

【思考题】

1. 如何认识基金财产的独立性?

思考提示:可以从基金财产独立性的表现进行分析——基金财产独立于基金管理人、基金托管人的固有财产,也独立于基金份额持有人本基金财产以外的其他财产;基金管理人、基金托管人因依法解散、被依法撤销或者被依法宣告破产等原因进行清算的,基金财产不属于其清算财产;基金财产的债权,不得与基金管理人、基金托管人固有财产的债务相抵销;不同基金财产的债权债务,不得相互抵销;非因基金财产本身承担的债务,不得对基金财产强制执行。

2. 如何认识基金信息披露制度?公开披露的基金信息包括哪些内容?

思考提示:可以从证券投资高风险、投资者权益保护、促进证券投资基金和资本市场的健康发展等角度,阐述基金信息披露制度的必要性和重要性。同时,可与上市公司股票信息披露制度进行比较分析,考察其异同。《证券投资基金法》第76条规定了公开披露的基金信息的主要内容,应思考其必要性与可行性。

3. 公开募集基金的基金管理人应具备哪些条件?

思考提示：公开募集基金的基金管理人由基金管理公司或者经国务院证券监督管理机构按照规定核准的其他机构担任。设立基金管理公司应当符合《证券投资基金法》《公开募集证券投资基金管理人监督办法》等规定的条件和程序,应注意分析不同法律规范相关规定的详略差异及相互补充的体系和内容。

4. 非公开募集基金与公开募集基金的主要区别是什么?

思考提示：重点分析非公募基金(即私募基金)与公募基金在基金管理人、基金合同、募集或销售方式、募集对象、监管要求等方面的差异。应特别关注2023年国务院发布的《私募投资基金监督管理条例》的相关规定。

即测即评

第八章 信托与资产管理经营法

■【重点提示】

1. 信托指委托人基于对受托人的信任,将其财产权委托给受托人,由受托人按委托人的意愿以自己的名义,为受益人的利益或者特定目的,进行管理或者处分的行为。

2. 信托法有广义与狭义之分。广义信托法指所有调整信托关系和信托业组织管理关系的法律规范的总称。狭义信托法指调整信托关系的法律规范的总称,不包括调整信托业组织管理关系的那部分法律规范(如《信托公司管理办法》),其表现形式就是信托法典或法律(如《信托法》)。

3. 信托财产是指委托人通过信托行为转移给受托人,并由受托人按照一定信托目的进行管理和处分的财产。信托最重要的法律特征是信托财产的独立性。

4. 信托的法律特征包括财产所有权分离性、信托财产独立性、信托民事责任有限性和信托财产管理受制性。其中,信托财产独立性,是指信托财产与委托人的财产、受托人的财产、受益人的财产相独立,各信托财产彼此独立,以及信托财产损益的独立性。

5. 信托行为一般是指信托的设立行为。信托行为的有效条件包括一般有效条件和特殊有效条件。前者包括信托的委托人和受托人具有完全民事行为能力、意思表示真实和信托内容不违反法律或者社会公共利益。后者包括信托目的合法、信托财产确定且合法以及受益人或者受益人范围确定。设立信托应当采用书面形式,包括信托合同、书面遗嘱和其他书面文件。

6. 资金信托,又称金钱信托,是指将资金作为信托财产的信托方式,一般为自益信托。根据信托资金是否集合管理,资金信托可分为单一资金信托和集合资金信托。单一资金信托是指受托人接受单个委托人的信托,单独管理和运用信托资金的方式。集合资金信托,又称集合资金信托计划,是指受托人将两个或两个以上委托人的信托资金汇集起来,按照信托目的进行集合管理和运用的信托方式。

7. 根据设立信托的财产是动产或不动产,信托可区分为动产信托和不动产信托。根据管理和处分信托财产方式的不同,动产和不动产信托均可区分为管理信托、处分信托和管理处分信托。

8. 资产管理是指银行、信托、证券、基金、期货、保险资产管理机构、金融资产投资公司等金融机构接受投资者委托,对受托的投资者财产进行投资和管理的金融服务。其本质上属于"受人之托,代人理财"的信托关系。资产管理业务作为金融业务,属于特许经营行业,非金融机构不得发行、销售资产管理产品,国家另有规定的除外。

9. 资产管理产品包括银行非保本理财产品和其他资产管理产品。按照募集方式的不同,可将资产管理产品分为公募产品和私募产品;按照投资性质的不同,可将资产管理产品分为固定收益类产品、权益类产品、商品及金融衍生品类产品和混合类产品。

第一节 信托法概述

随着商品经济的发展,信托制度经历了从传统的民事信托到现代金融信托的不同阶段。信托发展到现代,已经成为经济舞台上的主角之一,它与银行业、证券业以及保险业共同构筑了现代金融业的四大支柱,日益成为一项国际性的财产管理制度。与此同时,作为规范信托关系的信托法有着与商业银行法、证券法以及保险法同等重要的地位,日渐成为我国金融法律体系的重要组成部分。

信托是英美法系下的一种财产制度安排,近年来大陆法系国家纷纷出台信托法律法规。20世纪初信托制度被引入中国,20年代出现信托公司,开始从事营业信托活动。为了调整信托关系,规范信托行为,保护信托当事人的合法权益,促进我国信托业的健康有序发展,2001年4月28日第九届全国人民代表大会常务委员会第二十一次会议通过了《信托法》,并自2001年10月1日起生效。信托法是我国市场经济法律体系中的重要组成部分,是调整信托关系的法律规范系统。本节主要概括阐述信托法的基础知识与理论。

一、信托的概念和特征

(一)信托的概念

13世纪英国的用益制度被广泛地认为是现代信托制度的雏形。用益制度的英文原文为use,作为法律术语,通常直接译为"用益"或"用益权",是一种土地利用方式。该制度大约产生于13世纪,当时的英国正处于封建社会,封建领主主要通过对土地的牢固控制加强自己的统治。但随着教会势力的发展壮大,越来越多的农民变成了教徒,他们不断向教会捐赠自己的土地,从而使得封建领主和教会之间的社会矛盾逐渐加深。13世纪后期,国王亨利三世颁布《没收法》,规定禁止向教会捐赠土地,未经国王允许,任何人向教会捐赠土地,一律没收归国王所有。教徒们为了达到捐赠土地的目的,在法律和教会利益之间创造性地发明了use方法——教徒不把土地直接捐赠给教会,而先将土地转让给他人,要求受让人为教会管理土地,并将土地产生的收益全部交付给教会。由此,信托制度出现。

信托制度诞生后,随着商品经济的发展而发展。人们对信托的认识也经历了从传统民事信托到现代金融信托的转变,对于信托的含义,英美法系国家和大陆法系国家的学者有不同诠释。我国现行法律对信托的定义主要体现在《信托法》第2条的规定:"本法所称信托,是指委托人基于对受托人的信任,将其财产权委托给受托人,由受托人按委托人的意愿以自己的名义,为受益人的利益或者特定目的,进行管理或者处分的行为。"

(二)信托的特征

信托的存在,从功能上说,是为实现"财产转移"与"财产管理"两大功能而作的法律设计。作为一种金融法律制度安排,信托的特征包括经济特征和法律特征两个方面。

1. 信托的经济特征[①]

信托的经济特征主要表现在以下三个方面:

第一,长期融资性。信托与银行信用、商业信用一样,也是一种独立的信用方式。这种信用关系主要表现为较长期的资金融通,而不是资金的短期周转,信托总是与投资联系在一起的。因此,信托是一种融通长期资金的信用形式。

第二,广泛服务性。从信托的内部关系看,信托行为涉及委托人、受托人和受益人三个方面,受托人通过对信托财产的经营管理,来实现信托目的,并为受益人获取利益。从信托的外部关系看,信托既为企业服务,又为个人服务;既为公益服务,也为私益服务,是现代社会中重要的金融工具。

第三,方式灵活性。与以融通资金为基本业务的银行业相比,信托业可以灵活选择资金运用的具体方式,以适应社会需要。信托业务中,受托人根据委托人的意愿既可以投资,也可以贷款;既可以采用直接融资方式,也可以采用间接融资方式。信托业务方式的多样化,使其业务活动具有灵活性,并伴随着经济形势的变化,不断创新信托业务品种,以满足社会各方面、各阶层的需要。

2. 信托的法律特征

信托的法律特征主要表现在以下四个方面:

第一,财产所有权分离性。信托是以财产为中心所设计的财产管理法律制度。信托的首要法律特征是委托人必须将自己拥有的财产所有权进行移转,使委托人财产所有权转化为信托财产所有权。与此同时,信托财产所有权在受托人与受益人之间进行分离:一方面,将信托财产所有权中的经营管理权和处分权配置给受托人,使受托人取得对信托财产的经营管理权和处分权;另一方面,将信托财产所有权中的收益权配置给受益人,使受益人享有信托财产的收益权,也就是说受益人可以从信托财产上获取一定的经济利益。财产所有权具体权能的分离,是信托区别于类似财产管理法律制度的属性之一。

第二,信托财产独立性。信托财产是指委托人通过信托行为转移给受托人,并由受托人按照一定信托目的进行管理和处分的财产,以及经过经营管理和处分而获得的财产,如在经营信托财产过程中取得的利息、租金或利润等,后者通常又称信托收益。信托财产独立性,是指信托财产与委托人的财产、受托人的财产、受益人的财产相独立。信托一旦有效成立,就委托人而言,其一旦将财产交付信托,即丧失对该财产的所有权,从而使信托财产完全独立于委托人的固有财产,处于委托人的债权人追及范围之外。就受托人而言,虽然因信托而取得信托财产的经营管理权和处分权,但必须将信托财产与其自有财产严格区分,不能享有信托财产取得的收益,不能将信托财产用于继承、还债或抵债等。如果受托人接受不同委托人的委托,来自不同委托人的财产也应各自保持相对独立。就受益人而言,虽然因信托而取得信托财产的收益权,信托财产运作所获收益归其享用,但受益人并不享有信托财产的所有权。

第三,信托民事责任有限性。信托财产独立性,直接决定了受托人以信托财产为限承担民事责任。信托民事责任的有限性包括两层含义:一方面,只要受托人履行了自己的义务,即使未能使信托财产增值获利或造成了信托财产的损失,受托人也不以自有财产对信托的债务承担责任;

[①] 徐孟洲主编:《信托法》,法律出版社 2006 年版,第 5—6 页。

如果受托人先行以自己的财产负责,则可以用信托财产弥补自身财产损失。另一方面,如果信托财产在运作过程中发生对第三方的侵权或违约责任,委托人和受益人无需以自己的财产承担责任,而只需以信托财产为限独立承担民事责任。

第四,信托财产管理受制性。为保证实现委托人的意愿与受益人的利益,信托必须确立明确的信托目的,并从法律上要求受托人依信托目的管理或处分信托财产。信托目的是信托不可或缺的要素之一,受托人对信托财产的管理受制于信托设立的目的,信托财产的管理方法必须符合信托目的的要求。这种要求直接反映了信托制度的本质。

二、信托的分类

我国目前并没有形成统一的信托分类,理论界将信托按照不同的标准,划分为不同的种类。比如,按信托设立的目的不同,可将其分为私益信托和公益信托;[①] 按设立信托的不同行为方式,可将其分为合同信托和遗嘱信托;[②] 按受托人从事的信托业务是否为商业行为,可将其分为民事信托和商事信托;按信托利益是否归属委托人本人,可将其分为自益信托和他益信托等。

本章将着重介绍几种具有代表性的金融信托的经营法律制度。所谓金融信托,是以代理他人运用资金,买卖证券,发行债券、股票,管理财产等为主要业务内容的信托行为。信托公司作为一类金融机构,所从事的信托业务主要是金融信托业务,在我国金融体系中发挥着重要作用。

三、信托法的概念和基本原则

(一)信托法的概念

对信托法理解、考察的角度不同,其含义也不同。为了准确使用"信托法"一词,我们必须全面理解它的概念,注意区别它的不同含义:

第一,信托法可分为实质上的信托法和形式上的信托法。实质上的信托法是指调整信托关系的法律规范的总称,它包括分布于信托法典、法律、行政法规、地方性法规、自治条例、规章、司法解释和国家签订或加入的国际条约等各类规范性法律文件之中的所有信托法律规范。形式上的信托法,专指信托法律规范集中表现的外在形式,即系统编纂的信托法律或法典,如2001年4月28日第九届全国人大常委会第二十一次会议通过的《信托法》。

第二,信托法有广义与狭义之分。广义信托法是所有调整信托关系和信托业组织管理关系的法律规范的总称。在表现形式上,它泛指所有规定有关信托和信托业方面内容的法律、行政法规、地方性法规、自治条例、规章、司法解释和国家签订或加入的国际条约等规范性法律文件等成文法和不成文法。狭义信托法是指调整信托关系的法律规范,不包括调整信托业组织管理关系的那部分法律规范,如《信托公司管理办法》。狭义信托法的表现形式就是信托法典或法律,如

---

① 私益信托,是指完全为委托人自己或其指定的其他人的利益而设定的信托;公益信托,是指为救济贫困、发展教育、文化、科技、医疗卫生、环保、慈善、宗教等社会公益而设定的信托。

② 合同信托,是指以订立信托合同的行为方式所设立的信托,又称契约信托;遗嘱信托,是指以委托人订立遗嘱的行为方式所设立的信托。遗嘱虽是立遗嘱人生前订立,但其法律效力却须待遗嘱人死亡后才发生,也称死后信托。

《信托法》。

第三,信托法一词还可以指信托法学。信托法学,是指以现实信托法律现象产生、发展和变化内在规律和历史上信托法律制度演变等现象为研究对象的一门应用法学学科。

我们在多数情况下使用的信托法是实质的狭义的信托法,即调整信托关系的法律规范的总称。本章所讲的信托法就是实质的狭义的信托法。信托关系是指当事人之间在设立、变更和终止信托过程中形成的各类经济关系。我国《信托法》第3条规定,"委托人、受托人、受益人(以下统称信托当事人)在中华人民共和国境内进行民事、营业、公益信托活动,适用本法",可见我国信托法的调整对象包括民事信托关系、营业信托关系和公益信托关系,不包括国家对信托业进行组织和管理所产生的法律关系。

(二)信托法的基本原则

我国《信托法》第1条规定:"为了调整信托关系,规范信托行为,保护信托当事人的合法权益,促进信托事业的健康发展,制定本法。"第5条规定:"信托当事人进行信托活动,必须遵守法律、行政法规,遵循自愿、公平和诚实信用原则,不得损害国家利益和社会公共利益。"这两条规定表明了我国信托法的基本价值取向和根本指导思想,具体反映了我国信托法的基本原则。

第一,促进信托事业健康发展原则。信托不仅在财产管理上扮演重要的角色,而且作为与银行业、证券业、保险业并列的现代金融业四大支柱之一,对发展市场经济日益显现出重要作用。现代信托在金融实务上商品化,而且在功能上日渐多样化。促进信托事业的健康发展,防范信托商品化、多样化带来的风险,必须通过信托立法精心设计制度、通过信托法的实施予以实现。

第二,保护信托当事人合法权益原则。这一原则体现了信托法的立法宗旨和根本任务。因此,信托法设计的各项制度、制定的信托规范都必须有利于保护信托当事人的合法权益。信托当事人的合法权益包括委托人的权益、受益人的权益和受托人的权益。任何剥夺和损害信托当事人合法权益的行为,都是违背信托法基本原则的违法行为,必须依法追究法律责任。

第三,自愿原则。自愿原则是指法律确认信托当事人可以自由地基于其意志进行信托活动。信托在本质上是当事人自由意志的结合,信托法旨在实现当事人的意愿。信托当事人自愿进行信托活动的各项自由选择,应当受到法律的保障,并排除国家和他人的非法干预。当然,信托自由并不是绝对的、无限制的自由,为了维护社会公平和公共利益,信托自由会受到一定的限制。例如,我国《信托法》第62条规定,公益信托的设立和受托人的确定,应当经公益事业管理机构的批准。

第四,公平原则。公平原则是指信托当事人应依据社会公认的公平理念从事信托活动,以维护信托当事人之间的利益均衡。信托法的公平原则,旨在实现信托当事人的平等,使当事人在公平、公正、平等的基础上进行信托活动,实现各自的信托利益。

第五,诚实信用原则。诚实信用原则是指信托当事人从事信托活动,应当诚实守信,以善意的方式行使其权利、履行其义务,不得有欺诈行为,并以此为标准,维持当事人之间的利益、当事人利益与社会利益之间的平衡。信托是以信任为基础的财产管理制度,信任是信托的本质性要求。信托法的诚实信用原则正是信托的这一本质的客观反映。

第六,守法原则和维护国家利益、社会公共利益原则。守法原则是指信托当事人进行信托活动应当遵守包括信托法律在内的一切现行有效的法律和法规。维护国家利益、社会公共利益原则是指信托当事人进行信托活动不得损害国家利益和社会公共利益。守法原则和维护国家利益、社会公共利益原则是对信托当事人最基本和最低的要求。

四、信托法律关系

（一）信托法律关系的概念

信托法律关系,是指由信托法调整和保护的,在委托人、受托人和受益人之间形成的,以信托当事人的权利、义务为内容的社会关系。也就是说,当经济上的信托关系被信托法调整之后,便上升为一种信托法律关系。因为这种法律关系的内容是信托,我们往往将信托法律关系简称为信托关系。

（二）信托法律关系的要素

信托法律关系和其他法律关系一样,也是由主体、客体和内容所构成的。

1. 信托法律关系的主体

信托法律关系的主体是指能够参加信托法律关系,享有权利和承担义务的当事人,即委托人、受托人和受益人。信托法律关系主体的资格在法律上一般都有规定。例如,我国《信托法》第24条规定,受托人应当是具有完全民事行为能力的自然人、法人。我国《商业银行法》第43条规定,商业银行在中华人民共和国境内不得从事信托投资和证券经营业务,不得向非自用不动产投资或者向非银行金融机构和企业投资,但国家另有规定的除外。

2. 信托法律关系的客体

信托法律关系的客体是指信托法律关系主体享受权利、承担义务所共同指向的对象,也就是借以产生信托法律关系的信托财产。一般情况下,其可以表现为有形的货币、有价证券、动产和不动产,也可以是无形的发明专利权、商标使用权、牌照使用权及其他可转让的有价值的权利等。但我国《信托法》第14条规定,法律、行政法规禁止流通的财产不得作为信托财产。

3. 信托法律关系的内容

信托法律关系的内容,是指信托法律关系主体之间的权利和义务。这种主体间的权利、义务是相互联系、相互依存的。

委托人的权利主要包括:信托运作知情权;信托财产管理方法调整请求权;对受托人不当信托行为的撤销申请权;对受托人的解任权;等等。委托人的义务主要包括:移转信托财产的义务;向受托人支付报酬的义务;赔偿损失的义务;费用补偿的义务。

受托人的权利主要包括:对信托财产的处分权;处理信托事务的权利;请求给付报酬的权利;请求补偿费用的权利;请求辞任的权利。受托人的义务主要包括:对委托人、受益人忠实的义务;将信托财产和自有财产分别管理的义务;亲自处理信托事务的义务;谨慎的义务;保护信托财产的义务。

受益人的权利主要包括:信托利益的享有权;监督信托事务的权利;附随着收益权的其他权利。受益人的义务主要包括:补偿受托人的义务;支付报酬的义务。

(三）信托法律关系的产生、变更和终止①

任何法律关系，同其他社会关系一样，均处于不断发展变化之中，都有一个产生、变更和终止的过程。当一定的法律事实出现，某种法律关系便会相应产生、变更和终止。信托法律关系的产生、变更和终止也不例外，它必须以法律事实的出现为前提。

1. 信托法律关系的产生

引起信托法律关系产生的法律事实，与引起一般民事法律关系产生的法律事实存在一些差异。信托法律关系的产生只能由行为引起，而引起一般民事法律关系产生的法律事实，既可以是行为，也可以是事件。绝大多数信托法律关系依委托人的意思表示而产生，其设立信托的意思一般通过契约、遗嘱或信托宣言加以表示。此外，信托法律关系还可因法律的直接规定、法院的推定和拟制（如回归信托和拟制信托）以及国家行政机关的指定（大陆法系国家中一定情形下的公益信托）而产生。

2. 信托法律关系的变更

信托一旦成立，便具有法律效力，不得擅自加以变更，以保护受益人的利益和信托目的的实现。但这绝非意味着信托只能一成不变。基于社会生活的复杂性，当出现一些意外情形，如不变更信托法律关系将损害受益人利益、妨碍信托目的的实现，或者适当变更信托法律关系将更有利于维护受益人权益和实现信托目的时，就会发生信托法律关系的变更。所以，信托法律关系随特定情况变化而变更实有必要，各国信托法都允许对信托予以变更。

信托法律关系的变更，主要是指其内容的变更，其中最为常见且对信托法律关系影响较大的，是对信托财产管理方法的变更。引起信托法律关系变更的法律事实，不仅有行为，而且包括事件；不仅可以是合法行为，也可以是违法行为，如受托人违反忠实义务被解任。

3. 信托法律关系的终止

信托法律关系的终止包括自然终止和非自然终止。前者包括信托期限届满和约定的终止事由出现。后者主要包括：因委托人的解除或撤销而终止；因受托人的解除而终止；因受益人的解除而终止；因法院解除而终止。

第二节 信 托 财 产

一、信托财产的概念和范围

信托财产是指委托人移交给受托人的作为信托法律关系之标的，由受托人以自己的名义为受益人的利益而管理和处分的财产。我国《信托法》从受托人的角度出发，明确规定信托财产是"受托人因承诺信托而取得的财产"。信托财产也被称为信托的对象物或者信托的客体。

信托作为一种财产管理方法，信托财产当然是不可或缺的组成部分。信托财产是信托法律关系赖以建立和存续的物质载体，对于信托目的能否实现具有至关重要的作用。按照信托法律

---

① 徐孟洲主编：《信托法》，法律出版社 2006 年版，第 51—54 页。

制度的设计,信托财产作为特定的财产整体,明确其内容范围极为重要。这既是完成信托财产由委托人处向受托人的转移占有,便于其对信托财产行使权利和履行义务的需要,也是避免信托财产与受托人的固有财产相混淆的前提。

《信托法》第14条规定,受托人因承诺信托而取得的财产是信托财产。受托人因信托财产的管理运用、处分或者其他情形而取得的财产,也归入信托财产,即信托财产包括信托财产的最初财产及其产生的利益。

二、信托财产的独立性

(一)信托财产独立性的含义

信托财产上的各项权利除了受益权外,均为受托人享有,所以,英美法系国家信托法理论将受托人的权利视为名义上的所有权。但是,受托人的权利自始就受到信托目的的限制。信托财产为信托目的而独立存在,具有独立性。所谓信托财产独立性,是指信托一旦有效设立,信托财产就从委托人的固有财产中分离出来,并与受托人、受益人的财产相分离,从而成为一种独立的财产整体,委托人、受托人和受益人各方的债权人行使债权均不得及于信托财产。尤为重要的是,信托财产基于其独立性,必须区别于受托人的固有财产;同一受托人管理的来源于不同委托人的信托财产也必须严格区分,彼此独立。

(二)信托财产独立性的法律表现

1. 信托财产相对于委托人财产的独立性

我国《信托法》第15条规定:"信托财产与委托人未设立信托的其他财产相区别。设立信托后,委托人死亡或者依法解散、被依法撤销、被宣告破产时,委托人是唯一受益人的,信托终止,信托财产作为其遗产或者清算财产;委托人不是唯一受益人的,信托存续,信托财产不作为其遗产或者清算财产;但作为共同受益人的委托人死亡或者依法解散、被依法撤销、被宣告破产时,其信托受益权作为其遗产或者清算财产。"

从该条规定可以看出,当信托设立后,信托财产就和委托人未设立信托的其他财产区别开来而成为独立的财产整体。委托人的债权人不得要求法院强制执行信托财产,就算委托人自己也不能处分信托财产。换言之,在信托设立之后,委托人本人就失去了对该信托财产的所有权。例如,在英国高等法院1936年博登案(Re Bowden)的判例中,委托人准备落发为尼。为履行誓言,她将自己的全部财产转移给受托人,并且指定了受益人。过了一段时间的尼姑生活以后,她又改变了主意,企图将信托财产用于自己的利益。法院判决认为,既然信托已经设立,原告作为委托人已经失去了在信托财产上的全部利益,不能再要求从信托财产上受益。

但是,根据《信托法》第15条的规定,信托财产的独立性也有例外情形:一是设立信托后,委托人死亡或者依法解散、被依法撤销、被宣告破产时,委托人是唯一受益人的,信托终止,信托财产作为其遗产或者清算财产;二是作为共同受益人的委托人死亡或者依法解散、被依法撤销、被宣告破产时,其信托受益权作为其遗产或者清算财产。在以上两种情形中,信托财产失去了独立性又回归到委托人的财产中。

鉴于信托财产的独立性,为防止委托人基于不正当目的设立损害债权人利益的信托,我国《信托法》第12条规定,委托人设立信托损害其债权人利益的,债权人有权申请人民法院撤销该信托。对此,大陆法系国家和英美法系国家都有相应立法禁止设立损害债权人利益的信托。

2. 信托财产相对于受托人财产的独立性

按照信托法原理,信托设立后,委托人的使命已经完成,信托财产的财产权转移到了受托人手中,受托人应根据委托人的要求及受益人的利益管理、运用及处分信托财产。然而,信托财产因以下法律规则仍然是独立的财产整体。

第一,信托财产与受托人的固有财产相互分离。《信托法》第16条规定,信托财产与属于受托人所有的财产(以下简称"固有财产")相区别,不得归入受托人的固有财产或者成为固有财产的一部分。根据该规定,信托财产独立于信托设立前及信托设立后受托人的固有财产,即受托人处分自己原有财产和处分信托财产的目的不应一样。为防止受托人作出损害信托财产独立性的行为,我国《信托法》第27条规定,受托人不得将信托财产转为其固有财产。受托人将信托财产转为其固有财产的,必须恢复该信托财产的原状;造成信托财产损失的,应当承担赔偿责任。而且《信托法》第29条还规定,受托人必须将信托财产与其固有财产分别管理、分别记账,并将不同委托人的信托财产分别管理、分别记账,以使受托人对信托财产的管理更为规范,以保障信托财产及不同信托财产间的独立性。

第二,信托财产与受托人的遗产相分离。按照信托法原理,受托人遗产实际上就是其生前的固有财产,正因为信托财产独立于受托人生前的固有财产,所以受托人死亡后,不能将该信托财产纳入受托人的遗产而成为继承的标的。此外,由于信托关系以信任为基础,受托人死亡便意味着其任务终了,不能由继承人继承其受托人身份。此时应当选任新受托人,并将信托财产转移给新受托人。但是,在重新选任的受托人能够处理信托事务之前,受托人的继承人应妥善保管信托财产,并为向新受托人移交信托财产采取必要的措施。这一点也是基于信托财产的独立性,有助于保证信托目的的实现,避免信托财产管理出现空白。

第三,信托财产与受托人的破产财产相分离。由于信托财产并非受托人的自有财产,所以,当受托人破产时,处于其管理之下的信托财产不能被列为破产财产进而被纳入破产清算的范围。另外,如果受托人破产,在新受托人确定之前,清算人应当妥善保管信托财产。

对此,我国《信托法》第16条规定,受托人死亡或者依法解散、被依法撤销、被宣告破产而终止,信托财产不属于其遗产或者清算财产。

3. 信托财产相对于受益人财产的独立性

虽然设立信托是为了受益人的利益,但基于信托法理,受益人并不占有信托财产,其对信托财产仅仅享有收益权。而当受益人从信托财产获得信托利益之后,这些利益就变成受益人的自有财产。

4. 信托财产损益的独立性

信托财产损益的独立性,是指受托人在处理信托事务过程中产生的利益,除了依照信托合同约定应当交付受益人的以外,应当归入信托财产;所产生的损失,除了因为受托人失职造成的以外,也应由信托财产来承担。委托人为信托目的将信托财产交付受托人管理,除了消极的仅以转移财产为目的的信托以外,委托人所追求的无非是信托财产的保值增值,但由于信托执行过程中存在种种不可预知的因素,如受托人自身条件的限制或者外部客观条件的限制甚至因为其主观的恶意,都有可能造成信托财产的减损,信托财产并非皆能顺利实现保值增值,必将产生价值上损益并存的现象。信托财产价值上的损益既不能由委托人来承担,也不能由受托人来承担,更不能要求受益人承担,而只能由信托财产独立承担,也就是说,信托财产独立承担信托执行过程中产生的财产损益。

（三）信托财产独立性在信托存续期间的适用

在信托存续期间,信托财产的独立性将会产生如下几种适用效果：

1. 抵销的禁止

抵销是指互负债务的两人各以其债权充当债务的清偿,而使其债务与对方的债权在对等数额内相互消灭的情况。① 我国《民法典》第568条规定,当事人互负债务,该债务的标的物种类、品质相同的,任何一方可以将自己的债务与对方的到期债务抵销;但是,根据债务性质、按照当事人约定或者依照法律规定不得抵销的除外。当事人主张抵销的,应当通知对方。通知自到达对方时生效。抵销不得附条件或者附期限。第569条规定,当事人互负债务,标的物种类、品质不相同的,经协商一致,也可以抵销。但是,在信托关系存续期间,信托财产(所包含的债权)不得用于抵销信托财产以外的债务,此为抵销的禁止,其具体包括如下含义：（1）如果受托人对同一相对人保有信托财产上的债权,同时又负有属于其固有财产上的债务,如果该债权债务在标的物种类、品质上相同,而且均已届履行期,因受托人是信托财产名义上的所有人,因而相对人依据《民法典》主张债权债务抵销的,应不予准许。（2）如果同一受托人管理、运用不同委托人的信托财产,产生的债权债务符合《民法典》规定的抵销条件的,也不得相互抵销。②

2. 混同的限制

按照民法理论,广义的混同,是指不能并立之两个法律上的人格,归属于同一人,因混同而使权利或义务消灭。具体包括三种情形：一是所有权与他物权归属于同一人;二是债权、债务归属于同一人;三是主债务与保证债务归属于同一人。所谓信托财产混同的限制,专指信托财产为所有权以外的权利,如抵押权、质权等时,若受托人以其个人名义或以其他信托财产受托人的身份,基于继承或买卖关系等事由,而取得该权利之标的物的所有权,按上述混同之法理,依存于该物之上的其他权利即因与该物的所有权混同而消灭。但在信托关系中,信托财产与受托人固有财产是相互独立的,受托人并非信托财产的真实所有人,作为信托财产的权利主体和作为固有财产的权利主体不具有同一性。所以,在信托关系中应限制民法上混同法理的适用,即信托财产所包含的权利不受混同的影响,仍然作为信托财产而继续存在。

对信托财产上混同的限制,我国《信托法》未作明确规定。但是,从《信托法》关于信托财产独立于受托人固有财产的规定来看,上述情况下的混同也是不允许的。

3. 强制执行的禁止及例外

委托人通过信托将财产交付受托人管理运用,信托财产就独立于委托人同时也区别于受托人的自有财产而独立存在,无论是委托人还是受托人都不能用信托财产偿还其个人债务,委托人

---

① 孔祥俊：《合同法教程》,中国人民公安大学出版社1999年版,第373页。
② 《信托法》第18条规定,受托人管理运用、处分信托财产产生的债权,不得与其固有财产产生的债务相抵销。受托人管理运用、处分不同委托人的信托财产所产生的债权债务,不得相互抵销。

或受托人的债权人也不能要求法院强制执行或拍卖信托财产。

我国《信托法》在禁止对信托财产强制执行的同时,设有四种例外:其一,设立信托前债权人已对该信托财产享有优先受偿的权利,并已行使该权利的;其二,受托人处理信托事务所产生的债务,债权人要求清偿该债务的;其三,信托财产本身应担负的税款;其四,法律规定的其他情形。存在以上四种情形,必要时仍可执行信托财产。

4. 破产财产的排除

破产是指债务人不能清偿到期债务,法院根据当事人的申请或依职权强制将其全部财产依法定程序公平分配,使全部债权人满足其债权的制度。破产财产是破产程序开始时由债务人所有的财产及财产权利所构成的财产性集合体。[1] 我国《信托法》第16条规定,受托人死亡或者依法解散、被依法撤销、被宣告破产而终止,信托财产不属于其遗产或者清算财产。因此,我国《信托法》不仅明确把信托财产排除在了破产财产之外,而且在受托人为法人,[2] 因非破产原因而终止(如依法解散、依法被撤销)的情况下,受托人所掌管的信托财产也不得进入清算程序。但受托人对信托财产享有优先受偿权的,在受托人破产时,该项优先权范围内的财产利益应作为破产财产。

三、信托财产的归属

作为一种财产管理方法,信托法律关系得以成立的前提之一就是信托财产归属的改变。在英美法系国家,一般认为设立信托应当将信托财产的所有权转移给受托人,受托人成为信托财产的法定所有人(即普通法上的所有人),按照信托目的管理和处分信托财产,受益人享有信托财产管理、处分产生的信托利益。在大陆法系国家,多数规定信托财产所有权需要转移给受托人,有些则对此未作明确规定。但两大法系国家都要求将信托财产的控制权交给受托人,以便其有效履行信托义务。我国《信托法》第2条对信托的定义笼统地描述为:"委托人基于对受托人的信任,将其财产权委托给受托人,由受托人按委托人的意愿以自己的名义,为受益人的利益或者特定目的,进行管理或者处分"。可以看出,我国《信托法》所定义的信托是建立在委托合同基础之上的,信托财产的占有和管控的权利转移给受托人,信托财产的收益权由受益人享有,信托财产的所有权在不同的主体之间实现了分离。

第三节 信 托 行 为

信托行为有广义和狭义之分。广义的信托行为是指信托当事人之间以设立、变更或终止信托权利义务为目的,以意思表示为要素,依法产生相应法律后果的行为。它不仅包括信托的设立行为,还包括信托的变更以及终止行为。狭义的信托行为,仅指信托的设立行为。

---

[1] 李永军:《破产法律制度》,中国法制出版社2000年版,第222页。
[2] 我国《信托法》规定的受托人,不包括非法人单位。见《信托法》第24条。

一、信托行为的有效条件

信托行为的有效条件,是指使已经成立的信托发生完全的法律效力所应具备的法律条件[①],包括一般有效条件和特殊有效条件。信托行为只有具备这些有效条件才能产生法律效力,才能引起信托关系的设立。

(一)信托行为的一般有效条件

信托行为的一般有效条件与民事法律行为相同,具体表现为三个方面:(1)信托行为主体(委托人及受托人)应具有民事行为能力。其中,委托人应当是具有完全民事行为能力的自然人、法人或者依法成立的其他组织;受托人应当是具有完全民事行为能力的自然人、法人,不包括其他组织;受益人没有行为能力的要求,各种自然人、法人和其他组织都可以成为受益人。(2)意思表示真实。即信托行为人关于信托的表示行为应当真实地反映其内心的效果意思。(3)信托内容不违反法律或者社会公共利益。

(二)信托行为的特殊有效条件

信托行为产生法律效力,除应具有前述一般有效条件外,还应当符合《信托法》规定的特殊有效条件:(1)信托目的合法。这是指信托不得违反法律、行政法规的强制性或禁止性规定,不得损害社会公共利益。与此相关的是,专以诉讼或者讨债为目的的信托,目的不能确定或不可能的信托,不产生法律效力。(2)信托财产确定且合法。信托是以信托财产为基础的法律关系,信托财产是信托当事人权利义务所共同指向的对象,没有确定的信托财产,信托便无法设立。我国《信托法》第7条规定,设立信托,必须有确定的信托财产,并且该信托财产必须是委托人合法所有的财产。法律、行政法规禁止流通的财产不得作为信托财产;法律、行政法规限制流通的财产,依法经有关主管部门批准,方可作为信托财产。(3)受益人或者受益人范围确定,也称受益对象确定,是指信托必须有确定的受益人或明确的受益人范围,或者有确定受益人范围的方法。受益对象确定,并不意味着信托设立时受益人就必须存在,而是指在分配信托利益时,受益人可以确定。在私益信托中,受益人应当是确定的,可以为一人,也可以为数人。在公益信托中,由于受益人为不特定的社会公众,只能明确受益人的范围或确定方法。按照我国《信托法》的规定,没有受益人或者受益人范围不能确定的,信托无效。

受托人的忠实义务与公平义务

二、信托的设立形式

(一)信托设立的书面形式

我国《信托法》第8条规定,设立信托,应当采取书面形式。书面形式包括信托合同、遗嘱或

---

① 徐孟洲主编:《信托法学》,中国金融出版社2004年版,第68页。

者法律、行政法规规定的其他书面文件等。其中,主要的信托形式是信托合同和遗嘱两种。

1. 信托合同

信托合同是当事人意思表示的载体,是信托设立最常见的形式。委托人和受托人之间可以通过签订合同设立信托。这种信托合同受合同法一般规则的调整,也受信托法特殊规则的调整。受益人不是信托合同的当事人,不影响信托合同的成立。

2. 遗嘱

各国都承认遗嘱可以作为设立信托的形式。我国《信托法》第13条对遗嘱信托作了明确的规定,设立遗嘱信托,应当遵守《民法典》关于遗嘱的规定。遗嘱指定的人拒绝或者无能力担任受托人的,由受益人另行选任受托人;受益人为无民事行为能力人或者限制民事行为能力人的,依法由其监护人代行选任。遗嘱对选任受托人另有规定的,从其规定。遗嘱信托行为作为设立信托的单方法律行为,遵守《民法典》中有关遗嘱的规定是其发生法律效力的一个重要前提。同时,根据我国《信托法》的规定,在我国,遗嘱信托是要式法律行为,必须采用书面形式。因此,口头遗嘱和录音遗嘱均不得作为设立信托的形式,能够作为信托设立形式的只能是公证遗嘱、自书遗嘱和代书遗嘱等书面遗嘱。遗嘱虽由遗嘱人生前订立,但其效力须待遗嘱人死亡后才发生。因此,遗嘱信托在遗嘱人死亡前不生效力,遗嘱人可以随时撤销或变更。但须注意的是,自书遗嘱、代书遗嘱不得撤销、变更公证遗嘱。

3. 其他书面文件

除信托合同、遗嘱之外,还有设立信托的其他书面文件,包括法律、行政法规规定可以设立信托的有关书面文件,或者能体现当事人设立信托的意图并符合信托生效条件的其他书面文件。

(二)信托文件的记载事项

信托不仅要采用书面形式,而且要在信托文件中记载相关事项,包括应当记载事项和可以记载事项两类。根据我国《信托法》第9条的规定,信托文件应当记载的事项包括:(1)信托目的;(2)委托人、受托人的姓名或者名称、住所;(3)受益人或者受益人范围;(4)信托财产的范围、种类及状况;(5)受益人取得信托利益的形式、方法。这些应当记载事项如果缺少,将会导致信托不成立。信托文件可以记载的事项包括信托期限、信托财产的管理方法、受托人的报酬、新受托人的选任方式、信托终止事由等。这些可以记载的事项是否记载不影响信托的成立,但一旦记载就产生相应的拘束力。

三、信托的成立与生效

(一)信托的成立时间

根据《信托法》第8条的规定,采取信托合同形式设立信托的,信托合同签订时,信托成立;采取其他书面形式设立信托的,受托人承诺信托时,信托成立。应注意的是,以书面遗嘱形式设立的信托,自受托人承诺时,信托成立。如果受托人拒绝或者无能力担任受托人,则遗嘱中指定的受益人有权另行选任,但若遗嘱对选任受托人另有规定的,则应按遗嘱的规定办理。前述受益人如果为无民事行为能力人或者限制民事行为能力人,依法应由其监护人代行选任受托人。

（二）信托的生效时间

信托成立与信托生效是相关而不同的两个概念。成立的信托，具备生效条件时才发生效力。具体有以下几种情况：

第一，信托成立时生效。依法成立且具备生效条件的信托，一旦成立就产生效力，这是一般情况下信托生效的时间。

第二，登记生效。我国《信托法》第10条规定，设立信托，对于信托财产，有关法律、行政法规规定应当办理登记手续的，应当依法办理信托登记。未依照规定办理信托登记的，应当补办登记手续；不补办的，该信托不产生效力。信托登记是通过一定的方法将有关财产已设立信托的事实向社会予以公布，是信托的公示方法。在我国，需要进行信托登记的一般限于法律、行政法规规定应当办理产权登记手续的财产。例如，以不动产物权、海商法上的船舶所有权、注册商标专用权、专利权等财产和财产权利设立信托的，以有价证券包括股票、公司债券、政府债券、票据、提单、仓单等设立信托的，均应按照法定要求，不仅要办理相关的财产权登记，还要办理相应的信托登记，或者将两种登记合并在一起，即在办理财产变动登记时将产权变更的原因登记为"设立信托"。信托登记通过公示设立信托的事实，保障信托财产的独立性，保护相关当事人的合法权益，并有利于国家对信托业的监督管理。关于信托登记的效力，我国采登记生效主义，需要进行信托登记的，依法办理信托登记后信托生效，否则信托不生效力。世界上大多数国家采登记对抗主义，即信托登记可以对抗第三人；未经登记则不得对抗第三人，但并不影响信托的成立与生效。

第三，对信托的效力约定附条件。由于信托的设立采意思自治原则，因而当事人既可以约定信托的生效条件，也可以约定信托的解除条件。条件成就时，信托生效或失效。

第四，对信托的效力约定附期限。附生效期限的信托，自期限届至时生效；附终止期限的信托，自期限届满时失效。

四、无效信托与撤销权

（一）无效信托的概念和特征

无效信托是指已经成立，但严重欠缺信托行为的有效条件，从而自始不产生法律约束力的信托行为。无效信托具有以下特征：（1）内容具有违法性。无效信托之所以无效，是因为其内容违反了法律、行政法规的规定。（2）自始无效。即信托从成立之时即不具有法律效力。（3）不得履行。对于无效信托，信托当事人不得履行。这是无效信托在法律后果上的扩张，有利于避免信托当事人因执行无效信托而遭受难以弥补的财产损失，也有利于避免不必要的社会资源浪费。（4）当然无效。无效信托无需经当事人主张，法院或仲裁机构即可主动予以审查，并认定该信托行为无效。

（二）无效信托的种类

根据我国《信托法》第11条的规定，无效信托主要有以下6种情形：（1）信托目的违反法律、行政法规或者损害社会公共利益。尽管信托目的采当事人意思自治原则，但是意思自治不是毫无约束的，它的边界就是不违反法律的强制性规定和不损害社会公共利益。否则，信托无效。（2）信托财产不能确定。信托财产是信托法律关系的客体，如果信托财产不能确定，信托行为也就失去了财产依托,信托的目的也无从实现。因此,信托财产不能确定的,信托无效。(3)委托人以非法财产或者以《信托法》规定不得设立信托的财产设立信托。设立信托的财产必须为委托人合法所有或者符合法律的规定,否则信托无效。(4)专以诉讼或者讨债为目的设立信托。专以诉讼为目的而设立的信托与诉讼的本质相悖,也会使案件人为复杂化,不利于纠纷的及时解决;专以讨债为目的而设立信托,偏离了信托的本旨,并且在社会的权益保护机制上加长了链条,不利于社会稳定和减少纠纷。因此,各国法律均将以诉讼或者讨债为目的的信托规定为无效。应注意的是,如果为了实现信托目的而进行诉讼或者讨债,则属于受托人的权利,不应认定为相关的信托无效。(5)受益人或者受益人范围不能确定。如果私益信托中不能确定受益人,或者公益信托中的受益人范围不能确定,信托本身失去服务对象,没有存在意义而无效。(6)法律、法规规定的其他情形。例如,当事人不具有相应的行为能力、意思表示不真实等。

(三)债权人的撤销权

债权人的撤销权,是指委托人设立信托损害其债权人利益的,债权人享有的向人民法院申请撤销该信托的权利。债权人行使撤销权的目的在于恢复委托人的责任财产,以保全自己的利益。债权人行使撤销权应满足两个条件:(1)委托人设立信托前,其债权人的债权已合法有效存在;(2)委托人的行为使其责任财产减少,从而损害债权人的债权实现。我国《信托法》规定,人民法院依债权人申请撤销信托的,不影响善意受益人已经取得的信托利益。不过,仅以撤销信托时善意受益人已经取得的信托利益为限,撤销信托时善意受益人尚未取得的信托利益则不受保护。并且,如果受益人为恶意,则即使其已经取得信托利益,法律同样不予保护。

债权人行使撤销权时,必须由享有撤销权的债权人以自己的名义,向法院提起诉讼。债权人撤销权的行使可以发生溯及既往的效果,信托一旦被撤销,即从信托成立时起失去效力。撤销权的行使,其效力及于全体债权人,即被撤销信托财产作为全体债权人债权实现的责任财产,行使撤销权的债权人不得从行使撤销权的结果中优先受偿。债权人行使撤销权所支付的律师代理费、差旅费等必要的费用,应当由委托人(债务人)负担;受托人有过错的,应当适当分担。债权人的撤销权,自债权人知道或者应当知道撤销原因之日起1年内不行使而消灭。

五、信托的变更

信托的变更,是指在信托有效成立后,当法定或约定的事由出现时,信托当事人依法对信托法律关系进行的改变。信托的变更有狭义和广义之分。狭义的信托变更是指信托内容的变更,即信托有效成立后,当事人对信托内容如信托财产管理方法、信托期限等事项所作的修改或补充。广义的信托变更,除包括上述信托内容的变更外,还包括信托当事人的变更,如委托人、受托人、受益人的变更。从各国规定来看,行使信托变更权的主体包括委托人、受托人、受益人、法院和公益事业管理机构等。

(一)信托财产管理方法的变更

信托成立时信托文件中规定的信托财产管理方法,随着社会经济的发展、投资工具的多样化,可能会变得不合时宜,不利于实现信托目的或不符合受益人的利益,需要作出调整。同时,如果信托文件中对此未作出规定,完全由受托人自主决定,则受托人可根据受益人的最大利益而适当变更信托财产的管理方法。根据我国《信托法》的规定,委托人或受益人可以直接依法变更信托财产的管理方法,如果委托人和受益人就此发生争议,应由法院作出裁定;但是,受托人没有变更信托财产管理方法的权利。

(二)信托当事人的变更

1. 委托人的变更

委托人的变更是指委托人地位的继受。委托人的地位可以因其继承人继承、转让而发生变更。在构成委托人地位的权利中,一部分是有财产价值的权利,可以与人身相脱离,因此可以发生继承或者转让。例如,财产管理方法的变更、信托终止时取回财产等。

2. 受益人的变更

依英美信托法原理,信托生效后,除非信托文件明确保留了委托人的信托变更权,委托人或其继承人不能变更受益人,也不得处分受益人的信托受益权。大陆法系国家则认为,信托关系实质上是由委托人创设的,如果委托人一旦将财产设立信托后就失去了对财产的任何控制权,会使社会公众产生一种不良的心理反应,不利于更多的委托人放心地为受益人的利益或者社会公共利益设立信托。因此,通常允许委托人设立信托后可以变更受益人或者受益权。我国《信托法》有关的规定是,委托人不是唯一受益人时,在信托生效后一般不能变更受益人或解除信托,也不可以处分受益人的受益权,但在受益人对委托人或其他共同受益人有重大侵权行为时或经受益人同意时,或在信托文件中另有规定时,可以变更受益人或受益权。

3. 受托人的变更

在信托执行过程中,可因种种原因导致受托人无法执行信托事务,履行其职责,为实现信托目的,必须选任新的受托人以使信托关系继续下去。这种原受托人离任与新受托人选任而产生的受托人的更替,称为受托人的变更。受托人的变更,主要是因为原受托人的职责终止。我国《信托法》第 39 条明确规定,受托人有下列情形之一的,其职责终止:(1)死亡或者被依法宣告死亡;(2)被依法宣告为无民事行为能力人或者限制民事行为能力人;(3)被依法撤销或者被宣告破产;(4)依法解散或者法定资格丧失;(5)辞任或者被解任;(6)法律、行政法规规定的其他情形。受托人职责终止时,其继承人或者遗产管理人、监护人、清算人应当妥善保管信托财产,协助新受托人接管信托事务。我国《信托法》第 40 条规定,受托人职责终止的,依照信托文件规定选任新受托人;信托文件未规定的,由委托人选任;委托人不指定或者无能力指定的,由受益人选任;受益人为无民事行为能力人或者限制民事行为能力人的,依法由其监护人代行选任。受托人变更后产生如下法律后果:新受托人取得信托财产所有权,负有继续为受益人利益管理处分信托财产的义务;享有和承担原受托人与信托有关的一切权利和义务。

六、信托的终止

(一)信托的终止及其事由

信托的终止,是指信托关系因出现法律规定的或者信托文件约定的事由而归于消灭。信托的终止将引起重大的法律后果,为避免信托终止的任意性,各国信托法均以一定的方式明确规定信托终止的事由。我国《信托法》第52条规定,信托不因委托人或者受托人的死亡、丧失民事行为能力、依法解散、被依法撤销或者被宣告破产而终止,也不因受托人的辞任而终止。但《信托法》或者信托文件另有规定的除外。第53条规定,有下列情形之一的,信托终止:(1)信托文件规定的终止事由发生;(2)信托的存续违反信托目的;(3)信托目的已经实现或者不能实现;(4)信托当事人协商同意;(5)信托被撤销;(6)信托被解除。

(二)信托终止的法律后果

1. 信托关系的终止

信托一旦终止,原有的信托关系结束,信托当事人的权利、义务均归于消灭。信托终止的效力只针对将来,不能溯及既往。易言之,信托关系终止之前已经通过信托关系产生的行为以及由此带来的权益,仍然有效。

2. 信托财产的最终归属

信托终止后,受托人对实际占有的原信托财产失去占有、管理、运用和处分的权利,因而就会产生重新确定信托财产归属的问题。权利归属人确定以后,受托人应当将信托财产转移给权利归属人。我国《信托法》第54条规定,信托终止的,信托财产归属于信托文件规定的人;信托文件未规定的,按下列顺序确定归属:(1)受益人或者其继承人;(2)委托人或者其继承人。如果法律对信托终止时信托财产的归属有特别规定的,应当遵从该规定。

3. 信托视为存续

信托终止后,受托人将信托财产转移给权利归属人之前,通常需要进行信托的结算工作,有时还须办理一定的手续,如进行财产的变更登记等,因而需要一段时间。为了保持信托的连续性和信托财产的独立性,明确信托财产上的法律关系,便于受托人有效处理信托清算的有关事宜,同时保障权利归属人的利益,我国《信托法》第55条规定:"依照前条规定,信托财产的归属确定后,在该信托财产转移给权利归属人的过程中,信托视为存续,权利归属人视为受益人。"可见,此阶段受托人的权利义务仍然存续,但其职责主要限于妥善保管信托财产、办理信托清算事务等;权利归属人作为受益人,享有转移信托财产的请求权以及监督受托人进行清算和移交信托财产的权利等。

4. 权利归属人为被执行人

由于信托财产的独立性,原则上不能被请求强制执行。但为了保障设立信托前存在于信托财产上的权利,因处理信托事务所产生的权利等,我国《信托法》第17条规定了一些例外情形:一是设立信托前债权人已对该信托财产享有优先受偿的权利,并依法行使该权利的;二是受托人处理信托事务所产生的债务,债权人要求清偿该债务的;三是信托财产本身应担负的税款;四是法律规定的其他情形。在信托存续期间,债权人可基于上述情形请求人民法院对信托财产强制执行,由于此期间受托人占有信托财产,因此强制执行时以受托人为被执行人;在信托终止后,剩余信托财产正在或者已经转移给权利归属人,所以应以权利归属人为被执行人。为此,我国《信托法》第56条规定:"信托终止后,人民法院根据本法第十七条的规定对原信托财产进行强制执行的,以权利归属人为被执行人。"

5. 取得报酬权和费用、损失补偿请求权

在有偿信托中,受托人管理信托一般享有取得报酬权;受托人若为处理信托事务以自己固有财产垫付了一定费用或者处理信托事务过程中非因自己的过错造成的损失,其依法享有费用、损失补偿请求权。在信托关系存续期间,受托人可以直接针对信托财产行使其报酬权和费用、损失补偿权。但在某些信托关系中,受托人还未来得及行使这两项权利,信托关系即告终止。如果不允许受托人继续行使这些权利,对受托人显然不公平,也不利于鼓励受托人为信托的利益先行支付信托发生的费用。因此,我国《信托法》第57条规定:"信托终止后,受托人依照本法规定行使请求给付报酬、从信托财产中获得补偿的权利时,可以留置信托财产或者对信托财产的权利归属人提出请求。"这说明,在信托财产未转移前可以留置,在信托财产已交付权利归属人之后可以向权利归属人提出请求。

6. 信托事务的清算

在信托关系存续期间,有关的信托事务由受托人处理。信托终止时,应由受托人负责信托事务的清算。我国《信托法》第58条规定:"信托终止的,受托人应当作出处理信托事务的清算报告。受益人或者信托财产的权利归属人对清算报告无异议的,受托人就清算报告所列事项解除责任。但受托人有不正当行为的除外。"但是,在下列情况下,受托人不能解除责任:(1)存在受托人未在清算报告中列明的事项以及已列入清算报告但受益人或者信托财产权利归属人提出异议的事项。(2)受托人有不正当行为,如受托人在作出信托事务的清算报告中,采取虚假陈述、与他人恶意串通等不正当行为,以减少信托财产的价值,或者增加存在于信托财产上的债务,编造虚假清算报告的,受益人或者信托财产的权利归属人虽未对清算报告提出异议,受托人的责任也不能因此而解除。

第四节 资金信托

一、资金信托的概念和分类

资金信托,又称金钱信托,是指将资金作为信托财产的信托方式。它通常以资金在一定时期内获取投资收益为目的,多表现为自益信托。信托结束时,信托财产通常以维持原样或折算为现金的方式,返还给委托人。资金信托是信托机构的一项重要业务,也是信托机构理财业务的主要方式。我国的信托机构主要是信托公司,受《信托法》和《信托公司管理办法》等规范调整。

根据信托资金是否集合管理,资金信托可分为单一资金信托和集合资金信托。单一资金信托是指受托人接受单个委托人的信托,单独管理和运用信托资金的方式,其资金可根据委托人的意愿投资于银行存款、国债、企业债券、票据、上市股票和非上市企业股权等法律许可项目。集合资金信托,又称集合资金信托计划,是指受托人将两个或两个以上委托人的信托资金汇集起来,按照信托目的进行集合管理和运用的信托方式。

根据信托资金的募集方式,集合资金信托可分为两种:一是公募集合资金信托,又可称为公募基金信托,即社会公众或者社会不特定人群作为委托人,以购买标准、可流通、证券化合同或份

额单位的方式设立信托,由受托人统一集合管理和运用信托资金的方式;二是私募集合资金信托,又可称为私募基金信托,即有风险识别能力、能自我保护并具有一定的风险承受能力的特定人群或机构作为委托人,以非公开方式签订信托合同的形式设立信托,由受托人集合管理和运用信托资金的方式。

按照信托计划的资金运用方向不同,集合资金信托又可分为以下几种类型:(1)证券投资信托,即受托人接受委托人的信托,将信托资金按照双方的约定,投资于证券市场的信托。它又可分为股票投资信托、债券投资信托和证券组合投资信托等。证券投资基金业务,即属于此种类型的信托。因此,证券投资基金就是从事证券投资信托的信托基金。(2)组合投资信托,即根据委托人的意愿,通过将证券、贷款、实业投资等金融工具进行个性化的组合配比,对信托财产进行管理和运用,使其有效增值的信托方式。(3)房地产投资信托,即受托人接受委托人的信托,将信托资金投资于房地产或房地产抵押贷款的信托。中小投资者可通过房地产投资信托,以较小的资金投入间接获得大规模房地产投资的利益。(4)基础建设投资信托,是指信托公司作为受托人,根据拟投资基础设施项目的资金需要,向社会(委托人)公开发行基础设施投资信托受益权证,募集信托资金,并由受托人将信托资金按经批准的信托方案和国家有关规定投资于基础设施项目的一种资金信托。(5)贷款信托,即受托人接受委托人的信托,将委托人交付的资金,按信托计划或其指定的对象、用途、期限、利率与金额等发放贷款,并负责到期收回贷款本息的信托方式。(6)风险投资信托,即受托人接受委托人的信托,将委托人的资金,按照双方的约定,以高科技产业等创业企业为投资对象,以追求长期收益为投资目标的信托方式。

徐某庆、陈某诉朱某群、刘某春委托理财纠纷案

二、集合资金信托计划

在我国,资金信托主要是信托公司开展的集合资金信托计划和基金管理公司从事的证券投资基金业务(详见第七章"证券投资基金经营法")。其中,调整集合资金信托计划的法律规范主要是《信托法》《信托公司管理办法》《信托公司集合资金信托计划管理办法》(以下简称《资金信托计划管理办法》)等。

(一)信托计划的设立

1. 信托计划的设立要求

按照《资金信托计划管理办法》第 5 条的规定,信托公司设立信托计划,应当符合以下要求:(1)委托人为合格投资者;(2)参与信托计划的委托人为唯一受益人;(3)单个信托计划的自然人人数不得超过 50 人,但单笔委托金额在 300 万元以上的自然人投资者和合格的机构投资者数量不受限制;(4)信托期限不少于 1 年;(5)信托资金有明确的投资方向和投资策略,且符合国家产业政策以及其他有关规定;(6)信托受益权划分为等额份额的信托单位;(7)信托合同应约定受托人报酬,除合理报酬外,信托公司不得以任何名义直接或间接以信托财产为自己或他人牟利;(8)中国银行业监督管理机构规定的其他要求。

根据《资金信托计划管理办法》第 6 条的规定,前述合格投资者是指符合下列条件之一,能够识别、判断和承担信托计划相应风险的人:(1)投资一个信托计划的最低金额不少于 100 万元人民币的自然人、法人或者依法成立的其他组织;(2)个人或家庭金融资产总计在其认购时超过100万元人民币,且能提供相关财产证明的自然人;(3)个人收入在最近3年内每年收入超过20万元人民币或者夫妻双方合计收入在最近3年内每年收入超过30万元人民币,且能提供相关收入证明的自然人。

2. 信托计划的推介

信托公司推介信托计划,应有规范和详尽的信息披露材料,明示信托计划的风险收益特征,充分揭示参与信托计划的风险及风险承担原则,如实披露专业团队的履历、专业培训及从业经历,不得使用任何可能影响投资者进行独立风险判断的误导性陈述。

信托公司推介信托计划时,不得有以下行为:(1)以任何方式承诺信托资金不受损失,或者以任何方式承诺信托资金的最低收益;(2)进行公开营销宣传;(3)委托非金融机构进行推介;(4)推介材料含有与信托文件不符的内容,或者存在虚假记载、误导性陈述或重大遗漏等情况;(5)对公司过去的经营业绩作夸大介绍,或者恶意贬低同行;(6)中国银行业监督管理机构禁止的其他行为。

3. 风险提示

信托公司推介信托计划时,必须向投资者充分提示相关的风险,使认购信托计划的投资者(委托人)在理解其内容基础上签署认购风险申明书。根据《资金信托计划管理办法》第11条的规定,认购风险申明书至少应当包含以下内容:(1)信托计划不承诺保本和最低收益,具有一定的投资风险,适合风险识别、评估、承受能力较强的合格投资者。(2)委托人应当以自己合法所有的资金认购信托单位,不得非法汇集他人资金参与信托计划。(3)信托公司依据信托计划文件管理信托财产所产生的风险,由信托财产承担。信托公司因违背信托计划文件、处理信托事务不当而造成信托财产损失的,由信托公司以固有财产赔偿;不足赔偿时,由投资者自担。(4)委托人在认购风险申明书上签字,即表明已认真阅读并理解所有的信托计划文件,并愿意依法承担相应的信托投资风险。

此外,信托合同应当在首页右上方用醒目字体载明下列文字:信托公司管理信托财产应恪尽职守,履行诚实、信用、谨慎、有效管理的义务。信托公司依据本信托合同约定管理信托财产所生的风险,由信托财产承担。信托公司因违背本信托合同、处理信托事务不当而造成信托财产损失的,由信托公司以固有财产赔偿;不足赔偿时,由投资者自担。

(二)信托计划文件

根据《资金信托计划管理办法》第10条的规定,信托计划文件应当包含以下内容:(1)认购风险申明书;(2)信托计划说明书;(3)信托合同;(4)中国银行业监督管理机构规定的其他内容。

信托计划说明书应当包括:(1)信托公司的基本情况;(2)信托计划的名称及主要内容;(3)信托合同的内容摘要;(4)信托计划的推介日期、期限和信托单位价格;(5)信托计划的推介机构名称;(6)信托经理人员名单、履历;(7)律师事务所出具的法律意见书;(8)风险警示内容;(9)中国银行业监督管理机构规定的其他内容。

信托合同应当载明以下事项:(1)信托目的;(2)受托人、保管人和委托人的姓名或者名称、住所;(3)信托资金的币种和金额;(4)信托计划的规模与期限;(5)信托资金管理、运用和处分的具体方法或安排;(6)信托利益的计算、向受益人交付信托利益的时间和方法;(7)信托财产税费的承担、其他费用的核算及支付方法;(8)受托人报酬计算方法、支付期间及方法;(9)信托终止时信托财产的归属及分配方式;(10)信托当事人的权利、义务;(11)受益人大会召集、议事及表决的程序和规则;(12)新受托人的选任方式;(13)风险揭示;(14)信托当事人的违约责任及纠纷解决方式;(15)信托当事人约定的其他事项。

委托人认购信托单位前,应当仔细阅读信托计划文件的全部内容,并在认购风险申明书上签字,申明愿意承担信托计划的投资风险。信托公司应当提供便利,保证委托人能够查阅或者复制所有的信托计划文件,并向委托人提供信托合同文本原件。

第五节 动产与不动产信托

根据设立信托的财产是动产还是不动产,信托可区分为动产信托和不动产信托。当事人可根据自己的需要,设立各种形式的动产或不动产民事信托和营业信托。本节主要从营业或商事信托的角度加以介绍。

一、动产信托的概念和功能

动产信托是指以动产为信托财产的信托,是不动产信托的对称。所谓动产,是指可以移动而不损害其经济用途和价值的财产,如交通工具、机械设备、原材料等。动产信托根据设立信托的动产种类不同,可分为运输设备信托、机械设备信托、贵金属信托等。动产信托的标的物,通常是价格昂贵、资金需求量大的设备,又称设备信托,即设备的制造商或出售者作为委托人,将设备的财产权转移给信托机构(受托人),信托机构根据信托目的对设备进行管理和处分的行为。

动产信托有助于生产和销售大型设备的单位及时收回货款,以加速资金周转和进行再生产。同时,有助于使用大型设备的单位通过信托机构的信用担保实现设备的分期付款或租赁,从而解决资金困难,满足生产经营所需。动产信托除了为企业提供长期资金融通之外,还可以用来处置闲置设备。企业对于不适用的闲置设备,通过信托机构将其按类组合、补充配套、开发功能,提升生产盈利能力,再进行出租或出售,既解决了设备的闲置浪费,节约了维护、储存等管理费用问题,又能创造新的价值。

二、动产信托的种类

1. 按照动产的管理处分方式,动产信托可分为管理信托、处分信托和管理处分信托[①]

管理信托,是指信托机构对设立信托的动产进行出租、维护等管理行为,即动产所有人(委托人)根据信托合同将动产所有权转移给信托机构,由信托机构按照信托目的出租给用户使用,所获租金收入扣除信托费用后作为信托收益交给受益人(一般为委托人),信托期满收回动产的信托方式。

---

① 闵绥艳主编:《信托与租赁》(第四版),科学出版社2017年版,第76—78页。

处分信托,是指信托机构对设立信托的动产实施出售等处分行为,即动产所有人(委托人)将动产所有权转移给信托机构,由信托机构出售给用户,用户向信托机构以分期付款等方式支付货款的信托方式。该种信托与管理信托的区别在于,该种信托的目的是出售动产及收回货款,用户根据买卖合同以分期付款等方式偿还货款。

管理处分信托,是指信托机构对设立信托的动产既进行出租等管理,又进行出售等处分的行为,即动产所有人(如设备制造商或销售者)将动产转移给信托机构,由信托机构将动产出租给用户,信托终结时再将动产出售给用户的一种信托方式。该种信托是管理信托和处分信托的结合,可进一步区分为出让受益权证书方式和发行信托证券方式两种。

2. 按照是否具有融资性,动产信托可分为融资性信托和服务性信托

信托机构在受托管理和处分动产过程中,往往需要提供融资来实现信托目的。在融资性信托中,信托机构在促成设备、物资等动产销售或转让的同时,还为委托人或购买方提供融资。在服务性信托中,信托机构只对信托动产进行管理、维护等,收取相应的手续费,不垫付资金。

三、动产信托的业务流程

1. 动产管理信托的业务流程

动产生产或销售者、信托机构与用户三方签订基本协议,约定动产信托业务的框架性安排;动产生产或销售者作为委托人与信托机构签订信托协议,将有关设备等动产转移给信托机构;动产生产或销售者作为受益人取得与信托利益相同金额的信托受益权,信托机构出具证明信托受益权存在的信托受益权证书并交给受益人;信托机构根据信托协议的约定,与设备等动产的用户签订出租协议;动产生产或销售者(委托人兼受益人)经信托机构同意后将信托受益权出售给第三人(最终受益人),从而收回设备等动产价款;用户在信托协议期限内定期向信托机构支付租金(相当于设备等动产的折旧费和利息之和);信托机构收取租金后,扣除规定的信托报酬,将余款作为信托收益分配给最终受益人,最终受益人以此收回投资本金,并取得投资收益;信托结束后,信托机构将信托动产交还给委托人。具体如图 8-1 所示。[①]

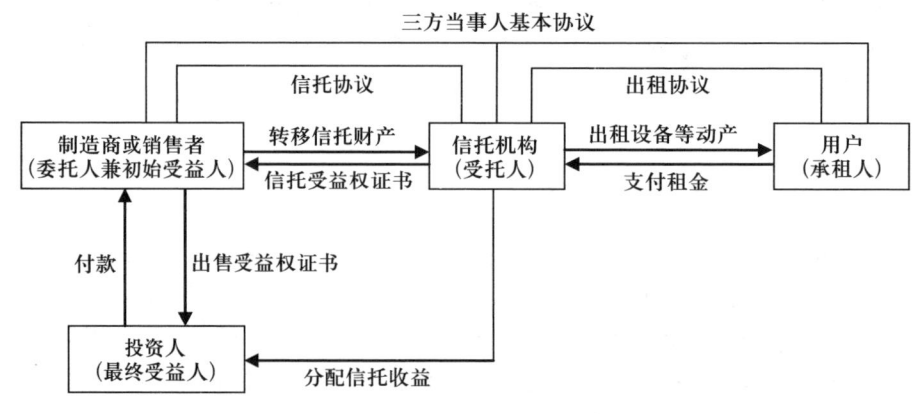

图 8-1 出让受益权证书的动产管理信托业务流程

---

① 闵绥艳主编:《信托与租赁》(第四版),科学出版社 2017 年版,第 77 页。

2. 动产处分信托的业务流程

动产制造商或销售者、信托机构、用户三方签订基本协议,约定关于动产信托业务的框架性安排;制造商或销售者作为委托人与信托机构签订以出售动产为目的的信托协议,并将动产转移给信托机构;制造商或销售者作为受益人取得信托受益权,信托机构向其出具相应的信托受益权证书;信托机构根据信托协议与用户签订有关设备等动产的买卖合同,将有关设备等动产的所有权在签订信托协议后,通过买卖合同又转移给用户(这正是处分信托与管理信托的不同之处);动产制造商或销售者作为委托人兼受益人经信托机构同意,将信托受益权出售或转让给第三人(最终受益人),并收回货款;信托机构将从用户那里收取的分期支付等方式形成的货款和利息扣除约定的信托报酬后,作为信托收益分配给最终受益人,最终受益人以此收回投资本金并取得收益。其业务流程与图 8-1 相似,只是在信托动产运用上由出租改为出售,并调整相关的行为。

3. 动产管理处分信托的业务流程

动产管理处分信托的业务流程与前述两种方式有所不同,可区分为出让受益权证书方式和发行信托证券方式两种。对于出让受益权证书方式来说,其业务流程是管理信托与处分信托的结合,主要不同在于,信托机构与用户之间是出租兼出售的关系,两者之间签订的是租售协议。对于发行信托证券方式来说,其与出让受益权证书方式的主要区别在于,设立信托后动产制造商或销售者不是从信托机构直接获得受益权证书再自行出售给第三人,而是将自己的受益权委托信托机构对外发行信托证券,并以信托证券发行所得款项偿还信托动产的货款。在这一过程中,委托人是初始受益人,购买信托证券的人为最终受益人。该种发行信托证券方式的业务流程如图 8-2 所示。[①]

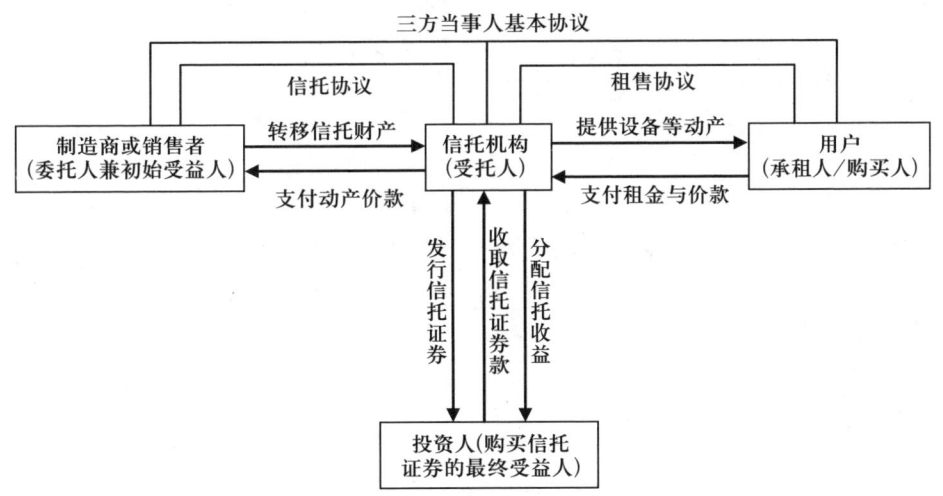

图 8-2 发行信托证券的动产管理处分信托业务流程

4. 基本协议的内容

动产信托业务中的基本协议,根据具体信托方式和目的的不同,内容也有所不同。一般来说,基本协议的主要内容包括:(1)制造商或销售者与信托机构之间签订信托协议的相关约定;

---

① 闵绥艳主编:《信托与租赁》(第四版),科学出版社 2017 年版,第 78 页。

（2）信托机构与动产用户之间关于出租及买卖设备协议的相关约定;（3）与信托协议、租售协议相伴的财产转移方法;（4）财产转移之后,如果发现动产有问题,制造商或出售者有在一定期间内无偿修理的义务和负损害赔偿的责任,信托机构不负责任的约定;（5）财产转移之后,动产由于不可抗力原因造成损失或其他一切损害,除制造商或销售者、信托机构负有责任外,用户也负有责任的约定等。

四、不动产信托的概念和种类

不动产信托,又称房地产信托,是指不动产所有人(委托人),将不动产财产权移转给受托人,受托人以自己的名义,为受益人的利益或特定目的,进行管理和处分的行为。不动产信托以建筑物、土地(不含耕地)等不动产作为信托财产,由受托人根据信托目的进行开发、管理、经营及处分等,并将所得收益交给受益人。在不动产信托中,受托人的财产管理事务主要是不动产的买卖、租赁、收租、保险、登记、过户、纳税以及房屋维修、支付水电费、办理法律手续等,此外还可能包括土地丈量,建筑物的设计和绘图,建筑工程的承包,不动产的鉴定、评价等。不动产信托财产不以不动产的所有权(土地所有权或建物所有权)为限,土地的使用权甚至不动产的租赁权等,也可以作为信托财产。为确保交易安全,保障受益人和第三人权益,设立不动产信托,应当进行信托公示,即办理信托登记,没有办理的应当补办,否则信托不生效力。

按照不动产的管理处分方式,不动产信托与动产信托一样,也可分为管理信托、处分信托和管理处分信托。在管理信托中,信托机构进行不动产的出租、维护等管理活动,收取房租、地租等收益并交给受益人;在处分信托中,信托机构接受信托,以自己的名义出售土地、建筑物等不动产,所得价款交给受益人(一般是委托人);在管理处分信托中,信托机构将不动产出租给承租人,信托期满时以约定价格再出售给承租人,不动产管理、处分的收益交给受益人。

按照不动产的形态,不动产信托可分为房地产信托和土地信托。房地产信托是指信托机构受托经营、管理和处分的财产为房地产及相关财产。中国的房地产信托机构主要有两类,一类是专业银行设立的房地产信托机构,另一类是专业性的房地产信托公司。土地信托是指土地所有者为了有效利用土地,获取收益,将土地转移给信托机构,信托机构按照信托合同和法律的规定,对土地进行开发、建设、出租或对建设的房屋等进行维护、出租、出售等活动,并将所得收益交给受益人(一般为土地所有者)。

五、不动产信托的作用

不动产信托是以不动产为信托标的的信托业务。通过办理不动产信托,可以起到以下几方面作用:

第一,避免不动产业主因专业知识不足而遭受经济损失的风险。不动产的管理和处分,需要较强的专业知识,如果业主(委托人)本人亲自办理,由于知识水平和经验所限,极易蒙受损失。通过不动产信托方式,信托机构凭借其专业人才和丰富经验,以及规模大、信誉卓著,办事方便可靠,就能免除或减少上述风险。

第二,为改良不动产提供资金支持。比方说,土地所有者对部分土地需要开发利用,在其土地上新盖或增加建筑物,但缺乏资金,此时,可将其原土地或土地使用权抵押给信托机构,由信托机构通过设立信托发行受益权证券方式募集资金,再投资于土地开发和建设。

第三,为不动产销售提供信用保证。在不动产销售过程中,如果买方资金不足或卖方对买方的信用不够了解,就会阻碍交易。通过设立不动产信托,将不动产财产权转移给信托机构,再由信托机构以分期付款方式销售给购买人,则通过信托机构的信用保证既促进销售,又保障不动产所有人的权益。

六、不动产信托的业务流程

不动产信托的业务流程与动产管理处分信托的业务流程有许多相似之处,但也有较大差异,主要是不动产信托涉及的主体、环节更多,流程、时间更长等。不动产信托可以采取出让受益权证书方式或者发行信托证券方式,[①] 也可以采用受益权不转让的自益信托方式。以土地自益信托为例,其基本业务流程如下:[②]

第一,信托机构与委托人(即土地所有人)签订土地信托基本协议,约定土地信托的框架性安排。受托人应先对将要设立信托的土地进行详细调查,然后对城市规划法、建筑法的有关限制条件、租赁业市场状况、土地的最有效利用方式进行深入研究。在此基础上,按照委托人的意图作出详细计划等。此基本协议也可不签而直接进入下一步。

第二,信托机构与委托人签订土地信托合同。信托机构与土地所有者在充分协商、达成一致意见后,签订土地信托合同,并进行土地财产权的转移登记和信托登记。

第三,信托机构获取信托土地后,向土地受益人签发土地信托受益权证书。土地所有者作为委托人设立土地信托后,又作为土地受益人取得信托受益权,由信托机构向其出具土地信托受益权证书。该土地信托受益权可以转让,从而采取出让信托受益权证书的信托方式。

第四,信托机构选定建筑公司,签订建筑承包合同。

第五,信托机构从金融机构借入资金,用于房屋建设。

第六,信托机构向建筑公司支付建设费用,建筑完工后建筑公司向信托机构交付房屋,同时办理建筑物的所有权产权登记和信托登记。

第七,信托机构招募房屋使用人。可以采取租赁方式,也可采用出售方式。

第八,信托机构与管理公司签订关于建筑物维护和管理的协议,对建筑物进行管理。

第九,信托机构用房屋出租的租金或出售的价款,支付税金、利息、火灾保险费、管理费等,并偿还向金融机构的借款本金和利息。

第十,信托机构在支付各种费用和偿还银行借款之后,在信托合同规定的决算日进行决算,扣除信托报酬,剩余的收益作为信托利益交给土地所有人(委托人)。

第十一,信托终结时,信托机构在得到受益人的认可后,将信托财产以现有状态交给受益人。此时,信托机构与承租人的租赁协议在受益人与承租人之间继续有效。土地、建筑物的信托登记取消后,所有权转移给受益人并进行登记。

---

① 该两种方式的业务流程与动产信托基本相似,主要区别在于管理和处分的信托财产由动产变成了不动产。参见图 8-1 和图 8-2。

② 闫绥艳主编:《信托与租赁》(第四版),科学出版社 2017 年版,第 81—82 页。

第六节 资产管理经营法

2018年4月27日,《关于规范金融机构资产管理业务的指导意见》(以下简称《资管新规》)发布;2018年9月26日,《商业银行理财业务监督管理办法》发布;2018年10月22日,《证券期货经营机构私募资产管理业务管理办法》发布,后于2023年修订。这些规范坚持积极稳妥、审慎推进的基本思路,全面覆盖、统一规制各类金融机构的资产管理业务,实行公平的市场准入和监管,消除监管套利空间,保护金融消费者合法权益。本节主要介绍我国现行资产管理的有关规则。

一、资产管理的含义和分类

(一)资产管理的含义

资产管理是指银行、信托、证券、基金、期货、保险资产管理机构、金融资产投资公司等金融机构接受投资者委托,对受托的投资者财产进行投资和管理的金融服务。金融机构为委托人利益履行诚实信用、勤勉尽责义务并收取相应的管理费用,委托人自担投资风险并获得收益。资产管理本质上属于"受人之托,代人理财"的信托关系,除遵守《资管新规》等资产管理规范外,还应遵守《信托法》的规定。

资产管理是金融机构的表外业务,金融机构不得在表内开展资产管理业务。资产管理产品包括但不限于人民币或外币形式的银行非保本理财产品,资金信托,证券公司、证券公司子公司、基金管理公司、基金管理子公司、期货公司、期货公司子公司、保险资产管理机构、金融资产投资公司发行的资产管理产品等。

资产管理业务作为金融业务,属于特许经营行业,必须纳入金融监管。非金融机构不得发行、销售资产管理产品,国家另有规定的除外。

(二)资产管理产品的分类

1. 按照募集方式的不同,资产管理产品分为公募产品和私募产品

公募产品面向不特定社会公众公开发行。公开发行是指向不特定对象发行资管产品,或者向特定对象发行累计超过200人的,或者法律、行政法规规定的其他发行行为。

私募产品的合格投资者制度

私募产品面向合格投资者通过非公开方式发行。合格投资者是指具备相应风险识别能力和风险承担能力,投资于单只资产管理产品不低于一定金额且符合下列条件的自然人、法人或者其他组织:(1)具有2年以上投资经历,且满足以下条件之一:家庭金融净资产不低于300万元,家庭金融资产不低于500万元,或者近3年本人年均收入不低于40万元;(2)最近1年末净资产不低于1000万元的法人单位;(3)金融管理部门视为合格投资者的其他情形。合格投资者投资于单只固定收益类产品的金额不低于30万元,投资于单只混合类产品的金额不低于40万

元,投资于单只权益类产品、单只商品及金融衍生品类产品的金额不低于100万元。此外,投资者不得使用贷款、发行债券等筹集的非自有资金投资资产管理产品。

2. 按照投资性质的不同,资产管理产品分为固定收益类产品、权益类产品、商品及金融衍生品类产品和混合类产品

固定收益类产品是指投资于存款、债券等债权类资产的比例不低于80%的资管产品;权益类产品是指投资于股票、未上市企业股权等权益类资产的比例不低于80%的资管产品;商品及金融衍生品类产品是指投资于商品及金融衍生品的比例不低于80%的资管产品;混合类产品是指投资于债权类资产、权益类资产、商品及金融衍生品类资产且任一资产的投资比例未达到前三类产品标准的资管产品。

金融机构在发行资产管理产品时,应当按照上述分类标准向投资者明示资产管理产品的类型,并按照确定的产品性质进行投资。在产品成立后至到期日前,不得擅自改变产品类型。混合类产品投资债权类资产、权益类资产和商品及金融衍生品类资产的比例范围应当在发行产品时予以确定并向投资者明示,在产品成立后至到期日前不得擅自改变。产品的实际投向不得违反合同约定,如有改变,除高风险类型的产品超出比例范围投资较低风险资产外,应当先行取得投资者书面同意,并履行登记备案等法律法规以及金融监督管理部门规定的程序。非因金融机构主观因素导致突破前述各类产品比例限制的,金融机构应当在流动性受限资产可出售、可转让或者恢复交易的15个交易日内调整至符合要求。

二、资产管理的基本原则与法律适用

(一)资产管理的基本原则

第一,坚持严控风险的底线思维。把防范和化解资产管理业务风险放到更加重要的位置,减少存量风险,严防增量风险。

第二,坚持服务实体经济的根本目标。既充分发挥资产管理业务功能,切实服务实体经济投融资需求,又严格规范引导,避免资金脱实向虚在金融体系内部自我循环,防止产品过于复杂,加剧风险跨行业、跨市场、跨区域传递。

第三,坚持宏观审慎管理与微观审慎监管相结合、机构监管与功能监管相结合的监管理念。实现对各类机构开展资产管理业务的全面、统一覆盖,采取有效监管措施,加强金融消费者权益保护。

第四,坚持有的放矢的问题导向。重点针对资产管理业务的多层嵌套、杠杆不清、套利严重、投机频繁等问题,设定统一的规制标准,同时对金融创新坚持趋利避害、一分为二,留出发展空间。

第五,坚持积极稳妥、审慎推进。正确处理改革、发展与稳定关系,坚持防范风险与有序规范相结合,在下决心处置风险的同时,充分考虑市场承受能力,合理设置过渡期,把握好工作的次序、节奏、力度,加强市场沟通,有效引导市场预期。

（二）资产管理的法律适用

资产管理本质上属于"受人之托,代人理财"的信托业务,但实际上我国各种金融机构几乎都在从事资产管理业务。这就使我国分业经营、分业监管的金融管理体制面临如何适用法律和进行监管的问题。

从我国目前的法律规定和现实情况来看,应注意以下几个方面:(1)私募投资基金适用《证券投资基金法》《私募投资基金监督管理暂行办法》等专门法律法规,这些专门法律法规中没有明确规定的适用《资管新规》的规定;(2)银行非保本理财产品,适用《资管新规》和《商业银行理财业务监督管理办法》的规定;(3)资金信托产品,适用《信托法》《信托公司管理办法》《信托公司集合资金信托计划管理办法》《资管新规》等规定;(4)私募资产管理业务,适用《证券期货经营机构私募资产管理业务管理办法》《资管新规》等规定;(5)其他资产管理产品,适用相关特别法律法规和《资管新规》等规定;(6)跨境资产管理产品及业务,参照《资管新规》执行,并应当符合跨境人民币和外汇管理的有关规定;(7)创业投资基金、政府出资产业投资基金的相关规定另行制定,不适用《资管新规》;(8)资产证券化业务,适用《信贷资产证券化试点管理办法》《金融机构信贷资产证券化试点监督管理办法》《证券公司及基金管理子公司资产证券化业务管理规定》等专门规范,不适用《资管新规》;(9)养老金产品,适用人力资源社会保障部门颁布的规则,不适用《资管新规》。

三、金融机构的资产管理职责

金融机构开展资产管理业务,应当具备与资产管理业务发展相适应的管理体系和管理制度,公司治理良好,风险管理、内部控制和问责机制健全。金融机构运用受托资金进行投资,应当遵守审慎经营规则,制定科学合理的投资策略和风险管理制度,有效防范和控制风险。为此,关于资产管理,金融机构应当履行以下管理人职责:(1)依法募集资金,办理产品份额的发售和登记事宜;(2)办理产品登记备案或者注册手续;(3)对所管理的不同产品受托财产分别管理、分别记账,进行投资;(4)按照产品合同的约定确定收益分配方案,及时向投资者分配收益;(5)进行产品会计核算并编制产品财务会计报告;(6)依法计算并披露产品净值或者投资收益情况,确定申购、赎回价格;(7)办理与受托财产管理业务活动有关的信息披露事项;(8)保存受托财产管理业务活动的记录、账册、报表和其他相关资料;(9)以管理人名义,代表投资者利益行使诉讼权利或者实施其他法律行为;(10)在兑付受托资金及收益时,金融机构应当保证受托资金及收益返回委托人的原账户、同名账户或者合同约定的受益人账户;(11)金融监督管理部门规定的其他职责。

同时,金融机构应当履行投资者适当性管理职责。也就是说,金融机构发行和销售资产管理产品,应当坚持"了解产品"和"了解客户"的经营理念,加强投资者适当性管理,向投资者销售与其风险识别能力和风险承担能力相适应的资产管理产品,也就是做到资产管理产品所投资资产的风险等级与投资者的风险承担能力相匹配。禁止欺诈或者误导投资者购买与其风险承担能力不匹配的资产管理产品。

金融机构未按照诚实信用、勤勉尽责原则切实履行受托管理职责,造成投资者损失的,应当依法向投资者承担赔偿责任。

四、资产管理产品的投资对象

资产管理产品根据资金募集方式的不同,许可的投资对象也不同:(1)公募产品主要投资标准化债权类资产以及上市交易的股票,除法律法规和金融管理部门另有规定外,不得投资未上市企业股权。公募产品可以投资商品及金融衍生品,但应当符合法律法规以及金融管理部门的相关规定。(2)私募产品的投资范围由合同约定,可以投资债权类资产、上市或挂牌交易的股票、未上市企业股权(含债转股)和受(收)益权以及符合法律法规规定的其他资产,并严格遵守投资者适当性管理要求。

标准化债权类资产是指符合以下条件的债权类资产:(1)等分化,可交易;(2)信息披露充分;(3)集中登记,独立托管;(4)公允定价,流动性机制完善;(5)在银行间市场、证券交易所市场等经国务院同意设立的交易市场交易。其具体认定规则由中国人民银行会同金融监督管理部门另行制定。非标准化债权类资产是指标准化债权类资产之外的债权类资产。资产管理产品投资于非标准化债权类资产的,应当遵守金融监督管理部门制定的有关限额管理、流动性管理等监管标准。

金融机构不得将资产管理产品资金直接投资于商业银行信贷资产,不得直接或者间接投资法律法规和国家政策禁止进行债权或股权投资的行业和领域。商业银行信贷资产受(收)益权的投资限制由金融管理部门另行制定。

五、资产管理的基本要求

（一）管理独立性

资产管理业务属于信托性质,应当使资产管理形成的财产具有独立性。为此,金融机构开展资产管理业务,应当满足独立性要求,主要包括资产管理业务与其他业务相分离、资产管理产品与其代销的金融产品相分离、资产管理产品之间相分离、资产管理业务操作与其他业务操作相分离。同时,资产管理形成的财产独立于受托金融机构的自有财产,也独立于委托人未进行资产管理的财产。

此外,金融机构发行的资产管理产品资产应当由具有托管资质的第三方机构独立托管,法律、行政法规另有规定的除外。

（二）净值化管理

金融机构对资产管理产品应当实行净值化管理。资产管理产品的净值生成应当符合《企业会计准则——基本准则》的规定,及时反映基础金融资产的收益和风险,由托管机构进行核算并定期提供报告,由外部审计机构进行审计确认,被审计金融机构应当披露审计结果并同时报送金融管理部门。

资产管理产品净值计算所涉及的金融资产,应当采用公允价值计量原则,鼓励使用市值计量。符合以下条件之一的,可按照《企业会计准则——基本准则》以摊余成本进行计量:(1)资产管理产品为封闭式产品,且所投金融资产以收取合同现金流量为目的并持有到期;(2)资产管理产品为封闭式产品,且所投金融资产暂不具备活跃市场交易的可能,或者在活跃市场中没有报价,也不能采用估值技术可靠计量公允价值。

(三)信息披露

金融机构应当向投资者主动、真实、准确、完整、及时披露资产管理产品的募集信息、资金投向、杠杆水平、收益分配、托管安排、投资账户信息和主要投资风险等内容。对于公募产品,金融机构应当建立严格的信息披露管理制度,明确定期报告、临时报告、重大事项公告、投资风险披露要求以及具体内容、格式。应当在本机构官方网站或者通过投资者便于获取的方式披露产品净值或者投资收益情况,并定期披露其他重要信息:开放式产品按照开放频率披露;封闭式产品至少每周披露一次。对于私募产品,其信息披露方式、内容、频率由产品合同约定,但金融机构应当至少每季度向投资者披露产品净值和其他重要信息。

(四)期限管理

金融机构应当合理确定资产管理产品所投资资产的期限,加强对期限错配的流动性风险管理。为降低期限错配风险,金融机构应当强化资产管理产品久期管理。封闭式资产管理产品期限不得低于 90 天。资产管理产品直接或者间接投资于非标准化债权类资产的,非标准化债权类资产的终止日不得晚于封闭式资产管理产品的到期日或者开放式资产管理产品的最近一次开放日。

资产管理产品直接或者间接投资于未上市企业股权及其受(收)益权的,应当为封闭式资产管理产品,并明确股权及其受(收)益权的退出安排。未上市企业股权及其受(收)益权的退出日不得晚于封闭式资产管理产品的到期日。

(五)投资集中度管理

金融机构应当控制资产管理产品所投资资产的集中度,包括三个方面:(1)单只公募资产管理产品投资单只证券或者单只证券投资基金的市值不得超过该资产管理产品净资产的 10%。(2)同一金融机构发行的全部公募资产管理产品投资单只证券或者单只证券投资基金的市值不得超过该证券市值或者证券投资基金市值的 30%。其中,同一金融机构全部开放式公募资产管理产品投资单一上市公司发行的股票不得超过该上市公司可流通股票的 15%。(3)同一金融机构全部资产管理产品投资单一上市公司发行的股票不得超过该上市公司可流通股票的 30%。金融监督管理部门另有规定的除外。

非因金融机构主观因素导致突破前述比例限制的,金融机构应当在流动性受限资产可出售、可转让或者恢复交易的 10 个交易日内调整至符合相关要求。

(六)风险准备金

金融机构应当按照资产管理产品管理费收入的 10% 计提风险准备金,或者按照规定计量操作风险资本或相应风险资本准备。风险准备金余额达到产品余额的 1% 时可以不再提取。风险准备金主要用于弥补因金融机构违法违规、违反资产管理产品协议、操作错误或者技术故障等给资产管理产品财产或者投资者造成的损失。金融机构应当定期将风险准备金的使用情况报告金融管理部门。

（七）产品统一报告制度

中国人民银行负责统筹资产管理产品的数据编码和综合统计工作，会同金融监督管理部门拟定资产管理产品统计制度，建立资产管理产品信息系统，规范和统一产品标准、信息分类、代码、数据格式，逐只产品统计基本信息、募集信息、资产负债信息和终止信息。中国人民银行和金融监督管理部门加强资产管理产品的统计信息共享。同时，金融机构还应当将含债权投资的资产管理产品信息报送至金融信用信息基础数据库。

金融机构应当于每只资产管理产品成立后 5 个工作日内，向中国人民银行和金融监督管理部门同时报送产品基本信息和起始募集信息；于每月 10 日前报送存续期募集信息、资产负债信息，于产品终止后 5 个工作日内报送终止信息。

六、资产管理的禁止性规定

（一）刚性兑付

刚性兑付是指受托人对委托人的投资作出保本保收益的承诺并予以兑现。《资管新规》明确规定："金融机构开展资产管理业务时不得承诺保本保收益。出现兑付困难时，金融机构不得以任何形式垫资兑付。"此外，还规定，金融机构应当加强投资者教育，不断提高投资者的金融知识水平和风险意识，向投资者传递"卖者尽责、买者自负"的理念，打破刚性兑付。金融机构不得为资产管理产品投资的非标准化债权类资产或者股权类资产提供任何直接或间接、显性或隐性的担保、回购等代为承担风险的承诺。

经金融管理部门认定，存在以下行为的视为刚性兑付：（1）资产管理产品的发行人或者管理人违反真实公允确定净值原则，对产品进行保本保收益；（2）采取滚动发行等方式，使得资产管理产品的本金、收益、风险在不同投资者之间发生转移，实现产品保本保收益；（3）资产管理产品不能如期兑付或者兑付困难时，发行或者管理该产品的金融机构自行筹集资金偿付或者委托其他机构代为偿付；（4）金融管理部门认定的其他情形。

金融机构经认定存在刚性兑付行为的，将依照《资管新规》等规定进行处罚。

（二）结构化分级

《资管新规》明确规定，公募产品和开放式私募产品不得进行产品的份额分级。封闭式私募产品的结构化分级则应遵守相应的限制性规定。首先，分级私募产品的总资产不得超过该产品净资产的 140%。其次，分级私募产品应当根据所投资资产的风险程度设定分级比例（优先级份额/劣后级份额，中间级份额计入优先级份额）。固定收益类产品的分级比例不得超过 3∶1，权益类产品的分级比例不得超过 1∶1，商品及金融衍生品类产品、混合类产品的分级比例不得超过 2∶1。再次，发行分级资产管理产品的金融机构应当对该资产管理产品进行自主管理，不得转委托给劣后级投资者。最后,分级资产管理产品不得直接或者间接对优先级份额认购者提供保本保收益安排。所谓分级资产管理产品,是指存在一级份额以上的份额为其他级份额提供一定的风险补偿,收益分配不按份额比例计算,由资产管理合同另行约定的产品。

(三)资金池业务

《资管新规》规定,金融机构应当做到每只资产管理产品的资金单独管理、单独建账、单独核算,不得开展或者参与具有滚动发行、集合运作、分离定价特征的资金池业务。

(四)拆分与期限错配

金融机构不得通过拆分资产管理产品的方式,向风险识别能力和风险承担能力均低于产品风险等级的投资者销售资产管理产品。金融机构应当遵守资产管理的期限管理要求,不得将资产管理产品的资金投资于期限超过资产管理产品有效期的资产或项目,防止期限错配。

(五)多层嵌套

资产管理产品可以再投资一层资产管理产品,但所投资的资产管理产品不得再投资公募证券投资基金以外的资产管理产品。换言之,资管产品只能嵌套投资一次,不能多层嵌套。

金融机构将资产管理产品投资于其他机构发行的资产管理产品,从而将本机构的资产管理产品资金委托给其他机构进行投资的,该受托机构应当为具有专业投资能力和资质的受金融监督管理部门监管的机构。公募资产管理产品的受托机构应当为金融机构,私募资产管理产品的受托机构可以为私募基金管理人。受托机构应当切实履行主动管理职责,不得进行转委托,不得再投资公募证券投资基金以外的资产管理产品。委托机构应当对受托机构开展尽职调查,实行名单制管理,明确规定受托机构的准入标准和程序、责任和义务、存续期管理、利益冲突防范机制、信息披露义务以及退出机制。委托机构不得因委托其他机构投资而免除自身应当承担的责任。

(六)过度杠杆

金融产品杠杆过大,容易引发系统性金融风险。为此,《资管新规》对资产管理产品的杠杆比例作出了相应限制。首先,资产管理产品应当设定负债比例(总资产/净资产)上限,同类产品适用统一的负债比例上限。其次,每只开放式公募产品的总资产不得超过该产品净资产的140%,每只封闭式公募产品、每只私募产品的总资产不得超过该产品净资产的200%。最后,计算单只产品的总资产时,应当按照穿透原则合并计算所投资资产管理产品的总资产。

《资管新规》还规定,金融机构不得以受托管理的资产管理产品份额进行质押融资,放大杠杆。

> 【案例评析】
> 《资管新规》第一案:资管通道业务是否有效?

(七)通道服务

金融机构不得为其他金融机构的资产管理产品提供规避投资范围、杠杆约束等监管要求的通道服务。

此外,金融机构不得违反金融监督管理部门的规定,通过为单一融资项目设立多只资产管理产品的方式,变相突破投资人数限制或者其他监管要求。同一金融机构发行多只资产管理产品投资同一资产的,为防止同一资产发生风险波及多只资产管理产品,多只资产管理产品投资该资产的资金总规模合计不得超过300亿元。

《信托法》《证券投资基金法》《资管新规》等

【法律适用】

信托制度在我国金融领域应用十分广泛,不同的信托业务依据的经营规则一般有所不同。目前,我国信托法律层面,主要适用《信托法》和《证券投资基金法》,此外还要适用《民法典》的有关规定。《信托法》概括地规定了适用于各种信托业务的基本规则,《证券投资基金法》则是针对特定信托业务的专门立法。现实中,大量的信托业务没有相应的专门立法对其进行规制,这些信托业务大多由相关部门规章调整,立法层次较低。随着信托制度的不断发展,信托业务品种不断创新,对于发展比较成熟的信托业务可以考虑通过制定专门的单行法进行调整。对于资产管理,目前《资管新规》《商业银行理财业务监督管理办法》《证券期货经营机构私募资产管理业务管理办法》等都只是行政规章,并且有不同的调整对象。为此,应注意各种具体的资产管理产品所应适用的法律和规章,包括《信托法》《证券投资基金法》《民法典》及不同的资产管理规章等。

【思考题】

1. 信托的特征是什么?

思考提示:信托的特征包括经济特征和法律特征。要着重分析信托的法律特征。

2. 信托财产的独立性体现在哪些方面?

思考提示:先明确信托财产的独立性的概念,然后逐一分析信托财产与委托人的财产、受托人的财产、受益人的财产相独立,并分析信托财产之间以及信托财产损益的独立性。

3. 我国现行《信托法》存在哪些缺陷?

思考提示:我国现行《信托法》关于信托的定义、信托财产的权属、信托的登记制度、信托法律责任等都存在一定的缺陷,不能完全适应信托制度的发展要求,亟须修改和明确。

4. 资产管理的含义是什么?资产管理法律关系的本质是什么?《资管新规》有何重大意义?

思考提示:在理解资产管理的含义的基础上,应注意分析资产管理产品与其他金融产品之间的联系和区别。资产管理的本质是"受人之托、代人理财"的信托关系,应从各种资管产品的法律构造加以分析。《资管新规》首次对资产管理进行了系统梳理,提出了对资产管理进行全面规范的基本法律框架,明确了同类资管产品统一监管标准的要求,对我国资产管理业务的规范与发展具有划时代的意义。

5.资产管理中净值化管理和禁止刚性兑付的含义和意义是什么?

思考提示:对于资产管理产品,实行净值化管理和禁止刚性兑付,其根本目的就是要回归资产管理的"受人之托、代人理财"的本质,在充分发挥金融机构专业理财技能的基础上,由投资者享有或承担相应的收益和风险。应注意把握刚性兑付的含义和法律界定标准,理解净值化管理的含义、内容和法律要求。

第九章　期货与衍生品交易经营法

■【重点提示】

1. 衍生品交易是指交易双方根据未来某一时间点的资产价格、利率、汇率等市场变量的变化，通过买卖衍生品合约来进行风险管理和投资的一种金融交易方式。衍生品交易包括期货合约、互换合约、远期合约、期权合约这4种主要类型。

2. 期货交易，又称期货合约，是约定在未来特定的时间和地点，以预先约定的价格买卖某种特定数量和质量的商品或金融资产的标准化或非标准化法律合约。期货合约广泛应用于农产品、能源、金属、股指、货币等市场，是现代金融市场的重要组成部分。

3.《期货和衍生品法》采用以期货交易为主、兼容衍生品交易的立法方式，明确界定了期货和衍生品市场的结构性关系，将其统一纳入同一部法律中。其调整对象全面，覆盖了整个期货和衍生品市场中的交易环节、结算方式、参与机构。

4. 期货和衍生品的交易规则包含3个方面：(1)期货和衍生品交易均适用的一般性规定；(2)适用于期货交易的特别规定；(3)适用于衍生品交易的特别规定。

5. 期货结算和交割规则主要包括当日无负债结算、保证金不足平仓、实物或现金交割、明确违约处置程序、保证金及相关财产独立性制度等规则。

6. 期货的参与主体有期货交易者、期货经营机构、期货交易场所、期货结算机构、期货服务机构、期货业协会。法律分别对各参与主体的权利义务、参与方式、纠纷解决制度作了明确规定。

7. 金融租赁是指金融租赁公司作为出租人，根据承租人对出卖人、租赁物的选择，向出卖人购买租赁物，提供给承租人使用，承租人支付租金的交易活动。所有权与使用权相分离是其重要的法律特征。两个合同、三方当事人相互依存又相互独立的法律关系是把握金融租赁的关键。

8. 金融租赁合同是以现代设备为标的的双务、有偿、诺成和不可撤销合同，是足额清偿合同，是金融交易的主合同。

9. 金融租赁当事人的权利与义务，从出卖人、出租人、承租人三方当事人入手分别进行掌握。

第一节 期货交易和衍生品交易概述

一、衍生品交易

衍生品交易是指交易双方根据未来某一时间点的资产价格、利率、汇率等市场变量的变化,通过买卖衍生品合约来进行风险管理和投资的一种金融交易方式。衍生品是一种金融工具,其价值取决于一个或多个基础资产的价值。衍生品交易包括期货合约、互换合约、远期合约、期权合约这4种主要类型。

(一)期货合约

期货合约,是指约定在未来特定的时间和地点,以预先约定的价格买卖某种特定数量和质量的商品或金融资产的标准化或非标准化法律合约。一方面,期货市场通过集中竞价,形成反映市场供需状况的价格,具有发现价格的功能;另一方面,企业和投资者可以通过对未来基础商品或金融资产价格波动的预期,购买期货合约进行套期保值、管理价格波动风险,使期货合约也具有风险管理的功能。基于以上功能,期货合约广泛应用于农产品、能源、金属、股指、货币等市场,是现代金融市场的重要组成部分。

期货交易市场中的期货合约主要以标准化合约为主,非标准化期货合约的交易量较少。所谓标准化,是指期货合约的内容,包括商品的质量、数量、交割日期和地点等,都是由交易所预先设定的格式化、标准化的条款。

期货合约在交易所进行交易,交易所作为中央对手方,为买卖双方提供履约保障。买卖双方需要向交易所交纳一定比例的保证金,以确保合约到期履行。基于保证金制度,期货交易不要求买卖双方在购买合约时交纳所有价款,只需支付合约价值的一部分即可交易,这使期货交易具有杠杆效应。

期货合约的交割可以是实物交割,也可以是现金交割。实物交割是指合约到期时,卖方交付商品,买方支付货款;现金交割则是指合约到期时,双方按照合约价格与现货价格的差额进行现金结算。

每个期货合约都有明确的到期日,到期后未平仓的合约需要进行交割。在期货交易中,交易所每天根据当天的行情进行保证金账户的划拨,有权随时对不能补足保证金的一方作出强制平仓处理,从而减少可能出现的违约风险。

(二)互换合约

互换合约,又称掉期合约或交换合约,是指交易双方约定在将来某一特定时间内,按照预先确定的交易规则,相互交换一系列特定标的物的金融合约。例如,两个交易者按照商定条件,在约定的时间内交换一系列资产或现金流的合约。该交换的对象可以是不同种类的货币、债券,也可以是不同种类的利率、汇率、价格指数等。根据交换对象不同,互换合约的类型主要有利率互换、货币互换、商品互换和信用违约互换。互换合约的主要目的是通过交换不同的金融现金流来管理风险或者获得融资成本的优势。

互换合约是两个对手方之间的私人交易,通常没有中央交易所这一第三方保证交易进行。与标准化的期货合约不同,互换合约可以根据交易双方的需求定制,具有较强的灵活性。互换合约的条款(如现金流的金额、频率、期限等)通常是非标准化的,根据交易双方的特定需求设计。

由于互换合约通常是与信用等级较高的对手方进行交易,所以可能不需要缴纳高额的保证金。交易双方交换的现金流可能是固定利率和浮动利率的利息支付、货币汇率变化产生的现金流、商品价格变化产生的现金流等。互换合约可以是实物交割,也可以是现金结算,具体取决于合约条款。

(三)远期合约

远期合约是指期货合约以外的,约定在将来某一特定的时间和地点交割一定数量标的物的金融合约。远期合约作为期货合约的最初形态,出现在早期海上贸易阶段,按照当时的交易习惯,商品交易者可以商定按照约定价格买卖未来到岸的海上货物,出现了交易未来交付货物的做法。远期合约具有风险管理、投融资等多种功能。目前,远期合约主要包括远期利率合约和远期汇率合约等。

与期货合约不同,远期合约不是在交易所交易的标准化合约,往往是根据交易双方的特定需求定制的,合约的条款如交易的标的、数量、价格、交割日期等都是双方协商确定的。由于没有交易所作为第三方保证履约,存在双方违约风险,风险大小取决于交易双方的信用状况。

远期合约允许交易双方在合约签订时锁定标的物的未来交易价格,从而对冲价格波动风险。远期合约通常以实物交割为主要清算方式,极少情况下可能涉及现金结算。远期合约基于其非标准化的特性,签订后难以寻求到合适的转让人,所以难以在二级市场转让,通常流动性较低。

(四)期权合约

期权合约又称选择权合约,是指在未来某一确定的时间享有按照事先约定的价格买入或者卖出特定数量标的物的权利。期权标的物可以是实物商品(如大豆、石油等),也可以是金融产品(如股票、债券等),相应地,期权合约也包括大豆期权合约、股票期权合约,甚至期货期权合约等。期权是一种权利,权利人(即期权合约持有人或购买人)仅享有权利,不承担履行期权的义务。权利人在约定的时间内可以行使,也可以放弃权期。期权的取得,一般要向期权提供者(出卖人)支付一定的权利金,称为期权费或期权价格。期权设立之后,无论该期权今后是否被执行,权利金都不能被要求退回。期权具有内在价值和时间价值。期权的内在价值是标的资产的市场价格与期权执行价格之间的差额,如果这个差额为正,则期权具有内在价值。期权的时间价值是期权费超过内在价值的部分,反映了期权到期前标的资产价格变动的潜在可能性。

期权买方拥有选择是否行使权利的灵活性,而卖方则有义务履行合约(如果买方选择行权)。所谓行权,即期权买方选择按照期权合约的条款执行购买或出售标的资产的行为。期权合约中规定的价格,在期权被执行时用于购买或出售标的资产,此即执行价格。

到期日是指期权合约中规定的最后日期,之后期权将不再有效。期权到期时,如果买方选择不行使权利,期权将失效,此时期权的内在价值和时间价值都将归零。一般而言,根据买方对未来标的资产价格涨跌的预测,期权可以分为看涨期权和看跌期权。看涨期权(call option)是指赋予买方在未来以特定价格购买标的资产权利的期权;看跌期权(put option)是指赋予买方在未来以特定价格出售标的资产权利的期权。

二、期货市场

(一)期货市场的含义和功能

期货市场有两种含义:一是指期货交易关系的总和;二是指期货交易的场所。期货市场是现代市场经济不容忽视的重要组成部分,具有风险回避功能和价格发现功能两方面主要功能。

风险回避功能,是指期货市场能够使厂商等经济主体通过套期保值规避现货价格波动带来的风险。套期保值是指经济主体通过现货市场与期货市场的反向买卖操作来锁定商品的交易价格,从而锁定生产经营成本,实现预期收益,避免价格变动带来的风险。

价格发现功能,是指利用公开竞价交易等交易制度,期货市场能够形成一个反映市场供求关系的市场价格。期货市场是一种高度组织化、规范化的市场,拥有大量的买者和卖者,采用集中的公开竞价交易方式,各类信息能够高度聚集并迅速传播,其形成的期货交易价格能够真实有效地反映市场供求状况,能为现货市场提供参考价格,从而起到发现价格的作用。

(二)期货市场的结构

期货交易是针对标准化合约的保证金交易,必须在严格组织的期货市场中进行。一般来说,期货市场是由期货交易所、期货结算所、期货公司和期货交易者(客户)四类主体组成的。

期货交易所是为期货交易提供场所、设备,制定交易规则,维护交易秩序的非营利机构。我国目前有上海期货交易所、郑州商品交易所、大连商品交易所、中国金融期货交易所、上海国际能源交易中心和广州期货交易所6个期货交易所。按照我国《期货交易管理条例》的规定,期货交易所不以营利为目的,按照其章程的规定实行自律管理。期货交易所可以采取会员制或者公司制的组织形式,不得直接或者间接参与期货交易。期货交易由期货会员进行。期货交易所的会员分为普通会员和特别会员。普通会员是指既可以自己买卖期货,也可接受他人委托为其代理期货交易的会员。特别会员是指只能从事期货自营买卖业务,不能接受他人委托进行期货交易的会员。在普通会员中,专门接受委托、代客交易并收取佣金的会员,称为期货经纪人。

期货结算所是负责期货交易的结算、担保、监督实物交割、公布信息等业务的机构。期货结算所有两种组织形式:一是隶属于期货交易所,交易所的会员或部分会员也是结算会员;二是独立于交易所之外,成为独立的结算机构。期货结算所大部分实行会员制,结算会员须交纳保证金存放在期货结算所,以保证结算所对期货市场的风险控制。

期货公司是依法设立的经营期货业务的金融机构。期货公司负责记录每一客户(期货交易者)的未平仓期货合约,并为客户进行委托交易提供各种服务设施,在提供服务的同时向客户收取一定的佣金。期货公司或期货经纪人的服务包括:尽量提供最快速、正确的买卖交易;向期货结算所保证自己的客户对期货合约的履行;代理客户保管资金、交收货款、记录盈亏;向客户提供有效的市场信息;等等。

期货交易者是从事期货合约买卖交易的当事人,包括投机者和真实交易者两类。投机者是以承受价格风险,获取交易价差收益为目的的交易者。真实交易者是采用套期保值方法将期货市场当作转移价格风险场所的生产经营者等经济当事人,又称套期保值者。期货交易者的期货交易要通过期货公司或期货经纪人进行。

(三)中国期货市场的发展历史

目前,我国在郑州、大连、上海和广州组建了5家商品期货交易所,分别是郑州商品交易所、大连商品交易所、上海期货交易所、上海国际能源交易中心和广州期货交易所;另在上海组建了1家金融期货交易所,即中国金融期货交易所。上述期货交易场所既从事期货交易,也从事部分衍生品交易。此外,上海证券交易所和深圳证券交易所还开展与证券相关的部分期货交易,中国银行间市场交易商协会和中国外汇交易中心(全国银行间同业拆借中心)主要开展汇率和利率的互换业务或掉期业务,部分金融机构依法可以从事部分衍生品交易。中国期货交易市场的发展历史可以概括为以下几个阶段:

1. 起步阶段(1990年前)

中国期货市场的发展始于政府的直接推动,以解决市场定价问题。早在1973年,中国就开始参与境外期货交易,以管理价格波动风险。

2. 试点探索阶段(1990—1993年)

1990年10月,郑州粮食批发市场作为中国第一个期货交易品种的市场开业,标志着中国期货市场试点的开始。但由于市场化条件不足和监管缺失,市场也出现了无序发展等问题。

3. 清理整顿阶段(1993—2000年)

面对期货市场出现的问题,中国政府进行了两轮清理整顿,规范市场,减少交易所数量,强化监管体系。

4. 规范发展阶段(2000—2012年)

2000年起,期货市场步入规范发展阶段,中国期货业协会成立,期货市场开始平稳规范发展。2005年,中国第一个金融期货品种——沪深300股指期货上市。

5. 创新发展阶段(2012—2018年)

党的十八大以来,期货市场创新加快,新上市期货、期权品种数量超过之前20多年总和,市场对外开放步伐加快,国际化程度提升。

6. 对外开放与国际化阶段(2018年至今)

2018年3月26日,中国版原油期货上市,这是中国期货市场对外开放的重要标志,为期货市场国际化奠定了基础。

中国期货市场的发展经历了从无序发展到规范发展的过程,逐步形成了具有中国特色的期货市场发展道路和治理方向。当前,中国期货市场正朝着更加开放和国际化的方向发展,以适应经济全球化的趋势和需求。

第二节 期货和衍生品的交易规则

一、《期货和衍生品法》的立法体例

《期货和衍生品法》于 2022 年 8 月 1 日正式施行,是中国针对期货市场和衍生品市场制定的一部法律,旨在规范期货交易和衍生品交易行为,保障各方合法权益,维护市场秩序和社会公共利益,同时促进期货市场和衍生品市场服务国民经济,防范化解金融风险,维护国家经济安全。《期货和衍生品法》第 2、3 条规定了该法的适用范围,既包含以期货合约或标准化期权合约为交易标的的活动;也涵盖了衍生品交易,包括互换合约、远期合约和非标准化期权合约及其组合的交易活动。从衍生品交易市场的发展来看,期货交易因基于采用标准化合约、场内交易、集中清算等特点,在市场中所占份额较大,而其余衍生品交易则体量较小且多为定制非标类交易。因此,《期货和衍生品法》中以期货交易相关规则为主要内容,对期货交易规则、交易主体、结算与交割等事项都有较为详细系统的规定;针对其他衍生品交易,则规定了一般交易规则和禁止性规则。从立法逻辑来看,《期货和衍生品法》采用的是期货交易规则和衍生品交易规则并列的基本逻辑,这和理论上主张的两者具有包含关系有所不同。《期货和衍生品法》具有以下特点:

第一,统一完整的衍生品市场立法。《期货和衍生品法》采取综合立法模式,统筹交易场所内外的期货和衍生品市场,明确界定了期货和衍生品市场的结构性关系,将其统一纳入同一部法律中。统一综合的立法模式适应了金融业功能监管、行为监管的趋势,为期货和衍生品市场协调发展奠定了法治基础。

第二,特殊性考量。《期货和衍生品法》在制定时充分考虑了期货和衍生品市场的特殊性,平衡了稳定性与灵活性、原则性与可操作性、现实性与前瞻性之间的关系。同时,与《民法典》《公司法》《破产法》等其他相关法律制度相协调,保护基础合同关系和交易权益。

第三,风险防控。《期货和衍生品法》将"防范化解金融风险,维护国家经济安全"确立为立法宗旨,要求期货市场和衍生品市场建立和完善风险的检测监控与化解处置机制,依法限制过度投机行为,防范市场系统性风险。

第四,调整对象。《期货和衍生品法》的调整对象全面,全链条覆盖整个期货和衍生品市场中的交易环节、结算方式、参与机构。交易行为主要包括期货和衍生品交易行为、期货结算与交割行为。参与主体主要是期货交易者、期货经营机构、期货交易场所、期货结算机构、期货服务机构、期货业协会。

第五,适用范围。《期货和衍生品法》的适用范围广泛,不仅适用于中国境内,还涉及国际市场。对扰乱境内市场秩序、损害境内交易者合法权益的境外交易和活动予以严格规范。

第六,立法结构。《期货和衍生品法》框架结构合理,采取了先行为后机构、先经营机构后交易所的顺序,适应了金融市场监管的趋势。

除了《期货和衍生品法》,目前我国有关期货交易和衍生品交易的法律主要有《期货交易管

理条例》《期货交易所管理办法》《期货公司监督管理办法》《境外交易者和境外经纪机构从事境内特定品种期货交易管理暂行办法》《期货从业人员管理办法》《期货公司金融期货结算业务试行办法》《期货公司期货交易咨询业务办法》《证券期货经营机构私募资产管理业务管理办法》《证券公司为期货公司提供中间介绍业务试行办法》等。

期货法规汇总

二、期货交易和衍生品交易的一般规定

（一）交易方式

《期货和衍生品法》对期货交易和其他衍生品交易的法定交易方式作了不同规定。期货交易必须采用场内交易模式,即应当在依法设立的期货交易所或者国务院期货监督管理机构依法批准的其他期货交易场所,采用公开的集中交易方式或者国务院期货监督管理机构批准的其他方式进行。禁止在期货交易场所之外进行期货交易。而衍生品交易可以采用协议交易或者国务院规定的其他交易方式进行。这是因为和其他衍生品交易相较,期货交易具有合约标准化、交易集中化、杠杆风险高、结算频率高、流动性强等特点,这决定了期货交易在发现价格、管理风险功能之外,可以普遍地在二级市场流通,具有标准产品的属性。而其他衍生品交易如远期合约、期权、互换等,具有灵活性、非标准化、定制化的特点,则主要满足不同市场参与者的特定需求。

（二）禁止操纵市场规则

期货和衍生品交易市场的有序发展必须以公平竞争和透明度为核心,《期货和衍生品法》为了维护期货和衍生品交易市场的稳定健康发展、保护投资者利益,在第12~16条对3种典型的影响市场公平的行为进行了规制。其中,第12条规定了禁止操纵市场规则,第13~15条规定了禁止内幕交易规则,第16条规定了禁止虚假陈述规则。

《期货和衍生品法》第12条规定,任何单位和个人不得操纵期货和衍生品市场,并明确禁止操纵期货市场或者意图影响期货交易价格和交易量的如下10种行为:(1)资金或持仓优势操纵。单独或者合谋,集中资金优势、持仓优势或者利用信息优势联合或者联系买卖合约,影响期货交易价格或交易量。(2)串通交易。与他人串通、按事先约定的时间、价格和方式进行交易。(3)控制账户交易。在自己实际控制的账户之间进行交易。(4)虚假信息诱导。利用虚假或不确定的重大信息诱导交易者进行交易。(5)频繁申报与撤销。不以成交为目的,频繁或大量申报并撤销申报。(6)公开评价与反向操作。对相关期货交易或合约标的物的交易做出公开评价、预测或投资建议,并进行反向操作或相关操作。(7)囤积现货影响行情。为影响市场行情而囤积现货。(8)规避持仓限额。在交割月或临近交割月,利用不正当手段规避持仓限额,形成持仓优势。(9)利用相关市场操纵。利用在相关市场的活动操纵期货市场。(10)其他操纵手段。其他法律未明确列出但实质上属于操纵市场的手段。

（三）禁止内幕交易规则

《期货和衍生品法》第13~15条主要从内幕交易的定义、内幕信息的范围、内幕信息知情人界定、账户实名制要求等方面规定了禁止内幕交易规则。第 13 条规定,期货交易和衍生品交易的内幕信息的知情人和非法获取内幕信息的人,在内幕信息公开前不得从事相关期货交易或者衍生品交易,明示、暗示他人从事与内幕信息有关的期货交易或者衍生品交易,或者泄露内幕信息。第 14 条规定了内幕信息的含义并罗列了其包括的 5 种情形。第 15 条规定了内幕信息知情人的含义并罗列了其包括的 3 种情形。

1. 内幕交易禁止规定

期货交易和衍生品交易的内幕信息知情人和非法获取内幕信息的人,在内幕信息公开前不得从事相关期货交易或者衍生品交易,也不得明示或暗示他人从事相关交易或泄露内幕信息。

2. 内幕信息的范围

内幕信息主要包括:(1)可能对期货交易或衍生品交易价格产生重大影响的尚未公开的信息,如政策、信息或数据。(2)期货交易场所、结算机构作出的可能影响价格的决定。(3)期货交易场所会员、交易者的资金和交易动向。(4)相关市场中的重大异常交易信息。(5)国务院期货监督管理机构规定的对期货交易价格有重大影响的其他信息。

3. 内幕信息知情人

知情人是指因职务或地位能够接触或获得内幕信息的个人或单位,主要包括 3 类:(1)直接从事期货交易的人员,即期货经营机构、交易场所、结算机构、服务机构的相关人员;(2)从事期货交易监管的工作人员,即国务院期货监督管理机构和其他有关部门的工作人员;(3)其他可能获取内幕信息的人员,即国务院期货监督管理机构规定的可以获取内幕信息的其他单位和个人。

4. 账户实名制

《期货和衍生品法》还规定了信息披露的要求,要求期货交易实行账户实名制,交易者应当以本人名义开立账户,任何单位和个人不得出借或借用账户进行交易。

(四)禁止虚假陈述规则

《期货和衍生品法》第 16 条规定,禁止任何单位和个人编造、传播虚假信息或者误导性信息,扰乱期货和衍生品市场。

针对期货交易主体和监管主体,《期货和衍生品法》禁止在期货交易和衍生品交易及其相关活动中作出虚假陈述或信息误导。针对传播媒介,《期货和衍生品法》要求传播期货和衍生品市场信息应当真实、客观,禁止误导。同时规定,传播媒介及其从事期货市场和衍生品市场信息报道的工作人员不得从事与其工作职责发生利益冲突的期货交易和衍生品交易及相关活动。

三、期货交易规则

(一)期货合约品种上市条件和程序

1. 上市条件

为了规范期货交易行为,保护交易各方的合法权益,维护社会公共利益,国家对期货合约品种和标准化期权合约品种的上市实施了严格的规定。根据《期货和衍生品法》第 17 条的规定,期货合约品种和标准化期权合约品种应当具备一定的经济价值,合约的设计应当确保不易被操纵,同时要符合社会公共利益。这些条件的设定,旨在确保期货市场能够健康、有序地发展,为各类市场参与者提供一个公平、透明的交易平台。

2. 上市程序

期货合约品种和标准化期权合约品种的上市、中止上市、恢复上市、终止上市,都必须遵循国务院期货监督管理机构的相关规定。上市流程的规范化管理,有助于提高市场效率,降低市场风险,保护投资者利益。其中,上市实行注册制,而中止上市、恢复上市、终止上市则实行备案制。注册制的实施,意味着期货合约品种和标准化期权合约品种在上市前需要经过严格的审核和注册流程,确保其符合国家有关法律法规和市场监管要求。备案制则为市场提供了一定的灵活性,允许在特定情况下对已上市的合约品种进行中止、恢复或终止操作,以满足市场变化和风险管理的需要。

(二)交易者资格

1. 账户实名制

期货交易实行账户实名制,这是确保交易透明性和可追溯性的重要措施。根据《期货和衍生品法》第18条的规定,交易者进行期货交易时,必须持有证明身份的合法证件,并以本人名义申请开立账户。这一规定有助于防止非法交易行为,保护投资者的合法权益。同时,任何单位和个人不得出借自己的期货账户或者借用他人的期货账户从事期货交易,这有助于维护市场的公平和秩序。

2. 交易者适当性

在期货交易场所进行期货交易的,应当是期货交易场所会员或者符合国务院期货监督管理机构规定的其他参与者。这一规定旨在确保参与期货交易的主体具备一定的资质和能力,能够理性参与市场交易,降低市场风险。期货交易场所会员通常包括期货公司、机构投资者等,他们需要满足一定的资本实力、风险管理能力、业务操作规范等要求。符合规定的其他参与者,则可能包括一些特定的法人或非法人组织,他们在满足一定条件后,也可以参与期货交易。

(三)交易方式

1. 交易指令方式

交易者委托期货经营机构进行交易时,可以通过书面、电话、自助终端、网络等方式下达交易指令。这些交易方式的多样化,为交易者提供了便利,使得他们可以根据自己的需求和偏好选择合适的交易方式。同时,交易指令应当明确、具体、全面,以确保交易的准确性和有效性。这有助于提高市场效率,减少交易纠纷。

2. 程序化交易

随着科技的发展,程序化交易逐渐成为期货市场的重要组成部分。程序化交易是指通过计算机程序自动生成或者下达交易指令进行交易的方式。根据《期货和衍生品法》第21条的规定,进行程序化交易的,应当符合国务院期货监督管理机构的规定,并向期货交易场所报告。这一规定有助于确保程序化交易的规范性和安全性,防止其对市场造成不利影响。同时,程序化交易不得影响期货交易场所系统安全或者正常交易秩序,以维护市场的稳定。

（四）保证金制度

1. 保证金

期货交易实行保证金制度,这是期货市场风险管理的重要机制。根据《期货和衍生品法》第 22 条的规定,期货结算机构向结算参与人收取保证金,结算参与人向交易者收取保证金。保证金的收取,旨在为期货合约的履行提供保障,降低违约风险。保证金的数额通常与期货合约的价值、市场波动性等因素有关,其具体标准由期货结算机构根据市场情况和风险管理需要确定。

2. 权利金

在标准化期权合约交易中,卖方需要交纳保证金,而买方则需要支付权利金。权利金是买方为获得期权合约所赋予的权利而支付的费用,它是期权合约交易的重要组成部分。权利金的支付,有助于确保期权合约的履行,同时也反映了期权合约的价值。

（五）持仓限额制度

1. 持仓限额

期货交易实行持仓限额制度,这是为了防范合约持仓过度集中的风险。根据《期货和衍生品法》第 23 条的规定,持仓限额制度的实施,有助于控制市场风险,防止个别交易者或机构对市场产生过大影响。持仓限额通常根据期货合约的品种、交易者的类型等因素确定,其具体标准由期货交易场所或监管机构规定。

2. 豁免情况

从事套期保值等风险管理活动的交易者,可以申请持仓限额豁免。这一规定有助于鼓励和保护那些通过期货市场进行风险管理的交易者,使他们能够更有效地进行风险对冲,降低生产经营风险。

（六）交易者实际控制关系报备管理制度

期货交易实行交易者实际控制关系报备管理制度。根据《期货和衍生品法》第 24 条的规定,交易者应当按照国务院期货监督管理机构的规定,向期货经营机构或者期货交易场所报备实际控制关系。这一制度的实施,有助于监管机构了解市场参与者的实际控制情况,预防和控制市场风险。通过加强对实际控制关系的管理,可以防止市场操纵和不公平交易行为,维护市场的公平性和透明度。

（七）重大事项报告

1. 重大事项报告义务

期货交易场所会员和交易者应当按照规定,报告有关交易、持仓、保证金等重大事项。重大事项报告制度的实施,有助于监管机构及时掌握市场动态,预防和控制市场风险。通过加强对重大事项的报告和管理,可以提高市场的透明度,保护投资者的合法权益。

2. 违规行为报告义务

期货经营机构、期货交易场所、期货结算机构、期货服务机构等机构及其从业人员,在发现禁止的交易行为时,应当及时向国务院期货监督管理机构报告。这一规定有助于加强市场监管,提高违规行为的发现和处理效率,维护市场秩序和投资者利益。

(八)其他规定

1. 收费合理性

期货交易的收费应当合理,收费项目、收费标准和管理办法应当公开。收费合理性是维护市场公平性的重要保障,通过确保期货交易收费的合理性和透明度,可以防止因收费不公导致的市场扭曲和不公平竞争。

2. 交易结果不可更改

依照期货交易场所依法制定的业务规则进行的交易,不得改变其交易结果。这一规定有助于维护交易的确定性和法律效力,确保交易的严肃性和不可逆性。

3. 资金使用规范

任何单位和个人不得违规使用信贷资金、财政资金进行期货交易。这一规定旨在确保期货市场的资金来源合法、合规,维护金融市场的稳定和健康发展。

四、衍生品交易规则

期货和衍生品法的出台对我国场外衍生品市场发展具有重大意义,建立了场外衍生品市场的基本法律框架。衍生品交易法律规则通过合约层面和市场层面规制风险,对于场外市场来说,合同治理机制尤为重要。这包括单一协议、瑕疵履行、终止净额结算等制度,以及保障履约机制,如保证金和信用支持文件。《期货和衍生品法》第二章第三节概括规定了这些场外衍生品交易的特有制度,解决了场外衍生品交易中的风险以及与民商法基础性制度之间的冲突问题,为衍生品市场的健康发展提供了法律保障。

(一)交易规则

《期货和衍生品法》第30、31条明确规定,依法设立的组织开展衍生品交易的场所及其制定的交易规则、金融机构开展衍生品交易业务,都应当依法经过批准或者核准。这些规则旨在确保交易的公平性、透明性和风险可控性。

1. 公平保护原则

交易规则的核心之一是公平保护交易参与各方的合法权益。这意味着规则的制定需要考虑到各方的利益平衡,防止市场滥用和不公平交易行为,如市场操纵和内幕交易。

2. 风险防范

交易规则还需包含对市场风险的预防和控制措施。这包括对交易行为的监控、对异常交易的识别和处理,以及对市场波动的预警机制。

3. 金融机构义务

金融机构在开展衍生品交易业务时,除了遵守交易规则外,还需履行交易者适当性管理义务,并遵守国家有关监督管理规定。这有助于确保交易者具备参与衍生品交易的能力和风险承受度。

(二)单一协议

1. 单一协议的定义

《期货和衍生品法》第32条规定,主协议、主协议项下的全部补充协议以及交易双方就各项具体交易做出的约定等,共同构成交易双方之间一个完整的单一协议,具有法律约束力。这种协议的统一性有助于明确交易双方的权利和义务,减少因协议不明确而产生的纠纷。

2. 备案要求

《期货和衍生品法》第33条规定,主协议等合同范本应当按照监管机构的规定报送备案。这一要求有助于监管机构对市场交易行为进行监督,确保交易的合规性。

(三)履约保障

衍生品交易可以依法通过质押等方式提供履约保障。这为交易双方提供了一种降低违约风险的手段,增强了交易的安全性。通过质押等履约保障方式,交易双方可以在对方违约时获得相应的补偿,从而保护自己的利益。

(四)净额结算

依法采用主协议方式从事衍生品交易的,发生约定的情形时,可以依照协议约定终止交易,并按净额对协议项下的全部交易盈亏进行结算。这种结算方式简化了交易的结算过程,降低了操作成本。净额结算不因交易任何一方依法进入破产程序而中止、无效或者撤销。这一规定为净额结算提供了法律保护,确保了结算的稳定性和可预测性。

(五)终止净额结算

1. 中央对手方结算

《期货和衍生品法》第37条规定,由监管机构批准的结算机构作为中央对手方进行集中结算的,可以依法进行终止净额结算。这种结算方式通过集中处理交易双方的盈亏,提高了结算的效率和安全性。

2. 财产保护

结算财产应当优先用于结算和交割,不得被查封、冻结、扣押或者强制执行。这一规定保护了结算财产的专用性,防止了因其他法律程序而影响结算的进行。

(六)交易报告库

监管机构应当建立衍生品交易报告库,对衍生品交易标的、规模、对手方等信息进行集中收集、保存、分析和管理。这有助于提高市场的透明度,为监管机构提供市场监测和风险评估的数据支持。

第三节 期货结算与交割规则

期货交易采用特殊的结算、平仓、追偿、交割机制,与现货交易相比具有不同的风险特征。《期货和衍生品法》第三章系统规定了当日无负债结算、保证金不足平仓、实物或现金交割等制度,明确了违约处置程序,确立了保证金及相关财产破产保护的原则,在法律层面对结算与交割环节进行了全方位的规范。

一、当日无负债结算

期货交易实行当日无负债结算制度。当日无负债结算制度,也称逐日盯市制度,是指在每个交易日结束后,交易所按当日结算价对合约的盈亏、交易保证金及手续费、税金等费用进行结算,对应收应付的款项实行净额一次划转,相应增加或减少会员的结算准备金。

根据《期货和衍生品法》第39条的规定,当日无负债结算涉及期货结算机构、结算参与人和交易者三方主体。在期货交易场所规定的时间,期货结算机构应当在当日按照结算价对结算参与人进行结算;结算参与人应当根据期货结算机构的结算结果对交易者进行结算。结算结果应当在当日及时通知结算参与人和交易者。之所以在期货交易中采用这一特殊结算方式,是为了合理控制风险,特别是在期货的杠杆性交易中,当市场出现较大波动时,交易者可能会出现本金亏损甚至需要额外补足资金的情况。同时,通过当日无负债结算制度,交易所和期货公司可以对账户情况进行实时了解,及时发现并解决潜在的风险问题。

期货交易结算公式及示例

二、保障保证金及相关财产的独立性制度

(一)专户管理制度

期货交易的保证金及相关财产实行专户管理制度,期货结算机构和结算参与人必须将收取的保证金、权利金等与其自有资金严格分开,并存放在期货保证金存管机构的专户中,实行分别管理。专户管理是为了防止这些资金被不正当地挪用或滥用,保障交易者的权益。

(二)专款专用保障制度

如果在整个法律体系中观察,则会发现专户管理制度与民法、诉讼法及破产法之间的冲突。即,如果结算参与人面临破产,那么破产管理人能否动用专户账户中的资金和财产清偿其债权人?这个问题在实践中非常常见。因此,《期货和衍生品法》针对这一法冲突问题进行了平衡,确立了专户资金专款专用的基本规则。期货结算机构收取和提取的保证金、权利金、结算担保金、风险准备金等资产,首先应当用于结算和交割。这些资金不得被查封、冻结、扣押或强制执行,以确保在结算和交割过程中有足够的资金保障。这一特别规定保障了期货交易中的结算和交割,即使参与结算的任何一方依法进入破产程序,已经依法进行的结算和交割也不会因此而中止、无效或撤销。

三、自行或强行平仓制度

《期货和衍生品法》第41条详细规定了自行平仓和强行平仓的两种情形,旨在确保期货市场的参与者能够维持足够的保证金水平,以应对可能的市场风险。一旦保证金不足,市场参与者有责任及时补充,以维护市场稳定。如果未能及时补充,市场管理机构将采取必要的措施,包括强行平仓,以防止风险进一步扩大。

(一)结算参与人保证金不符合标准

当结算参与人的保证金低于期货结算机构业务规则所规定的标准时,期货结算机构会首先通知结算参与人,要求其在规定的时间内追加保证金或者自行平仓。如果结算参与人未能在规定时间内追加保证金或者自行平仓,期货结算机构会进一步通知期货交易场所,由期货交易场所执行强行平仓操作。

(二)交易者保证金不符合标准

如果交易者的保证金低于其与结算参与人约定的标准,结算参与人会按照约定通知交易者,要求其在约定的时间内追加保证金或者自行平仓。如果交易者未能在约定时间内追加保证金或者自行平仓,结算参与人会按照双方的约定执行强行平仓操作。

四、结算和追偿

考虑到期货交易中可能出现的违约事件,针对结算参与人和交易者两类主体,《期货和衍生品法》分别规定了特殊的结算和追偿规则。

(一)结算参与人在结算过程中违约的情况

结算参与人在结算过程中违约的,期货结算机构按照业务规则动用结算参与人的保证金、结算担保金以及结算机构的风险准备金、自有资金等完成结算;期货结算机构以其风险准备金、自有资金等完成结算的,可以依法对该结算参与人进行追偿。

(二)交易者在结算过程中违约的情况

交易者在结算过程中违约的,其委托的结算参与人按照合同约定动用该交易者的保证金,以及结算参与人的风险准备金和自有资金完成结算;结算参与人以其风险准备金和自有资金完成结算的,可以依法对该交易者进行追偿。

五、实物或现金交割

期货合约到期时,交易者应当通过实物交割或者现金交割,了结到期未平仓合约。

(一)实物交割

期货合约采取实物交割的,由期货结算机构负责组织货款与标准仓单等合约标的物权利凭证的交付。期货交易的实物交割在期货交易场所指定的交割库、交割港口或者其他符合期货交易场所要求的地点进行。实物交割不得限制交割总量。采用标准仓单以外的单据凭证或者其他方式进行实物交割的,期货交易场所应当明确规定交割各方的权利和义务。

（二）现金交割

期货合约采取现金交割的,由期货结算机构以交割结算价为基础,划付持仓双方的盈亏款项。标准化期权合约的行权,由期货结算机构组织进行。

（三）违约处置

《期货和衍生品法》第47条规定了违约处置的两种情形:一是结算参与人在交割过程中违约的,期货结算机构有权对结算参与人的标准仓单等合约标的物权利凭证进行处置;二是交易者在交割过程中违约的,结算参与人有权对交易者的标准仓单等合约标的物权利凭证进行处置。

（四）结算和交割的不可撤销性

依法进行的结算和交割,不因参与结算的任何一方依法进入破产程序而中止、无效或者撤销。

经典案例
中航油与国储铜期货事件

第四节　期货参与主体规则

一、期货交易者

交易者是期货市场的基础、主体和源泉,没有交易者就没有期货市场。由于期货交易杠杆高、风险大、专业性强,相较于一般商品交易有较大不同,所以需要对期货交易者进行特殊的法律制度安排。《期货和衍生品法》第四章从我国国情和期货市场实际出发,系统规定了期货交易者的法律地位、主体分类、适当性原则、交易委托规则和义务、权益保障、纠纷解决制度,有针对性地完善了期货交易者相应的制度安排,为保护期货交易者尤其是普通交易者权益奠定了法律基础。

（一）期货交易者的定义及其分类

期货交易者是指依照法律规定从事期货交易,承担交易结果的自然人、法人和非法人组织。针对期货交易者对金融风险的承受能力不同,立法将期货交易者区分为普通交易者和专业交易者。根据《期货和衍生品法》第51条的规定,金融风险承受能力主要从财产状况、金融资产状况、交易知识和经验、专业能力等因素进行考量。同时,《期货和衍生品法》还针对可能影响期货交易公开公平性的主体设置了禁止规则。该法第53条规定,期货经营机构、期货交易场所、期货结算机构的从业人员,国务院期货监督管理机构、期货业协会的工作人员,以及法律、行政法规和国务院期货监管机构规定禁止参与期货交易的其他人员,不得进行期货交易。

（二）期货交易者的委托规则和义务

由于期货交易采取场内交易、集中清算的模式,法律要求期货交易者从事期货交易,除国务院期货监管机构另有规定外,应当委托期货经营机构进行。交易者在参与期货交易和接受服务时,应当按照期货经营机构明示的要求提供真实信息。拒绝提供或者未按照要求提供信息的,期货经营机构应当告知其后果,并按照规定拒绝提供服务。参与期货交易的法人和非法人组织,应当建立与其交易合约类型、规模、目的等相适应的内部控制制度和风险控制制度。

(三) 期货交易者的适当性原则

投资者适当性是指在销售金融产品或提供服务的过程中,金融机构需要根据投资者的风险承受能力提供与之相匹配的产品或服务,确保投资者能够根据自己的实际情况作出明智的投资决策。《期货和衍生品法》规定期货经营机构向交易者提供服务时,应当严格履行适当性审核义务,按照规定充分了解交易者的基本情况、财产状况、金融资产状况、交易知识和经验、专业能力等相关信息;如实说明服务的重要内容,充分揭示交易风险;提供与交易者上述状况相匹配的服务。

(四) 期货交易者权益保障

期货交易者有权查询其在期货经营机构的委托记录、交易记录、保证金余额、与其接受服务有关的其他重要信息。期货机构、期货交易场所及其工作人员应当依法为交易者的信息保密,不得非法买卖、提供或者公开交易者的信息,不得泄露所知悉的商业秘密。期货经营机构违反规定导致交易者损失的,应当承担相应的赔偿责任。

同时,《期货和衍生品法》要求设立期货交易者保障基金。该基金是在期货公司因严重违法违规或风险控制不力等原因导致保证金缺口,可能严重危及社会稳定和期货市场安全时,用来补偿交易者保证金损失的专项基金。期货交易者保障基金的资金来源主要包括期货交易所和期货机构交纳的费用,以及可能接受的社会捐赠和其他合法财产。

(五) 纠纷解决制度

《期货和衍生品法》对期货交易者与期货经营机构之间的纠纷解决机制进行了特别规定,主要是强化对普通交易者的特别保护、明确调解机制、引入集体诉讼机制这3方面。

1. 普通交易者的举证责任倒置规则

《期货和衍生品法》第51条明确规定了普通交易者在特定情况下,采取举证责任倒置规则。普通交易者与期货经营机构发生纠纷的,期货经营机构应当证明其行为符合法律、行政法规以及国务院期货监督管理机构的规定,不存在误导、欺诈等情形。期货经营机构不能证明的,应当承担相应的赔偿责任。

2. 调解机制

《期货和衍生品法》第56条规定,交易者与期货经营机构等发生纠纷的,双方可以向行业协会等申请调解。普通交易者与期货经营机构发生期货业务纠纷并提出调解请求的,期货经营机构不得拒绝。

3. 集体诉讼机制

《期货和衍生品法》第57条引入集体诉讼机制。交易者提起操纵市场、内幕交易等期货民事赔偿诉讼时,诉讼标的是同一种类,且当事人一方人数众多的,可以依法推选代表人进行诉讼。

二、期货经营机构

期货交易是多个主体参与的复杂交易关系。除了期货交易者和期货交易场所外,还需要期货经营机构提供经纪、咨询、做市交易等业务来保障期货交易的顺利完成。期货经营机构包括期货公司以及国务院期货监管机构核准从事期货业务的其他机构,在期货市场居于核心地位。《期货和衍生品法》第五章明确了期货经营机构的市场主体资格及运行方式,强化了期货经营机构的公司内部治理和人员管理,并对期货经营机构的禁止行为、监管要求以及期货经营机构的监管措施作出了规定。

(一)期货公司的组织制度

1. 期货公司的设立制度

《期货和衍生品法》规定的期货公司设立规则包括法定设立条件和监管机构核准机制,即期货公司必须在具备法律规定的7项条件的基础上,经过国务院期货监督管理机构核准才能设立。该法第60条列明了设立期货公司的实体性条件:(1)有符合法律、行政法规规定的公司章程;(2)主要股东及实际控制人具有良好的财务状况和诚信记录,净资产不低于国务院期货监督管理机构规定的标准,最近3年无重大违法违规记录;(3)注册资本不低于人民币1亿元,且应当为实缴货币资本,但是国务院期货监督管理机构可以根据审慎监管原则和各项业务的风险程度,提高注册资本最低限额;(4)从事期货业务的人员符合该法规定的条件,董事、监事和高级管理人员具备相应的任职条件;(5)有良好的公司治理结构、健全的风险管理制度和完善的内部控制制度;(6)有合格的经营场所、业务设施和信息技术系统;(7)法律、行政法规和国务院期货监督管理机构规定的其他条件。

2. 期货公司的重大事项变更核准制度

与期货公司的设立相同,加强对期货公司各类事项变更的监管对于维护期货市场秩序以及保护债权人和期货交易者利益具有重要意义。因此,《期货和衍生品法》还规定了期货公司重大事项变更核准制度,即期货公司办理以下5项事项,应当经国务院期货监督管理机构核准:(1)合并、分立、停业、解散或者申请破产;(2)变更主要股东或者公司的实际控制人;(3)变更注册资本且调整股权结构;(4)变更业务范围;(5)国务院期货监督管理机构规定的其他重大事项。

3. 期货公司的名称

期货公司应当在其名称中表明"期货"字样,未经国务院期货监督管理机构核准,任何单位和个人不得设立或者变相设立期货公司,经营或者变相经营期货经纪业务、期货交易咨询业务,也不得以经营为目的使用"期货""期权"或者其他可能产生混淆或者误导的名称。

(二)期货公司的人员任职要求

董事、监事和高级管理人员等是期货公司的决策者和管理者,负责期货公司的经营,处理公司运营中的重大问题。他们的专业素养和道德品质很大程度上影响着他们能否忠实履行自己的职责,也关乎期货这一高风险性、强专业性市场的稳定。基于此,在《公司法》的基础上,《期货和衍生品法》针对期货市场的特殊性,规定了期货公司董事、监事和高级管理人员的任职要求。

1. 积极任职条件

积极任职条件主要包括道德和专业能力两方面,二者需同时具备。期货公司的董事、监事、高级管理人员,应当正直诚实、品行良好,熟悉期货法律、行政法规,具有履行职责所需的经营管理能力。期货公司任免董事、监事、高级管理人员,应当报国务院期货监督管理机构备案。

2. 消极任职条件

立法还规定了不得担任期货公司的董事、监事、高级管理人员的3种情形:(1)存在《公司法》规定的不得担任公司董事、监事和高级管理人员的情形;(2)因违法行为或者违纪行为被解除职务的期货经营机构的董事、监事、高级管理人员,或者期货交易场所、期货结算机构的负责人,自被解除职务之日起未逾5年;(3)因违法行为或者违纪行为被吊销执业证书或者被取消资格的注册会计师、律师或者其他期货服务机构的专业人员,自被吊销执业证书或者被取消资格之日起未逾5年。

(三)期货公司的业务行为制度

1. 业务范围

随着金融市场的不断发展,期货业务从一开始的期货经纪业务向多元化业务发展,为便于监管和风险管理,各国也采用了拓展期货公司业务范围的核准制立法模式。根据《期货和衍生品法》第63条的规定,经国务院期货监督管理机构核准,期货公司可以从事期货经纪、期货交易咨询、期货做市交易和其他期货业务。期货公司从事资产管理业务的,应当符合《证券投资基金法》等法律、行政法规的规定。

期货经纪业务是指期货公司接受客户委托,按照客户的指令,以自己的名义为客户进行期货交易并收取交易手续费的中介业务活动。期货交易咨询是指期货公司接受客户委托,向客户提供风险管理、分析研究、咨询意见等服务。期货做市交易是指期货公司以自有资金为卖而买以及为买而卖的方式连接买卖双方,从而保证和维持交易市场的流动性,其主要功能在于提供双边报价,保障和增加期货交易的连续性。

2. 期货公司的内部行为规范

期货公司业务的核心关系是委托人与受托人的关系,其中最关键的问题是如何解决受托人与委托人的利益冲突,如何约束受托人尽职履行自己的义务。一般而言,引起受托人与委托人利益冲突的根源主要有以下几方面:(1)受托人基于自身利益的考量,从事不符合委托人最佳利益的交易活动。(2)受托人滥用客户信息,比如利用未公开的信息来谋取非法利益。(3)受托人因身兼多职而影响本应独立的业务活动。(4)委托人将自己的利益凌驾于受托人利益之上,或者漠视受托人利益。对此,《期货和衍生品法》第65~69条规定了期货公司的内部行为规范:

(1)期货经营机构应当依法经营,勤勉尽责,诚实守信。期货经营机构应当建立健全内部控制制度,采取有效隔离措施,防范经营机构与客户之间、不同客户之间的利益冲突。

(2)期货经营机构应当将其期货经纪业务、期货做市交易业务、资产管理业务和其他相关业务分开办理,不得混合操作。

(3)期货经营机构应当依法建立并执行反洗钱制度。

（4）期货经营机构接受交易者委托为其进行期货交易，应当签订书面委托合同，以自己的名义为交易者进行期货交易，交易结果由交易者承担。期货经营机构从事经纪业务，不得接受交易者的全权委托。

（5）期货经营机构从事资产管理业务，接受客户委托，运用客户资产进行投资的，应当公平对待所管理的不同客户资产，不得违背受托义务。

（6）期货经营机构从事期货业务的人员在从事期货业务活动中，执行所属的期货经营机构的指令或者利用职务违反期货交易规则的，由所属的期货经营机构承担全部责任。

（7）期货经营机构不得违反规定为其股东、实际控制人或者股东、实际控制人的关联人提供融资或者担保，不得违反规定对外担保。

（8）期货经营机构从事期货业务的人员不得私下接受客户委托从事期货交易。

（9）《期货和衍生品法》第78条罗列了禁止期货经营机构从事损害交易者利益的11种行为。

三、期货交易场所

期货交易场所具有双重属性[①]。一方面，期货交易场所是期货市场的组织者，为期货交易提供场所、设施和服务，组织和监督交易，是一种重要的金融基础设施，具有明显的公共利益和公共服务特征；另一方面，期货交易场所提供的服务设施本身也是一种市场交易行为，作为市场主体则具有明显的商业利益和追求盈利特征。这两种特性本身存在着冲突，《期货和衍生品法》明确了期货交易场所的公共利益优先原则和自律监管地位，奠定了期货交易场所的基础规范架构。同时，该法第六章系统规定了以期货交易所为核心的期货交易场所的设立和组织形式、组织构成、业务规则效力、主要职责、实时监控措施等内容。

（一）期货交易所的设立和组织形式

期货交易所的设立、变更和解散采用批准制，其组织形式可以采用会员制或公司制。设立、变更和解散期货交易所，制定和修改期货交易所章程，应当经国务院期货监管机构批准。期货交易所应当在其名称中标明"商品交易所"或者"期货交易所"等字样。其他任何单位或者个人不得使用期货交易所或者其他可能产生混淆或者误导的名称。《期货和衍生品法》第82条规定，期货交易所可以采取会员制或者公司制的组织形式。会员制期货交易所的组织机构由其章程规定。

（二）期货交易所负责人的任职条件

为确保期货交易所的公共利益优先原则实现，期货交易所的负责人由国务院期货监督管理机构提名或者任免。有《公司法》规定的不适合担任公司董事、监事、高级管理人员的情形或下列情形之一的，不得担任期货交易所的负责人：（1）因违法行为或者违纪行为被解除职务未逾5年的专业人员；（2）因违法行为或者违纪行为被吊销执业证书或者被取消资格未逾5年的专业人员。

---

① 叶林主编：《期货期权市场法律制度研究》，法律出版社2017年版，第185—190页。

(三)期货交易所的业务规则

期货交易所应当依照法律、行政法规和国务院期货监督管理机构的规定,制定有关业务规则;其中交易规则的制定和修改应当报国务院期货监督管理机构批准。期货交易所业务规则应当体现公平保护会员、交易者等市场相关各方合法权益的原则。在期货交易所从事期货交易及相关活动,应当遵守期货交易所依法制定的业务规则。违反业务规则的,由期货交易所给予纪律处分或者采取其他自律管理措施。

期货交易场所不得直接或者间接参与期货交易。未经国务院批准,期货交易场所不得从事信托投资、股票投资、非自用不动产投资等与其职责无关的业务。期货交易所的所得收益按照国家有关规定管理和使用,应当首先用于保证期货交易的场所、设施的运行和改善。

(四)期货交易场所的主要职责

《期货和衍生品法》第 85 条规定,期货交易场所应当依照该法和国务院期货监管机构的规定,加强对交易活动的风险控制和对会员以及交易场所工作人员的监督管理,依法履行下列职责:(1)提供交易的场所、设施和服务;(2)设计期货合约、标准化期权合约品种,安排期货合约、标准化期权合约品种上市;(3)对期货交易进行实时监控和风险监测;(4)依照章程和业务规则对会员、交易者、期货服务机构等进行自律管理;(5)开展交易者教育和市场培育工作;(6)国务院期货监督管理机构规定的其他职责。

(五)期货交易场所的实时监控措施

1. 发布行情信息

为保障交易正常进行,强化期货交易场所一线监管职能,期货交易场所应当实时公布期货交易即时行情,并按交易日制作期货市场行情表,予以公布。期货交易行情的权益由期货交易场所享有。未经期货交易场所许可,任何单位和个人不得发布期货交易行情。期货交易场所应当依照规定履行信息报告义务。

2. 应急措施

期货交易场所应当加强对期货交易的风险监测,出现异常情况的,期货交易场所可以依照业务规则,单独或者会同期货结算机构采取紧急措施,并立即报告国务院期货监督管理机构:调整保证金;调整涨跌停板幅度;调整会员、交易者的交易限额或持仓限额标准;限制开仓;强行平仓;暂时停止交易;其他紧急措施。异常情况消失后,期货交易场所应当及时取消紧急措施。

3. 突发性事件处置

因突发性事件影响期货交易正常进行,或者突发性事件导致期货交易结果出现重大异常,按交易结果进行结算、交割将对期货交易正常秩序和市场公平造成重大影响的,为维护期货交易正常秩序和市场公平,期货交易场所可以按照该法和业务规则规定采取必要的处置措施,并应当及时向国务院期货监管机构报告。期货交易场所对其采取措施造成的损失,不承担民事赔偿责任,但存在重大过错的除外。

四、期货结算机构

期货结算机构是为期货交易提供结算、交割服务的主体。期货结算机构的基本职责是作为中央对手方,即结算参与人共同对手方,进行净额结算,为期货交易提供集中履约保障。《期货和衍生品法》要求期货结算机构采用法人组织形式,实行自律管理。该法第七章系统规定了期货结算机构的类别、设立、主要职责、业务规则。

（一）期货结算机构的类别

期货结算机构是指依法设立,为期货交易提供结算、交割服务,实行自律管理的法人,包括3类:(1)内部设有结算部门的期货交易场所;(2)独立的期货结算机构;(3)经国务院期货监管机构批准从事期货交易结算、交割业务的证券结算机构。

（二）独立的期货结算机构的设立

《期货和衍生品法》第92条规定,独立的期货结算机构的设立、变更和解散,应当经国务院期货监督管理机构批准。设立独立的期货结算机构,应当具备条件包括:(1)具备良好的财务状况,注册资本最低限额符合国务院期货监管机构的规定;(2)有具备任职专业知识和业务工作经验的高级管理人员;(3)具备完善的治理结构、内部控制制度和风险控制制度;(4)具备符合要求的营业场所、信息技术系统以及与期货交易的结算有关的其他设施;(5)国务院期货监督管理机构规定的其他条件。承担期货结算机构职责的期货交易场所,应当具备以上条件。

（三）期货结算机构的主要职责

《期货和衍生品法》第94条规定,期货结算机构履行的职责包括:(1)组织期货交易的结算、交割;(2)按照章程和业务规则对交易者、期货经营机构、期货服务机构、非期货经营机构结算参与人等进行自律管理;(3)办理与期货交易的结算、交割有关的信息查询业务;(4)国务院期货监管机构规定的其他职责。

（四）期货结算机构的业务规则

期货结算机构应当在其业务规则中规定结算参与人制度、风险控制制度、信息安全管理制度、违规违约处理制度、应急处理及临时处置措施等事项。期货结算机构制定和修改章程、业务规则,应当经国务院期货监督管理机构批准。参与期货结算,应当遵守期货结算机构制定的业务规则。期货结算机构制定和执行业务规则,应当与期货交易场所的相关制度衔接、协调。期货结算机构应当建立流动性管理制度,保障结算活动的稳健运行。

五、期货服务机构

期货服务机构是指为期货交易及相关活动提供服务的机构,包括但不限于会计师事务所、律师事务所、资产评估机构、期货保证金存管机构、交割库、信息技术服务机构等。这些服务机构并不是期货交易的直接参与方,更多是作为支撑期货市场正常健康运行的间接力量而存在。期货服务机构的功能是勤勉尽责地为期货市场参与主体提供专业服务,《期货和衍生品法》规定期货服务机构应当勤勉尽责、恪尽职守,此即勤勉义务。勤勉义务应包括特别注意义务和一般注意义务两方面。特别注意义务是指符合本行业中一个合理人在相同或相似条件下所应采取的行为标准;一般注意义务则是一般认知的大众所采取的行为标准。针对期货服务机构本专业相关业务事项的履行,应达到特别注意义务标准;而针对其他业务事项,应履行一般注意义务。《期货和衍生品法》首先明确了期货服务机构的履职要求;其次,针对期货市场特有的交割环节,对交割库进行了特别规定;最后,强化了对信息技术服务机构这种新兴服务机构的监管。

（一）期货服务机构的履职要求

第一,期货服务机构所提供的服务应当能发挥相应的业务功能,这要求服务机构从业人员应恪守专业、独立、客观的基本职业原则。这些准则见之于《律师法》《注册会计师法》等相关法律,因此法律要求期货服务机构应当按照相关业务规则为期货交易及相关活动提供服务。

第二,会计师事务所、律师事务所、资产评估机构等期货服务机构接受期货经营机构、期货交易场所、期货结算机构的委托出具审计报告、法律意见书等文件,应当对所依据的文件资料内容的真实性、准确性、完整性进行核查和验证。

（二）关于交割库的特别规定

交割库包括交割仓库和交割厂库等。交割库是期货市场与现货市场之间的纽带,确保期货合约在到期时能够顺利进行实物交割。它们为期货合约的履行提供实物交割服务和生成标准仓单。交割库为期货交易的交割提供相关服务,应当符合期货交易场所规定的条件。

期货交易场所应当与交割库签订协议,明确双方的权利和义务。交割库不得有下列行为:（1）出具虚假仓单;（2）违反期货交易场所的业务规则,限制交割商品的出库、入库;（3）泄露与期货交易有关的商业秘密;（4）违反国家有关规定参与期货交易;（5）违反国务院期货监管机构规定的其他行为。

（三）关于信息技术服务机构的特别规定

信息技术服务机构主要负责为期货交易提供技术支持和保障,比如开发信息系统、运营维护、数据安全与保密、信息系统应急处置等。信息技术服务机构在当今时代扮演着提高交易效率、维护交易安全稳定的重要角色,需要强化监管。为期货交易及相关活动提供信息技术系统服务的机构,应当符合国家及期货行业信息安全相关的技术管理规定和标准,并向国务院期货监督管理机构备案。国务院期货监管机构可以依法要求信息技术服务机构提供信息技术系统的相关材料。

六、期货业协会

期货业协会是期货行业的自律性组织,致力于期货行业的自律管理,发挥政府与期货行业间的桥梁和纽带作用,为会员服务,维护会员的合法权益。它的宗旨是坚持期货市场的公开、公平、公正,维护期货业的正当竞争秩序,保护投资者的合法权益,推动期货市场的健康稳定发展。期货经营机构应当加入期货业协会,期货服务机构可以加入期货业协会。

(一)期货业协会的组织形式

期货业协会是社会团体法人。期货业协会的权力机构为会员大会,执行机构为理事会。理事会在会员大会闭会期间领导协会开展日常工作,对会员大会负责。期货业协会的章程由会员大会制定,并报国务院期货监督管理机构备案。理事会成员依照章程的规定选举产生。

(二)期货业协会的职责

期货业协会履行的职责包括:(1)制定和实施行业自律规则,监督、检查会员的业务活动及从业人员的执业行为,对违反法律、行政法规、国家有关规定、协会章程和自律规则的,按照规定给予纪律处分或者实施其他自律管理措施;(2)对会员之间、会员与交易者之间发生的纠纷进行调解;(3)依法维护会员的合法权益,向国务院期货监督管理机构反映会员的建议和要求;(4)组织期货从业人员的业务培训,开展会员间的业务交流;(5)教育会员和期货从业人员遵守期货法律法规和政策,组织开展行业诚信建设,建立行业诚信激励约束机制;(6)开展交易者教育和保护工作,督促会员落实交易者适当性管理制度,开展期货市场宣传;(7)对会员的信息安全工作实行自律管理,督促会员执行国家和行业信息安全相关规定和技术标准;(8)组织会员就期货行业的发展、运作及有关内容进行研究,收集整理、发布期货相关信息,提供会员服务,组织行业交流,引导行业创新发展;(9)期货业协会章程规定的其他职责。

第五节 金融租赁概述

金融租赁是一项以融资与融物相结合为特征的信用活动方式,属于金融业务范围。促进金融租赁业务发展,规范我国金融租赁公司行为的法律法规主要包括《银行业监督管理法》《公司法》《民法典》和《金融租赁公司管理办法》等。其中,《金融租赁公司管理办法》共6章61条,具体包括:总则,机构设立、变更与终止,业务范围,经营规则,监督管理,附则。以下主要以《民法典》和《金融租赁公司管理办法》为依据,阐述金融租赁经营规制法律制度。

一、金融租赁的定义和法律特征

金融租赁亦称融资租赁,是指由出租人融通资金为承租人提供所需设备,具有融资、融物双重职能的租赁交易。它主要涉及出租人、承租人和供货人三方当事人,并由两个或两个以上的合同所构成,是现代租赁的一种重要形式。《金融租赁公司管理办法》第4条明确规定:金融租赁,是指金融租赁公司作为出租人,根据承租人对出卖人、租赁物的选择,向出卖人购买租赁物,提供给承租人使用,承租人支付租金的交易活动。

金融租赁对出租人而言是一种投资的新手段,对承租人则是一种筹措设备资金的新方式,故具有浓厚的金融色彩。出租人根据承租人的要求和选择,与出卖人订立买卖合同并支付货款,与承租人订立租赁合同,并将购买的设备出租给承租人使用。在租赁期间,由承租人按租赁合同规定,分期向出租人交付租金。租赁设备的所有权属于出租人,承租人在租赁期内对该设备享有占有权、使用权和收益权。租赁期满时,设备可由承租人按租赁合同规定留购、续租或退回出租人。

金融租赁具有以下法律特征:

第一,所有权和使用权相分离。在约定的租赁期内,所租物品的所有权属于出租人,而使用权归承租人。租赁期满后,承租人根据租赁合同,可以留购、续租、另订租约或退回租品。无论出租人和承租人最终会对租赁物达成何种协议,租赁期内租赁物的所有权和使用权都是相互分离的。承租人的目的在于获得租赁物的使用权。

第二,融资和融物相结合。金融租赁是融资与融物结合起来的一种经济活动。这既不同于一般的借款还钱、借物还物的借贷,也不同于一般的商品交易,它是借物还钱,以融物代替融资。对承租人来讲,租赁不单纯是融资,更重要的是取得资本设备的一种筹资方法。

第三,金融租赁的期限较长,涉的关系较为复杂。金融租赁以承租人对设备的长期使用为前提,因此,租期比较长,一般为3~5年,大型设备可达10年以上。在租赁期间,承租人支付的租金数额,足以偿付出租人为购置设备支出的费用并有盈利,所以又被称为"完全付清"的租赁。金融租赁涉及三方当事人(出租人、承租人和出卖人)和两个合同(购买合同和金融租赁合同)。购买合同和金融租赁合同的签订及履行,构成租赁交易的完整形式。

第四,租赁双方的关系以合同为依据。金融租赁合同是全面规定出租人与承租人权利义务的具有法律约束力的协议。合同一旦签订,则双方都负有严格履行合约的义务,不能随意变更或中途解约。承租人不得因市场利率降低而提前终止合同,采用其他方式筹措低利率资金;同样,出租人也不能因市场利率提高或设备涨价而要求提高租金。

第五,承租人对设备和出卖人具有选择的权利和责任。金融租赁由承租人自行选定设备和出卖人,而出租人只根据承租人的意愿到其指定的供货商处购进设备再租给承租人使用。由于设备是由承租人一手选定的,所以承租人要对设备的质量、规格、型号和技术上的鉴定、验收等负责。而且,在租赁期间,对设备的保养、维修、保险等也由承租人承担。

第六,以租金形式分期归还本金。租赁作为一种有条件让渡的信用方式,具有信用的一般特征,即必须按期归还租赁设备的价款和应支付的利息,只不过租赁的本息是分期支付的,而一般货币信用通常是到期一次还本付息。在租赁中,承租人只预付一小部分资金就能得到所需的设备,然后以新创造的价值分期偿付租金。

二、金融租赁的主要形式

1. 单一投资租赁

单一投资租赁是指设备购置成本全部由出租人独自承担的租赁交易。单一投资租赁是传统的租赁业务做法,体现了融资租赁的基本特征,是融资租赁业务中采用最多的形式。而金融租赁的其他形式则是在此基础上结合了某一信贷特征而派生出来的。

2. 直接租赁

直接租赁是指国内金融租赁公司用筹措到的资金,从国内外厂商购进承租人所需设备,再租给承租人使用。承租人分期向租赁公司支付租金,并自己负责设备的安装、保养、维修、支付保险费和交纳税金。

3. 转租赁

转租赁,又称转租,即租赁公司以承租人的身份,先从国内或国外租赁公司或厂商那里租入用户所急需的设备,再以出租人身份将设备租给用户使用。转租赁是由两家租赁公司同时承继性地经营一笔融资租赁业务,即由出租人A根据最终承租人(用户)的要求先以承租人的身份从出租人B处租进设备,然后再以出租人身份转租给用户使用的一项租赁交易。采取转租方式,一般需签订两次租赁合同,故用户需要支付高于直接租赁的租金。因此,这种方式只在企业迫切需要国外只租不卖的先进设备时使用。

4. 售后回租

售后回租,又称回租,是指承租人将自有设备出卖给出租人,同时与出租人签订融资租赁合同,再将该设备从出租人处租回的融资租赁形式。售后回租业务是承租人和出卖人为同一人的融资租赁方式。承租人将自己的设备按账面价格或重估价格卖给出租人,取得急需资金作为他用,然后再将设备租回使用,实际上是把设备的所有权转让出去,把固定资产变成现款,从而改善承租企业财务状况。此外,在某些情况下,承租人通过对那些能够升值的设备进行售后回租,还可获得设备溢价的现金收益,对非金融机构类的出租人来说,售后回租是扩大业务种类的一种简便易行的方法。

5. 杠杆租赁

杠杆租赁,又称衡平租赁,即出租人从银行借得60%~80%的资金,本身投资设备价款的20%~40%,购买设备,将设备出租给承租人。这种租赁方式主要是在所租设备金额较大,出租人一家无力承担或不愿冒过大风险的情况下采用的。由于杠杆租赁是以租赁公司为主,银行、保险公司等金融机构参与投资的,因此,能使出租方在利息、加速折旧和投资减税等方面获得较多的优惠,从而降低租金向承租人出租。

6. 销售式租赁

销售式租赁,即生产商或流通部门通过自己所属或控股的租赁公司采取租赁方式促销自己的产品。这些租赁公司可以为客户提供维修、保养等方面的服务。出租人和出卖人属于关联公司,但是两个独立法人。实行销售式租赁,租赁公司独立承担租赁信用风险。近些年蓬勃发展起来的汽车租赁就属于这种情况。

第六节 金融租赁公司的业务范围和经营规则

一、金融租赁公司的业务范围

《金融租赁公司管理办法》对金融租赁公司的业务范围确定以主责主业为基本原则,区分了基础业务和专项业务。

(一)基础业务

金融租赁公司可以经营下列本外币业务:(1)融资租赁业务;(2)转让和受让融资租赁资产;(3)向非银行股东借入3个月(含)以上借款;(4)同业拆借;(5)向金融机构融入资金;

(6)发行非资本类债券;(7)接受租赁保证金;(8)租赁物变卖及处理业务。

(二)专项业务

符合条件的金融租赁公司可以向国家金融监督管理总局及其派出机构申请经营下列本外币业务,并且开办下列业务的具体条件和程序,需按照国家金融监督管理总局有关具体规定执行:(1)在境内设立项目公司开展融资租赁业务;(2)在境外设立项目公司开展融资租赁业务;(3)向专业子公司、项目公司发放股东借款,为专业子公司、项目公司提供融资担保、履约担保;(4)固定收益类投资业务;(5)资产证券化业务;(6)从事套期保值类衍生产品交易;(7)提供融资租赁相关咨询服务;(8)经国家金融监督管理总局批准的其他业务。

金融租赁公司可以在全国范围内开展业务。如业务经营中涉及外汇管理事项的,应当遵守国家外汇管理有关规定。

二、金融租赁公司的风险管理规则

资本管理和风险管理是保障金融租赁公司稳健运行的基本管理要求。《金融租赁公司管理办法》第五章和第七章明确规定了金融租赁公司的资本管理规则和风险管理规则。

(一)资本管理规则

金融租赁公司以资本稳定充足为基本管理原则,应当按照国家金融监督管理总局的相关规定构建资本管理体系,合理评估资本充足状况,建立审慎、规范的资本补充、约束机制。金融租赁公司主要应当遵守以下资本相关指标的规定,比如,资本充足率、杠杆率、单一客户融资集中度、关联方融资比率、固定收益类投资比例等。《金融租赁公司管理办法》仅对资本管理作出了原则性规定,具体规则由国家金融监督管理总局确定。此种立法方式有利于金融监管动态化衔接,提升监管灵活度。

(二)风险管理规则

金融租赁公司应当根据组织架构、业务规模和复杂程度建立全面的风险管理体系,对信用风险、市场风险、流动性风险、操作风险、国别风险、声誉风险、战略风险、信息科技风险等各类风险进行持续有效的识别、计量、监测和控制,同时应当及时识别和管理与融资租赁业务相关的特定风险。针对金融租赁公司的特殊性,《金融租赁公司管理办法》明确规定了以下几种风险管理制度。

(1)金融公司应当对租赁应收款建立以预期信用损失为基础的资产质量分类制度,及时、准确进行资产质量分类。(2)金融租赁公司应当建立准备金制度,及时足额计提资产减值损失准备,增强风险抵御能力。未提足准备或资本充足率不达标的,不得进行现金分红。(3)金融租赁公司应当加强关联交易管理,制定完善关联交易管理制度,明确审批程序和标准、内外部审计监督、信息披露等内容。关联交易应当按照商业原则,以不优于非关联方同类交易的条件进行,确保交易的透明性和公正性,严禁通过掩盖关联关系、拆分交易、嵌套交易拉长融资链条等方式规避关联交易监管制度规定。重大关联交易应当经董事会批准。

三、金融租赁公司的业务经营规则

金融租赁公司应当遵循全面、审慎、有效、独立原则,保障公司安全稳健运行。《金融租赁公司管理办法》第六章明确规定了金融租赁公司的经营规则。主要从以下七方面规范融资租赁业务活动。

（一）租赁物适格

金融租赁公司应当选择适格的租赁物,确保租赁物权属清晰、特定化、可处置、具有经济价值并能够产生使用收益。金融租赁公司可以设备资产作为租赁物,但不得以低值易耗品作为租赁物,不得以小微型载客汽车之外的消费品作为租赁物,不得接受已设置抵押、权属存在争议或已被司法机关查封、扣押的财产或所有权存在瑕疵的财产作为租赁物。

（二）租赁物合法

金融租赁公司应当合法取得租赁物的所有权,售后回租业务的租赁物必须由承租人真实拥有并有权处分。租赁物属于未经登记不得对抗善意第三人的财产类别,金融租赁公司应当依法办理相关登记。应当在国务院指定的动产和权利担保统一登记机构办理融资租赁登记,采取有效措施保障对租赁物的合法权益。

（三）真实交易

金融租赁公司应当在签订融资租赁合同或明确融资租赁业务意向的前提下,按照承租人要求购置租赁物。特殊情况下需提前购置租赁物的,应当与自身现有业务领域或业务规划保持一致,且具有相应的专业技能和风险管理能力。

（四）租赁物价值评估管理

从近年来融资租赁业务发展和风险处置经验来看,在选择了适当租赁物、准确估值定价的前提下,融资租赁业务出险和终极损失的概率不大。因此,《金融租赁公司管理办法》重点强化租赁物价值管理,要求金融租赁公司建立内部制衡机制,健全租赁物价值评估体系,制定估值定价管理制度,明确估值程序、因素和方法,以合理确定租赁物资产价值。同时,要求加强对外部评估机构的管理,明确准入和退出标准,全面提升对租赁物估值和管理能力。

（五）联合租赁业务管理

金融租赁公司与具备从事融资租赁业务资质的机构开展联合租赁业务,应当按照"信息共享、独立审批、自主决策、风险自担"的原则,自主确定融资租赁行为,按实际出资比例或按约定享有租赁物份额以及其他相应权利、履行相应义务。相关业务参照国家金融监督管理总局关于银团贷款业务监管规则执行。

（六）转受让融资租赁资产业务管理

金融租赁公司基于流动性管理和资产配置需要，可以与具备从事融资租赁业务资质的机构开展融资租赁资产转让和受让业务，并依法通知承租人。如转让方或受让方为境外机构，应当符合相关法律法规规定。金融租赁公司开展融资租赁资产转让和受让业务时，应当确保租赁债权及租赁物所有权真实、完整、洁净转移，不得签订任何显性或隐性的回购条款、差额补足条款或抽屉协议。金融租赁公司作为受让方，应当按照自身业务准入标准开展尽职调查和审查审批工作。

（七）保理融资、固定收益类投资业务管理

全国融资租赁企业管理信息系统

金融租赁公司基于流动性管理需要，可以通过有追索权保理方式将租赁应收款转让给商业银行。金融租赁公司应当按照原租赁应收款全额计提资本，进行风险分类并计提拨备，不得终止确认。

金融租赁公司基于流动性管理需要，可以开展固定收益类投资业务。投资范围包括：国债、中央银行票据、金融债券、同业存单、货币市场基金、公募债券型投资基金、固定收益类理财产品、AAA级信用债券以及国家金融监督管理总局认可的其他资产。

第七节　金融租赁合同

一、金融租赁合同的法律特征

根据《民法典》第735条的规定，融资租赁合同，是出租人根据承租人对出卖人、租赁物的选择，向出卖人购买租赁物，提供给承租人使用，承租人支付租金的合同。融资租赁合同即金融租赁合同，是出租人与承租人以融通资金、租赁一定财产为目的，经协商达成的明确相互之间金融租赁的权利义务关系的协议，其具有以下法律特征：

第一，金融租赁合同是双务合同。金融租赁合同规定当事人双方相互享有权利、承担义务。在金融租赁合同中，一方享有的权利正是对方所承担的义务。例如，出租人有权收取租金，承租人有义务分期支付租金。

第二，金融租赁合同是有偿合同。在金融租赁合同中，当事人因享有权利而必须偿付代价。例如，承租人通过分期支付租金而取得设备的使用权。

第三，金融租赁合同是诺成合同。当租赁当事人意思表示一致时，合同即可成立。

第四，金融租赁合同是租赁交易中的主合同。金融租赁交易活动直接涉及三方当事人（出卖人、出租人、承租人）和两个合同（金融租赁合同和购买合同）。其中金融租赁合同是购买合同成立的前提，是主合同。只有当金融租赁合同成立后，出租人才根据承租人的特定要求，同其选定的出卖人签订购买租赁设备的购买合同。金融租赁合同与购买合同彼此独立又密切联系。因此，两个合同的相关内容必须相互照应，彼此吻合。

第五，金融租赁合同是足额清偿合同。金融租赁合同约定的租金总额不仅能抵补出租人购置设备所垫支的全部资金，而且出租人还可以从中获取一定的利润。

第六，金融租赁合同是以机器设备等固定资产为标的物的合同。现代设备主要集中在飞机、汽车、计算机、无线通信设施、工业机械及设备、医疗设备、办公自动化用品、废物处理设施等领域。这些设备应是能够重复使用，并在使用中只减少其价值而不能损耗掉的财产。

第七，金融租赁合同是不可撤销的合同。在租赁期间，承租人不得中途解除合同。这是因为：（1）金融租赁的标的物具有专用性质。租赁设备是由承租人特别指定的适用某一特定业务需要的专用设备，一般不具有通用性。如果允许承租人中途解约，返还设备，出租人很难将设备重新出租或卖掉，获取与残存租金相当的金额。（2）出租人购进设备的资金来源，除自有资金外，绝大部分来自向第三者的贷款，贷款是必须还本付息的。（3）在租赁交易中，出租人既是买卖合同的当事人，承担支付货款的义务，也是租赁合同的当事人，承担提供出租设备的义务。可见，出租人既面临买卖合同和租赁合同对方违约的风险，也承担贷款的信用风险。因此，在金融租赁合同中，承租人不得解除租赁合同，否则须承担赔偿责任。

第八，金融租赁合同是采取书面形式的合同。由于金融租赁合同涉及金额大、时间跨度长，我国《民法典》明确要求必须采取书面合同形式。

二、金融租赁合同的主要条款

根据《民法典》《金融租赁公司管理办法》的规定和金融租赁的实践，金融租赁合同应当采取书面形式，并包括以下内容：

合同说明性条款。首先应注明金融租赁合同当事人（出租人和承租人）的名称、地址、法定代表人等，其次要注明合同签订的日期和地点。

金融租赁合同的标的。金融租赁合同中的标的即设备，是承租人自行选定并要求出租人购买的设备。《金融租赁公司管理办法》第5条规定，金融租赁公司开展融资租赁业务的租赁物类型，包括设备资产、生产性生物资产以及国家金融监督管理总局认可的其他资产。在合同中必须写明租赁设备的名称、牌号、型号、规格、性能、数量、单价及总金额。这些内容一般均以附表形式明确列出。租赁物属于国家法律法规规定所有权转移必须到登记部门进行登记的财产类别的，金融租赁公司应当进行相关登记。租赁物不属于需要登记的财产类别的，金融租赁公司应当采取有效措施保障对租赁物的合法权益。

租赁设备的所有权和使用权。金融租赁交易的特征之一是租赁设备的所有权与使用权的分离。合同期限内，租赁设备的所有权属于出租人，而承租人享有使用权。为保障出租人对设备的所有权，在合同中应明确规定：承租人除非征得出租人的书面同意，不得有转让、转租、抵押租赁设备或将其投资给第三者及其他任何侵犯租赁设备所有权的行为，也不得将租赁设备迁离合同中所记载的设备场所或允许他人使用。并且规定：在合同期限内，出租人有权定期去承租人处检查租赁设备的完好程度及使用保养情况。为保障承租人使用租赁设备的权利，合同中也要规定，如任何第三者由于出租人的原因对租赁设备主张任何权利，概由出租人负责，承租人的使用权利不得因此受到影响。

租赁设备的交货、验货及其质量保证。要明确租赁设备的交付时间、地点、由何人交付（即要明确由出卖人直接交付承租人还是由出租人交付);明确交货中的责任;明确交货后的验收时间、手续以及相应的权利与义务。此外,还要明确租赁设备的质量保证条件应与销售合同中的质量保证条件相符;明确如果在质量保证期内发生属于出卖人责任的质量问题,应由何方与出卖人办理索赔事宜。如果由承租人办理则出租人应将销售合同中的索赔权转让给承租人。

租赁设备维修、保养及其有关费用。金融租赁合同中往往明确规定,租赁设备由承租人负责日常维修、保养、更换零件等,使设备保持良好状态,并承担由此产生的全部费用。合同中还应规定租赁设备在运输、安装、调试、使用等过程中如使第三者遭受损失时,应由承租人承担全部责任。

租赁期限。租赁期限是指租赁起始之日到租赁结束之日的整个期间。合同应当明确规定租赁期限的起讫日期,不能笼统地写3年或5年。

租金。租金是签订金融租赁合同的一项重要内容。出租人通过租金既要收回租赁设备的购进原价、货款利息和营业费用,而且要获得必要的利润。承租人也要比照租赁费用对租赁设备使用后获得的收入进行核算。因此,租金条款关系到出租人和承租人的切身利益,合同必须写明租金总金额(大写)、租金的构成及计算方法、租赁费率、租金支付方式及罚息标准。一般说来,租金包括以下几方面:(1)租赁设备的购置成本,包括设备的原价加运费。(2)租赁期间的利息(包括出租人为购买租赁设备所筹集资金的利息、筹资费用等)。(3)手续费,即出租人为承租人购买租赁设备所支出的营业费用,包括办公费、差旅费、邮电费、银行费用、工资和税金等。(4)利润。明确租赁费率,就是要规定是固定租赁费率还是浮动租赁费率形式。如采用固定费率,应明确固定值;如采用浮动费率,需在合同中注明其浮动原则和浮动日期等。租金支付方式主要应明确还租期限、还租起算日、还租期限内租金支付次数、每次需付租金金额、租金币种、租金应付日期、先付还是后付方式、出租人开户行账户等。上述一些条件往往以附表形式作为合同附件或以《应付租金通知书》形式通知承租人。罚息标准,主要是规定当承租人延迟交付租金应加收罚息的利息标准。

租赁设备的灭失及毁损处理。金融租赁合同中一般规定,如果租赁设备发生了灭失或毁损,由承租人承担一切损失,并需按期交纳租金。发生租赁设备灭失及毁损情况后,承租人应立即通知出租人,出租人可要求承租人选择下列方式负责处理并负担一切费用:(1)将租赁设备复原或修理至完全正常使用之状态。(2)更换与租赁设备同等状态和性能的零件。(3)租赁设备灭失或毁损至无法修理时,承租人应按合同中规定的损失赔偿金额,赔偿出租人。

租赁设备的保险。对租赁设备的保险是出租人和承租人避免损失的一种保障手段。投保的范围视租赁设备的情况而定,有些可以投保财产险,以应付自然灾害所引起的毁损风险,有些可以加保盗窃综合险、机损险、安装险、对第三者损害事故责任险。金融租赁合同中的保险条款应规定以下内容:(1)何人投保。无论是出租人还是承租人投保,保险费都由承租人承担。(2)保险期限。保险期限自货到目的港或指定地点之日起至合同期满日止。(3)保险金额及投保币种。保险金额可以是租赁设备购买成本总价加一定盈利或租金总额。投保币种应同租金币种相一致。(4)保险金受益人。在合同期限内,租赁设备的所有权属于出租人,保险的受益人也应为出租人。因此,在承租人投保的情况下,保险受益人也应记载为出租人。(5)在合同期限内,如发生保险事故,承租人应立即通知出租人和保险公司,承租人要向出租人提供检验报告和有关资料,承租人和出租人会同保险公司索赔,保险金由出租人领取。(6)出租人领取保险金后,可用于抵补承租人为修复租赁设备或更换与原租赁设备同等型号、性能的部件或配件的费用。如出租人为上述目的支出的款项超过了保险赔偿金额,差额由承租人承担。如果租赁设备灭失或毁损至无法修理程度时,保险赔偿金额应归出租人抵扣损失赔偿金额,不足部分由承租人赔偿给出租人。

租赁债权的转让和抵押。金融租赁合同中一般规定,出租人在租赁期间,有权将合同规定的全部或一部分权利转让给第三者,或提供租赁设备作为抵押。但是这项转让和抵押的权利以不影响承租人根据租赁合同享有的各种权益为限。

担保。在金融租赁合同中都有要求承租人提供担保的规定。担保人担保承租人切实履行支付租金的义务,并在承租人不能履行合同时代为承担支付租金的责任。

租赁保证金。作为履行合同的保证,出租人要求承租人在合同签订后向其交纳一定数额的保证金。保证金不计利息,在租赁期满时归还承租人或抵付最后一期租金的全部或部分。合同规定,如果承租人违反合同,出租人可用租赁保证金来抵扣承租人应付租金的全部或部分。

租赁期满时租赁财产的处理。租赁期满后,承租人对租赁设备有退租、留购或续租3种选择权。当事人双方应选择其中一种在合同中订明。对于需要续租的租赁合同,在合同中应订明承租人至少在期满前1个月内将续租要求书面通知出租人,双方重新商定续租期限、租金等租赁条件,另立租赁合同。对于需要退租的租赁合同,承租人应保证租赁设备除正常耗损外,仍保持良好状态,并规定承租人将租赁设备退还出租人,费用由承租人承担。

违约责任。金融租赁活动中,任何一方违约,都会造成对方损失,因此,合同应明确规定当事人违约的责任,具体包括:(1)出租人因过错造成租赁设备延迟交付或交付与合同规定不符或有其他违约行为所应负的法律责任。(2)承租人违反合同规定,致使租赁设备受损、被盗,或未经出租人同意侵犯租赁设备所有权时应承担的法律责任。

争议解决。合同应规定双方在执行合同中发生争议时,解决争议的方式、程序等。

第八节　金融租赁当事人的权利与义务

一、出租人的权利与义务

(一)出租人的权利

在租赁期内享有租赁物的所有权。出租人应当合法取得租赁物的所有权,为获取租金收益而转移了租赁物的使用权,保留了对租赁物的处分权和部分收益权。承租人破产的,租赁物不属于破产财产。因此,当承租人破产时,出租人依破产法有关规定可以行使取回权,也可以申请受理破产案件的法院拍卖租赁物,将拍卖所得的款项用以清偿所欠出租人的债务。

按合同规定收取租金,这是出租人进行金融租赁的主要目的。承租人经催告后在合理期限内仍不支付租金的,出租人可以要求支付全部租金,也可以解除合同,收回租赁物。

在合同终止时,可以收回租赁物。如果出租人和承租人约定租赁期满租赁物归承租人所有,则按约定执行。

在出卖人有迟延交货或交付的租赁物质量、数量存在问题以及其他违反供货合同约定的行为时,出租人享有索赔权。供货合同或租赁合同中未约定转让索赔权的,对出卖人的索赔权应由出租人享有和行使,承租人应提供有关证据。

(二)出租人的义务

根据承租人对出卖人、租赁物的选择订立的买卖合同,未经承租人同意,出租人不得变更与承租人有关的合同内容。

按照承租人对出卖人、租赁物的选择,向出卖人购买租赁物,提供给承租人使用。出租人如果完全按照承租人的要求购买租赁物,则对租赁物不负瑕疵担保责任。但承租人依赖出租人的技能确定租赁物或者出租人干预选择租赁物的除外。

出租人应当保证承租人对租赁物的占有和使用。在金融租赁合同有效期间内,出租人非法干预承租人对租赁物的正常使用或者擅自取回租赁物,造成承租人损失的,出租人应承担赔偿责任。

金融租赁合同的租金,除当事人另有约定的以外,应当根据购买租赁物的大部分或者全部成本以及出租人的合理利润确定。

依买卖合同向出卖人支付货款。

二、承租人的权利与义务

(一)承租人的权利

选择租赁物的出卖人,确定租赁物的条件,并接受出卖人交付的租赁物。金融租赁关系中的租赁物件往往是由承租人选定的,在法律上,承租人具有这种购买选择权。承租人享有与受领标的物有关的买受人的权利。

在租赁期内,对租赁物享有独占的使用权。

出租人、出卖人、承租人已有约定的,当出卖人不履行买卖合同义务时,由承租人行使索赔的权利。在供货合同和租赁合同中均约定转让索赔权的,应由承租人直接向出卖人索赔。承租人行使索赔权利的,出租人应当协助。

当事人约定租赁期间届满租赁物归承租人所有,承租人已经支付大部分租金,但无力支付剩余租金,出租人因此解除合同收回租赁物的,收回的租赁物的价值超过承租人欠付的租金以及其他费用的,承租人可以要求部分返还。

(二)承租人的义务

及时验收出卖人交付的租赁物。承租人必须在合同约定的时间内验收租赁物,负责设备在质量、规格、数量以及技术上的鉴定验收。这是一种承租人跨越出租人同出卖人所建立的特殊关系。

根据合同规定向出租人支付租金。金融租赁合同是特殊的租赁合同,支付租金是承租人最基本的义务。承租人未按合同约定支付部分或全部租金,属违约行为,承租人应按合同约定支付租金、逾期利息,并赔偿出租人相应的损失。

承租人负有妥善保管和合理使用租赁物、占有租赁物期间的维修义务。在合同期间,承租人承担设备在使用过程中的保养、维修的义务,承担设备灭失、毁损的风险。

未经出租人同意,承租人不得擅自转租。在租赁合同履行完毕之前,承租人未经出租人同意,将租赁物进行抵押、转让、转租或投资入股,其行为无效,出租人有权收回租赁物,并要求承租人赔偿损失。因承租人的无效行为给第三人造成损失的,第三人有权要求承租人赔偿。

三、出卖人的权利与义务

(一) 出卖人的权利

依照买卖合同收取租赁物货款。出卖人和出租人之间签订的是买卖合同,出卖人有权按照合同条款收取货款。

在不能取得货款的情况下,出卖人有权请求法院强制执行。

(二) 出卖人的义务

依买卖合同向承租人交付租赁物。出卖人必须按照合同的约定,购买相应的租赁物,并交付。

对租赁物的质量承担担保责任。出卖人作为买卖合同中的卖方,应对租赁物的质量承担瑕疵担保责任。

【法律适用】

期货和衍生品交易不仅要适用《期货和衍生品法》的规定,还要适用《期货交易管理条例》《期货交易所管理办法》《期货公司监督管理办法》《民法典》等的相关规定。期权交易也适用《期货交易管理条例》等期货交易的规则。融资租赁是《民法典》中的一种有名合同,应适用其相关条款的规定。同时,国家金融监管总局于2024年9月14日公布了新的《金融租赁公司管理办法》,成为规范融资租赁经营的主要行为规范。

【思考题】

1. 衍生品交易的主要类型是什么?

思考提示:衍生品交易包括期货合约、互换合约、远期合约、期权合约这4种主要类型。注意从合约的基础标的、交易方式、功能和基础制度的不同来进行掌握。

2. 《期货和衍生品法》的特点是什么?

思考提示:《期货和衍生品法》采用以期货交易为主、兼容衍生品交易的立法方式。注意从立法模式、特殊性考量、调整对象、适用范围、立法结构等方面理解这部期货和衍生品交易领域的基础法律。

3. 期货市场的功能和结构是什么?

思考提示:期货市场具有风险回避和价格发现两大功能,它由期货交易所、期货结算所、期货公司和期货交易者(客户)组成。应重点把握这4类主体在期货交易中的作用和相互关系。

4. 期货交易和衍生品交易的一般规定是什么?

思考提示:《期货和衍生品法》中期货交易和衍生品交易的一般规定包括2方面主要内容:一是对期货交易和其他衍生品交易的法定交易方式的规定;二是对3种典型的影响市场公平行为的禁止性规制。

5. 期货结算和交割的主要规则是什么?

思考提示:期货交易本质是以合同为基础的特殊交易,与现货交易相比具有不同的风险特征,因此采用了特殊的结算、平仓、追偿、交割机制。重点掌握当日无负债结算、保证金不足平仓、实物或现金交割、明确违约处置程序、保证金及相关财产独立性制度等主要规则。

6. 有关期货交易者的主要规则是什么?

思考提示:交易者是期货市场的基础、主体和源泉。由于期货交易杠杆高、风险大、专业性强,相较于一般商品交易有较大不同。重点掌握期货交易者的法律地位、主体分类、适当性原则、交易委托规则和义务、纠纷解决、交易者权益保护等制度。

7. 金融租赁涉及哪些法律关系?当事人的权利义务如何?

思考提示:金融租赁是一种特殊的租赁形式,具有融资和融物的双重特点,涉及三方当事人和两个合同关系,可以分别分析出卖人、出租人和承租人的权利义务。

第三编

金融监管法

第十章　银行、保险及信托业监管法

第十一章　证券及其他金融业监管法

第十二章　国际金融监管法

第十章　银行、保险及信托业监管法

■【重点提示】
1. 金融监管是指对金融业的监督与管理,应同时具备金融监管主体、监管客体和监管工具三个基本要素,根据监管方式有狭义和广义之分。
2. 金融监管体制是指金融监管的职责划分以及权力分配的方式和组织制度。可以从金融监管对象和金融监管权力分配两方面进行类型化理解。
3. 我国的金融监管体制演进大致可以分为四个阶段,即金融监管体制缺失、分业监管体制确立、分业监管体制完善、新金融监管体制形成。总体上呈现出"由统向分"再"由分向统"的发展规律,逐渐形成中国式现代化的金融监管体制。
4. 银行业监管是指对银行业金融机构等的设立、市场准入与退出以及经营活动所进行的监督、管理行为。
5. 银行业监管法是调整银行业监督管理关系的法律规范系统。
6. 银行业监管原则是银行业监督管理行为所应遵循的基本准则,包括依法监管原则、公开公正原则和效率原则。
7. 银行业监管机构的监督管理措施可以分为两类:一是一般监管措施,二是接管、重组和撤销。
8. 保险监管是指国家监管机构对保险机构和保险活动的监督和管理。狭义的保险监管仅指国家专门的保险监管机构根据保险法及其授权,按一定的规则和程序,对保险机构和保险活动的监督和管理,检查处理违反保险法的行为,并对违法行为人追究法律责任的管理措施。广义的保险监管,还包括立法监管、司法监管和行业自律组织、社会有关机构对保险机构及其有关活动进行的监督和管理。保险监管遵循合法监管、公平监管、审慎性监管原则,采用公示监管方式、形式监管方式和实体监管方式。
9. 保险业监管法律制度是指调整保险监管关系的法律规范系统,它是保险法的重要组成部分。
10. 保险监管包括对保险机构的组织监管、财务监管和业务监管。保险监管的一般措施包括责令限期改正、整顿和接管等。
11. 保险法律责任是指违反保险经营法律规范的公民、法人或者其他组织应当对国家及受害者承担的相应法律后果,包括刑事责任、行政责任和民事责任。
12. 信托业监管法是指调整信托业监管关系的法律规范系统。它主要规范政府监管机构的设立、变更和终止、市场准入和经营活动进行监督管理的行为。

第一节 金融监管体制概述

一、金融监管与金融监管法的概念

(一) 金融监管的概念

金融监管是指对金融业的监督与管理。金融监管应同时具备金融监管主体、监管客体和监管工具三个基本要素。根据监管方式不同,金融监管可以分为狭义的金融监管和广义的金融监管。狭义的金融监管,又称外部监管或者政府监管,仅指一国(地区)的中央银行或金融监督管理当局依据法律法规的授权,对金融业实施的监督管理。广义的金融监管,除一国(地区)中央银行或金融监管当局对金融体系的外部监管外,还包括各金融机构内部控制的自律监管、同业组织的互律监管和社会组织及市场的公律监管等。基于金融发展的复杂性,目前各国(地区)的金融监管体系通常在广义的金融监管下架构,强调外部监管、自律监管、互律监管及公律监管的互动共治。

(二) 金融监管法的概念

金融监管法是金融法体系的重要组成部分,它是调整金融监管关系的法律规范的总称。具体而言,金融监管关系主要包括银行业监管关系、外汇监管关系、保险业监管关系、信托业监管关系、证券业监管关系、证券投资基金监管关系、期货和金融衍生品监管关系以及金融租赁监管关系等。与此相适应,金融监管法的体系包括银行业监管法、外汇监管法、保险业监管法、信托业监管法和证券业监管法等具体金融监管法律制度。党的二十大报告指出,要"加强和完善现代金融监管","依法将各类金融活动全部纳入监管,守住不发生系统性风险底线"。因此,必须建立和健全金融监管法律制度。

目前,我国证券业由中国证券监督管理委员会依法监管;银行业、外汇业、保险业、信托业和金融租赁业等金融业的监管,均由国家金融监督管理总局负责。[①]

(三) 金融监管法的渊源体系

在我国,金融监管法的渊源或表现形式主要包括《银行业监督管理法》《中国人民银行法》《证券法》《保险法》《证券投资基金法》《期货和衍生品法》等法律。这些法律规定了金融业监督管理机构及其职责、监督管理措施等,会同《外汇管理条例》《信托公司管理办法》《金融租赁公司管理办法》《国务院关于实施金融控股公司准入管理的决定》等行政法规、政府规章中有关金融监管之规定,共同构成了中国金融监管法律体系。因此,金融监管法律体系的基本结构以

[①] 2023年《关于国务院机构改革方案的决定》规定:"二、组建国家金融监督管理总局。统一负责除证券业之外的金融业监管,强化机构监管、行为监管、功能监管、穿透式监管、持续监管,统筹负责金融消费者权益保护,加强风险管理和防范处置,依法查处违法违规行为,作为国务院直属机构。"

"分业监管"为特点,主要包括银行业监管法、证券业监管法、保险业监管法、信托业监管法等。

二、金融监管体制

（一）金融监管体制的概念

由于金融监管需根据金融实际发展情况进行动态变化,除金融监管法对金融监管关系进行规范外,还需要监管当局的自主调控和适用。因此,一国所采用的金融监管体制也影响着监管的实际成效。金融监管体制是指金融监管的职责划分以及权力分配的方式和组织制度,其解决的是由谁来根据金融监管法律,对哪些金融机构、金融市场和金融业务,采取何种监管理念进行监管。

（二）金融监管体制的分类

金融监管体制的形成是金融市场发展和各国历史国情的产物,国际上有多种金融监管体制,大体可以从金融监管客体和金融监管权力分配两方面进行分类。

1. 依金融监管客体分类

金融监管的客体是金融系统本身,可以从金融机构、金融业务、金融监管目标三个角度去认识金融,金融监管体制的经典理论也是基于这三个角度提出的。一是基于金融机构角度的机构型监管理念,认为对金融系统的监管主要通过监管金融机构实现,可以按照不同类别的金融机构来进行金融监管体制的组织架构。比如我国自2003年至2018年期间,金融监管体制采取"一行三会"模式,由银监会、保监会和证监会分别进行监管。二是基于金融业务的功能型监管理念,认为应按照经营业务的性质来划分监管对象,监管机构针对不同业务进行监管,而不考虑从事这些业务经营的机构性质。三是基于金融监管目标的目标型监管理念,即不专门规定具体的监管对象和监管工具,而是根据金融风险的类型、一国整体金融发展目标来架构金融监管体制。比如,按照系统性金融风险和微观金融风险,可以建立宏观审慎监管机构与微观审慎监管机构的双峰监管体制。

根据这三种基本理念,国际上形成了四类金融监管体制。（1）统一监管体制,即只设一个金融监管机构统一对所有金融监管对象进行全面监管。（2）分业监管体制,即设置多个金融监管机构,对不同监管机构进行分工负责。（3）牵头监管体制,即在分业监管基础上,再设置一个牵头监管机构,负责不同监管机构之间的协调合作。（4）双峰监管体制,即设置两类监管机构,一类负责对所有金融机构进行审慎监管,控制金融体系的系统性金融风险;另一类负责对不同金融业务开展监管和金融消费者保护。

2. 依金融监管权力分配分类

一国的金融监管权力,可以在纵向上进行中央和地方的划分,也可以在横向上的多个金融监管机构之间进行划分。两者组合形成了三种金融监管体制。（1）一线多头监管体制,即金融监管权集中于中央,由中央一级设置多个金融监管机构共同负责,地方没有独立的金融监管权。（2）双线多头监管体制,即中央和地方分享金融监管权,同时每一级又有若干监管机构共同行使监管职能。（3）集中单一模式,即金融监管权集中于中央,并且仅由一个金融监管机构进行统一监管。

三、我国的金融监管体制

从历史沿革来看,我国金融监管体制主要经历了改革不断深化、特点鲜明的两个演变时期。从改革开放初期至 2017 年,可以说是金融监管体制改革的第一演变时期,其体制上的外在特征表现为"由统向分"。这种体制变化的核心内涵是为了适应我国金融业在广度和深度上迅速发展的要求,形成分业监管的体制架构,并不断加以强化和精细化,以推进和保障金融业的平稳健康发展。具体又可细分为三个阶段。从 2019 年至今可以说是金融监管体制改革的第二演变时期,其体制的外在特征是"由分向统",加强和优化金融业改革发展的顶层设计、统筹协调和统一领导,以适应经济发展新格局,提高金融治理水平和监管能力,维护金融安全稳定为主要改革方向,逐渐形成中国式现代化的金融监管体制。

(一)金融监管体制的萌芽(1978—1992 年)

我国自 1978 年底开始实行改革开放政策,此后逐步确立社会主义市场经济体制。随着改革开放的不断深化,我国金融港市场逐渐放开,政府相继恢复和设立了多家商业银行,并出现了保险、信托、证券等金融机构。为规范金融机构的经营行为,又相继出台了一些行政性规章制度。同时,中国人民银行被正式确立为中央银行,并且成为金融监管机构。不过此时的金融监管主要依赖于行政性规章,各主体的地位和权力依托于行政体系,未形成现代意义上的金融监管体制。

(二)分业监管体制的确立(1993—2003 年)

1993 年《中共中央关于建立社会主义市场经济体制若干问题的决定》提出,要对银行业和证券业实行分业管理。此后在《商业银行法》《保险法》《证券法》中,正式通过法律确立了金融分业经营模式。1995 年通过的《商业银行法》明确规定,商业银行不得在中国境内从事信托投资和股权业务,不得投资于非自用不动产,不得向非银行金融机构和企业投资。1995 年通过的《保险法》规定,保险公司的资金不得用于设立证券经营机构和向企业投资。1998 年通过的《证券法》规定,证券业和银行业、信托业、保险业实行分业经营和分业管理。2003 年,我国正式形成"一行三会"的金融分业监管体制,即中国人民银行负责货币政策,银监会、保监会和证监会负责分业金融监管。

(三)金融监管体制的完善(2004—2018 年)

尽管我国在法律中明确规定了金融机构应分业经营,但金融机构一直在尝试运用各种金融工具进行混业经营。并且随着金融创新的不断发展、2008 年国际金融危机的影响及全球金融监管理念的不断更新,对我国金融监管体制也提出了新要求。2004 至 2018 年间我国一直处于体制完善的探索阶段,2017 年召开的第五次全国金融工作会议中提出成立"国务院金融稳定发展委员会",作为维护国家金融安全的常设执行机构,统筹协调金融监管政策以及部门间的配合。2018 年十三届全国人大一次会议表决通过《国务院机构改革方案》,将银监会与保监会进行合并,中国人民银行负责"货币政策和宏观审慎政策双支柱调控框架",更多担负起宏观审慎管理、金融控股公司和系统重要性机构、金融基础设施建设、基础法律法规体系及全口径统计分析等工作。由此形成"一行一委两会"的新格局,即国务院金融稳定发展委员会作为国务院统筹协调金融稳定和改革发展重要问题的议事协调机构,中国人民银行负责货币政策与宏观审慎政策的制定和执行,银保监会和证监会对金融机构进行分业监管。

（四）新金融监管体制的确立（2019年至今）

"一行一委两会"金融监管格局形成5年后,新一轮政府机构改革拉开帷幕。2023年3月,中共中央、国务院印发《党和国家机构改革方案》,据此,面对金融领域的矛盾和复杂局面,中央金融委员会[①]要靠前指挥,敢于动真碰硬,重要情况及时向党中央请示报告,中国人民银行要组织实施好货币政策,维护金融市场整体稳定,金融监管总局和中国证监会要协同形成全覆盖、无死角的金融监管格局。[②] 具体而言,现在的金融监管体制为：中国人民银行主要负责货币政策和宏观审慎监管；国家金融监督管理总局统一负责除证券业之外的金融业监管和金融消费者权益保护；证监会负责资本市场监管,履行增加企业债券发行审核等职责。

第二节 银行业监管法

一、银行业监管法概述

（一）银行业监管的概念

银行业监管是指对银行业金融机构等的设立、市场准入与退出以及经营活动所进行的监督、管理行为。它有广、狭两义。广义的银行业监管包括银行业金融机构的自我监督、管理和有关政府机关对其进行的外部监督、管理。狭义的银行业监管是指外部监管,即国家有关机关对银行业金融机构的组织及其经营活动所进行的监督和管理,如国家金融监管总局的监管、审计机关的监管、财政机关的监管等。

银行业监管是一国金融监管体系的重要组成部分。尽管在不同的历史时期,各国金融监管的内容、手段及程度有所变化,但与其他行业相比,以银行为主体的金融业从来都是各国管制最严格的行业。

（二）银行业监管法的概念和银行业监管立法

银行业监管法是调整银行业监督管理关系的法律规范系统。我国《银行业监督管理法》是银行业监管法的主要表现形式,是政府金融监管机构对银行业实行监督管理的基本法律依据。

---

① 2023年《党和国家机构改革方案》规定,组建中央金融委员会。加强党中央对金融工作的集中统一领导,负责金融稳定和发展的顶层设计、统筹协调、整体推进、督促落实,研究审议金融领域重大政策、重大问题等,作为党中央决策议事协调机构。设立中央金融委员会办公室,作为中央金融委员会的办事机构,列入党中央机构序。

② 中共中央党史和文献研究院编：《习近平关于金融工作论述摘编》,中央文献出版社2024年版,第31页。

《银行业监督管理法》的立法宗旨是,加强对银行业的监督管理,规范监督管理行为,防范和化解银行业风险,保护存款人和其他客户的合法权益,促进银行业健康发展。其适用范围包括:(1)适用于对银行业金融机构的监督管理。银行业金融机构,是指在中国境内设立的商业银行、城市信用合作社、农村信用合作社等吸收公众存款的金融机构以及政策性银行。(2)适用于对在中国境内设立的金融资产管理公司、信托公司、财务公司、金融租赁公司以及经国务院银行业监督管理机构批准设立的其他金融机构的监督管理。(3)适用于对经国务院银行业监督管理机构批准在境外设立的金融机构以及前两项金融机构在境外的业务活动实施监督管理。

同时,《银行业监督管理法》还规定,国务院银行业监督管理机构应当和中国人民银行、国务院其他金融监督管理机构建立监督管理信息共享机制。国务院银行业监督管理机构可以和其他国家或者地区的银行业监督管理机构建立监督管理合作机制,实施跨境监督管理。

我国有关银行业监督管理的法律规范主要体现在《银行业监督管理法》这一专门的规范性文件中,但也有部分银行业监督管理法律规范体现在其他有关法律如《中国人民银行法》《商业银行法》中。另外,与之配套的一系列行政法规、部门规章也含有大量的银行业监管法律规范,形成具体的银行业监管法律制度。

(三)银行业监管的原则

银行业监管的原则是银行业监督管理行为所应遵循的基本准则。我国银行业监管应遵循以下原则。

1. 依法监管原则

依法监管原则是指银行业监管机构的监管职权来源于法律,并应严格依据法律行使其监管职权,履行监管职能。依法监管是各国银行监管都遵守的原则,也是最基本的原则。银行业金融机构必须接受银行监管部门的监督和管理,监管机构必须依法行政,依法履行自己的监管职责,依法对各种违规违章行为进行处罚,不得超越法律法规,任意干涉银行内部的自主经营与管理。

2. 公开、公正原则

公开原则是指对银行业的监督管理行为除依法应当保守秘密的以外,都应当向社会公开。这一原则主要包括两方面内容:一是信息的公开披露,这些信息包括监管立法、政策、标准、程序等方面的信息,银行业金融机构依法应当向社会公开披露的信息,必须公开的金融风险信息和监管结果的信息等;二是政府监管行为的公开,即国家监管机关的监管行为、行政执法行为都应当按照法定程序,公开进行。

公正原则是指所有依法成立的银行业金融机构具有平等的法律地位,国家金融监管总局应对不同金融机构的相似业务作出相同的监管规定和要求,使所有银行在平等基础上进行自由竞争,依靠优化服务来提高效率,从而促成银行业公平竞争并创造平等交易的环境。

3. 效率原则

效率原则是指建立完备的、以保证资源优化配置为主要目标的银行运行体系,提高金融运行的效率;监管者在实践中必须注重成本、效益的比较,最大限度地提高金融监管的运行效率和监管的社会效益。

二、银行业监管机构

（一）银行业监管体系

《银行业监督管理法》第 2 条规定，国务院银行业监督管理机构负责对全国银行业金融机构及其业务活动监督管理的工作。该法第二章专门规定了我国银行业监督管理机构工作人员的任职要求和工作准则，并规定了应公开监督管理程序，建立监督管理责任制度和内部监督制度等。根据 2023 年国务院印发的《党和国家机构改革方案》的规定，撤销原银保监会，组建国家金融监督管理总局，统一负责除证券业以外的金融业监管工作。可见，我国的银行业监督管理机构为国家金融监督管理总局。

中国人民银行依据《中国人民银行法》对涉及人民币流通、同业拆借和银行间债券市场、外汇业务、支付结算、反洗钱等业务实施监管。此外，审计部门对银行业金融机构实施审计监督，中国银行业协会对会员单位实施自律管理。这些监管机构与行业自律及审计监督共同构筑起银行业监管的完整体系。

国家金融监督管理总局的主要职责

（二）银行业监管的理念、目标与标准

国家金融监督管理总局负责监管的银行业金融机构包括金融控股集团、政策性银行（国家开发银行、中国进出口银行、中国农业发展银行）、大型商业银行（中国工商银行、中国农业银行、中国银行、中国建设银行和交通银行）、中小商业银行（股份制商业银行和城市商业银行）、农村金融机构（农村信用社、农村商业银行、农村合作银行、村镇银行与农村资金互助社）以及中国邮政储蓄银行和外资银行。《银行业监督管理法》赋予国家金融监督管理总局及其派出机构进行非现场监管、现场检查、监督管理谈话及强制信息披露的权力。原银保监会自成立以来，为提高银行监管的有效性，化解银行业风险，促进银行业稳健发展，采取了一系列措施，在银行监管建设方面取得了积极进展，其中最为突出的是提出了新的监管理念，确立了明确的监管目标，并提出了良好监管的标准。上述监管措施由国家金融监督管理总局继续行使。

1. 监管理念

在总结国内外监管经验的基础上，原银保监会提出了银行业监管的新理念，即"管风险、管法人、管内控、提高透明度"。"管风险"，即坚持以风险为核心的监管内容，通过对银行业金融机构的现场检查和非现场监管，对风险进行跟踪监控，对风险早发现、早预警、早控制、早处置。"管法人"，即坚持法人监管，重视对每个银行业金融机构总体金融风险的把握、防范和化解，并通过法人实施对整个系统的风险控制。"管内控"，即坚持促进银行内控机制的形成和内控效率的提高，注重构建风险的内部防线。"提高透明度"，即加强信息披露和透明度建设，通过加强银行业金融机构和监管机构的信息披露，提高银行业金融机构经营和监管工作的透明度。

2. 监管目标

监管目标是监管者追求的最终效果或最终状态。《银行业监督管理法》第 3 条规定："银行业监督管理的目标是促进银行业的合法、稳健运行，维护公众对银行业的信心。银行业监督管理应当保护银行业公平竞争，提高银行业竞争能力。"在此基础上，国务院银行业监管机构结合国内外银行业监管经验,提出了四个具体监管目标:通过审慎有效的监管,保护广大存款人和消费者的利益;通过审慎有效的监管,增进市场信心;通过宣传教育工作和相关信息披露,增进公众对现代金融的了解;努力减少金融犯罪。这四个目标共同构成我国银行业监管目标的有机体系。

3. 监管标准

为规范监管行为,检验监管工作成效,在总结国内外银行监管工作经验的基础上,国务院银行业监管机构提出了良好监管的六条标准,包括:促进金融稳定和金融创新共同发展;努力提升我国银行业在国际金融服务中的竞争力;对各类监管设限要科学、合理,有所为,有所不为,减少一切不必要的限制;鼓励公平竞争、反对无序竞争;对各类监管者和被监管者都要实施严格、明确的问责制;高效、节约地使用一切监管资源。

(三)银行业监管机构的监督管理职责

银行业监管机构的基本职责是根据《银行业监督管理法》和国务院的授权,统一监管银行业金融机构,维护银行业的合法、稳健运行。具体而言,其主要职责如下。

1. 相关行政规章、命令的制定和发布

国务院银行业监督管理机构依照法律、行政法规制定并发布对银行业金融机构及其业务活动监督管理的规章、规则。国家金融监督管理总局作为银行业监督管理机构,最基本的职权即是相关规章和命令的制定权。国家金融监督管理总局根据其监督管理职权的范围和需要,在不与相关法律、行政法规相抵触的前提下,制定和发布有关对银行业金融机构及其业务活动监督管理的规章和命令,并在该规章和命令的指导下开展具体工作。

2. 银行业金融机构的市场准入管理

银行业金融机构的市场准入主要包括机构、业务和高级管理人员三个方面。机构准入是指批准金融机构法人或分支机构的设立和变更,具体按照《中资商业银行行政许可事项实施办法》《外资银行行政许可事项实施办法》和《农村中小银行机构行政许可事项实施办法》执行;业务准入是指批准金融机构的业务范围以及开办新的产品和服务;高级管理人员准入是指依据《银行业金融机构董事(理事)和高级管理人员任职资格管理办法》,对金融机构董事及高级管理人员的任职资格进行审查核准。

未经国务院银行业监督管理机构批准,任何单位或者个人不得设立银行业金融机构或者从事银行业金融机构的业务活动。

3. 银行业金融机构的经营业务监管

银行业金融机构的审慎经营规则,由法律、行政法规规定,也可以由国务院银行业监督管理机构依照法律、行政法规制定。审慎经营规则,包括风险管理、内部控制、资本充足率、资产质量、损失准备金、风险集中、关联交易、资产流动性等内容。《银行业监督管理法》第37条规定,银行业金融机构违反审慎经营规则的,国务院银行业监督管理机构或者其省一级派出机构应当责令限期改正;逾期未改正的,或者其行为严重危及该银行业金融机构的稳健运行、损害存款人和其他客户合法权益的,经国务院银行业监督管理机构或者其省一级派出机构负责人批准,可以区别情形,采取下列措施:(1)责令暂停部分业务、停止批准开办新业务;(2)限制分配红利和其他收入;(3)限制资产转让;(4)责令控股股东转让股权或者限制有关股东的权利;(5)责令调整董事、高级管理人员或者限制其权利;(6)停止批准增设分支机构。银行业金融机构整改后,应当向国务院银行业监督管理机构或者其省一级派出机构提交报告。国务院银行业监督管理机构或者其省一级派出机构经验收,符合有关审慎经营规则的,应当自验收完毕之日起3日内解除对其采取的前述规定的有关措施。

4. 对银行业金融机构的行业管理

国务院银行业监督管理机构对中国人民银行提出的检查银行业金融机构的建议,应当自收到建议之日起30日内予以回复。

国务院银行业监督管理机构应当建立银行业金融机构监督管理评级体系和风险预警机制,根据银行业金融机构的评级情况和风险状况,确定对其现场检查的频率、范围和需要采取的其他措施。

银行业监督管理机构发现可能引发系统性银行业风险、严重影响社会稳定的突发事件的,应当立即向国务院银行业监督管理机构负责人报告;国务院银行业监督管理机构负责人认为需要向国务院报告的,应当立即向国务院报告,并告知中国人民银行、国务院财政部门等有关部门。

国务院银行业监督管理机构应当会同中国人民银行、国务院财政部门等有关部门建立银行业突发事件处置制度,制定银行业突发事件处置预案,明确处置机构和人员及其职责、处置措施和处置程序,及时、有效地处置银行业突发事件。

此外,国务院银行业监督管理机构还具有如下职责:负责统一编制全国银行业金融机构的统计数据、报表,并按照国家有关规定予以公布;对银行业自律组织的活动进行指导和监督,受理银行业自律组织章程的备案;开展与银行业监督管理有关的国际交流、合作活动。

三、银行业监管措施

(一)银行业监督管理机构的监管措施

根据《银行业监督管理法》第四章的规定,监督管理措施可以分为两类:一是一般监管措施;二是接管、重组和撤销。

1. 一般监管措施

第一,要求报送报表及相关材料。银行业监督管理机构根据履行职责的需要,有权要求银行业金融机构按照规定报送资产负债表、利润表和其他财务会计、统计报表、经营管理资料以及注册会计师出具的审计报告。这是进行经常性监督的一种重要手段。

经典案例

震惊世界的巴林银行倒闭案

第二,现场检查。银行业监督管理机构应当对银行业金融机构的业务活动及其风险状况进行现场检查。根据审慎监管的要求,银行业监督管理机构可以采取下列措施进行现场检查:进入银行业金融机构进行检查;询问银行业金融机构的工作人员,要求其对有关检查事项作出说明;查阅、复制银行业金融机构与检查事项有关的文件、资料,对可能被转移、隐匿或者毁损的文件、资料予以封存;检查银行业金融机构运用电子计算机管理业务数据的系统。进行现场检查,应当经银行业监督管理机构负责人批准。现场检查时,检查人员不得少于2人,并应当出示合法证件和检查通知书;检查人员少于2人或者未出示合法证件和检查通知书的,银行业金融机构有权拒绝检查。

第三,监督管理约谈。《银行业监督管理法》第35条规定:"银行业监督管理机构根据履行职责的需要,可以与银行业金融机构董事、高级管理人员进行监督管理谈话,要求银行业金融机构董事、高级管理人员就银行业金融机构的业务活动和风险管理的重大事项作出说明。"监管谈话是指监管人员为了解银行业金融机构的经营状况、风险状况和发展趋势而与其董事、高级管理人员进行的谈话。其作用是使监管人员与被监管的银行业金融机构保持持续不断的沟通,及时了解其经营状况、风险状况,并预测发展趋势,以便继续跟踪监管,提高监管效率。建立此制度有助于提高监管机构的权威,确保监督部门能与银行业金融机构董事会或高级管理人员进行严肃认真的监管谈话,并及时全面地了解银行业金融机构的经营管理现状。监管部门有权根据监管需要和银行业金融机构经营状况,随时向银行业金融机构提出谈话要求。进行监管谈话并不意味着银行业金融机构一定存在经营问题,即使不存在任何问题,监管机构也有权要求谈话了解状况。此外,监管机构有权决定与某一银行业金融机构所有董事会成员谈话,可以选择其中一位或多位董事谈话,可以与高级管理人员单独谈话,也可与董事和高级管理人员一起谈话。被要求参加谈话的董事、高级管理人员有义务准时到会并如实对相关业务情况和风险管理等重大事项作出说明。

第四,责令依法披露信息。信息披露监管是指国家金融监督管理总局要求银行业金融机构按照规定如实向社会公众披露财务会计报告、风险管理状况、董事和高级管理人员变更以及其他重大事项等信息。《银行业监督管理法》第36条规定:"银行业监督管理机构应当责令银行业金融机构按照规定,如实向社会公众披露财务会计报告、风险管理状况、董事和高级管理人员变更以及其他重大事项等信息。"《巴塞尔新资本协议》将市场约束、最低监管资本要求和资本充足率监督检查并列为资本监管的新三大支柱,很多国家和地区据此加强信息披露要求。与政府对银行业金融机构的外部监管行为不同,市场对银行业金融机构的激励约束作用是通过投资者、存款人和相关利益者的行为发挥作用的。银行业金融机构的信息披露使投资者、存款人和相关利益者能真实、准确、及时、完整地了解其财务状况、风险管理状况、董事和高级管理人员变更以及其他重大事项等信息,以便他们从自身利益角度出发,作出相应的反应,这些行为反过来会激励约束银行业金融机构完善法人治理结构、加强风险管理和内部控制、提高经营管理和盈利能力。

第五,对违规行为进行处理处罚。银行业金融机构违反审慎经营规则的,国务院银行业监督管理机构或者其省一级派出机构应当责令限期改正。逾期未改正的,或者其行为严重危及该银行业金融机构的稳健运行、损害存款人和其他客户合法权益的,经国务院银行业监督管理机构或者其省一级派出机构负责人批准,可以区别情形,采取下列措施:责令暂停部分业务,停止批准开办新业务;限制分配红利和其他收入;限制资产转让;责令控股股东转让股权或者限制有关股东的权利;责令调整董事、高级管理人员或者限制其权利;停止批准增设分支机构。

银行业金融机构整改后,应当向国务院银行业监督管理机构或者其省一级派出机构提交报告。国务院银行业监督管理机构或者其省一级派出机构经验收,符合有关审慎经营规则的,应当自验收完毕之日起3日内解除对其采取的前述规定的有关措施。上述规定,借鉴了巴塞尔银行监管委员会制定的《有效银行监管的核心原则》,大大强化了银行业监督管理机构的监管手段,加大了监管力度,使我国的金融监管进一步完善与科学。

第六,非现场检查监管。银行业监督管理机构应当对银行业金融机构的业务活动及其风险状况进行非现场监管,建立银行业金融机构监督管理信息系统,分析、评价银行业金融机构的风险状况。所谓非现场检查监管,是指银行业监督管理机构对银行业金融机构报送的各种统计数据、报表和报告运用现代化手段进行分析,评价银行业金融机构的风险状况。非现场检查监管者应具有在单一和并表的基础上收集、检查、分析审慎报告的手段。非现场检查的内容主要包括审查和分析各种报告和统计报表。这类资料应包括基本的财务报表和辅助资料,详细说明银行的各种风险和财务状况。银行监管者应充分利用公开发布的信息分析资料。

第七,并表监督管理。国务院银行业监督管理机构应当对银行业金融机构实行并表监督管理。跨国银行监管的一个重要原则是综合并表监管。《有效银行监管的核心原则》规定,银行监管者必须实施全球性并表监管,对银行在世界各地的所有业务,特别是其外国分行、附属机构和合资机构的各项业务,进行充分的监测,并要求其遵守审慎经营的各项原则。

2. 接管、重组和撤销

我国《银行业监督管理法》第 38 条规定,银行业金融机构已经或者可能发生信用危机,严重影响存款人和其他客户合法权益的,国务院银行业监督管理机构可以依法对该银行业金融机构实行接管或者促成机构重组,接管和机构重组依照有关法律和国务院的规定执行。

可见,银行业金融机构被接管,或者被指令与其他银行业金融机构合并,有两种情形:一是银行业金融机构由于经营管理不善,已经发生信用危机,严重影响债权人利益的;二是银行业金融机构由于经营管理不善或者其他原因,可能发生信用危机,将会严重影响债权人利益的。

经营管理不善或者其他原因是指诸如管理混乱、决策失误、风险集中,或者违法经营、出现重大经济刑事案件等,这些事由都可能引发银行业金融机构信用危机。发生信用危机,意味着银行业金融机构不能清偿到期债务,即存款人的存款陷入经济困境。如果信用危机不能被有效制止,银行业金融机构就会破产。银行业金融机构破产与一般生产经营性企业破产相比,社会危害性更大,所以世界各国都制定法律,尽量避免银行业金融机构破产。严格监管,目的是保障银行业金融机构的稳健运行,从而保障存款人权益,实现社会的稳定和繁荣。

接管应由国家金融监督管理总局决定,并组织实施。自接管开始之日起,由接管组织行使被接管银行的经营管理权力,但被接管银行的债权债务关系不因接管而变化。接管期限届满,国家金融监督管理总局可以决定延期,但接管期限最长不得超过 2 年。有下列情形之一的,接管中止:一是接管决定规定的期限届满或者国家金融监督管理总局决定的接管延期届满;二是接管期限届满前,该被接管银行已经恢复正常经营能力;三是接管期限届满前,该被接管银行被合并或者被依法宣告破产。

《银行业监督管理法》第 39 条还规定,银行业金融机构有违法经营、经营管理不善等情形,不予撤销将严重危害金融秩序、损害公众利益的,国务院银行业监督管理机构有权予以撤销。

银行业金融机构被撤销是非常严厉的一种行政处罚措施,必须依法进行。2001 年 11 月 14 日,国务院发布《金融机构撤销条例》,自 2001 年 12 月 15 日起施行。该条例共有 7 章,规定了金融机构撤销的决定、清算、债务清偿、注销登记、法律责任等,是国家金融监督管理总局撤销金融机构的具体操作的法律依据。根据该条例的规定,银行业金融机构被撤销的,国家金融监督管理总局应当及时组成清算组进行清算。清算期间,清算组行使被撤销的金融机构的管理职权,清算组组长行使被撤销的金融机构的法定代表人职权。被撤销的金融机构的清算财产,应当先支付个人储蓄存款的本金和合法利息,然后清偿法人和其他组织的债务;清偿完债务后的剩余财产,按照股东的出资比例或持有的股份比例进行分配。

银行业金融机构被接管、重组或者被撤销的,国务院银行业监督管理机构有权要求该银行业金融机构的董事、高级管理人员和其他工作人员,按照国务院银行业监督管理机构的要求履行职责。在接管、机构重组或者撤销清算期间,经国务院银行业监督管理机构负责人批准,对直接负责的董事、高级管理人员和其他直接责任人员,可以采取下列措施:(1)直接负责的董事、高级管理人员和其他直接责任人员出境将对国家利益造成重大损失的,通知出境管理机关依法阻止其出境。(2)申请司法机关禁止其转移、转让财产或者对其财产设定其他权利。

经国务院银行业监督管理机构或者其省一级派出机构负责人批准,银行业监督管理机构有权查询涉嫌金融违法的银行业金融机构及其工作人员以及关联行为人的账户;对涉嫌转移或者隐匿违法资金的,经银行业监督管理机构负责人批准,可以申请司法机关予以冻结。

(二)其他机构的监管措施

1. 中国人民银行对商业银行的监管

银行业金融机构的监管职责主要由国家金融监督管理总局行使,中国人民银行主要负责金融宏观调控与金融宏观审慎监管,中国人民银行有权依照《中国人民银行法》的规定对商业银行进行检查监督。

中国人民银行有权对金融机构以及其他单位和个人的下列行为进行检查监督:(1)执行有关存款准备金管理规定的行为;(2)与中国人民银行特种贷款有关的行为;(3)执行有关人民币管理规定的行为;(4)执行有关银行间同业拆借市场、银行间债券市场管理规定的行为;(5)执行有关外汇管理规定的行为;(6)执行有关黄金管理规定的行为;(7)代理中国人民银行经理国库的行为;(8)执行有关清算管理规定的行为;(9)执行有关反洗钱规定的行为。

当银行业金融机构出现支付困难,可能引发金融风险时,为了维护金融稳定,中国人民银行经国务院批准,有权对银行业金融机构进行检查监督。

需要注意的是,国家金融监督管理总局与中国人民银行都有对商业银行的监管权限,只是彼此分工不同。前者侧重于微观监管,目的是维护金融机构的合法稳健运营及自由公平的金融竞争环境;后者则关注宏观调控权的行使,主要通过制定和执行货币政策和宏观审慎监管措施来实现,目的是维护宏观金融秩序的稳定。中国人民银行基于执行货币政策和维护金融稳定的需要,还可以建议国家金融监督管理总局对银行金融机构进行检查监督。这是提高监管效率的一种制度性安排。鉴于国家金融监督管理总局和中国人民银行职责的界分和关联,《银行业监督管理法》第6条规定:"国务院银行业监督管理机构应当和中国人民银行、国务院其他金融监督管理机构建立监督管理信息共享机制。"

2. 国家审计机关对商业银行的监管

《商业银行法》第63条规定:"商业银行应当依法接受审计机关的审计监督。"按照《审计法》的规定,国家审计部门以及派驻银行的审计人员可以行使审计职权,包括:

第一,要求被审计单位按照规定报送预算或者财务收支计划、预算执行情况、决算、财务报告、社会审计机构出具的审计报告以及其他与财政收支或者财务收支有关的资料,被审计单位不得拒绝、拖延、谎报。

第二,审计机关进行审计时,有权检查被审计单位的会计凭证、会计账簿、会计报表以及其他与财政收支或者财务收支有关的资料和资产,被审计单位不得拒绝。

第三,审计机关进行审计时,有权就审计事项的有关问题向有关单位和个人进行调查,并取得有关证明材料。有关单位和个人应当支持、协助审计机关工作,如实向审计机关反映情况,提供有关证明材料。

第四，审计机关进行审计时，被审计单位不得转移、隐匿、篡改、毁弃会计凭证、会计账簿、会计报表以及其他与财政收支或者财务收支有关的资料，不得转移、隐匿所持有的违反国家规定取得的资产。审计机关对被审计单位正在进行的违反国家规定的财政收支、财务收支行为，有权予以制止；制止无效的，经县级以上审计机关负责人批准，通知财政部门和有关主管部门暂停拨付与违反国家规定的财政收支、财务收支行为直接有关的款项，已经拨付的，暂停使用。

第五，审计机关认为被审计单位所执行的上级主管部门有关财政收支、财务收支的规定与法律、行政法规相抵触的，应当建议有关主管部门纠正；有关主管部门不予纠正的，审计机关应当提请有权处理的机关依法处理。

第六，审计机关可以向政府有关部门通报或者向社会公布审计结果。

3. 中国银行业协会的监督

我国的银行业自律组织是中国银行业协会，成立于2000年，是在民政部登记注册的全国性非营利社会团体，主管单位为国家金融监督管理总局。凡经国家金融监督管理总局批准成立的、具有独立法人资格的全国性银行业金融机构以及在华外资金融机构，承认《中国银行业协会章程》，均可申请加入中国银行业协会成为会员；在民政部门登记注册的各省（自治区、直辖市、计划单列市）银行业协会，承认《中国银行业协会章程》，均可申请加入中国银行业协会成为准会员。

中国银行业协会以促进会员单位实现共同利益为宗旨，履行自律、维权、协调、服务职能，维护银行业合法权益，维护银行业市场秩序，提高银行业从业人员素质，提高为会员服务的水平，促进银行业的健康发展。银行业协会履行的行业自律职责主要包括：（1）组织会员签订自律公约及其实施细则，建立自律公约执行情况检查和披露制度，受理会员单位和社会公众的投诉，采取自律惩戒措施，督促会员依法合规经营，共同维护公平竞争的市场环境；（2）依据章程或行规行约，组织制定行业标准和业务规范，推动实施并监督会员执行，提高行业服务水平；（3）建立健全银行业诚信制度以及银行机构和从业人员信用信息体系，加强诚信监督，协助推进银行业信用体系建设；（4）制定从业人员道德和行为准则，对银行从业人员进行自律管理，组织银行从业人员资格考试和相关培训，提高从业人员素质；（5）对于违反银行业协会章程、自律公约、管理制度等致使行业利益受损的会员，可按有关规定实施自律性处罚，并及时告知银行业监督管理机构；（6）对涉嫌银行业金融机构和从业人员违法违规的投诉件和发现的业内涉嫌违法违规的行为，要及时报告银行业监督管理机构，并做好银行业监督管理机构批转投诉件的调查处理工作。

第三节 保险业监管法

一、保险业监管法概述

（一）保险监管的概念、目标、原则与方式

1. 保险监管的概念

保险监管是指国家监管机构对保险机构和保险活动的监督和管理，有狭义、广义之分。狭义的保险监管仅指国家专门的保险监管机构根据保险法及其授权,按一定的规则和程序,对保险机构和保险活动进行监督和管理,检查处理违反保险法的行为,并对违法行为人追究法律责任的管理措施。广义的保险监管除狭义的保险监管外,还包括立法监管、司法监管和行业自律组织、社会有关机构对保险机构及其有关活动进行的监督和管理。

保险监管是国家金融监管的一个重要方面,加强保险监管十分必要。首先,保险活动的特殊性决定保险监管的必要性。一方面,保险业务经营货币这种特殊商品,具有负债性、社会性和公共性的特点,为了保护社会公众的整体利益,保障社会稳定,有必要对保险经营活动予以监管;另一方面,保险合同具有射幸性、附随性,故而,保险合同当事人的权利义务可能不等价,也可能存在信息不对称的情况。同时,保险技术的复杂性也使得一般的投保人囿于自身水平难以保护自身利益,而政府的监管可以确保公平、合理的交易。其次,保险监管也是满足保险业健康发展的需要。保险市场是现代市场经济的重要组成部分,也会存在市场失灵的情况,政府应根据国情对保险市场进行适当干预和监管,确保保险市场的活力和效率,为保险人提供一个适度竞争和公平有序的保险市场环境。

2. 保险监管的目标

保险监管的目标是由保险作为特殊行业特点决定的。发达市场经济国家的保险法和国际保险监管组织文件,对监管目标的表述虽然不尽一致,但基本包括三方面,即:维护被保险人的合法权益;维护公平竞争的市场秩序;维护保险体系的整体安全与稳定。这里有两点需要说明:一是维护保险体系的整体安全与稳定是前两个目标的自然延伸,而不是单一的和唯一的目标。二是维护保险体系的整体安全与稳定,并不排除某些保险机构和保险中介机构因经营失败而自动或被强制退出市场。监管者不应当也不可能为所有保险机构提供"保险"。监管者所追求的是整体的稳定,而不是个体的"有生无死"。我国对保险业监督管理的目标也是三项:维护被保险人的利益;维持保险市场的公平竞争;确保保险体系的整体安全与稳定。

3. 保险监管的原则

对保险业的监管一般遵循合法监管、公平监管、审慎性监管的原则。所谓合法监管原则,是指保险监管必须符合国家法律规范,保险市场主体必须接受保险监管机构的监管,保险监管机构也必须依法监管。所谓公平监管原则,是指保险监管者对保险市场主体的利益和地位给予公平对待与保障,同时兼顾社会整体利益,积极发展保险事业,促进社会进步和经济发展。所谓审慎性监管原则,是指保险监管以建立、健全保险公司偿付能力监管指标体系,监控保险公司的最低偿付能力,保护广大被保险人的权益为目的,对保险公司的资产、负债、公司治理结构、资本充足率及偿还能力、内部控制制度等予以监管。

4. 保险监管的方式

保险监管方式没有固定的标准模式,从国际实践来看,常用的方式有:

(1) 公示监管方式。公示监管方式是最宽松的一种监管方式,是指政府对保险业的经营不直接监督,只是规定保险人按照政府规定的格式及内容,将其营业结果定期呈报给主管机关,并予以公布。公示监管的内容一般包括公告财务报表、规定最低资本金与保证金、制定边际偿付能力标准等。这种方式有利于营造宽松公平的市场环境,促进保险业的自由竞争和发展,但弊端也非常明显,被保险人和一般公众常常处在信息不对称中的不利地位,很难掌握评判保险企业优劣的标准,故其利益难以得到切实有效保证。历史上英国曾采用此种监管方式,但在 20 世纪 70 年代前后,因保险公司的破产频繁,英国政府对此种监管方式的态度有所改变。

（2）形式监管方式。形式监管方式又称"准则监管方式"或"规范监管方式",是指由政府预先以法律形式规定保险市场准入的必备条件和保险业经营的一定准则,要求保险业共同遵守的方式。政府对保险经营的重大事项,如最低资本额的要求、资产负债表的审查、法定公布事项的主要内容以及违法的制裁方式均有明确规定。但是,政府仅仅在形式上审查保险市场主体是否真正遵守法律规定。目前只有荷兰等少数国家采用此种监管方式。

（3）实体监管方式。实体监管方式又称"严格监管方式"和"许可监管方式",是指国家制定完善的保险监督管理规则,主管机构根据法律法规赋予的权力,对保险市场尤其是保险公司进行全面监督管理的一种方式。此种监管方式由瑞士于1885年首创,主要包括保险业设立时的监管（保险许可证监管）、保险业经营期间的监管和保险业破产的监管（在保险公司经营失败时,对其破产和清算进行监管）。与前两者相比,实体监管注重对保险经营和保险竞争等实质内容的监管,有利于保护合法经营,规范保险经营行为,保护投保人和被保险人的利益,维护保险市场秩序。但该监管方式也具有监管机构庞大、监管成本过高、抑制保险市场活力的缺陷。目前,包括我国在内的多数国家均采用此种监管方式,最典型的有美国、日本和德国等。

（二）保险业监管法的概念和表现形式

保险业监管法是指调整保险监管关系的法律规范系统,它是保险法的重要组成部分,其表现形式通常由三大部分构成。

一是国家制定的保险法律。1995年颁布并经2002年、2009年、2014年和2015年四次修改的《保险法》是保险业监管最基本的法律依据。我国《保险法》对保险业监管始终设专章予以规定。根据《保险法》的规定,保险监督管理机构依照《保险法》和国务院规定的职责,遵循依法、公开、公正的原则,对保险业实施监督管理,维护保险市场秩序,保护投保人、被保险人和受益人的合法权益。对于偿付能力不足的保险公司,《保险法》还特别规定监督管理机构可以限制其资金运用的形式和比例。《保险法》对保险监督管理机构整顿、接管、撤销、清算保险公司作出了具体规定,同时对上述期间监管机构可以对保险公司直接负责的董事、监事、高级管理人和其他直接责任人采取的措施作出了明确规定。

二是国务院依据法律制定的保险业行政法规。这些保险业监管法规与《保险法》配套实施,主要有《外资保险公司管理条例》《机动车交通事故责任强制保险条例》《农业保险条例》等。

三是国家专司保险监管职能的机构依据法律、行政法规制定的保险业政府规章和地方性法规。主要有《保险公司管理规定》《保险公司设立境外保险类机构管理办法》《保险公司股权管理办法》《外资保险公司管理条例实施细则》《外国保险机构驻华代表机构管理办法》《保险公司信息披露管理办法》《保险代理人监管规定》《保险经纪人监管规定》《保险公估人监管规定》《健康保险管理办法》《保险公司董事、监事和高级管理人员任职资格管理规定》《保险资金运用管理办法》《再保险业务管理规定》《人身保险公司保险条款和保险费率管理办法》《中国银保监会行政许可实施程序规定》《中国银保监会行政处罚办法》等。

二、保险业监管机构

（一）各国保险监管机构概况

保险监管机构作为一国保险业的主管机关，基于不同国家监管模式的不同，主管机构也形式多样、名称不一。

美国的保险监管广泛且严格，侧重立法监管，从保险公司的设立、业务范围、费率、最低资本金和责任准备金到资金运用、市场退出，都贯穿着保险监管。其监管机构主要是州保险监督局，全国共有55个，局长大部分由州长任命，参议院批准。

英国的保险监管机构是工贸部下设的保险局，负责监管及核准在英国执行保险业务的保险公司，部长对国会负责。有三个监管目标：一是营造保险经营环境，激励保险业繁荣发展；二是在欧盟和国际上营造一个开放且具有竞争特点的保险市场；三是确保保险市场稳健经营，保障保单持有人的利益。1998年，英国成立金融服务管理局，对金融业实行集中统一的监管。2013年4月之后，英国的保险公司由新成立的审慎监管局（PRA）监管。

解析机构监管、功能监管与行为监管

日本于1998年成立金融监督厅，亦实行混业监管。法国保险业由国家保险委员会管理，受财政部领导。澳大利亚的保险监管机构是保险和年金委员会，监督官由总督任命，亦向财政部负责。

（二）中国保险监督管理机构

国家金融监督管理总局是全国商业保险的主管机关，根据法律和国务院授权履行行政管理职能，依照法律、法规统一监管中国保险市场和保险公司，维护保险业的合法、稳健运行。主要职责如下：

第一，拟定保险业发展的方针政策，制定行业发展战略和规划；起草保险业监管的法律、法规；制定业内规章。

第二，审批保险公司及其分支机构、保险集团公司、保险控股公司的设立；会同有关部门审批保险资产管理公司的设立；审批境外保险机构代表处的设立；审批保险代理公司、保险经纪公司、保险公估公司等保险中介机构及其分支机构的设立；审批境内保险机构和非保险机构在境外设立保险机构；审批保险机构的合并、分立、变更、解散，决定接管和指定接收；参与、组织保险公司的破产、清算。

第三，审查、认定各类保险机构高级管理人员的任职资格，制定保险从业人员的基本资格标准。

第四，审批关系社会公众利益的保险险种、依法实行强制保险的险种和新开发的人寿保险险种等的保险条款和保险费率，对其他保险险种的保险条款和保险费率实施备案管理。

第五，依法监管保险公司的偿付能力和市场行为；负责保险保障基金的管理，监管保险保证金；根据法律和国家对保险资金运用的政策，制定有关规章制度，依法对保险公司的资金运用进行监管。

第六,对政策性保险和强制性保险进行业务监管,对专属自保、相互保险等组织形式和业务活动进行监管;归口管理保险行业协会、保险学会等行业社团组织。

第七,依法对保险机构和保险从业人员的不正当竞争等违法、违规行为以及对非保险机构经营或变相经营保险业务进行调查、处罚。

第八,依法对境内保险及非保险机构在境外设立的保险机构进行监管。

第九,制定保险行业信息化标准;建立保险风险评价预警和监控体系,跟踪分析、监测、预测保险市场运行状况,负责统一编制全国保险业的数据、报表,抄送中国人民银行,并按照国家有关规定予以发布。

第十,承办国务院交办的其他事项。

三、保险业监管措施

保险监管包括对保险机构的组织监管、财务监管和业务监管。保险监管的一般措施包括责令限期改正、整顿和接管等。

经典案例

永安保险违规经营案

（一）组织监管

对保险机构的组织监管,主要表现在对保险机构的设立、变更、终止的审批。依照保险监管法律相关规定,国家金融监督管理总局负责审批保险公司的设立、变更、终止及其业务范围,未经批准,不得擅自经营、变更、停止或解散。保险公司的设立必须符合法律规定的组织形式和条件,必须提交法律规定的文件和资料,由国家金融监督管理总局审查颁发经营保险业务许可证,方可进行注册登记营业;保险公司有法律规定的变更事项,须经国家金融监督管理总局批准;保险公司有解散事由出现的,须经批准才能解散;经营人寿保险业务的保险公司,除分立、合并外,不得解散;保险公司不能支付到期债务的,只有经国家金融监督管理总局同意后,才能向人民法院申请破产。

组织监管还包括对保险公司高级管理人员从业资格、保险公司业务范围、保险公司章程的审查,以及对保险代理人、保险经纪人、保险公估人资格和设立的监督。此外,外资保险公司取得中国保险市场的主体资格,也必须经国家金融监督管理总局批准。

随着保险市场的发展,现实中出现了保险集团公司和非保险子公司等新形态。保险集团公司,是指依法登记注册并经国家金融监督管理总局批准设立,名称中具有"保险集团"或"保险控股"字样,对保险集团成员公司实施控制、共同控制或重大影响的公司。非保险子公司是指保险集团公司及其保险子公司直接或间接控制的,不属于保险类企业的境内、外公司,不包括保险公司、保险资产管理机构以及保险专业代理机构、保险经纪机构、保险公估机构。两者对保险业也会造成金融风险,主要体现为:一是保险集团、保险公司与非保险子公司并存,增强了股权结构的复杂性,存在风险传染、组织结构不透明风险、集中度风险、非保险领域风险等集团特有风险。二是保险公司与非保险子公司的组合造成了监管空白,保险公司可以通过非保险子公司制造一些通道或者关联交易来隐藏资产、放大杠杆,进而使得监管难度上升,保险公司整体风险敞口过大。

鉴于上述现象和问题,原银保监会发布了《保险集团公司监督管理办法》,对保险集团公司和非保险子公司主体设立、组织治理、风险管理、监督管理等方面进行规范,旨在优化集团资源配置、发挥协同效应、提升集团整体专业化水平和市场竞争能力,有效促进保险主业发展。

(二)财务监管

1. 监管保险公司的偿付能力

《保险法》对保险公司的资本金和最低偿付能力额作出了强制规定。同时,对保险公司提存未到期责任准备金、未决赔款准备金、公积金和保障基金作了义务性规定,国家金融监督管理总局享有对其监督的权力。如果保险公司未按法律规定提取或转结各项准备金,可责令其限期依法提取或转结。《保险法》第138条规定,对偿付能力不足的保险公司,可责令其增加资本金和办理再保险,限制业务范围,限制向股东分红,限制固定资产购置或者经营费用规模,限制资金运用的形式与比例,限制增设分支机构,责令拍卖不良资产、转让保险业务,限制董事、监事、高级管理人员的薪酬水平,限制商业性广告,以及责令停止接受新业务。

2. 监管保险公司的财务状况

保险企业应定期向监管机构报告其财务状况。保险监管机构统一制定报表形式,报表包括资产负债表、损益表、各项准备金提存明细表和盈余分配方案等。监管机构有权对保险企业进行现场检查,以保证报表的真实性。根据《保险法》第85~87条的规定,保险公司应聘用专业人员,建立精算报告制度和合规报告制度。保险公司应当按照保险监督管理机构的规定,报送有关报告、报表、文件和资料。保险公司应当妥善保管有关业务经营活动的完整账簿、原始凭证及有关资料,其保管期限,自保险合同终止之日起计算,保险期间在1年以下的不得少于5年,保险期间超过1年的不得少于10年。

(三)业务监管

业务监管是指对保险公司保险业务经营活动的监督管理,主要内容如下。

1. 监管业务范围

我国的保险公司作为依法设立的企业法人,必须在保险监管机构核准的业务范围和地区内从事保险经营活动,按照分业经营的原则,同一保险公司不能同时经营财产保险和人身保险业务。但是,经营财产保险业务的保险公司经保险监管机构批准,可以经营短期健康保险业务和意外伤害保险业务。保险监管机构按照有关规定核定中国境内的外资保险公司的具体业务范围、业务地域范围和服务对象范围。外资保险公司按照保险监管机构核定的业务范围,可以全部或者部分依法经营:财产保险业务及其再保险业务;人身保险业务及其再保险业务;经保险监管机构批准的其他业务,如可在国家金融监督管理总局按照有关规定核定的范围内经营大型商业风险保险业务、统括保单保险业务。

2. 监管保险条款和费率

《保险法》第135条规定,关系社会公众利益的保险险种、依法实行强制保险的险种和新开发的人寿保险险种等的保险条款和保险费率,应当报国务院保险监督管理机构审批。国务院保险监督管理机构审批时,应当遵循保护社会公众利益和防止不正当竞争的原则。其他保险险种的保险条款和保险费率,应当报保险监督管理机构备案。

3. 监管保险公司资金的运用

《保险法》对保险资金的运用作出规定,拓宽了保险资金的运用渠道。《保险法》第106条规定,保险公司的资金运用必须稳健,遵循安全性原则。2018年发布的《保险资金运用管理办法》规定,保险资金运用必须以服务保险业为主要目标,坚持稳健审慎和安全性原则,符合偿付能力监管要求,根据保险资金性质实行资产负债管理和全面风险管理,实现集约化、专业化、规范化和市场化。保险资金运用应当坚持独立运作。保险集团(控股)公司、保险公司的股东不得违法违规干预保险资金运用工作。该办法第6条规定,保险资金运用限于下列形式:(1)银行存款;(2)买卖债券、股票、证券投资基金份额等有价证券;(3)投资不动产;(4)投资股权;(5)国务院规定的其他资金运用形式。保险资金从事境外投资的,应当符合国家金融监督管理总局、中国人民银行和国家外汇管理局的相关规定。第33条规定,保险资金运用实行董事会负责制。保险公司董事会应当对资产配置和投资政策、风险控制、合规管理承担最终责任。董事会应当设立具有投资决策、资产负债管理和风险管理等相应职能的专业委员会。

4. 监管再保险业务

我国保险公司经营财产保险和人身保险的再保险业务必须经国家金融监督管理总局批准,并按照国家金融监督管理总局的有关规定办理再保险。国家金融监督管理总局有权限制或者禁止保险公司向中国境外的保险公司办理再保险分出业务或者接受中国境外再保险分入业务,并要求保险公司在办理再保险分出业务时,优先向境内的保险公司办理。对再保险业务进行监管是为了保证保险公司稳健经营,发展民族保险业,控制保费外流。

5. 监管同业竞争

为维护保险市场秩序,保护正当竞争,《保险法》第115条规定,保险公司开展业务,应当遵循公平竞争的原则,不得从事不正当竞争。国家金融监督管理总局对保险市场主体的竞争行为进行监管。国家金融监督管理总局应依法查处擅自降低保险费率、提高手续费比例、违反合同给予回扣、窃取其他经营者商业秘密以及以行政手段进行保险市场垄断或限制竞争等不公平竞争行为。

6. 监管保险公司资金运用的信息披露

2014年发布的《保险公司资金运用信息披露准则第1号:关联交易》,要求保险公司在与关联方之间开展投资股权、不动产、金融产品等保险资金运用行为时进行信息披露。

(四)保险监管的一般措施

1. 责令限期改正

《保险法》第139条规定,保险公司未按照《保险法》规定提取或者结转各项准备金,或者未按照该法规定办理再保险,或者严重违反《保险法》关于资金运用的规定的,由保险监督管理机构责令限期改正,并可以责令调整负责人及有关管理人员。

2. 整顿

保险监督管理机构作出限期改正的决定后,保险公司逾期未予改正的,由保险监督管理机构作出整顿决定,载明被整顿保险公司的名称、整顿理由、整顿组织和整顿期限,并选派保险专业人员和指定该保险公司的有关人员组成整顿组织,对该保险公司进行整顿,并将整顿决定予以公告。在整顿过程中,整顿组织有权监督该保险公司的日常业务,该保险公司的负责人及有关管理人员,应当在整顿组织的监督下行使自己的职权;保险公司的原有业务继续进行,但是保险监督管理机构有权停止该保险公司开展新的业务或者停止其部分业务,调整其资金运用。被整顿的保险公司经整顿已纠正其违反《保险法》规定的行为,恢复正常经营状况的,由整顿组织提出报告,经保险监督管理机构批准,整顿结束。

3. 接管

《保险法》第 144 条规定,保险公司有下列情形之一的,国务院保险监督管理机构可以对其实行接管:(1)公司的偿付能力严重不足的;(2)违反《保险法》规定,损害社会公共利益,可能严重危及或者已经严重危及公司的偿付能力的。接管的目的是对被接管的保险公司采取必要措施,以保护被保险人的利益,恢复保险公司的正常经营。被接管的保险公司的债权债务关系不因接管而变化。接管组织的组成和接管的实施办法,由保险监督管理机构决定,并予公告。接管期限届满,保险监督管理机构可以决定延期,但接管期限最长不得超过 2 年,若被接管的保险公司已恢复正常经营能力,保险监督管理机构可以决定接管终止。接管组织认为被接管的保险公司的财产已不足以清偿所负债务的,经保险监督管理机构批准,依法向人民法院申请宣告该保险公司破产。

第四节 信托业监管法

一、信托业监管法概述

信托业中的"业"字一般有三种理解:一为 business,即信托业务。所谓信托业务,是指信托公司以营业和收取报酬为目的,以受托人身份承诺信托和处理信托事务的经营行为。二为 trade 或 industry,即信托行业。从我国的行业分类来看,信托业是金融业的子部门,它与证券业、银行业和保险业并称为金融业的"四驾马车"。三为 company,即信托公司或从事信托业务的公司,如英国和美国的银行信托部、日本的信托银行、我国的信托公司。[①] 在大多数情况下,我们是在第三种意义上使用"信托业"这个词语的。本章的信托业监管法也主要从第三种意义上来讲述。

(一)信托业监管法的概念

信托业监管法是指调整信托业监管关系的法律规范系统。它主要规范政府监管机构对信托机构的设立、变更和终止、市场准入和信托机构经营活动进行监督管理的行为。它有广义和狭义之分。狭义的信托业监管法,仅指政府对信托机构的设立、组织机构、经营规则、业务监管以及信托机构的权利和义务等方面的法律规范系统;广义的信托业监管法,还包括行业和自律性监管等内容。

信托业监管法与信托法一样,都是有关信托的重要立法。许多国家为了加强对信托公司的监管、保证信托业务的健康发展,都制定了单行的信托业法。例如,日本和韩国在各自的《信托法》之外都制定了专门的《信托业法》。我国《信托法》中对于信托公司和其他有关信托业监管的内容涉及较少,而且我国尚未制定专门的《信托业法》。过去,我国在信托业监管方面的法规主要是中国人民银行 2002 年发布的《信托投资公司管理办法》。2006 年 12 月 28 日,中国银行业监督管理委员会第 55 次主席会议通过了《信托公司管理办法》,该办法于 2007 年 1 月 23 日发布,

---

① 吴弘、贾希凌、程胜:《信托法论——中国信托市场发育发展的法律调整》,立信会计出版社 2003 年版,第 119—120 页。

自2007年3月1日起施行,同时废止了《信托投资公司管理办法》(中国人民银行令[2002]第5号)。因此,目前,我国信托业监管的主要依据是《信托公司管理办法》。该法共7章66条,包括总则,机构的设立、变更与终止,经营范围,经营规则,监督管理,罚则,附则。

《信托公司管理办法》与《信托投资公司管理办法》相比,从法规名称上来看,去掉了信托投资公司中的"投资"两字,这主要是借鉴了国际上信托机构的一般做法,除了考虑拟新增不履行投资管理人职责的信托公司类型外,更多的是考虑引导信托公司突出信托主业,而不是要限制信托公司的投资功能。《信托公司管理办法》在信托公司类型、信托产品设立、集合信托异地业务、信托财产托管等方面作出了比原办法更灵活的规定。同时,在信托公司固有业务、关联交易、合格投资者、自然人人数、信托贷款等方面,作出了一些限制和要求。《信托公司管理办法》的颁布实施,进一步明确了信托公司"受人之托、代人理财"的定位,逐步促使信托公司成为提供信托理财和产品服务的非银行金融机构,有利于促进信托公司的科学发展,有利于保护信托投资者的合法权益,有利于积极应对金融业改革和对外开放的新形势。

此外,2020年1月发布的《信托公司股权管理暂行办法》,对信托公司股东资质、股权取得、股权持有与退出、信托公司职责、股权事务管理、股东行为管理等作出了规定。

(二)信托业监管法的立法模式

信托制度起源于西方,我国没有真正意义上的信托传统,因而其运作必然借鉴国外一些成熟、先进的做法。关于信托业监管法的立法例,从各国规定来看,主要有三种:

一是以英国、美国为代表的立法例。英国对信托业之调整是通过几部单行法律来完成的。1925年的《受托人法》从受托人的角度对有关信托的共通性问题进行了规定,而信托业的组织开办则受制于其银行法和公司法之规定。美国也一样,其《信托法重述》(第3版)主要规定信托的一般规则,不包括特种信托(如证券投资信托),关于信托业的组织规范主要散见于其银行法和公司法。

二是以德国、法国为代表的立法例。从某种意义上看,德国、法国没有真正的信托业,其法律原因便在于德国、法国没有专门调整信托和信托业的规范,其主要规则散见于这两个国家的民法典、银行法、公司法等法律规范。

三是以日本、韩国为代表的立法例。这两个国家不仅制定了专门调整信托业务规则的信托法,还对信托业的组织运作专门制定了单行的特别法,如信托业法、证券投资信托法等。[①]

对于我国信托业应当如何立法,目前主要有三种观点:

一是主张不必单独立法。其理由主要是,从法律传统来看,我们立法很多参照以德国、法国为代表的大陆法系,参照它们的做法,不必单独立法。这种观点显然已经不合时宜——我国信托业的发展需要和信托立法的现实进程已经从根本上否定了这种观点的可行性,我国已经制定了调整信托关系的专门法即《信托法》,并自2001年10月1日起生效。

二是主张不仅应该单独立法,还应将信托法和信托业法合并立法。这种观点也被现实所否定。虽然我国现在还没有制定出专门的《信托业法》,但我国《信托法》对信托公司和其他有关信托业监管的内容涉及很少,信托业的运营和监管必然需要另行制定专门的《信托业法》进行

---

① 陈开琦主编:《信托业的理论与实践及其法律保障》,四川大学出版社2001年版,第209—210页。

调整。

三是主张不仅应单独立法,还应将信托法、信托业法分别立法。这种主张为我国信托法的现实立法模式所证实,其合理性在于:首先,信托业的快速发展客观上需要专门的法律进行调整和规制。因此,从技术上,无法将信托这种内容和范围如此广泛的财产管理制度纳入民法进行调整。其次,如果将信托法和信托业法合并进入一部法典,由于信托法反映信托业的一般规则,具有相对稳定性,而对信托业法的调整又需要根据经济现实不断调整,具有较大的变动性,合并立法,则会影响立法之稳定性。因此,应当制定单独的《信托法》和《信托业法》。

经典案例
金新信托案

虽然我国目前还没有单独的《信托业法》,但中国银行业监督管理委员会通过的《信托公司管理办法》担当了"准信托业法"的重要角色。同时,《信托业法》的制定工作在理论和实践中都引起了相当的重视。待时机成熟的时候,我国必将制定专门的《信托业法》,对信托业的运行和监管进行专门的法律调整。

二、信托业监管类型

从信托业监管的实践看,实施监管活动的主体是多元的,可以是政府部门,也可以是信托业协会,还可以是证券交易所等机构。选择什么机构作为监管主体,往往是一国政治、经济、历史、文化等各个方面因素共同作用的产物。不同的监管主体,体现出不同的监管类型。

(一)政府监管

政府监管是指由专门的政府机构对信托的各个环节实施全面的监管。从信息角度来看,政府监管机构虽然不可能像行业协会那样完全由熟悉信托运作的专业人士组成,对监管对象了解全面,但是它借助于政府的权威和法律的强制力,能够全面、真实地掌握信托业违法违规的有关信息。另外,政府机构代表分散的委托人、受益人收集相关信息,弥补了投资者财力、精力和能力的不足,使得信息搜集更加经济,节约了社会成本。从监管力度来看,由于政府监管主要是代表委托人、受益人的利益对信托业运作实施监督,从而能够避免自律监管容易出现的利益冲突,并且有法律的强制力作保障,使得监管更有力度,能够更好地保护受益人的权益。[1]

1. 政府监管主体

2003年以前,我国信托公司的监管主要由中国人民银行来实施。2003年,十届全国人大一次会议决定,成立银监会,根据2003年4月26日第十届全国人民代表大会常务委员会第二次会议通过的《全国人民代表大会常务委员会关于中国银行业监督管理委员会履行原由中国人民银行履行的监督管理职责的决定》,由银监会履行原由中国人民银行履行的审批、监督管理银行、金融资产管理公司、信托公司及其他存款类金融机构等的职责及相关职责。《信托公司管理办法》第5条也明确规定:中国银监会对信托公司及其业务活动实施监督管理。2018年3月,中国银监会与中国保监会合并为中国银保监会,此后,我国信托业的主要监督管理主体是中国银保监会。2023年3月,中共中央、国务院印发《党和国家机构改革方案》,决定在中国银保监会基础上组建国家金融监督管理总局。因此,目前我国信托业归金融监管总局监管。

---

[1] 吴弘、贾希凌、程胜:《信托法论——中国信托市场发育发展的法律调整》,立信会计出版社2003年版,第122—123页。

2. 我国信托业政府监管存在的问题

近年来,政府在信托业监管方面出现了许多可喜的变化。一方面,政府监管部门加大了对信托业的监管力度,开展了全国范围内的交叉互查,规范了信托业的健康发展;另一方面,监管部门还积极转变监管思路,推出了一系列的政策法规,进一步完善了市场政策法规体系,为信托业的有效监管提供法律保障。但是,与银行、保险、证券相比,我国信托业政府监管存在以下两大主要问题。

第一,我国信托业监管机构设置层次偏低。无论是人民银行时期的监管,还是现在金融监管总局的监管,具体执行信托业监管职责的职能部门仅仅是前期的非银司或非银部,或者后期的信托监管部或目前的资管机构监管司。这与信托业担任金融业"四大支柱"之一的重要地位很不相称。过小的监管人力规模和过低的监管层级,使得监管部门很难对信托业实行严格有效的监管,信托业的内部呼吁也较难得到政府高层的关注和认同。与银行业、保险业的监管机构和资源配置相比,政府信托业监管仍有较大差距,难以满足信托业监管的现实需要。

第二,信托业监管实际上被人为地分割。目前,在我国金融业分业经营、分业监管的传统下,信托公司由金融监管总局行使监督职责,证券公司、证券投资基金由证监会监管,而产业投资基金则由国家发改委统筹管理,信托业的监管被人为地分割成很多块。由于不同类型公司分属不同监管部门管理,同样的业务或者实际上是同样的业务,监管标准不同、相关法律法规配套不健全,这些因素造成信托公司处在不公平的竞争环境当中。这种不公平的竞争环境对信托公司的生存构成威胁,亦与我国政府要建立公开、公平的金融市场初衷相违背,长期下去,必然会对我国金融秩序的稳定与安全造成冲击。因此,尽快出台统一的《信托业法》将是解决这一问题的关键。

(二)行业自律监管

信托业监管的第二个层次是自律机构的监管,自律机构主要是指行业协会。诸如英国的投资公司协会、日本的投资信托协会等。国外金融监管的经验表明,行业自律是金融监管的重要辅助力量。相对于政府监管,行业自律监管有三个鲜明的特征:一是专家管理,避免了大量非专业人员介入监管造成的效率低下问题;二是更强调监管的连续性,它把对会员公司的监管融于协会内部的日常交流之中,发现一个问题解决一个问题,有利于问题的尽早解决,减少受益人及整个信托业的损失,有利于避免政府监管对市场可能造成的大起大落,推动信托业的平稳发展;三是可以通过行业协会与监管部门的良性互动,搭建市场主体与监管主体之间的信息沟通机制,为行业的发展营造一个持续、稳定的市场环境。因此,充分利用行业自律组织的力量,广泛延伸监管触角,对信托业进行监管具有重要现实意义。

2004年11月22日至23日,中国信托业协会首届会员大会在北京顺利召开,会议通过了《中国信托业协会章程》《经营性信托业行业公约》《中国信托业协会会员会费管理办法》《中国信托协会理事会选举产生办法》等文件。经原银监会和国家民政部批准,中国信托业协会于2005年5月14日正式成立。

信托业协会的成立是信托业发展的重要机遇。信托业协会应加强行业自律,制定好自律规则和执业标准,发挥惩戒作用,促进行业诚信体系建设,宣传信托市场与信托产品,引导业务创新。中国信托业协会依据章程履行职责,围绕"协调、自律、服务、维权"的宗旨开展工作。中国信托业协会开展活动,应当接受金融监管总局的指导和监督。

根据《中国信托业协会章程》第6条的规定,我国信托业协会履行下列行业自律职责:(1)组织会员签订自律公约及其实施细则,建立自律公约执行情况检查和披露制度,受理会员单位和社会公众的投诉,采取自律惩戒措施,督促会员依法合规经营,共同维护公平竞争的市场环境;(2)受业务主管单位委托,组织制定行业标准和业务规范,推动实施并监督会员执行,提高行业服务水平;(3)建立健全信托业诚信制度以及信托公司和从业人员信用信息体系,加强诚信监督,协助推进信托业信用体系建设;(4)制定从业人员道德和行为准则,对信托从业人员进行自律管理,组织信托从业人员培训,提高从业人员素质;(5)对于违反信托业协会章程、自律公约、管理制度等致使行业利益受损的会员,可按有关规定实施自律性处罚,并及时告知业务主管单位;(6)对涉嫌信托公司和从业人员违法违规的投诉件和发现的业内涉嫌违法违规的行为,及时报告业务主管单位,做好业务主管单位批转投诉件的调查处理工作。

(三)市场主体自律监管

信托行业的健康发展还有赖信托公司自身完善其内部风险控制,提高业务经营能力,强化公司的财务会计管理、营销管理,优化公司治理结构,在市场机制的作用下,促进信托业各市场主体之间的优胜劣汰。

此外,社会中介组织,如会计师事务所、审计师事务所、律师事务所、信用评级机构以及社会舆论等,也应发挥监督作用,参与信托市场的监督管理,尽其微观层面的监管义务。

以上分析了我国信托业的三个主要监管主体,即政府机构、行业自律机构、市场主体的监管规则。三个监管主体各有所长,相辅相成,互为补充。一般而言,政府机构主要制定有关信托业监管的大政方针和法律法规,并依法监控信托业自律机构、信托业的业务活动,保障受益人的合法权益;行业自律机构主要着眼于事关信托业发展的普遍问题以及协调信托公司之间的关系;市场主体更适合监督信托业务的具体运作。

三、信托业监管内容

(一)信托业市场准入与退出制度

信托业的市场准入与退出制度主要规定了信托公司的形式、设立程序、成立条件、变更、终止等相关问题。我国信托业市场准入与退出制度集中体现为《信托公司管理办法》第6~15条的规定。

设立信托公司,应当采取有限责任公司或者股份有限公司的形式,应当经国家金融监管总局批准,并领取金融许可证。未经监管机关批准,任何单位和个人不得经营信托业务,任何其他经营单位不得在其名称中使用"信托公司"字样,法律法规另有规定的除外。设立信托公司,应当具备下列条件:(1)有符合《公司法》和国家金融监管总局规定的公司章程;(2)有具备国家金融监管总局规定的入股资格的股东;(3)具有规定的最低限额的注册资本;(4)有具备国家金融监管总局规定任职资格的董事、监事、高级管理人员和与其业务相适应的信托从业人员;(5)具有健全的组织机构、信托业务操作规程和风险控制制度;(6)有符合要求的营业场所、安全防范措施和与业务有关的其他设施;(7)国家金融监管总局规定的其他条件。

信托公司注册资本最低限额为3亿元人民币或等值的可自由兑换货币,注册资本为实缴货币资本。申请经营企业年金基金、证券承销、资产证券化等业务,应当符合相关法律法规规定的最低注册资本要求。国家金融监管总局根据信托公司行业发展的需要,可以调整信托公司注册资本最低限额。国家金融监管总局依照法律法规和审慎监管原则对信托公司的设立申请进行审查,作出批准或者不予批准的决定;不予批准的,应说明理由。

未经国家金融监管总局批准,信托公司不得设立或变相设立分支机构。信托公司出现分立、合并或者公司章程规定的解散事由,申请解散的,经国家金融监管总局批准后解散,并依法组织清算组进行清算。

信托公司不能清偿到期债务,且资产不足以清偿债务或明显缺乏清偿能力的,经国家金融监管总局同意,可向人民法院提出破产申请。国家金融监管总局可以向人民法院直接提出对该信托公司进行重整或破产清算的申请。信托公司终止时,其管理信托事务的职责同时终止。清算组应当妥善保管信托财产,作出处理信托事务的报告并向新受托人办理信托财产的移交。信托文件另有约定的,从其约定。

(二)信托公司经营范围界定

信托公司可以申请经营下列部分或者全部本外币业务:(1)资金信托;(2)动产信托;(3)不动产信托;(4)有价证券信托;(5)其他财产或财产权信托;(6)作为投资基金或者基金管理公司的发起人从事投资基金业务;(7)经营企业资产的重组、购并及项目融资、公司理财、财务顾问等业务;(8)受托经营国务院有关部门批准的证券承销业务;(9)办理居间、咨询、资信调查等业务;(10)代保管及保管箱业务;(11)法律法规规定或国家金融监管总局批准的其他业务。

信托公司可以根据《信托法》等法律法规的有关规定开展公益信托活动;可以根据市场需要,按照信托目的、信托财产的种类或者对信托财产管理方式的不同设置信托业务品种。信托公司管理运用或处分信托财产时,可以依照信托文件的约定,采取投资、出售、存放同业、买入返售、租赁、贷款等方式进行。信托公司不得以卖出回购方式管理运用信托财产。

信托公司固有业务项下可以开展存放同业、拆放同业、贷款、租赁、投资等业务。其中,投资业务限定为金融类公司股权投资、金融产品投资和自用固定资产投资。信托公司不得以固有财产进行实业投资,但国家金融监管总局另有规定的除外。

信托公司不得开展除同业拆入业务以外的其他负债业务,且同业拆入余额不得超过其净资产的20%,国家金融监管总局另有规定的除外。信托公司可以开展对外担保业务,但对外担保余额不得超过其净资产的50%。信托公司经营外汇信托业务,应当遵守国家外汇管理的有关规定,并接受外汇主管部门的检查、监督。

(三)政府监管措施

政府信托监管部门根据《信托公司管理办法》的规定,具体实施以下监督管理措施:

第一,定期或者不定期对信托公司的经营活动进行检查;必要时,可以要求信托公司提供由具有良好资质的中介机构出具的相关审计报告。信托公司应当按照政府信托监管部门的要求提供有关业务、财务等报表和资料,并如实介绍有关业务情况。

第二,对信托公司的董事、高级管理人员实行任职资格审查制度。未经政府信托监管部门任职资格审查或者审查不合格的,不得任职。信托公司对拟离任的董事、高级管理人员,应当进行离任审计,并将审计结果报政府信托监管部门备案。信托公司的法定代表人变更时,在新的法定代表人经政府信托监管部门核准任职资格前,原法定代表人不得离任。政府信托监管部门对信托公司的信托从业人员实行信托业务资格管理制度。符合条件的,颁发信托从业人员资格证书;未取得信托从业人员资格证书的,不得经办信托业务。信托公司的董事、高级管理人员和信托从业人员违反法律、行政法规或政府信托监管部门有关规定的,政府信托监管部门有权取消其任职资格或者从业资格。

第三,政府信托监管部门根据履行职责的需要,可以与信托公司董事、高级管理人员进行监督管理谈话,要求信托公司董事、高级管理人员就信托公司的业务活动和风险管理的重大事项作出说明。

第四,信托公司违反审慎经营规则的,政府信托监管部门责令限期改正;逾期未改正的,或者其行为严重危及信托公司的稳健运行、损害受益人合法权益的,政府信托监管部门可以区别情形,依据《银行业监督管理法》等法律法规的规定,采取暂停业务、限制股东权利等监管措施。

第五,信托公司已经或者可能发生信用危机,严重影响受益人合法权益的,政府信托监管部门可以依法对该信托公司实行接管或者督促机构重组。

第六,政府信托监管部门在批准信托公司设立、变更、终止后,发现原申请材料有隐瞒、虚假的情形,可以责令补正或者撤销批准。

第七,根据《信托公司股权管理暂行办法》的规定,对信托公司股东资质、股权取得、股权持有与退出等实施监管。

(四)信托公司的组织监管措施

信托公司应当按照《信托公司管理办法》的相关规定,从以下五个方面完善公司自身的治理结构、风险控制。

第一,信托公司应当建立以股东(大)会、董事会、监事会、高级管理层等为主体的组织架构,明确各自的职责划分,保证相互之间独立运行、有效制衡,形成科学高效的决策、激励与约束机制。

第二,信托公司应当按照职责分离的原则设立相应的工作岗位,保证公司对风险能够进行事前防范、事中控制、事后监督和纠正,形成健全的内部约束机制和监督机制。

第三,信托公司应当按规定制订本公司的信托业务及其他业务规则,建立、健全本公司的各项业务管理制度和内部控制制度,并报政府信托监管部门备案。

第四,信托公司应当按照国家有关规定建立、健全本公司的财务会计制度,真实记录并全面反映其业务活动和财务状况。公司年度财务会计报表应当经具有良好资质的中介机构审计。

第五,信托公司每年应当从税后利润中提取 5% 作为信托赔偿准备金,但该赔偿准备金累计总额达到公司注册资本的 20% 时,可不再提取。信托公司的赔偿准备金应存放于经营稳健、具有一定实力的境内商业银行,或者用于购买国债等低风险高流动性证券品种。

（五）信托公司的业务监管措施

信托业务范围广泛，业务品种多样，涉及领域众多，故信托业素有"金融百货公司"之称。为管理、运用信托财产，信托公司可以运用一切确保信托财产保值增值的经营方式和资产、资金运用方式，只要这些经营方式不违反法律和不损害社会公共利益即可。但是，信托业务的开展必须受到相关法律的规制。

1. 保持信托财产独立性

信托一旦有效成立，信托财产即从委托人的自有财产中分离出来，并与信托公司的固有财产相区别，从而成为一项独立运作的财产。信托公司在业务经营中必须遵循信托财产的独立性原则。对此，《信托公司管理办法》规定，信托公司应当将信托财产与其固有财产分别管理、分别记账，并将不同委托人的信托财产分别管理、分别记账。信托公司不得利用受托人地位谋取不当利益，不得将信托财产挪用于非信托目的的用途，不得以信托财产提供担保，不得利用信托财产从事法律法规和政府监管部门禁止的其他行为。信托公司应当依法建账，对信托业务与非信托业务分别核算，并对每项信托业务单独核算。同时，信托公司的信托业务部门应当独立于公司的其他部门，其人员不得与公司其他部门的人员相互兼职，业务信息不得与公司的其他部门共享。

2. 谨慎管理信托财产，维护受益人的最大利益

信托公司管理运用或者处分信托财产，必须恪尽职守。以信托合同形式设立信托时，信托合同应当载明以下事项：信托目的；委托人、受托人的姓名或者名称、住所；受益人或者受益人范围；信托财产的范围、种类及状况；信托当事人的权利义务；信托财产管理中风险的揭示和承担；信托财产的管理方式和受托人的经营权限；信托利益的计算，向受益人交付信托利益的形式、方法；信托公司报酬的计算及支付；信托财产税费的承担和其他费用的核算；信托期限和信托的终止；信托终止时信托财产的归属；信托事务的报告；信托当事人的违约责任及纠纷解决方式；新受托人的选任方式；信托当事人认为需要载明的其他事项。以信托合同以外的其他书面文件设立信托时，书面文件的载明事项按照有关法律法规的规定执行。信托公司应当妥善保存处理信托事务的完整记录，定期向委托人、受益人报告信托财产及其管理运用、处分及收支的情况。委托人、受益人有权向信托公司了解对其信托财产的管理运用、处分及收支情况，并要求信托公司作出说明。信托公司应当履行诚实、信用、谨慎、有效管理的义务，维护受益人的最大利益。

信托公司违反信托目的处分信托财产，或者管理运用、处分信托财产有重大过失的，委托人或受益人有权依照信托文件的约定解任该信托公司，或者申请人民法院解任该信托公司。

3. 亲自处理信托事务

信托公司应当亲自处理信托事务。信托文件另有约定或有不得已事由时，可委托他人代为处理，但信托公司应尽足够的监督义务，并对他人处理信托事务的行为承担责任。

4. 充分披露信息

信托公司在处理信托事务时应当避免利益冲突，在无法避免时，应向委托人、受益人予以充分的信息披露，或拒绝从事该项业务。信托公司开展关联交易，应以公平的市场价格进行，逐笔向政府信托监管部门事前报告，并按照有关规定进行信息披露。

5. 保持信托管理连续性

除信托文件另有规定外,信托公司解散、破产、被撤销或被解除受托人职务,信托不终止,信托财产及信托事务应当移交给其他信托公司继续处理。新受托人依照信托文件的约定选任;信托文件未规定的,由委托人选任;委托人不能选任的,由受益人选任;受益人为无民事行为能力人或者限制民事行为能力人的,依法由其监护人代行选任。新受托人未产生前,政府信托监管部门可以指定临时受托人。

6. 合理收取报酬

信托公司经营信托业务,应依照信托文件约定以手续费或者佣金的方式收取报酬,政府信托监管部门另有规定的除外。信托公司收取报酬,应当向受益人公开,并向受益人说明收费的具体标准。

信托公司违反信托目的处分信托财产,或者因违背管理职责、处理信托事务不当致使信托财产受到损失的,在恢复信托财产的原状或者予以赔偿前,信托公司不得请求给付报酬。

7. 保守秘密

信托公司对委托人、受益人以及所处理信托事务的情况和资料负有依法保密的义务,但法律法规另有规定或者信托文件另有约定的除外。

《银行业监督管理法》《保险公司管理规定》等

【法律适用】

银行业监管涉及金融安全与稳定,各相关监管主体应履职监管到位,各银行业金融机构也应守法经营,以维护健康有序的金融秩序,防范金融风险。在法律适用上,既要适用《银行业监督管理法》等监督法规范,也要适用《商业银行法》等经营法规范,同时还要适用《民法典》《公司法》等相关规定,并且适用相关行政规章等。相关主体如有违法行为,还应根据上述法规及行政法、刑法等追究当事人的法律责任。保险是社会经济的稳定器,为充分发挥其功能作用,应加强监管,防范风险。实践中,保险监管模式的选择和一国的经济发展水平、金融业的开放程度及其相关政策具有密切联系,不同国家监管模式不同。实行金融混业经营的国家必然与分业经营的国家设有不同的监管机构,但监管目的均在于促进保险业的安全与稳健,维护公平竞争环境。保险监管的法律后果一般体现为保险法律责任,它是一种综合责任,《保险法》对其专章予以规定,但主要为有关行政责任的规定,至于应追究的刑事责任、民事责任,则适用刑法、民法等一般法的有关规定。对于信托业监管,由于我国没有专门的信托业监管法,《信托法》对于信托公司和信托业监管的内容涉及很少。因此,我国当前信托业监管主要适用《信托公司管理办法》,同时会交叉适用《公司法》的有关规定。

【思考题】

1. 我国现行金融监管体制属于何种类型？

思考提示：首先要明确世界各国所采用的几类金融监管体制，然后分析我国金融监管体制的特点，最后指明我国现行金融监管体制类别。

2. 如何从《银行业监督管理法》立法宗旨的角度，来讨论银行业监管机构的监管措施法定的意义？

思考提示：首先阐明《银行业监督管理法》关于立法宗旨规定的内涵，然后分析银行业监管机构可以实施的具体监管措施内容，最后分析监管措施对于实现立法宗旨的意义。

3. 如何理解保险偿付能力的监管措施？

思考提示：必须明确保险偿付能力的概念，具体把握保险监管措施，方能全面回答该问题。

4. 如何借鉴美、日保险监管模式的经验，完善我国保险业监管法？

思考提示：本题是开放性试题，只有在掌握美、日保险监管模式及其经济发展特点的前提下，才能得出二者的异同与优劣。同时，需要了解我国保险业的发展现状，方能借鉴国外经验从而完善我国保险业监管法。

5. 如何完善我国信托业监管法？

思考提示：目前，我国没有制定统一的信托业法。信托业监管法的完善需要解决两大问题：（1）立法层次太低；（2）监管规则不统一。分析制定信托业监管法的必要性和可行性。

即测即评

第十一章 证券及其他金融业监管法

■【重点提示】
1. 证券业监管是指针对证券经营活动环节主体和行为,运用行政、经济、法律等手段进行监督和管理。
2. 政府监管在我国证券业监管中起着主导作用,《证券法》《证券投资基金法》等规定了证券监督管理机构的职责、权力以及权力制约措施等。
3. 自律监管是政府监管的有力补充,由证券自律性组织依法制定自律规范,对证券从业机构、人员、市场进行自我管理,包括证券业协会自律监管、基金行业协会自律监管、证券交易所自律监管等。
4. 中国证监会对期货市场实行集中统一监管,可采取现场检查、第三方监管、监管谈话、责令改正、出具警示函、责令限期整改、责令限期转让股权等监管措施。
5. 国家金融监督管理总局对金融租赁公司实施监督管理。从金融改革发展看,国家金融监督管理总局将主要负责金融租赁业务规则的制定,具体日常监管工作将下放到地方金融监管机构。
6. 2018年4月发布的《关于规范金融机构资产管理业务的指导意见》对资产管理作出了总体安排和基本规定。目前,我国资产管理业务的监管机构主要为国家金融监督管理总局和中国证监会,它们依据各自职责对本部分所属资产管理业务或整个行业履行监管职责。

第一节 证券业监管概述

一、证券业监管的概念和目标

证券业监管是指针对证券经营活动环节主体和行为,运用行政、经济、法律等手段进行监督和管理。国际证监会组织(IOSCO)发布的《证券监管的目标和原则》规定证券监管的目标有三项:保护投资者;确保市场公平、有效和透明;减少系统风险。我国《证券法》第1条即开宗明义、明确了其立法宗旨:规范证券发行和交易行为,保护投资者的合法权益,维护社会经济秩序和社会公共利益,促进社会主义市场经济的发展。

二、证券业监管的对象和体制

证券业监管的对象包括:证券发行人;证券投资人(机构投资者、个人投资者);证券市场中介和服务主体,如证券公司、投资咨询公司、信息服务公司、证券登记结算公司、会计师事务所、律师事务所;基金管理人、基金托管人、基金服务机构,如基金销售机构、基金支付机构、基金份额登记机构、基金投资顾问机构、基金评价机构等。

证券业监管的体制主要有两种:政府监管和自律监管。在大多数国家,这两种监管体制并存,但侧重有所不同。一般以政府监管为主,如美国、中国等。英国则是以自律监管为主的代表。我国《证券法》第168条规定,国务院证券监督管理机构依法对证券市场实行监督管理,维护证券市场公开、公平、公正,防范系统性风险,维护投资者合法权益。该法第96条规定,证券交易所、国务院批准的其他全国性证券交易场所为证券集中交易提供场所和设施,组织和监督证券交易,实行自律管理,依法登记取得法人资格。该法第164条明确,证券业协会是证券业的自律性组织,是社会团体法人。《证券投资基金法》第11条规定,国务院证券监督管理机构依法对证券投资基金活动实施监督管理,其派出机构依照授权履行职责。《证券投资基金法》第108条明确,基金行业协会是证券投资基金行业的自律性组织。

三、证券业监管的必要性

证券业监管之所以必要,主要是因为证券市场本身存在着不可克服的缺陷,具体来说:

第一,证券市场的信息失灵。与一般的产品和劳务市场不同,信息是证券市场的核心问题。证券市场上最常见的欺诈行为和内幕交易,就其本质而言,是信息不对称情况的直接衍生物。然而,证券市场信息的庞杂性、专业性、特殊性又使得获得信息的成本非常高。由此,政府必须承担起克服证券市场信息不完全和不对称缺陷的重任。这也是证券监管机构的首要职责所在。

第二,过度投机和市场非稳定性。过度投机是证券市场失灵的一个特殊现象,具体表现为证券市场的波动比一般市场的波动要大得多。这种过度的投机行为会导致证券市场价格的扭曲和失真,从而抑制资源配置的效率;还会诱使上市公司只注重短期利益,影响公司治理和长期稳定发展。

第三,金融风险和泡沫经济。作为企业融资的重要渠道,证券市场的稳定对于金融体系、实体经济乃至整个宏观经济都具有强烈的外部性影响。20世纪30年代的经济危机就始于美国股票市场的全面崩溃。市场经济本身无法避免经济波动所造成的损害,而证券市场作为金融市场的重要组成部分,必须要有政府对其进行监管,才能保持证券市场的稳定,进而维持整个宏观经济的稳定。[1]

四、证券业监管体制的形成与发展

我国证券业监管体制的形成与发展大体上可以分为三个阶段:

---

[1] 洪力伟:《证券监管:理论与实践》,上海财经大学出版社2000年版,第35—47页。

第一阶段是从20世纪80年代到1992年。这一阶段是以中国人民银行为主的分散监管阶段。1986年《银行管理暂行条例》将审批专业银行和其他金融机构的设置或撤并,管理企业股票、债券等有价证券,以及管理金融市场的职能,明确地赋予中国人民银行。1990年《上海证券交易管理办法》规定,上海市的证券监督管理机构是中国人民银行上海市分行。1991年《深圳市股票发行与交易管理暂行办法》规定,中国人民银行是深圳市证券市场的监督管理机构,授权中国人民银行深圳经济特区分行,对深圳市证券发行和交易行使日常的管理职能。1991年4月,中国人民银行请示国务院批准,建立了由中国人民银行、国家计委、财政部、国家外汇管理局、税务总局等单位共同组成的股票市场办公会议制度,代表国务院对证券市场行使日常管理职权。1992年6月,在股票市场办公会议制度基础上,建立了国务院证券管理办公会议制度,其办事机构是中国人民银行的证券管理办公室。但由于中央银行监管职责不明确,上海、深圳的股票市场又是地方性市场,地方政府监管的成本较低,所以,地方政府监管和证券交易所的自律监管也在当时的证券监管中发挥了重要作用。

第二阶段是从1993年到1997年。这是从中央和地方、中央各部门共同参与监管向统一集中监管的过渡阶段。1992年10月,同时成立了国务院证券管理委员会(以下简称"证券委")和中国证监会。根据国务院于1992年12月17日发布的《关于进一步加强证券市场宏观管理的通知》,证券市场管理机构大致分为证券委、证监会、其他政府机构及证券业自律机构。证券委是国家对全国证券市场进行统一宏观管理的主管机构,实行委员制,由国务院14个部委的部长或局长担任委员。证监会是证券委的监管执行机构,由具备证券专业知识和实践经验的专家组成,按事业单位管理。国务院其他有关部门和地方人民政府关于证券工作的职责分工是:国家计委根据证券委计划建议进行综合平衡,编制证券计划;中国人民银行负责审批和归口管理证券机构,同时报证券委备案;财政部归口管理注册会计师和会计师事务所,对其从事与证券业有关的会计事务的资格由证监会审定;国家体改委负责拟订股份制试点的法规并组织协调有关试点工作;上海、深圳证券交易所由当地政府归口管理,由证监会实施监督,设立证券交易所必须由证券委审核,报国务院批准;现有企业股份制试点,地方企业由省级或计划单列市人民政府授权的部门会同企业主管部门负责审批,中央企业由国家体改委会同企业主管部门负责审批。

第三阶段是1997年至今。这一阶段建立了集中统一的证券监管体制。1997年底,鉴于亚洲金融危机的严峻形势,中共中央、国务院决定完善监管体系,实行垂直领导,加强对全国证券、期货行业的统一监管。随后,证券交易所由地方政府转为中国证监会管理,证券委被撤销,其职能也被划归证监会。1998年,国务院批准了《证券监管机构体制改革方案》,根据该方案,证监会成为全国证券期货市场的主管部门,同时可在中心城市设立证监会派出机构。1999年通过的《证券法》第7条明确规定了国务院证券监督管理机构依法对全国证券市场实行统一集中监管,从而明确了证监会的法律地位。2019年修订的《证券法》依然规定了国务院证券监督管理机构依法对全国证券市场实行集中统一监督管理。该法还规定,证券业协会是证券业的自律性组织,是社会团体法人。证券公司应当加入证券业协会。2015年修订的《证券投资基金法》设置"基金行业协会"专章,对基金行业自律管理进行了相关规定。

经典案例
银广夏陷阱

第二节 证券业政府监管

我国证券业以政府监管为主导。根据《证券法》第7条的规定,国务院证券监督管理机构(即中国证监会)依法对全国证券市场实行集中统一监督管理。

一、中国证监会的机构设置

(一)内设机构

中国证监会为国务院直属正部级事业单位,依照法律、法规和国务院授权,统一监督管理全国证券期货市场,维护证券期货市场秩序,保障其合法运行。

中国证监会设在北京,现设主席1名,副主席4名,驻证监会纪检监察组组长1名;会机关内设19个职能部门及机关党委(机关纪委),即办公厅(党委办公室)、综合业务司、发行监管司、公众公司监管司、市场监管一司、市场监管二司(清理整顿各类交易所办公室)、证券基金机构监管司、上市公司监管司、期货监管司、稽查局、法治司、行政处罚委员会办公室、会计司、国际合作司(港澳台事务办公室)、债券监管司、科技监管司、人事教育司(党委组织部)、内审司(党委巡视工作领导小组办公室)、党建工作局(党委宣传部)、机关党委。另外,下设直属行政机构及事业单位4个,即稽查总队、研究中心、信息中心、行政中心。

(二)派出机构

国务院证券监督管理机构根据需要可以设立派出机构,按照授权履行监督管理职责。自2014年以来,中国证监会派出机构设置大体按照省级行政区划设置监管局。目前,在省、自治区、直辖市和计划单列市设立了36个证券监管局,以及上海、深圳证券监管专员办事处。

二、中国证监会的职责

中国证监会负责贯彻落实党中央关于金融工作的方针政策和决策部署,把坚持和加强党中央对金融工作的集中统一领导落实到履行职责过程中。根据《证券法》第169条的规定,国务院证券监督管理机构在对证券市场实施监督管理中履行下列职责:(1)依法制定有关证券市场监督管理的规章、规则,并依法进行审批、核准、注册,办理备案;(2)依法对证券的发行、上市、交易、登记、存管、结算等行为,进行监督管理;(3)依法对证券发行人、证券公司、证券服务机构、证券交易场所、证券登记结算机构的证券业务活动,进行监督管理;(4)依法制定从事证券业务人员的行为准则,并监督实施;(5)依法监督检查证券发行、上市和交易的信息披露;(6)依法对证券业协会的活动进行指导和监督;(7)依法监测并防范、处置证券市场风险;(8)依法开展投资者教育;(9)依法对证券违法行为进行查处;(10)法律、行政法规规定的其他职责。

同时,《证券投资基金法》第112条规定,国务院证券监督管理机构依法履行下列职责:(1)制定有关证券投资基金活动监督管理的规章、规则,并行使审批、核准或者注册权;(2)办理基金备案;(3)对基金管理人、基金托管人及其他机构从事证券投资基金活动进行监督管理,对违法行为进行查处,并予以公告;(4)制定基金从业人员的资格标准和行为准则,并监督实施;(5)监督检查基金信息的披露情况;(6)指导和监督基金行业协会的活动;(7)法律、行政法规规定的其他职责。

三、执法措施

根据《证券法》第170条的规定,国务院证券监督管理机构依法履行职责,有权采取下列措施:(1)对证券发行人、证券公司、证券服务机构、证券交易场所、证券登记结算机构进行现场检查。(2)进入涉嫌违法行为发生场所调查取证。(3)询问当事人和与被调查事件有关的单位和个人,要求其对与被调查事件有关的事项作出说明;或者要求其按照指定的方式报送与被调查事件有关的文件和资料。(4)查阅、复制与被调查事件有关的财产权登记、通信记录等文件和资料。(5)查阅、复制当事人和与被调查事件有关的单位和个人的证券交易记录、登记过户记录、财务会计资料及其他相关文件和资料;对可能被转移、隐匿或者毁损的文件和资料,可以予以封存、扣押。(6)查询当事人和与被调查事件有关的单位和个人的资金账户、证券账户、银行账户以及其他具有支付、托管、结算等功能的账户信息,可以对有关文件和资料进行复制;对有证据证明已经或者可能转移或者隐匿违法资金、证券等涉案财产或者隐匿、伪造、毁损重要证据的,经国务院证券监督管理机构主要负责人或者其授权的其他负责人批准,可以冻结或者查封,期限为6个月;因特殊原因需要延长的,每次延长期限不得超过3个月,冻结、查封期限最长不得超过2年。(7)在调查操纵证券市场、内幕交易等重大证券违法行为时,经国务院证券监督管理机构主要负责人或者其授权的其他负责人批准,可以限制被调查当事人的证券买卖,但限制的期限不得超过3个月;案情复杂的,可以延长3个月。(8)通知出境入境管理机关依法阻止涉嫌违法人员、涉嫌违法单位的主管人员和其他直接责任人员出境。为防范证券市场风险,维护市场秩序,国务院证券监督管理机构可以采取责令改正、监管谈话、出具警示函等措施。

《证券投资基金法》第113条亦有类似规定。

四、权力保障和制约

(一)权力保障

1. 被检查、调查的单位和个人的协助义务

《证券法》第173条、《证券投资基金法》第116条规定,国务院证券监督管理机构依法履行职责,被检查、调查的单位和个人应当配合,如实提供有关文件和资料,不得拒绝、阻碍和隐瞒。

2. 信息共享机制

《证券法》第175条规定,国务院证券监督管理机构应当与国务院其他金融监督管理机构建立监督管理信息共享机制。

3. 监督管理合作机制

《证券法》第175条规定,国务院证券监督管理机构依法履行职责,进行监督检查或者调查

时,有关部门应当予以配合。《证券法》第 177 条规定,国务院证券监督管理机构可以和其他国家或者地区的证券监督管理机构建立监督管理合作机制,实施跨境监督管理。

(二)权力制约

1. 监管规则和处罚公开

《证券法》第 174 条规定,国务院证券监督管理机构依法制定的规章、规则和监督管理工作制度应当公开。国务院证券监督管理机构依据调查结果,对证券违法行为作出的处罚决定,应当依法公开。

2. 调查程序合法

《证券法》第 172 条、《证券投资基金法》第 114 条规定,国务院证券监督管理机构依法履行职责,进行监督检查或者调查,其监督检查、调查的人员不得少于 2 人,并应当出示合法证件和监督检查、调查通知书或者其他执法文书。监督检查、调查的人员少于 2 人或者未出示合法证件和监督检查、调查通知书或者其他执法文书的,被检查、调查的单位和个人有权拒绝。

3. 工作人员忠于职守

《证券法》第 179 条、《证券投资基金法》第 115 条规定,国务院证券监督管理机构工作人员必须忠于职守,依法办事,公正廉洁,不得利用职务便利牟取不正当利益,不得泄露所知悉的有关单位和个人的商业秘密。

4. 工作人员任职的特别限制

《证券法》第 179 条规定,国务院证券监督管理机构工作人员在任职期间,或者离职后在《公务员法》规定的期限内,不得到与原工作业务直接相关的企业或者其他营利性组织任职,不得从事与原工作业务直接相关的营利性活动。《证券投资基金法》第 118 条规定,国务院证券监督管理机构工作人员在任职期间,或者离职后在《公务员法》规定的期限内,不得在被监管的机构中担任职务。

5. 涉嫌犯罪之移送

《证券法》第 178 条、《证券投资基金法》第 117 条规定,国务院证券监督管理机构依法履行职责,发现证券违法行为涉嫌犯罪的,应当将案件移送司法机关处理;发现公职人员涉嫌职务违法或者职务犯罪的,应当依法移送监察机关处理。

第三节 证券业自律监管

一、证券业自律监管概述

(一)自律监管的概念和特征

自律监管是政府监管的有力补充,由证券自律性组织依法制定自律规范,对证券从业机构、人员、市场进行自我管理。自律监管的特征主要有:

第一,自律监管属于证券市场参与者的自我管理。自律监管强调证券经营活动环节的参与者对其自身行为实施管理与控制。有些证券经营行为虽不违反国家强制性规范,但可能违背了行业道德或准则,进而损害行业整体利益。为了保持证券市场健康稳定发展,必须注重以自我管理方式规范证券市场参与者的行为。

第二,自律监管是自律组织实施的自我监管。自律组织的形态多种多样,以证券公司自我管理最具代表性。证券公司是证券市场最重要的中介机构,也是自律监管的主要对象。

第三,自律监管是国家法律认可的管理方式。国家对自律监管的认可程度取决于诸多因素。首先,取决于国家对自律管理价值的认识程度。凡是政府监管不涉足或退出的领域,往往是自律监管充分发挥作用的领域。其次,取决于证券市场的发育程度。证券市场越发达,自律监管的范围越广泛。最后,取决于证券市场的发育原因。自由经济推动的证券市场中,自律监管的影响力往往大于政府推动型证券市场对自律监管的需求。

(二)自律监管的组织形态

证券业自律监管由证券市场参与者通过设立自律组织的方式实现。各国自律组织名称有异,但大体上可分为证券业协会自律监管和证券交易所自律监管两大类。

证券业协会是证券公司或者其他证券业从业机构或个人依法组成的行业性协会。凡是接受和承认证券业协会章程,并具有相应资格的证券公司或其他证券从业机构或个人,均可以申请成为证券业协会的成员。多数国家证券法中,都有关于证券业协会或类似机构的规定。美国1934年《证券交易法》在规定政府监管的同时,明确规定了自律监管的地位。美国全国证券商协会在美国证券市场上发挥着重要作用,不仅担负着证券业协会的职能,而且担负着市场组织者的职能。

证券交易所是证券业自律监管组织之一,在部分国家证券法中的地位甚至高于证券业协会。从国外证券市场发展历史来看,证券交易所是最具原始形态的自律管理机构。在自由经济时期,它几乎承担着管理证券市场的主要职能。证券交易所通过制定会员章程,明确会员资格的取得、丧失和转让等问题,规定会员违法或违反章程时的责任;通过制定业务规则和上市规则等,规范会员交易行为。过去,证券交易所通过建立稳健的内部管理机构对会员行为进行监督和管理,但近些年来,证券交易所监管逐渐与政府监管密切配合。同时,各国通过颁布成文法的形式,进一步规范了证券交易所的设立和运营,并将证券交易所纳入了政府监管的范畴。

二、证券业协会自律监管

(一)证券业协会的性质

根据《证券法》相关规定,证券业协会不是行政机关,而是社团法人。根据《中国证券业协会章程》第11条的规定,经中国证监会批准设立的证券公司应当在设立后加入协会,成为法定会员。根据《中国证券业协会章程》第12条的规定,依法从事证券市场相关业务的证券投资咨询机构、证券资信评级机构、证券公司私募投资基金子公司、证券公司另类投资子公司等机构申请加入协会,成为普通会员。

《中国证券业协会章程》第 13 条规定,下列机构可以申请加入协会,成为协会的特别会员:(1)证券交易所、金融期货交易所、证券登记结算机构、证券投资者保护基金公司、融资融券转融通机构;(2)各省、自治区、直辖市、计划单列市的证券业自律组织;(3)依法设立的区域性股权市场运营机构;(4)协会认可的其他机构。

根据《中国证券业协会章程》第 14 条的规定,依法从事证券市场相关业务的信用增业机构、网下机构投资者、境外证券类等主体代表处等机构申请加入协会,成为观察员。

(二)证券业协会的章程和机构

根据《证券法》第 165 条的规定,证券业协会章程作为证券业协会自律监管的重要基础,由会员大会制定,并报国务院证券监督管理机构备案。

证券业协会的机构主要包括会员大会、理事会、常务理事会、监事会。全体会员组成的会员大会是证券业协会的最高权力机构。会员大会须有 2/3 以上会员出席,其决议须经到会会员 2/3 以上表决通过。制定和修改章程以及决定协会的合并、分立、终止,其决议须经 2/3 以上会员表决通过。会员大会每 4 年至少召开一次,理事会认为有必要或由 1/3 以上会员联名提议时,可召开临时会员大会。

理事会是会员大会的执行机构,在会员大会闭会期间领导协会开展日常工作,对会员大会负责。理事会由会员理事和非会员理事组成。会员理事由会员单位推荐,经会员大会选举产生。非会员理事由中国证监会委派。非会员理事不超过理事总数的 1/5。理事会任期 4 年,可连选连任。理事会每年至少召开一次会议。遇特殊情况,也可采取通讯方式召开。常务理事会认为有必要或 1/3 以上理事联名提议时,可召开理事会临时会议。理事会会议须有 2/3 以上理事出席,其决议须经到会理事 2/3 以上表决通过。协会设常务理事会,由理事会选举产生。常务理事数量不超过理事会成员数量的 1/3。

监事会是协会工作的监督机构。监事由会员单位推荐,经会员大会选举产生,监事长、副监事长由监事会在当选的监事中选举产生。监事长、副监事长、监事任期 4 年,可连选连任。监事会每年至少召开一次会议。遇特殊情况,也可采用通讯方式召开。监事长认为有必要或 1/3 以上监事联名提议时,可召开监事会临时会议。监事会会议须 2/3 以上成员出席,其决议须经到会监事会成员 2/3 以上表决通过。

(三)证券业协会的职责

根据《证券法》第 166 条的规定,证券业协会履行下列职责:(1)教育和组织会员遵守证券法律、行政法规,组织开展证券行业诚信建设,督促证券行业履行社会责任;(2)依法维护会员的合法权益,向证券监督管理机构反映会员的建议和要求;(3)督促会员开展投资者教育和保护活动,维护投资者合法权益;(4)制定和实施证券行业自律规则,监督、检查会员及其从业人员行为,对违反法律、行政法规、自律规则或者协会章程的,按照规定给予纪律处分或者实施其他自律管理措施;(5)制定证券行业业务规范,组织从业人员的业务培训;(6)组织会员就证券行业的发展、运作及有关内容进行研究,收集整理、发布证券相关信息,提供会员服务,组织行业交流,引导行业创新发展;(7)对会员之间、会员与客户之间发生的证券业务纠纷进行调解;(8)证券业协会章程规定的其他职责。

根据《中国证券业协会章程》第 7 条的规定,协会依据《证券法》等相关规定,结合行业发展需要,行使下列职责:(1)教育和组织会员及其从业人员遵守证券法律、行政法规,组织开展证券行业诚信建设和行业文化建设,督促证券行业履行社会责任。(2)依法维护会员的合法权益,向证监会等部门反映会员的建议和要求。(3)督促会员开展投资者教育和保护活动,维护投资者合法权益。(4)制定和实施证券行业自律规则和业务规范,监督、检查会员、从业人员行为,对违反法律、行政法规、协会章程、自律规则、业务规范的,按照规定给予纪律处分或者实施其他自律管理措施;组织执业评价,形成声誉激励和约束。(5)制定证券从业人员道德品行、专业能力水平标准,开展从业人员执业登记,实施从业人员分类分层自律管理;制定非准入类证券从业人员和董事、监事、高级管理人员专业能力水平评价测试规则并具体组织实施;组织从业人员的业务培训。(6)组织会员就证券行业的发展、运作及有关内容进行研究,收集整理、发布证券相关信息,提供会员服务,组织行业交流,引导行业创新发展。(7)对会员之间、会员与客户之间发生的证券业务纠纷进行调解。(8)对网下投资者、非公开发行公司债券、场外市场及场外衍生品业务进行自律管理。(9)对会员及会员间开展与证券非公开发行、交易相关业务活动进行自律管理。(10)组织开展证券业国际交流与合作,代表中国证券业加入相关国际组织,推动相关资质互认并建立资质互认机制。(11)推动会员加强科技和信息化建设,提高信息安全保障能力,对借助信息技术手段从事的证券业务活动或提供的相关服务进行自律管理;经政府有关部门批准,开展行业科学技术奖励。(12)法律、行政法规、部门规章、证监会行政规范性文件规定的其他职责。(13)其他涉及自律、服务、传导的职责。业务范围中属于法律法规规章规定须经批准的事项,依法经批准后开展。

(四)证券业协会会员的权利和义务

根据《中国证券业协会章程》第 15 条的规定,会员、观察员享有下列权利:(1)法定会员和普通会员享有选举权、被选举权和审议权、表决权,特别会员享有审议权、表决权,观察员可享有审议权;(2)要求协会维护其合法权益不受损害;(3)通过协会向有关部门反映意见和建议;(4)按程序对协会拟采取的自律管理措施和纪律处分申请陈述、申辩,对重大纪律处分申请听证;(5)参加协会举办的活动和获得协会服务;(6)对协会工作的批评、建议和监督权;(7)会员大会决议规定的其他权利。

根据《中国证券业协会章程》第 16 条的规定,会员、观察员应履行下列义务:(1)遵守协会的章程、自律规则、行业标准和业务规范;(2)执行协会的决议;(3)维护协会的声誉;(4)积极参加协会组织的活动,完成协会交办的工作;(5)向协会反映情况,按规定提供有关资料;(6)按规定交纳会费;(7)服从协会的监督与管理,接受协会的检查与协调;(8)会员大会决议规定的其他义务。

三、证券投资基金业协会自律监管

(一)证券投资基金业协会的性质

根据《证券投资基金法》的规定,基金行业协会是证券投资基金行业的自律性组织,是社会团体法人。基金管理人、基金托管人应当加入基金行业协会,基金服务机构可以加入基金行业协会。基金行业协会的权力机构为全体会员组成的会员大会。基金行业协会设理事会,理事会成员依章程的规定由选举产生。基金行业协会章程由会员大会制定,并报国务院证券监督管理机构备案。

中国证券投资基金业协会自2010年10月开始筹建,2012年6月6日召开第一次会员大会暨成立大会,2012年7月获得成立登记批复。其会员分为普通会员、联席会员、观察会员、特别会员4类。公募基金管理人、基金托管人、符合协会规定条件的私募基金管理人,加入协会后成为普通会员。基金服务机构加入协会后成为联席会员。不符合普通会员条件的其他私募基金管理人,加入协会后成为观察会员。证券期货交易所、登记结算机构、指数公司、经副省级及以上人民政府民政部门登记的各类基金行业协会、境内外其他特定机构投资者等,加入协会后成为特别会员。

(二)证券投资基金业协会的职责

《证券投资基金法》第111条明确,基金行业协会履行下列职责:(1)教育和组织会员遵守有关证券投资的法律、行政法规,维护投资人合法权益;(2)依法维护会员的合法权益,反映会员的建议和要求;(3)制定和实施行业自律规则,监督、检查会员及其从业人员的执业行为,对违反自律规则和协会章程的,按照规定给予纪律处分;(4)制定行业执业标准和业务规范,组织基金从业人员的从业考试、资质管理和业务培训;(5)提供会员服务,组织行业交流,推动行业创新,开展行业宣传和投资人教育活动;(6)对会员之间、会员与客户之间发生的基金业务纠纷进行调解;(7)依法办理非公开募集基金的登记、备案;(8)协会章程规定的其他职责。

(三)证券投资基金业协会会员的权利和义务

根据《中国证券投资基金业协会章程》第12条的规定,其会员享有下列权利:(1)选举权、被选举权和表决权,其中观察会员、特别会员不享有理事和监事的被选举权;(2)参加本团体的活动和获得本团体提供的服务;(3)对本团体工作提出批评、建议并进行监督;(4)通过本团体向有关部门反映意见和建议;(5)要求本团体维护其合法权益不受损害;(6)对本团体给予的纪律处分提出听证、陈述和申辩;(7)会员代表大会决议规定的其他权利。

该章程第13条规定,会员履行下列义务:(1)遵守本团体的章程、自律规则、行业标准和业务规范,执行本团体的决议;(2)维护本团体的合法权益和声誉;(3)积极参加本团体组织的活动,承担本团体委派的任务,并提供本团体履行职责所需的有关资料;(4)按规定缴纳会费;(5)服从本团体的自律管理;(6)会员大会决议规定的其他义务。

四、证券交易所自律监管

(一)证券交易所的性质

证券交易所是为证券集中交易提供场所和设施,组织和监督证券交易,实行自律管理的法人。证券交易所的设立和解散,由国务院决定。我国的证券交易所以事业单位法人为主,并且是经济法上的特许法人。

（二）证券交易所的组织形式

国际上，证券交易所的组织形式有两种：一种是会员制，另一种是公司制。会员制证券交易所是会员自愿出资共同设立的、为其证券经营业务提供集中竞价交易场所的非营利性机构。上海证券交易所和深圳证券交易所都是会员制证券交易所，属于事业单位法人。公司制证券交易所是由股东投资设立、以营利为目的、提供证券集中竞价交易的股份有限公司，如纽约证券交易所、伦敦证券交易所等。我国的金融期货交易所就是公司制交易所。

（三）证券交易所的组织机构

会员制的证券交易所的组织机构有会员大会、理事会和专门委员会。会员大会为证券交易所的最高权力机构。根据我国《证券交易所管理办法》的规定，会员大会由理事会召集，每年召开 1 次。有下列情形之一的，应当召开临时会员大会：(1) 理事人数不足该办法规定的最低人数；(2) 1/3 以上的会员提议；(3) 理事会或者监事会认为必要。会员大会须有 2/3 以上会员出席，其决议须经出席会议的过半数以上会员表决通过。会员大会结束后 10 日内，证券交易所应当将大会全部文件及有关情况报证监会。理事会是证券交易所的决策机构，每届任期 3 年。证券交易所理事会由 7~13 人组成，其中非会员理事人数不少于理事会成员总数的 1/3，不超过理事会成员总数的 1/2。会员理事由会员大会选举产生。非会员理事由证监会委派。理事会会议至少每季度召开一次。会议须有 2/3 以上理事出席，其决议应当经出席会议的 2/3 以上理事表决同意方为有效。理事会决议应当在会议结束后 2 个工作日内向证监会报告。

此外，根据《证券法》第 102 条的规定，实行会员制的证券交易所设理事会、监事会。证券交易所设总经理一人，由国务院证券监督管理机构任免。同时，第 103 条规定了证券交易所负责人的任职禁止性要求，即有我国《公司法》第 178 条规定的情形或者下列情形之一的，不得担任证券交易所的负责人：(1) 因违法行为或者违纪行为被解除职务的证券交易所、证券登记结算机构的负责人或者证券公司的董事、监事、高级管理人员，自被解除职务之日起未逾 5 年；(2) 因违法行为或者违纪行为被吊销执业证书或者被取消资格的律师、注册会计师或者其他证券服务机构的专业人员，自被吊销执业证书或者被取消资格之日起未逾 5 年。

（四）证券交易所对证券市场的监管

1. 制定证券上市、交易规则

《证券法》第 115 条规定，证券交易所依照法律、行政法规和国务院证券监督管理机构的规定，制定上市规则、交易规则、会员管理规则和其他有关规则，并报国务院证券监督管理机构批准。

2. 公开证券交易信息

《证券法》第 109 条规定，证券交易所应当为组织公平的集中交易提供保障，实时公布证券交易即时行情，并按交易日制作证券市场行情表，予以公布。未经证券交易所许可，任何单位和个人不得发布证券交易即时行情。

3. 实行实时监控

《证券法》第 112 条规定，证券交易所对证券交易实行实时监控，并按照国务院证券监督管理机构的要求,对异常的交易情况提出报告。

4. 技术性停牌和临时停市

《证券法》第110条规定,证券交易所可以按照业务规则的规定,决定上市交易股票的停牌或者复牌。第111条规定,因不可抗力、意外事件、重大技术故障、重大人为差错等突发性事件而影响证券交易正常进行时,为维护证券交易正常秩序和市场公平,证券交易所可以按照业务规则采取技术性停牌、临时停市等处置措施,并应当及时向国务院证券监督管理机构报告。第113条规定,证券交易所应当加强对证券交易的风险监测,出现重大异常波动的,证券交易所可以按照业务规则采取限制交易、强制停牌等处置措施,并向国务院证券监督管理机构报告;严重影响证券市场稳定的,证券交易所可以按照业务规则采取临时停市等处置措施并公告。

5. 限制交易

《证券法》第111条规定,因突发性事件导致证券交易结果出现重大异常,按交易结果进行交收将对证券交易正常秩序和市场公平造成重大影响的,证券交易所按照业务规则可以采取取消交易、通知证券登记结算机构暂缓交收等措施,并应当及时向国务院证券监督管理机构报告并公告。第112条规定,证券交易所根据需要,可以对出现重大异常交易情况的证券账户限制交易,并及时报告国务院证券监督管理机构。

(五)证券交易所对会员的监管

证券交易所接纳的会员应当是经批准设立并具有法人资格的境内证券经营机构。境外证券经营机构设立的驻华代表处,经申请可以成为证券交易所的特别会员。证券交易所对其会员可以采取如下监管措施。

1. 制定规则

《证券交易所管理办法》第49条规定,证券交易所应当制定具体的会员管理规则,并依此对会员进行监管。其内容包括:(1)会员资格的取得和管理;(2)席位(如有)与交易单元管理;(3)与证券交易业务有关的会员合规管理及风险控制要求;(4)会员客户交易行为管理、适当性管理及投资者教育要求;(5)会员业务报告制度;(6)对会员的日常管理和监督检查;(7)对会员采取的收取惩罚性违约金、取消会员资格等自律监管措施和纪律处分;(8)其他需要在会员管理规则中规定的事项。

2. 席位和交易单元监管

《证券交易所管理办法》第52条规定,证券交易所应当限定席位(如有)的数量。会员可以通过购买或者受让的方式取得席位。经证券交易所同意,席位可以转让,但不得用于出租和质押。第53条规定,证券交易所应当对交易单元实施严格管理,设定、调整和限制会员参与证券交易的品种及方式。会员参与证券交易的,应当向证券交易所申请设立交易单元。经证券交易所同意,会员将交易单元提供给他人使用的,会员应当对其进行管理。会员不得允许他人以其名义直接参与证券的集中交易。

3. 技术监管

《证券交易所管理办法》第54条规定,证券交易所应当制定技术管理规范,明确会员交易系统接入证券交易所和运行管理等技术要求,督促会员按照技术要求规范运作,保障交易及相关系统的安全稳定。证券交易所为了防范系统性风险,可以要求会员建立和实施相应的风险控制系统和监测模型。

4. 合规检查

《证券交易所管理办法》第 55 条规定,证券交易所应当按照章程、业务规则的规定,对会员遵守证券交易所章程和业务规则的情况进行检查,并将检查结果报告中国证监会。证券交易所可以根据章程、业务规则要求会员提供与证券交易活动有关的业务报表、账册、交易记录和其他文件资料。第 56 条规定,证券交易所应当建立会员客户交易行为管理制度,要求会员了解客户并在协议中约定对委托交易指令的核查和对异常交易指令的拒绝等内容,指导和督促会员完善客户交易行为监控系统,并定期进行考核评价。会员管理的客户出现严重异常交易行为或者在一定时期内多次出现异常交易行为的,证券交易所应当对会员客户交易行为管理情况进行现场或者非现场检查,并将检查结果报告中国证监会。

5. 交易监管

《证券交易所管理办法》第 57 条规定,证券交易所应当按照章程、业务规则对会员通过证券自营及资产管理等业务进行的证券交易实施监管。证券交易所应当按照章程、业务规则要求会员报备其通过自营及资产管理账户开展产品业务创新的具体情况以及账户实际控制人的有关文件资料。第 58 条规定,证券交易所应当督促会员建立并执行客户适当性管理制度,要求会员向客户推荐产品或者服务时充分揭示风险,并不得向客户推荐与其风险承受能力不适应的产品或者服务。

6. 违规处罚

《证券交易所管理办法》第 56 条规定,会员未按规定履行客户管理职责的,证券交易所可以采取自律监管措施或者纪律处分。第 59 条规定,会员出现违法违规行为的,证券交易所可以按照章程、业务规则的规定采取暂停受理或者办理相关业务、限制交易权限、收取惩罚性违约金、取消会员资格等自律监管措施或者纪律处分。

(六)证券交易所对上市公司的监管

证券交易所对上市公司的监管是其常态化而重要的工作,《证券交易所管理办法》第六章对此作了规定。

1. 制定并执行上市规则

证券交易所应当制定证券上市规则,其内容包括:(1)证券上市的条件、程序和披露要求;(2)信息披露的主体、内容及具体要求;(3)证券停牌、复牌的标准和程序;(4)终止上市、重新上市的条件和程序;(5)对违反上市规则行为的处理规定;(6)其他需要在上市规则中规定的事项。

2. 要求签订上市协议

证券交易所应当与申请证券上市交易的公司订立上市协议,确定相互间的权利义务关系。上市协议的内容与格式应当符合法律、行政法规、部门规章的规定。

3. 监督保荐人

证券交易所应当依法建立上市保荐制度,监督保荐人及相关人员的业务行为,督促其切实履行法律、行政法规、部门规章以及业务规则中规定的相关职责。

4. 停牌与复牌

证券交易所应当依据业务规则和证券上市交易公司的申请,决定上市交易证券的停牌或者复牌。证券上市交易的公司不得滥用停牌或复牌损害投资者合法权益。证券交易所为维护市场秩序可以根据业务规则拒绝证券上市交易公司的停复牌申请,或者决定证券强制停复牌。

5. 终止上市与重新上市

证券交易所按照章程、协议以及上市规则决定证券终止上市和重新上市。证券交易所按照业务规则对出现终止上市情形的证券实施退市,督促证券上市交易公司充分揭示终止上市风险,并应当及时公告,报中国证监会备案。

6. 督促与审核信息披露

证券交易所应当按照章程、协议以及业务规则,督促证券上市交易公司及相关信息披露义务人依法披露上市公告书、定期报告、临时报告等信息披露文件。证券交易所对信息披露文件进行审核,可以要求证券上市交易公司及相关信息披露义务人、上市保荐人、证券服务机构等作出补充说明并予以公布,发现问题应当按照有关规定及时处理,情节严重的,报告中国证监会。

7. 监督股东及董监高持股情况

证券交易所应当按照章程、协议以及业务规则,对上市公司控股股东、持股5%以上股东、其他相关股东以及董事、监事、高级管理人员等持有本公司股票的变动及信息披露情况进行监管。

8. 违规信息披露的处罚

发行人、证券上市交易公司及相关信息披露义务人等出现违法违规行为的,证券交易所可以按照章程、协议以及业务规则的规定,采取通报批评、公开谴责、收取惩罚性违约金、向相关主管部门出具监管建议函等自律监管措施或者纪律处分。

第四节 期货、金融租赁和资产管理业务监管法

我国关于期货、金融租赁、资产管理等金融业态的监管规范尚不健全,以下主要从监管机构、监管要求和监管措施三方面进行简要介绍。

一、监管机构

（一）期货监管机构

我国的期货监管机构是中国证监会。根据《期货和衍生品法》第105条、《期货交易管理条例》第5条的规定,国务院期货监督管理机构对期货市场实行集中统一的监督管理。国务院期货监督管理机构派出机构依照授权,履行监督管理职责。《期货公司监督管理办法》第5条规定,中国证监会及其派出机构依法对期货公司及其分支机构实行监督管理。中国期货业协会、期货交易所按照自律规则对期货公司实行自律管理。期货保证金安全存管监控机构依法对客户保证金安全实施监控。

(二)金融租赁监管机构

根据《金融租赁公司管理办法》第6条的规定,国家金融监管总局及其派出机构依法对金融租赁公司实施监督管理。从目前的改革来看,今后国家金融监管总局主要负责金融租赁业务规则的制定,具体日常监管工作将下放到地方金融监管机构。

(三)资产管理监管机构

资管行业五大问题和六大监管方向

资产管理业务涉及面广,银行、保险、证券和信托等许多金融部门都在开展资产管理业务,根据我国分业经营、分业监管的现状,资产管理行业的监管机构包括中国人民银行、国家金融监管总局、中国证监会、地方金融监管机构等,它们依据各自的职责对本部门所属资产管理业务或对整个行业履行监管职责。

二、监管要求

(一)期货监管要求

1. 期货监管机构的职责

《期货和衍生品法》第105条规定,国务院期货监督管理机构依法履行下列职责:(1)制定有关期货市场监督管理的规章、规则,并依法进行审批、核准、注册,办理备案;(2)对品种的上市、交易、结算、交割等期货交易及相关活动,进行监督管理;(3)对期货经营机构、期货交易场所、期货结算机构、期货服务机构和非期货经营机构结算参与人等市场相关参与者的期货业务活动,进行监督管理;(4)制定期货从业人员的行为准则,并监督实施;(5)监督检查期货交易的信息公开情况;(6)维护交易者合法权益、开展交易者教育;(7)对期货违法行为进行查处;(8)监测监控并防范、处置期货市场风险;(9)对期货行业金融科技和信息安全进行监管;(10)对期货业协会的自律管理活动进行指导和监督;(11)法律、行政法规规定的其他职责。此外,《期货交易管理条例》第46条作了基本相同的规定。

2. 信息披露

根据《期货公司监督管理办法》第99~104条的规定,期货公司及相关主体应当履行如下信息披露义务:

第一,期货公司应当按照规定报送年度报告、月度报告等资料。期货公司法定代表人、经营管理主要负责人、首席风险官、财务负责人应当对年度报告和月度报告签署确认意见;监事会或监事应对年度报告进行审核并提出书面审核意见;期货公司董事应当对年度报告签署确认意见。期货公司年度报告、月度报告签字人员应当保证报告内容真实、准确、完整;对报告内容有异议的,应当注明意见和理由。

第二,中国证监会及其派出机构可以要求下列机构或者个人,在指定期限内报送与期货公司经营相关的资料:一是期货公司及其董事、监事、高级管理人员及其他工作人员;二是期货公司股东、实际控制人或者其他关联人;三是期货公司控股、参股或者实际控制的企业;四是为期货公司提供相关服务的会计师事务所、律师事务所、资产评估机构等中介服务机构。这些机构或个人报送、提供或者披露的资料、信息应当真实、准确、完整,不得有虚假记载、误导性陈述或者重大遗漏。

第三,期货公司主要股东、实际控制人或者其他关联人在期货公司从事期货交易的,期货公司应当自开户之日起 5 个工作日内向住所地中国证监会派出机构报告开户情况,并定期报告交易情况。

第四,发生下列事项之一的,期货公司应当在 5 个工作日内向住所地中国证监会派出机构书面报告:一是变更公司名称、形式、章程;二是同比例增减资;三是变更股权或者注册资本,且不涉及新增持有 5% 以上股权的股东;四是变更分支机构负责人或者营业场所;五是作出终止业务等重大决议;六是被有权机关立案调查或者采取强制措施;七是发生影响或者可能影响期货公司经营管理、财务状况或者客户资产安全等重大事件;八是中国证监会规定的其他事项。上述事项涉及期货公司分支机构的,期货公司应当同时向分支机构住所地中国证监会派出机构书面报告。

第五,期货公司聘请或者解聘会计师事务所的,应当自作出决定之日起 5 个工作日内向住所地中国证监会派出机构报告;解聘会计师事务所的,应当说明理由。

第六,期货公司应当按照规定,公示基本情况、历史情况、分支机构基本情况、董事及监事信息、高级管理人员及从业人员信息、公司股东信息、公司诚信记录以及中国证监会要求的其他信息。期货公司公示信息及其他重大事项发生变更的,应当自变更之日起 5 个工作日内在中国证监会有关监管信息系统进行更新。

(二)金融租赁监管要求

根据《金融租赁公司管理办法》的规定,金融租赁公司应符合以下监管要求。

1. 监管指标

根据《金融租赁公司管理办法》第 75 条的规定,金融租赁公司应当遵守以下监管指标:(1)资本充足率。各级资本净额与风险加权资产的比例不得低于国家金融监督管理总局对各级资本充足率的监管要求。(2)杠杆率。一级资本净额与调整后的表内外资产余额的比例不得低于 6%。(3)财务杠杆倍数。总资产不得超过净资产的 10 倍。(4)同业拆借比例。同业拆入和同业拆出资金余额均不得超过资本净额的 100%。(5)拨备覆盖率。租赁应收款损失准备与不良租赁应收款余额之比不得低于 100%。(6)租赁应收款拨备率。租赁应收款损失准备与租赁应收款余额之比不得低于 2.5%。(7)单一客户融资集中度。对单一承租人的融资余额不得超过上季末资本净额的 30%。(8)单一集团客户融资集中度。对单一集团的融资余额不得超过上季末资本净额的 50%。(9)单一客户关联度。对一个关联方的融资余额不得超过上季末资本净额的 30%。(10)全部关联度。对全部关联方的融资余额不得超过上季末资本净额的 50%。(11)单一股东关联度。对单一股东及其全部关联方的融资余额不得超过该股东在金融租赁公司的出资额,且同时满足单一客户关联度的规定。(12)流动性风险监管指标。流动性比例、流动性覆盖率等指标应当符合国家金融监督管理总局的相关监管要求。(13)固定收益类投资比例。固定收益类投资余额原则上不得超过上季末资本净额的 20%,金融租赁公司投资本公司发行的资产支持证券的风险自留部分除外。经国家金融监督管理总局认可,特定行业和企业的单一客户融资集中度、单一集团客户融资集中度、单一客户关联度、全部关联度和单一股东关联度要求可以适当调整。

2. 治理制度

金融租赁公司的治理制度主要包括以下几个方面的要求:(1)在公司治理结构中建立党的组织机构,加强政治引领,建设先进企业文化,促进金融租赁公司持续健康发展。(2)应根据金融租赁业务的特性和资本风险管理要求,强化股东义务。比如,股东应使用来源合法的自有资金入股,不得以委托资金、债务资金等非自有资金入股。(3)应建立包括股东会、董事会、高级管理层等治理主体在内的公司治理架构,明确各治理主体的职责边界、履职要求,不断提升公司治理水平。(4)建立健全内部审计制度,审查评价并改善经营活动、风险状况、内部控制和公司治理效果,促进合法经营和稳健发展。(5)执行国家统一的会计准则和制度,真实记录并全面反映财务状况和经营成果等信息。(6)按规定报送会计报表和国家金融监管总局及其派出机构要求的其他报表,并对所报报表、资料的真实性、准确性和完整性负责。(7)应当建立健全覆盖所有业务和全部流程的信息系统,加强对业务和管理活动的系统控制功能建设,及时、准确记录经营管理信息,确保信息的真实、完整、连续、准确和可追溯。(8)应当建立年度信息披露管理制度,编写年度信息披露报告,每年4月30日前通过官方网站向社会公众披露机构基本信息、财务会计报告、风险管理信息、公司治理信息、客户咨询投诉渠道信息、重大事项信息等相关信息。(9)应当建立指标科学完备、流程清晰规范的绩效考评机制;应当建立稳健的薪酬管理制度,设置合理的绩效薪酬延期支付和追索扣回机制。

(三)资产管理监管要求

关于资产管理的监管要求,现有规定主要体现在对商业银行资产管理业务的监管要求、证券期货经营机构资产管理业务的监管要求和保险资产管理业务的监管要求等方面。

1. 商业银行资产管理业务的监管要求

根据《商业银行理财业务监督管理办法》的规定,商业银行资产管理业务应当遵守以下监管要求,这主要是针对信息披露等提出的:(1)从事理财业务的商业银行应当按照规定,向银行业监督管理机构报送与理财业务有关的财务会计报表、统计报表、外部审计报告和银行业监督管理机构要求报送的其他材料,并于每年度结束后2个月内报送理财业务年度报告。(2)理财托管机构应当按照规定,向银行业监督管理机构报送与理财产品托管有关的材料,并于每年度结束后2个月内报送理财产品年度托管报告。(3)从事理财业务的商业银行在理财业务中出现重大风险和损失时,应当及时向银行业监督管理机构报告,并提交应对措施。(4)银行业监督管理机构应当定期对商业银行理财业务进行现场检查。(5)银行业监督管理机构应当基于非现场监管和现场检查情况,定期对商业银行理财业务进行评估,并将其作为监管评级的重要依据。(6)商业银行违规从事理财业务活动的,应当根据国务院银行业监督管理机构或者其省一级派出机构提出的整改要求,在规定的时限内向国务院银行业监督管理机构或者其省一级派出机构提交整改方案并采取整改措施。

2. 证券期货经营机构资产管理业务的监管要求

根据《证券期货经营机构私募资产管理业务管理办法》的规定,证券期货经营机构资产管理业务应遵循以下监管要求:

第一,定期报告。证券期货经营机构应当于每月10日前向证券投资基金业协会报送资产管理计划的持续募集情况、投资运作情况、资产最终投向等信息。证券期货经营机构应当在每季度结束之日起1个月内,编制私募资产管理业务管理季度报告,并报中国证监会相关派出机构。证券期货经营机构、托管人应当在每年度结束之日起4个月内,分别编制私募资产管理业务管理年度报告和托管年度报告,并报中国证监会相关派出机构。证券期货经营机构应当在私募资产管理业务管理季度报告和管理年度报告中,就《证券期货经营机构私募资产管理业务管理办法》所规定的风险管理与内部控制制度在报告期内的执行情况等进行分析,并由合规负责人、风控负责人、总经理分别签署。

第二,审计监督。证券期货经营机构进行年度审计,应当同时对私募资产管理业务的内部控制情况进行审计。

第三,监测监控。证券交易场所、期货交易所、中国期货市场监控中心应当对证券期货经营机构资产管理计划交易行为进行监控。发现存在重大风险、重大异常交易或者涉嫌违法违规事项的,应当及时报告中国证监会及相关派出机构。证券投资基金业协会应当按照法律、行政法规和中国证监会规定对证券期货经营机构资产管理计划实施备案管理和监测监控。发现提交备案的资产管理计划不符合法律、行政法规和中国证监会规定的,应当要求证券期货经营机构及时整改,并报告中国证监会及相关派出机构;发现已备案的资产管理计划存在重大风险或者违规事项的,应当及时报告中国证监会及相关派出机构。

第四,检查分析。中国证监会及其派出机构对证券期货经营机构、托管人、销售机构和投资顾问等服务机构从事私募资产管理及相关业务的情况,进行定期或者不定期的现场和非现场检查,相关机构应当予以配合。中国证监会相关派出机构应当定期对辖区证券期货经营机构私募资产管理业务开展情况进行总结分析,纳入监管季度报告和年度报告,发现存在重大风险或者违规事项的,应当及时报告中国证监会。

第五,信息共享。中国证监会与中国人民银行、国家金融监管总局建立监督管理信息共享机制,加强资产管理业务的统计信息共享。证券交易场所、期货交易所、证券登记结算机构、期货市场监控中心、证券业协会、期货业协会、证券投资基金业协会应当按照中国证监会的要求,定期或者不定期提供证券期货经营机构私募资产管理业务专项统计、分析等数据信息。中国证监会及其派出机构与前述单位之间加强信息共享。中国证监会相关派出机构应当每月对证券期货经营机构资产管理计划备案信息和业务数据进行分析汇总,并按照规定进行报告。

3. 保险资产管理业务的监管要求

根据《保险资产管理产品管理暂行办法》和《保险资产管理公司管理规定》的规定,保险资产管理业务应当遵守下列监管要求:

第一,保险资管产品要求。保险资管产品应当面向合格投资者通过非公开方式发行。保险资产管理机构开展保险资管产品业务,应当加强投资者适当性管理,向投资者充分披露信息和揭示风险,不得承诺保本保收益。保险资产管理机构不得违反相关规定,通过为单一融资项目设立多只产品的方式,变相突破投资者人数限制或者其他监管要求。保险资产管理机构应当切实履行主动管理责任,不得让渡管理职责,不得为其他金融机构的资产管理产品提供规避投资范围、杠杆约束等监管要求的通道服务。

第二,产品注册与登记。保险资产管理机构发行的保险资管产品,应当在金融监管总局认可的机构履行注册或者登记等规定程序。保险资产管理机构应当按照规定报送产品材料。产品材料应当真实、完备、规范。金融监管总局认可的机构仅对产品材料的完备性和合规性进行审查，不对产品的投资价值和风险作实质性判断。同时保险资管产品业务，应当在上海保险交易所股份有限公司、中保保险资产登记交易系统有限公司等国家金融监管总局认可的资产登记交易平台进行发行、登记、托管、交易、结算、信息披露等。

第三，信息共享。登记交易平台和注册机构应当建立产品信息共享机制，实现系统互联互通，推进行业基础设施系统与监管信息系统的有效衔接，及时有效履行信息报送责任。

第四，风险管理与风险准备金。保险资产管理机构应当建立全面覆盖、全程监控、全员参与的风险管理组织体系和运行机制，通过管理系统和稽核审计等手段，分类、识别、量化和评估保险资管产品的流动性风险、市场风险和信用风险等，有效管控和应对风险。保险资产管理机构应当做到每只产品所投资资产构成清晰，风险可识别。保险资产管理机构应当建立相应的风险准备金机制，确保满足抵御业务不可预期损失的需要。风险准备金计提比例为产品管理费收入的10%，其余额达到产品余额的1%时可以不再提取。

第五，分别管理。保险资产管理机构应当做到每只产品的资金单独管理、单独建账、单独核算，不得开展或者参与具有滚动发行、集合运作、分离定价特征的资金池业务。

第六，关联交易规则。保险资产管理机构应当建立健全关联交易规则，对关联交易认定标准、定价方法和决策程序等进行规范，不得以保险资管产品的资金与关联方进行不正当交易、利益输送、内幕交易和操纵市场等违法违规行为。

第七，配合义务。国家金融监管总局及其派出机构依法对保险资管产品业务有关当事人的经营活动进行监督管理。各方当事人应当积极配合，不得发生以下行为：拒绝、阻挠监管人员的监督检查；拒绝、拖延提供与检查事项有关的资料；隐匿、伪造、变造、毁弃会计账簿、会计报表以及其他有关资料；国家金融监管总局规定禁止的其他行为。

第八，专业服务机构及其有关人员的责任。为保险资管产品业务提供服务的专业服务机构及其有关人员，应当遵守执业规范和职业道德，客观公正、勤勉尽责，独立发表专业意见。相关专业服务机构或者人员未尽责履职，或者其出具的报告存在虚假记载、误导性陈述或者重大遗漏的，应当承担相应法律责任。

第九，信息披露要求。保险资产管理机构应当按照国家金融监管总局有关规定，向投资者主动、真实、准确、完整、及时披露产品募集情况、资金投向、收益分配、托管安排、投资账户信息和主要投资风险等内容。保险资产管理机构应当至少每季度向投资者披露产品净值和其他重要信息。发生下列事项的，保险资产管理公司应当在事项发生之日起5个工作日内，按规定向国家金融监管总局报告：变更持股5%以下的股东或变更股东的持股比例不超过5%；公司股权被质押或解质押；股东及股东的实际控制人变更、名称变更、合并、分立、破产等可能导致所持保险资产管理公司股权发生变化的情况；在保险资产管理公司自有资金投资中，发生单项投资实际投资损失金额超过其上季度末净资产总额5%的投资损失；发生对保险资产管理公司净资产和实际经营造成重要影响或者判决其赔偿金额超过5 000万元人民币的重大诉讼案件或仲裁案件；发生其他可能影响保险资产管理公司经营管理、财务状况、风险控制或者投资者资产安全的重大事件；国家金融监管总局要求报告的其他重大事项。托管人和其他专业服务机构应当按照相关合同约定，向保险资产管理机构和国家金融监管总局履行信息披露和报告义务。注册机构和登记交易平台应当按照国家金融监管总局的要求，定期或者不定期向国家金融监管总局报告产品专项统计、分析等信息。遇有重大突发事件的，双方应当加强信息和资源共享，及时向国家金融监管总局报告。

三、监管措施

（一）期货监管措施

期货交易杠杆大、风险高，应采用严厉的监管措施。对此，我国先后发布的《期货交易管理条例》《期货公司监督管理办法》《期货和衍生品法》都作出了相应规定，其主要内容基本相同，但各有侧重，其中《期货和衍生品法》的规定总结了前两者的经验，更为全面，也更有力度。

1.《期货和衍生品法》规定的监管措施

《期货和衍生品法》第106条规定，国务院期货监督管理机构依法履行职责，有权采取下列措施：(1)对期货经营机构、期货交易场所、期货结算机构进行现场检查，并要求其报送有关的财务会计、业务活动、内部控制等资料。(2)进入涉嫌违法行为发生场所调查取证。(3)询问当事人和与被调查事件有关的单位和个人，要求其对与被调查事件有关的事项作出说明，或者要求其按照指定的方式报送与被调查事件有关的文件和资料。(4)查阅、复制与被调查事件有关的财产权登记、通信记录等文件和资料。(5)查阅、复制当事人和与被调查事件有关的单位和个人的期货交易记录、财务会计资料及其他相关文件和资料；对可能被转移、隐匿或者毁损的文件资料，可以予以封存、扣押。(6)查询当事人和与被调查事件有关的单位和个人的保证金账户和银行账户以及其他具有支付、托管、结算等功能的账户信息，可以对有关文件和资料进行复制；对有证据证明已经或者可能转移或者隐匿违法资金等涉案财产或者隐匿、伪造、毁损重要证据的，经国务院期货监督管理机构主要负责人或者其授权的其他负责人批准，可以冻结、查封，期限为6个月；因特殊原因需要延长的，每次延长期限不得超过3个月，最长期限不得超过2年。(7)在调查操纵期货市场、内幕交易等重大违法行为时，经国务院期货监督管理机构主要负责人或者其授权的其他负责人批准，可以限制被调查事件当事人的交易，但限制的时间不得超过3个月；案情复杂的，可以延长3个月。(8)决定并通知出境入境管理机关依法阻止涉嫌违法人员、涉嫌违法单位的主管人员和其他直接责任人员出境。此外，为防范期货市场风险，维护市场秩序，国务院期货监督管理机构可以采取责令改正、监管谈话、出具警示函等措施。

2.《期货交易管理条例》规定的监管措施

根据《期货交易管理条例》第47条的规定，国务院期货监督管理机构依法履行职责，可以采取下列措施：(1)对期货交易所、期货公司及其他期货经营机构、非期货公司结算会员、期货保证金安全存管监控机构和交割仓库进行现场检查。(2)进入涉嫌违法行为发生场所调查取证。(3)询问当事人和与被调查事件有关的单位和个人，要求其对与被调查事件有关的事项作出说明。(4)查阅、复制与被调查事件有关的财产权登记等资料。(5)查阅、复制当事人和与被调查事件有关的单位和个人的期货交易记录、财务会计资料以及其他相关文件和资料；对可能被转移、隐匿或者毁损的文件和资料，可以予以封存。(6)查询与被调查事件有关的单位的保证金账户和银行账户。(7)在调查操纵期货交易价格、内幕交易等重大期货违法行为时,经国务院期货监督管理机构主要负责人批准,可以限制被调查事件当事人的期货交易,但限制的时间不得超过15个交易日;案情复杂的,可以延长至30个交易日。(8)法律、行政法规规定的其他措施。

根据《期货交易管理条例》第55条的规定,期货公司及其分支机构不符合持续性经营规则或者出现经营风险的,国务院期货监督管理机构可以对期货公司及其董事、监事和高级管理人员采取谈话、提示、记入信用记录等监管措施或者责令期货公司限期整改,并对其整改情况进行检查验收。期货公司逾期未改正,其行为严重危及期货公司的稳健运行、损害客户合法权益,或者涉嫌严重违法违规正在被国务院期货监督管理机构调查的,国务院期货监督管理机构可以区别情形,对其采取下列措施:(1)限制或者暂停部分期货业务;(2)停止批准新增业务;(3)限制分配红利,限制向董事、监事、高级管理人员支付报酬、提供福利;(4)限制转让财产或者在财产上设定其他权利;(5)责令更换董事、监事、高级管理人员或者有关业务部门、分支机构的负责人员,或者限制其权利;(6)限制期货公司自有资金或者风险准备金的调拨和使用;(7)责令控股股东转让股权或者限制有关股东行使股东权利。对经过整改仍未达到持续性经营规则要求,严重影响正常经营的期货公司,国务院期货监督管理机构有权撤销其部分或者全部期货业务许可,关闭其分支机构。

根据《期货交易管理条例》第56~59条的规定,期货公司违法经营或者出现重大风险,严重危害期货市场秩序、损害客户利益的,国务院期货监督管理机构可以对该期货公司采取责令停业整顿、指定其他机构托管或者接管等监管措施。经国务院期货监督管理机构批准,可以对该期货公司直接负责的董事、监事、高级管理人员和其他直接责任人员采取以下措施:通知出境管理机关依法阻止其出境;申请司法机关禁止其转移、转让或者以其他方式处分财产,或者在财产上设定其他权利。期货公司的股东有虚假出资或者抽逃出资行为的,国务院期货监督管理机构应当责令其限期改正,并可责令其转让所持期货公司的股权。在股东按照前述要求改正违法行为、转让所持期货公司的股权前,国务院期货监督管理机构可以限制其股东权利。当期货市场出现异常情况时,国务院期货监督管理机构可以采取必要的风险处置措施。期货公司的交易软件、结算软件,应当满足期货公司审慎经营和风险管理以及国务院期货监督管理机构有关保证金安全存管监控规定的要求。期货公司的交易软件、结算软件不符合要求的,国务院期货监督管理机构有权要求期货公司予以改进或者更换。国务院期货监督管理机构可以要求期货公司的交易软件、结算软件的供应商提供该软件的相关资料,供应商应当予以配合。

3.《期货公司监督管理办法》规定的监管措施

第一,现场检查。中国证监会及其派出机构可以对期货公司及其分支机构进行定期或者不定期现场检查。现场检查时,检查人员不得少于2人,并应当出示合法证件和检查通知书,必要时可以聘请外部专业人士协助检查。对期货公司子公司以及期货公司的控股股东、实际控制人,中国证监会及其派出机构可以进行延伸检查。中国证监会及其派出机构对期货公司及其分支机构进行检查,有权采取下列措施:询问期货公司及其分支机构的工作人员,要求其对被检查事项作出解释、说明;查阅、复制与被检查事项有关的文件、资料;查询期货公司及其分支机构的客户资产账户;检查期货公司及其分支机构的信息系统,调阅交易、结算及财务数据。

第二,第三方监管。中国证监会及其派出机构认为期货公司可能存在下列情形之一的,可以要求其聘请中介服务机构进行专项审计、评估或者出具法律意见:期货公司年度报告、月度报告或者临时报告等存在虚假记载、误导性陈述或者重大遗漏;违反客户资产保护、期货保证金安全存管监控规定或者风险监管指标管理规定;中国证监会根据审慎监管原则认定的其他情形。期货公司应当配合中介服务机构工作。

第三,监管谈话、责令改正、出具警示函。根据《期货公司监督管理办法》第109条的规定,期货公司及其分支机构、期货公司负有责任的董事、监事、高级管理人员以及其他直接责任人员违反该办法有关规定的,中国证监会及其派出机构可以对其采取监管谈话、责令改正、出具警示函等监督管理措施。同时,根据该办法第111条的规定,期货公司股东、实际控制人、其他关联人,为期货公司提供相关服务的会计师事务所、律师事务所、资产评估机构等中介服务机构违反规定的,中国证监会及其派出机构可以对其采取监管谈话、责令改正、出具警示函等监督管理措施。

第四,责令限期整改。根据《期货公司监督管理办法》第112条的规定,期货公司的股东、实际控制人或者其他关联人有下列情形之一的,中国证监会及其派出机构可以责令其限期整改:(1)占用期货公司资产;(2)直接任免期货公司董事、监事、高级管理人员,或者非法干预期货公司经营管理活动;(3)股东未按照出资比例或者所持股份比例行使表决权;(4)报送、提供或者出具的材料、信息或者报告等存在虚假记载、误导性陈述或者重大遗漏;(5)虚假出资、出资不实、抽逃出资;(6)违规使用委托资金、负债资金等投资入股;(7)股权转让过程中,在股权转让完成前推荐股权受让方相关人员担任期货公司董事、监事、高级管理人员或者出让股权依法应经中国证监会批准的,在批准前,让渡或者变相让渡表决权予股权受让方;(8)违规开展关联交易;(9)拒绝或阻碍中国证监会或其派出机构进行调查核实;(10)不配合中国证监会或其派出机构开展风险处置;(11)其他损害期货公司及其客户合法利益,扰乱期货市场秩序的行为。因上述情形致使期货公司不符合持续性经营规则或者出现经营风险的,中国证监会及其派出机构可以依据《期货交易管理条例》第55条的规定责令控股股东转让股权或者限制其行使股东权利。

第五,责令限期转让股权。未经中国证监会或其派出机构批准,任何个人或者单位及其关联人擅自持有期货公司5%以上股权,或者通过提供虚假申请材料等方式成为期货公司股东的,中国证监会或其派出机构可以责令其限期转让股权。该股权在转让之前,不具有表决权、分红权。

(二)金融租赁监管措施

根据《金融租赁公司管理办法》的规定,金融租赁监管措施主要包括以下方面:

1. 要求资料报送

金融租赁公司应当依法向国家金融监督管理总局及其派出机构报送财务会计报告、统计报表以及其他与经营管理有关的文件、资料,确保相关材料真实、准确、完整。

经典案例

闵某与某期货公司强行平仓纠纷案

2. 现场检查

国家金融监督管理总局及其派出机构根据审慎监管的要求，有权依照有关程序和规定对金融租赁公司进行现场检查，有权依法对与涉嫌违法事项有关的单位和个人进行调查。

3. 监管评级

国家金融监督管理总局及其派出机构根据监管需要对金融租赁公司开展监管评级，评级结果作为衡量金融租赁公司经营状况、风险程度和风险管理能力，制定监管规划、配置监管资源、采取监管措施、市场准入以及调整监管指标标准的重要依据。

4. 实施关联交易限制

国家金融监督管理总局及其派出机构有权根据金融租赁公司与股东关联交易的风险状况，要求金融租赁公司降低对股东及其控股股东、实际控制人、关联方、一致行动人、最终受益人融资余额占其资本净额的比例，限制或禁止金融租赁公司与股东及其控股股东、实际控制人、关联方、一致行动人、最终受益人开展交易。

5. 实施股东限制

金融租赁公司及其股东违反金融租赁有关规定的，国家金融监督管理总局及其派出机构有权依法责令限期改正；逾期未改正的，或者其行为严重危及该金融租赁公司的稳健运行、损害客户合法权益的，可以区别情形，依照法律法规，采取暂停业务、限制分配红利和其他收入、限制股东权利、责令控股股东转让股权等监管措施。

除《金融租赁公司管理办法》规定的监管措施外，国家金融监督管理总局及其派出机构有权依照《银行业监督管理法》等有关法律法规进行处罚。

（三）资产管理监管措施

1. 商业银行资产管理业务的监管措施

第一，对于在规定的时限内未能采取有效整改措施的商业银行，或者其行为严重危及本行稳健运行、损害投资者合法权益的，国务院银行业监督管理机构或者其省一级派出机构有权按照《银行业监督管理法》第37条的规定，采取下列措施：（1）责令暂停部分业务、停止批准开办新业务；（2）限制分配红利和其他收入；（3）限制资产转让；（4）责令控股股东转让股权或者限制有关股东的权利；（5）责令调整董事、高级管理人员或者限制其权利；（6）停止批准增设分支机构；（7）责令暂停发行理财产品；（8）责令暂停开展理财产品托管等业务。

第二，商业银行开展理财业务，根据《关于规范金融机构资产管理业务的指导意见》经认定存在刚性兑付行为的，应当足额补缴存款准备金和存款保险保费，按照国务院银行业监督管理机构的相关规定，足额计提资本、贷款损失准备和其他各项减值准备，计算流动性风险和大额风险暴露等监管指标。

2. 证券期货经营机构资产管理业务的监管措施

第一，责令改正、监管谈话、出具警示函等。证券期货经营机构、托管人、销售机构和投资顾问等服务机构违反法律、行政法规、中国证监会有关规定的，中国证监会及相关派出机构可以对其采取责令改正、监管谈话、出具警示函、责令定期报告等措施；依法对直接负责的主管人员和其他直接责任人员，采取监管谈话、出具警示函、认定为不适当人选等措施。

第二，《期货和衍生品法》第73条《期货交易管理条例》第55条规定的监管措施。期货公司及其子公司违反规定被责令改正且逾期未改正,其行为严重危及期货公司的稳健运行,损害客户合法权益,或者涉嫌严重违法违规正在被中国证监会及其派出机构调查的,依照《期货和衍生品法》第 73 条、《期货交易管理条例》第 55 条采取监管措施。

第三,责令暂停私募管理业务。证券期货经营机构未尽合规审查义务,提交备案的资产管理计划明显或者频繁不符合法律、行政法规和中国证监会规定的,监管机构可对其依法采取责令暂停私募资产管理业务 3 个月的监管措施;情节严重的,依法采取责令暂停私募资产管理业务 6 个月以上的监管措施。

第四,市场禁入。证券期货经营机构、托管人、销售机构和投资顾问等服务机构的相关从业人员违反法律、行政法规和中国证监会相关规定,情节严重的,中国证监会可以依法采取市场禁入措施。

第五,警告、罚款。对于证券期货经营机构、托管人、销售机构和投资顾问等服务机构及其直接负责的主管人员和其他直接责任人员的各种违法违规行为,除法律、行政法规另有规定外,中国证监会及其派出机构可根据规定采取警告、罚款措施。

3. 保险资产管理业务的监管措施

根据《保险资产管理产品管理暂行办法》和《保险资产管理公司管理规定》的规定,对于保险资产管理业务监管机构及行业协会等可以采取以下监管措施:

第一,评级与分类监管。国家金融监管总局根据有关规定对保险资产管理公司进行监管评级,并根据评级结果对保险资产管理公司在市场准入、监管措施等方面实施分类监管。

第二,对保险资产管理公司的监督检查及其措施。国家金融监管总局对保险资产管理公司的监督检查采取现场检查、现场调查与非现场监管相结合的方式。国家金融监管总局可以委托专业机构进行专项审计、评估或者出具法律意见,保险资产管理公司应当配合专业机构工作。国家金融监管总局对保险资产管理公司进行现场检查、现场调查时,可以依法采取询问、查阅、复制等方式,保险资产管理公司应当予以配合。国家金融监管总局认为保险资产管理公司可能存在下列情形之一的,可以要求其聘请专业机构进行专项审计、评估或者出具法律意见:(1)公司信息披露和监管报告内容存在虚假记载、误导性陈述或者重大遗漏;(2)违反法律法规及监管规定,造成受托管理资产或保险资产管理产品资产严重损失;(3)国家金融监管总局认定的其他情形。

第三,对保险资产管理公司的监管谈话、出具警示函、责令限期整改等措施。保险资产管理公司有下列情形之一的,国家金融监管总局可以对其采取监管谈话、出具警示函、责令限期整改等监管措施;逾期不改正或情节严重的,国家金融监管总局可以对其采取暂停新增相关业务,责令调整负有直接责任的董事、监事、高级管理人员等监管措施:(1)公司治理不健全,部门或者岗位设置存在较大缺陷,董事、监事、高级管理人员及其他关键业务岗位人员缺位、未履行职责或存在未经批准实际履职情形的;(2)业务规则不健全或未有效执行,风险管理或者内部控制机制不完善;(3)未按规定开展资金运用行为;(4)其他不符合持续性经营规则要求或者出现其他经营风险的情形。

第四,依法对保险资产管理公司等保险资管机构、托管人、投资顾问、实际控制人、董事、监事、高级管理人员和相关业务人员进行检查。对违反有关法律、行政法规以及前述两项规定的相关责任人员进行质询和监管谈话,并依法予以警告、罚款、撤销任职资格、禁止进入保险业等行政处罚。涉嫌犯罪的,依法移送司法机关,追究其刑事责任。保险资产管理机构相关责任人员离任后,发现其在该机构工作期间违反有关法律、行政法规以及前述两项规定的,应当依法追究责任。

第五,市场准入违规档案与公布。国家金融监管总局建立保险资产管理行业市场准入违规档案,记录保险资产管理公司股东或实际控制人、董事、监事、高级管理人员等违法违规情况,依法对相关主体采取措施,并将相关情况向社会公布。

第六,保险资管中介服务机构及从业人员的不良行为记录、公布与处罚。会计师事务所、律师事务所、资产评估机构、信用评级机构等为保险资产管理业务提供中介服务的机构及其直接负责的主管人员和其他直接责任人员违反相关规定开展业务,国家金融监管总局应当记录其不良行为,并将有关情况通报其行业主管部门。相关机构出具不具有公信力的报告或者有其他不诚信行为的,自行为发生之日起5年内,国家金融监管总局对其再次出具的报告不予认可,并将相关情况向社会公布。情节严重的,国家金融监管总局可向相关部门移送线索材料,由主管部门依法给予行政处罚。

第七,限期整改。保险资产管理公司的净资产低于4 000万元人民币,或者现金、银行存款、政府债券、准政府债券等可运用的流动资产低于2 000万元人民币且低于公司上一会计年度营业支出的,国家金融监管总局可以要求其限期整改。整改完成前,保险资产管理公司不得新增受托管理保险资金和其他资金,不得新增保险资产管理产品业务。

第八,自律管理。中国保险资产管理业协会、上海保险交易所股份有限公司、中保保险资产登记交易系统有限公司依照法律、行政法规以及国家金融监管总局的规定,对保险资产管理机构及其开展保险资管产品业务实施自律管理。

《证券法》《期货公司监督管理办法》等

【法律适用】

证券业监管主要适用《证券法》《证券投资基金法》等相关规定。国务院证券监督管理机构作为行政机关,履行行政职责,还要适用行政法的一般原则,以及《行政许可法》《行政处罚法》等相关法律。期货、金融租赁监管主要适用《期货和衍生品法》《期货交易管理条例》《期货公司监督管理办法》《期货交易所管理办法》《金融租赁公司管理办法》等,资产管理业务则要适用《关于规范金融机构资产管理业务的指导意见》《商业银行理财业务监督管理办法》《证券期货经营机构私募资产管理业务管理办法》《保险资产管理产品管理暂行办法》等规章。

【思考题】

1. 如何理解证券业监管的必要性？

思考提示：从市场失灵、证券行业特点、投资者保护等角度分析证券业监管的必要性。

2. 如何理解证券的政府监管权力保障与权力制约关系？

思考提示：政府监管是保障证券市场健康稳定运行的前提条件，为了防止政府滥用权力，必须建立权力制约机制。权力保障和制约机制的建立与执行都必须依法进行。

3. 期货交易的风险特点是什么？如何加强监管？

思考提示：期货实行保证金交易，具有以小博大的高杠杆特征，机遇与风险并存。监管部门应加强对期货公司、期货交易所及其从业人员的风险防控和运行绩效的持续监管，建立交易信息共享机制等。

4. 监管部门如何促进和保障金融租赁在经济建设中的积极作用？

思考提示：金融租赁可有效缓解企业经营中的资金困难，监管部门应做好政策宣传，加强对各方当事人的权益保护，并在财税优惠、政府服务等方面提供支持。特别是政府部门应积极做好金融租赁财产登记工作，保障出租人的合法权益。

5. 资产管理监管的主要障碍是什么？如何加强监管？

思考提示：缺乏统一的法律规则和监管机构，是资产管理业务监管的最大障碍。应围绕《关于规范金融机构资产管理业务的指导意见》和《商业银行理财业务监督管理办法》《证券期货经营机构私募资产管理业务管理办法》《保险资产管理产品管理暂行办法》等规章，思考如何让资产管理业务回归"受人之托，代人理财"的信托本质，根据设定的监管目标、基本思路、原则和方法等加强监管，特别是如何打破刚性兑付、降杠杆、禁止通道业务等。

即测即评

第十二章　国际金融监管法

> **【重点提示】**
> 1. 巴塞尔银行监管委员会的主要职责是交流金融监管信息,制定银行监管规则,加强各国监管当局间的合作和协调,维护国际银行体系稳健运行。
> 2.《巴塞尔协议Ⅲ》体现了微观审慎监管与宏观审慎监管有机结合的监管新思维,按照资本监管和流动性监管并重、资本数量和质量同步提高、资本充足率与杠杆率并行、长期影响与短期效应统筹兼顾的总体要求,确立了国际银行业监管的新标杆。
> 3.《有效银行监管的核心原则》是巴塞尔银行监管委员会发布的、在全球具有广泛适用性的银行监管国际标准。
> 4. 巴塞尔银行监管委员会发布的《合规与银行内部合规部门》是指导银行业金融机构合规风险管理的重要纲领性文件。

第一节　巴塞尔银行监管委员会

20世纪中叶以来,伴随着经济全球化和金融国际化,跨国金融机构和集团银行不断涌现并在经济发展中发挥越来越大的作用。随之而来的是国际和国内金融风险的日益加大。为了防止跨国金融机构在一国发生金融危机而引起多国金融危机的出现,国际社会需要合作与协调,加强风险防范的监管机制建设。为此,国际社会酝酿成立一个国际组织,专门从事银行管理和监督活动。

一、巴塞尔银行监管委员会的成立

随着新技术革命的迅速发展和金融工具的不断创新,世界银行业发生了巨大的变化。特别是近三十多年来,随着经济全球化和金融国际化的不断深入,银行之间的竞争日趋激烈。相对而言,国家对银行的监管却跟不上银行发展的步伐,使得国际金融秩序频繁动荡。1974年,发生了位于美国、英国、德国和阿根廷的几家国际性银行的倒闭和一系列国际货款倒账事件。为了防范和处理这些金融危机,加强世界银行体系的健全性和稳定性,1975年2月,根据英格兰银行总裁理查森(Richardson)的建议,十国集团① 以及卢森堡和瑞士等12个国家的银行

---

① 十国集团包括美国、比利时、英国、加拿大、日本、法国、德国、意大利、荷兰、瑞典。

监管机构和中央银行的高级代表,在国际清算银行[①] 名下成立了"国际清算银行关于银行管理和监管活动常设委员会"。[②] 由于该委员会通常在国际清算银行秘书处的永久所在地——巴塞尔召开会议,故称该委员会为"巴塞尔银行监管委员会"(Basel Committee on Banking Supervision),简称为"巴塞尔委员会"(Basel Committee)。

二、巴塞尔银行监管委员会的组成、主要职责和工作机制

长期以来,巴塞尔委员会只是发达国家的内部监管协调机构,由其成员的中央银行官员和银行监管当局高级官员组成。应二十国集团领导人华盛顿峰会的要求,2009年4月和5月巴塞尔委员会两次扩大成员,目前成员包括27个全球主要经济体和7个国际组织,成为名副其实的银行监管国际标准制定机构。2009年,我国正式成为巴塞尔委员会成员。

巴塞尔委员会的主要职责是:交流金融监管信息,制定银行监管规则,加强各成员监管当局间的合作和协调,维护国际银行体系稳健运行。巴塞尔委员会每年召开三次例会,并陆续发布了一系列规范银行监管的文件,以统一各国银行监管标准,防止银行危机在全球的蔓延,鼓励银行实行谨慎的流动性管理,逐步消除国际银行业的不平等竞争等。

巴塞尔委员会的工作机制分三个层次:(1)管理层(GHOS)会议,这是最高决策机构,由成员中央银行行长和监管当局负责人组成。(2)委员会,由成员机构的高级官员组成。(3)工作组。第一层次的常设机构包括标准实施工作组(SIG)、政策制定工作组(PDG)、会计工作组(ATF)和国际联络工作组(ILG);各工作组下设第二层次工作小组,由各成员机构派人参加。PDG下属的资本定义工作组(WGDC)和流动性工作组(WGL)分别负责资本改革和流动性改革,这两项改革是《巴塞尔协议Ⅲ》的重要内容。

第二节 《巴塞尔协议Ⅲ》的制定及其规则的主要内容

2010年11月12日,二十国集团领导人首尔峰会审议通过了巴塞尔委员会提交的一揽子金融监管改革方案。2010年12月16日,巴塞尔委员会正式发布了《增强银行业抗风险能力的全球监管框架》和《流动性风险计量、标准与监测的国际框架》。这是自1988年发布《巴塞尔资本协议》以来的第三版,简称《巴塞尔协议Ⅲ》。

一、《巴塞尔协议Ⅲ》的由来

《巴塞尔协议Ⅲ》从1988年第一版、2004年第二版不断演进而来,是不断修正缺陷、吸收新经验的结果。20世纪70年代中期,国际银行业出现严重问题,导致国际金融市场动荡,引起国际金融界和各国政府的高度关注。国际上成立了巴塞尔银行监管委员会,负责组织制定并发布国际银行业风险管理指导文件。1988年,巴塞尔委员会出台了《统一资本计量与资本标准的国

---

① 国际清算银行于1930年1月由英国、法国、比利时、德国、意大利、日本六国中央银行和代表美国利益的银行团在海牙会议上签订国际协定,联合创立,行址设在瑞士巴塞尔。

② 戴相龙主编:《商业银行经营管理》,中国金融出版社1998年版,第140页。

际协议》(简称《巴塞尔协议Ⅰ》),其核心内容是按监管设定的风险权重计量信用风险,同时要求银行最低资本充足率不低于8%。

针对《巴塞尔协议Ⅰ》存在的不足,如风险权重简单、计量标准"一刀切"、没包括其他风险等问题,巴塞尔委员会经过多年修改、补充和完善,于2004年6月正式出台《统一资本计量与资本标准的国际协议:修订框架》(简称《巴塞尔协议Ⅱ》),其核心内容包括最低资本要求、监管当局的监督检查和信息披露(市场约束)三大支柱。该协议要求实施包括信用、市场、操作等的全面风险管理,允许银行自行开发内部模型来计量和管理各类风险,强调实施基于全面风险评估的资本管理。《巴塞尔协议Ⅱ》出台后,全球有100多个国家相继接受并实施。

2008年金融危机的爆发使各国监管机构认识到,现行风险监管框架在一些关键细节上并非完美无缺:(1)资本充足率标准过低,资本质量的要求过于宽松。危机之前,众多欧美银行资本充足率远高于8%;危机来临之时,"病来如山倒",众多银行穷困潦倒至政府注资救助,才得以幸存。此现象引发了监管机构的思考:8%的最低资本充足率要求是否稳健?少数股权投资、商誉等资本,能否和股东真金白银的投入一样,发挥同等的作用?GDP高速增长时期,因为所有企业的违约风险都比较低,监管对银行资本的要求也比较低,却导致当宏观经济由盛转衰之时,绝大多数银行没有为寒冬准备好足够的粮食。(2)仅依靠资本充足率还无法有效应对业务的过度复杂化。危机之前,欧美银行业的资产证券化产品通过"再证券化"等方式,使其风险无法准确计量。对此,监管机构在斟酌:如监管无法紧跟新产品的发展,如模型并非包治百病,是否应该大幅提高过度复杂业务的资本要求,以引导银行业回归传统业务?是否应该采用最简单的杠杆率,来对风险进行兜底?(3)流动性监管存在漏洞。2008年危机前,欧美银行业过度依赖在金融市场出售资产来进行流动性管理;危机到来之时,所有机构均在金融市场进行甩卖,导致流动性枯竭。这种问题的出现,暴露出了欧美银行业过度依赖批发型融资手段的内在脆弱性。针对这些不足,结合金融危机的教训,巴塞尔委员会于2010年末出台了《巴塞尔协议Ⅲ》,以加强审慎监管,提高金融系统的稳定性。

二、《巴塞尔协议Ⅲ》的主要内容和特点

《巴塞尔协议Ⅲ》主要提出了三方面的监管要求:

第一,提高资本充足率最低要求,改善资本质量。将一级资本充足率底线由4%提高至6%;补充设置2.5%的资本留存缓冲,以应对严重经济衰退带来的损失;补充设置0%~2.5%的逆周期超额资本,在经济上行期提取,用于在经济下行期吸收损失;对于系统重要性银行,设置额外的资本要求。《巴塞尔协议Ⅲ》还要求银行在确保"资本充足"的同时,保持合理的"资本结构":明确了普通股的核心一级资本地位,严格其他计入一级资本工具需满足的条件,将少数股东权益、对金融机构的资本投资、商誉、其他无形资产等项目从资本中进行扣除。

第二,大幅提高复杂业务的资本要求,引入杠杆率监管标准。具体而言,《巴塞尔协议Ⅲ》大幅提高交易业务的资本要求;改革资产证券化的资本监管方法,提高"再资产证券化风险暴露"的资本要求;大幅提高场外衍生品交易和证券融资业务的交易对手信用风险的资本要求。此外,《巴塞尔协议Ⅲ》还规定:商业银行的杠杆率不能低于3%(该指标采用普通股或核心资本作为分子,所有表内外风险暴露作为分母),作为资本充足率的补充指标,以弥补模型缺陷和计量偏差。

第三,建立了新的流动性监管标准。《巴塞尔协议Ⅲ》设立了两个流动性监管指标:一是流动性覆盖率(LCR),主要用于衡量在短期压力情景下(30日内)单个银行的流动性状况;二是净稳定融资比率(NSFR),主要用于度量中长期内银行可供使用的稳定资金来源能否支持其资产业务的发展。

总体而言,相对于《巴塞尔协议Ⅱ》,《巴塞尔协议Ⅲ》体现了微观审慎监管与宏观审慎监管有机结合的监管新思维,按照资本监管和流动性监管并重、资本数量和质量同步提高、资本充足率与杠杆率并行、长期影响与短期效应统筹兼顾的总体要求,确立了国际银行业监管的新标杆。

三、《巴塞尔协议Ⅲ》的实施

按照《巴塞尔协议Ⅲ》实施时间表,核心一级资本和一级资本的最低要求于2013年开始逐步引进,2015年全面生效;资本留存超额资本要求从2016年年初引入并以每年0.625%的速度递增,到2019年初达到2.5%的最终要求;杠杆率要求最后引入,2013—2017年间对杠杆率执行4年的平行测试,观测其使用值并进行必要的校准工作,2018年开始将杠杆率要求正式纳入第一支柱。流动性覆盖率、净稳定融资比率从2011年开始进入观察期,并分别于2015年年初、2018年年初开始引入。

《巴塞尔协议》自诞生之日起,围绕其缺点和不足的争议就不断。这既增加了协议的推广难度,也增加了全球金融改革的难度。由于受到内部各种因素的影响和制约,美国、欧盟监管当局已宣布推迟实施《巴塞尔协议Ⅲ》,意在给美欧银行业更长的"缓冲期"。国家金融监督管理总局于2023年发布《商业银行资本管理办法》,该办法遵循《巴塞尔协议Ⅱ》和《巴塞尔协议Ⅲ》的资本管理逻辑和基本框架基本遵循,并进行了本土化调整。

国际金融监管规则演变呈现新特征

第三节 《有效银行监管的核心原则》

《有效银行监管的核心原则》是巴塞尔委员会于1997年9月发布的、在全球具有广泛适用性的银行监管国际标准。该原则是巴塞尔委员会顺应新的经济、金融形势发展的需要,加强国际银行业监管的重大措施。2006年10月,巴塞尔委员会发布了第二版《有效银行监管的核心原则》。2012年9月,巴塞尔委员会发布了最新修订的第三版《有效银行监管的核心原则》,成为指导各国建设和完善银行监管体系的最新纲领性文件。

一、实施《有效银行监管的核心原则》的意义

虽然巴塞尔委员会发布的《有效银行监管的核心原则》并不具有强制约束力,但作为良好监管实践的最低标准,许多国家都将它作为评估本国监管体系的质量和明确未来工作要求的标准。作为当前国际上范围最广、最有影响力的金融稳定评估框架,国际货币基金组织和世界

银行在金融部门评估计划中一直依照《有效银行监管的核心原则》评估各国银行监管体系和实践。因此,《有效银行监管的核心原则》的公布有助于推动国际银行业经营与监管方面的变革,它对于实现银行业的有效监管、防范金融风险、加强金融监管的国际协作具有重要意义。具体而言:

第一,该原则的核心是对银行业进行全方位风险监控,更注重全方位、多角度的系统性监管,将风险监管扩展到银行业务的各个方面,贯穿银行运行全过程。

第二,该原则强调建立银行业监管的有效系统,这一系统不仅具备明确的责任和目标、运作的独立性和充分的物质保证,还须具备完善的银行业监管的法律体系。

第三,该原则注重建立银行自身的风险防范约束机制,提高银行对各种风险的防范和监控能力。

第四,该原则提出了对银行业持续监管的方式,包括现场与非现场稽核并重、合规性与风险性监管并重、内部与外部监管并重等。

第五,该原则推动了对跨国银行的全球统一监管,促进了金融监管的国际合作。该原则比《巴塞尔协议》具有更广泛的适用性,它采取有效监管和审慎监管标准,对银行的各项业务实施全球统一监管。

二、《有效银行监管的核心原则》的基本内容

《有效银行监管的核心原则》系统概括了银行监管的良好做法和银行审慎经营的基本要求,建立了有效银行监管的总体框架,提出了强化银行监管有效性的29条原则,内容涉及监管权力、责任和职能以及审慎监管和要求两个领域。

(一)监管权力、责任和职能

原则1——责任、目标和权力:有效的银行监管体系要求每个银行监管者有明确的责任和目标。应当建立适当的银行监管法律框架,赋予银行监管者必要的法律权力,使其能够审批银行的设立、开展持续的监管、要求银行遵守法律和实施为了消除不稳定和不健康的状况而采取的纠正措施。

原则2——独立性、职能、资源和对监管者的法律保护:银行监管者应具备操作上的独立性、透明的程序、良好的治理结构和充足的资源,并就履行职责情况接受问责。银行监管法律框架中应包括对监管人员的法律保护。

原则3——协同合作:法律、规定及其他协议应就监管者与国内外其他相关监管者的协同合作制订框架。这些协议还应包括保守机密的条款。

原则4——许可的业务范围:必须明确界定已获得执照且等同银行接受监管的各类机构允许从事的业务范围,并在名称上严格控制"银行"一词的使用。

原则5——发照标准:发照机关必须有权制定发照标准,有权拒绝一切不符合标准的申请。发照程序应至少包括审查银行及其所在集团的所有权结构和治理情况(包括董事会和高级管理层人员的资格)、银行的战略和经营计划、内部控制、风险管理和财务规划状况(包括资本金规模)。当报批银行的所有者或母公司为外国银行时,应事先获得其母国监管者的同意。

原则6——大笔所有权转让:银行监管者有权对银行向其他方面直接或间接转让大笔所有权或控制权的行为进行审查,有权提出否决,有权提出审慎的执行条件。

原则7——重大并购:银行监管者有权(或授权有关部门)根据制定的标准审批银行的重大并购或投资事项,包括跨境设立机构,并有权提出审慎的执行条件,以确保其关联机构或关联组织不会给银行带来过高的风险或阻碍有效监管。

原则8——监管方式:有效的银行监管体系要求银行监管者对单个银行和银行集团的风险收益情况建立并维持与其系统重要性相适应的预警机制;从银行系统整体上来识别、评估和处理银行风险;建立早期介入工作框架;并建立与其他相关部门联合行动的预案,以便在银行无法正常运行的情况下有序地采取接管工作。

原则9——监管技术和监管工具:银行监管者应拥有一系列开展监管工作的技术和工具,并应按照银行的系统重要性和风险收益状况,合理地进行监管资源配置。

原则10——监管报告:银行监管者应从单个和并表两个基础上分别收集、审查和分析各家银行的审慎报告和统计报表,并应有能力独立地通过现场检查或利用外部专家对上述报表进行审核。

原则11——银行监管者的纠正和处罚权力:银行监管者应尽早处理那些可能对银行及银行体系造成风险的不安全或不完善的行为。银行监管者应具备一整套能及时采取纠改措施的监管工具,包括在适当的情况下吊销银行执照或建议吊销银行执照。

原则12——并表监管:银行监管的一项关键内容就是银行监管者对银行集团进行并表监管,充分地进行监测,并根据实际的需要对银行集团全球范围内的业务全面实施审慎监管标准。

原则13——母国和东道国的关系:为有效地监管跨境银行集团和解决危机状况,母国和东道国监管者应进行信息共享和合作。银行监管者应要求外国银行按照与国内银行同等的标准在本地开展业务。

(二) 审慎监管和要求

原则14——公司治理:银行监管者必须满意地看到,银行和银行集团的公司治理政策和程序良好,包括战略方向、群体和组织结构、环境控制、银行董事会和高级管理层的责任及薪水等。上述政策和程序与系统重要性银行及其风险相匹配。

原则15——风险管理程序:银行监管者必须满意地看到,银行拥有一个全面的风险管理体系(包括有效的董事会和高级管理层的监督),来及时识别、计量、监测、报告、评估、控制及降低风险,并在此基础上评估银行在相应的风险和市场宏观经济状况下是否有充足的资本和流动性。这延伸到强有力而可信的恢复计划的发展和审查,其中同时要考虑到银行的具体情况。风险管理体系应与系统重要性银行及其风险相匹配。

原则16——资本充足率:监管者为银行设置审慎资本充足率要求,要能反映出在其运营的市场环境及宏观经济环境下,该银行所要面临的风险。监管者应明确定义资本的组成部分及它们吸收损失的能力。

原则17——信用风险:银行监管者必须满意地看到,银行拥有一个充足的信用风险管理体系,用以考虑自身的风险偏好、风险情况以及市场和宏观经济条件。这包括制定及时审慎的政策和程序,以便确定、测量、评估、监测、报告、控制或降低信贷风险(包括交易对手的信用风险)。完整的信用周期应包括银行贷款和投资组合的信用担保、信用评价与持续管理。

原则 18——有问题资产、准备和储备:银行监管者必须满意地看到,银行拥有充足的政策和程序以做到在早期识别和管理有问题的资产,及时做好适当准备,维持充足的储备。

原则 19——集中度风险和大额风险暴露限额:银行监管者必须满意地看到,银行拥有足够的政策和程序来及时确定、衡量、评价、监测、报告和控制或减轻风险集中度。监管者应制定审慎限额,以限制银行对单一交易对手或关联交易对手集团的风险暴露。

原则 20——与关联方的风险暴露:为了防止滥用与关联方交易并解决利益冲突所产生的风险,监管者要求银行在与关联方开展交易时应遵守公平原则;对此类交易进行监管,采取适当步骤以控制或减轻风险,并按标准的政策和程序核销关联方的风险。

原则 21——国家风险和转移风险:银行监管者必须满意地看到,银行制定充足而及时的政策和流程去判定、衡量、评估、监测、报告和控制或减轻国家风险和转移风险,以及在其基础上的国际贷款和投资活动。

原则 22——市场风险:银行监管者必须满意地看到,银行建立完善的市场风险管理体系,以考量其风险偏好、风险状况、市场状况以及宏观经济状况和市场流动性显著恶化的风险。这包括建立审慎的政策和程序,以便及时识别、衡量、评价、监测、报告和控制或减轻市场风险。

原则 23——银行账户利率风险:银行监管者必须满意地看到,银行建立完善的体系,能够根据银行的风险偏好、风险承受能力以及市场和宏观经济条件,及时地判定、衡量、评估、监测、报告和控制或减轻银行账户的利率风险。

原则 24——流动性风险:监管者应根据银行的流动性需求对银行设置审慎和适当的流动资金需求(包括数量要求、质量要求或两者兼有)。监管者要求银行必须有能够管理流动性风险和遵守流行性管理的策略。该策略应充分考虑银行的风险状况以及市场和宏观经济条件,其内容应包括审慎的政策和流程,按照银行的风险偏好,识别、衡量、评价、监测、报告和控制或减轻一个适当时间跨度内的流动性风险。

原则 25——操作风险:银行监管者必须满意地看到,银行拥有充足的操作风险管理框架,考虑自己的风险偏好、风险情况以及市场和宏观经济条件。框架内容应包括及时审慎的政策和程序来确定、评估、评价、监测、报告和控制或减轻操作风险。

原则 26——内部控制和审计:银行监管者必须满意地看到,银行拥有适当的内部控制,以建立和维持一个恰当的、考虑到它们业务经营风险状况的可控运行环境。其内容包括对以下方面做出明确安排:下放权限和责任;分离银行内部的承付、支付资金和记账职能;协调上述操作流程;维护银行的资产安全;完善适当的、独立的内部审计和合规督查职能,来检测这些控制程序的合规性。

原则 27——财务报告和外部审计:银行监管者必须满意地看到,银行和银行集团根据国际通用的会计政策和实践标准,保持完备准确的记录,编制财务报表,每年发布财务报告,并接受外部审计。银行监管者还应要求银行和银行集团的母公司充分发挥其对外部审计职能的监督管理作用。

原则 28——信息披露和透明度:银行监管者必须满意地看到,银行和银行集团定期进行信息披露,披露的信息应以并表为基础,并能真实反映其财务状况、经营情况、风险敞口、风险管理战略以及公司治理政策和流程,此外,披露的信息应是容易获得的。

原则29——防止利用金融服务从事犯罪活动:银行监管者应要求银行建立完善的政策和流程,包括严格的客户尽职调查规则,以促进金融部门形成较高的职业道德与专业水准,并防止有意、无意地利用银行从事犯罪活动。

第四节 《合规与银行内部合规部门》

全球银行业普遍实施风险为本的合规管理做法,并把合规管理作为银行业金融机构的一项核心风险管理活动。2005年4月,巴塞尔委员会发布《合规与银行内部合规部门》,敦促并指导国际银行业金融机构建立起有效的合规政策和程序,以便银行管理层在发现违规情况时能够采取适当措施予以纠正。该文件明确指出:银行的活动必须与所适用的法律、监管规定、规则、自律性组织制定的有关准则以及适用于银行自身业务活动的行为准则(以下统称"合规法律、规则和准则")相一致。合规法律、规则和准则应包括:立法机构和监管机构发布的法律、规则和准则;市场惯例;行业协会制定的行业规则;适用于银行职员的内部行为准则;诚信和道德行为准则;等等。

系统重要性金融机构的国际监管

巴塞尔委员会在《合规与银行内部合规部门》中,不仅提供了银行合规工作的基本指引,包括合规部门、岗位设置、合规风险、合规管理等,而且明确了国际银行监管标准的新趋势。主要内容包括:(1)合规风险是指银行因未能遵循合规法律、规则和准则,而可能遭受法律制裁或监管处罚、重大财务损失或声誉损失的风险。(2)合规应从高层做起,应成为银行文化的一部分。当企业文化强调诚信与正直的道德行为准则,并由董事会和高级管理层作出表率时,合规才最为有效。(3)合规并不只是专业合规人员的责任,还是银行内部的一项核心风险管理活动。(4)银行在开展业务时应坚持高标准,并始终力求遵循法律的规定与精神。(5)银行应以与自身风险管理战略和组织结构相吻合的方式组织合规部门。(6)银行应明确董事会和高级管理层在合规方面的特定职责以及合规部门的地位、职责和工作程序,确保合规部门的独立性,并给予其足够的资源支持,合规部门工作应受内部审计部门的定期和独立复查。

为落实上述要求,中国银监会(现为国家金融监督管理总局)制定了《商业银行合规风险管理指引》,从良好的合规文化建设、有效的合规风险管理体系和严格的合规管理制度等三方面对商业银行提出了有针对性的要求:一是建设强有力的合规文化。合规管理是商业银行一项核心的风险管理活动,合规必须从高层做起,董事会和高级管理层应确定合规基调,确立正确的合规理念,提高全体员工的诚信意识与合规意识,形成良好的合规文化。二是建立有效的合规风险管理体系。董事会应监督合规政策的有效实施,以使合规缺陷得到及时有效的解决。高级管理层应贯彻执行合规政策,建立合规管理部门,并配备充分和适当的资源,确保发现违规事件时及时采取纠正措施。合规管理部门应协助高级管理层有效管理合规风险,制订并执行风险为本的合规管理计划,实施合规风险识别和管理流程,开展员工的合规培训与教育。三是建立有利于合规风险管理的三项基本制度,即合规绩效考核制度、合规问责制度和诚信举报制度,加强对管理人员的合规绩效考核,惩罚合规管理失效的人员,追究违规责任人的责任,对举报有功者给予奖励,并对举报者给予充分保护。

法条链接

《巴塞尔协议Ⅲ》《有效银行监管的核心原则》等

【思考题】

1. 什么是《巴塞尔协议Ⅱ》的三大支柱?

思考提示:分析最低资本要求、监管当局的监督检查和信息披露(市场约束)的内涵及其对金融监管的意义。

2.《巴塞尔协议Ⅲ》在我国如何适用?

思考提示:可以从两方面展开分析:一是从法的渊源、国际条约、国际惯例角度来分析;二是结合2008年金融危机后中国的银行业监督管理现状来分析。

3. 如何理解合规的内涵和作用?《合规与银行内部合规部门》对我国银行业监管有何指导意义?

思考提示:应从银行业务的性质、特点及风险防范要求等角度分析合规的意义、含义和内容,并对照《合规与银行内部合规部门》的要求与我国银行业监管在制度建设与监管实践上的差距,分析改进的方向和措施。

即测即评

第四编

金融调控法

第十三章　货币政策调控法

第十四章　货币政策工具法律制度

第十三章 货币政策调控法

【重点提示】

1. 金融调控是金融调控当局(一般为各国的中央银行)根据确定的经济发展目标,运用货币政策工具对货币供应量和信贷总量、结构的调节和控制。
2. 金融调控的特征:调控的一方主体为中央银行;调控的目的是实现宏观经济总量均衡协调发展;以货币政策工具为调控手段;须依法进行。
3. 金融调控法与金融监管法虽然同属金融法体系,但二者分属于经济法的不同领域,价值目标不同,权力主体多寡不同,目的和手段存有差异,因此不可混同。
4. 货币政策,是指中央银行为实现特定的经济目标所采取的各种控制和调节货币供应量或信用量,进而影响宏观经济的方针、政策和措施的总称。它是一种宏观经济政策,是调节社会总需求的政策,主要是间接调控经济的政策,具有长期性和短期性相结合的特点。货币政策由信贷政策、利率政策和外汇政策等构成。
5. 货币政策目标是一国中央银行据以制定和实施货币政策的目的,可分为终极目标和中介目标,终极目标一般来说有四个,即稳定物价、充分就业、经济增长和国际收支平衡,各目标之间既有统一之处,又存在较大冲突。
6. 我国首要的和直接的货币政策目标是保持货币币值的稳定,促进经济增长处于货币政策目标的第二层次。

第一节 金融调控法概述

一、金融调控和金融调控法的概念

金融调控是宏观经济调控的一个非常重要的组成部分,它与财税调控、产业规划调控、投资调控、价格调控等各种经济调控共同构成宏观经济调控的内容。为达到宏观调控的目的,常常需要各种调控手段共同作用,相互协调,多管齐下。随着近年来金融在我国经济发展中的地位日益突出,金融创新需求日益旺盛,金融调控在我国宏观经济调控中已处于突出地位,其调控职能、方式和效力直接影响到国家宏观经济管理的质量和水平。

金融调控是指金融调控当局(一般是指各国中央银行)根据确定的经济发展目标,运用货币政策工具对货币供应量和信贷总量、经济结构的调节和控制,以保证整个经济从宏观上实现总供给与总需求的平衡。金融调控的实质是货币政策的制定和实施。货币政策包括金融调控当局为实现特定目标调节和控制货币供应量及处理货币事务的路线、方针、规范和措施等,是一种宏观性、长期性、调节社会总需求的间接性经济措施。[①] 当然,货币政策本身并不是严格意义上的法律,但货币政策的制定和实施必须在法律框架下运作,这个法律框架就是金融调控法。金融调控法是调整中央银行在控制与调节货币供给量、利率、贷款量等过程中发生的金融宏观调控关系的法律规范系统。金融调控法律规范集中体现在一国的中央银行法中。而各国金融调控法律所规定货币政策的工具,通常既包括存款准备金政策、再贴现政策、公开市场操作等一般性货币政策工具,也包括直接信用管理、间接信用管理、消费信用管理、证券市场信用管理等特殊货币政策工具。对于实施货币政策目标,各国法律多以"稳定物价""维持充分就业""促进经济增长""保证国际收支平衡"来表述。

《中国人民银行法》是我国金融调控法的主要法律表现形式。《商业银行法》《银行业监督管理法》为执行货币政策、防范和化解金融风险、维护金融稳定,对存贷利率、同业拆借、境外借款、系统性银行业风险等作了规定;《外汇管理条例》为执行货币政策、保持国际收支平衡,对调整人民币汇率和外汇市场调控关系等作了规定。上述都是我国金融调控法的法律表现形式,但中央银行法仍是金融调控法的核心,是银行法乃至整个金融法体系的基本法,它规定中央银行作为货币的发行者和货币供应量的最终调节者,通过对货币及运行的调节,实现对宏观经济的强有力调控。

二、金融调控的特征

第一,金融调控的主体一方是中央银行。从各国的实践经验来看,金融调控的权力主体在各国几乎都局限于中央银行。虽然在实行多元制中央银行的国家中,存在依法独立的联邦中央机构与联邦局部区域机构两个级别,但随着时代的演进,区域性中央银行正逐渐沦为中央机构的分支机构,它们的独立性越来越弱,权力日益集中在中央机构的手中。中央银行在各国职能与地位颇有差异,但作为货币的发行者和货币供应量的最终调节者,通过对货币及运行的调节,实现对宏观经济的强有力调控,进而使之成为宏观调控的主要机构的特征却是一样的。[②] 在我国,根据《中国人民银行法》的规定,中国人民银行依法制定和执行货币政策,依法行使金融调控权。

第二,金融调控的目的是中央银行适度干预金融市场的货币供给量,以实现宏观经济总量均衡协调发展。货币政策是一种长期性宏观经济政策,是以调节社会总需求为目标的间接性控制措施。

第三,金融调控的手段以货币政策为核心,采用货币政策工具。金融调控方法是指利用法定的货币政策工具(如存款准备金、利率、再贴现、再贷款、公开市场操作、信用控制)等,以实现货币政策为目的,对宏观经济关系施加的有影响力和法律后果的方法。金融调控运用货币调控方法可以控制和调节货币供应量,影响宏观经济关系,达到维护币值与金融的稳定,实现金融调控

---

① 陈晓:《中央银行法律制度研究》,法律出版社1997年版,第319页。
② 刘志云、卢炯星:《金融调控法与金融监管法关系论》,载《西南政法大学学报》2005年第4期。

的目标。[1]中央银行的宏观调控职能主要通过制定和实施货币政策来实现,货币政策以整个银行系统的资产运用和负债经营为干预对象,旨在调控货币供应量、信用量和一般利率水平,从而影响整个社会的货币和信用状况。货币政策工具的运用,"直接对金融机构的基础货币和短期市场利率水平发生作用,进而影响商业银行的信用扩张能力和货币供应量的变化,实现对以货币为媒介的社会有效需求的调节。由此可见,中央银行不直接对商业银行的信用量和利率水平给予行政强制性的直接规定,而是通过对一系列可调控可观测的有密切联系的中介目标施加影响并通过传导机制来达到终极目标。这种通过中介传导而产生的连锁反应不是必然作出的,是以经济利益为动力源的,是合理预期状态下的意志行为,具有较大的弹性"[2]。

第四,金融调控须依法进行。中央银行必须在法定的权限范围内,严格按照法定程序,制定和实施调控方案,以保证权力不被滥用、维护金融市场自由为前提。中央银行在参与市场活动时,如公开市场操作,也应该严格依法行事。[3]只有依法调控,才能做到金融调控行为规范、程序合法并有可预见性,才能进一步保障科学调控。

三、金融调控法与金融监管法的关系

金融调控法与金融监管法同是金融法体系的构成部分,都体现了国家对经济金融的管理,二者对保障金融业健康发展、促进宏观经济目标的实现发挥着举足轻重的作用,但由于产生背景和职能属性的不同,它们在许多方面存在差异。二者的主要区别如下:

第一,分属于经济法的不同领域。金融调控法属于经济法体系中的宏观调控法领域,其任务重在实现社会总需求与社会总供给之间的平衡,通过制定和实施货币政策行使国家社会经济职能;金融监管法则属于经济法体系中的市场规制法领域,其任务重在监督和管理金融经营者的市场准入与退出、规范指引金融经营业务活动、保护金融消费者权益,控制金融风险和抵御金融危机,保障金融业稳健运行与安全。金融监管法是金融监管机关依法监督和管理金融业的依据。

第二,功能作用不同。金融调控法的功能作用是维护整体效益,主要通过控制货币供应量与实际需要量的平衡一致来实现;金融监管法的功能作用却是注重金融风险的识别与防范、维护金融安全、维护金融运行的秩序,即建立和维护金融运行秩序,实现金融业的稳健发展。

第三,主体不同。金融调控的主体是国家中央银行,在我国金融调控职能主要由中国人民银行担任;而金融监管的主体是多元的,在我国,实施国家金融监管职能的有国家金融监督管理总局和证监会。

第四,采取的目标和手段不同。在目标和手段上,金融调控法是以克服个人理性行为的局限性与国民经济发展的宏观性、持续性之间的矛盾,并促进社会总供给与总需求的平衡为目标的,其运用的主要手段是货币政策工具,中央银行通过调节货币供应量来校正社会总需求与总供给的偏差,为宏观调控目标的实现发挥着不可替代的作用;金融监管法则是在制度上作出合理设计,实行审慎性监督和管理,具体的手段往往是颁布一系列法律法规,在开业、营业、资产种类、资

---

[1] 徐孟洲:《经济法学原理与案例教程》,中国人民大学出版社2006年版,第436—437页。
[2] 董玉明、贾爱玲:《金融调控法与金融监管法比较研究》,载《山西财经大学学报》2000年第4期。
[3] 张学森主编:《金融法学》,复旦大学出版社2006年版,第45页。

金运用、偿付能力等各个环节依法进行监管,在金融危机时期,还频频推出带有强制执行性的危机对策性措施,防范和化解危机。

第二节 货币政策及其组成

制定和实施国家货币政策是中央银行完成其任务和实现其调控职能的核心所在。货币政策保障制度是《中国人民银行法》规定的重要内容。为实现货币政策目标,《中国人民银行法》规定了保障目标实现的工具性制度,即货币政策工具法律制度。

一、货币政策的概念

作为发行的银行、政府的银行、银行的银行,中央银行的主要职能就是协助政府制定并贯彻货币政策。因此,货币政策是中央银行完成其任务和实现其职能的核心所在。

所谓货币政策,是指中央银行为实现特定的经济目标所采取的各种控制和调节货币供应量或信用量,进而影响宏观经济的方针、政策和措施的总称。货币政策起源于20世纪30年代,盛行于第二次世界大战后,现已成为各国中央银行对宏观经济进行调节的重要手段。货币政策的实质是正确处理经济发展和货币稳定的关系,使国民经济的有关指标通过货币机制的调控服从和服务于国民经济政策,并成为国民经济政策的重要组成部分。它在社会经济中扮演一个"制动器"的角色,与其他发挥驱动作用的宏观政策(如财政政策)相互配合,从而保证经济持续、稳定、协调发展,为国民经济的发展创造一个良好的货币金融环境。正确制定和实施货币政策,是各国中央银行的重要职责。

货币政策的内容比较丰富,按照其运行机制,可以分为货币政策目标、货币政策工具、货币政策传导机制、货币政策效应等。

二、货币政策的特征

第一,货币政策是一种宏观经济政策。货币政策不是对单个银行或某一经济部门采取的具体经济措施,而是一种总量调节和结构调节相结合,并以总量调节为主的经济政策。其涉及国民经济运行中的货币供应量、信用量、利率、汇率及金融市场等宏观经济指标,并通过对这些指标的调节和控制进而影响社会总需求与社会总供给。

第二,货币政策是调节社会总需求的政策。社会总需求与社会总供给的平衡关系,是国民经济中的重要关系之一。社会总需求与社会总供给只有在总量上和结构上均保持平衡,国民经济才能持续、稳定、协调发展。而社会总需求总是体现为全社会货币支付能力的需求,货币政策则可以通过调节货币供应量调节社会总需求,进而影响社会总需求与社会总供给的互动,使二者保持平衡。

第三,货币政策主要是间接调控经济的政策。对经济活动的各种比例关系的调节方式,一般有间接调节和直接调节两种。中央银行的货币政策对经济活动的调节主要是间接调节,即主要采取经济手段和法律手段,通过对市场主体经济活动的管理来对社会总需求进行调控,只是在必要的情况下才以行政手段进行直接调节干涉。

第四,货币政策具有长期性和短期性相结合的特点。货币政策目标具有长期性,而货币政策的各项具体措施又具有短期性、时效性的特点。所以货币政策是目标的长期性和措施的短期性的结合,短期措施服从于长期政策目标,是货币政策与其他经济政策的重要区别。

三、货币政策的组成

（一）信贷政策

信贷政策是中央银行为控制货币供应量而对信贷活动采取的方针和措施,是银行分配信贷资金、组织管理信贷活动的重要依据,是国家经济政策在信贷资金供应方面的具体体现。中国人民银行作为中央银行,其信贷政策有自身特点：首先,中央银行制定和实施信贷政策的目标是稳定金融和通货,为国民经济的持续稳定发展创造良好的金融货币环境;其次,中央银行信贷政策的对象是政府、商业银行和其他金融机构;最后,中央银行的信贷政策是反经济周期的,即经济繁荣时,信贷政策应逐步紧缩,而在经济萧条时,信贷政策应逐步扩张。

中央银行的信贷政策主要包括两方面的内容：一是总量控制,即调控社会信用总规模,以适应经济发展的资金需要;二是结构性控制,即中央银行调节社会信用总量的构成及信用的方向,以合理分配资金,使社会资金的运用发挥最大经济效益。中央银行调控信贷活动的具体措施主要有再贴现率政策、法定存款准备金政策、公开市场操作政策,以及信贷规模控制、证券市场信用控制、消费信用控制和不动产信用控制等。

（二）利率政策

利率政策是中央银行控制和调节市场利率以影响社会资金供求的方针和各种措施,是间接调控信贷活动的一种重要手段。利率政策与信贷政策相互联系、相互补充。中央银行的利率政策主要包括两方面的内容：一是中央银行通过其基准利率来调节和影响市场利率的一般水平,使利率水平能大致反映政策目标要求和社会资金供求状况;二是调节和控制整个社会的利率结构,使社会资金在价格体系指导下得以有效的分配,提高资金的使用效率。利率政策的工具主要有再贴现利率政策、利率限额、流动性比例控制等。

（三）外汇政策

外汇政策是指中央银行调节和控制外汇市场及汇率、实施外汇管制、控制国际资本流动、平衡国际收支的方针及各项措施。外汇政策一般包括以下内容：一是控制和调节外汇行市,稳定汇率;二是实施外汇管制,控制和调节资本的流出与流入;三是保持合理的外汇储备,以维持国际清偿能力;四是控制外汇市场交易并维持其稳定。外汇政策的具体工具主要是汇率管制、数量限制、行政管制等。与其他货币政策形式相比,外汇政策在具体实施上虽具有间接性特点,但仍明显体现出行政管制的直接调控特征。

知识拓展

货币政策回顾与展望

第三节　保障货币政策目标实现的金融调控法制度

一、货币政策目标的一般规定

（一）货币政策目标的概念和种类

货币政策目标是一国中央银行制定和实施货币政策的目的和依据。货币政策目标可分为终极目标和中介目标，一般所称的货币政策目标仅指货币政策的终极目标。中央银行的货币政策目标应由中央银行法作出明确规定。

根据多数学者的观点，中央银行货币政策所要达到的终极目标一般来说有四个，即稳定物价、充分就业、经济增长和国际收支平衡。

1. 稳定物价

所谓稳定物价，就是使一般物价水平在短期内不发生显著的或急剧的波动。物价的稳定会给经济增长创造一个良好的金融环境并提供稳定的货币尺度，从而促进经济的持续稳定增长，而经济的稳定增长又会给币值的稳定创造良好的物质基础。所以，各国都很重视币值的稳定。稳定物价是世界上大多数国家政府的一个宏观经济调节目标，也是货币政策经常要突出的最终调节目标之一。

要稳定物价，就要控制货币供应量，防止通货膨胀。通货膨胀是商品价格总水平的持续上涨，其实质是货币贬值，表现形式是物价上涨。虽然有学者认为，爬行的通货膨胀（价格总水平上涨率没有超过2%或3%）或温和的通货膨胀（价格总水平上涨率略高于3%）有促进生产或减少失业的积极效应，但严重、恶性的通货膨胀对经济、社会的危害甚大，必须认真治理。当然，稳定物价并非使币值保持绝对不变，事实上，将币值保持绝对不变既无必要也不现实。从总体上看，物价总是处于一种刚性上升趋势，如何将通货膨胀率控制在适当的限度内是各国中央银行始终关注的重要问题。根据20世纪60年代以来西方主要国家的经验，年通货膨胀率如能控制在5%以下，即可视为达到了稳定物价的目标。

2. 充分就业

充分就业并非指一切有劳动能力的人全部就业，而是指将失业率控制在合理的范围内。同时，充分就业并不排除因不满意货币工资水平而不愿意就业的"自愿失业"和因季节性或技术性原因而临时失业的"摩擦性失业"。一般认为失业率（社会的失业人数与愿意就业的劳动力比率）在4%~5%以下即为充分就业。造成失业的原因很多，与中央银行货币政策有直接关系的是因为货币供给不足而造成失业率上升。中央银行运用货币政策为社会提供更多的就业机会，是社会公众和政府关心的经济目标。

3. 经济增长

经济增长是指一国或一个地区在一定时期内产品与劳务的增加，一般有两种衡量方式：一种是一国或一地区在一定时期内所生产的商品和劳务的总量的增长，即国民生产总值（GNP）的增长;另一种是一国或一地区一定时期内生产商品和劳务的能力的增长,即国内生产总值(GDP)的增长。将经济增长作为货币政策目标,常与其他目标特别是稳定物价的目标发生矛盾甚至是冲突。尽管如此,促进经济增长,为经济增长提供货币的推动力,一直是中央银行货币政策目标的重要内容。

4. 国际收支平衡

国际收支平衡是指一国外汇收支相抵基本持平或略有顺差或逆差。在当今社会经济中,一国国际收支状况与其国内货币供应量有着密切联系。如果国际收支顺差过大,就意味着国内货币供给增大,市场商品供给减少,对经济发展中国家来说,会加大物价上涨的压力;相反,如果国际收支逆差过大,也会造成国内资源浪费,并且还会造成本国货币对外贬值,造成国内市场不稳定。因此,中央银行必须尽可能地使国际收支保持平衡。国际收支平衡有静态平衡和动态平衡之分。国际收支的静态平衡,是指短期内国际收支相抵达到平衡,一般以一年为一周期。国际收支的动态平衡,是指以经济实际运行可以实现平衡的一段时期为平衡周期,在该周期内达到国际收支平衡。如何兼顾国际收支的静态平衡和动态平衡,是值得中央银行研究的一个重要课题。

(二)货币政策诸目标的统一和冲突

货币政策诸目标之间关系十分复杂。除经济增长与充分就业二者之间彼此一致外,其他目标相互之间都有矛盾。从货币政策角度来看,稳定物价与其他目标之间的矛盾尤为突出。

1. 稳定物价与经济增长的矛盾

从长远来看,稳定物价与经济增长应该是一种正相关关系:物价稳定能为经济增长提供良好的金融环境,经济增长又为物价稳定奠定可靠的经济基础。但二者并不总是协调发展的,在短期内时常会发生矛盾和冲突。因为经济增长必然会导致社会总需求的增加,社会总需求的增加又会引起货币供应量的增加,货币供应量的增加将会导致物价上涨,随之而来的便是通货膨胀。综观世界各国经济发展史,经济增长较快时期,物价总会有大幅度上涨;反之,在经济萧条时期,物价则会有一定程度的下降。

2. 稳定物价与充分就业的矛盾

英国经济学家菲利浦斯(A.W.Philips)最早提出:稳定物价与充分就业之间存在着一定的矛盾关系。首先,实现充分就业往往要以牺牲物价稳定为代价。因为要实现充分就业就必须刺激投资和消费的有效需求的增加,这就必然要求增加货币供应量,而货币供应量的增加和信用扩张又必然引起一般物价水平的上涨;其次,充分就业会引起工资水平的上涨,而工资是产品的重要成本之一,它的上涨又必将推动物价的上涨;最后,在通货膨胀时寻求物价稳定又将抑制充分就业,因为抑制通货膨胀要求通过紧缩信用和减少货币供应量来减少社会总需求,而社会总需求的减少又使企业不得不减少投资和缩减生产规模,从而减少就业。

3. 稳定物价与国际收支平衡的矛盾

稳定物价与国际收支平衡的矛盾主要体现为:当一国国内出现通货膨胀时,政府可能要牺牲国际收支平衡目标,即减少出口,以降低总需求水平,或增加进口,以提高总供给水平。在此情况下,国际收支逆差会越来越大,而国际收支状况的恶化又为物价的继续上涨准备了条件。

正因为货币政策的各个目标间常常存在着冲突,所以任何一个国家要同时实现这四大目标是非常困难的。各国中央银行在制定和实施货币政策时,只能根据本国特定时期、特定条件下的经济运行情况,对各目标进行权衡,以尽量趋利避害,或两弊相衡取其轻,最终作出适当选择。

二、我国货币政策目标的选择

(一) 理论争论

从我国实践来看,多年来一直把稳定币值和促进经济增长作为中国人民银行货币政策中并列的双重目标。但由于我国资金短缺,操作中常常以牺牲"物价稳定"来促进经济增长,结果导致较严重的通货膨胀。因此,如何确定中国人民银行的货币政策目标就成了制定《中国人民银行法》不容回避的问题。围绕这一问题,理论界主要有以下几种具有代表性的观点:[①]

1. 单一目标论

单一目标论认为,货币政策的目标只能是单一的,但这个单一的目标究竟应该是哪一个,又可以分为两种截然不同的观点:一种观点从稳定币值是经济正常运行和发展的基本前提出发,主张稳定币值是货币政策的唯一目标;另一种观点则从马克思"货币资本的第一推动力和持续推动力"的经济思想出发,强调用最大限度的经济稳定增长保障经济起飞作为货币政策的目标,即货币政策的首要目标是经济增长。

2. 双重目标论

双重目标论认为,我国中央银行的货币政策目标不应是单一发展经济或稳定币值,而应同时兼顾这两方面的要求,即把稳定币值和经济增长作为我国中央银行货币政策中并列的双重目标。

3. 多重目标论

持多重目标论的学者认为,鉴于货币政策涉及面广,随着我国经济体制改革的深化和我国加入世界贸易组织,就业和国际收支问题对国民经济的影响也会越大,因此强调,我国货币政策目标必须包括充分就业、国际收支平衡和经济增长、稳定物价等方面,即目标应是多重的。

(二) 我国货币政策目标的现实选择

《中国人民银行法》第 3 条规定:"货币政策目标是保持货币币值的稳定,并以此促进经济增长。"该规定具体有以下几层含义:(1) 中国人民银行首要的和直接的货币政策目标是保持货币币值的稳定,这是中国人民银行制定和实施货币政策的出发点和归宿点;(2) 中国人民银行制定和实施货币政策,不是为了稳定币值而稳定币值,而是为了促进经济增长而稳定币值;(3) 稳定币值和经济增长在货币政策目标序列中不是并列的,而是有层次和主次之分的。"有层次"是指稳定币值是货币政策目标的第一层次,促进经济增长是货币政策目标的第二层次。也就是说,中国人民银行只有在稳定币值后,才能促进经济增长。所谓有"主次之分",是指中国人民银行的货币政策以稳定币值为主,稳定币值是促进经济增长的前提,这突出了中国人民银行稳定币值的首要责任。

可见,《中国人民银行法》对货币政策目标的规定并未局限于理论界提出的单一目标论、

[①] 徐孟洲主编:《中国金融法教程》,中国人民大学出版社 1997 年版,第 92 页。

双重目标论和多重目标论,而是创造性地将货币政策目标表述为"有层次和主次之分的单一目标"。法律将稳定币值和经济增长作如此规定,是因为:实践证明,只有人民币币值稳定,国民经济才能得以持续、快速、健康发展。

首先,币值稳定则货币供应量与国民经济所需要的货币供应量基本相符,社会总需求与社会总供给大体平衡,社会再生产呈良性运行状态。一旦币值不稳定,出现通货膨胀,货币供求失衡,社会总需求大于总供给,国民经济就会因过热而出现失控,而国家为了抑制通货膨胀,又不得不实行紧缩政策,造成国民经济大起大落,遭受严重损失。所以,稳定币值具有稳定和维护经济秩序的作用,是经济的效率原则得以发挥作用的前提,为经济的健康发展奠定基础。

其次,币值稳定则物价相对稳定,职工的名义工资与实际工资基本保持一致,生活水平相对稳定,社会秩序安定。所以,稳定币值具有维护社会公平和安定社会秩序的作用,能够为国民经济的健康发展创造良好的社会环境。

再次,稳定币值本身所产生的总量平衡和结构协调,为国民经济的发展提供了条件,为实现其他宏观政策目标创造了必要的前提条件。中国人民银行通过调节货币信用总量,保持币值稳定,为国民经济的发展创造良好的货币金融环境,并以此促进经济增长,这就把货币政策目标和国家宏观经济政策目标协调起来。

最后,稳定币值并促进经济增长,这也为外国的实践所证明。例如,德国自第二次世界大战以来,其经济的高速发展和币值的国内外稳定在西方社会是颇负盛名的,这与德国的法定货币政策目标密切相关。德国的中央银行法即《德意志联邦银行法》第3条规定:"德意志联邦银行运用本法律所赋予的货币方面的权力,以稳定货币为目的,调节流通中的货币量和提供给经济部门的信贷量。"这不仅维护了德国货币的稳定,使德国成为世界上通货膨胀率最低的国家之一,而且也没有影响其经济的发展速度。这说明稳定币值并促进经济增长是可以实现的。

为保证中国人民银行依法制定和实施货币政策,《中国人民银行法》规定了相应的措施。例如,该法第5条规定:"中国人民银行就年度货币供应量、利率、汇率和国务院规定的其他重要事项作出的决定,报国务院批准后执行。中国人民银行就前款规定以外的其他有关货币政策事项作出决定后,即予执行,并报国务院备案。"该法第6条规定:"中国人民银行应当向全国人民代表大会常务委员会提出有关货币政策情况和金融业运行情况的工作报告。"该法第7条规定:"中国人民银行在国务院领导下依法独立执行货币政策,履行职责,开展业务,不受地方政府、各级政府部门、社会团体和个人的干涉。"

《中国人民银行法》关于货币政策的规定,不仅为中国人民银行货币政策工具的运用指明了方向,也为中国人民银行排除各方面的干扰实现货币政策目标提供了法律依据,还为社会公众监督中国人民银行、评价其工作效果提供了具体的衡量标准,并使社会能够了解中国人民银行货币政策的最终含义和价值。

三、实现货币政策目标的金融调控法制度

为实现货币政策目标,《中国人民银行法》规定了工具性制度,即货币政策工具法律制度,具体包括存款准备金制度、基准利率制度、再贴现制度、再贷款制度、公开市场操作制度、常备借贷便利操作制度、国务院确定的其他货币政策工具法律制度。从金融法上讲,这些工具性制度都是

金融调控法的主要制度,构成了保障货币政策目标能够实现的金融调控法的主要内容。中国人民银行根据不同情况,综合实施上述制度,调整货币供应量和信贷总量,实现货币政策目标。

货币和货币政策保障制度是《中国人民银行法》规定的重要内容。根据《中国人民银行法》的规定,我国的货币发行权属于国家,国家授权中国人民银行具体掌管全国货币发行工作,并集中管理货币发行基金,所以,中国人民银行是我国唯一的货币发行机关。人民币是我国的法定货币。为保证人民币发行的集中统一,稳定金融和物价,保障国民经济的健康发展,《中国人民银行法》规定了对人民币的保护措施:禁止各种变相货币的发行与流通,禁止伪造、变造人民币和禁止贩运伪造、变造的人民币,禁止故意毁损人民币,禁止非法使用人民币图样,等等。

《中国人民银行法》《商业银行法》等

【法律适用】

由于金融调控的手段多为间接的、长期性的,所以金融调控行为主要适用《中国人民银行法》《商业银行法》《外汇管理条例》《人民币管理条例》《中国人民银行货币政策委员会条例》等与执行货币政策有关的法律法规。这些法律法规属于我国金融调控法的表现形式,实施金融调控行为时需要加以遵守。

【思考题】

1. 试述金融调控法的经济法性质。

思考提示:必须在掌握金融调控法的概念、特征的基础之上,结合宏观调控法与经济法的基础理论,通过比较金融调控法与金融监管法之间的关系,才能真正理解金融调控法在经济法中的地位。

2. 如何理解我国的货币政策目标?

思考提示:由于货币政策目标之间存在着冲突,所以各国应根据不同的发展时期选择不同的货币政策目标。在熟悉各国货币政策目标的一般性规定的基础上,着重把握《中国人民银行法》中规定的货币政策目标、我国选择货币政策目标的理论之争与现实选择。

即测即评

第十四章 货币政策工具法律制度

■【重点提示】

1. 货币政策工具法律制度是指中央银行为执行货币政策,依据法律所赋予的权力,对运用货币政策工具的条件和程序所制定的法律规范的总和。

2. 存款准备金制度是指中央银行依据法律所赋予的权力,要求商业银行和其他金融机构按规定的比率在其吸收的存款总额中提取一定的金额缴存中央银行,以间接地对社会货币供应量进行控制的货币政策工具法律制度。

3. 基准利率制度是指中央银行依据法律所赋予的权力,确定基准利率,要求各商业银行及其他金融机构的存、贷款利率必须按照基准利率的上下限确定存款、贷款利率,以此对社会货币供应量进行控制的货币政策工具法律制度。

4. 再贴现制度是指有关商业银行及其他金融机构以买入的未到期的贴现票据向中央银行办理再次贴现的条件和程序的货币政策工具法律制度。

5. 再贷款制度是指中央银行通过向商业银行或其他金融机构发放贷款来执行其货币调控目标的货币政策工具法律制度。

6. 公开市场操作制度是指中央银行通过在公开金融市场上买卖证券和外汇来实现金融调控目标的货币政策工具法律制度。

7. 常备借贷便利制度是指存款金融机构根据自身流动性需求,向中央银行申请常备借贷便利资金,从而间接地对社会货币供应量进行调控的货币政策工具法律制度。

根据《中国人民银行法》第3条的规定,我国货币政策的目标是"保持货币币值的稳定,并以此促进经济增长"。为实现货币政策目标,中央银行要控制一般商业银行和其他金融机构的信贷活动,从而控制货币供应,进而影响整个国民经济活动。货币政策工具就是中央银行为实现货币政策目标而采取的手段。

《中国人民银行法》第23条规定:"中国人民银行为执行货币政策,可以运用下列货币政策工具:(一)要求银行业金融机构按照规定的比例交存存款准备金;(二)确定中央银行基准利率;(三)为在中国人民银行开立账户的银行业金融机构办理再贴现;(四)向商业银行提供贷款;(五)在公开市场上买卖国债、其他政府债券和金融债券及外汇;(六)国务院确定的其他货币政策工具。中国人民银行为执行货币政策,运用前款所列货币政策工具时,可以规定具体的条件和程序。"

在建设法治国家和法治政府进程中,国家和政府管理金融经济活动,要更多地运用市场化、

知识拓展
商业银行的信用创造功能

法治化手段。因此,货币政策工具手段也应当法定化,提升货币政策工具的规范性和权威性,使中央银行运用货币政策工具调控金融市场的行为法治化。为此,必须建立和健全我国货币政策工具法律制度。所谓货币政策工具法律制度,是指调整中央银行为执行货币政策,依据法律所赋予的权力,运用货币政策工具的条件和程序的法律关系的法律规范的总和。本章主要阐述存款准备金制度等六项具体的货币政策工具法律制度。

第一节 存款准备金制度

一、存款准备金制度的概念

存款准备金制度是指中央银行依据法律所赋予的权力,要求商业银行和非银行金融机构按规定的比率在其吸收的存款总额中提取一定的金额缴存中央银行,以间接地对社会货币供应量进行控制的货币政策工具法律制度。提取的金额被称为法定存款准备金,准备金占存款总额的比率被称为存款准备率或存款准备金率。存款准备金率是现代各国中央银行进行宏观调控的三大货币政策工具之一。

存款准备金制度包括两个方面:一是法定准备金制度;二是超额准备金制度。法定准备金是以法律规定的形式缴存中央银行的存款准备金。其运作原理是中国人民银行通过调整存款准备金率,扩张或收缩商业银行的信贷能力,从而达到既定的货币政策目标。超额准备金是指银行为应付可能的提款所安排的法定准备金之外的准备金,是商业银行在中央银行的一部分资产。我国的超额准备金包括两个部分:一是存入中央银行的准备金;二是商业银行营运资金中的现金准备。前者主要用于银行间的结算和清算以及补充现金准备,后者主要用于满足客户的现金需要。

确定存款准备金率和运用存款准备金是国家法律赋予中央银行的一项宏观调控的权力,存款准备金制度也是一项重要的宏观调控法律制度。以法律形式规定商业银行必须向中央银行缴存存款准备金的制度,始于1913年美国《联邦储备法》。根据1935年银行法案,美国联邦储备银行被授予升降会员银行存款准备金率的权力。到20世纪40年代,经过世界性的经济危机,存款准备金制度作为中央银行调节和控制货币供应量的重要工具的作用,开始被各国认识。于是,发达市场经济国家纷纷以法律形式规定存款准备金比率并授权中央银行根据货币政策的需要,随时加以调整。

近几十年来,在部分国家,如英国、加拿大,出现存款准备金率下降为零、存款准备金弱化的现象,但是其他很多国家,如美国、日本、欧元区国家和众多发展中国家,存款准备金制度仍然是一项基本的货币政策制度,在货币信贷数量控制、货币市场流动性和利率调节以及促进金融机构稳健经营、限制货币替代和资本流出入等方面发挥重要作用。我国存款准备金制度是根据我国实际,并借鉴诸多市场经济国家经验,于1984年以来逐步确立、不断改进和完善的。

二、我国存款准备金制度的主要内容

我国存款准备金制度,是根据1983年9月《国务院关于中国人民银行专门行使中央银行职

能的决定》建立的。《中国人民银行法》对其作了明确规定,把它列为中国人民银行货币政策工具的首位。1998年3月24日,中国人民银行发布了《关于改革存款准备金制度的通知》,对有关存款准备金制度的内容作了具体规定。

(一)存款准备金制度的实施对象

我国所有吸收一般存款(相对于财政性存款而言)的金融机构,包括商业银行、信用合作社、信托机构、财务公司和外资金融机构等,都有按规定比例和期限缴存存款准备金的义务。

(二)存款准备金率

存款准备金率由中国人民银行规定,并根据放松或紧缩银根的需要进行调整。自1984年中国人民银行专门行使中央银行职能以来,我国的普通存款类金融机构存款准备金率进行了多次调整。我国自2004年4月25日起实行差别存款准备金制度,即金融机构适用的存款准备金率与其资本充足率、资产质量状况等指标挂钩。金融机构资本充足率越低,不良贷款比率越高,适用的存款准备金率就越高;反之,金融机构的资本充足率越高,不良贷款比率就越低,适用的存款准备金率就越低。实行此制度的目的在于制约资本充足率不足且资产质量不高的金融机构的贷款扩张。差别存款准备金制度综合了存款准备金制度、资本充足要求和存款保险制度的有关思想,体现了我国关于货币政策和金融稳定的综合考虑和安排。现在存款准备金制度已成为我国中央银行灵活采用的主要金融调控手段之一。

(三)存款准备金的计提

我国金融机构向中央银行缴存存款准备金,实行按旬考核的办法,即按上旬末应缴存款余额和规定的比率计算缴存额度,按期缴纳。根据《关于改革存款准备金制度的通知》的规定,缴存的具体内容如下:

第一,各商业银行(不含城市商业银行)和中国农业发展银行,当旬第5日至下旬第4日每日营业终了时,各行按统一法人存入的准备金存款余额,与上旬末该行全行一般存款余额之比,不得低于8%。

第二,城市商业银行和城乡信用社、信托公司、财务公司、金融租赁公司等非银行金融机构法人暂按月考核,当月8日至下月7日每日营业终了时,各金融机构按统一法人存入的准备金存款余额,与上月末该机构全系统一般存款余额之比,不得低于8%。从1998年10月份起,上述金融机构统一实行按旬考核。

第三,各商业银行(不含城市商业银行)和中国农业发展银行法人按旬(旬后5日内)将汇总的全行旬末一般存款余额表,报送中国人民银行。

第四,暂执行按月考核存款准备金的城市商业银行和非银行金融机构,暂按月(月后8日内)将汇总的全系统旬末一般存款余额表,报送中国人民银行。自1998年10月份起统一执行按旬(旬后5日内)报送一般存款余额表的制度。

第五,各金融机构按月将汇总的全系统月末日计表,报送中国人民银行。中国人民银行定期对金融机构上报的有关数据进行稽核。

第六,从2001年1月1日起,各金融机构法人每日将汇总的全系统一般存款余额表和日计表,报送中国人民银行。

金融机构按法人统一存入中国人民银行的准备金存款低于上旬末一般存款余额8%的,中国人民银行对其不足部分按每日0.6‰的利率处以罚息。金融机构分支机构在中国人民银行准备金存款账户出现透支的,中国人民银行按有关规定予以处罚。金融机构不按时报送旬末一般存款余额表和月末日计表的,依据《商业银行法》第80条的规定予以处罚。上述处罚可以并处。

第二节 基准利率制度

《中国人民银行法》第23条规定,中国人民银行为执行货币政策,可以确定中央银行基准利率。中国人民银行为执行货币政策,运用货币政策工具时,可以规定具体的条件和程序。基准利率制度是指中央银行依据法律所赋予的权力,确定基准利率,要求各商业银行及其他金融机构的存、贷款利率必须按照基准利率的上下限确定存、贷款利率,以此对社会货币供应量进行控制的一项货币政策工具法律制度。利率制度是我国货币政策调控制度的重要组成部分,也是现实货币政策的主要金融法律制度之一。中国人民银行根据货币政策实施的需要,适时地运用利率制度,对利率水平和利率结构进行调整,进而影响社会资金供求状况,实现货币政策的目标。

目前,中国人民银行实行的利率制度主要有:(1)调整中央银行基准利率,包括:再贷款利率,指中国人民银行向金融机构发放再贷款所采用的利率;再贴现利率,指金融机构将所持有的已贴现票据向中国人民银行办理再贴现所采用的利率;存款准备金利率,指中国人民银行对金融机构交存的法定存款准备金支付的利率;超额存款准备金利率,指中央银行对金融机构缴存的准备金中超过法定存款准备金水平的部分支付的利率。(2)调整金融机构法定存贷款利率。(3)制定金融机构存贷款利率的浮动范围。(4)制定相关政策,对各类利率结构和档次进行调整等。

近年来,中国人民银行加强了对利率制度的运用。利率调整逐年频繁,利率调控方式更为灵活,调控机制日趋完善。随着利率市场化改革的逐步推进,作为实现货币政策目标的主要手段之一的利率制度将逐步从对利率的直接调控向间接调控转化。利率作为重要的经济杠杆,在国家宏观调控体系中将发挥更加重要的作用。

一、基准利率的概念和作用机制

利率是利息率的简称,是指一定时期内利息的金额与存入或贷出金额的比率,由资金的供求关系决定。我国的利率分三种:(1)中国人民银行对商业银行及其他金融机构的存、贷款利率,即基准利率,又称法定利率;(2)商业银行对企业和个人的存、贷款利率,称为商业银行利率;(3)金融市场的利率,称为市场利率。其中,基准利率是核心,它在整个金融市场和利率体系中处于关键地位、起决定作用,它的变化决定了其他各种利率的变化。在金融市场上,基于利率的多样性与利率体系的复杂性,投资者和参与者不可能对每种利率都给予高度关注。同时,在多种利率并存的条件下,总有某一种利率起着决定性的作用,当它变动时,其他利率也相应发生变动,这种起着决定性作用的利率即为基准利率。基准利率在初期,由市场活动的结果自发形成;在国家干预经济的条件下,基准利率则由国家政府和金融管理当局决定。

基准利率政策是中央银行的一项重要货币政策工具。当中央银行提高基准利率时,商业银行等金融机构筹措资金的成本增加,对中央银行的贷款需求降低,商业银行等就会到资金市场去寻求贷款。由于商业银行等筹措资金的成本加大,其对外贷款的利率必然提高,其客户的贷款数额就会减少,社会货币供应量相应就会减少。相反,当中央银行降低基准利率时,商业银行等的贷款利率也会随之降低,贷款数额加大,货币供应量也会相应增加。因此,基准利率直接影响金融机构存贷款活动的开展,进而影响整个社会的信贷总量。中央银行通过提高或降低基准利率中的贷款利率,可起到限制或扩张社会信贷规模的作用。

二、基准利率政策和利率市场化改革

各国确定基准利率的方法并不完全一致。在发达市场经济国家,一般以中央银行的再贴现利率为基准利率,有的还包括中央银行的再贷款利率、基金利率等,金融机构的利率是参照此基准利率并根据市场情况自行确定的。例如,美国以联邦资金市场利率为基准利率。在计划经济体制国家中,则由中央银行制定基准利率,并规定金融机构的利率水平以此为准或在一定范围内浮动,故此种基准利率又称法定利率。

在1984年中国人民银行正式成为我国中央银行前,我国以一年期的存款利率和贷款利率为基准利率,其他档次利率的形成及变动都要参照这种利率的水平与变化趋势;1984年中央银行制度确立后,则以中国人民银行对各个金融机构的存、贷款利率为基准利率。《中国人民银行法》将基准利率与再贴现、再贷款并列为货币政策工具,因此,我国的基准利率是指法定利率。

我国正处于利率市场化改革中,根据《中国人民银行关于进一步推进利率市场化改革的通知》,自2013年7月20日起全面放开金融机构贷款利率管制。取消金融机构贷款利率0.7倍的下限,由金融机构根据商业原则自主确定贷款利率水平。个人住房贷款利率浮动区间不作调整,仍保持原区间不变,继续严格执行差别化的住房信贷政策。取消票据贴现利率管制,改变贴现利率在再贴现利率基础上加点确定的方式,由金融机构自主确定。取消农村信用社贷款利率2.3倍的上限,由农村信用社根据商业原则自主确定对客户的贷款利率。

2013年9月24日,中国人民银行通过了《市场利率定价自律机制工作指引》,明确了市场利率定价自律机制的组织架构和工作机制,通过了《贷款基础利率集中报价和发布规则》。

中国人民银行决定,自2015年12月24日起,下调金融机构人民币存贷款基准利率,以进一步降低社会融资成本。2024年12月最新存款、贷款和公积金贷款基准利率见表14-1。

表14-1 2024年12月最新银行存贷款基准利率表

各项存款	利率	各项贷款	利率
活期存款	0.35	1年期LPR	3.10
整存整取定期存款	利率	5年期以上LPR	3.60
三个月	1.10	公积金贷款	利率
半年	1.30	首套房5年以下(含5年)	2.35
一年	1.50	首套房5年以上	2.85
二年	2.10	第二套房5年以下(含5年)	2.77
三年	2.75	第二套房5年以上	3.325

第三节 再贴现制度

一、再贴现制度的概念及作用

贴现是指票据持有人在票据到期日前,为融通资金而向银行或其他金融机构贴付一定利息的票据转让行为。通过贴现,持票人得到低于票面金额的资金,贴现银行及其他金融机构获得票据的所有权。

再贴现是中央银行对金融机构持有的未到期已贴现商业汇票予以贴现的行为。在我国,中央银行通过适时调整再贴现总量及利率,明确再贴现票据选择,达到吞吐基础货币和实施金融宏观调控的目的,同时发挥调整信贷结构的功能。从形式上看,再贴现与贴现并无区别,都是一种票据与信用相结合的融资方式。但从职能上看,再贴现是中央银行执行货币政策的重要手段之一,是中央银行三大传统货币政策工具之一。在再贴现过程中,中央银行根据执行货币政策的需要,买进商业银行等持有的未到期票据,让渡现实货币;商业银行等则为解决资金短缺而出让已贴现票据。所以,再贴现是商业银行及其他金融机构与中央银行之间的票据买卖和资金让渡的过程,是商业银行和其他金融机构向中央银行融通资金的重要方式。

除起到融通资金的作用外,再贴现作为中央银行执行货币政策的重要工具之一,还可以起到扩张或收缩社会信用的作用。当中央银行需要收缩银根、抑制经济过快扩张时,就可提高再贴现率,使商业银行和其他金融机构向中央银行融资的成本提高,从而抑制信贷需求,减少货币供给;当中央银行需要放松银根、刺激经济发展时,就降低再贴现率,从而增加货币供给。另外,再贴现率可以影响市场利率,通过调整再贴现率,能及时将货币政策的意图传递给社会,并引导人们的投资、消费行为,推动货币政策目标的实现。

再贴现操作必须依照再贴现制度进行。所谓再贴现制度,是指有关商业银行及其他金融机构以买入的未到期的贴现票据向中央银行办理再贴现的条件和程序的货币政策工具法律制度。

二、再贴现的条件和对象

许多国家规定,再贴现票据必须是确有真实交易关系的票据。如德意志银行只购买那些在实质的商品交易基础上签发的商业票据,这些票据至少需要3个被公认有支付能力的义务人予以担保,并且在买入后3个月之内到期。随着形势和经济环境的变化,中央银行在很大程度上放宽了对再贴现票据的限制。我国《票据法》第10条规定,票据的签发、取得和转让,应当遵循诚实信用的原则,具有真实的交易关系和债权债务关系。《商业汇票承兑、贴现与再贴现管理办法》第7条规定商业汇票的承兑、贴现和再贴现,应当遵循依法合规、公平自愿、诚信自律、风险自担的原则。因此,我国的再贴现票据必须是具有真实的交易关系和债权债务关系的票据。

许多国家允许商业银行和金融机构办理再贴现,但也有些国家对再贴现对象有严格限制,如英格兰银行的贴现对象只是英国 11 家贴现商业银行而不是众多的商业银行,贴现银行可随时要求英格兰银行贴现其持有的一级证券或银行汇票。我国《商业汇票承兑、贴现与再贴现管理办法》第 20 条规定,办理商业汇票贴现业务的金融机构,可以申请办理再贴现。

为适应金融宏观调控由直接调控转向间接调控,加强再贴现传导货币政策的效果、规范票据市场的发展,中国人民银行出台了一系列完善商业汇票和再贴现管理的政策。改革再贴现、贴现利率生成机制,使再贴现利率成为中央银行独立的基准利率,为再贴现率发挥传导货币政策的信号作用创造了条件。为适应金融体系多元化和信贷结构调整的需要,扩大再贴现的对象和范围,把再贴现作为缓解部分中小金融机构短期流动性不足的政策措施,提出对资信情况良好的企业签发的商业承兑汇票可以办理再贴现。将再贴现最长期限由 4 个月延长至 6 个月。

为有效发挥再贴现促进结构调整、引导资金流向的作用,2008 年以来,中国人民银行进一步完善再贴现管理:适当增加再贴现转授权窗口,以便于金融机构尤其是地方中小金融机构法人申请办理再贴现;适当扩大再贴现的对象和机构范围,城乡信用社、存款类外资金融机构法人、存款类新型农村金融机构以及企业集团财务公司等非银行金融机构均可申请再贴现;推广使用商业承兑汇票,促进商业信用票据化;通过票据选择明确再贴现支持的重点,对涉农票据、县域企业和金融机构及中小金融机构签发、承兑、持有的票据优先办理再贴现;进一步明确再贴现可采取回购和买断两种方式,提高业务效率。

三、再贴现率

再贴现率是中央银行根据经济发展需要,反映中央银行货币政策意图所制定的利率。由于再贴现率关系中央银行货币政策,所以其制定和调整必须谨慎。比如美国,再贴现率的制定和调整权分别属于美国中央银行的最高权力机构——联邦储备体系理事会和储备银行。前者有权决定再贴现率的基本水平和调整幅度,后者只能在前者确定的水平上,作一些微量调整。

调整再贴现率的目的在于影响商业银行准备金及社会的资金需求。各国对再贴现率有不同的规定,各国对再贴现率和中央银行放款利率的关系也有不同的规定:有的国家的再贴现率和中央银行放款利率相同;有的国家的再贴现率则略低于中央银行的放款利率。有的国家还对不同时期、不同种类的票据,规定了不同的再贴现率。由于再贴现率是中央银行挂牌执行的,所以又称为银行率。这种银行率在各国利率体系中处于核心地位,其变化必然会影响到其他各种利率。其特点有三:

第一,再贴现率是一种短期利率。因为中央银行提供的贷款以短期为主,再贴现合格票据的期限通常不超过 3 个月,最长也在 1 年以内。

第二,再贴现率是一种官定利率,它不同于市场利率。中央银行的再贴现率是根据国家信贷政策制定的,它在一定程度上反映了中央银行的货币政策意向。

第三,再贴现率是一种标准利率或最低利率。如英格兰银行贴现及放款有多种差别利率,而以其公布的再贴现率为最低的标准。

再贴现制度虽然有其诸多积极的作用,但也存在着一定的局限性:首先,从货币供应量来看,再贴现制度不是一种理想的控制工具。因为中央银行在再贴现中处于被动地位,商业银行是否愿意到中央银行申请再贴现以及再贴现多少,都取决于商业银行,中央银行处于不能预知的境地。而这种不能预知的情况势必导致中央银行无法主动而有效地控制货币供应量。其次,如果商业银行都依赖于中央银行再贴现,便会增加中央银行的压力,进而削弱其控制货币供应量的能力。最后,再贴现制度缺乏弹性。一方面,再贴现率的随时调整,通常会引起市场利率的经常性波动,这会使企业或商业银行等无所适从;另一方面,再贴现率不随时调整,又不利于中央银行灵活地调整货币供应量。所以,再贴现制度的弹性很小。

正因如此,西方国家在经历了20世纪30年代的经济大危机之后,再贴现制度的重要性开始下降,让位于主动权掌握在中央银行手中而又更具有弹性的公开市场业务。但尽管如此,再贴现工具与其他货币政策工具配合运用,仍然是中央银行执行货币政策的有效工具之一。

第四节 再贷款制度

一、再贷款制度的概念与作用

中央银行贷款,简称再贷款指中央银行对金融机构的贷款,是中央银行调控基础货币的渠道之一。中央银行通过适时调整再贷款的总量及利率,吞吐基础货币,促进实现货币信贷总量调控目标,合理引导资金流向和信贷投向。再贷款制度是指中央银行通过向商业银行或其他金融机构发放贷款来执行其货币调控的货币政策工具法律制度。在西方国家,由于市场经济比较成熟,其信用工具票据化程度较高,因而中央银行对金融机构放款主要采取再贴现方式。自1984年中国人民银行专门行使中央银行职能以来,再贷款一直是我国中央银行的重要货币政策工具。近年来,适应金融宏观调控方式由直接调控转向间接调控的需要,再贷款所占基础货币的比重逐步下降,结构和投向发生重要变化。新增再贷款主要用于促进信贷结构调整。引导扩大县域和"三农"信贷投放。

《中国人民银行法》明确了再贷款是短期信用贷款。信用贷款是指人民银行根据金融机构资金头寸情况,以其信用为保证发放的贷款。再贴现是指金融机构以其持有的、未到期的贴现票据向人民银行办理贴现,取得资金。再贷款与再贴现虽然都是中央银行向商业银行的放款,都是中央银行执行最后贷款人职能的体现,但二者又有所不同:中国人民银行对商业银行的再贷款作为信用贷款,无资金保证或物资保证;而中国人民银行对商业银行等金融机构的再贴现,因以商业银行等所持有的票据为基础,所以是有资金或物资保证的货币投放。又根据《中国人民银行法》第28、30条的规定,信用贷款是指中央银行向商业银行提供的贷款,不包括商业银行之外的其他金融机构。所以,在我国,再贷款即指中央银行向商业银行提供的信用贷款。

再贷款的作用主要体现为:

第一,中央银行通过调整再贷款利率,影响商业银行从中央银行取得信贷资金的成本和可使用额度,使货币供应量和市场利率发生变化。例如,当中央银行要收缩银根实行紧缩政策时,它可以提高再贷款利率,减少基础货币的投放量,增加商业银行向中央银行的贷款成本,抑制商业银行向中央银行的贷款。同时,商业银行为了盈利,也会相应提高对客户的贷款利率导致借款成本增加,借款额就会相应减少,从而产生减少货币供应量的效果;反之,如果中央银行降低再贷款利率,就能产生放松银根、扩大信用规模、增加货币供应量的效果。

第二,再贷款利率的调整是中央银行向商业银行和社会各界宣传货币政策变动的一种有效方法,它能产生预告效果,从而在某种程度上影响人们的预期。当中央银行提高再贷款利率时,表明中央银行对通货膨胀的进展发出了警告,厂商应慎重从事进一步的投资扩张;当中央银行降低再贷款利率时,则表示在中央银行看来通货膨胀已经缓和,这样就会刺激投资和经济增长,在一定程度上起到调整产业结构和产品结构的作用。

二、我国再贷款制度的主要内容

根据《中国人民银行法》、1999年颁布实施的《中国人民银行分行短期再贷款管理暂行办法》的规定,我国再贷款制度的主要内容如下。

(一)再贷款的条件和期限

借款人申请短期再贷款的基本条件为:(1)在当地中国人民银行分行或中心支行设立准备金存款账户;(2)借款人具有法人资格的,应足额存放法定存款准备金;不具有法人资格的,应在申请贷款之前3个月内未发生透支行为;(3)资信情况良好,能按期归还短期再贷款;(4)分行规定的其他条件。由于人民银行的再贷款主要用于解决商业银行临时资金的不足,所以中央银行对商业银行的贷款期限较短。依据贷款期限的不同,具体划分为3个月以内、20天以内和7天以内三个期限档次。具有法人资格的商业银行为净拆出资金的和商业银行分支机构为向上级行净存放资金的,对其发放短期再贷款的期限应不超过7天。

(二)再贷款的发放和收回

商业银行向人民银行申请贷款,必须填写《中国人民银行贷款申请书》,并在加盖借款人的公章和法定代表人或单位负责人的签章后,提交当地中国人民银行开户行。人民银行依据经济发展、银根松紧和贷款条件,自主审查,决定贷与不贷、贷多贷少、贷款种类和贷款期限。商业银行应按照人民银行批准的贷款种类、期限和金额,与人民银行订立借款合同,办理借款手续。

人民银行对金融机构发放贷款,必须坚持期限管理,贷款到期必须收回。借款人应当按照借款合同规定,按时足额归还贷款本息。对逾期的短期再贷款,可从借款人准备金存款账户扣收贷款本息,并按照逾期贷款利率计收利息。质押贷款发生逾期,可依法处置作为贷款权利凭证的有价证券,用于偿还贷款本息。

(三)再贷款相关责任人的法律责任

对存在下述行为的,给予通报批评,情节严重的,对直接负责的主管人员和其他直接责任人员给予警告、记过、记大过、降级、撤职、留用察看或者开除的行政处分,违反规定审批、发放短期再贷款,造成资金损失,并构成犯罪的,由司法机关依法追究直接责任人的刑事责任:不按照规定的对象、条件、期限和用途审批、发放短期再贷款的;越权审批、发放短期再贷款的;对辖区内分支机构违反《中国人民银行分行短期再贷款管理暂行办法》规定审批、发放短期再贷款监控不力、严重失职的;超过上级行核定、下达的贷款限额审批、发放短期再贷款的;对已确认为高风险的商业银行,擅自发放短期再贷款的。

三、再贷款与商业银行贷款的区别

再贷款与商业银行贷款虽然都能起到资金融通的作用,但二者有很大区别。

(一)贷款的对象不同

再贷款的对象只能是商业银行。《中国人民银行法》规定,中国人民银行只对商业银行提供贷款,不得向地方政府、各级政府部门提供贷款,除国务院决定中国人民银行可以向特定的非银行金融机构提供贷款的外,不得向非银行金融机构以及其他单位和个人提供贷款;而商业银行贷款的对象是单位和个人。

(二)贷款的依据不同

中央银行发放再贷款的依据是国家的货币政策目标和经济金融情况的需要;而商业银行则依据自有资金的数量和盈利性原则决定是否发放以及发放的数额。

(三)贷款的期限不同

中央银行的再贷款一般用于解决商业银行临时头寸不足的问题,所以期限较短。依据贷款期限的不同,具体划分为 7 天、20 天和 3 个月三个档次。而商业银行的贷款期限则相对较长,可分为短期贷款、中期贷款和长期贷款,其中,短期贷款的期限在 1 年以内(含 1 年),中期贷款的期限在 1 年(不含 1 年)以上 5 年(含 5 年)以下,长期贷款的期限在 5 年(不含 5 年)以上。

(四)贷款的作用不同

再贷款在整个银行贷款中处于总闸门的地位,因为中央银行投入的是基础货币,其投量和投向,可以直接引导和调节整个银行贷款的规模和结构。同时,再贷款还是我国目前重要的货币政策工具之一,是一种有效的调控手段,既可以调节需求,也可以调节供给,可以在不干预金融机构经营活动情况的前提下,把货币政策的意图传导给金融机构,促使其按货币政策目标开展经营活动。而商业银行的贷款则不具有上述作用。

第五节 公开市场操作制度

一、公开市场操作的含义

公开市场操作是指中央银行在金融市场上买卖有价证券和外汇的活动。它是中央银行的一项主要业务,是实现货币政策的一种基本工具。中央银行买进或卖出有价证券或外汇意味着进行基础货币的吞吐,可以达到增加或减少货币供应量的目的。同时,中央银行买卖国债,可以影响国债供求,影响国债利率,从而间接影响商业银行利率。公开市场操作相对于其他货币政策工具具有其独特的优势,主要表现在政策操作灵活,中央银行能恰到好处地根据经济金融形势决定公开市场操作的规模结构,并且政策操作的主动权很大程度上掌握在中央银行手中,作用的发挥也较其他货币政策工具要迅速。正因为公开市场操作具有的这些优点,目前,公开市场业务操作已经成为中央银行调节商业银行流动性的主要手段之一。①

二、公开市场操作的特点分析

作为一种货币政策工具,公开市场操作既具有一般货币政策工具的共同特征,又具有自身的特点和优势。具体而言,公开市场操作具有下列特点:

第一,公开性和平等性。中央银行在公开市场上买卖外汇和政府债券,吞吐基础货币,是根据货币政策要求,按照市场原则,通过与众多交易对手竞价交易进行的,具有较高的透明度,有利于消除金融市场上的幕后交易弊端。

第二,灵活性。中央银行在公开市场上进行证券交易,能够根据货币政策需要,随时操作,把市场货币量控制在适度范围内,也可以按较小的规模和步骤操作,具有微调的功能,其政策效果也较温和。公开市场操作在时间和数量上的灵活,是存款准备金制度和再贴现政策所难以做到的,因为存款准备金率和再贴现率不能变化太频繁。这一特点使中央银行对货币供应量既可以进行微调,也可以进行大幅度调整,不必等到情况已经十分严重时再采取措施,从而可以减少经济、金融的震荡。

第三,主动性。中央银行通过公开市场业务可以主动采取措施,根据一定时期货币政策的要求和该时期银根的松紧情况,主动出击,进行经常性、连续性的操作,不受来自其他方面的干扰,即使中央银行为抵消季节性或偶然性因素影响而采取的"防卫性公开市场业务"(dynamic open market operation),实质上也是中央银行居于主动地位的,突破了其他货币政策工具如再贴现制度被动调整的局限性。

第四,结构调整性。公开市场业务对社会资金结构和利率结构的较强的影响有利于结构调整。一方面,中央银行在公开市场上买进某种证券,实际上增强了该种证券的市场性或信誉,从而有效地引导社会资金流向这些证券,改变社会资金结构;另一方面,中央银行可买卖不同品种、不同期限的证券,从而调整利率的品种结构和期限结构。

正是由于公开市场业务具有上述优点,它在世界各国得到了日益广泛的使用,成为各国中央银行在实施金融宏观间接调控中运用较多的货币政策工具之一。

三、公开市场操作的条件

从各国开展公开市场业务的实践来看,公开市场操作应具备以下基本条件:

第一,具有强大的资金实力。中央银行必须具有强大的资金实力。因为中央银行只有拥有足够的资金,才能够对整个金融市场进行干预和控制,影响社会信用供给,防止金融市场秩序

---

① 谢平:《货币政策操作》,载《资本市场》2001年第9期。

紊乱。

第二，信用工具发达。金融市场上应具有相当种类和数量的有价证券，它应当信用等级高，有足够大的规模，具有以中短期为主的合理期限结构，流动性高，利率形成机制市场化，收益率可预测性强，有利于货币市场的稳定和发展。只有证券种类和数量齐全，中央银行才能依据货币政策的需要，有选择地进行买卖，吞吐足够数量的货币，促进货币政策目标的实现。

第三，拥有相当规模并且发育完备的金融市场。要有相当规模并且发育完备的金融市场，特别是发达的货币市场，这样才能顺利、有效地贯彻货币政策。发达的货币市场应当是一个交易活跃，富有广度、深度和弹性的货币市场。广度是指市场参与主体广泛，呈现出多样化的特点，既有较广的地域分布，覆盖面广，又有不同的经济阶层，交易偏好各不相同，因而货币市场的系统风险小；同时，市场交易工具的品种和期限都较丰富，能满足不同偏好者的需求，将众多的经济主体吸引到市场上来。深度是指市场容量大，交易活跃，市场流动性强。弹性是指货币市场工具的交易价格在变动之后能够迅速恢复，暂时性的价格波动就会诱发大量新的买进或卖出，通过市场自身的力量就可得以平复，并且每个交易价格都能迅速传播出去，外部经济因素的变化也能及时反馈到交易价格走势上，货币供应量对利率变动敏感性大，从而资金交易价格水平和结构能真实反映资金供求状况及其预期。①

第四，具备完善的金融市场机制。完善的金融市场机制包括有效的金融监管体制。只有具备完善的金融市场体制，中央银行才能独立地执行货币政策并将其采取的措施付诸实施，其他金融机构也才能对中央银行的宏观调控信息作出正确的反应。

四、公开市场操作的交易标的

公开市场操作的交易标的主要是政府发行的有价证券，主要包括国库券和政府的长期公债券，广义上还包括政府直属部门发行的有价证券和地方政府发行的债券。例如，美国《联邦储备法》第 14 条规定，下列有价证券可以作为公开市场操作交易标的：银行承兑票据，汇票，金块、金币和金证券，联邦政府、州政府以及县政府的公债等。政府有价证券之所以能成为中央银行公开市场操作的主要交易标的，是因为政府证券一般没有倒账的风险，而且种类多，期限较短，流动性强，因而为金融业、地方政府、外国官方机构以及私人投资者等各类投资者所欢迎。

五、公开市场操作的方式

公开市场操作的方式主要有三种：一是直接买卖有价证券，即中央银行进行有价证券买卖时，一次交割结清，不附带任何其他条件，通常适用于国库券交易；二是回购协议交易，它是指证券商在卖出证券以后，必须在规定的时间、按规定的价格再从中央银行把证券买回来的交易方式；三是中央银行回购协议买卖，这种方式与第二种方式基本相同，但是出售证券和承担回购证券义务的是中央银行而不是证券商。

---

① 王周伟：《公开市场操作的原理及其架构完善的设想》，载《山西财经大学学报》2001 年第 3 期。

六、我国公开市场操作制度

（一）我国公开市场操作制度概述

我国公开市场操作制度是在金融体制改革过程中创设和发展的。公开市场操作包括外汇操作和人民币操作两部分。我国外汇公开市场操作活动于 1994 年 3 月启动，并在中国人民银行总行设立公开市场操作室，负责公开市场操作业务。同时由于中国人民银行已建立了全国性的外汇交易中心、同业拆借市场和进行公开市场操作的国债登记结算公司，公开市场操作业务的开展具备了条件。1995 年《中国人民银行法》第 22 条规定，中国人民银行为执行货币政策，可以"在公开市场上买卖国债和其他政府债券及外汇"。1999 年以来，我国公开市场操作业务发展较快，目前已成为中国人民银行货币政策日常操作的主要工具之一，对于调节银行体系流动性水平、引导货币市场利率走势、促进货币供应量合理增长发挥了积极的作用。

1997 年 3 月中国人民银行颁布了《公开市场业务暨一级交易商管理暂行规定》（现已废止），为我国进行公开市场操作提供了具体的法规依据。1998 年，我国开始建立公开市场业务一级交易商制度，选择了一批能够承担大额债券交易的商业银行作为公开市场业务交易的相对人。近年来，公开市场业务一级交易商制度不断完善，先后建立了一级交易商考评调整机制、信息报告制度等涉及公开市场操作的管理制度，一级交易商的机构类别也从商业银行扩展至证券公司等其他金融机构。

从交易标的物品种来看，中国人民银行公开市场债券交易主要包括回购交易、现券交易和发行中央银行票据等。其中，回购交易分为正回购和逆回购两种形式。正回购为中国人民银行向一级交易商卖出有价证券，并约定在未来特定日期买回有价证券的交易行为。正回购是中国人民银行从市场收回流动性的操作，正回购到期则为中国人民银行向市场投放流动性的操作；逆回购为中国人民银行向一级交易商购买有价证券，并约定在未来特定日期将有价证券卖给一级交易商的交易行为，逆回购为中国人民银行向市场上投放流动性的操作，逆回购到期则为中国人民银行从市场收回流动性的操作。现券交易分为现券买断和现券卖断两种。前者为中国人民银行直接从二级市场买入债券，一次性地投放基础货币；后者为中国人民银行直接卖出持有债券，一次性地回笼基础货币。中央银行票据（简称央行票据或央票）是中国人民银行发行的短期债券，中国人民银行通过发行央行票据可以回笼基础货币，央行票据到期则体现为投放基础货币。

根据货币调控需要，2013 年 1 月，中国人民银行立足现有货币政策操作框架并借鉴国际经验，创设了"短期流动性调节工具"（short-term liquidity operations，SLO），作为公开市场常规操作的必要补充，在银行体系流动性出现临时性波动时相机使用。这一工具的及时创设，既有利于央行有效调节市场短期资金供给，熨平突发性、临时性因素导致的市场资金供求大幅波动，促进金融市场平稳运行，也有利于稳定市场预期和有效防范金融风险。

知识拓展

中国人民银行公开市场操作制度的历史

（二）国债公开市场操作的交易方式

中国人民银行国债公开市场操作采取买卖和回购的交易方式进行，一级交易商与中国人民银行进行债券交易须签署有关协议。回购期限的档次分为七种:7天、14天、21天、28天、2个月、3个月和4个月。

债券交易一般采用招标方式进行,包括数量招标和利率招标(或价格招标)。具体中标原则由公开市场操作室规定。债券交易的资金清算按中国人民银行有关部门制定的会计核算手续办理。

(三)外汇公开市场业务的清算

外汇公开市场的清算由中国外汇交易中心实行集中清算,即会员(包括人民银行的公开市场操作室)在交易市场进行的外汇交易,通过交易中心集中办理资金清算。资金清算采取双向两级同步的清算方式和T+1的清算速度,即清算方式为外汇通过境外账户办理划款,人民币通过电子联行系统办理划款,外汇资金实行一级清算,人民币资金实行二级清算。清算速度为外汇交易资金于交易日后第一个营业日(如遇国内外休假日顺延)内划入总中心、分中心以及会员指定的账户。

(四)我国公开市场操作制度的完善

从发达市场经济国家公开市场操作制度的成功经验看,公开市场操作及其工具的选择是一个系统性工程,其实施需要一个比较完善的法治环境、经济环境和市场机制。

1. 加快我国国债市场的发展

国债市场的发展是公开市场操作的前提和条件。加快发展我国国债市场,首先应加大国债发行规模,优化国债结构,坚持多种国债品种的发行,建立国债的短、中、长期的合理组合,以配合公开市场业务的开展。其次,加强立法支持,制定颁布《国债管理条例》和《国债法》,通过立法规范国债的发行、流通、使用、管理和偿还全过程,保障国债市场运行的公开、公平、公正、高效和统一。

2. 构建发达的货币市场体系

构建和发展以银行间同业拆借市场为核心,以短期债券市场和票据市场为基础,以回购市场等专业市场为补充的多个子市场共存、规范运作、结构合理,并且梯次性协调发展的发达货币市场体系。

3. 进一步推进利率市场化改革

推进利率市场化改革,促使央行调节利率的方式由行政型的直接调控向市场型的间接调控转变。目前,我国已全部放开了商业银行的外币市场利率,接下来我国还要逐步放开人民币利率市场。要推进利率市场化进程,就必须理顺利率关系,使利率变动反映并有力地作用于资金供求,促进利率水平和结构合理化,最终形成一系列密切联系、合理反映不同金融工具的风险、收益和流动性等特性组合的市场利率体系。只有利率完全实现市场化,我国的公开市场操作才能真正发挥作用,才能通过公开市场操作打通我国货币市场和资本市场的连通渠道。

4. 调整央行资产结构

要调整央行资产结构,使央行持有足以干预和调控的操作工具资产,允许金融机构持有符合流动性管理和资产负债比例管理要求的大量债券,完善发展债券市场的一级自营商制度,充分发挥商业银行的承销商、分销商和做市商的作用。

第六节 我国常备借贷便利操作制度

为提高货币调控效果,有效防范银行体系流动性风险,增强对货币市场利率的调控效力,客观上需要进一步创新和完善流动性供给及调节机制,不断提高应对短期流动性波动的能力,为维持金融体系正常运转提供必要的流动性保障。借鉴国际经验,中国人民银行于2013年年初创设了常备借贷便利操作制度,当银行体系流动性出现临时性波动时,便启动该操作制度。

一、常备借贷便利操作制度的概念

常备借贷便利(standing lending facility,简称SLF),是全球大多数中央银行都设立的货币政策工具,但名称各异,如美联储的贴现窗口(discount window)、欧央行的边际贷款便利(marginal lending facility)、英格兰银行的操作性常备便利(operational standing facility)、日本银行的补充贷款便利(complementary lending facility)、加拿大央行的常备流动性便利(standing liquidity facility)等。所谓常备借贷便利操作制度,是指存款金融机构根据自身流动性需求,向中央银行申请常备借贷便利资金,以间接地对社会货币供应量进行调控的货币政策工具法律制度。中国人民银行根据常备借贷便利操作制度,适时向符合宏观审慎要求的政策性银行和全国性商业银行提供大额的短期流动性支持。

二、常备借贷便利操作制度的特点

从国际经验看,中央银行通常综合运用常备借贷便利操作和公开市场操作两大类保障货币政策目标实现的调控制度来调节市场流动性。常备借贷便利操作是中国人民银行正常的流动性供给渠道,主要功能是满足金融机构期限较长的大额流动性需求。

同为调节市场流动性的调控制度,常备信贷便利制度与公开市场操作制度具有以下区别:

第一,参与客体不同。常备借贷便利操作针对性强,属于"一对一"操作,它面向的对象主要为政策性银行和全国性商业银行;公开市场操作是在银行间债券市场进行,属于"一对多"操作,银行、证券公司、保险公司等持有债券的金融机构均可参与其中。

第二,期限不同。公开市场操作除央票外,一般的常规操作期限为7天、14天,特殊情况下为5天、6天,期限较短,可以平滑资金面短期波动;而常备借贷便利操作期限为1~3个月,相对长一些,可为银行等存款金融机构解决阶段性资金紧张问题。

第三,交易对手覆盖范围不同。常备借贷便利的交易对手覆盖面更广,通常覆盖存款金融机构。

此外,常备借贷便利利率水平根据货币政策调控、引导市场利率的需要等综合确定,它和中央银行贷款又有一定的区别。常备借贷便利以抵押方式发放,合格抵押品包括高信用评级的债券类资产及优质信贷资产等,金融机构还款时要考虑债券贴现额度等问题。而中央银行贷款是央行对金融机构的贷款,属于普通信用贷款,贷款到期后,银行按照规定利率还款即可。

中国人民银行通过常备借贷便利向贷款符合国家产业政策和宏观审慎要求、实体经济、总量和进度比较稳健的金融机构提供流动性支持;对流动性管理出现问题的机构,也视情况采取相应措施提供流动性支持,维护了金融稳定。中国人民银行通过连续发行三年期央票冻结长期流动性,通过常备借贷便利和公开市场逆回购提供必要的短期流动性支持,两种操作相结合,既有利于在未来国际收支形势不确定的情况下保持流动性适中水平,也有利于维护货币市场的稳定,防范金融风险。

三、定向中期借贷便利制度

为加大对小微企业、民营企业的金融支持力度,中国人民银行于2018年12月决定创设定向中期借贷便利(targeted medium-term lending facility,TMLF)制度,根据金融机构对小微企业、民营企业贷款增长情况,向其提供长期稳定资金来源。定向中期借贷便利制度规定,支持实体经济力度大、符合宏观审慎要求的大型商业银行、股份制商业银行和大型城市商业银行,可以向中国人民银行申请定向中期借贷便利资金。定向中期借贷便利资金可使用3年,操作利率比一般中期借贷便利(MLF)利率优惠15个基点。中国人民银行创设定向中期借贷便利(TMLF)制度,有利于保持市场流动性合理充裕,更加精确有效地实施定向金融调控,为经济高质量发展和供给侧结构性改革营造适宜的货币金融环境。

《票据法》《外汇管理条例》等

【法律适用】

存款准备金制度、基准利率制度、再贴现制度、公开市场操作制度和常备借贷便利操作制度是中央银行经常运用的货币政策工具法律制度。本章适用法律的核心仍然是《中国人民银行法》。由于货币政策工具法律制度涉及金融机构和货币、国债、政府债券、金融债券以及外汇,所以还要适用我国《商业银行法》《证券法》《票据法》《外汇管理条例》等金融法律和行政法规。

【思考题】

1. 货币政策工具法定化的意义是什么?

思考提示:货币政策工具是央行为实现货币政策目标而采用的手段。货币政策工具的运用关系到整个国民经济的运行,是国家对经济进行宏观调控的重要内容。只有将货币政策工具法定化,才能保障货币政策工具运用的合法性、适当性,从而保障国民经济的稳健运行和货币政策目标的有效实现。

2. 如何理解存款准备金制度和基准利率制度的金融调控作用?

思考提示:存款准备金制度和基准利率制度都是中央银行为了实现货币政策目标可以运用的货币政策工具。金融调控者根据货币政策的需要,可以调整存款准备金率和基准利率,以此调控国民经济的运行。应从目标与手段的关系及手段的经济法性质角度进行思考,并关注存款准备金率和基准利率调整对国民经济运行发生影响的传导机制。

3. 中央银行如何运用再贴现率实现货币政策目标?

思考提示:再贴现率的调整可以起到扩张或收缩社会信用的作用,从而调控经济的运行。同时,再贴现率可以影响市场利率,进而通过市场利率引导市场主体的行为和经济运行。

4. 怎样认识"公开市场操作是一项典型的经济法制度"这一命题?

思考提示:公开市场操作虽然只是金融调控法中中央银行可以运用的货币政策工具之一,但它却鲜明地体现了经济法的精髓,它是公私交融的产物,体现了社会本位,也体现了国家对经济生活的科学管理,还体现了平衡协调的经济法精神。

5. 应如何完善我国公开市场操作制度?

思考提示:在我国公开市场操作并没有充分发挥其应有的效果,这与许多配套制度不完善有着密切的关系。因此,配套制度的改革是完善公开市场操作制度的前提和必要的条件。

6. 公开市场操作与常备借贷便利操作有何不同?

思考提示:首先要弄清公开市场操作和常备借贷便利操作的主要特点,然后加以比较分析。

即测即评

第五编

数字金融法

第十五章　数字金融法概论

第十五章 数字金融法概论

■【重点提示】

1. 数字金融是数字化技术与现代通信网络相结合而实现的金融业务创新,是一种新的金融模式。数字金融具有数字化、网络化、高效化、普惠化等基本特征。

2. 数字金融法是调整数字金融关系和数字金融管理关系的法律规范系统。根据适用范围的不同,数字金融法可区分为通用数字金融法和专属数字金融法。

3. 数字金融法主体是数字金融法关系的参与者,包括数字金融经营者、数字金融消费者和数字金融管理者。

4. 网络第三方支付是指非金融机构依托公共网络或专用网络在收付款人之间转移货币资金的行为。它具有电子支付、网络支付、互联网支付和第三方支付等特点。第三方支付机构属于非金融机构,但需取得支付业务许可证。

5. 网络借贷是指通过网络平台实现借贷双方的资金供需对接并完成交易的资金融通方式,包括个体网络借贷和网络小额贷款。其中,网络小额贷款主要有平台金融类、消费金融类和供应链金融类三种类型。

6. 股权众筹是指初创、小微企业等项目发起人通过网络平台宣传、介绍项目融资需求,投资者对项目进行小额投资并取得相应股权的融资模式。

7. 数字金融管理法是指国家制定或认可的对数字金融市场及其金融行为进行监管、调控的法律规范总和。按其性质和功能不同,数字金融管理法可区分为政府监管法律规范和金融调控法律规范,广义上也可将行业自律规范纳入其中。

第一节 数字金融法概述

一、数字金融及其业务形态

数字金融是金融高质量服务实体经济和经济社会数字化转型的必然要求。2023年10月,中央金融工作会议在北京举行,要求"做好科技金融、绿色金融、普惠金融、养老金融、数字金融五篇大文章"。由此,数字金融的重要性进一步突显。

知识拓展

金融科技:未来在数字金融中三个方面的深度应用

（一）数字金融的概念和内容

1. 数字金融的概念

从发展过程来看，数字金融来源于但不限于互联网金融。2015年7月，中国人民银行、工信部等十部委发布《关于促进互联网金融健康发展的指导意见》（以下简称《互联网金融指导意见》），将互联网金融定义为传统金融机构与互联网企业利用互联网技术和信息通信技术实现资金融通、支付、投资和信息中介服务的新型金融业务模式。相较于互联网金融，数字金融涵盖的范围更加广泛，更加强调金融机构自身的数字化和智能化。2004年支付宝的成立可视为我国数字金融发展的开端。

数字金融的内涵仍在不断发展中，诸多观点各不相同，亦有一些基本共识。人们普遍认为，数字金融是数字化技术与现代通信网络相结合而实现的金融业务创新，是一种新的金融模式。例如，李成勋（Lee Seong-Hoon）认为，数字金融是金融产品、服务和科学技术相互作用下的产物，也可称为金融科技。[1] 黄益平、黄卓认为，数字金融是指由传统金融机构和现代互联网企业运用数字技术实现融资、支付、投资以及其他金融服务的新型金融业务模式。[2] 欧阳日辉在其主编的《数字金融蓝皮书：中国数字金融创新发展报告（2023）》中认为，数字金融是持牌金融机构运用数字技术，通过数据协作和融合打造智慧金融生态系统，精准地为客户提供个性化、定制化和智能化的金融服务。[3] 肖翔提出，数字金融尚无统一的定义，但对其基本构成要素已达成以下初步共识：一是参与主体既包括传统金融机构，也包括数字平台企业、金融科技公司等新兴市场主体；二是主要依托数字技术、数字渠道和数字基础设施实现金融产品和服务供给；三是在金融产品服务、业务流程、商业模式等方面实现数字化创新。[4]

应当注意，数字金融是金融与科技的融合创新，其虽广泛、深入运用大数据、云计算、人工智能、区块链、隐私计算等金融科技，但本质上仍是金融。金融科技（FinTech）是运用于金融业务与金融管理的数字化技术，聚焦于科技创新在金融领域的应用，其本质是技术或科技，不是金融。因此，数字金融与金融科技虽紧密相连，相辅相成，但并不相同，不能混淆。

2. 数字金融的特征

数字金融在支持小微企业、扩大就业和促进消费方面，发挥了积极作用。数字金融的健康发展，有利于提升金融服务质量和效率，促进金融改革、创新、发展和普惠。具体来看，数字金融具有数字化、网络化、高效化和普惠化等基本特征。

（1）数字化。数字金融在金融数据和数字技术双轮驱动下，促进金融资源的网络化共享、集约化整合、精准化匹配，实现金融的高质量发展，推动数字经济、实体经济的深度融合与提升。显然，数字技术应用或金融数字化是数字金融最显著的特征。一方面，基于用户行为数据、交易信息数据和其他相关数据，通过大数据、云计算、区块链、人工智能、隐私计算等数字技术实现对各类用户的信用、还贷能力的精准判断和个人信息保护，数字金融为用户提供适合的金融产品，并

---

[1] Lee Seong-Hoon, Lee Dong-Woo.Fintech-Conversions of Finance Industry based on ICT. Journal of the Korea Convergence Society，2015，6（3）.
[2] 黄益平、黄卓：《中国的数字金融发展：现在与未来》，载《经济学（季刊）》，2018年第4期。
[3] 欧阳日辉：《数字金融蓝皮书：中国数字金融创新发展报告（2023）》，社会科学文献出版社2023年版，摘要第1页。
[4] 肖翔：《破解数字金融治理的"科林格里奇困境"》，载北京大学数字金融研究中心官网。

降低风险概率。另一方面,数字化服务系统大大提高了授信审批速度,使金融弱势群体同样能够获取相对高效便捷的金融服务。因此,随着数字技术应用的日益广泛和不断深入,金融领域开启了一个以数字技术为主要驱动力的金融创新时代,传统金融行业的产品形式、业务流程、运行机理和组织架构都将被重塑。

(2)网络化。数字金融依托现代通信网络将金融机构、金融消费者与中介服务者联系起来,打造数字金融平台,提供及时高效的在线金融服务。现代通信网络是数字金融的基础设施,数字金融建立其上并应用数字技术,创建新业务模式,形成立体式金融网络运营服务体系。这里的网络指的是现代信息网络,不是传统金融网点形成的物理网络。对于传统金融机构的数字化转型来说,其机构网点可以作为数字化转型业务的支撑或补充,但不是必要设施。

(3)高效化。高效化是数字金融的主要特征,也是其核心目标。这主要表现在以下方面:第一,数字金融主要由数字化网络系统进行业务处理,操作流程标准化,客户不需要排队等候,业务处理速度快,服务效率高。第二,数字金融使用数字技术,重塑业务流程,不再需要原来众多的分支机构和工作人员,运营成本低,经济效率高。第三,数字金融通过互联网、通信技术的应用,实现了金融业务的在线化、移动化及24小时服务,不受时间、地点限制,实现了金融服务的广泛性和时效性,提高了金融的综合效率。第四,数字金融解决产业链企业融资难题,为实体经济降本增效。在传统金融服务模式中,中小企业向金融机构获取融资承担着较高的信息披露成本,甚至难以获得融资机会。数字技术的赋能,使产业链各主体企业的经营状况数字化、透明化,真实交易信息在产业链上流通,为其还款能力及信用评判提供有利条件,降低了金融机构和中小企业之间的信息不对称,提升了企业金融服务的可得性,有利于促进企业降本增效。

(4)普惠化。数字金融最大突破和贡献之一就是普惠金融。这主要体现为:第一,数字金融摆脱了对金融实体网点的依赖,服务范围广泛。数字金融通过现代网络通信和数字技术,能够快速建立东西南北、城市乡村、欠发达地区等各处的业务联系,让金融服务触达乡村、偏远地区,为中小微企业和低收入人群提供服务,实现金融的普惠性。例如,支付宝和微信支付现在有近10亿用户,解决了过去很难解决的获客难问题。第二,充分运用数字技术和平台,有效实现长尾效应。所谓长尾效应,是指本来不被重视的体量小、个性化的客户在得到挖掘后累积起来的总收益足够大,甚至超过了头部的优质客户产生的收益,从而具有业务的可行性和盈利性。数字金融在数字化技术和平台的助力下,可以有效开发并为大量潜在的小微尾部客户服务,而且边际成本低,可实现良好的经济效益。这是传统金融无法做到的。[1]

3. 数字金融的主要内容

从实现路径来看,数字金融的内容包括数据资源金融化和金融机构及其业务数字化两个方面。有人将其称为数字金融发展的两大新趋势,即数字资产化和金融智能化[2]。数据资源金融化,对应于数字经济的数字产业化,是指基于数据资源或资产开发提供金融商品或服务,表现为数据抵押融资、数据信托、数据资产证券化、数据保险等。金融机构及其业务数字化,对应于数字经济的产业数字化,是指金融机构及其业务的数字化转型和创新,包括第三方支付、网络借贷、数字货币、智能化金融服务、金融业务运管数字化等。

---

[1] 黄益平:《数字金融革命刚刚开始》,载《财富时代》2021年第12期。
[2] 范文仲:《数字金融的创新与趋势》,载《中国金融》2023年第16期。

从核心构成要素来看,数字金融的内容包括数据资源应用、金融科技应用和数字化业务模式三个方面。该三个方面内容存在着递进关系。数据资源应用是数字金融的基础,金融科技应用是数字金融实现的重要支撑,数字化业务模式是数字金融呈现在居民和企业等主体面前的表现形态。[1] 进一步分析如下:

第一,数据资源应用——数字金融的关键基础。数据是数字金融的基石,是金融机构及其业务数字化转型与金融科技发展的基础。中国信通院认为,数据要素投入生产的途径包括三次价值释放过程:一是数据支撑业务贯通,即企业、政府通过业务系统的数字化实现数据对业务运转与贯通的支持;二是数据推动数智决策,即通过数据的加工分析实现生产、经营、服务等环节智能化;三是数据流通赋能增效,即通过数据流通以实现数据在更多场景下的汇聚融合,创造更高的效率和价值。对数字金融来说,数据要素的前两次价值释放,即数据支撑业务贯通与数据推动数智决策已较为成熟。未来,金融机构需关注数据流通的赋能增效。

第二,金融科技应用——数字金融由数据向实际转化落地的重要技术基础和媒介。从之前金融科技运用来看,通过"监管沙盒"进行的金融科技创新,多集中于大数据、区块链、人工智能、隐私计算等领域。从今后趋势来看,金融科技的深度应用可能集中于三个方面:隐私计算的大规模应用、生成式人工智能大模型在金融行业落地和数字员工的批量部署。[2]

第三,数字化模式和渠道创新——数字金融的最终应用层。一方面,金融业务在线化是数字化转型的表象;另一方面,金融业务智能化是数字化转型的内容。其中,数字货币将最终演进成为数字金融中最重要的一般等价物。数字货币不仅将迭代更新银行传统"存贷汇"业务中的"汇"这一重要模块,其对智能合约的运用也将增大金融业务创新的空间。

应注意的是,数字金融包含的数字化不仅是金融机构及其业务的数字化转型,也包含了金融监管机构的数字化监管转型。

(二)数字金融的业务形态

关于数字金融的业务形态,目前理论与实务上的理解和表述仍有较大差异。一些学者认为,数字金融目前主要包括数字货币、数字支付、互联网贷款、数字信贷、数字证券、数字保险、数字理财等金融业态。本书的观点是,从数字金融发展过程来看,有两个基本趋势,并形成相应的业务形态:一是传统金融机构将金融业务延伸到互联网,从而产生了网络银行、网络证券、网络保险、网络基金销售等;二是互联网企业涉足金融业务,创立金融服务平台和创新金融业务,从而产生了网络支付、网络借贷、网络众筹、虚拟代用货币等。此外,还有其他主体单独或者与前两者合作开拓数字金融业务,如数字货币等。因此,数字金融包括的内容十分丰富,其表现形态多种多样,并处于不断发展变化之中。简要说明如下:

1. 网络支付

网络支付是指运用计算机、手机等设备,通过互联网发起、传送支付指令并转移货币资金,从而完成付款的电子化支付方式,包括网上银行、手机银行和第三方支付(如支付宝、财付通)等。

---

[1] 《数字金融:内涵与机遇》,载中国首席经济学家论坛。
[2] 数字员工是指利用人工智能、机器人流程自动化(RPA)、数据和机器人等技术,创建出具有感知互动能力和表达能力的虚拟工作人员。数字员工可以协助或替代人类完成一些重复性、标准化或高效率的工作任务,有效提高企业的生产效率、降低人力成本、优化用工模式、推动数字化转型等,典型场景为客服。

网络支付是最早产生的数字金融业态,交易结算是其基本功能,第三方支付是其最典型的业务形式。

2. 网络借贷

网络借贷是指借款人和出借人通过网络平台进行的资金借贷。网络借贷以小额为主,最早起源于金融危机时期的欧美,对缓解短期资金缺口、寻求创业融资及开辟个人投资渠道有一定效果。网络借贷的业务中枢是网络借贷平台,一切认证、记账、清算和交割等借贷业务流程均通过网络完成,借贷双方足不出户即可完成借贷,一般额度都不高,无抵押,属于信用借贷。网络借贷包括个体网络借贷、网络小额贷款等。

3. 网络众筹

网络众筹是指发起人(筹资人)通过网络平台对融资项目或活动进行公开宣传,吸引公众关注和招徕投资者,从而向众多个人或组织募集小额资金的融资活动。根据众筹目的不同,网络众筹可分为股权众筹、债权众筹、奖励众筹和捐赠众筹等。股权众筹是最广泛的网络众筹。与个体网络借贷不同,网络众筹不是一对一借贷,而是一对众筹资。相同的是,两者都是通过第三方网络平台进行的,属于平台经济的范畴。

4. 其他数字金融业态

除了上述最为典型、重要的几种数字金融业态之外,随着金融与现代网络业务的不断融合与创新,形成了相应诸多数字金融业态。这些数字金融业态主要表现为将传统金融产品的销售和部分管理业务通过互联网平台进行,甚至全部业务流程在互联网上进行,如网络基金销售、网络保险、网络信托、网络消费金融、网络资产管理、网络金融租赁、网络证券、网络期货等。此外,还有些数字金融业态则属于完全产生并运行于互联网的新型金融业务,如虚拟货币等。今后,金融与现代网络的结合将更为广泛、深入,新的数字金融形态也会不断产生。

二、数字金融法的概念

数字金融法是规制数字金融主体、行为与数字金融关系的法律,可从实质与形式两个角度来理解。

从实质上看,数字金融法是调整数字金融关系和数字金融管理关系的法律规范系统或法律规范总和。准确地说,这是根据每一法律规范所调整的对象来对其进行定性和归类的,是数字金融法律规范内容上的总和。凡是调整数字金融关系或数字金融管理关系的法律规范,无论其具体体现在哪个法律文件中,均属于数字金融法的范畴。对于数字金融、数字金融关系和数字金融管理关系,人们的认识还存在较大差异,从而导致对数字金融法的内容理解不一致。如前所述,本书认为,数字金融是数字技术、网络与金融的融合与创新,既包括传统金融机构将业务延伸到网络,也包括互联网企业进入金融业务领域,还包括其他主体单独或与前两者合作依托现代网络从事的金融创新和服务。总之,金融业务只要通过数字化技术"触网"或"入网",运用数据资源实现业务模式创新,就属于数字金融,对之进行监管调控就属于数字金融管理。在我国,几乎各种金融业务都或多或少与网络相关或通过现代通信网络进行,不过,虽已有许多业务在线办理,但多数或者重要金融业务的具体办理还是通过传统方式进行的。从法律调整来看,同一类金融业务,无论是否运用数字化技术,是传统方式办理还是通过现代通信网络进行,由于性质相同,原有的金融法规范一般情况下都应当适用。由于数字金融已覆盖了大部分传统金融业务,并产生了一些新的金融业务,数字金融和数字金融管理所引起的金融关系和金融管理关系十分广泛,从而使数字金融法的内容也十分广泛。为便于分析和运用,根据规范适用范围的不同,可将数字金融法分为两类。一类是同时适用于传统金融业务和数字金融业务及其管理的金融法规范,可称之为通用数字金融法。它主要是由传统金融业务及其管理之调整需要而制定并运用于数字金融的金融法规范,或者是根据同类的传统与数字金融业务及其管理的发展需要新制定的金融法规范。另一类是仅仅适用于数字金融业务及其管理的金融法规范,可称之为专属数字金融法。该类规范是对金融数字化、"触网"或"入网"的传统金融业务及其管理在网络条件下的特殊规定,或者是对基于网络新生金融业务及其管理而专门制定的金融法规范。从理论上看,可以将前述通用和专属数字金融法合并在一起,统称为广义数字金融法;将其中的专属数字金融法称为狭义数字金融法。从学习与研究角度来看,狭义数字金融法才是应当关注的最主要内容。本书以下的阐述即以狭义数字金融法为主,但在具体分析数字金融案件时,仍可能需要甚至主要适用广义数字金融法。

从形式上看,数字金融法是指国家制定或认可的调整数字金融关系和数字金融管理关系的规范性法律文件。这是由形式上的法律文件构成的体系。本书认为,形式上的数字金融法是根据一部法律文件的主要或多数或许多规范来确定其性质和归类的,一部法律文件一般确定为属于一个法律部门,少数情况下也可以同时确定为属于两个或多个法律部门。如果将大量既调整传统、又调整数字金融业务及其管理的金融法律文件从形式上归类为数字金融法,会在名称或外形上显得不相称,也没有太大实际意义。因此,形式上的数字金融法应限定在狭义数字金融法范围之内。也就是说,形式上的数字金融法应是单独或主要或相当程度上属于数字金融领域的专门性法律文件,一般在其名称中有"数字金融""互联网支付""第三方支付""网络借贷""网络众筹""数字货币"等表示数字金融相关含义的专有名词,或者其名称覆盖了数字金融的相关内容,或者其较多条款而不是个别条款属于数字金融的法律规则。例如,2015年7月14日中国人民银行、工信部、公安部等十部委联合发布的《互联网金融指导意见》、2016年4月12日国务院办公厅发布的《互联网金融风险专项整治工作实施方案》(以下简称《专项整治方案》)、2011年1月8日国务院修订发布的《互联网信息服务管理办法》以及中国人民银行等部门发布的《非银行支付机构客户备付金存管办法》《关于防范比特币风险的通知》等。

三、数字金融法的调整对象

从前述数字金融法的定义可以看出,数字金融法的调整对象是数字金融关系和数字金融管理关系。

(一)数字金融关系

所谓数字金融关系,是指数字金融经营者与数字金融消费者之间或者其内部相互之间的数字金融关系。从理论上看,应重点关注狭义数字金融关系,即需要由狭义数字金融法来调整的金融关系。但在实务上,由于数字金融行为法律调整的一体性,应从广义上理解数字金融关系,并适用广义数字金融法的调整,从而实现对数字金融行为和关系的全面调整和规范。因此,只有全面掌握通用数字金融法和专属数字金融法,才能系统分析和处理数字金融法律关系。根据交易目的的不同,数字金融关系可分为数字金融商品交易关系和数字金融中介服务关系。数字金融商品交易关系根据交易金融商品的属性不同,可进一步分为支付数字金融关系、借贷数字金融关系、证券数字金融关系、保险数字金融关系、信托数字金融关系、租赁数字金融关系等。根据中介服务内容的不同,数字金融中介服务关系可进一步分为数字金融信息咨询关系、数字金融登记结算关系、数字金融资信评估关系、数字金融会计服务关系、数字金融法律服务关系等。

(二)数字金融管理关系

所谓数字金融管理关系,是指管理数字金融的政府机关或其他组织对数字金融活动进行规划、组织、监督、协调和控制所形成的金融管理关系。数字金融管理关系可进一步分为数字金融监管关系和数字金融调控关系两类。

1. 数字金融监管关系

数字金融监管关系是指中国人民银行、工信部、国家金融监管总局、证监会、地方金融管理局等数字金融监管机关依法对数字金融经营者、消费者(投资者)、中介服务者的数字金融经营、消费(投资)、中介服务活动进行监督管理和保护所形成的金融管理关系。根据被监管业务性质的不同,数字金融监管关系可区分为借贷数字金融监管关系、证券数字金融监管关系、保险数字金融监管关系、信托数字金融监管关系、数字货币监管关系、数字金融中介服务监管关系等。

2. 数字金融调控关系

数字金融调控关系是指央行等国家机关为实现保障经济安全、控制信用规模、防范系统性金融风险等宏观经济目标对数字金融行业采取相关措施而形成的金融管理关系。例如,中国人民银行对支付机构客户备付金实行集中存管而形成的备付金集中存管关系。一般来说,国家对整个金融行业的宏观调控,如存贷款利率、存款准备金、再贷款政策等许多也同时会影响到数字金融行业。但本书认为,只有那些对数字金融行业构成普遍的或重要影响的调控措施,其形成的金融管理关系才属于数字金融调控关系,如利率政策实施所形成的网贷利率调控关系等。而存款准备金、再贷款、再贴现等由于对数字金融影响较小或无直接影响,其形成的金融管理关系不属于数字金融调控关系。

数字金融法基于数字金融交易、监管、调控等金融法事实对相关的数字金融关系和数字金融管理关系进行调整,就产生了数字金融法关系。对数字金融关系的法律调整形成数字金融法律关系;对数字金融管理关系的法律调整形成数字金融管理法律关系。可见,数字金融法关系,是数字金融法律关系和数字金融管理法律关系的总称。根据上述关于数字金融关系和数字金融管理关系的具体分类,可以形成相应的数字金融法关系,如数字金融商品交易法律关系、数字金融中介服务法律关系、借贷数字金融法律关系、数字金融登记结算法律关系和证券数字金融监管法律关系等。

四、数字金融法主体

数字金融法主体是数字金融法关系的参与者,即数字金融法律关系的当事人和数字金融管理法律关系的当事人,包括数字金融经营者、数字金融消费者和数字金融管理者三类。

数字金融经营者,又称从业机构,是指具有数字金融业务资格,依法开展数字金融业务,并接受国家金融监管调控机关管理的经济主体。[①] 数字金融经营者既包括将传统金融业务数字化或延伸到互联网的传统银行和非银行金融机构,如商业银行、外资银行、证券公司、保险公司、信托公司、基金管理公司、资产管理公司等;也包括网络企业进入金融业务而建立的数字金融平台、数字金融服务提供者或其他方式产生的数字金融创新企业,如网络第三方支付平台、网络借贷平台、网络众筹平台、数字金融商品销售平台、网络小额贷款公司、仅提供网上金融服务的企业、经营虚拟货币的互联网企业等。此外,从事数字金融中介服务的机构,如数字金融信息咨询机构、资信评估机构、登记结算机构等,属于数字金融参与者,广义上也可以称为数字金融经营者。

数字金融消费者是指通过网络购买数字金融商品或服务,以满足生活或投资需要的经济主体。与普通消费者不同的是,数字金融消费者购买或接受数字金融商品或服务,不仅是为了生活消费,更多情况下是为了资产的保值增值(具有投资者性质),并且其交易行为必须通过现代通信网络进行。数字金融消费者具有作为消费者的两个基本特点:一是在数字金融商品或服务交易中处于买者地位;二是处于信息不对称的弱者地位。数字金融消费者主要表现为个人,也可以是法人和其他组织。例如,企业将暂时闲置或少量资金用于网络理财产品购买或参与网络众筹,或通过网络办理财产保险等,均属于数字金融消费者。

数字金融管理者是指在数字金融管理关系中承担对数字金融业务进行监管和调控职能的政府机构及授权行使部分监管职能的行业组织。根据其职能的不同,数字金融管理者可区分为数字金融监管者和数字金融调控者两类。数字金融监管者是指承担对数字金融市场的资格准入、交易行为、信息披露等监管职能的政府机构及被授权行使部分监管职能的行业组织,包括中国人民银行、工信部、国家金融监管总局、证监会、国家网信办和中国互联网金融协会等。根据我国目前的规定,中国人民银行负责互联网支付业务的监管;国家金融监管总局负责包括网络借贷以及网络信托、网络保险和网络消费金融的监管;中国证监会负责股权众筹融资和网络基金销售的监管;国家电信主管部门对数字金融业务涉及的电信业务进行监管;国家互联网信息管理部门负责对金融信息服务的监管;中国互联网金融协会对互联网金融行业及其会员实施行业自律管理。数字金融调控者是指对数字金融市场进行宏观调控、防范系统性金融风险的机关,主要包括中国人民银行和中央金融委员会等。中国人民银行作为金融体系的核心,其主要职能是金融调控(制定和实施货币政策等),亦同时对包括第三方支付在内的支付结算等少数金融业态履行监管职责。

第二节　第三方支付经营法

第三方支付属于网络支付的主要形式。目前,我国关于网络第三方支付的法律文件主要有:《非银行支付机构监督管理条例》《非银行支付机构监督管理条例实施细则》《非银行支付机构

[①] 2015年7月14日中国人民银行等部委发布的《关于促进互联网金融健康发展的指导意见》等法律文件,将互联网金融经营者称为互联网金融从业机构,简称从业机构。这里的互联网金融从业机构就是数字金融经营者。

网络支付业务管理办法》《非银行支付机构客户备付金存管办法》及《中国人民银行办公厅关于支付机构客户备付金全部集中交存有关事宜的通知》等。

一、第三方支付的含义和特点

第三方支付是指非金融机构在收付款人之间转移货币资金的行为。第三方支付分为网络第三方支付和非网络第三方支付。网络第三方支付是指非金融机构依托公共网络或专用网络在收付款人之间转移货币资金的行为,包括货币汇兑、互联网支付、移动电话支付、固定电话支付和数字电视支付等。典型的第三方支付模式是,买方选购商品后,将款项交给第三方支付机构,由第三方支付机构再将款项支付给卖方。根据《互联网金融指导意见》的规定,互联网支付是指"通过计算机、手机等设备,依托互联网发起支付指令、转移货币资金的服务"。显然,互联网支付既包括由传统银行进行的网上银行支付,也包括由第三方支付机构(即非银行机构)进行的互联网第三方支付。可见,互联网第三方支付具有四个特点:一是电子支付;[1] 二是网络支付;三是互联网支付;四是第三方支付。[2] 非网络第三方支付包括从事预付卡发行与管理的预付卡业务等。

二、第三方支付机构的性质与资格取得

第三方支付机构,简称支付机构,其性质还存在争议。根据《非银行支付机构监督管理条例》的规定,第三方支付机构为非银行支付机构,是指在中国境内依法设立,除银行业金融机构外,取得支付业务许可,从事根据收款人或付款人提交的电子支付指令转移货币资金等支付业务的有限责任公司或股份有限公司。第三方支付机构属于非金融机构,无需取得金融业务许可证,但需获得支付业务许可证。也就是说,第三方支付业务必须持牌经营。在美国,第三方支付机构不是银行或其他存款机构,无需取得银行业务许可证,一般作为货币服务商进行管理。所谓货币服务商,是指既不吸收存款,也不发放贷款的非银行金融机构,主要提供转移货币、销售支付工具(如汇票、旅行支票、储值卡等)、兑现支票、兑换外币等服务。本书认为,第三方支付机构虽然从事代收、代付、返现、查询、备付金保管等部分银行业务,由于其不具有银行从事存贷款业务的根本属性,性质上不属于银行。另一方面,第三方支付机构的货币支付中介服务无疑具有金融属性,并且要取得支付牌照,其性质属于准金融机构,类似于小额贷款公司。

非金融机构需要从事第三方支付业务的,应符合中国人民银行规定的条件并向中国人民银行提出申请。获得批准、取得支付业务许可证的,才能成为第三方支付机构,从事第三方支付业

---

[1] 2005年中国人民银行《电子支付指引(第一号)》规定,电子支付是指单位、个人直接或授权他人通过电子终端发出支付指令,实现货币支付与资金转移的行为。电子支付的类型按电子支付指令发起方式分为网上支付、电话支付、移动支付、销售点终端交易、自动柜员机交易和其他电子支付。可见,互联网第三方支付属于电子支付。

[2] 在经济活动中,充当收付款人之间货币资金转移支付主体的有中国人民银行清算中心、银行、银联、非银行金融机构和非金融机构。一般将由金融机构以外的主体,即非金融机构进行的中介支付业务,称为第三方支付。实际上,由金融机构进行的支付结算业务并非当事人之间的直接支付,其性质也是第三方支付。但考虑到,非金融机构进行的中介支付业务是一种业务创新,为突出其不同和特点,称之为第三方支付;而金融机构进行的支付结算业务属于其传统业务,直接笼统地称之为支付结算业务或支付业务。这样,第三方支付就成为对非金融机构进行的中介支付业务的特别称谓。

务。中国人民银行负责支付业务许可证的颁发和管理。第三方支付机构取得支付业务许可证后,应当及时向市场监督管理部门办理登记手续,领取营业执照。

三、第三方支付的法律关系

知识拓展

第三方支付机构的资格条件

第三方支付构成一个支付体系,涉及四类主体,形成五种法律关系。四类主体是指第三方支付机构、银行、清算机构和平台客户。其中,银行包括中国人民银行以及与第三方支付机构达成备付金协议的备付金银行、特定业务银行和其他相关商业银行;清算机构是指负责第三方支付机构交易清算与监督的金融机构,如中国银联股份有限公司、网联清算有限公司等;平台客户是指通过平台进行交易的双方或收付款方。第三方支付法律关系主要发生在平台客户与第三方支付机构之间以及第三方支付机构与银行、清算机构之间。

(一)平台客户与第三方支付机构之间的支付法律关系

客户通过在第三方支付平台注册和交易,与第三方支付机构建立了与客户备付金相关的支付法律关系。所谓客户备付金,是指非银行支付机构(包括第三方支付机构)为办理客户委托的支付业务实际收取的预收待付货币资金。

1. 资金转移服务合同关系

第三方支付机构为客户提供代收、代付款项服务,形成了资金转移服务合同关系,是一种委托代理关系。其中,买方或付款方与第三方支付机构之间因"代付"事务形成付款委托代理关系,卖方或收款方与第三方支付机构之间因"代收"事务形成收款委托代理关系。通常情况下,客户与第三方支付机构既有代收委托,又有代付委托,两者之间形成代收、代付委托代理关系,统称为资金转移服务合同关系。例如,支付宝公司将其提供的资金转移服务解释为"代收代付款项服务",即"本公司为您提供代为收取或支付相关款项的服务"。

2. 资金保管合同关系

在客户使用第三方支付服务时,支付机构为用户办理支付业务会产生预收待付货币资金,这些沉淀资金为备付金。根据《非银行支付机构监督管理条例》第27条的规定:"非银行支付机构应当根据用户发起的支付指令划转备付金……非银行支付机构不得以任何形式挪用、占用、借用备付金,不得以备付金为自己或者他人提供担保。"因此,客户备付金沉淀于第三方支付平台开设的相关备付金账户时第三方支付平台负有保管责任,但不能占为己有,客户与第三方支付平台之间形成资金保管合同关系。

3. 信用担保合同关系

在担保型第三方支付系统中,第三方支付机构在资金转移服务过程中还扮演着保证人的角色。例如,客户通过支付宝收付货款。就买方来说,在交易发生后买方将货款交付给支付宝平台,由其作为备付金(即付款保证金或押金)保管,在未收到货物或所收货物不符合买卖双方约定时,买方可以拒绝向卖方付款;此时支付宝进行查核,如果情况属实,则会将货款退还给买方。就卖方来看,在买方支付货款给支付宝(即向平台交纳全额保证金)之后才发货,当买方确认收货即可获得货款,如果买方收货后未在规定期限内确认收货亦未提出异议,支付宝平台会将款项自动划转给卖方。因此,在这种支付模式中,第三方支付机构处于信用中介地位,对交易双方的资金安全起着保证作用。支付宝公司将这种服务方式称为支付宝担保交易。因此,采用这种支付模式时,第三方支付机构对客户承担保证责任,双方之间形成信用担保合同关系。

(二)第三方支付机构与银行、清算机构之间的支付法律关系

一般认为,第三方支付机构与银行、清算机构之间具有双重法律关系:一是金融服务合同关系,二是金融监管法律关系。这里的银行涉及中国人民银行、备付金银行、特定业务银行及其他相关商业银行。清算机构包括备付金主监督机构及其他备付金清算机构。

1. 金融服务合同关系

第一,第三方支付机构主要是从事支付通道服务。第三方支付机构需要与各商业银行签约,就其与商业银行的网关接入达成协议,从而实现平台客户可以通过网站相关链接将其银行账户或者平台账户中的资金进行转移。由此,第三方支付机构与各商业银行之间达成网关接入协议,使双方之间形成了提供通道出入服务的金融服务合同关系。第二,在账户型第三方支付体系中,开展预付卡业务的第三方支付机构应当与备付金银行签订备付金协议,将平台收到的客户备付金交存到相关预付卡备付金专用存款账户,并按规定及时结转至备付金集中存管账户,由此形成了双方之间的金融服务合同关系。第三,第三方支付机构开展跨境人民币支付业务、跨境外汇支付业务和基金销售支付业务时,应在特定业务银行开设特定业务待结算资金专用存款账户,由此形成双方之间的金融服务合同关系。第四,第三方支付机构与备付金主监督机构及其他清算机构之间签订备付金协议,形成双方之间清算金融服务合同关系。第五,第三方支付机构在中国人民银行开立备付金集中存管账户,按规定交存和支付客户备付金,由此形成两者之间的金融服务合同关系。因此,第三方支付机构与中国人民银行、清算机构、备付金银行、特定业务银行及相关商业银行之间形成了资金存管与支付结算的金融服务合同关系。

2. 金融监管法律关系

首先,第三方支付机构与中国人民银行之间形成金融监管法律关系。《非银行支付机构监督管理条例》第4条第2款规定,中国人民银行依法对非银行支付机构实施监督管理。中国人民银行的分支机构根据中国人民银行的授权,履行监督管理职责。第6条第1款规定,设立非银行支付机构,应当经中国人民银行批准,取得支付业务许可。第14条第1款规定,非银行支付机构拟终止支付业务,应当向中国人民银行申请注销支付业务许可。第37条规定,非银行支付机构应当按照规定向中国人民银行报送支付业务信息、经审计的财务会计报告、经营数据报表、统计数据,以及中国人民银行要求报送的与公司治理、业务运营相关的其他资料。可见,中国人民银行与第三方支付机构发生金融监管法律关系。其次,第三方支付机构与清算机构、备付金银行、特定业务银行之间形成金融监管法律关系。《非银行支付机构客户备付金存管办法》(以下简称《备付金存管办法》)第39条规定:"清算机构和备付金银行应当分别对备付金集中存管账户、预付卡备付金专用存款账户中客户备付金的存放、使用、划转实行监督,建立和完善客户备付金相关交易的事前、事中、事后监测及监督机制,指定专人实时监测备付金风险,及时核实异常交易。"

第 44 条规定,清算机构、备付金银行、特定业务银行应当加强客户备付金和特定业务待结算资金管理,发现客户备付金或者特定业务待结算资金异常的,应当立即督促非银行支付机构纠正,并向非银行支付机构住所地中国人民银行分支机构报告,由其进行核查。因此,在第三方支付机构与清算机构、备付金银行、特定业务银行之间,存在关于备付金存放、使用、划转等方面的金融监管法律关系。

应当注意的是,平台客户之间达成的商品服务交易关系,是与第三方支付相关的基础法律关系,属于一般的商事合同关系,不具有支付法律关系的性质,不能纳入第三方支付法律关系的体系之中。

四、第三方支付的经营规则

(一) 经营范围

第三方支付机构只能办理第三方支付客户的代收、代付、资金保管、交易担保等业务,不能将支付业务外包,不能办理支付机构之间(合规之合作业务除外)和银行金融机构之间的货币资金转移业务,不得经营或者变相经营证券、保险、信贷、融资、理财、担保、信托、货币兑换、现金存取等业务。支付机构之间的货币资金转移应当委托银行业金融机构办理或者通过清算机构在备付金集中存管账户之间进行。第三方支付机构之间或与其他支付机构之间不得相互直接开放支付业务接口,不得相互开立支付账户。

(二) 基本经营规则

主要包括:(1)持牌依法经营。第三方支付机构需向中国人民银行申请并取得或续展支付业务许可证,支付业务终止的,应当交回支付业务许可证。第三方支付机构应当按照支付业务许可证核准的业务范围从事经营活动,不得从事核准范围之外的业务,不得将业务外包,不得转让、出租、出借支付业务许可证。(2)遵循安全、效率、诚信和公平竞争的原则,不得损害国家利益、社会公共利益和客户合法权益。(3)遵守反洗钱的有关规定,履行反洗钱义务。(4)按照审慎经营的要求,制订支付业务办法及客户权益保障措施,建立健全风险管理和内部控制制度,并报所在地中国人民银行分支机构备案。(5)确定支付业务的收费项目和收费标准,报所在地中国人民银行分支机构备案后公开披露;按规定向所在地中国人民银行分支机构报送支付业务统计报表和财务会计报告等资料。(6)第三方支付机构之间的合作应当符合中国人民银行有关规定。因合作产生的、基于真实交易的客户备付金划转应当通过清算机构在备付金集中存管账户之间进行,发起支付业务的非银行支付机构应当提供交易流水、收付款人信息等表明交易实际发生的材料。

(三) 账户管理

1. 备付金集中存管账户管理

第三方支付机构应当在中国人民银行开立一个备付金集中存管账户。在符合相关业务规定的情形下,备付金集中存管账户中的资金仅能向第三方支付机构商户和客户指定的银行结算账户、备案自有资金账户和特定业务待结算资金专用存款账户、存在合规业务合作关系的其他非银行支付机构备付金集中存管账户，以及中国人民银行基于保障消费者合法权益而认可的其他账户划转。非银行支付机构开展合规业务，需要向备付金集中存管账户划转自有资金的，应当通过清算机构从备案自有资金账户办理。

2. 预付卡备付金专用存款账户管理

第三方支付机构开展预付卡发行与受理业务的，可以选择一家备付金银行开立一个预付卡备付金专用存款账户，该账户性质为专用存款账户，仅用于收取客户的购卡、充值资金，不可以办理现金支取或者向备付金集中存管账户以外的账户转账。预付卡备付金专用存款账户资金交存备付金集中存管账户前发起、经由备付金银行审核确认的当日误入款的原路退回交易除外。预付卡备付金专用存款账户的名称应当标明非银行支付机构名称和"客户备付金"字样。非银行支付机构其他银行账户不得使用"备付金"字样。预付卡备付金专用存款账户内资金应当于每个工作日大额支付系统业务截止前全部交存至备付金集中存管账户。

3. 特定业务待结算资金专用存款账户管理

第三方支付机构开展跨境人民币支付业务的，可以选择一家特定业务银行开立一个特定业务待结算资金专用存款账户，仅用于办理跨境人民币支付结算业务。确有特殊需要的，可以再选择一家特定业务银行开立一个特定业务待结算资金专用存款账户作为备用账户。第三方支付机构开展基金销售支付业务的，可以选择一家特定业务银行开立一个特定业务待结算资金专用存款账户，仅用于办理基金销售支付结算业务。第三方支付机构开展跨境外汇支付业务的，原则上可以选择不超过两家特定业务银行，每家特定业务银行可以开立一个特定业务待结算资金专用存款账户（一家特定业务银行的多个币种跨境外汇待结算资金专用存款账户视作一个特定业务待结算资金专用存款账户），仅用于办理跨境外汇支付结算业务。应注意的是，非银行支付机构特定业务待结算资金专用存款账户与其中国境内客户、商户银行结算账户之间的资金划转应当由清算机构通过备付金集中存管账户办理。

4. 第三方支付机构的分支机构账户管理

第三方支付机构的分支机构应当将接收的客户备付金存放在以第三方支付机构名义开立的备付金账户，不得以该分支机构名义开立备付金账户。

5. 自有资金账户管理

第三方支付机构应当确定一个自有资金账户，向住所地中国人民银行分支机构备案，并将账户信息书面告知清算机构。第三方支付机构应当将备案自有资金账户与其预付卡备付金专用存款账户、特定业务待结算资金专用存款账户分户管理。

（四）备付金协议规则

1. 选择清算机构和备付金银行

为开设银行账户和办理结算，第三方支付机构应当按照《备付金存管办法》的规定选择符合要求的清算机构和备付金银行。需要变更这两类机构时，应提前10日向住所地中国人民银行分支机构报告变更方案。

2. 签订备付金协议

第三方支付机构应当分别与清算机构、备付金银行或者其授权的一个境内分支机构签订备付金协议,约定双方的权利、义务和责任,保障客户备付金安全。备付金协议应当约定非银行支付机构划转客户备付金的支付指令,以及客户备付金发生损失时双方应当承担的偿付责任和相关偿付方式。备付金协议对客户备付金安全保障责任约定不明的,非银行支付机构、备付金银行和清算机构应当优先保证客户备付金的安全及支付业务的连续性,不得因争议影响客户合法权益。备付金协议应自签订之日起2个工作日内,向非银行支付机构住所地中国人民银行分支机构备案。

(五)客户备付金管理

1. 客户备付金交存

第三方支付机构接收的客户备付金应当直接全额交存至中国人民银行或者符合要求的商业银行。因发行预付卡或者为预付卡充值所直接接收的客户备付金,应当通过预付卡备付金专用存款账户统一交存至备付金集中存管账户。

2. 客户备付金的用途

客户备付金只能用于办理客户委托的支付业务和《备付金存管办法》规定的其他情形。任何单位和个人不得挪用、占用、借用客户备付金,不得以客户备付金提供担保。

3. 客户备付金的划转与安全

客户备付金的划转应当通过符合规定的银联、网联等清算机构办理。第三方支付机构、清算机构和备付金银行应当按照法律法规《备付金存管办法》以及双方协议约定,开展客户备付金存管业务,保障客户备付金安全完整,维护客户合法权益。

4. 预付卡备付金账户的告知与资金交存

开展预付卡发行与受理业务的第三方支付机构,应当在预付卡章程、协议、售卡网点、公司网站等以显著方式向客户告知用于接收购卡、充值资金的预付卡备付金专用存款账户的开户银行、户名和账号。对于通过非现金方式接收的预付卡业务客户备付金,应当直接交存至预付卡备付金专用存款账户;按规定可以通过现金形式接收的预付卡业务客户备付金,应当在收讫日起2个工作日内全额交存至预付卡备付金专用存款账户。

5. 行业保障基金及手续费收入、自有资金提取

第三方支付机构应当缴纳行业保障基金,用于弥补客户备付金特定损失以及中国人民银行规定的其他用途。行业保障基金管理办法由中国人民银行另行制定。第三方支付机构提取划转至备付金集中存管账户的手续费收入、因办理合规业务转入的自有资金等资金的,应当向备付金主监督机构提交表明相关资金真实性、合理性的材料,经备付金主监督机构审查通过后划转至备案自有资金账户。因办理客户备付金划转产生的手续费费用,第三方支付机构不得使用客户备付金支付。

(六)客户管理与权益保护

1. 支付账户实名制与关联、分类管理

第三方支付机构应当对客户的支付账户实行实名制管理,建立客户唯一识别编码,不得开立匿名、假名支付账户。按照《非银行支付机构网络支付业务管理办法》的规定,支付机构为客户开立支付账户时应在服务协议中以显著方式告知客户,并采取有效方式确认客户充分知

晓并清晰理解下列内容："支付账户所记录的资金余额不同于客户本人的银行存款,不受《存款保险条例》保护,其实质为客户委托支付机构保管的、所有权归属于客户的预付价值。该预付价值对应的货币资金虽然属于客户,但不以客户本人名义存放在银行,而是以支付机构名义存放在银行,并且由支付机构向银行发起资金调拨指令。"同时,支付机构应根据客户身份对同一客户在本机构开立的所有支付账户进行关联管理,并按照规定对个人支付账户进行分类管理。支付账户不得透支,不得出借、出租、出售,不得利用支付账户从事或者协助他人从事非法活动。

2. 个人支付账户的余额付款限额与转账限制

第三方支付机构应根据交易验证方式的安全级别,按照法定或约定要求对个人客户使用支付账户余额付款的交易进行限额管理,一般单个客户所有支付账户单日累计金额应不超过1 000元或5 000元(不包括支付账户向客户本人同名银行账户转账),或者在采用包括数字证书或电子签名在内的两类(含)以上有效要素进行验证时单日累计金额由双方协议约定。第三方支付机构办理客户银行账户与支付账户之间转账业务的,相关银行账户与支付账户应属于同一客户。因交易取消(撤销)、退货、交易不成功或者投资理财等金融类产品赎回等原因需划回资金的,第三方支付机构应将相应款项划回原扣款账户。

3. 支付服务协议

第三方支付机构应当与客户签订服务协议,约定双方责任、权利和义务,至少明确业务规则,收费项目和标准,查询、差错争议及投诉等服务流程和规则,业务风险和非法活动防范及处置措施,客户损失责任划分和赔付规则等内容。第三方支付机构应当确保协议内容清晰、易懂,并以显著方式提示客户注意与其有重大利害关系的事项。

4. 客户信息收集、保护与使用

第三方支付机构应当按规定核对客户的有效身份证件或其他有效身份证明文件,登记客户身份基本信息,并按规定妥善保管客户身份基本信息、支付业务信息、会计档案等资料。第三方支付机构应当以"最小化"原则采集、使用、存储和传输客户信息,并告知客户相关信息的使用目的和范围。第三方支付机构和备付金银行应当妥善保管备付金银行账户信息,保障客户信息安全和交易安全。第三方支付机构应当依法保守客户的商业秘密,不得向其他机构或个人提供客户信息,法律法规另有规定,以及经客户本人逐项确认并授权的除外。

(七)支付指令与信息管理

第三方支付机构应当在收到客户备付金或者客户划转客户备付金不可撤销的支付指令后,办理客户委托的支付业务。并且,第三方支付机构应当基于真实交易信息向清算机构发送划转客户备付金的支付指令,确保支付指令的完整性、一致性、可跟踪稽核和不可篡改,并确保相关资金划转事项的真实性、合规性。清算机构应当及时对支付指令进行审核,审核无误后及时办理资金划转,必要时可以要求第三方支付机构提交与交易相关的材料。清算机构有权拒绝执行第三方支付机构未按约定或者违反《备付金存管办法》发送的支付指令。

对于客户的支付指令,第三方支付机构应当在确认客户身份及真实意愿后及时办理,并在操作生效之日起至少5年内,真实、完整保存操作记录。第三方支付机构应当确保交易信息的真实性、完整性、可追溯性以及在支付全流程中的一致性,不得篡改或者隐匿交易信息。

第三节 网络借贷经营法

一、网络借贷概述

(一) 网络借贷的含义和性质

网络借贷是指通过网络平台实现借贷双方的资金供需对接并完成交易的资金融通方式,包括个体网络借贷和网络小额贷款。

个体网络借贷,又称 P2P 网络借贷(Peer-to-peer Lending),是指自然人、法人及其他组织之间通过互联网平台进行的直接借贷。个体网络借贷起源于欧美。欧洲最大的网络借贷平台是 Zopa,美国最大的网络借贷平台是 Prosper。Zopa 和 Prosper 是提供 C2C(Consumer to Consumer)的金融服务网站——可以实现用户之间的资金借入或借出,整个过程无需银行的介入。个体网络借贷主要涉及借款人、出借人和 P2P 网贷平台三方主体,其中 P2P 网贷平台起着连接借款人与出借人中间桥梁的关键作用。

网络小额贷款,简称网络小贷,是指小额贷款公司利用大数据、云计算、移动互联网等技术手段,运用互联网平台积累的客户经营、网络消费、网络交易等内生数据信息以及通过合法渠道获取的其他数据信息,分析评定借款客户信用风险,确定贷款方式和额度,并在线上完成贷款申请、审核、审批、发放和回收等流程的小额贷款业务。20 世纪 70 年代,孟加拉国著名经济学家穆罕默德·尤努斯(Muhammand Yunus)针对穷人很难获得银行贷款来摆脱贫穷的问题,开展了小额贷款试验,成为小额贷款的起源。1994 年,小额信贷业务引入我国,1996 年开始受到政府的重视,进入以政府扶贫为导向的发展阶段。2000 年之后,我国以农村信用社为主体的金融机构开始试行并推广小额贷款。2005 年 10 月,我国在 5 省开启了小额贷款公司试点。此后,我国小额贷款业务得到不断发展,并移植到互联网,产生了网络小额贷款。

我国的个体网络借贷经历了 2012—2015 年混乱无序的野蛮生长,到 2016—2018 年的治理整顿,再到 2019—2020 年逐步清零退出的发展过程。总体上,个体网络借贷中的借款人与出借人之间通过 P2P 网贷平台达成直接借贷的合意,发生在自然人、法人和其他组织之间,未通过银行和非银行金融机构办理,根据《最高人民法院关于审理民间借贷案件适用法律若干问题的规定》第 1 条的规定,应属于民间借贷。不同于银行等金融机构吸收存款、发放贷款的业务模式,我国的网络小贷公司主要依靠自有资金经营网络小贷业务,但其亦有部分借款和 ABS 等形式融资用于放贷,故其性质介于民间借贷与正规金融之间,暂不能准确定性。

经典案例
我国 P2P 网络借贷的发展史

(二) 网络借贷的特点

从个体网络借贷与网络小额贷款的共性及其与其他借贷方式的区别来看,它主要具有以下四个特点:

一是网络平台性。网络借贷依托于现代互联网和通信技术,通过互联网平台将分散各地的借款人和出借人连接起来在平台上实现资金融通。只有先建立网络平台才能进行网络借贷,这正像人们到服装市场、电器市场等交易场所进行商品交易一样,需要先有交易市场。不同的是,一般的商品交易没有交易市场也可以通过个别联系、委托代理等其他方式进行,而网络借贷必须在专门的网络借贷平台上进行。易言之,它是"场内交易"。这并非借贷交易不能在"场外"进行,而是"场外"借贷不属于"场内交易"性质的网络借贷,属于一般的民间借贷。特别是,如果个别借款人与出借人通过网络平台以外的互联网联系方式如电子邮件、QQ、微信等进行磋商,其达成的借贷交易便不是网络借贷,只不过是借助互联网完成的普通民间借贷而已。

二是平台中介性。平台中介性也可称为信息中介性,这是个体网络借贷的重要特点。个体网络借贷需要通过 P2P 网贷平台作为中介来完成,这说明其具有通过平台进行金融交易的中介性。但是,这种中介业务是为金融活动(即资金融通)提供平台支持、信息发布与交互、需求对接等专业服务,是一种平台中介或信息中介,与银行等金融机构作为资金融通媒介时直接参与金融交易所进行的金融中介服务(即信用中介)是根本不同的。个体网络借贷的中介性,具体表现为它需要借助网贷平台第三方的经营服务,但网贷平台并不介入借贷交易关系,性质上属于金融辅助服务,是信息中介或交易中介,而非信用中介。

三是直接金融性。个体网络借贷表现为借款人与出借人通过网贷平台的中介活动在双方之间实现了直接的资金融通,即双方直接交易,形成直接的借款关系,故属于直接金融范畴。个体网络借贷没有先由银行等金融机构介入而形成出借人与金融机构之间的存款关系,再形成金融机构与借款人之间的借款关系的间接资金融通的过程。换言之,网络借贷脱离了金融机构的媒介,即"金融脱媒",是直接融资,可提高资金融通效率。

四是综合服务性。个体网络借贷通过网络平台进行,需要网络平台经营者提供一揽子专业服务,包括提供平台场所、资信调查、项目审查、信息发布、撮合交易、协助划转资金、贷后管理等。这些服务内容彼此关联,紧密结合,是一个不可或不宜分割的综合体,从而使个体网络借贷具有综合服务性。许多人特别是司法实践中,一般将网贷平台提供的服务视为居间行为,形成居间合同关系。这种观点是不全面也是不恰当的。网贷平台类似于商品、期货或证券交易所,其提供综合的平台服务。

二、网络借贷的法律关系

(一)网络借贷涉及主体

网络借贷的参与者主要是借款人、出借人(又称投资人)、个体网贷平台经营者、小额贷款公司、网络银行,并涉及第三方支付机构、资金存管银行和金融监管机构。其中,与其他当事人均有密切联系、处于关键地位的是个体网贷平台。根据《网络借贷信息中介机构业务活动管理暂行办法》(以下简称《网贷暂行办法》)的规定,个体网络借贷平台是指依法设立,专门从事网络借贷信息中介业务活动的金融信息中介公司。个体网络借贷平台,简称 P2P 网贷平台、P2P 平台、网贷平台等,其业务以互联网为主要渠道,为借款人与出借人实现直接借贷提供信息搜集、公布与交互、资信评估、借贷撮合等服务。就语义来看,个体网络借贷平台只是一个交易场所,具有主体地位的应当是平台的产权主体或管理人,即网络借贷平台经营者。同时,由于个体网络借贷平台一般不具有支付牌照不能直接办理用户(借款人、出借人、合作者等)之间的资金转移支付,为提高结算效率,平台通常需要与第三方支付机构合作,从而使第三方支付机构成为个体网络借贷的参与主体。再者,根据《互联网金融指导意见》《网贷暂行办法》等规定,网贷平台应当按规定将客户资金交存中国人民银行或合格的商业银行专户存管,从而使资金存管银行也成为网络借贷的重要主体。此外,个体网络借贷、网络小额贷款均需要接受金融监管机构的监督,使后者成为网络借贷不可或缺的重要主体。

(二)网络借贷法律关系

上述网络借贷主体之间根据特定的业务活动和法律规定形成相关的网络借贷法律关系。其中,借款人与出借人之间的借款合同关系居于基础地位,是其他网络借贷法律关系存在和发挥作用的原因和目的;平台金融服务法律关系居于核心和枢纽地位,是连接其他网络借贷法律关系的媒介;第三方支付法律关系、资金存管结算法律关系和金融监管法律关系居于辅助地位,以保障借款合同法律关系和平台金融服务法律关系的实现。

1. 借款合同法律关系

借款合同法律关系是网络借贷平台的借款人与出借人之间达成借款合同而形成的法律关系。借款人与出借人在借款合同中一般就借款金额、利率、期限以及借贷双方的权利义务做出约定,平台经营者往往以借款合同见证人的身份被写入借款合同(网络小贷除外)。在网络借贷业务体系中,借款合同关系的产生、变更和终止是基础法律关系,是其他网络借贷法律关系产生的根据。

2. 平台金融服务法律关系

在个人网络借贷中,平台经营者为借款人和出借人之间借贷交易的达成创造网络空间,并提供信息搜集发布、撮合交易、资信调查、信息和项目审查、协助催收等综合配套服务。因此,平台经营者与借款人、出借人之间是一种综合的金融服务法律关系。这种综合金融服务法律关系主要通过出借人、借款人在平台上实名注册成为平台客户的《注册协议》表现出来,不能简单地理解为居间合同关系。此种法律关系具有平台性和综合性,是平台提供的多种服务的结合,属于特殊的无名合同关系,应适用合同法的基本规则来处理当事人之间的权利义务,而不是仅仅适用某一有名合同(如场地出租合同、居间合同等)来处理。对于网络小贷来说,小贷公司也应通过相关的网络平台开展小贷业务,由此平台经营者与借款人之间也会形成金融服务法律关系。

3. 第三方支付法律关系

网络借贷的借款人、出借人和平台经营者之间的资金转移一般通过第三方支付机构办理或者由其协助,包括借贷资金代收代付、资金安全保障、交易记录、信息披露和客户信息保护等。这就产生了与网络借贷相关的第三方支付法律关系。

4. 资金存管结算法律关系

根据《互联网金融指导意见》等规定,网贷平台必须将平台客户资金交给中国人民银行或符合规定的商业银行存管。为此,网贷平台经营者或者小贷公司与资金存管银行之间签订备付金协议或资金存管协议,存管银行依法律规定和协议约定办理借贷资金、风险准备金等的存管与结算,从而产生了平台与资金存管银行之间的资金存管结算法律关系。

5. 金融监管法律关系

在网络借贷业务中,资金存管银行除了办理客户资金存管和支付结算业务外,根据《互联网金融指导意见》《网贷暂行办法》等规定,还依法负有对存管资金的存入、使用等的合法合规性进行监管的职责。这样,资金存管银行与网贷平台经营者之间形成了金融监管法律关系。同时,国家金融监管机构对网络借贷进行市场准入、监督检查等监管,形成其与网贷平台经营者、小贷公司等网络借贷参与人之间的金融监管法律关系。

三、网络借贷的经营规则

自 2015 年起,我国先后颁布了《互联网金融指导意见》和《网贷暂行办法》等规范,个体网贷行业逐步得到规范,其监管由相关部门分工协作。国务院银行业监督管理机构负责个体网络借贷的日常行为监管,地方金融监管部门负责本辖区个体网络借贷平台的机构监管(包括规范引导、备案管理、风险防范和处置等),中国互联网金融协会负责个体网络借贷行业的自律管理。由此,国家关于个体网络借贷的法律法规及上述三类监管机构制定的行为规范,都是个体网络借贷需要遵守的经营规则。但是,由于我国个体网络借贷问题不断爆发,积重难返,国家不得已在 2020 年将其全部清退。现阶段我国暂无个体网络借贷业务,其经营法律法规亦暂无介绍的必要。因此,以下主要介绍网络小额贷款的相关法律规定。

(一)网络小额贷款的主要类型[①]

目前,网络小额贷款主要有平台金融类、消费金融类和供应链金融类三种类型。

1. 平台金融类

平台金融是平台经营者通过旗下小贷公司对平台内电商发放小额贷款的一种模式。电子商务平台上聚集了众多商户,平台经营者可凭借平台多年、大量的交易数据积累,完成对贷款客户的信用审核、放贷。这种模式以阿里巴巴小额贷款(以下简称"阿里小贷")为典型代表。阿里巴巴于 2010 年及 2011 年先后成立了浙江阿里巴巴小额贷款股份有限公司及重庆市阿里巴巴小额贷款有限公司,注册资本分别为 6 亿元及 10 亿元。此后,阿里小贷开始向部分城市的淘宝或阿里巴巴的电商企业放贷。2013 年,阿里巴巴又在重庆成立了阿里小微小额贷款公司。截至 2016 年年底,阿里小贷为 500 万家以上中小微企业发放贷款,共计 8 000 多亿元,对中小微企业发展起着重要的促进作用。阿里小贷的典型产品包括淘宝订单贷款、淘宝(天猫)信用贷款和阿里信用贷款等。其中,淘宝订单贷款的服务对象是淘宝网和天猫网的商家,发放贷款的依据主要是商家的经营情况和交易流水,根据"卖家已发货,买家尚未确认收货"这一电商订单状态来发放贷款。淘宝(天猫)信用贷款的服务对象是淘宝店主(天猫商家),无需抵押或担保。从贷款申请、审查、发放到贷款回收,全部采用线上操作。阿里信用贷款针对杭州地区的诚信通会员(个人版和企业版)和中国供应商会员开放,贷款放款对象为会员企业的法定代表人(个人版诚信通为实际经营者),无抵押、无担保。在会员商家提出贷款后,阿里小贷会通过多种方式对企业进行多方面的考核和评估,确定对各个商家企业具体的放贷授信政策。

---

① 张亚欣编著:《互联网金融原理与实务》,清华大学出版社 2021 年版,第 64—75 页。

2. 消费金融类

消费金融是以消费为目的的信用贷款,包括消费贷(消费分期)与现金贷(现金分期)。现金贷(现金分期)产品属于信用贷款,没有指定的贷款用途,单笔额度低,借款期限灵活,放款效率高。消费贷(消费分期)产品是指与电子商务平台或线下销售平台合作,为客户提供购买产品或服务时的分期付款服务。该种贷款一般集成在支付流程中,操作简便,也是一种信用贷款。在风控方面,消费贷主要是根据平台对接的大数据以及平台上客户的历史交易记录,为客户计算授信额度。目前,消费金融行业形成商业银行、消费金融公司和互联网公司三足鼎立之势。其中,一些互联网公司凭借用户数据、流量、资金等优势,借助网络小贷牌照从事消费贷或现金贷等互联网消费金融业务。例如,百度、阿里、腾讯、京东(以下简称"BATJ")均已取得网络小贷牌照,这些互联网巨头的互联网金融业务覆盖了相当大比例的网民。

就 BATJ 进行的网络小贷来看,其功能基本相同,但各有特色。百度有钱花主要通过重庆度小满小额贷款有限公司开展业务,资金来源主要为自有资金或通过 ABS 等方式融资。阿里巴巴旗下蚂蚁金服同样提供互联网消费金融产品,代表性产品为花呗|信用购(原花呗)和信用贷(原借呗)。花呗|信用购(原花呗)为个人消费贷款服务,根据信贷资金来源不同,分为花呗和信用购两类。花呗是重庆蚂蚁消费金融有限公司提供的专属信贷产品,专注于中小额,遵循普惠、分散的原则,聚焦服务用户日常生活的中小额消费需求。信用购是由银行等金融机构全额出资、独立审核确定授信额度后提供的用于消费、不可取现的消费信贷服务类型。信用贷(原借呗)则是互联网信贷综合服务,包括综合服务和信贷服务。综合服务是指由阿里巴巴旗下的蚂蚁智信作为服务顾问,为客户从合作授信机构(包括商业银行、消费金融公司、信托公司等)获得信贷服务提供的综合性技术服务和解决方案。信贷服务是指由阿里巴巴合作的授信机构(包括商业银行、消费金融公司、信托公司等)向客户提供的个人消费信贷服务。花呗和借呗的资金来源主要为商业银行、消费金融公司的自有资金或者通过资产证券化等融资方式获得的资金。腾讯旗下虽然有深圳市财付通网络金融小额贷款有限公司,但其互联网消费金融产品微粒贷是由微众银行提供贷款服务。微众银行主要利用自有资金,或通过同业拆借、联合放贷从其他金融机构获取资金开展业务。其中,联合贷款模式为其目前主要业务模式,即借款用户通过微众银行的入口申请贷款,微众银行与其他金融机构联合出资,收入和风险按约定的比例各自获取和承担。京东的网络小贷产品有白条和金条,白条属于消费贷,金条属于现金贷。该两类网络小贷产品是由京东旗下重庆市两江新区盛际小额贷款有限公司提供贷款服务,其资金来源主要为自有资金或通过资产证券化等方式进行融资。

3. 供应链金融类

供应链金融是指以供应链核心客户为依托,以真实贸易背景为前提,运用自偿性机制,通过应收账款质押登记、第三方监管等专业手段封闭资金流或控制物权,对供应链上下游企业提供的综合性金融服务。自偿性是指供应链企业的销售收入首先用于归还贷款。近年来,供应链金融成为数字金融的一个重要发展方向。商业银行、互联网行业龙头、供应链公司、物流公司等纷纷加入供应链金融领域,打造"产业+金融"生态圈,其业务载体以旗下的商业保理公司为主,也有网络小额贷款公司。供应链金融类产品额度比现金贷和消费贷显著提高,借款期限和还款方式灵活,利率适中。在产品种类上,既有信用类,也有质押类。供应链金融服务的对象一般是核心企业及其上下游企业、电商平台商户及其上下游企业以及物流公司的客户等。这些企业和商户分散在全国各地,受传统金融机构以及传统小贷公司的区域经营限制,不适合开展链条式业务。

但是,网络小贷公司依托发达的网络平台,在此类金融服务中具有极大的优势。

此外,"工薪贷""公积金贷"等网络小贷产品,本质上属于现金贷产品,可归入或参照消费金融类产品。

(二)网络小额贷款的法律规制现状

2008年5月,《关于小额贷款公司试点的指导意见》(以下简称《小贷公司指导意见》)出台。《小贷公司指导意见》规定,小额贷款公司是由自然人、企业法人与其他社会组织投资设立,不吸收公众存款,经营小额贷款业务的有限责任公司或股份有限公司。小额贷款公司的主要资金来源为股东缴纳的资本金、捐赠资金,以及来自不超过两个银行业金融机构的融入资金。小额贷款利率由借贷双方在限定范围内自主协商,最高不能超过中国人民银行规定的同期基准利率的4倍。

2010年,蚂蚁金服公司牵头设立浙江阿里巴巴小额贷款股份有限公司,可为阿里体系内的所有电商用户提供小额贷款服务。由此,国内首家网络小额贷款公司诞生。此后,重庆、广州、北京、上海、江西、湖南等地陆续允许具有互联网业务和技术的企业发起设立网络小贷公司。随后,京东、百度、腾讯、携程、唯品会等一大批头部互联网公司利用自身的数据和技术优势开展网络小额贷款业务。总体上看,网络小额贷款仍处于试点阶段,数量较少。设立网络小贷公司或开展此类业务所需的条件,目前由各地金融监管部门自行制定,资质要求较高,但标准不一,关于资本、发起人资质、持股比例等方面存在一定的差异。因此,政策宽松地区成为聚集地,广州居于首位,重庆位列次席。

2017年11月21日,互联网金融风险专项整治工作领导小组办公室发布《关于立即暂停批设网络小贷公司的通知》,明确要求监管部门一律不得新批设网络小贷公司,并禁止新增批小贷公司跨省(区、市)开展小额贷款业务。至此及目前,全国共有网络小贷牌照249张,其中完成工商注册的229张,已过公示期但尚未完成工商注册的网络小贷牌照20张,网络小贷牌照主要集中在广东、重庆、江西地区,占居半壁江山。①

总的来看,目前我国网络小额贷款经营规则仍无统一规定,除遵守一般小贷公司的基本要求之外,各地自行制定地方规则,急需全国建立统一的基本规范。为此,2020年11月,原银保监会、中国人民银行联合公布了《网络小额贷款业务管理暂行办法(征求意见稿)》,对网络小额贷款作出了较为全面系统的规定,但至今仍未正式发布、生效。

(三)网络小额贷款的主要经营规则

以下根据《网络小额贷款业务管理暂行办法(征求意见稿)》的内容,简要介绍网络小额贷款的主要经营规则。

1. 经营原则

小额贷款公司发放网络小额贷款应当遵循小额、分散的原则,符合国家产业政策和信贷政策,主要服务小微企业、农民、城镇低收入人群等普惠金融重点服务对象,践行普惠金融理念,支持实体经济发展,发挥网络小额贷款的渠道和成本优势。

2. 市场准入规则

小额贷款公司经营网络小额贷款业务,应当经银行业监督管理部门地方机构依法批准。小

---

① 张亚欣编著:《互联网金融原理与实务》,清华大学出版社2021年版,第63页。

额贷款公司跨省级行政区域经营网络小额贷款业务的,应当经国务院银行业监督管理机构(国家金融监管总局)依法批准。未经监督管理部门或者国务院银行业监督管理机构批准,任何单位和个人不得经营网络小额贷款业务,法律、行政法规另有规定的除外。

3. 注册资本

经营网络小额贷款业务的小额贷款公司的注册资本不低于人民币 10 亿元,且为一次性实缴货币资本。跨省级行政区域经营网络小额贷款业务的小额贷款公司的注册资本不低于人民币 50 亿元,且为一次性实缴货币资本。

4. 经营范围

在区域范围上,网络小额贷款业务应当主要在注册地所属省级行政区域内开展;未经国务院银行业监督管理机构批准,小额贷款公司不得跨省级行政区域开展网络小额贷款业务。在业务范围上,包括发放网络小额贷款、与贷款业务有关的融资咨询、财务顾问等中介服务。经营管理较好、风控能力较强、监管评价满足一定标准的,经批准可以依法经营下列部分或者全部业务:(1)以本公司发放的网络小额贷款为基础资产开展资产证券化业务;(2)发行债券;(3)国务院银行业监督管理机构规定可以从事的其他业务。

5. 对外融资限制

经营网络小额贷款业务的小额贷款公司通过银行借款、股东借款等非标准化融资形式融入资金的余额不得超过其净资产的 1 倍;通过发行债券、资产证券化产品等标准化债权类资产形式融入资金的余额不得超过其净资产的 4 倍。国务院银行业监督管理机构会同中国人民银行,可以对经营网络小额贷款业务的小额贷款公司对外融资余额与净资产的比例限制指标进行调整。

6. 发放贷款规则

主要包括:(1)借款人适当性要求。应当根据借款人收入水平、总体负债、资产状况等因素,合理确定贷款金额和期限,使借款人每期还款额不超过其还款能力。(2)贷款余额上限。对自然人的单户网络小额贷款余额原则上不得超过人民币 30 万元,不得超过其最近 3 年年均收入的 1/3,该两项金额中的较低者为贷款金额最高限额;对法人或其他组织及其关联方的单户网络小额贷款余额原则上不得超过人民币 100 万元。(3)贷款用途。应明确约定贷款用途,并且按照合同约定监控贷款用途,贷款用途应符合法律法规、国家宏观调控和产业政策。贷款不得用于以下用途:从事债券、股票、金融衍生品、资产管理产品等投资;购房及偿还住房抵押贷款;法律法规、国务院银行业监督管理机构和监督管理部门禁止的其他用途。(4)贷款登记。应当在贷款发放后 5 个工作日以内在全国网络小额贷款有关登记系统对发放的网络小额贷款金额、区域、借款人等信息进行登记,并且在登记信息变更后 5 个工作日以内对原登记信息进行更新。(5)业务禁止。发放网络小贷的公司不得经营下列业务:吸收或者变相吸收公众存款;通过互联网平台或者地方各类交易场所销售、转让本公司除不良信贷资产以外的其他信贷资产;发行或者代理销售理财、信托计划等资产管理产品;跨省级行政区域经营网络小额贷款业务的小额贷款公司办理线下业务;法律法规、国务院银行业监督管理机构和监督管理部门禁止从事的其他业务。

7. 资金管理与信息披露

主要包括:(1)对放贷资金(含自有资金及外部融入资金)实施专户管理,所有资金必须进入唯一放贷专户方可放贷。放贷专户需具备支撑网络小额贷款业务的出入金能力,并向监督管理部门报备。(2)应当加强信息披露,在所使用的产品发布平台上公布下列信息:本公司的基本信息,包括营业执照、公司地址、法定代表人及高级管理人员基本信息、业务咨询及投诉电话等;对本公司提供的相关产品进行详细描述,包括服务内容、贷款利率水平和费用项目标准、计息和还本付息方式、逾期贷款处理方式等;各级监督管理部门的监督举报电话。

8. 消费者保护

小贷公司业务办理应当遵循公开透明原则,充分履行告知义务,使借款人明确了解贷款金额、期限、价格、还款方式等内容,并在合同中载明。禁止诱导借款人过度负债。禁止通过暴力、恐吓、侮辱、诽谤、骚扰方式催收贷款。禁止未经授权或者同意收集、存储、使用客户信息,禁止非法买卖或者泄露客户信息。

9. 反洗钱和反恐怖融资

应当按照有关法律规定开展反洗钱和反恐怖融资工作,并采取客户身份识别、客户身份资料和交易记录保存、大额交易和可疑交易报告等措施,有效防范洗钱和恐怖融资风险。

第四节 网络股权众筹经营法

一、股权众筹概述

(一)股权众筹的含义和性质

股权众筹是众筹的一种类型。众筹(crowd funding),从词意来看,就是向公众筹集资金,是指项目发起人通过互联网或社会网络服务(social networking services,SNS)建立的众筹平台,向公众介绍项目和发出融资需求,投资人对项目出资并获得产品或服务、债权、股权等回报的融资模式。众筹起源于美国,是一种聚合众多小额投资者的资金,为公益事业、创新项目、初创企业、小微企业等提供资金支持的新型金融模式。"众筹"由众包(crowd sourcing)与微型金融(microfinance)结合演变而来。作为新型金融术语,crowd funding 被收录于牛津词典,被解释为"通过互联网向众人筹集小额资金为某个项目或企业融资的做法"。众筹在我国香港特别行政区和台湾地区被分别称为"群众集资"和"群众募资"。众筹主要有捐赠众筹、奖励众筹、债权众筹和股权众筹四种类型。[①] 其中,股权众筹是我国目前最为主流的众筹类型。

股权众筹是指初创、小微企业等项目发起人通过网络平台宣传、介绍项目融资需求,投资者对项目进行小额投资并取得相应股权的融资模式,如 Crowdcube、"平安众筹"等。股权众筹是现实中投融资需求矛盾的产物。一方面,传统金融的门槛高,初创、小微企业的融资需求得不到满足,融资难成为制约创新创业和小微企业发展的瓶颈;另一方面,在传统资本市场上拥有少量闲置资金的个人、企业等小额投资者缺乏相应的投资渠道。股权众筹正好将广大

---

① 捐赠众筹是指投资者通过众筹平台对项目进行投资,项目发起人对此不提供任何形式的回报,投资者对其投资也不期待任何实质性回报。因此,捐赠众筹实质上是一种赠与行为,投资者出于爱心而对发起人或项目提供一定的资金支持。奖励众筹是指投资者通过众筹平台对项目进行投资后得到一定形式的纪念品、荣誉、产品或服务等回报作为奖励,又称产品众筹,也称预售众筹。债权众筹是指融资人通过众筹平台以提供债权的方式从投资人获得资金,也就是投融资双方通过互联网平台进行的直接借贷,又称 P2P 网络借贷,见本章第三节相关介绍。

拥有闲置资金的小额投资者与急需资金支持的初创、小微企业连接起来，满足了市场需求，拓展了资本市场，优化了金融资源配置。股权众筹与其他众筹一样，是依托于互联网等电子网络系统产生和发展起来的，其普遍的形式就是通过众筹平台进行的网络股权众筹，尤其是互联网股权众筹。一般情况下，除非另有特别说明，股权众筹就是指互联网股权众筹或网络股权众筹。2015年7月十部委发布的《互联网金融指导意见》中指出，"股权众筹融资主要是指通过互联网形式进行公开小额股权融资的活动。股权众筹融资必须通过股权众筹融资中介机构平台（互联网网站或其他类似的电子媒介）进行"。接着，2015年8月中国证监会办公厅《关于对通过互联网开展股权融资活动的机构进行专项检查的通知》（以下简称《专项检查通知》）中，对于股权众筹的含义表述为："股权众筹融资主要是指通过互联网形式进行公开小额股权融资的活动，具体而言，是指创新创业者或小微企业通过股权众筹融资中介机构互联网平台公开募集股本的活动"。该通知进一步指出："目前，一些市场机构开展的冠以'股权众筹'名义的活动，是通过互联网形式进行的非公开股权融资或私募股权投资基金募集行为，不属于《指导意见》规定的股权众筹融资范围。"为此，中国证券业协会也于2015年8月专门发出《关于调整〈场外证券业务备案管理办法〉个别条款的通知》，将《场外证券业务备案管理办法》第2条第10项"私募股权众筹"修改为"互联网非公开股权融资"。因此，在我国目前的法律框架下，互联网股权融资实际上包括三种模式：（互联网）股权众筹融资、互联网非公开股权融资和互联网私募股权投资基金融资，原来的"私募股权众筹"概念不再使用。这是因为，众筹本质上具有公开性，天然地不能属于私募的范畴。但是，为了与国外理论与实践中的equity crowd funding（一般译为"股权众筹"）相对应，也可以将公募性的股权众筹与互联网非公开股权融资合在一起称为股权众筹，即广义股权众筹，而将公募性的股权众筹称为狭义股权众筹。

由上可知，从我国现行法律规定的股权众筹的内涵来看，股权众筹的性质是公募股权融资。《互联网金融指导意见》和《专项检查通知》等法律文件中指出，股权众筹属于"公开小额融资""公开募集股本"，"未经国务院证券监督管理机构批准，任何单位和个人不得开展股权众筹融资活动"。这说明股权众筹属于面向不特定多数人的公开融资，须经监管机构批准，具有公募性。同时，从融资者的角度看，股权众筹是通过提供融资企业股权的方式获得投资人小额投资的融资行为，是一种股权融资。

（二）股权众筹的特点

与传统融资模式相比，股权众筹除具有"公开、小额、大众"的基本特征外，还具有网络平台性和显著风险性等特点。[1]

1. 网络平台性

股权众筹的突出特点是依托互联网等电子网络平台，即投资者与融资者双方的投融资行为通过网络上的股权众筹平台进行。融资者通过网络平台发布融资项目信息，以获取投资者的关注；投资者通过网络平台了解投资项目，以完成小额投资。在股权众筹中，网络平台是不可缺少的中介，这既是各国法律的明确规定，也是股权众筹的现实状况。

---

[1] 李爱君：《互联网金融法律与实务》，机械工业出版社2015年版，第67—68页。

2. 股权公募性

股权众筹通过网络上的众筹平台向公众投资人募集股权资金,属于向不特定多数人公开进行的股权融资,具有公募性。这是股权众筹的本质属性,也是其根本特点。应注意的是,对于不具有公募性的非公开股权融资或"私募股权众筹"来说,虽然具有向公众募集资金的属性,但由于豁免注册或许可的法律规定而免于公募发行证券的法律规制,故不宜从法律上认定其具有公募性。据此,本书认为,可将具有公开性或公众性,但无需执行公募发行规则的众筹性股权融资称为非公募股权众筹(同时,一般的股权众筹是指公募股权众筹,或者是其简称),并代替"互联网非公开股权融资",因为"非公开"的说法既与事实不符,又脱离了国内外关于"众筹"的理论与实践范围,并且语义上与"私募股权投资基金融资"有重合或交叉之嫌,必将带来诸多问题。

3. 小额融资性

股权众筹的目的主要是为初创、小微企业的起动和初期发展提供资金,这种情况下的资金需求相对较小。同时,企业的大额融资一般通过风投、上市融资、银行借贷等方式实现,股权众筹是为解决通过现有融资方式不能实现融资的问题而产生和发展起来的,是资本市场的新成员。这些因素决定了股权众筹具有小额性。同时,由于初创、小微企业的发展具有很大的不确定性,为了控制风险,各国法律均对股权众筹的融资数额作出了限制,一般一年不得超过100万美元或500万欧元等。这种法律限制,也决定了股权众筹的小额融资性。我国目前虽未规定具体的限额,但在《互联网金融指导意见》中已经明确为"公开小额股权融资",显然也具有小额性。

4. 大众投资性

"众筹"之众,说明其参与者广泛、众多,且门槛低,因此被称为"草根金融"。股权众筹的投资者多为拥有少量闲散资金的个人和组织,属于"草根民众",而非专业投资者,其来源广泛、分散,一般互不认识。这就决定了初创、小微企业的项目融资,需要众多投资者的参与才能实现,因而具有大众投资性。

5. 显著风险性

在股权众筹中,投资者的回报取决于企业未来的发展,而初创、小微企业的成长具有很大的不确定性,抗风险能力弱,失败概率高,因此具有显著的风险性。但是,如果投资成功,其投资报酬也很高,对投资者仍具有吸引力。另一方面,由于我国股权众筹才刚起步,法律制度不完善,容易导致股权众筹过程中的信息披露不到位、投资者受欺骗及不合法等问题,一定程度上增加了股权众筹的风险。

二、股权众筹主体

以网络众筹平台为中心展开的股权众筹涉及融资者、股权众筹平台经营者、投资者、第三方支付机构及资金存管机构等多方主体。

(一)融资者

股权众筹融资者,又称发起人,是通过股权众筹平台发布融资项目信息,以提供股权为对价获得所需资金的初创、小微企业或者项目发起人。在我国,《互联网金融指导意见》规定,"股权众筹融资方应为小微企业";2014年12月中国证券业协会发布的《私募股权众筹融资管理办法

（试行）》（征求意见稿）（以下简称《众筹管理办法》）规定，"融资者应当为中小微企业或其发起人"，并且应当是股权众筹平台的实名注册用户。在这里，各种表述虽然形式上存在一定差异，但其基本含义是一致的。因为，小微企业一般就是初创企业，在少数情况下如果中型企业有小额融资需要也不排除其采用股权众筹方式，当这些企业在股权众筹平台上发布项目进行融资时，就是融资项目的发起人。

（二）股权众筹平台经营者

股权众筹平台是连接融资者与投资者的互联网等电子网络平台，在股权众筹融资中起着中枢纽带作用。但是，网络平台只是一个客观存在的电子空间或股权众筹融资活动场所，不能成为股权众筹活动主体。在股权众筹融资中，具有主体地位的是提供股权众筹平台并依托平台开展相关股权众筹中介服务的商事主体，称为股权众筹平台经营者，简称平台经营者。股权众筹平台经营者的职责主要是为融资者和投资者提供网络技术平台，发布项目融资信息，提供投融资机会，也包括提供项目审核、法律咨询、协助办理资金结算、融资成功后的项目实施监督等服务。学界、业界和法律规定习惯将股权众筹平台经营者直接简称为股权众筹平台。例如，《众筹管理办法》第5条规定，股权众筹平台（指经营者）是指通过互联网平台（互联网网站或其他类似电子媒介）为股权众筹投融资双方提供信息发布、需求对接、协助资金划转等相关服务的中介机构。因此，在使用股权众筹平台这一概念时，应注意其具体所指的对象。

（三）投资者

股权众筹投资者是拥有闲散资金并在股权众筹平台上进行小额投资的个人和组织，应当是通过股权众筹平台实名认证的注册用户。该类投资者多数为资金较少、只能进行小额投资的个人或组织，属于普通大众，故被形象地称为"草根投资者"。由于股权众筹的高风险性以及投资者缺乏投资专业知识和风险承受能力的"草根"性，为防范投资风险，保护投资者权益，避免血本无归之不可承受之痛，各国法律都对股权众筹融资和投资作出了一定限制，但未对投资者的资格进行限制（针对公募性的股权众筹而言），可以是普通投资者或非合格投资者。其有关限制主要表现为对融资者的年融资额限制（如一年不超过100万美元等）和投资者的投资额或投资比例限制（如一年不超过2 000美元，或者不超过年收入或净资产的5%或10%等）。我国《众筹管理办法》通过规定与私募投资基金一样的合格投资者的方式来限制股权众筹投资，但这仅适合于非公募股权众筹，公募性的股权众筹标准太高，不符合股权众筹是大众投资的普惠金融属性。在《众筹管理办法》之后发布的《互联网金融指导意见》则只是原则性地对此作出规定："投资者应当充分了解股权众筹融资活动风险，具备相应风险承受能力，进行小额投资。"因此，我国应当如何界定股权众筹投资者的资格及投资限额，还需等待以后的法律规则明确。从股权众筹的性质来看，股权众筹的投资者应当是普通的非合格投资者，不应在资格上进行限制，但应当在项目融资和投资数额上进行适当限制。

（四）第三方支付机构

股权众筹由于通过股权众筹平台进行，具备使用网络第三方支付以提高融资效率的便利条件。因此，一般来说股权众筹平台经营者需要与第三方支付机构合作，通过第三方支付机构为融资者、投资者和平台经营者等股权众筹主体开立支付账户、提供支付网关并办理支付结算。这样,第三方支付机构就成为股权众筹中的一个中介主体。

(五) 资金存管机构

为避免股权众筹平台经营者挪用客户资金、卷款跑路等风险,《互联网金融指导意见》明确规定了"客户资金第三方存管制度",要求互联网金融从业机构(包括股权众筹平台机构)选择符合条件的银行业金融机构作为资金存管机构,对客户资金进行管理和监督,实行客户资金与从业机构自有资金分账管理。因此,在我国,资金存管机构已成为股权众筹融资中必不可少的结算与监管主体,其主要职责是受股权众筹平台经营者委托为其平台客户提供第三方资金存管及支付结算等服务,以保障投资者的资金安全。

三、股权众筹法律关系

股权众筹法律关系并非只是股权众筹平台经营者与投融资者之间的一种法律关系,而是股权众筹主体之间的多种法律关系,具体包括以下五种:

(一) 融资者与投资者之间的股权投资法律关系

股权众筹融资者与投资者之间的法律关系,是股权投资法律关系。在股权众筹融资过程中,投资者对融资项目进行投资,融资者将企业或项目部分股权出让给投资者,从而使投资者成为融资企业或项目的股东。由此,融资者(即融资企业或项目)与投资者之间形成了股权投资法律关系。股权众筹融资的最终目的就是使投融资者之间达成交易,实现彼此之间的资金融通。所以,股权投资法律关系是一系列股权众筹法律关系的基础法律关系,其他股权众筹活动和法律关系都是为股权投资法律关系服务的。

(二) 股权众筹平台经营者与投融资者之间的平台金融服务法律关系

在理论与司法实践中,许多人将股权众筹平台经营者与投融资者之间的法律关系认定为中介合同关系。这种观点认为,在股权众筹平台经营者与融资者和投资者之间存在两个中介合同关系,一是股权众筹平台经营者与融资者之间的中介合同关系,此时投资者是第三方交易主体;二是股权众筹平台经营者与投资者之间的中介合同关系,此时融资者成为第三方交易主体。根据《民法典》第961条的规定,中介合同是中介人向委托人报告订立合同的机会或者提供订立合同的媒介服务,委托人支付报酬的合同。从股权众筹平台经营者的活动来看,其主要目的就是撮合融资者与投资者之间的交易,为其在平台上发布相关项目融资信息,为双方协议的签订提供中介服务,并收取相应的中介服务费,平台经营者只是委托人与第三方之间的桥梁,并不直接参与投融资双方之间的交易关系。由此观之,股权众筹平台经营者与投融资者之间的法律关系具有中介合同关系的性质。但是,本书认为,股权众筹平台经营者与投融资者之间具有包括提供平台支持、中介服务、项目审查、制定和监督实施交易规则、资金保管与协助资金结算、监督项目实施、提供咨询服务等多种金融服务关系,并且这些服务之间往往构成一个相互依存、连接在一起的综合体。因此,不能简单地将双方之间的关系仅仅理解为中介合同关系,而应当作为一个整体来看待,可统括为平台金融服务关系,无疑这是最重要的股权众筹法律关系。其主要特点在于,该种法律关系具有平台性,是依托平台展开的法律关系,同时它是一种综合性的金融服务关系,由若干围绕股权众筹必不可少或紧密相连的法律关系构成。

（三）第三方支付机构与融资者、投资者和股权众筹平台经营者之间的第三方支付服务法律关系

股权众筹过程中必然涉及融资者和投资者之间的资金转移支付问题。由于股权众筹平台经营者作为中介机构通常并不拥有支付牌照,不能直接办理平台客户之间的资金结算,因而需要与第三方支付机构合作,由其提供相关的支付结算服务。由此,发生了融资者、投资者和股权众筹平台经营者与第三方支付机构之间的第三方支付法律关系。在这种法律关系中,第三方支付机构主要承担资金代收代付、保管、返还、资金安全保障、交易记录信息披露和客户信息保护等义务。

（四）股权众筹平台经营者与资金存管机构之间的资金存管结算法律关系

按照我国现行法律规定,股权众筹平台经营者不能占用客户资金,必须与具备资格的资金存管银行签订资金存管协议,由资金存管机构为平台上的融资项目开立专门的资金存管账户,提供相关资金存管服务。在股权众筹业务过程中,投资者的投入资金直接进入存管银行开立的专用存管账户,由资金存管机构代为管理,并在项目融资完成后依平台经营者指令将资金划转给融资者,同时资金存管机构相应收取一定的服务费。由此,股权众筹平台经营者与资金存管机构之间产生了资金存管结算法律关系,它是一种委托合同关系。

（五）股权众筹平台经营者与资金存管机构、金融监督管理机构之间的金融监管法律关系

在股权众筹业务中,资金存管机构除了办理资金存管和支付结算业务外,还依法负有对存管资金使用的监管职能,从而使其与股权众筹平台经营者之间形成了金融监管法律关系。同时,股权众筹必须接受金融监管部门的监督管理,从而使股权众筹参与人与监管机构之间形成金融监管法律关系。

股权众筹参照性经营规则

四、股权众筹经营规则

融资者、投资者和平台经营者等股权众筹主体,应当遵循相关法律规定的行为规则,以建立良好的股权众筹秩序,防范金融风险,保护投资者利益。由于我国目前尚未正式颁布专门的股权众筹法规,本项内容从略。读者可参考作者整理的二维码参考资料和其他有关文献。

第五节　其他数字金融经营法

除第三方支付、网络借贷和网络股权众筹之外,还存在许多形态的数字金融业态。这些数字金融业态,少数是数字货币等全新金融业务,多数为传统金融产品在互联网平台上的销售和管

理。后者多采用传统金融机构与互联网企业合作模式,相应的业务规范一般仍然是原有的法律法规和规章,只不过运用于互联网业务活动之中,也有少数针对互联网环境的特殊情况制定的新业务规则。这些数字金融业态主要包括网络基金销售、网络保险、网络信托、网络消费金融、网络房地产金融、网络资产管理等。

一、数字货币经营规则

(一)数字货币的含义和内容

从货币发展史来看,先后出现了商品货币、金属货币、纸质货币和数字货币。关于数字货币的含义,目前尚不能取得统一认识。本书认为,数字货币可以区分为广义数字货币和狭义数字货币两类。广义数字货币是指运用数字化技术创造的非转化、无物质形态、具有一定或完全货币属性的价值代表物。广义数字货币具体又可分为三种类型:一是产生和运用于一定电子商务平台或游戏平台中的平台币或游戏币,可称之为虚拟代用货币(简称虚拟代币),如 Q 币、U 币、百度币、魔兽币等;二是通过区块链系统创造、使用数字加密方法并在一范围内流通的通证(token),可称之为虚拟数字货币(简称虚拟数币),如比特币、莱特币、以太币、泰达币等;三是由一国中央银行运用数字化技术创造、发行、流通、具有法偿性、无物质形态的数字化形态货币,可称之为法定数字货币,如数字人民币等。在该三类广义数字货币中,第一、第二类可合称为虚拟货币,第二、第三类可合称为狭义数字货币。从含义上看,所谓狭义数字货币,是指运用加密算法创造出来的非转化、无物质形态、具有一定或完全货币属性的价值代表物。在大多数人看来,数字货币所指的就是狭义数字货币,并将其区分为私人数字货币和法定数字货币,其含义和内容分别与本书狭义数字货币中的虚拟数字货币和法定数字货币相对应。狭义数字货币与广义数字货币的最大区别有两点:一是加密要求和产生机制不同。狭义数字货币必须采用高度的非对称数字加密技术生成和保护;而广义数字货币没有这一要求,其平台币或游戏币采用一定的数字化技术创造即可。二是发行主体要求不同。狭义数字货币或者去中心化(即无发行主体),或者由中央银行发行;而广义数字货币也可以由电商或游戏平台发行。

需要注意的是,数字货币不是一般意义上的电子货币。人们常说的电子货币,是指法定信用货币的电子化形式,包括银行卡、电子现金或账户、电子钱包等。该种电子货币是法定货币的电子化转化形式,并非从无到有创造出来的新货币,不是广义和狭义上的数字货币。这种电子货币代表着相应的、真实的法定货币,也不能认为是虚拟货币。

(二)数字货币的特点

数字货币不同于传统的纸币或金属货币,它具有鲜明的个性特点,主要包括以下几个方面:

1. 原始性

数字货币是从无到有新创造出来的货币,不是原有货币转化或者派生出来的。因此,一般意义上的电子货币不是数字货币。同时,将一切以数字化形态表现的货币都称为数字货币,也无实际意义。因为,电子货币与新产生的数字货币性质差异很大,适用的治理规则和方法也迥异,没有必要合并在一起。

2. 数字性

数字货币是以数字化形态存在的货币,完全不同于传统货币。这是其最直接而明显的特点。

3. 无形性

数字货币没有物质形态,是无形的。传统货币无论是商品货币、金属货币还是纸币,都有一定的物质形态,都是看得见、摸得着的。数字货币具有可见性,但由于没有物质的空间性或形体性,是无形而摸不着的。

4. 匿名性

数字货币不记录所有者的信息,是匿名的,具有高度的保密性。特别是私人数字货币,其账号无需实名认证,仅是一串数字地址,交易采用点对点方式,交易双方都不知道对方的任何私人信息。私人数字货币的这种匿名性特征为洗钱、贩毒、走私等非法交易提供了方便渠道,应加强防范。

5. 货币性

数字货币在平台或一定区域范围内具有价值尺度、交易媒介等货币属性,这是其根本特征。虽然虚拟货币(含私人数字货币)不具有法偿性,一般不是真正的货币(有的国家在一定范围内已认可比特币的合法货币地位),但是其在平台或一定范围内可充当价值代表物,具有类似货币的功能和性质。

6. 电子支付性

数字货币是通过安全的电子化技术和方式实现交易双方的货币资金转移的,不能采用传统的物理交付方式。因此,数字货币的运行必须依托现代通信网络,由此也称为网络货币。

除上述六个共性特征外,虚拟数字货币还有另外四个特点:一是去中心化。在虚拟数字货币体系中,货币的发行权不归属于任何节点,而是由算法生成和得到大多数节点认同来认证的,不存在权威的中心机构。这点与传统货币由中央银行这一中心机构发行和管理是完全不同的。二是可追溯性。虚拟数字货币的生成、交易流转全过程都记录在区块链中,可通过时间戳和链接机制进行追踪,查清来龙去脉。三是安全性。在虚拟数字货币体系中,任何人都无法冒充账户所有者发出交易指令,所有者不能多次支付同一数字货币,并且交易记录无法被篡改,具有很高的安全性。四是虚拟财产性。虚拟数字货币是持有人的虚拟财产,具有相应的财产权利。由于它没有发行主体,不属于任何人的负债。

除上述数字货币的六个共性特征外,法定数字货币还有另外三个特点:一是安全性。法定数字货币采用先进的数字化技术和高度的非对称加密方法创造和运营管理,比传统货币具有更高的安全性。二是资产负债性。法定数字货币是由中央银行发行的,与纸币一样属于信用货币。它既是持有人的资产,也是发行人即中央银行的负债。这一点与虚拟货币(含私人数字货币)是不同的。对虚拟货币来说,它是持有人的资产,但不是任何人的负债。因此,虚拟货币本质上属于商品,从这一点来看类似于商品货币。三是法偿性。法定数字货币可用于依法清偿各种债务,债权人不得拒绝。

(三)数字人民币

许多国家央行对法定或央行数字货币(Central Bank Digital Currency,CBDC)应用都较为重视,纷纷开展了基于分布式账本技术(Distributed Ledger Techlology,DLT)的央行数字货币研究和实验。例如,加拿大的 Jasper 项目、新加坡的 Ubin 项目、欧洲银行与日本央行的 Stella 项目、泰国的 Inthanon 项目等。

我国是世界上最早研究法定数字货币的国家之一。中国人民银行于 2014 年启动法定数字货币研究项目,2016 年组建成立中国人民银行数字货币研究所,并持续推进数字人民币的研究和应用。2017 年年底,中国人民银行组织商业机构开展数字人民币研发实验。随后,2019 年年底数字人民币相继在深圳、苏州、雄安新区、成都及北京冬奥场景启动试点测试,并在 2020 年、2021 年两次扩大试点范围,取得了良好的实验效果。① 数字人民币(DC/EP)是中国人民银行发行的数字形式的法定货币,采用中心化管理、双层运营体系,与实体人民币等价,具有价值特征和法偿性,且支持可控匿名。从性质来看,数字人民币仍然是信用货币,只是其以数字化的形态存在,是中国人民银行的负债、持有者的资产。数字人民币发行权归属中国人民银行,运营体系以中国人民银行为中心,获得授权的商业银行面向社会公众发行。数字人民币主要定位于现金类支付凭证(M0,基础货币),将与人民币纸币长期共存。并且,数字人民币是一种零售型央行数字货币,主要用于满足国内零售支付需求。数字人民币不计息,不收费,遵循"小额匿名,大额依法可溯"原则,在保护交易隐私性的同时,也可以依法打击电信诈骗、网络赌博、洗钱等违法犯罪行为。

(四)数字货币经营规则

数字货币至今仍然属于新生事物,其在各国的法律地位不同,甚至差异很大,并处于不断变化之中。目前,我国有关数字货币的规定仅有中国人民银行、商务部、最高人民法院等发布的少量法律和规章,并且主要是禁止性规定。有关规范性文件中使用的概念,主要是游戏虚拟货币、比特币、虚拟货币、代币发行等,其所指的对象主要是前述广义数字货币中的前两类。我国数字人民币进入试点时间尚短,仍处于总结、深化与完善过程中,主要适用原有的货币法律规则,尚未颁布相关的法律和规章。

我国目前关于数字货币的相关规则主要有《关于加强网络游戏虚拟货币管理工作的通知》《关于防范比特币风险的通知》《关于防范代币发行融资风险的公告》《关于进一步防范和处置虚拟货币交易炒作风险的通知》四个规范性文件。其中,第一个规范性文件出台最早,用来规范虚拟代币,即前述第一类数字货币(平台币或游戏币);第二至四个规范性文件,用于规范虚拟数字货币(即私人数字货币)。

1. 虚拟代币的主要经营规则

2009 年 6 月 4 日,文化部、商务部发布《关于加强网络游戏虚拟货币管理工作的通知》。该通知肯定了虚拟代币的合法性,对其相关经营规则进行了较为全面的规定,既适用于游戏虚拟货币,也适用于一般的平台虚拟货币。该通知的主要内容包括网络游戏虚拟货币的含义和性质、市场准入规则、备案事项、网络游戏虚拟货币发行企业的交易规则、网络游戏虚拟货币交易服务企业的交易规则和其他规则。

2. 虚拟数字货币的禁止性规则

虚拟数字货币的去中心化和匿名性等特征,使其造成监管困难,容易被用于诈骗、走私、贩毒等非法活动,潜在风险很大。我国监管部门对此类虚拟货币持谨

知识拓展

虚拟代币的主要经营规则

---

① 李建军主编:《互联网金融》(第二版),高等教育出版社 2022 年版,第 55 页。

慎、风险提示态度,对其交易持反对、禁止态度,先后出台了三个风险提示或禁止性文件。其中,2013年12月3日,中国人民银行、工业和信息化部等五部门发布《关于防范比特币风险的通知》;2017年9月4日,中国人民银行、中央网信办、工业和信息化部等七部门发布《关于防范代币发行融资风险的公告》;2021年9月15日,中国人民银行、中央网信办、最高人民法院等十部门发布《关于进一步防范和处置虚拟货币交易炒作风险的通知》。这些规范性文件的主要内容是:

(1)关于比特币的规定。比特币不是由货币当局发行的,不具有法偿性与强制性等货币属性,并不是真正意义的货币。从性质上看,比特币应当是一种特定的虚拟商品,不具有与货币等同的法律地位,不能且不应作为货币在市场上流通使用。各金融机构和支付机构不得开展与比特币相关的业务。

(2)关于代币发行(ICO)融资的禁止规定。代币发行融资是指融资主体通过代币的违规发售、流通,向投资者筹集比特币、以太币等所谓"虚拟货币",本质上是一种未经批准非法公开融资的行为,涉嫌非法发售代币票券、非法发行证券以及非法集资、金融诈骗、传销等违法犯罪活动。代币发行融资中使用的代币或"虚拟货币"不由货币当局发行,不具有法偿性与强制性等货币属性,不具有与货币等同的法律地位,不能也不应作为货币在市场上流通使用。

任何组织和个人不得非法从事代币发行融资活动,各类代币发行融资活动应当立即停止。已完成代币发行融资的组织和个人应当做出清退等安排,合理保护投资者权益,妥善处置风险。任何代币融资交易平台,不得从事法定货币与代币、"虚拟货币"相互之间的兑换业务,不得买卖或作为中央对手方买卖代币或"虚拟货币",不得为代币或"虚拟货币"提供定价、信息中介等服务。

(3)虚拟货币交易的禁止规定。有关虚拟货币的规定如下:第一,虚拟货币不具有与法定货币等同的法律地位。比特币、以太币、泰达币等虚拟货币具有非货币当局发行、使用加密技术及分布式账户或类似技术、以数字化形式存在等主要特点,不具有法偿性,不应且不能作为货币在市场上流通使用。第二,虚拟货币相关业务活动属于非法金融活动。开展法定货币与虚拟货币兑换业务、虚拟货币之间的兑换业务、作为中央对手方买卖虚拟货币、为虚拟货币交易提供信息中介和定价服务、代币发行融资以及虚拟货币衍生品交易等虚拟货币相关业务活动涉嫌非法发售代币票券、擅自公开发行证券、非法经营期货业务、非法集资等非法金融活动,一律严格禁止,坚决依法取缔。对于开展相关非法金融活动构成犯罪的,依法追究刑事责任。第三,境外虚拟货币交易所通过互联网向我国境内居民提供服务同样属于非法金融活动。对于相关境外虚拟货币交易所的境内工作人员,以及明知或应知其从事虚拟货币相关业务,仍为其提供营销宣传、支付结算、技术支持等服务的法人、非法人组织和自然人,依法追究有关责任。第四,与虚拟货币投资交易活动存在法律风险。任何法人、非法人组织和自然人投资虚拟货币及相关衍生品,违背公序良俗的,相关民事法律行为无效,由此引发的损失由其自行承担;涉嫌破坏金融秩序、危害金融安全的,由相关部门依法查处。

知识拓展

其他数字金融及其经营法律规则简介

二、其他数字金融法律规制

除了上述主要数字金融业态之外,其他各类数字金融业务的内容及经营法律规则,受本书正文篇幅所限从略。请读者参阅二维码"其他数字金融及其经营法律规则简介"或其他文献资料。

第六节 数字金融管理法

数字金融在我国的发展只有二十余年的时间,已经深刻改变了我国的金融经济生活。一方面,其为我国金融业的改革创新和经济发展作出了积极贡献;另一方面,也暴露了规则缺失、监管不到位、安全隐患严重等诸多问题。随着 2015 年 7 月《互联网金融指导意见》和 2016 年 4 月《专项整治方案》的发布、实施,我国数字金融进入了全面治理整顿和逐步规范发展阶段,从而产生了数字金融管理法。所谓数字金融管理法,是指国家制定或认可的对数字金融市场及其金融行为进行监管、调控的法律规范总和。按其性质和功能不同,数字金融管理法可区分为政府监管法律规范和金融调控法律规范两部分,广义上也可将行业自律规范纳入其中。

一、数字金融管理体制

数字金融管理体制,又称数字金融监管模式,是金融管理体制的延伸和创新,也是其重要组成部分,具有一定的独立性。从目前世界各国的情况来看,普遍做法是将数字金融纳入现有金融监管体制,并进行适当的创新和完善。因此,数字金融监管模式在基本架构上与整个金融管理体制是一致的。我国的数字金融监管经历了一个从无到有、初步规范的曲折发展过程。

(一)数字金融监管的主要类型

数字金融与传统金融一样,其监管方式或模式可进行如下几个方面的分类。

1. 机构监管和功能监管

按监管对象和适用规则的不同,数字金融监管可分为机构监管和功能监管。机构监管是指以金融机构为监管对象,对同类金融机构适用相同的法律规则,对不同金融机构适用不同的法律规则。我国是实行机构监管的典型国家之一。功能监管是指以功能划分的金融业务为监管对象,对功能相同或相似的金融业务适用相同的法律规则,对功能不同或不相似的金融业务适用不同的法律规则。例如,银行、保险、证券、信托等不同业务类型,由不同金融监管部门进行监管并对同类金融业务适用相同的法律规则。哈佛大学罗伯特·莫顿(Robert Merton)在其《功能视角下的金融体系运营与监管》论文中最先提出并积极倡导功能金融监管。他主张,对具有同一功能的不同金融机构开展相似金融业务或提供相似金融产品进行大体相同的金融监管。功能监管主要是在金融混业经营背景下提出的,巴西、法国、意大利和西班牙等采用此种监管方式。

2. 审慎监管和行为监管

按监管目的和内容的不同,数字金融监管可分为审慎监管和行为监管。1995 年英国经济学家迈克·泰勒(Michael Taylor)提出金融监管的双峰理论,从而产生了双峰监管,即同时实施审慎监管与行为监管。最早采用双峰监管的国家是澳大利亚和荷兰。审慎监管是指金融监管部门为防范金融机构的金融风险,通过风险管理、资本充足率、资产质量、损失准备金、关联交易、资产流动性、公司治理等方面进行规范,定期进行检查、监测、评估、预警和处置风险,维护整个金融体系的稳定。审慎监管的核心是风险管理,以避免系统性金融风险,保障金融稳定。行为监管是指金融监管部门对金融机构的信息披露、个人信息保护、不正当竞争、操纵市场、内幕交易、金融欺诈等经营行为方面进行规制,以维护金融市场秩序,促进公平交易,保护金融消费者权益。行为监管的核心是金融机构的行为规范,以保护金融消费者权益,实现金融市场的公平竞争秩序。

3. 统一监管和分业监管

按全部金融业态是否统一由一个监管机构监管,数字金融监管可分为统一监管和分业监管。统一监管,又称综合监管,是指由一个金融监管机构对不同的金融机构和金融业务实行统一监管。分业监管是指设置不同的金融监管机构对不同的金融机构和金融业务分别进行专业监管。在此基础上派生牵头监管和伞形监管。其中,牵头监管指在分业监管体制下,指定一个监管机构为牵头机构进行协调监管,代表国家是法国。伞形监管是分业监管的发展形态,是美国1999年金融体制改革后形成的,是指针对特定金融机构由一个监管机构对其各类业务进行全面的监管,其他金融机构按照业务划分进行功能监管。

4. 单一监管和多头监管

按监管权力是否集中,数字金融监管可分为单一监管和多头监管,后者又可分为集权多头监管和分权多头监管。单一监管是指从中央到地方仅设置一个监管机构对所有金融机构和金融业务实行集中统一监管。这个金融机构既负责总体金融风险的审慎监管,也负责维护金融消费者利益的行为监管。采用这一监管模式的,有瑞典、挪威、日本、德国、英国、瑞士、新加坡等国,以英国最为典型。多头监管是指根据金融机构及业务的不同,分别设置多个金融监管机构实施从中央到地方的金融监管。其中,金融监管权集中于中央,地方政府没有独立监管权的,属于集权多头监管;中央与地方都具有金融监管权,进行监管分工协作的,属于分权多头监管。

我国数字金融管理体制的发展过程

(二)我国数字金融管理体制的现状

我国数字金融管理体制经历了从2004—2012年的包容性监管、2013—2015年的原则性监管到2016年至今的整顿性监管,形成了目前具有中国特色的监管模式。

2015年7月,中国人民银行等十部委发布《互联网金融指导意见》,根据当时我国实行的"一行三会"分业监管金融体制,将数字金融监管纳入其中,确立了数字金融主要业态的监管职责分工,形成了我国数字金融监管的基本模式。按照《互联网金融指导意见》的规定,网络第三方支付由中国人民银行负责监管,网络借贷、网络信托、网络消费金融由原银监会负责监管,网络基金销售、股权众筹由证监会负责监管;网络保险由原保监会负责监管。由此,确立了我国数字金融的"分业、多头"监管模式。

在此之后,我国金融监管机构经历了几次重大调整,在保留"分业、多头"监管的基本模式基础上,形成了目前的"一委一行三局一会"新型监管体制(参见第二章金融主体法第四节的相关内容),数字金融的监管体制也是如此。在中央金融委员会的顶层设计和统一协调下,根据原来的分工与机构职能调整进行相应的整合,实行新的分工协作,其中中国人民银行负责网络第三方支付、数字货币监管;网络保险、网络信托、网络消费金融由国家金融监管总局监管;网络基金销售、股权众筹由证监会监管;网络小贷、网络融资担保等由地方金融管理局监管。我国数字金融这一新的监管体制或模式,实行宏观和微观审慎监管,在机构监管基础上强化功能监管,更加重视行为监管,并实行穿透式监管,以维护金融稳定和保护消费者权益。

二、数字金融的政府监管规范

根据《互联网金融指导意见》等法律规定,数字金融是新生事物和新兴业态,要制定适度宽松的监管政策,通过鼓励创新和加强监管相互支撑,促进数字金融的健康发展,更好地服务实体经济。同时,为防范系统性金融风险,促进金融高质量发展,要科学合理界定数字金融各业态的业务边界及准入条件,明确风险底线,保护合法经营,坚决打击数字金融领域的违法违规和犯罪行为。

(一)数字金融政府监管的含义和内容

数字金融政府监管,简称数字金融监管,是指政府金融管理部门对数字金融机构和业务进行的市场规制性监督管理,可称为狭义数字金融监管。它是监管主体从外部对监管对象进行的监督管理活动,具有外在性。从广义上看,数字金融监管是指国家对数字金融行业的宏观调控、市场规制以及数字金融行业的自律管理,即数字金融管理的全部内容。显然,广义数字金融监管是外部监管与内部自制的结合,既具有外在性,又具有内在性。

对于数字金融政府监管,可从两个角度进行分析:首先,从数字金融的业态来看,包括网络第三方支付、网络借贷、网络保险、网络信托、网络众筹、网络基金销售等业态监管;其次,从构成要素来看,包括资格监管、合规监管、数据与信息披露监管、风险监管、技术监管等。

(二)监管目标和原则

1. 监管目标

数字金融监管目标是,服务实体经济,防范化解系统性金融风险,保障消费者权益和数字金融平台安全稳定,维护公平竞争市场秩序,促进数字金融创新与发展。

数字金融必须切实服务实体经济,促进经济社会高质量发展,而不能搞所谓的"虚拟经济",玩"以钱赚钱"的资金游戏,甚至走上庞氏骗局的犯罪道路。这是政府监管必须牢记的方向性目标。数字金融具有额小量大、快速传播、涉众广泛等特点,很容易引发系统性金融风险,造成经济社会动荡。为此,防范金融风险应是政府监管的首要目标。金融消费者是数字金融生存和发展的"衣食父母",也是其目的所在,只有金融消费者权益得到及时有效保护,数字金融才有其存在的根据,才能健康稳定发展。无疑,保障消费者权益应成为数字金融的中心目标。数字金融具有很强的平台性和技术性特征,平台是数字金融的枢纽,应加强对数字金融平台、大型金融科技公司和系统重要性数字金融机构的监管,保障数字金融平台的稳健运行,以防范金融风险和保障消费者权益。数字金融必然存在同业之间的市场竞争,为实现市场的优胜劣汰,促进金融资源配置效率,保障市场主体的公平权益和行为合规,政府监管应当维护公平的市场竞争秩序。这是政府监管的基础性目标。数字金融监管还应当兼顾安全与发展的平衡,在保障不发生系统性金融风险的前提下,鼓励金融科技创新和应用,促进数字金融的创新与发展。

2. 监管原则

为实现上述监管目标,根据《互联网金融指导意见》和《专项整治方案》等相关规定,数字金融政府监管应遵循以下基本原则:

（1）依法适度原则。数字金融交易的各方主体，必须遵守数字金融法的相关规定，做到合法合规。为此，中国人民银行、国家金融监管总局、中国证监会、地方金融管理局等金融监管主体，应当对数字金融市场、交易行为及相关的中介服务等依法进行监督管理，以防范金融风险，保障数字金融经营者和消费者的合法权益。同时，数字金融仍属于新兴事物，处于不断发展完善之中，监管重点应是把握发展方向，防控风险，不宜过严、过细，应给予金融创新和发展留下一定的空间。对法律没有规定，或规定不完善的金融商品和服务，应允许其存在和发展，并保持密切关注，待条件成熟时再立法加以规范、完善或清退。

（2）分类协同原则。数字金融涉及大多数金融领域，具有很强的专业性和技术性，需要动用整个金融监管体系各方力量，并需要工信部、国家市场监管总局等部门的大力配合。因此，《互联网金融指导意见》确立了各部门分工负责的分类监管体制，并明确了相关部门的职责分工和要求。同时，由于数字金融各相关因素密切交织在一起，相互影响，机械地分类监管容易导致脱节和冲突，这就要求各监管部门必须相互协作、形成合力，以保障数字金融体系的协调稳定发展。

（3）创新穿透原则。数字金融是传统金融业务与互联网技术和现代信息通信技术的组合创新成果，是新事物、新情况、新问题。传统的监管模式和手段，显然不能充分适应新形势的需要。因此，监管部门必须具有创新精神，掌握新技术，运用新思路，采用新方法，科学有效地实施监管，充分利用网络信息技术，全面跟踪数字金融的发展动态。同时，为全面了解数字金融的实际情况，实现监管措施精准到位，对于"多层嵌套""明股实债""阴阳合同"等现象，必须深入底层资产和交易实质，实施穿透式监管，以准确认定其业务性质，由相关部门进行适当监管和处置，不能仅根据数字金融交易的外层或表象盲目行事，以预防和化解金融风险。

（4）及时效率原则。数字金融依托于互联网，信息传播迅速、广泛且具有隐蔽性，监管部门必须保持极为敏锐的监控能力，通过强化信息披露、现场检查、大数据分析等手段及时掌握数字金融的发展动态和规律，采取有效措施预防和控制系统性金融风险。当出现数字金融平台"爆雷"等危机事件时，监管当局必须迅速采取果断措施进行处置，防止事态蔓延和失控。此外，金融是一种资源优化配置机制，金融监管必须促进和保障这种机制功能的实现，追求金融效率，提升行业竞争力。这是数字金融生存和发展的根本所在，也是数字金融监管的核心原则。

（5）技术伦理原则。技术本身虽然不带价值判断，但是技术的设计与使用中包含了技术主体的主观意图。在大数据、云计算、人工智能等金融科技广泛应用于数字金融的情况下，技术与治理规则结合在一起，出现了"代码即规则"或"代码即法律"的情况，技术不再只是中立的工具，而是注入或体现了相关的伦理价值观念。为实现科技向善，避免算法歧视、暗箱操作等违法犯罪行为，应对数字金融应用的金融科技进行穿透式伦理审查，使金融科技从中位的技术转变为负责任的技术，使技术监管从外部行为推进到技术内部，从事后问责发展到事前、事中、事后的全过程监管。

（6）一致公平原则。对各数字金融机构和金融业务，应实行相同的法律规则，保持监管的一致性，避免被监管主体利用规则差异进行监管套利，进而确保数字金融监管的公平性。该种公平性包括横向公平与纵向公平两个方面。从横向公平来看，相同情况的数字金融机构和金融业务应适用相同的法律规则。从纵向公平来看，不同情况的数字金融机构和金融业务应适用不同的法律规则。例如，对于具有系统重要性的数字金融机构、大型金融科技平台、关键数字金融基础设施，应采用更为严格的监管规则和措施。

（7）机构、功能监管结合原则。我国现行数字金融的"多头、分业"监管体制，实际上是建立在分业经营基础上的，即特定的数字金融机构只能从事特定的数字金融业务，接受相应的金融监管机构的监管并适用相同的法律规则。实际上，随着许多金融机构逐步开展混业经营，出现不同金融机构开展的相同或类似数字金融业务适用的规则可能不同的情形，甚至发生有业务、无监管的情况。为此，在实行机构监管的同时，应同步对基于功能划分的数字金融业务进行监管，以实现相同业务进行相同的金融监管，避免监管套利，有效防范金融风险，促进数字金融的公平和效率。

（8）审慎、行为监管双峰原则。迈克·泰勒的双峰监管理论受到世界各国的普遍关注和响应。双峰监管的本意是，设立两个金融监管机构，分别进行审慎监管和行为监管。本书认为，对我国数字金融现行的"分业、多头"监管体制来说，双峰监管应嵌入现有体制之中，使各个数字金融监管机构在进行审慎监管的同时，大力加强或主要进行行为监管，保护数字金融消费者权益，维护金融市场公平竞争。

（三）监管职责

根据《互联网金融指导意见》和《专项整治方案》等的规定，数字金融监管部门的职责主要包括以下几个方面：

1. 准入管理

坚持数字金融"持牌经营"原则，所有从事数字金融业务的机构都必须获得监管机构许可，获得准入资格。未经相关有权部门批准或备案从事数字金融活动的，由政府金融监管机构会同市场监管部门予以认定和查处，情节严重的，予以取缔。市场监管部门根据政府金融监管机构的认定意见，依法吊销营业执照。非金融机构、不从事金融活动的企业，在注册名称和经营范围中原则上不得使用"交易所""交易中心""金融""资产管理""理财""基金""基金管理""投资管理""财富管理""股权投资基金""网贷""网络借贷""P2P""股权众筹""互联网保险""支付"等字样。凡在名称和经营范围中选择使用上述字样的企业（包括存量企业），市场监管部门将注册信息及时告知政府金融监管机构，政府金融监管机构、市场监管部门予以持续关注，并列入重点监管对象，加强协调沟通，及时发现、识别企业擅自从事金融活动的风险，视情采取监管措施。

2. 资金监管

政府监管机构应加强对数字金融经营者资金账户及交易清算的集中管理。例如，要求第三方支付机构将客户备付金全部交存于开设在中国人民银行的备付金集中存管账户、通过主清算机构进行清算等。对数字金融经营者的资金账户、股东身份、资金来源和资金运用等情况进行全面监测。各资金存管银行、清算机构加强对数字金融交易的监督检查等。

3. 防范金融风险

防范金融风险是数字金融监管的首要职责。为此，应实行基于风险的监管，制定风险控制指标，查明主要风险来源，进行风险预测、预警和处置。特别是，要加强对系统重要性数字金融机构、大型金融科技公司和金融科技的监管，以防范发生系统性金融风险。

4. 保护消费者权益

政府监管机构应研究制定数字金融消费者教育规划，及时发布维权提示。加强数字金融产品合同内容、免责条款规定等与消费者利益相关的信息披露工作,依法监督处理经营者利用合同格式条款侵害消费者合法权益的违法、违规行为。构建在线争议解决、现场接待受理、监管部门受理投诉、第三方调解以及仲裁、诉讼等多元化纠纷解决机制。细化完善数字金融个人信息保护的原则、标准和操作流程。

5. 维护公平竞争

保障数字金融企业和传统金融企业平等竞争,行为规则和监管要求保持一致。对数字金融经营者为抢占市场份额向客户提供显失合理的超高回报率以及变相补贴等不正当竞争行为予以清理规范。高风险高收益金融产品应严格执行投资者适当性标准,强化信息披露要求。明确数字金融经营者不得以显性或隐性方式,通过自有资金补贴、交叉补贴或使用其他客户资金向客户提供高回报金融产品。高度关注数字金融产品承诺或实际收益水平显著高于项目回报率或行业水平的相关情况。

此外,研究建立数字金融的合格投资者制度,提升投资者保护水平。坚决打击涉及非法集资等数字金融犯罪,维护金融秩序。

(四)监管措施

根据《互联网金融指导意见》和《专项整治方案》等的规定,监管部门为履行其职责,应采取以下监管措施:

1. 提升监管科技

数字金融所包含的数字化转型不仅是金融机构的数字化转型,也包含了金融监管机构的数字化转型,即数字金融监管的科技水平。监管科技是由英国金融行为管理局于2015年提出的概念,是指应用创新技术帮助金融机构有效应对监管监控、报告、合规和风险管理,同时降低风控合规成本。[①] 监管科技在监管与被监管机构之间建立一个可信、可持续和可执行的"监管协议和合规性评估、评价和评审机制",对于提高监管针对性与监管效率,促进数字金融依法合规经营具有重要作用。为此,要大力加强金融监管科技建设,完善数字金融监管数据和执法信息共享机制,以监管科技应对金融科技应用的风险,提高数字化监管能力。要建立数字金融监管技术平台,通过网上巡查、网站对接、数据分析等技术手段,摸清数字金融总体情况,采集和报送相关舆情信息,及时向相关单位预警可能出现的群体性事件,及时发现数字金融异常事件和可疑平台,保障数字金融体系健康稳定发展。

2. 健全法律法规

法律法规不健全、规则不明或无法可依是目前数字金融监管最大的问题之一。为此,必须加快数字金融领域相关法律法规的制定和完善工作;立足实践,研究解决数字金融领域暴露出的金融监管体制不适应等问题,强化功能监管和行为监管,明确跨界、交叉型数字金融产品的"穿透式"监管规则。

3. 加强风险监测

建立数字金融产品集中登记制度,强化数字金融平台资金账户的统一设立和集中监测,依靠对账户的严格管理和对资金的集中监测,实现对数字金融活动的常态化监测和有效监管。加快

---

① 管同伟:《数字金融概论》,中国金融出版社2023年版,第371页。

推进数字金融领域信用体系建设,强化对征信机构的监管,使征信为数字金融活动提供更好的支持。加强部门间信息共享,建立预警信息传递、核查、处置快速反应机制。

4. 强化分工协作

监管机构应按照部门职责及监管分工要求,坚持问题导向,加强数字金融的风险防控。明确各项业务合法与非法、合规与违规的边界,守好法律和风险底线;对合法合规行为予以保护支持,对违法违规行为予以坚决打击。同时,应充分考虑数字金融活动特点,加强跨部门、跨区域协作,共同落实监管责任,提高监管综合效果。

5. 完善登记和信息披露

数字金融建立在现代通信网络之上,具有小额、分散、面广、快速传播、较为隐蔽、强技术性等特点,监管难度高。但是,监管机构、金融消费(投资)者如果能及时掌握全面、准确的数字金融活动信息,就能有效预防、控制、减少或化解金融风险。欧美等国成功的监管经验之一,就是实施严格的信息披露。为此,我国应当严格实行数字金融持牌经营的原则,对所有从事数字金融业务的机构或单位进行准入登记,掌握其基本信息。并且,对其经营情况要求进行持续信息披露,及时提供财务报告、客户资金报告、投资报告、投诉情况报告等,为监管机构、消费(投资)者进行监管、投资决策提供坚实的基础。

6. 试点"监管沙盒"

"监管沙盒"是英国金融行为管理局于2015年提出的新概念,是指在一个受监督的安全测试区内,通过设立限制性条件和制定风险管理措施,允许企业在真实的市场环境中,以真实的个人和企业用户为对象测试创新产品和服务。该创新监管模式的实质是,在监管程序中嵌入容错机制,允许监管对象在可控环境下犯错,及时进行反馈调整,以提高创新金融产品的市场成功率。数字金融是科技与金融的融合创新,具有很大的不确定性和较大的风险性。为使数字金融能够不断创新和发展,应适当采用"监管沙盒"方式推动数字金融新业务和新产品的探索,以降低风险,并促进其健康发展。

7. 建立举报和奖罚制度

针对数字金融违法违规活动隐蔽性强的特点,发挥社会监督作用,建立举报制度,出台举报规则,鼓励通过"信用中国"网站等多渠道举报,为监管工作提供线索。推行"重奖重罚"制度,按违法违规经营数额的一定比例进行处罚,提高违法成本;对提供线索的举报人给予奖励,奖励资金列入各级财政预算,强化正面激励。加强失信、投诉和举报信息共享。

8. 做好宣传教育和舆论引导

监管部门应加强政策解读及舆论引导,鼓励数字金融在依法合规的前提下创新发展。监管部门应以案说法,用典型案例教育群众,提高投资者风险防范意识。加强舆情监测,强化媒体责任,引导投资人合理合法反映诉求。

三、数字金融的宏观调控规范

数字金融是国家金融体系的重要组成部分,虽然其业务量还不占主要比重,但几乎涉及金融各个领域,具有广泛而深入的影响。因此,国家对数字金融进行规范管理,不仅要关注金融市场主体的行为规范性和竞争公平性等问题,制定和实施相关的监管规范,实现监管目标;还需要从整个金融市场乃至经济全局出发,对数字金融进行宏观调控,以防范系统性金融风险,促进金融稳定和经济安全,保障币值稳定、经济增长和充分就业等宏观经济目标的实现。为此,需要制定和实施相关的数字金融调控规范,主要表现为以下四个方面:

(一)货币发行与信用管理

根据《中国人民银行法》第2、18条等规定,中国人民银行负责货币发行与管理,制定和执行货币政策,管理信用规模与结构,等等。央行在执行这些职能时,必须将数字金融纳入整个金融体系内统一考虑,进行总量与结构控制,以维护金融稳定。因此,数字金融必然要接受国家关于货币发行与信用管理方面的宏观调控。同时,根据《中国人民银行法》第20条关于任何单位和个人不得印制、发售代币票券,以代替人民币在市场上流通的规定,对于互联网企业发售和使用的虚拟货币,要加强管理,限制其使用范围和规模,以免其代替人民币在市场上流通,或规模过大、使用范围太广,造成对货币金融秩序的冲击。另外,《中国人民银行法》第31条规定,中国人民银行依法监测金融市场的运行情况,对金融市场实施宏观调控,促进其协调发展。为此,央行应加强对数字金融市场的运行监测和风险防控。例如,2013年5月余额宝横空出世,立刻成为中国数字金融爆发的导火索。凭借其方便、快捷和高收益特点,余额宝快速野蛮生长,导致大量银行资金转入余额宝的"存款搬家"现象。为此,央行等金融管理部门及时采取相关措施,余额宝的收益率得以逐步下降,发展规模和速度得到控制,从而避免了大量中小银行倒闭的风险和金融秩序的混乱。又如,2013年12月中国人民银行等5部门发布《关于防范比特币风险的通知》,2017年9月中国人民银行等7部门又发布《关于防范代币发行融资风险的公告》,指出比特币、其他代币形式的数字货币、虚拟货币不是货币当局发行,不具有法偿性和强制性等货币属性,并不是真正意义上的货币,不具有与货币等同的法律地位,不能且不应作为货币在市场上流通使用,为保障人民币的法定货币地位,防控金融风险,维护金融稳定,各金融机构和支付机构不得开展与比特币相关的业务。此外,数字人民币的发行、流通纳入M0(基础货币)进行管理,是国家货币政策实施的重要体现,有助于提高我国金融体系的运行效率。

(二)利率管理

利率是资金使用权的价格,一般称为货币的时间价值。企业资金成本的高低主要取决于利率水平,利率已成为市场主体筹资与投资决策的主要决定因素。利率的变动对整个金融和经济将产生重大影响。因此,利率通常由国家的中央银行控制,作为国家宏观经济调控的重要工具。根据《中国人民银行法》第23条的规定,中国人民银行为执行货币政策,可以运用确定央行基准利率的货币政策工具。也就是说,央行可通过基准利率的调整来调控宏观经济的运行。当经济过热、通货膨胀上升时,便提高利率、收紧信贷,抑制经济过快增长;反之,当经济低迷、通货膨胀得到控制时,便降低利率,刺激经济发展。虽然从2019年8月开始,我国商业银行贷款利率实行市场利率,以市场报价利率(LPR)为基准加一定上下幅度确定,但这仍然受到中国人民银行基准利率及其宏观经济政策的影响。对于数字金融来说,其各种金融商品和交易必须接受央行基准利率和贷款市场报价利率(LPR)的调整,即不得进行恶性竞争,不得超过LPR上下浮动范围的限制及最高人民法院司法解释关于4倍LPR的民间借贷利率限制,破坏金融秩序和经济社会的稳定与发展。

（三）备付金集中存管

备付金是非银行支付机构向其客户预收的待付货币资金，如支付宝收取的客户交易保证金、特定业务银行收取的待结算货币资金等。备付金不属于支付机构的自有财产，但由支付机构以自己的名义存管和控制。这不仅使支付机构享有备付金存储的利息收益，还容易诱发备付金挪用，甚至卷款跑路的风险。为加强备付金管理，防止非银行支付机构挪用、占用客户备付金，根据2016年4月《专项整治方案》的要求，2017年1月中国人民银行发布《关于实施支付机构客户备付金集中存管有关事项的通知》，规定自2017年4月17日起，支付机构应将客户备付金按照一定比例交存至指定机构专用存款账户，该账户资金暂不计付利息。在执行过程中，中国人民银行不断提高备付金交存比例。2018年6月中国人民银行进一步发布《关于支付机构客户备付金全部集中交存有关事宜的通知》，要求自2018年7月9日起，按月逐步提高支付机构客户备付金集中交存比例，到2019年1月14日实现100%集中交存。到目前为止，客户备付金除少量交存预付卡备付金专用存款账户、特定业务待结算资金专用存款账户作为过渡资金外，全部交存至备付金集中存管账户。并且，中国人民银行和特定业务银行不向非银行支付机构备付金账户计付利息，防止支付机构以"吃利差"为主要盈利模式，引导其回归提供小额、快捷、便民、小微支付服务的宗旨。可见，客户备付金集中存管且不计利息，可促使第三方支付机构回归支付结算本质，避免备付金挪用放贷、卷款逃跑等问题，从而保障消费者权益，控制信用规模和防范系统性金融风险。

（四）系统重要性数字金融机构、大型金融科技平台及数字金融关键基础设施的认定与监管

系统重要性金融机构是指一些体量巨大、业务高度复杂并广泛与其他金融机构关联的银行、保险公司和其他金融机构。当这些金融机构自身经营陷入困难甚至失控时，可能对整个金融系统稳定和经济活动造成重大影响。2018年11月26日，我国发布《关于完善系统重要性金融机构监管的指导意见》，规定系统重要性金融机构由中国人民银行会同相关部门确定并公布，明确附加的监管要求。显然，认定系统重要性机构并完善相关监管制度，有助于抓住重点，更好地促进金融体系整体稳定。大型数字科技平台涉足金融业务，是我国数字金融发展的一个重要特征。这类平台企业在推动数字普惠金融落地、提高金融产品供给效率的同时，也带来了合规难题、"赢者通吃"等诸多监管挑战。支付宝、财付通、网联清算等平台已成为数字金融乃至整个金融体系的关键基础设施，具有跨机构、跨行业、跨市场特征，涉及面广、量大，是金融市场稳健高效运行的基础保障，是实施宏观审慎监管和强化风险防控的关键所在。因此，上述三类机构的认定及加强监管，关系数字金融乃至整个金融系统性风险防范和稳定发展，是数字金融管理中重要的宏观调控措施。

四、数字金融的行业自律规范

加强行业自律是任何行业健康有序发展的重要基础。对于数字金融来说，法律法规不健全，行业自律显得更为紧迫和重要。按照《专项整治方案》的要求，应形成依法依规监管与自律管理相结合、对数字金融领域全覆盖的监管长效机制。这就要求数字金融行业制定和实施相关的自

律性行业规范。

由中国人民银行会同原银监会、原保监会、证监会等国家有关部委组织成立的中国互联网金融协会于2015年7月18日成立,其会员包括从事数字金融的监管、业务、研究等单位会员和个人会员,是我国重要的数字金融行业自律组织。该协会先后制定和实施了《中国互联网金融协会章程》《中国互联网金融协会会员自律公约》《互联网金融行业健康发展倡议书》《中国互联网金融协会自律惩戒管理办法》《互联网金融从业机构营销和宣传活动自律公约(试行)》《互联网金融贷后催收业务指引》《网络小额贷款从业机构反洗钱和反恐怖融资工作指引》《中国互联网金融协会信息披露自律管理规范》等行业规范,对我国数字金融行业的规范与发展发挥了重要作用。其主要内容包括以下几个方面:

(一)综合性自律规范

第一,严格遵守国家相关政策和法规制度,自觉贯彻协会章程、自律规则和其他有关规定,不得损害国家利益、社会公共利益、行业利益和金融消费者合法权益。

第二,开展业务创新应以依法合规为前提,并加强风险防控。具体包括:(1)建立良好的创新机制,通过产品、技术、制度、服务和流程等创新方式有效解决信息不对称问题,提高资金和信息使用效率;(2)坚持以服务实体经济、防范金融风险为宗旨,在业务许可的范围内开展业务活动;(3)加强风险防控策略研究,防范数字金融新产品、新技术可能带来的风险,不得开展风险不可控的畸形创新。

第三,完善公司治理和内控制度,自觉担负风险管理责任。具体包括:(1)建立覆盖所有业务流程和操作环节,能够对风险进行持续监控、定期评估和准确预警的全面风险管理体系,同时根据业务实际情况有针对性地实施重点风险监控;(2)制定切实可行的风险预防、处置和应急措施并确保有效落实,配合有关部门进行风险处置以保障金融市场稳定;(3)全方位自觉健全企业文化,强化从业人员职业道德、职业纪律及职业技能建设,防范从业人员道德风险。

第四,保护金融消费者权益。具体包括:(1)加强金融知识宣传和教育,不断提高金融消费者风险识别能力和自我保护能力,审慎甄别客户身份和评估客户风险承受能力,不得主动将产品销售给与风险承受能力不相匹配的客户;(2)严格履行信息披露义务,及时向客户披露重大经营活动、财务状况等信息,确保客户知情权,明确、清晰地提示业务风险,不得隐瞒、误导或欺诈金融消费者;(3)保证客户信息安全,防止信息的灭失、损毁与泄露,不得利用客户信息从事与客户约定事项外的活动。

第五,保障客户资金账户安全,防范资金账户风险。具体包括:(1)除另有规定外,应严格执行客户资金第三方存管制度,将中国人民银行或符合条件的商业银行作为资金存管机构;(2)对客户资金进行管理和监督,实现客户资金与会员自身资金分账管理;(3)不得挪用客户资金,确保专款专用,资金存管账户应接受独立审计并公开审计结果。

第六,强化IT基础设施和技术安全保障设施建设。具体包括:(1)加强网络安全管理,遵守国家、行业网络安全相关法规制度,建立健全网络信息安全软硬件防护体系;(2)加强信息系统安全管理,强化对信息系统运行情况及运行环境的监测与管理;(3)加强业务连续性管理,制定完善的安全审计机制和数据备份及恢复机制,建立完善的应急预案和风险事件处置流程。

第七,自觉营造合法、公平、有序竞争的良好环境,不得采用不正当手段进行市场竞争。会员之间发生争议时,要采取合法手段,通过协会调解及其他金融领域争议解决机制化解分歧。

第八,违反国家法律法规、监管部门的规范性文件、协会章程、自律规则和其他有关规定的,根据《中国互联网金融协会自律惩戒管理办法》的规定,视情节轻重,给予警示约谈、发警示函、强制培训、业内通报、公开谴责、暂停会员权利或取消会员资格的惩戒。

(二)信息披露自律规范

2016年10月28日,中国互联网金融协会发布《中国互联网金融协会信息披露自律管理规范》,对开展个体网络借贷、股权众筹融资、互联网消费金融、互联网理财等业务的数字金融从业机构予以规范。该规范对于数字金融从业机构及时合规披露业务信息具有重要引导作用。其有关披露要求为:应当真实、准确、完整、及时地提供披露信息,不得有虚假披露、重大遗漏、误导性陈述,并根据"谁提供,谁负责"承担相应法律责任;应建立健全信息披露管理制度,完善信息披露流程,指定专人或部门负责信息披露工作,按要求披露相关信息;披露信息应以客观事实,或有事实为基础的客观判断为依据,如实反映客观情况,使用语言应准确、贴切、无歧义,简明易懂,不得误导,不得夸大事实;应当"实质重于形式",按照穿透式披露的原则,依照相应标准进行信息披露,在开展多项业务时,应同时遵照多个标准进行信息披露;等等。显然,这些规则的执行对于监管部门和消费(投资)者及时准确了解数字金融产品、服务的具体情况,正确作出监管、投资决策具有重要作用。

(三)贷后催收自律规范

2024年5月,为进一步规范网络贷后催收业务,保护债权人、债务人及相关当事人的合法权益,促进网络消费金融业务健康有序发展,中国互联网金融协会发布了《互联网金融贷后催收业务指引》。该指引对网络消费金融贷后催收行为作出了全面详细的规定,具有很强的操作指导作用。该指引的部分重要内容如下:

1. 贷后催收总要求

从业机构应切实履行贷后催收业务主体责任,审慎实施外包。委托第三方催收的,应加强对第三方催收机构的管理、监督和检查,做好风险预警和应急处置工作,防范不当催收、个人信息泄露等风险。

2. 权益保护

从业机构和第三方催收机构开展催收工作应遵循"依法合规、平等客观、保护隐私"的原则,严格遵守相关法律法规和国家有关规定,以客观事实为依据,不得侵犯债务人及联系人等相关当事人的合法权益。

3. 催收对象

从业机构和第三方催收机构应只向债务人催收,不应向联系人催收。

4. 与联系人的联系

催收人员与联系人取得联系,应符合以下情况之一:(1)无法联系到债务人本人,为及时恢复与债务人联系。(2)债务人已死亡、被认定为无民事行为能力或限制民事行为能力人,为建立与其可能存在的财产继承人或利益相关人联系。(3)联系人明确拒绝催收人员的请求或要求催收人员不得再联系的,催收人员不应再与其联系。催收人员只可向联系人询问债务人联系方式和(或)请其代为转告债务人与从业机构联系,不应透露债务人的逾期欠款金额、欠款时间等欠款信息。

5. 催收时间

通过发送短信、语音、5G消息等方式开展催收作业的,应符合电信行业相关规范。双方未约定催收时间的,催收作业不应在每日22:00至次日8:00催收。

6. 收款渠道

催收人员应使用从业机构与债务人合同协议约定或从业机构指定的收款渠道,不应使用其他渠道或方式收取还款。

7. 催收频次

以语音形式(含智能语音)进行告知式催收,催收频次应严格控制在合理、必要的范围内,同一从业机构和其合作的第三方催收机构对单一债务人拨通电话频次每日合计不应超过3次,与债务人另有约定的除外。

8. 催收场所限制

未经同意,不应进入住宅等私人场所或债务人所在的相关办公区域,不应干扰债务人同住家属的正常生活,不应干扰职场其他人员办公。

此外,还有严格履行反洗钱义务,防范洗钱和恐怖融资风险,产品销售与宣传等方面的自律规定。

《关于促进互联网金融健康发展的指导意见》等

【法律适用】

数字金融涉及的金融领域广泛,其法律调整需要适用民商法、经济法、行政法、刑法等诸多法律部门的法律规范。同时,对于数字金融关系和数字金融管理关系的调整,除了需要专属数字金融法规范外,还大量用到既适用于传统金融,又适用于数字金融的通用数字金融法规范。由于数字金融的法律规制在我国才刚刚起步,法律法规不健全,加之数字金融又处于不断发展变化之中,许多方面仍需要不断探索和完善,其法律适用应宽严有度,防止用刑事手段处理数字金融中的民事纠纷,既要保护数字金融消费者或投资者权益,也要避免对数字金融经营者合法权益的损害。特别是,应注意掌握非法吸收公众存款、集资诈骗、非法经营等罪与非罪的界限,并要注意处理数字金融涉众面广带来的社会稳定问题。此外,应考虑"监管沙盒"在数字金融中的法律适用问题,并适当关注数字金融自律规范的规制作用。对于数字金融犯罪问题,在条件具备的情况下应尽可能适用刑事合规制度,减轻或免除刑事处罚。

【思考题】

1. 数字金融的含义和主要业态是什么？

思考提示：应从数字金融的产生、发展过程和趋势以及金融科技应用来动态地把握数字金融的含义和内容，关注"金融+网络"、"网络+金融"及金融科技的联系和区别。数字金融几乎涉及各个金融领域，应重点分析数字金融平台和完全产生并运行于网络的金融业态，如互联网第三方支付、网络小额贷款、股权众筹、数字货币、网络消费金融等。

2. 如何理解数字金融法的含义和内容体系？

思考提示：应从实质和形式两个角度来理解数字金融法的含义。从实质上看，数字金融法可区分为通用和专属数字金融法两类，而形式上的数字金融法则主要是专属数字金融法。同时，数字金融法按其功能不同，可区分为数字金融经营法和数字金融管理法两类，并可根据适用业态的不同区分为互联网第三方支付法、网贷借贷法、股权众筹法等类别，并相应构成数字金融法的内容体系。

3. 如何理解网络小额贷款的特点和法律风险？

思考提示：网络小额贷款具有网络平台性、平台中介性、直接金融性和综合服务性等特点。应从网络小额贷款的客户分散、线上运行、资信较差、能力较弱等方面及其业务模式和运行机制上全面分析其特点和风险。由于网络的广泛涉众性、快速传播性和隐蔽性，网络小额贷款容易发生套路贷、非法经营、电信诈骗等违法犯罪，积聚金融风险，影响社会稳定。应特别关注中国互联网金融协会2024年发布的《互联网金融贷后催收业务指引》对于防范网络小贷风险的重要作用。

4. 如何正确把握数字金融监管的目标、原则与措施？

思考提示：应遵从从监管目标到监管原则，再到监管措施的逻辑思路进行分析，注意三者之间的内在联系。金融风险防控是数字金融监管的核心，在监管措施上应特别关注网络环境下监管科技的应用，要具有适当性、针对性、预防性和及时性，并根据需要不断创新和改进。同时，应重点理解数字金融监管的八项原则及其相互关系。

5. 如何理解数字金融的普惠性？

思考提示：应从数字金融小额、面广、线上、灵活、高效及适用于长尾客户群等方面，分析其增强普通、弱势群体金融可获得性等方面的功能效果。同时应高度关注数字金融在弱势群体免受欺诈、借款额度限制等方面的风险防控。

6. 如何从我国彻底清退P2P网络借贷中汲取经验教训？

思考提示：应以英国Zopa、美国Prosper网络借贷平台的实践和成功经验为对照，从平台经营、政府监管两个方面立体式全方位进行分析。应将"持牌经营""平台自融""登记信息""监测预警""交易中介"等作为分析的重点。

即测即评

主要参考书目

[1] 刘廷焕,徐孟洲.中国金融法律制度.北京:中信出版社,1996.
[2] 徐孟洲.中国金融法教程.北京:中国人民大学出版社,1997.
[3] 戴相龙.商业银行经营管理.北京:中国金融出版社,1998.
[4] 张忠军.金融监管法论——以银行法为中心的研究.北京:法律出版社,1998.
[5] 顾功耘.证券法.北京:人民法院出版社,1999.
[6] 刘隆亨.金融法学.北京:当代世界出版社,2000.
[7] 王利明.民法.北京:中国人民大学出版社,2000.
[8] 徐孟洲.银行法教程.北京:首都经济贸易大学出版社,2002.
[9] 邹海林.保险法教程.北京:首都经济贸易大学出版社,2002.
[10] 郭明瑞.民法.北京:高等教育出版社,2003.
[11] 姜波.商业银行资本充足率管理.北京:中国金融出版社,2004.
[12] 徐孟洲.信托法学.北京:中国金融出版社,2004.
[13] 李金泽.银行业变革中的新法律问题.北京:中国金融出版社,2004.
[14] 吴志攀.商业银行法务.北京:中国金融出版社,2005.
[15] 朱崇实.金融法教程.第二版.北京:法律出版社,2005.
[16] 郭田勇.金融监管教程.北京:中国金融出版社,2005.
[17] 李有星.金融法教程.杭州:浙江大学出版社,2006.
[18] 徐孟洲.信托法.北京:法律出版社,2006.
[19] 尚福林.证券市场监管体制比较研究.北京:中国金融出版社,2006.
[20] 郭雳.中国银行业创新与发展的法律思考.北京:北京大学出版社,2006.
[21] 朱大旗.金融法.北京:中国人民大学出版社,2007.
[22] 刘丰名.国际金融法.北京:中国政法大学出版社,2007.
[23] 彭冰.中国证券法学.第二版.北京:高等教育出版社,2007.
[24] 徐孟洲.金融监管法研究.北京:中国法制出版社,2008.
[25] 叶林.证券法.第三版.北京:中国人民大学出版社,2008.
[26] 刘少军.金融法学.北京:中国政法大学出版社,2008.
[27] 韩龙.金融法.北京:清华大学出版社,北京交通大学出版社,2008.
[28] 强力.金融法通论.北京:高等教育出版社,2010.
[29] 岳彩申,盛学军.金融法学.北京:中国人民大学出版社,2010.
[30] 刘定华.金融法教程.北京:中国金融出版社,2010.
[31] 杨松等.银行法律制度改革与完善研究.北京:北京大学出版社,2011.

［32］吴弘,陈岱松,贾希凌．金融法．上海:格致出版社，2011．
［33］吴志攀．金融法概论．第五版．北京:北京大学出版社，2011．
［34］陈雨露,马勇．大金融论纲．北京:中国人民大学出版社，2013．
［35］杨东．链金有法．北京:北京航空航天大学出版社，2017．
［36］彭冰．互联网金融实践的法律分析．北京:北京大学出版社，2017．
［37］朱大明,陈宇．日本金融商品交易法要论．北京:法律出版社，2017．
［38］韩龙．金融法与国际金融法前沿问题．北京:清华大学出版社，2018．
［39］张亚欣．互联网金融原理与实务．北京:清华大学出版社，2021．
［40］朱锦清．证券法学．第五版．北京:北京大学出版社，2022．
［41］彭媛,罗煌,谢淑芬．互联网金融．北京:北京理工大学出版社，2022．
［42］李建军．互联网金融．第二版．北京:高等教育出版社，2022．
［43］黄益平,［美］杜大伟．数字金融革命:中国经验及启示．北京:北京大学出版社，2023．
［44］中关村互联网金融研究院,中关村金融科技产业发展联盟．数字金融:塑造中国金融新格局．北京:中国人民大学出版社，2023．
［45］张小勇．数字金融概论．北京:中国社会科学出版社，2023．
［46］邢会强．证券法学．第三版．北京:中国人民大学出版社，2023．
［47］管同伟．数字金融概论．北京:中国金融出版社，2023．
［48］欧阳日辉．中国数字金融创新发展报告（2023）．北京:社会科学文献出版社，2023．

郑重声明

高等教育出版社依法对本书享有专有出版权。任何未经许可的复制、销售行为均违反《中华人民共和国著作权法》，其行为人将承担相应的民事责任和行政责任；构成犯罪的，将被依法追究刑事责任。为了维护市场秩序，保护读者的合法权益，避免读者误用盗版书造成不良后果，我社将配合行政执法部门和司法机关对违法犯罪的单位和个人进行严厉打击。社会各界人士如发现上述侵权行为，希望及时举报，我社将奖励举报有功人员。

反盗版举报电话　（010）58581999　58582371
反盗版举报邮箱　dd@hep.com.cn
通信地址　北京市西城区德外大街4号
　　　　　高等教育出版社知识产权与法律事务部
邮政编码　100120

读者意见反馈

为收集对教材的意见建议，进一步完善教材编写并做好服务工作，读者可将对本教材的意见建议通过如下渠道反馈至我社。

咨询电话　400-810-0598
反馈邮箱　gjdzfwb@pub.hep.cn
通信地址　北京市朝阳区惠新东街4号富盛大厦1座
　　　　　高等教育出版社总编辑办公室
邮政编码　100029